献给方以智驻锡黎川寿昌寺360周年

（1658—2018）

方以智 黎川四年

萧鸿鸣 著

江西人民出版社
Jiangxi People's Publishing House
全国百佳出版社

目录

引言

方以智（1611—1671），明末清初著名高僧，与经学大师顾炎武（1613—1682）、史学大师黄宗羲（1610—1695）并驾齐驱，且有交的杰出思想家、哲学家与学者；与明王孙八大山人（1626—1705）有同游、书画往来；与禅门兄弟髡残石溪（1612—1673）同侍一师、同授一徒；[①] 与渐江弘仁（1610—1664）等“清四僧”[②] 遗民书画家所绘“残山剩水”[③] 比肩媲美的大书画家。

一

明万历三十九年，方以智生于安徽桐城一个世代书香与官吏迭出的家庭，少年时期家庭的影响和严格的儒家士子教育，为其以后的思想、哲学体系建立，乃至于成为当时一流的书画艺术家，奠定了坚实的基础。

青年时期的方以智，与归德侯方域（字朝宗，1618—1655）、如皋冒襄（字辟疆，1611—1693）、阳羡陈贞慧（字定生，1604—1656）被合称为“明季四公子”。

崇祯十三年，方以智中进士，官授翰林院编修；[④] 十四年，父方孔炤（1590—1655）入狱，方以智身怀血疏，呼号于朝门外，求百官上达冤情，深得崇祯皇

---

① 方以智与髡残的共育弟子兴斧山足，先“剃染”于髡残，后得方以智“具足”。

② “清四僧”另有道济石涛（1642—1708）因与方以智无交，未列。

③ 《木厓》卷十五·五言律·十至十二《挽无可大师》:“闲图旧山水，残剩亦堪悲。”为节约篇幅，本书“注释”引用书籍 3 次以上者，均以简称，不再另作说明。

④ 方以智中进士第二甲第五十四名，授翰林院编修。

帝器重，遂释其父，[1] 授方以智于东宫太子定王慈炯、[2] 永王慈炤储君之师；[3]

崇祯十七年，明亡。方以智逃亡福建、江西、广东等地，颠沛流离、隐姓埋名“一年三变姓，十字九锥心”[4]“七年中五变姓名”，[5] 以卜卦、[6] 鬻字画糊口，采药、卖茶为生；[7] 参与南明隆武、永历两朝抗清，被授“内阁大学士”（相当宰相），满朝以太史、[8] 阁老、[9] 相国 [10] 称之。

南明永历四年、清顺治七年十一月，方以智在广西被清军逮捕，先后两度被迫披缁，无奈在梧州云盖寺剃度，最后于顺治十年在金陵高座寺觉浪道盛座下“圆具”，成为禅门曹洞宗黎川寿昌派传人。

顺治十五年，方以智遵师命来到江西黎川禅门祖庭寿昌寺，在此驻锡四年；后转场吉安青原山净居寺，住持 7 年。

康熙十年，方以智两广抗清“粤案”发作，三月二十三日，再次被清廷逮捕；当押解归案的囚船途经赣江万安段时，方以智以抵达黎川的十月八日，即十月

---

① 《田间》卷二六《长干寺遇旧中官述往事记》“以智怀有血疏……叩头呼号求为上达……（崇祯帝）叹曰：‘求忠臣必于孝子之门’未几，释孔炤……”

② 《国榷》卷九八：“思宗崇祯十五年二月……癸丑（十三日）定王出阁就学。”《北略》卷二二《刑辱诸臣·方以智》：“崇祯庚辰进士，官翰林院检讨，充定王讲官。”卷十八《定王仿书》：“崇祯十五年八月，定王出阁读书，训讲为方以智。”龚芝麓《怀方密之诗》：“密之以文学行谊擢史局充王府讲官。”

③ 《国榷》卷九九：“思宗崇祯十六年八月……丁丑（十六日），永王出阁就学，翰林院检讨方以智……侍讲。”

④ 《密抄》流寓草·独往：“同伴都分手，麻鞋独入林。一年三变姓，十字九锥心。畏听干戈信，愁因风雨深。死生容易事，所痛为知音。”

⑤ 《后编》卷之一《书周思皇纸》。

⑥ 《虞集》：“翻痛年来卖卜身。”

⑦ 《道宝》卷七十·疆里记·武冈《方以智武岗洞口双壁题诗》。

⑧ 《粤行》《苍梧云盖寺访无可上人即旧太史方密之寺有冰泉，泉甘洌，元次山作〈漫泉铭〉》、《田间》卷十九《方太史夫人潘太君七十初度序》：“当甲申之变（方太史）方死南还”、《定山堂诗集》卷十六《中秋同阎古古孝廉集方密之太史曼寓分韵》。

⑨ 顺治四年，方以智随永历朝于肇庆、梧州、桂林、全州西延，时永历帝敕“内阁大学士”相召，时称“阁老”。

⑩ 梁佩兰（1632—1711）《六莹堂集·题药地愚者画石序》：“前相国方密之先生，出世后号无可，自称药地愚者，开法青原山。”

七日“夜分”，毅然决然地“悬崖撒手”[①]赴水殉节。

“一代伟人”，乘水而来，乘水而归，在滔滔不息的“惶恐滩”中陨殁。[②]

二

方以智在明朝生活了33年，入清后生活了27年，虽只活了虚龄六十一、实寿六十，[③]整一个甲子，但其辉煌伟大的一生，为人类文明做出的巨大贡献，难以估量。

方以智所处的十七世纪中叶、明万历后期至清康熙前期100年间的中国，是阶级矛盾、民族矛盾激烈，王朝更替的“天崩地坼”时代；也是政治思想、学术文化、宗教规制、民族习俗发展的高潮；其承前启后、继往开来的历史意义，不仅让众多的思想家们对前人的思想加以总结，更提出了许多具有鲜明特色的新见解和新观点，对以后中国思想界，乃至世界文化的走向，均产生了巨大和深远的影响。

方以智在禅门二十年，是他生命的三分之一。遁入佛门后明禅暗儒的传奇与隐秘行踪、交友，思想传播、学术交流、串联抗清等事迹，大都发生在江西这方土地上，黎川寿昌寺四年，即是方以智从颠沛流亡到相对稳定的开始，亦是其由一个“游方僧”，真正成为执掌禅门祖庭的“住持”滥觞之期。

江西省赣东山区黎川县，东北部、东部、南部与福建为邻，有延绵数百里的武夷山；西面、北面与本省南丰、南城、资溪接壤。[④]历史上曾属南城县，南宋绍兴八年（1138）割建昌军[⑤]南城东南五乡置县治，称“新城”，因有黎

---

① 方中通《万安胡明府为详移柩归山感泣书谢》：“撒手悬崖日月长……写尽羁人泪几行。”《木厓》卷十五《挽无可大师》：“悬崖今撒手，正气在人间。”《浮志》卷之五・艺文・228页《游浮山晤山师怀无公次默公韵》：“蒲团悟向碧潭清，撒手悬崖处处行。”

② 详见拙著《方以智“惶恐滩”殉节诗证考》。

③ 方以智生于明万历三十九年十月二十六日，公历1611年11月30日，卒于清康熙十年十月七日，公历1671年11月8日。《僧诤》一、《方谱》皆以落地一岁为计，记为“六十一”岁。因史学界有“61”与“60”两种记载，故以“虚”、“实”表述之。

④ 《新城县志》卷之一・封域志・一：“东南距闽昭武四邑……北分自南城西，通南丰。”

⑤ 《南城县志》卷之十二・记・一百二十一《王侍郎祠记》：“建昌在江西……地介闽粤。”卷之一・形胜・十二：“南城据江西一道……捍七闽，与闽尤近。”

滩河贯穿县境，称黎川。[1] 元代属建昌路；明、清两代属建昌府；民国三年（1914）后，为避全国四县“新城”混同，[2] 改称“黎川县”。[3]

顺治十五年，47 岁的方以智，遵禅门业师觉浪道盛之命，于该年十月八日，来到黎川，先后在寿昌、廪山、南谷等刹驻锡，历顺治十六、十七、十八年，至康熙元年十二月离开，西进泰和首山，最后在吉安青原山净居寺住持，前后驻锡黎川寿昌寺祖庭及各下寺，跨越五个年头、整四年。

方以智在黎川四年中，以寿昌寺祖庭为中心，禅游、过化赣东周边地区建昌府南城、南丰、广昌、金溪；赣南宁都；赣西南泰和、吉安；福建闽西、武夷、建宁诸禅刹，丰富的僧侣生活，因其刻意隐瞒和社会动荡、年代久远而鲜为人知。

但是，方以智在黎川的事迹，在地方志书，如《建昌府志》《新城县志》《黎川县志》中有明确、清晰和显豁的记载；在其交往、接触过的时人诗文、别集中，也有详细、鲜活的描述；在所著《冬灰录》《药地炮庄》等书中，对黎川周边显性的禅门生活、隐性的抗清活动，均有许多翔实、生动的体现。

方以智来黎川后，外出“游禅”无不从寿昌寺出发，再回黎川，并直言“我来自黎川”；所交游，无不视方以智为“寿昌”“廪山”和尚；所逗留、迟滞，尝由黎川寿昌、廪山遣弟子迎归；访谒者无论是儿子、亲眷、朋友，每言必“寿昌”“廪山”；投奔、过访者，无不慕“药地”僧名而来。

黎川禅门寿昌寺祖庭，在方以智到后三个月内，既为之专筑“药地”方丈一室，又在方丈建成后，及时派僧备“蓝舆”专程前往出游地接回；黎川四年中，方以智一直使用地域特色的“药地病夫”“药地和尚”名号；并将此间完成的重要著作，命名为《药地炮庄》等。

方以智驻锡黎川期间，形成了一个以寿昌寺为中心、建立并构筑以“药地”为完整特色、体系的活动范围，是界定方以智在黎川驻锡、并住持寿昌寺，而非居无定所、寺无口粮，云游四处挂单的行脚僧人。

---

① 《新城县志》卷之一·封域志·宋·五：“高宗绍兴八年三月……分南城县之东旌、善德、安丰、义东、兴礼教五乡，即永城东兴故境置新城县，属建昌军，辟黎滩镇为县治，以境内有东兴、永城旧城因名新城，别号黎川，新城之为县自此始。”

② 时河北、浙江、贵州、江西均有“新城县”，后保留河北新城县，其余三省易名。

③ 参见《黎川县志》《序》第 1 页，概述第 1 页。

方以智对大明王朝忠贞不贰、抱守如一；在黎川四年中，秉持“寿昌派”农禅精神，为僧俗两界上堂开示、讲禅；捡瘗周边战乱灵骨，修建佛塔、僧舍、殿宇；在黎川首开禅门“弟子记录”，遂有《冬灰录》和《青原愚者智禅师语录》传世。

在黎川四年中的方以智，以种茶、卖茶为掩护，往游宁都与魏禧、彭士望、林时益等“易堂九子”结社吟咏，切磋易学；在泰和、金溪，联络“三世交”萧孟昉、萧复远等；在广昌、南丰、南城，纳揭暄、何三省等前明“死士”为学人、弟子；与前朝同年、旧友徐芳、汤来贺等“结茅”成盟；并向湖南王夫之，吉安刘安世等“清孤不屈”旧识、旧部，不断发出“相招”；与明王孙八大山人等，以书画、同游而有“首山精神”；在黎川广结“善缘”信士、收纳门人和弟子。

在黎川 4 年期间，方以智撰著了大量的文章、书籍，完成了享誉世界的关于庄老研究的著作《药地炮庄》，对哲学巨著《东西均》修改；刊梓了《通雅》《物理小识》《药地炮庄》等书籍。建立了自己的哲学思想、学术体系；与全国各地前来拜谒、探视、从学人员的交往过程中，情感流露、学术讨论、思想话题等，均是研究方以智黎川四年的最好材料，也是黎川这座小小山区县城，[①] 在明末清初这个特殊历史时期，上至康熙皇帝，下至普通学人、庶民，产生巨大深刻影响的时期。

清康熙帝玄烨，因受方以智在黎川刊梓的《通雅》一书影响，依其体例、叙述方式，撰写《几暇格物编》；方以智在黎川的书、画创作、遗留作品，流播于英国、法国等世界各地；[②] 我国台湾省，至今收藏其在黎川寿昌寺期间的书法、信札；其给后人留下的精神与文化财富，难以数计。

方以智在黎川四年的坚贞和隐忍，成就了他一生的“忠孝节义”，让“方以智”三个字，成为明末清初最具有划时代意义、最杰出的精神代表和文化符号。

经过四年方以智在黎川寿昌寺的住持与维护，周边的廪山、南谷等诸禅门法脉，一改衰微之状，成为振兴曹洞宗、昌盛“农禅精神”与学说的名刹；寿昌寺祖庭，则被僧俗两界视为“祝国裕民”的大丛林、大道场；让寿昌寺在

---

① 《康新》卷之三·赋役志·三：“顺治十三年，人丁一万四千二百三十二……妇女一万二千七百四十三……康熙三年……人丁一万四千四百三十九……妇女一万二千七百六十八。”

② 《论丛》第三辑 244 页，任道斌《关于方以智的晚年活动》。

这一特殊时期，变成了秉持“寿昌派”农禅精神的一方圣土！

方以智在黎川四年中所产生的巨大影响，让这个原本远离京城、州府的偏远小县城，成为前明各遗民仕宦、士大夫，一流大学者，地方仁人贤达、缙绅，弟子、门徒、学人，纷至沓来的集散地；成为一个思想汇集、学术交流，艺术传播的中心；其影响覆盖了江西、广东、福建、安徽、湖南、南京乃至全国和东亚各地，其所展现的“节义江西”精神，成为明移清祚之际，最具有代表性、坚守最好、蓬勃而有生机的前沿阵地！

方以智在黎川四年，上承大明亡国的满腔愤懑，闽、粤逃亡、广西流离、清军逮捕与被迫“剃度”的惊悸，父亲去世的悲痛与庐墓的孤寂，下接西去泰和首山，继往吉安青原山，居中而连接两头，是方以智逃禅、晚年僧侣生涯链条中不可或缺的重要一环；更是方以智一生完整的学术成就、哲学思想，展现得最为耀眼、最值得称道的四年。

由此，“海内宗密之先生，盖五十余年。博闻大雅，高风亮节，为近代人文之冠”：[1]

> 合忠臣、孝子、才人而一人矣。性命之学，三才物理之学，声音文字之学，与夫一技一艺，莫不穷其源、造其极，诚古今第一奇男子，名甲天下；[2] 公志节、学识，洵一代伟人云；[3] 真孝子、真忠臣、真才子、真佛祖。[4]

弟子、学人私谥方以智为“文忠”，[5] 其“四真子”的崇高声望，无不浸透着黎川四年当中对人们精神、情感的开示，对先进科学思想的召唤；无不由“一粒廪山米”进而“持作青原供”[6] 的巨大功绩。

---

① 《七代》。

② 《数衍》李世熊《序》。李世熊（1602—1686）字元仲、符仲，号愧庵，福建宁化人。国变拥唐王，后隐居宁化泉上阳迟山，又号寒支道人。著《寒支集》等，与揭暄交。

③ 《康桐》卷之四 · 理学 · 十一 · 方以智。

④ 方以智为张瑶星 · 白云所作《断截红尘图》方苞跋。

⑤ 《康桐》卷十四 · 理学 · 方以智：“即殁之后，学者欣慕，称为文忠先生。”《七代》附《文逸公家传》：“中履，文忠公第三子。”方以智孙、方中履之子方正瑗（1687—？）字引除，号方斋。其《方斋补庄·自序》：“先太史文忠公，侧身谗嫉之朝，游神形骸之外，《药地炮庄》所以寄意也。”《东西》开章，钞本标题下钤有“文忠少子中履谨藏”楷字朱文长方印。

⑥ 《江青》卷十 · 诗，第 262 页，熊人霖《怀青原》：“一粒廪山米……饭钵豢两龙。”

但是，今天关于方以智的研究，对方以智黎川四年的行踪、交友、思想、著述等一系列问题，未见有更多、深入的研究，是一个初步，甚至是空白的阶段。

对方以智在黎川的“药地和尚”名号来源，研究界谬判在仅有半日夜间停留的“樟树镇”；方以智在黎川四年的驻锡与住持，错误地界定为“居无定所之行脚僧”[①]和“游禅”。[②]更有甚者，完全忽视了方以智的抗清史实，将其在满清高压统治下遁入佛门的坚忍，在禅门为“汉文化”做出的巨大贡献，提出了一种极为荒谬的观点说：

> 在评价方以智的晚节时，把他与转辗不屈、坚持武装抗清的张煌言相提并论，这个过高的估计，与方以智的晚年活动实在不太相符。[③]

《方以智黎川四年》，就是试图以新发现的文献与史料，围绕方以智黎川4年的行实、思想、学术与交游，将这些混沌无知，存在着巨大偏差和歧义的诸问题，给出一个清晰的回答。

三

现阶段关于方以智的研究，因丢失了“黎川四年”，故研究必须以全新的观念和眼光，去钩稽过去未曾被注意的新史料和新文献，挖掘并搜集新的证据，对以往的研究成果进行必要的耙梳与纠偏。

譬如，康熙十二年（1673）至同治九年（1870）200年间《新城县志》几个版本收载的寿昌寺七位住持，除了方以智外，还有六位同属“大”字辈的禅门兄弟，先后为住持，其身世、行踪、事迹与方以智到底是什么关系？这种同属一辈、先后承续六任、跨越18年的蹊跷住持现象背后，到底隐藏着怎样的本质性问题？

方以智在寿昌派下“博山”与“东莞”两支的关系，身份的转变、业师之间的纠葛、龃龉；黎川寿昌寺“兄终弟及”的“传灯事”等，研究界一无所知；方以智离开黎川五年后，重返寿昌寺收拾“残局”、僧俗两界的“蜚语”与“谣

① 《晚节》4页转引如恒慕义主编《清代名人传略》：“以密之晚年为一居无定所之行脚僧焉。”

② 《方谱》目录，卷六·游禅江西，207—233页；《全书》23页侯外庐《方以智的生平与学术贡献》：“曾在江西新城县的廪山、南谷，又尝游盱江的麻姑山。”《东西》序言：“云游江西”。《冬灰》校注前言·2页：“服阙后禅游江西”。

③ 《论丛》244—259页任道斌《关于方以智的晚年活动》。

诼”，这些显而易见、直接与方以智在惶恐滩赴水殉节有着紧密关系的重要事件，至今仍是研究界的空白。

方以智的“药地”名号，在没有弄清楚《药树堂碑文》作者的背景下，不仅错误地解释“于栾庐时得药地图章”的文义，又以一件未曾坐实的《意在笔先图》作品，将方以智在黎川四年的“药地”之名，错误地界定在仅有半日夜间停留的“樟树”。

方以智在黎川四年中撰写的重要著作；困惑学术界两个不同版本《通雅》刊梓、捐资人等问题，在这种丢失与遗忘中，潜藏于无知与无畏；方以智在黎川金楼的“开示”，被误判成在桐城老家；方以智在黎川廪山建设的“中五道场”，被说成是青原山一个宋代就曾存在的地方。

方以智与“易堂九子”、在黎川周边“相招”的十多位“清孤不屈之人士”，他们的身世、云集于黎川四年里所发生的事件与性质；这些人员在黎川形成的一个禅门、俗世共融的遗民群体；方以智在明朝时所交结的朋友、弟子，在改朝换代后仍然在清朝为臣、为官的另一个特殊现象，在方以智这一线索牵引下，到底是什么关系？均被忽视和淡化，甚至被完全消失得无影无踪！

八大山人与方以智，一个是明皇宗室王孙，一个是大明帝国的忠贞臣子；原本是完全不同身份背景的两个人，因国破家亡，让两人在黎川寿昌寺这座祖庭里，有了一个禅门庇护的交叉点。但是，八大山人“羸羸然若丧家之狗”[1]隐姓埋名，曾拥有过99个名、字、号；[2]方以智“跳南跰北，数履硙硙之刃”、[3]“逢人思变姓，教我善藏名”，[4]东躲西藏遁迹，曾使用过72个名、字与别号。[5]这

① 《个山小像》八大山人自跋。

② 见拙著《八大山人印款说》，燕山出版社，1998年版。

③ 《东西》记。

④ 《流寓》卷四《诣候白安石夫子，记其命我之语》。

⑤ 方以智名号，在家时有：密之，东林，浮山愚者，曼公，浮庐、龙眠愚者、鹿起山人、泽园主人、宓山子、宓山氏、宓山愚者、愚者密、江北读书人、愚者。逃亡时有：吴石公、吴秀才，三萍，于天雷。剃度后有：行远，无可。著作及记载还有：廪山大智、大智、愚者弘智、宏智、无无关智、竹关智、无可智道人、无可道人、无道人、无大师、可大师、五老一、五老峰无知子、何何先生、墨历、木立、木公、木大师、药地槁木、石田、药地、方药地、药地病夫、药地翁、药游老人、炮药者、炮庄者、药公、炮庄老、炮庄、嗚嗚子、嗚山、闲曼翁、浮庐散人、浮庐老禅、浮山之孤、浮山先生、浮渡愚者、浮公、竹关、栾庐之孤、易贡游子、愚公、宓山师、密翁、高座道人、吉支、极丸学人、极丸老人、笄参老人、丈人、青原尊者、合山本师、喷雪轩老人、方太史。

些因素，致使后世两个不同研究领域里的学者们，既没有将两人串并起来，也没有打通两人之间的关节，各自在封闭的领域内失之交臂，“八大山人研究”将方以智丢了！“方以智研究”又将八大山人丢了！

方以智年长王夫之九岁，自方以智在湖南武冈与身无半职的“孝廉”王夫之相识、相交，并对其提携；方以智来黎川后，又对这位始终执弟子之礼的王夫之，发出了整整四年多“有所授”之“屡招”。但是，当年在方以智面前“知恩不浅难忘此”① 的王夫之，不仅拒绝，且一直避而不见；直到十余年后，方以智在惶恐滩赴水殉节后，成为那个时代人人心目中的垂范高山，王夫子这才以悼念的方式，在诗文中予以了“缅怀”；方以智的著作、先进的思想，早王夫之二十余年享誉当世，而让王夫之在方以智面前相形见绌。然而，自清同治以后，王夫之却一跃成为顾炎武、黄宗羲之后的“明末清初三大思想家”；这种显失公允的界定，② 不管是对王夫之的“个人良知”进行考察，还是对其在“集体良知”上的展现，这种严重矛盾现象的背后，无不让后人心存疑虑。但是，如此尖锐的问题，研究界不仅从未有过涉及，仅以“拒禅”③ 对王夫之一笔轻描淡写地带过。

摆在眼前的诸多问题，因丢失“黎川四年”，致使现阶段的许多“研究成果”，不仅难以让人信服，且让现阶段的“方以智研究”，有些停滞不前，甚至有些混沌和难堪。

四

《方以智黎川四年》以史实为基础，将方以智“黎川四年”的背景、身份、事迹，在禅门曹洞宗寿昌派下的世系、法脉、师承、弟子，在“博山”与“东莞”之间的关系，一一予以厘清和交代；黎川寿昌寺的地理环境与人文环境对方以智的影响；方以智与寺内诸僧人的交往、寺外禅门的过化，世俗间信士、缙绅，地方官吏的往来、发生的事件等，进行考订与坐实。

以方以智黎川四年行实为“实证”，让那些以往被研究界遗忘、遗漏、遗

---

① 王夫之《极丸老人书所示刘安礼诗垂寄，情见乎词，愚一往呐吃，无以奉答，聊次其韵述怀》。
② 《东西》庞朴《序言》：“近乎不公。”
③ 张永堂《方以智与王夫子》“婉拒逃禅”；台湾刘君灿《方以智》第 99 页“婉拒逃禅”“拒禅”。

失的大量人物，从这些事件中显豁并生动起来；让这些随行于方以智在黎川的弟子、学人，云集在黎川的人物关系等，作出必要的厘清和交代；使方以智在黎川四年中所形成的学术思想、著作，乃至影响与传播，作出较为准确的分期和界定；对方以智黎川四年中创作的书画、艺术交流给予介绍；对方以智黎川四年所形成的、独有的地域宗教现象、文化现象、社会群体现象，乃至黎川这个特殊的禅门“道场”，对周边地区产生的巨大和深远影响等，进行阐释和论证。

《方以智黎川四年》所言黎川四年，是方以智前半生闽、粤、桂抗清、逃亡、流离，西进泰和首山、吉安青原山生命最后九年禅门生涯不可或缺、完整链条中的重要一环。所涉话题，紧紧围绕方以智在这个相对稳定的禅门祖庭寿昌寺，将这段研究界未曾触碰、丢失和遗漏的“黎川四年”捡回来，所列方以智行踪、事件、交往人物，散佚、遗漏的作品等，在展开的讨论中，让这一鲜活的历史，从迷雾重重的“无知”中逐渐走出来。

2018 年 10 月 7 日，是方以智来黎川寿昌寺驻锡 360 周年，也是方以智在万安惶恐滩赴水殉节 347 周年忌日。在这个值得关注与纪念的日子里，鸿鸣将这部《方以智黎川四年》奉献出来，希望这部小书，能够唤醒世人对方以智黎川四年不同凡响的记忆，同时，激发新一代学人对药地和尚、对寿昌寺、对曹洞宗寿昌派研究的热忱，从而参与到这一拓垦行列，以此来共同缅怀和纪念这位对中国思想、哲学、科学、文化与艺术产生巨大影响，为中华民族的文明与进步，做出非凡贡献的先贤巨擘！

2017 年 11 月 11 日于北京西直门海云轩寓所

卷首　方以智在黎川禅门的文献记载

方以智在江西建昌府新城县黎川禅门的相关记载，最早见到的地方文献是康熙《新城县志》。康熙十二年，即方以智离开黎川寿昌寺十一年，于清廷逮捕归案途中的万安惶恐滩赴水殉节后第二年，由“三韩周天德秉彝纂修”“北田涂景祚万年编次”[①]十卷本《新城县志》，对方以智在寿昌寺任“住”持，以及前后存续关系，作了如下的记载：

僧大成，字竺庵，顺治中重建寿昌寺；僧弘智，字木立，著有《炮庄》、《通雅》诸书；僧大存，字双峰；僧大浩，字其天；僧大忍，字梅蓬。已上具相继住寿昌。僧大宁，字石潮，康熙壬子重兴福山殿宇，著有《语录》、《箫峰堂文集》、《庄我》。僧大奇，字观涛，住寿昌寺。[②]

康熙《新城县志》的“纂修”者周天德，是时任黎川新城县知县，也是在方以智生前执弟子之礼的好友。方以智于康熙十年辛亥“粤案”发作、被清廷捉拿后，作为尚在职“任”中的黎川新城知县周天德，极力为之营救，乃属“辛亥之岁，先文忠公之难作……郡县之吏，伏床饮泣者有之，任侠之家，复壁图存者有之”[③]列。

至方以智于该年十月在惶恐滩赴水殉节、“粤难”平息之后的来年，方氏诸子们在老家桐城“报恩堂”，为曾经出手营救过父亲的官员牌位中，即立有这位黎川新城知县周天德：

新城邑侯周公讳天德，皆难中受恩之当事也。无以为报，敬书牌位于报恩堂中，朝夕焚祝，聊尽此心而已。[④]

康熙《新城县志》的“编次”者涂景祚，虽在该县志中仅署名为“编次”，

① 《康新》各卷下署名。
② 卷之九·人物志·皇清·百三十九。
③ 《汗青》卷下·二十八至二十九页。
④ 《陪诗》卷四·十八《报恩堂》。

但却是该志书“簪绅孝秀，分局校雠，探前纪缀，续后闻举”[1]的重要参与者，或实际上的修撰与执笔。更为重要的是，涂景祚是追随方以智多年的弟子。

涂景祚在“康熙十二年癸丑孟冬”[2]刊梓的《新城县志·义例》中说：“是编始于癸丑三月，成于八月，以时日太促、催督过严，其中漏略实多，后之好德者，幸加详可耳”，[3]这是清廷自康熙元年开始行“文字狱”至烈的结果。[4]据此，可知这部《新城县志》的开修到辑撰，在半年，即六个月内完毕，[5]四个月后刊梓行世。这个时间，距离方以智康熙六年夏闰四月重返黎川寿昌寺、八月后离开，编撰的时间仅有六年，刊梓时间仅有六年另四个月；距离方以智康熙十年十月七日赴水殉节，开修的时间，仅有一年半，刊梓的时间，仅有两年另两个月。

尽管涂景祚在《义例》中说“时日太促、催督过严”，但在这部《新城县志》当中，还是保留了周天德、涂景祚两人以外界不易觉察的曲笔方式，将“弘智”、[6]在访寿昌派下“博山”支嫡传耕庵老人时“易号”之“木立”[7]名号，以方以智桐城老家“墨历岩”[8]山名而得之“墨历”名号，对方以智在黎川寿昌寺四年先后的行踪，予以了尽可能的记载，并保留了一首弥足珍贵的《望廪山》诗：

> 南谷寺。在县北十五里八都……康熙元年请禅师墨历主法席，改称南谷寺，有《望廪山》诗云：高卧山头不见山，别从南谷望云间。有时风扫青螺顶，一笔参天自破颜。[9]
>
> 廪山塔院。皇清顺治十七年，僧墨历建。[10]

---

① 《康新》卷首·周天德《序》。

② 同上。

③ 《康新》义例·三。

④ 《钱谱》：“壬寅……文字祸烈至此”、“壬子……晤魏凝叔，谏其文宜慎重……府君以乙酉秋江阴死难者忠节宜纪，纪则犯当时之讳”。

⑤ 《康新》卷首《序》：“为纲十，为目若干，越六月而始克。”

⑥ “弘智”不是方以智在曹洞宗寿昌派下“东莞”支法名，是其后在“博山”支中所获法名。

⑦ 《菊庄》卷十二·十四：“药地和尚访耕菴，易号木立”；“木立”是方以智依据桐城老家“墨历岩”演化而来。桐城浮山西麓有墨历岩，方以智年幼时读书于此，去世后，即葬墨历崖。《陪诗》卷之五·一《甲寅报亲庵遇杨嘉树》：“此番墨历崖前话”。

⑧ 《汗青》卷上·十六至二十二《浮山岩洞志》：“浮山距桐城东九十里……峰下华严寺也……西麓则报亲庵……墨历岩、掌岩相连，俱在浮山之西……先公少时读书此藏轩。”

⑨ 卷之二·寺观·五十一。

⑩ 卷之二·寺观·五十四。

康熙《新城县志》除了以上三条记载外，没有更多关于“弘智”“木立”“墨历”的身份背景介绍。这大概是周天德作为好友、涂景祚作为弟子，在这个敏感、特殊时期里，因“催督过严”仅能做到的最大程度了。① 后世续修的雍正、乾隆、道光《新城县志》承袭这一记载，至同治九年刊《新城县志》，该志袭依“乾隆志”，对方以智在黎川寿昌寺任住持的记载，因避讳乾隆的“弘历”，仅换了一个“宏”字，而有了几乎完全与康熙《新城县志》一样的介绍：

> 僧宏智，字木立，著有《炮庄》、《通雅》诸书。僧大存……僧大忍，字梅蓬 [已上具相继住寿昌]。僧大宁……僧大奇，字观涛，住寿昌寺 [以上乾隆志]。②

以同治《新城县志》的文字与康熙《新城县志》此条文字的相似程度论，所谓“以上乾隆志”，当承袭“康熙志”无疑。

此际，方以智的《药地炮庄》虽仍因书中有诸如“萧孟昉”等涉讼，或因“文字狱”有戴移孝 ③ 等反清忌讳人物的因素，未被《四库全书》作全部收录，但毕竟还是列入了《四库全书总目提要》“子部道家类存目”，故同治《新城县志·人物志》仅能上承“府志”已存之记载，将方以智来黎川寿昌寺的前因后果，做了一个极简单的《小传》：

> 方以智，字密之，桐城人，都御史孔炤之子也。明崇正庚辰进士，受翰林院检讨，后披缁衣为僧，寻以父老还侍浮山，④ 父卒，庐墓三载已，溯江登匡庐五老峰，入盱江访徐芳荷叶山中，适芳他出，就所居草庵栖止三阅月，人不知为何等头陀也。芳之兄英见其扇头书，诧曰：此桐城方密之笔也。捉臂前诘不得匿，复柱杖景云，又入资圣及新城寿昌诸刹，

---

① 康熙三年至六年，钱澄之在闽修《建宁府志》，因与当局不合“志成亦不梓”，《钱谱》丙午条·212页。钱澄之《书建宁府志后》：“死事前朝彦，于今载不妨……戊子城屠日……即应讳国事，何至匿家声……任事志全灰……”见《田间》卷十四·304页。

② 卷之十二·仙释·国朝·七。

③ 戴移孝，字无忝，老于布衣，以文章节义齐名。明亡，其父戴重在太湖结义军抗清，后绝食而亡。戴移孝承父志，交豪杰，思报父仇。《浮志》卷之九·256页·戴移孝《滴珠岩次药地本师韵》著《河村文集》、《河村诗集》均毁于清初文字狱，并被掘坟戮尸。

④ 《道桐》卷之一·舆地志·山川·九：“浮山，县东八十里，东南趾有华严寺……金谷岩”，《浮志》卷之一·形胜：“浮山，距桐城东九十里，距江六十里，三面临湖，望之若浮，一曰浮渡山。”又名浮度山，今属安徽枞阳县。

往来数十年，一时名人无不从之游［府志］。[①]

同治《新城县志》并在“卷一·山川”中，增补了康熙十七年秋，方以智重修黎川金峰寺，而康熙志失载，或漏记的“金峰寺”一条：

金船峰，（在县）北十五里……上有金峰寺……明嘉靖戊午夏，为劫火所烬……至国朝顺治庚子秋，椽颓壁朽，僧木立锐然奋兴，宝殿崔嵬，绀相辉烁。前则平台挹秀，远则文峰插天，焕然成一大观矣。

方以智去世十二年后的康熙二十二年，禅宗临济派下僧超永，经过十年编撰，于康熙三十三年在京师完成的《五灯全书》，[②]列方以智为曹洞宗青原下三十七世弟子，载方以智在黎川寿昌寺住持期间的“上堂”：

吉州青原墨历大智禅师。桐城方氏子，别号药地。寿昌上堂。向上不传，向下文长，何必争如不必。通身讵若偏身，若作话会，徒辱家风，只如老祖曰：醍醐上味出乎乳，滴水搀中便不成，还曾亲过此煅炼关么？三十棒头开正眼，何曾传得祖师心。上堂。与么与么，烂泥胶屐齿，不与么不与么，逐日邓林西。与么中不与么，不与么中却与么。石人眼不花，挥拂子曰：此事不容近旁，本绝週遮，若是作意矜夸，去之愈远，直饶毒蛇戴角。乳虎生翼，转见乖张，得何所益，到不如初发心众生一念至诚，却自塞天塞地，所谓匹夫不可夺志，一步即为千里。虽然，今日因众请，山僧举扬第一义谛，且如何是第一义谛聻。良久喝一喝，下座［觉浪盛嗣］。[③]

《五灯全书》是一部记载禅门世系、派别、人物传绪的著作，对方以智在黎川寿昌寺期间任住持的“上堂”事迹，对方以智身份、世系、师承，作了明确、清晰、但仍然是极简略的介绍。对于方以智为什么会来黎川，在寿昌寺的行踪与事迹，仍未见有更多、更深入的涉及。

由清康熙十二年（1673）至今所历三百余年，方以智在黎川寿昌寺四年的这段经历、行踪、交友等，均被淹没在满是尘埃的历史瓦砾当中，无人问津，也无人知晓。

---

① 《同新》卷十·人物志十二·寓贤。所谓“府志”，系指该条目采撷于《同建》卷八·寓贤·方以智。

② 《正源》卷八·百九十四，载方以智仅为青原净居寺事迹，略。

③ 《五灯》卷第一百十八·曹洞宗·青原下三十七世随录，第669至670页。

卷一　初到寿昌寺履任“旧职”

第一节“行脚西江”赴黎川寿昌寺祖庭

1. 受命于业师的“向上主盟”

顺治十五年（1658）一月，方以智在桐城为父亲庐墓三年期满，① 时年48岁，将行脚西江，② 第二次登庐山禅游。是时，业师觉浪道盛得知方以智“已出龙眠，隐于匡庐”，随即追信至庐山，冀望能到黎川寿昌寺祖庭担当“向上主盟”。信说：

> [佛教已失其真]，此杖人隐忍恶，的有不容自已者也。你智子于此，又何敢自委乎？彼卧薪尝胆、破釜焚舟为何事？而吾宗正丁此时，如不能于无门创开不测之门，无毒拈出不传之毒，则又何足使此能作向上主盟，别展逆流手眼乎？闻子已出龙眠，隐于匡庐，当以破兰一茎，慎自变化之。③

方以智接信札后，随即下庐山，并于此时给堂舅父吴道新诗，告知将前往赣东黎川“寒山”④ 的行程。吴道新尝有游武夷，对黎川熟悉，故为之作《又用前韵送无可大师西上》：

> 寒山瞻锡卓……孤僧已类沤。维摩何必室，弥勒不须楼。欲觅藏身处，

---

① 方孔炤，字潜夫，号仁植，万历四十四年丙辰进士，官至右佥都御史，巡抚湖广。顺治十二年秋，方孔炤去世。以传统丧礼计，长子自闻丧之日，须在家守孝27个月（不计闰月），方以智于该月满守制。

② 《陪诗》卷之一·迎亲集《老父服阕行脚西江》：“栾庐三载日……芒鞋别路行。一瓢谁托迹……苍天竟不明。”

③ 《天语》卷二十七《寄示无可智公》。

④ 寒山在黎川。《明建》卷之二·山川·十七·新城县：“大寒山。在县东南四十里……高处最寒，故名。”《康建》卷一·地理志·山川·二十·新城县：“东南四十里……唐大顺元年置大寒山院。”魏禧《同林确斋与桐城三方书》：“昔岁己亥，杖人栖迹寒山”，《新城道上》：“独舍依寒山”均特指黎川。任道斌《关于方以智的晚年活动》一文认为余英时“把‘寒山’说成是江西新城县‘大寒山’这在材料上也没有可靠的根据，是不对的”，并说“我认为‘寒山’……指金精山。”任道斌之说错误。

原无踪迹留……西江今吸去，东海任扬尘。①

诗题中用“无可”名，是方以智刚从庐山下来、尚未到达建昌府药地的证据。诗又说，方以智“孤僧”一人前往黎川“寒山”，其所涉“西江”，毗邻福建“东海”的地域特征表达，均是吴道新对黎川熟悉的体现。

吴道新以长辈的口吻相劝道：“维摩何必空，弥勒不须楼。”即出家未必要到寺庙里去，留在桐城家里照样可以侍佛。这是吴道新在叙述了黎川的基本情况之后，作诗相送的目的，也是吴道新作为娘舅，希望已经出家的方以智，能在桐城老家浮山“华严寺”的后话。尽管诗中带有些许的埋怨，但还是将“瞻锡卓”的希望、用马祖道一“吸尽西江水”禅典，对外甥能在黎川“东海任扬尘”的期望说了出来。

方以智这次在庐山奉师命前往黎川寿昌寺祖庭，此后驻锡黎川四年，泰和首山周转一年半；最后在青原山净居寺住持七年，前后整整十三年，方以智虽“常返里省亲”，②但直至康熙十年十月七日，在清军押解的囚船途经万安惶恐滩赴水殉节后，儿孙们才得以真正将老父亲的遗体运回桐城老家浮山安葬。由此推断，方以智在接到师命后，当回桐城作短暂逗留。这期间，既向舅父吴道新请益辞行，又与桐城诸亲人、朋友作别，并向十方禅门兄弟、檀越，告知了自己的去向。

此际赋闲在桐城老家的姚文然，因方以智将远行而“惆怅知音少”，遂在两人“夜话”后作《与曼公年执夜话作》：

桐峰文梓直……绿绮能相和，朱絃尽日弹。移情江海阔……惆怅知音少，殷勤托古鸘。③

“曼公”是方以智早期名号。以姚文然诗文“绿绮能相和，朱絃尽日弹”句，可知姚文然在方以智“庐墓”期间，两人有不少往还与唱和；方以智亦在“夜话”中将自己即将“移情”的地方，是在临海“江海阔”之赣闽“古鸘”④山

---

① 《浮志》卷之九·艺文·225页。

② 魏世俨跋《木公卷子》，《浮志》卷之七·140页吴道约《夜怀无可大师》：“无公天际客……惜我未还里，传君独泛舟［无公季秋过舍，邀游浮渡，值余在城未回］。”

③ 《端恪》卷之二·九。

④ 《山海经·大荒南经》：“大荒之中，有人名曰鸘头……鸘头人面鸟喙有翼，食海中鱼，杖翼而行。”

区黎川以告。

在方以智向十方相告的人员中，时居金陵香水庵或惠应寺的禅门兄弟渐江弘仁，也当于此际获悉方以智将前往曹洞宗黎川寿昌寺祖庭，欢喜之余，或可能有作山水画《疏林幽篠轴》以赠。[①]

夏，方以智辞别桐城故乡诸亲友，西进江西，在进贤县介冈村鹤林寺拜谒禅门耆宿耕庵老人，并在其门下“易号木立”。[②] 随后，经水路进入了驰名中外的赣东中药“建昌帮”属地建昌府南城县。“同年”旧友徐芳的故里即在此，这对于孤身一人前往黎川的方以智来说，是可资依靠的人选。但方以智寻访徐芳不遇，遂有游、滞留麻姑山“凡三阅月”。[③]

顺治十五年，农历冬十月初八日，方以智 48 岁生日前 18 天，进入黎川来到了“寿昌寺”这座举世闻名的曹洞宗寿昌派祖庭。

2. 黎川寿昌寺的历史与曹洞宗“寿昌派”法脉

黎川寿昌寺，虽有文献记载元代修撰过《寿昌志》，[④] 明末编《寿昌志略》，[⑤] 方以智来黎川后，也曾写过一块“寿昌寺碑”，[⑥] 但鸿鸣苦觅三物均未得，而世人对寿昌寺的门庭、世系、传承、字派等，又多有舛误，故简略介绍如下：

公元 860 年至 873 年，唐咸通时有僧“泉南桂琛”[⑦] 在黎川创建“永居院”，是寿昌寺的前身。康熙《新城县志》：

> 寿昌寺，在县东兴乡石峡，距城四十里。唐咸通间僧泉南桂琛始建永居院；宋治平纪元间，赐名寿昌院；元皇庆壬子年僧云白了心重修；明洪武癸酉年主僧宏迁建其基于黄龙峰下，请释西竺住持；永乐初，僧元偕徒荆山重建；正统乙未僧越善重建，丁卯奏议赠赐寿昌禅寺，礼部

---

① 《方谱》卷五 · 203 页 ：“服阙，将离桐城。渐江赠山水画”。

② 《菊庄》卷十二 · 十四 ：“药地和尚访耕菴，易号木立”。

③ 《悬榻》卷三《愚者大师传》。

④ 《康新》：“元大德九年碑记……详见《寿昌志》”。

⑤ 《悬榻》卷之二 · 序《寿昌志略序》。

⑥ 《全书》52 至 53 页《物理小识补遗》增补内容 ：“五十初度诗……刻石则有……寿昌寺碑、景云寺碑……大士像赞。”

⑦ 《康新》卷之九·仙释·唐·一百三十二：“僧桂琛，常山人，李姓……访南宗，初谒云居雪峰……出云居……建院为永居 [即今寿昌寺]。”

尚书胡濙撰碑记；万历戊申释无明重建；皇清顺治十年僧竺庵复建。[①]

此后，禅门视南泉桂琛为“寿昌法系”始祖，其弟子文益，是“五灯”之一法眼宗创始人。后世《黎川县志》言“桂琛以文益的影响至之关键”，[②]何种“关键”影响？没有交代。光绪《江西通志》：

> 绍修，青原行思第八世下桂琛法嗣，初与法眼同参地藏，后居龙济山，不务聚徒，而学者毕至[传灯录]。[③]

绍修既是“桂琛法嗣”，又与“法眼同参地藏”，“文益”与“绍修”或为一人。

唐大中（847—859）时，青原下第四世良价（807—869）[④]入住江西新丰山（今宜丰县）传佛法教义，后迁洞山肇建普利寺演绎“偏正回护”之旨，撰《五位君臣颂》，良价法筵大开，被曹洞宗尊为“洞正宗匠”。有弟子本寂（840—901）、[⑤]道膺（848—902）、[⑥]匡仁和咸启等26人，本寂为首座。自此，良价在洞山，匡仁在疏山，[⑦]道膺在永修云居山，咸启在浙江宁波天童山，四方参学“洞山之宗，至即为盛”。

永居院于北宋治平（1064—1067）获英宗御赐“寿昌禅院”，[⑧]经四传至北宋末年，寿昌寺历200多年天灾人祸与兵燹，已焚毁殆尽。

约南宋景炎元年（1276）前后，僧白云了心[⑨]（1250至1255前后—1305）[⑩]来黎川，在寿昌寺废墟上发愿重兴，得再度隆盛。元大德九年（1305），了心

---

① 卷之二·建置志·寺观·五十一。

② 《11黎》卷二十一·宗教·风俗·581页。

③ 卷一百七十九·仙释·唐·抚州府·十九。

④ 曹洞宗尊为“洞正宗匠”。

⑤ 《光江》卷一百七十九·仙释·唐·抚州府·十八：“元证，名本寂，泉州莆田人，姓黄氏。行思第五世，良价法嗣也……住抚州曹山，后居荷玉山。天复辛酉告寂，寿六十有二，谥元证大师，塔曰福圆[景德传灯录]。”

⑥ 《光江》卷一百八十·仙释·唐·南唐拊·南康府·十一：“道膺，幽州玉田王氏子，住云居寺，嗣洞山价……天复二年示寂，谥宏觉禅师，塔曰：圆寂[传灯录]。”

⑦ 《光江》卷一百七十九·仙释·唐·抚州府·十八：“白云，名匡仁，住金溪疏山寺，号圆照禅师，青原行思第五世，洞山良价法嗣也。”

⑧ 《11黎》582页。

⑨ 《康新》卷之九·仙释·元·百三十四：“僧白云，字了心。生宋时，元大德九年碑记云：阐扬寿昌三十余年，临川潘恕翁有参师问答。详见《寿昌志》。”

⑩ 《康新》：“阐扬寿昌三十余年”、“生宋时”，以元大德九年（1305）回推30年，来黎川寿昌寺当在20至25岁之间，即南宋淳祐十年至宝祐三年前后。

住寿昌寺 30 余年后，圆寂于此。①

元末明初，僧崇裕（1304—1378）②16 岁在黎川寿昌寺为沙弥得法。入明后，应太祖朱元璋诏献偈，获赐。③

明洪武帝二十六年（1393），时任黎川寿昌院住持释宏，④将寺宇迁建黄龙峰下。释宏退居后，延请临济宗派下僧西竺⑤来此住持，⑥更名为寿昌寺。

永乐初（1403），寺僧释元⑦偕弟子在荆山重建寿昌禅院；十三年，僧越善⑧募资重建；至永乐中，西竺再入黎川寿昌寺开堂接众，获江西宁藩朱权亲王（1378—1448）赐“慧光普照顿悟圆通禅师”，后圆寂寿昌寺。⑨

正统十二年（1447），英宗朱祁镇赐名“寿昌禅寺”，并敕建“沉香楼”于次年成，礼部尚书胡濙为此撰写碑记。⑩正德（1506—1521）期间，寿昌寺已衰微成“寺”下之子孙院，被改称为寿昌院。⑪

嘉靖（1522—1566）时期，寿昌院再次圮毁凋落，僧众稀少。此际，南昌府僧蕴空常忠（1514—1588），⑫于河南嵩山少林寺得曹洞宗二十九世小山宗

---

① 《11 黎》582 页：“元皇庆元年日云了心率众募缘重建”不确，“日云”亦错。

② 《光江》卷一百八十・仙释・元・九江府・三十七：“崇裕，字约之，姓陈氏……居太平报恩寺数十载……号扶宗宏辩大师……葬锦屏山下 [欧阳元集]。”

③ 参《11 黎》卷二十一・宗教・风俗・581 页。

④ 人物不详。

⑤ 《康新》卷之九・仙释・元・百三十四：“僧西竺，名本来，抚州崇仁人，裴姓……礼一峰宁禅师……遁迹建江圣寿寺，次迁寿昌。宁王三请出山，不赴……”

⑥ 黎元宽《重兴福田古寺缘起》：“无明经祖，尝有寿昌古佛之号……有‘寿昌好牧牛，西竺再来游’之记。寿昌无明，既为古佛，则福田西竺……福田以寿昌所自出。”

⑦ 人物不详。

⑧ 人物不详。

⑨ 参见《11 黎》卷二十一・宗教・风俗・581 页。

⑩ 《11 黎》582 页。《抚州宗教集要》碑文古迹・195 页：“明太祖敕赐的石碑，高 1 米，宽 0,8 米……刻篆体敕赐寿昌禅寺重建记”。今寺内存盘龙碑首一座，鸿鸣曾往察看，其规制、浮雕图案与“洪武”不符，当为“正统”朝所赐。

⑪ 《明建》第十八卷・寺观・十三：“新城县……寿昌院，在县东。”

⑫ 俗姓常，名忠，字蕴空，建昌府人（今南城县）。

书（1500—1567）[1] 法脉，回江西弘法至黎川廪山，[2] 结茅再修 20 余年，重建廪山寺，[3] 与同邑罗汝芳（1515—1588）、[4] 邓元锡（1528—1593）[5] 交，谈性命之学，以曹洞宗教义为己任，使廪山得以兴盛。

隆庆（1567—1572）间，蕴空常忠在廪山寺得 21 岁无明慧经 [6] 为徒，倾囊相教。万历十六年（1588），蕴空示寂廪山、塔葬寺后。

无明慧经在黎川，以一把锄头借以践行“一日不作，一日不食”的农、禅并重学说与精神，创建“寿昌”一派，重振曹洞宗风，成为明清两代禅门“五灯”当中最为显赫的宗派，并开枝散叶得“博山”与“东莞”两支畅行天下。

黎川寿昌寺，从唐代咸通间（860—847）创建永居院，到顺治十五年方以智来，这座禅门曹洞宗“寿昌派”名刹祖庭，已有 800 余年历史。

3. 两年前在寿昌寺的“记名”住持

顺治十三年，方以智在获得了禅门曹洞宗寿昌派下最为关键的“博山”身份后，[7] 随即与业师第一次来到黎川寿昌派祖庭拜谒，并在道盛众多的委派中，被委任为寿昌寺的“记名”住持。[8] 方以智此时被委任，有一个重要的禅门事件背景。

---

① 宗书字小山，号大章，光大曹洞法门影响极大。著《小山别集》、《宗书语录》。

② 《明建》卷之二·山川·五（南丰）：“廪山，在县西十里，上有大石如禾廪。”卷二·山川·十七（新城）：“廪山，在县东北十里，一名点山。”《康南》卷之一·名胜·十八：“廪山，上有大石如禾廪。”《嘉庆重修一统志》建昌府·七：“廪山，在南丰县西南五十里，上有大石如禾廪，一名廪石。”南丰与黎川共处廪山，故两县志均载。

③ 《康新》卷之九·仙释·百三十四：僧蕴空，名忠，建廪山寺。

④ 罗汝芳，号近溪，建昌府人。嘉靖三十二年进士，著《近溪子文集》等 40 多种，是泰州学派的重要代表之一。

⑤ 《同新》卷之十·理学·明：“邓元锡，字汝极，号潜谷。在黎川天峰寺讲学，日峰镇垌上村，今存其墓。”

⑥ 《光江》卷一百七十九·仙释·唐·抚州府·二十三：“无明，裴氏子。先是西竺有再来之识，师嗣事廪山，亦隐居寿昌，道契单传，为中兴洞宗第一 [安志]。”

⑦ 该年五月，方以智剃染僧“空观五年”期满，道盛偕尚在庐墓的方以智赴江西宜黄曹洞宗祖庭曹山重修本寂灵骨塔，于此时获“博山”支“弘”字辈身份，法名弘智。

⑧ 黎川县党史办主任余天禄先生，曾寄黎川佛教协会撰写《黎川寿昌禅寺》：“顺治十二年，药地大智入主法席”未注明出处，比鸿鸣所订“记名住持”有早一年之差，其提前的时间差别，以及“记名”还是“实任”，未作说明。

黎川寿昌寺祖庭，自无明慧经（1548—1618）于万历四十六年圆寂后，因嫡传大弟子、首座无异元来（1575—1630），在江西广丰能仁寺开创“博山”一支；原寺内常住永觉元贤（1578—1657）去往福建鼓山涌泉寺；[①] 晦台元镜（1577—1630）在东莞静室也有道场，身为“常住”的 39 岁阒然元谧（1579—1649）[②] 在众僧的请求下，被推举执掌法席。阒然元谧后执掌法席 20 余年，又尝“潜往闽之建宁”，寿昌寺祖庭在此守成中，渐趋沉寂。

崇祯八年，无明慧经在家弟子、黎川黄端伯见祖庭凋敝，前往金陵延请 43 岁、正当壮年的师侄道盛，望其回寿昌寺任住持，但未果；[③] 九年春，住持阒然元谧 57 岁，闻道盛至庐山，再次命执事前往延请“回互”，将寿昌寺交给了“的（嫡）骨子孙”道盛，以期能“建大法幢，狮弦继响”，[④] 光大祖庭。

阒然元谧将“住持”交给道盛后，只身再往建宁“潜修”10 余年，至晚年，重回寿昌寺养老，于清顺治六年在寺内圆寂。[⑤]

觉浪道盛自崇祯九年至顺治十年这 17 年间，虽为寿昌寺住持，但主要精力依然在南京栖霞寺，没有实质性“住持”。顺治十年，寿昌寺被一把大火焚毁殆尽。该年冬十月，寿昌派下弟子竺庵大成，闻祖庭被烧，从金陵（今南京）率徒众等人来黎川，在废墟上重建寿昌寺。[⑥] 此间，道盛闻讯，先是“推双峰存公住持”，后至武夷、博山为先师扫塔，再返黎川祖庭，[⑦] 并“特为上堂举扬”。[⑧]

顺治十二年秋，觉浪道盛遇到了一件棘手的事情。时广丰“博山”祖庭

---

① 涌泉寺始建于唐代建中（780—783）年间，永觉元贤来此后重开山门，得以中兴。今寺内仍保留“寿昌堂”珍藏《寿昌语录记经板》100 多块，200 余页。

② 《康新》卷之十二・仙释：“僧元谧，字见如，建昌南城人……明已辞世。谧归……前后二十余年。”

③ 《同建》卷十·先释·十二·引《新城志》僧慧经传：“道盛觉浪，应黄端伯请主寿昌。著有《语录》等卷。”《有学》四部丛刊初编缩本，《集补》527 页至 528 页。

④ 均《有学》下·1624 页《觉浪和尚〈天界初录〉题词》：“今浪老实寿昌的骨子孙，建大法幢，狮弦继响。”

⑤ 《五灯》：“建昌府寿昌阒然元谧禅师……顺治己丑示寂，寿七十一，腊五十。”《观语》卷第六·佛事《见如谧老和尚塔》。

⑥ 《同新》卷之十二・仙释・国朝・僧大成号竺庵。

⑦ 《天界觉浪道盛禅师全录》：“予时归博山、武夷，扫二先师之塔”。所谓“二先师”，即无明慧经与晦台元镜，故知觉浪道盛回寿昌寺祖庭。

⑧ 刘余谟《传洞上正宗三十三世摄栖霞觉浪大禅师塔铭》。

能仁寺住持元锡弘恩在顺治三年圆寂后，住持一职虚位以待有年。身为南京栖霞、高坐、天界诸寺住持于一身的道盛，在金陵天界“命人走千五百里，书币踵至”进贤介冈灯社，命“博山”嫡裔、时在鹤林寺住持的颖学弘敏，前往能仁寺住持。道盛这一“越派”委任，被“博山”嫡裔的弘敏“却而不就，断如也”[①]拒绝。

黎川寿昌派下“博山”与“东莞”两支嫡传门人，为博山祖庭能仁寺住持之事，发生了严重的冲突和龃龉，成为轰动禅门、俗世两界的重大事件。[②]

此际，禅门又有人对黎川“寿昌派”开派祖师无明慧经的身份，提出了质疑：

> 《五灯严统》廿五卷……将卷六末未详法嗣，移置卷十六后，而著无明慧经、无异元来等于其中，即谓之严统……乃以“严统”二字，排斥他宗……列无明慧经于未详法嗣……洞上显学，莫觉浪盛……盛为无明之孙……遂为原告……而掀起禅宗史上所谓甲乙两宗大閧矣。甲乙者，顺治十一二年甲午、乙未也……寿昌、云门，不忝为曹洞中兴之祖……各各自誉为正传……谋寺院，闹门庭，祈子孙……寿昌无明师，亦不愧古人风格……无明皆严统所指为未详法嗣者……顺治……十六年原告觉浪卒……严统之诤，已成陈迹……[③]

觉浪道盛为了维护无明慧经声誉，且为表明自己是无明慧经“之孙”的正统与嫡系，在不惜诉讼背景下，同时对黎川寿昌派下“东莞”支四位弟子，进行了委任，他们是：

①笑峰大然，委任在青原山[④]净居寺，代行住持师职，笑峰接受、并前往履任；

②双峰大存，委任为黎川寿昌寺住持，并“特为上堂举扬”，双峰未接受；

③观涛大奇，委任为“梦笔院事，又以法衣嘱余继席”，观涛未接受、未履任；

---

① 《冶庵》卷上·序四《耕香缘序》。

② 详《介冈》。

③ 《僧诤》卷一《五灯严统诤》九至一六页。

④ 《渔洋》卷十一·1648：“庄绰《鸡肋编》：吉州江水之东有二山……曰青原。祝穆《方舆胜览》：青原山在庐陵县。明《一统志》：青原山在吉安府城东南一十五里”。

④以智大智，委任为黎川寿昌寺记名住持，[1]方以智接受了，但因尚在庐墓期间，未履职，由双峰大存监院，处理日常事务。

方以智获此“记名”住持后，重返桐城老家，去完成尚有两年的“栾庐”之责。

4. 并非陌生的“硝石”与黎川

方以智接师命赴黎川，还有一个重要的因素，就是少年时期和明亡后，曾三度在黎川毗邻[2]的福宁、温麻（今属福建连江县治）、长溪、太姥山，黎川邻县石城生活、流亡，在南城县硝石等地有游，对“百越”[3]之地赣东周边，有心理和地域熟悉的背景。

万历四十七年，方以智9岁，随父亲来到了福宁。时方孔炤在甘棠任知州，方大阶[4]《读潜夫太姥山记》:“高手写山形……千古太姥宅。”[5]方以智居福宁“长溪[6]之镜烟阁”年余。天启二年，方以智12岁游武夷、太姥诸山，居福宁约四年，[7]与刘中藻[8]往来，[9]对当地自然环境、人文风俗不仅熟悉，且在此期间，随父访熊明遇（1579—1649），聆其讲西学、物理。方以智后在《物理小识》中，对这段生活屡有提及。[10]

1644年，为躲避南都“党祸”，方以智尊父命于该年九月一日，脱逃金陵，

---

① “记名”之说，系鸿鸣据孙晋《药树堂碑文》:“于栾庐时得药地图章”方以智得道盛印可，但尚在庐墓期间诸记载，以及方以智遵道盛之命来黎川的行实推论。《11黎》582页：“顺治十二年药地大智入主法席，其以儒入佛……弘法传教，遍及赣东大地，宗风大振”，未言明依据，也与此间方以智尚在庐墓、道盛顺治十三年对弟子们的“任命”时间不合。

② 凤凰出版社《罗汝方集》贰·文集类《邵武卫记》489页：“闽藩与吾省俱列在舆图南……两郡去境上各百余里，骑骡可朝发夕至，故建昌居人，每藉邵武为之屏蔽。”

③ 《前编》卷七·岭外稿·卷上《寄李舒章》:“卧子以书导余游天台……秋历台荡，转入太姥……漂百粤。”“百粤”即“百越”，江西为百越腹地。

④ 字景玄。

⑤ 《龙眠》初编卷十九·656页。

⑥ 长溪，在福宁境内。《物理》卷一《天类》:“万历己未，余在长溪，亲炙坛石先生，喜其精论。”

⑦ 参《方谱》31、32页。

⑧ 《乾隆福宁府志》卷二二·福安忠节：“刘中藻，字荐叔，号洞山。”《续明》卷之十六·东南殉节·五二二：“大学士刘中藻，固守福安。城陷，被执。除夕，饮金屑死。”

⑨ 《博依》卷六《题刘荐叔洞山九潭图》：“玄月，长溪荐叔至自五龙”，《博依集》卷下《送别刘荐叔》。

⑩ 《物理》卷一《声异》：“太姥有空谷传声处……老父以问坛石熊公。”

变名“吴石公”入闽。至深秋，到达第一站，便是福宁温麻、长溪，福鼎太姥山[1]一带，其《瞻旻·侘傺诗》说：

> 云间卜宅向天台，便道温麻海上来[卧子[2]以书导子游天台，而老父以为温麻可隐，盖甘棠尸祝地也]。[3]

方孔炤所说“可隐”之“盖甘棠尸祝地”，即方以智父亲当年在福宁任所时，地方士民感其宦德，兴建的一座“生祠”。方以智复社旧友、后为儿女亲家的陈名夏（1601—1654）[4]《方中丞[5]生祠在太姥山》诗：“桐城方叔壮，香火福宁山。”[6]是方孔炤在该地有口碑的记录，故在儿子逃命之时嘱咐说：“长溪民德我，其地僻塞，可以家焉。”[7]

顺治二年，方以智在台荡、太姥山流徙，并在黎川邻县石城某寺庙“选诗成”，值妹方子耀夫婿孙临（1610—1646）“间关入闽……授职监军”，[8]遂专门来石城看望，作《至石城见密之选诗告成悲歌一夜》：

> 大江南北欲丘墟……闭门荒寺著新书……七序知君三易草，素餐恐不独惭予。[9]

---

① 《前编》卷九《岭外稿》卷下《鹿公司马墓志铭》：“北都之变，同逃出东便门……公感我万死不屈，遂相左右。历台荡、太姥……入五羊……”

② 陈子龙（1608—1647）《南疆逸史》卷十四：“字卧子，一字人中，松江（今上海松江华亭）人”，鲁王朱以海监国绍兴，命陈子龙为兵部尚书，唐王朱聿键亦授兵部左侍郎、左都御史。顺治四年五月，陈子龙被清军捕获，在押往南京途中的松江跨塘桥投水自尽。清军捞其尸，残暴地将其斩首弃于水中。后于乾隆中谥曰“忠裕”。

③ 《密抄》。

④ 陈名夏，字百史，江南溧阳（今常州溧阳）人，方中通岳丈。崇祯十六年殿试一甲第三名探花，与方以智同殿谏疏召集山东义勇救援京师。京城陷落，陈名夏上吊自杀未果。入清后复原官，后因“留发复衣冠”被绞。著《石云居士文集》十五卷，《石云居诗集》七卷。《石云》卷之六·五《五子咏》第二首《桐城方密之》：“方生天下士，踔厉青云端”，“五子”除方以智外，另四为：滇南唐大来·担当和尚；滇南苍雪，沛县阎尔梅，吴江沈元子。

⑤ 巡抚因例兼右都御史衔，相当于古代御史中丞，明清两代俗称巡抚为中丞。

⑥ 《石云》卷三·五。

⑦ 《前编》卷七·岭外稿·卷上《寄李舒章》：“老父云：‘长溪民德我，其地僻塞，可以家焉。’……秋历台荡，转入太姥，陟峤观海，遂漂百粤。”

⑧ 《龙眠》初编卷四十，第1561页“孙临”小传。《桐城耆旧传》卷六《孙节愍公传》：“侍郎晋弟也……娶方巡抚孔炤女……妻兄方密之尝规之……”

⑨ 《龙眠》初编卷四十，第1586页。

孙临死于顺治三年抗清，时年36岁，故知该诗作于方以智避难闽西、赣东之时。

顺治四年，方以智岳父潘映娄，字次鲁，任福建福宁按察副使；六年，方以智再次流寓太姥山一带，[①]这次在福鼎逗留期间，有《太姥山》：

山石栾栾，大至数十百丈……故倏忽而成此奇状也！[②]

陈名夏《石云居诗集》，有三首涉及方以智国变后在福宁。《太姥山下遇方密之，怆然别去》：

世乱藏身行路难……吹断裁云千万端。[③]

《太姥山下风沙篇，别方密之北行》：

荒荒遇子颜为开……亡命何由居草莱……一时执手当岁夕。[④]

《遇方密之于太姥山下赠予金》：

龙眠方子独身走……天涯儿女仍在否？……万里相思看北斗。[⑤]

是时，方以智来黎川邻县南城旧县衙所在地硝石，作《武夷》文：

硝石骨立，数十百丈……独武夷有九曲溪……老父庚申题于云路，盖识之也……不得不请营丘伸手矣。[⑥]

硝石又称“落硝石”，西晋太康元年（280）在此建“南城县”设衙于此。谢灵运《题落硝石》：“朝发悲猿峤，暮宿落硝石”；徐霞客来游，称“硝石铺”。硝石在明清两代距建昌府城40里，距黎川水路140里。硝石后因1958年筑坝建洪门水库，被淹于库底，今遇旱年干涸，仍可见库底硝石街面、牌楼、寺庙等。

黎川与武夷西面相接，是明清两朝入闽的必经隘道。明正德《建昌府志》：

新城县，杉关[⑦]极高控其东……灵鹫硝石障其北……招武之咽喉，建

---

① 《此藏》卷之一《浮渡野同岩》第89页，“己丑使闽回”即顺治六年。

② 《此藏》卷之一《太姥山》第89页。

③ 卷之二·七言律·四十四。

④ 卷之七·七言古·六。

⑤ 卷之七·七言古·七。

⑥ 《别集》卷一·十八《武夷》。

⑦ 《康新》卷之七·关隘·四：“杉关，在县境东北七十里，一名杉岭，两山耸峭，夹道其关，本福建光泽县所筑，内属光泽，外属本邑，为江、闽咽喉要害，视诸隘为最。”在黎川厚村乡飞源村，世称“八闽第一关”。《诗征》卷六十二·明二十四·二十三鲁论《杉关》：“重关百二表东华，接壤江闽邑万家”。

武之屏蔽。[①]

盱水，发源自广昌县血木岭……又百二十里至府治东南与新城县飞猿水会……清烛须眉故名盱水……[②]

黎滩水，在县西南，一名黎川……经硝石至郡城下一百四十里，会盱水流入澎蠡。新之川，莫大于黎。[③]

黎川虽山区小镇，但并不因崇山峻岭而阻隔闭塞。周边各种水、陆四通八达，为赣闽两省商埠必经之路，[④]连接广东、安徽、浙江、湖南、南京的水、陆交通，是明清两朝商品、货运，人员流通、聚散的重要码头，[⑤]扼守东去西来、南来北往的兵家重镇。[⑥]

黎川南面“赣州十二属邑，皆负山依阻地迫闽粤，故昔称多盗，而天下稍稍有事，则蚁聚蜂起揭竿，假名义者不可胜数”。[⑦]明末大规模抗清活动，主要集中在黎川、福建诸县和赣州诸县；[⑧]东面翻山经叶竹隘、邱家隘、杉关、王虎关，即抵闽西北泰宁、建宁、光泽、邵武数县。

黎川寿昌寺之名，在当地的承传因宋治平、明洪武两位皇帝均在该寺做寿诞得“寿昌”名扬。元代有“寿昌县太君”、“寿昌县君”皇室下嫁而封爵，[⑨]这种“封荫”，让“寿昌”之名四海传播。

顺治十三年，方以智随道盛来黎川祭禅祖，并于两年后再来寿昌寺实任住持，黎川对于方以智来说，并不感到陌生。

从方以智最终因“粤案”发作，被清廷逮捕的这个角度出发，其来寿昌寺，无疑是选择了另一种隐匿方式，虽有“奉师命”的理由，但自身的因素，无不

① 《明建》建志卷一·一十七。

② 卷二·山川·十。

③ 卷二·山川·二十。

④ 崇祯九年，徐霞客黎川登临会仙锋：“拔起危峰接天门，势临武夷俯闽赣。”

⑤ 清诗：“峰边青流桥上楼，彩舟歌舞夜不休；财风吹得商人醉，直把新城当苏州。”

⑥ 《小腆》卷十·崇祯十五年：“郑芝龙举事……南丰、广昌、新城、芦溪（今资溪县）积粟臣与同乡州牧力争之。”

⑦ 《叔子》卷十一·左军一·四十。

⑧ 顺治二年，福宁知州揭重熙举兵抗清，转战于福建、宁都、赣州等地，与何三省、揭暄父子等，形成犄角之势。

⑨ 《康新》卷之九·封荫·元·八十一：“刘仁恕，以子时习官，赠南丰州尹，妻傅氏寿昌县太君，时习妻程氏，寿昌县君。”

充满了选择后的意志。方以智顺治六年负父命逃亡时的“可隐”与“可以家焉”，亦成为其能在接到业师的信后，迅速前来黎川的重要原因。用方以智十余年前离落时的《隐退》诗，或许可对其此间的心理，作出更为合理的解释：

君不见，司空早遁王官谷，清流白马从旁哭……彼一丘，此一壑，可荷锄，可采药。植杖何烦老父愁？……杀君马，坏军车，焚君锦绣来钓鱼……天地尚在我辈手。[①]

选择隐匿于黎川的方以智，面对失去的大明江山，诗中虽不乏消极与颓废，但积极、乐观与自信的另一面，则以“天地尚在我辈手”展现出来。这种自信后面所包含的，除了业师期望的振兴、乃至希望成为寿昌寺的“向上盟主”寄托，无不体现出深埋于内心的“大明江山”，以及曾随隆武、永历两朝的抗清雄心。结合方以智后来在黎川四年中，对周边各种遗民、弟子等人物的不断“相招”，也就不难窥探出此际方以智的“可隐”与“可家”的心理。

黎川禅门的巨大和活动范围，乃至这座小镇四通八达的便利条件，是方以智愿意在业师的催促下，迅速来到寿昌寺的背景。

此次方以智来黎川，与前数次在黎川周边不同，更与顺治十三年随业师来寿昌寺，只挂了一个虚名“住持”完全不一样，而是要为“先师有个未了公案，出来为他了却”，[②]在寿昌寺要完成业师托付的重任，用“猛士喜无家”的坚忍，在此“地中诸草强半皆药”[③]的禅门名刹“东方将大隐，据地画龙蛇”，[④]实实在在地生活下去。

5.“圆具”业师觉浪道盛

觉浪道盛（1592—1659），是黎川寿昌寺祖庭寿昌派下著名弟子，也是明末清初声震僧俗两界的大头陀。康熙《新城县志》：

僧道盛，字觉浪，闽蒲城人……先谒博山受具于董岩，次参东莞于书林，复随莞见寿昌，得印证，又再见博山，机缘甚多。得法后，遍游两浙、三吴……请开法龙湖禅寺，后至匡山，见如闻之同黄司李端伯，请住持

---

① 《密抄》流离草·劝隐，《龙眠》初编卷四十三·1697页。该诗作于顺治四年前后流寓沅州期间。
② 《冬灰》卷一《上堂》。
③ 《康新》卷之三·赋役志·物产·三十七。
④ 《流寓》卷四《得舒章、卧子书并作长歌慰我流寓援笔志此》。

寿昌，复归匡山圆通。自开法以来，主盟海内祖庭大刹一十六处，有《语录》及注作五十二种。[①]

光绪《江西通志》：

觉浪……别号浪丈人……参博山，继参寿昌经……见东苑镜一病濒死，苑调药疗之有间，苑究其生平大惊曰："吾寿昌这枝慧灯属子矣！"因付源流。顺治间，请住博山，后至天界毘泸阁休夏。忽命移锡禅堂亭，午书偈掷笔而逝。[②]

道盛19岁弃儒入佛门，至福建鼓山涌泉寺投瑞严和尚剃度出家；万历四十四年，奉师命至董严（今属福建）为无明慧经祝寿，即受具；后参博山无异元来，得曹洞宗法旨；次年，至建州东苑见晦台元镜，获嘉许，付印可。[③]为黎川寿昌派下博山与东莞两支入嗣弟子，是曹洞宗青原下三十三世，寿昌派下"道"字辈第三世。

万历四十七年，道盛在江南各地设坛说法。同治《摄山志》卷三·律师·纪映钟《觉浪盛禅师传》：

发扬孔孟，襟带庄老……海内贤士大夫居门下者多尊容显赫……以法为亲，以道自重……至死不倦……虽嗣法洞宗，而五宗并举；主盟佛教，而三教并宏……凡有叩问，忘其疲倦，必使闻者豁如自得而后已。百氏之说，剖决精微。

崇祯八年，觉浪道盛入主黎川福船寺[④]，与黄端伯结生死之交，[⑤]在黎川曾为"三十景，后释觉浪又增为五十三景"。[⑥]数年后，移锡庐山圆通寺主法三载，[⑦]

---

① 《康新》卷之九·仙释·百三十八。

② 卷一百七十九·仙释·明。

③ 《江佛》158页。《11黎》卷二十一·宗教·风俗·582页。

④ 《明建》建志卷一·一十八："福山佛影。去县南四十里"，卷之二·山川·十七："福山……邑之镇山也。旧名覆船山。唐懿宗更赐名福山。"《同新》卷之十二·仙释："唐，僧绍隆名洪荐，得道于福船山，建双林寺，详见'福山'，有题朱槿诗……诗见《事文类聚》。"

⑤ 《江佛》159页。

⑥ 《康新》卷之一·二十四。

⑦ 《康庐》卷十三·三十五："又一人曰觉浪盛。[新志]觉浪大师明崇祯初住圆通三载，始下金陵。"

结鸡鸣庵于寺东，黄端伯时往看望，[①] 后曾一度主法洪都永宁寺（今南昌市佑民寺）；顺治二年，在永修县云居山真如寺住静；五年，住持桐城浮山华严寺，与方以智外祖父吴应宾（1564—1635）善，[②] 后因涉反清诸事，入太平府狱；[③] 六年，在狱中念佛感念狱卒得释。[④] 释时：

> （狱吏）入狱验之。问曰：和尚，旨下矣，请出狱。皆疑出即正法也。和尚颜色不动，曰：好。曳杖便走，随予至狱门。予笑曰：和尚大喜，旨下放免汝矣。和尚曰：放也好。颜色如故。其初无惧容，其后无惧色，是真和尚也。[⑤]

自此，觉浪道盛不惧一死的“真和尚”盛名，极于一时。

顺治七年，道盛在金陵主栖霞寺，命弟子笑峰监院；[⑥] 九年秋，在太平无相万寿寺上堂，付衣拂拄杖，命笑峰为栖霞寺首座；[⑦] 十年，43 岁的方以智归于门下，得破格授“大法戒”；[⑧] 成为曹洞宗青原下三十七世、黎川无明慧经寿昌派下“东莞”支第四世“大”字辈弟子，法名：大智；十一年，方以智在金陵高座寺竹关著述不息，道盛以《庄子提正》“托孤”；[⑨] 时笑峰在高座寺同修。[⑩]

顺治十二年，道盛因广丰县博山祖席能仁寺住持事，与颖学弘敏发生龃龉，又因禅门质疑其身份，后在能仁寺执掌法席四年。[⑪]

---

① 《康庐》卷十三・三十八《黄端伯圆通礼祖塔诗》：“古路沿溪曲……应付再来人。”另见《康江》卷之第四十七。

② 《浮山》卷三・法谱：“第十二代觉浪禅师……戒秉博山，法弘东莞，曹洞一宗，实赖振起。”

③ 《僧诤》6 页、49 页：“觉浪曾以论道书中有‘我太祖皇帝’等字……后以其书作于崇祯，狱始解。”

④ 吴调元《同归集》卷之十六・佛果・三十六：“觉浪禅师，顺治六年以刻书忤当事，下太平狱。浪公教狱中人念佛……狱卒回心亦持斋念佛……不数月上官自临太平府狱中，释浪公。狱中人无不流涕。”

⑤ 《田间》卷二三《住寿昌观涛奇禅师塔铭》。

⑥ 《江青》卷二・僧传。

⑦ 同上。

⑧ 《正源》卷八・百九十四：“吉州青原无可禅师……顺治癸巳，谒天界盛和尚圆具”。

⑨ 《田间》卷四《与俍亭禅师论庄子书》。

⑩ 《后集》卷四・建初集《刀山正利，刻刻法场，笑大师见勘，答此》。

⑪ 《光江》卷一百七十九・仙释・明：“粟如，名宏瀚……师事博山硼。顺治乙未，浪丈人主博山，目为法门圣箭。”

顺治十三年5月，道盛携徒大智·方以智等诸弟子，赴江西宜黄曹山，[①]主持重建曹洞宗本寂祖师墓塔；十六年，在金陵天界寺休夏期间圆寂，塔葬栖霞山。《五灯全书》列觉浪道盛为曹洞宗青原下第三十六世法嗣：

江宁府天界觉浪道盛禅师。建宁浦城张氏子，十九岁，见大父归寂，自疑曰：有一点灵明，向甚么处去。[②]

弟子大印刘余谟《传洞上正宗三十三世摄栖霞觉浪大禅师塔铭》：

按《状》。师……年十五入黉，十九因大父坐亡有疑，遂生出尘想……及见寿昌颂临济……始出岭之董岩，从博山和尚受具。问："从上佛祖行履"不契，辞往寿昌。道经书林，见东苑和尚投机，遂折节过冬。因一病濒死，苑亲调药疗之。有间，苑究其生平参悟及五家堂奥之旨，大惊曰："不期子深入此秘密法门，吾寿昌遮枝慧命，属子流布去也。"因付寿昌源流，并赠一偈，师拜受。遂随苑礼寿昌和尚，重重参证，昌颔之。自是荷担大法……未几，寿昌示寂……师时年方三十，而提唱卓然古德也。期罢，复上博山，与山问答……东苑、博山两和尚一年相继入灭……乃一杖复出闽……楚之李太宰、梅中丞、陈司寇、周司马诸公，请诸龙湖……江右黄元公司理、邓太史、涂司寇诸公，请主寿昌、福船及匡庐圆通。如金陵，魏上国及王乔司礼，倪朴庵、陈旻昭、蔡二白、李小有诸公，请主灵谷、天界、报恩祖堂……未几，受博山请，命笑峰然公代座，又嘱无可智公高座掩关。二公弃缙绅而游师门久矣……闻竺庵成公重兴寿昌，推双峰存公住持，特为上堂举扬。未几，吉州李梅公、刘平田诸公请主青原，师命笑峰然公住持……时师年已六十六……师生明万历壬辰十二月十六，示寂清顺治己亥九月初七，世寿六十有八，僧腊四十有九。嗣法弟子二十九人，记莂［佛家作诗曰偈，作文曰莂］居士四人，往来问道及皈依缙绅、孝廉、文学若干人。得戒剃度弟子不可数计……师说法四十余年，坐道场五十余处，著作百余种，皆载师《全录》……师虽嗣法洞宗，五宗并举；主盟佛教，三教并弘……

---

① 《禅流》第十二章（下）486页，《11黎》卷二十一·宗教·风俗·582页："与徒寿昌寺住持等赴宜黄曹山，主持重建本寂祖师墓塔。"

② 《五灯》602页。

觉浪道盛以“寿昌的骨子孙”，说法40余年，主张“世间法与出世间法，皆有三要，一要知有自己身心性命之事，二要师其能明身心性命之人，三要求其参悟身心性命之道”；坐道场50余处，“建刹以扶植人心”、“放生以感悟群机”、“刻经以自护法心”以自励；嗣法弟子29人，倡“古今决不可一日无师友”。黎元宽应方以智所邀，作《杖人翁全录集要序》：

浪杖人为善知识大，此非余之臆说也；余尝用诸竺老和尚而知其不至阿所好也；浪杖人斯可以为过量大人已乎！……则杖人亦尝从同惟托孤一语于斯道绝续之际恫乎？其言之不独以资谈柄也……寿昌古佛之内，绍而五宗诸大老之集成，遂入藏流通……而今乎青原……自笑峰大师起之，无可大师承之，其山益峻，两大师固与竺和尚鼎足而全录集要之刻，则无大师董其成。无大师高足弟子为余好友……余亦在杖人子光孙水之列……①

黎元宽作为竺庵大成的“记莂”弟子，在《序》中虽表面文字充满了赞颂，但却在其与竺庵亲近、紧密关系的后面，隐藏了竺庵“不至阿所好”与道盛之间始终难以“圆融”的现实。以黎元宽对道盛正面叙述的“过量”、所包含的并不“过量”缺陷，为方以智来黎川寿昌寺后，乃至后面围绕寿昌寺“住持”的“兄终弟及”定制，有着不断纠结之“传灯事”，留下了诸多伏笔。

钱澄之在觉浪道盛圆寂之时作《天界纪事》说：

百丈毘庐阁，庄严压十州……三门来往歇，半是带伤兵……②

钱澄之对道盛门下弟子“半是带伤兵”的身份概括，也将方以智来到黎川后“屡招”弟子、门人、学人，新朋旧友的这一身份背景透露出来。

第二节　在桐城作别与在途中诸事逗留

1. 赠诗送方以智来黎川的堂舅父吴道新

赠诗送方以智西上黎川“寒山瞻锡卓”的堂舅父吴道新（1601—1683），字汤日，号无斋，桐城麻溪（今钱桥镇）人。天启七年举人，司教句容、泰兴，

---

① 《进稿》卷之七·序·一。

② 《田间》卷五·106页《挽天界和尚四首》，卷五·109页《寒夜念天界同参诸子》。

以荐官国子助教，转工部主事；明亡，隐居白云岩（今白梅乡），后参与修《浮山志》，著《潜德居诗集》。

《安庆府桐城县志》：

吴道新……生平游览山川人物，诗歌古文词……崇祯末，以特荐升国子监助教，旋晋秩工部主政……归故乡，隐白云山逍遥松竹斋居颐养臻，寿大耋。尤邃方外之学，生圹以待，老比于唐之司空图云。著书凡数十卷，林下自娱，学者争师事之，称为无斋先生。[1]

《桐旧集》载其小传：

称旧山隐者……国变后逃归，隐居不出，卒年八十二……日知时不可为……与耕渔者伍垂四十年……晚称函云，有《函云头陀传》集凡五十卷……[2]

吴道新曾“授都水司主事”，时人尝称为吴水部；国变被执不屈，后隐居以著述自娱，署旧山隐者，或称函云杜，著《潜德居诗集》五十卷、《龙眠风雅》一卷、《桐旧集》一卷、《潜德居文集》十卷。

吴道新常往来于“太姥[3]縒襄毕”“依兄石城[4]陲”“匡庐瞻五老，孤帆泳彭蠡”“担登陟闽峤，挥毫赋武夷”[5]之间，[6]与南丰好友汤来贺书信不断，是“运去天崩地裂……风涛舟楫，畴怜惶恐滩头？欲变姓更名……义声振虔吉安……胤点大小山，千里若兄弟”。[7]在《又用前韵送无可大师西上》有“一吟岩下句，三见境中人。水乳融成酪，称檀碎作薪”叮嘱之语，当为吴道新在方以智来黎川之时，有信致汤来贺告知“甥舅”关系。

康熙六年，方以智入闽祭禅祖时，正值姚文燮41岁。吴道新、陈二如、钱澄之均在建宁同为贺，钱澄之《初度日放生池礼佛承潘俨思、吴汤日、陈二如过存并呈一拙禅师》：“旅食相怜乡谊重[谓汤日、二如]，穷途共事

① 《康桐》卷之四・理学・十二。

② 《桐旧》卷十二・十九。

③ 在福建福鼎，与江西赣东、黎川紧邻。

④ 黎川之南邻县。

⑤ 《龙眠》续集卷四・3102页・吴道新《七十自纪诗一百八十七韵》。

⑥ 《博依》卷八《吴汤日舅氏之武夷，余亦将如三吴后十日乃发，赋此为别》：“市书价识千金字，佩剑光侵五月裘”，吴道新游武夷在崇祯五年五月。

⑦ 《龙眠》续集卷四，第3102页，吴道新《寄南丰汤惕庵司马一百二十韵》。

友情深。”[①] 此间，方以智诸著作经姚文燮刊梓，亦见吴道新频繁与闽中的密切关系。

《浮山志》有吴道新《孟冬次山公韵，送赴青原并呈无可和尚夙驾还浮渡》：

吸尽西江等北溟……投子山[②]前草复青……如持新撰还乡调……中间原不置邮亭。空门雪共僧头白……药山一笑如雷吼，千里应同此夕听。[③]

方以智驻锡青原山七年，后在吴道新等乡邑坚执相劝下，终有回桐城老家意。吴道新在请兴斧山足捎给方以智的诗中，以“药山一笑如雷吼，千里应同此夕听”，来喻指方以智在黎川寿昌寺四年驻锡后，声誉震彻东南的现实。

在方以智来黎川寿昌寺的四年、泰和首山亦庵一年半，乃至西进青原山七年中，均有吴道新身影。至方以智“粤难”发生后营救、丧葬等诸事务中，往返安徽桐城与江西之间，并于万安水月山得“请”方以智遗体之“爪发”回桐城老家。在《壬子春，迎无和尚爪发于华严建塔，偶成一律，次涤岑韵》[④]诗中，将方以智“惶恐滩”赴水殉节真相，以“哪吒”肉身还父母典故相喻托，而有后来在浮山华严寺、泰和亦庵两处均建“爪发塔”提供了依据。

吴道新与山足同修《浮山志》，为“新采编、编辑”，[⑤] 故该志中所涉方以智事迹甚多，其娘舅的身份在桐城方氏家族中，有举足轻重的声望。后在处理方以智丧葬问题上，以《请无和尚爪发建塔华严与田伯昆季》一札，对墓葬、爪发塔终归何处等，直抒其言曰：

合山雨峰，乃青原析骨肉之地……岂有不建于丛林祖庭而建于私庵别馆之理之事乎？[⑥]

方氏一族人众最终采纳其言，将方以智“肉身”葬桐城浮山，“爪发”分别葬华严寺、泰和首山亦庵两处，“衣冠”塔于青原山净居寺。

---

① 《田间》卷十四·客隐集［起丙午止丁未］，第 301 页。

② 投子山，在桐城县北，有投子寺。三国时曹、吴之争，鲁肃战败后投子山中故名。明代诗人刘与言有诗：“三雄分汉鼎，郊野战群龙。将军偶败北，投子空山中。”

③ 《浮志》卷之九·艺文，第 229 页，载其五首之二。

④ 《浮志》卷九，第 231 页，吴道新《壬子春，迎无和尚爪发于华严建塔，偶成一律，次涤岑韵》：“因缘三种说来清，撒手归家自在行……能还父母为哪吒……烂柯石上莫留枰。”

⑤ 《浮志》提要，第 1 页。

⑥ 《浮志》卷之六，第 98 页。

以吴道新常往来于桐城、赣东、闽西、武夷一带的事迹论，其在方以智驻锡黎川寿昌、廪山、南谷期间，当不止一次地来过黎川探视。

2. 称方以智为“年执”的“知音”姚文然

姚文然（1619—1678），字若侯、弱侯，号龙怀，桐城麻溪人。自少被乡人目为“栋梁器”，[①]崇祯年间，在金陵白门，曾与里人陈式等为“潜园十五子”之会，文采风流照映江左。[②]

《安庆府桐城县志》：

姚文然……先世耕隐不仕……壬午举于乡，癸未成进士，由庶常授礼科给事中，主试山东，号称得人……旋奉谕察审江南三大案……至建储保躬等国殷劳，忠爱之忱勃勃不容已在白云，司理冤清滞有云刃痛一时，例害万世，务渐宽大，尤仁人之利溥哉……疾终之日，特恩赐谥端恪……[③]

《桐城续修县志》：

姚文然……孙棐第三子……本朝顺治三年，以安抚李犹龙荐，授国史院庶吉士，改礼科给事中；四年戊子，主山东乡试，六年疏请严勅抚按清理刑狱……转工科给事中；十年，兵部满汉大臣有罪锁禁城门，文然上言唐太宗时录囚至刺史郑善果……上是其言，遂除此令。及后，康熙十年因廷鞠总督周有德、编修陈志纪及逮系总督麻勒吉复疏申谕，上大悦，命以后官员犯罪，锁拏锁禁永行停止；转兵科给事中，寻乞终养归。康熙五年起补吏科给事中，九年八月，特旨内升正四品，寻擢副都御史，迁刑部侍郎，十二年癸丑，充会试总裁，转兵部督捕侍郎……旋迁左都御史，擢刑部尚书，清滞囚、理冤狱，推广上恩，全活甚众，以为刃杀人于一时，有限例杀人于万世无穷。推明律，意去其甚者，部中平之，皆称姚律；十七年六月卒，年五十九，赐祭葬如例，谥端恪……著《疏稿》八卷，《文集》十卷，《诗集》十二卷，《白云语录》六卷，《杂著》十二

---

① 《康桐》卷之五·义厚·十四：“夏永春……少遇同里姚文然，年方数龄，辄叹曰：此子栋梁器也，遂择为婿焉。”

② 《龙眠》续集·卷十七，第 3867 页。

③ 卷之四·仕蹟·六十九。

卷行于世。[①]

《龙眠风雅续集》：

崇祯壬午举于乡，癸未成进士，授庶常甫三月，甲申难作，投缳垂绝，家人救之甦。遂重跰南奔……寻当路举遗逸，以庶常改授给谏……凡历吏、户、礼、兵、工五垣，其说论不胜述，如……请永停大臣锁禁，请御笔酌赐勾除……以内升留任，累擢至刑部尚书……于刑狱出入之际，条例重轻之等，尤其难其慎，以平反为心……审江南三案，平恕无冤事竣还朝，仅受图书数卷，其一节耳……年五十九，以第五弟翼侯殁，哭之恸，遂病不起……勋名藏于国史……[②]

《清史稿》：

崇祯十六年进士，改庶吉士。顺治三年，以安庆巡抚李犹龙荐，授国史院庶吉士。五年，改礼科给事中。[③]

姚文然“甲申难作，投缳垂绝”行为，是其在明亡之际，也曾试图以“上吊”殉国，为大明王朝赴死的“节义”之士。

姚文然与方以智有亲眷关系。方以智仲姑父姚孙棨[④]是姚文然的亲伯父，即姚文然父亲姚孙棐[⑤]是姚孙棨的亲三弟，[⑥]也是后来抚养、教育方以智成人的仲姑方维仪之小叔子，方维仪是姚文然的亲伯母。姚文然的父亲姚孙棐，虽是方以智的“姑父辈”，但两人却是崇祯十三年的同科进士，故年少 8 岁的姚文然，始终以“年执”、“年伯”待之于方以智。其与方氏家族的关系，在《得方中丞栗亭故址》诗中，将当年所得“贤泽”有云：

① 卷之十二・人物志・宦迹・五十三。

② 卷一，第 2861 页。

③ 卷二六三・列传・姚文然。

④ 《龙眠》卷十六，第 535 页：“姚孙棨，字前甫，赠光禄公芳麓之伯子也……以积学善病，赍志而殁……未亡人方氏维仪仿柳下易名之义，私谥为良隐子。”

⑤ 《龙眠》卷三十一・1135 页：“姚孙棐，字纯甫，号戊生。崇祯庚辰进士”。《纪事》卷一・111 页：“姚孙棐……崇祯十三年进士……阮大铖修怨，以杀降罪之。与巡抚左光先同时被逮，会清师南下，事始解。归隐小龙山，康熙二年正月卒，年六十六。著《亦园诗集》六卷。桐城姚港姚氏，自之芳始大。之芳字汝芳，号芳麓，万历二十九年进士，由海澄令入为礼部郎，出守杭州汀州，升副使以归。子孙棨，字前甫，早卒。其妻方维仪，字仲贤，方十八岁，至八十四而卒。著《清芬集》……孙棐八子……文然……入清官至刑部尚书……孙棐长女凤仪，适方于宣……一门文采，亦足多也。”

⑥ 姚芳麓三子，长孙棨，次孙桀，三孙棐。

……中丞当年于此逃暑醉客听潺湲……我今过林露半磔，呼儿急扫栗叶斸竹根……嗟乎三十年来尘草昏，举止总感前贤泽……[1]

又有视时在两广抗清的方以智为“知音”背景下所写的《里门感怀》：

归来三径半荒芜……何日凯歌传皖上，草堂高卧著潜夫。[2]

两诗中的“方中丞”、“潜夫”，都是姚文然对时任湖广巡抚方孔炤的尊称，是姚文然与方以智早年交往、后为“知音”的另一种情感铺垫。

入清后，姚文然在“寻当路举遗逸”时，于“顺治三年，以安抚李犹龙荐，授国史院庶吉士，改礼科给事中；四年戊子，主山东乡试，六年疏请严勅抚按清理刑狱”。[3] 此间，姚文然于顺治十年至十八年，在桐城老家闲居十年，也正是在此期间，与正在浮山为父庐墓的方以智往来唱和、相聚不断，两人建立了“知音”情感，这才会在方以智来黎川之时以诗相赠，后又在听到相关方以智在黎川的诸“议论”时，予以及时的辩护。

姚文然是姚文燮·经三的兄长，作为乡邑，与方文、周岐、陈二如、吴炎牧、王愿五等交好，[4] 所见有《得尔止书却寄》、[5]《赠尔止新居》，[6] 与周岐有《赠别农父》，[7] 与吴炎牧有《送盟二吴炎牧归白云岩山居》，[8] 与王大礽有《送王愿五太史督粮江右六十四韵》[9] 等，这些人物，都是追随方以智在黎川、泰和、青原山往来密切，并为之通力刊梓著作的人物，方以智在黎川禅门的各种动态，也都是通过这些兄弟、好友们，不断将信息传递到姚文然的耳朵里。[10]

姚文然平生崇尚节气，侍佛、崇道，从顺治十五年姚文然尊方以智为

---

① 《龙眠》续集卷一·2916页。

② 《龙眠》续集卷一·2862页。

③ 《康桐》卷之十二·人物志·宦蹟·五十三。

④ 《龙眠》续集卷一·2903页·姚文然《彦昭读桂龙吟而叹酒间走笔感旧》：“墙东避世陈二如，炎牧[吴]。南山归敝庐[时炎牧将返函云]。阿万科名已若此[谓弟经三]。”

⑤ 《端恪》卷之一·十九《得尔止书却寄》：“青鸟揜飞绕槛低……离忧愁思两茫茫。”

⑥ 《端恪》卷之一·二十《赠尔止新居》：“我奏思归引，怜君竟卜居……其二、拥离城阙下……萝风激素琴。”

⑦ 《端恪》卷之二·九《赠别农父》：“长干诸子待归轮……莫令膠漆说雷陈。”

⑧ 《龙眠》续集卷一·2913页。

⑨ 《龙眠》续集卷一·2926页。

⑩ 《送王愿五太史督粮江右六十四韵》：“溢口江分九，南州里近千……丈人原落落，吏治雅便便”。“丈人”句是王愿五与方以智在江西交往所传回的信息，也是其行踪一种。

“年执”与“夜话”别，至该年又尊以“年伯”方式，为方以智辩护，可见其在方以智来到黎川后，仍始终关注、是姚文然视方以智为真“知音”的一种体现。

从顺治十八年姚文然赴京任职至康熙十年，这十年期间，虽未见到两人更多的交往记载，但在方以智“粤难”发生，以及“桐城案”中，姚文然作为刑部“司寇”，毅然将这一埋藏在心中的“知音”情感，变成了或暗中、或直接对案件的关键性出手，而让方以智的子孙们，在“报恩堂”祭祀诸官员的木主牌位中，将姚文然置于首位。鸿鸣的《方以智“惶恐滩”殉节诗证考》一书中，有详论。

3. 黎川寿昌派下“博山”支同门兄弟渐江弘仁

渐江弘仁（1610—1664）俗姓萧江，本姓萧，[①] 原名韬，字六奇，号梅花古衲，明诸生，安徽歙县人。是黎川寿昌派下“博山”支开派祖师无异元来的弟子古航道舟（1585—1655）法嗣，法名：弘仁，字无智，号渐江。与方以智为禅门同门、同祖，同辈法兄弟。周亮工《读画录》：

> 释渐江，歙人……为僧，喜仿云林遂臻极境……然咸谓得渐江足当云林，隐居齐云不妄为人作，册中二幅，汪舟次索以相赠……[②]

《国朝画征录》卷下・十七：

> 释弘仁……字渐江，休宁人，本姓江，名韬……前明诸生，甲申后为僧。尝居齐云，工诗文、山水，师倪云林……没后，友人于其墓种梅数百，本因称为梅花古衲云……自谓高士者比也。

方以智与渐江有交的记载，仅见任道斌《方以智年谱》。其“成论”过程和材料来源，均从汪世清、汪聪编《渐江资料集》：

> 疏林幽筱轴　赠元可上人。穰梨馆著录。戊戌年四十九。[③]
>
> 元可：疑“无可”之误。方以智为僧，名弘智，字无可。顺治戊戌，以智服阕，将行脚西江。渐江时在南京。二人同出于寿昌无明慧经一支。

---

① 《渐江》215 页・二・氏族。
② 《书画》第十一册・208 页。
③ 附录・213 页・黄宾虹《渐江大师事迹佚闻》五・画迹附目・226 页。

此时或相见于南京，或渐江画以寄以智，均未可知。[①]

汪先生对渐江该年赠方以智山水画的理由是“元可：疑‘无可’之误”，“方以智……字无可”，未作肯定。渐江该作品署“戊戌”，方以智“服阙，行脚西江”来寿昌寺在“戊戌”；又以“渐江时在南京。二人同出于寿昌无明慧经一支。此时或相见于南京，或渐江画以寄以智”而有“均未可知”推测。由此，任道斌先生列该条于“顺治十五年”：

服阙，将离桐城。渐江赠山水画。

并附“注”承袭汪世清先生之说“因缀此”：

《渐江资料集》载《疏林幽篆轴》，赠无可上人，“顺治戊戌，以智服阙……或渐江画以寄以智，均未可知。”（按：此幅画原题“赠元可上人“，疑为“赠无可上人”，因缀此。渐江……归缁后名宏仁……见《渐江资料集》。）[②]

经此，渐江弘仁在顺治十五年、时年49岁，方以智来黎川寿昌寺祖庭之际“赠山水画”，似成定论，后世常见引用。方以智与渐江相交，在目前未见它方实证的前提下，仅据黄宾虹“疏林幽筱轴 赠元可上人”；汪世清“元可：疑‘无可’之误”是有疑问的。因为“元可”与“无可”虽简体字仅有一笔之分，但今之所见文献，除了方以智印章有用“无可”字样之外，[③]其款识均以“無可”[④]未见“无可”！“無”与“元”在明末清初的法书中，难以让人一笔联缀。

此外，黄宾虹说该画“穰梨馆著录”；汪世清“注释7”说：“此轴不见穰梨馆著录”；鸿鸣勘核《穰梨馆著录》[⑤]确未见载，它方文献也没有记录。可见以渐江署款“赠元可上人”山水画“疏林幽筱轴”，来作为方以智与渐江相交的依据，并不可靠，只能视为一种推测。康熙《歙县志》：

---

① 《渐江》260页·注释。

② 以上均《方谱》卷五·203页。

③ 《中国古代书画家印鉴款识》“方以智”。

④ 高居翰《山外山》178页，载香港北山堂藏方以智《山水人物图》款：“未发居士属拈枯石……無可书。”

⑤ 陆心源编著《穰梨馆过眼录》四十卷，《穰梨馆过眼续录》十六卷，光绪辛卯吴兴陆氏仪顾堂藏版梓刊行世。

弘仁，号渐江，江姓，名舫，字鸥盟……师汪无涯[①]受五经。乙酉年，自负累累卷轴偕其师入闽，游武夷，后依古航禅师……尝住黄山，收松云岩壑之奇，一一著之于画。癸卯微疾……诵佛号而逝。王祠部为之传。题画书行于世。周藩伯亮工购其遗画，虽片帧必收之。[②]

渐江业师古航道舟，《五灯全书》有载：

建宁府迴龙古航道舟禅师。泉州晋江郑氏子，生万历乙酉……阅寿昌录……往参博山。山为剃染、圆具……延师闭关金陵……会博山说法天界……山回博山……师复掩关。明年奔讣博山，乃入闽主法迴龙……丙子，林宗伯季翀请结制承天，丁丑，继席雪峰，结冬长庆。戊寅，还迴龙。己卯，住博山。辛巳，庵建阳祀二亲木主……顺治乙未示微疾……八月……趺坐而逝，寿七十一，腊三十三，塔全身于建阳凤山之阳。[③]

---

① 汪无涯，汪世清考证为汪沐日。康熙《歙县志》卷九·人物：“汪沐日，字扶光，石冈人。”崇祯六年举于乡，后出家为寿昌派“博山”支，法名弘济。著《易解》《庄通》等。

② 转引《渐江》12页。

③ 卷六十三·599页。

渐江弘仁与黎川“寿昌派”下世系本书所涉人物辈份、关系表：

无明慧经 曹洞宗黎川寿昌派始祖	无异元来 博山支祖	古航道舟	益然弘济 汪沐日扶光	传口法嗣不明
			渐江弘仁 萧江韬	传口法嗣不明
		雪関道闇	颖学弘敏 耕俺老人	传綮·八大山人·朱统鍪 传口·饶宇朴 传口·木立·方以智（同为觉浪道盛弟子）
			以智弘智 方以智（同为觉浪道盛弟子）	传笑、传古、邓炅传中、传灊
	晦台元镜 东莞支祖	觉浪道盛 （同为无异元来和雪関道闇弟子）	笑峰大然 倪嘉庆（同为空隐道独弟子）	兴树不空（首座）、兴桂久昌、兴熠无倚、兴化芝颖（同为方以智弟子）兴允、兴梅、
			以智大智 方以智（同为颖学弘敏弟子）	兴贤中千、兴斧山足（同为石溪大杲弟子）、兴裁滕楫、兴渊洪浪、兴化芝颖（同为笑峰大然弟子）、兴中、兴畜、兴蛊、兴会、兴月
			竺庵大成	兴源楚云、兴沛龙山 兴远·黎元宽
			石溪大杲	兴斧山足（同为方以智弟子）
			观涛大奇	兴润、兴舒、兴孝、兴悌、兴泉、兴照、兴敏
			梅蓬大忍	兴口子愚喆
			石潮大宁	兴口松帜、兴口远峰
			石濂大汕	
			其天大浩	
			叶妙大杈	
			巨音大选	
	永觉元贤 鼓山支祖	为霖道沛		
	阒然元谧 寿昌祖庭			

图表可清晰知道渐江弘仁与黎川寿昌派祖庭、博山、东莞各支的紧密关系。古航道舟数度法席博山、东莞两地；渐江往返武夷、建阳、福州，不管是抗清，还是出游，其水路、陆路，均可能途经紧邻的黎川寿昌寺。这对于一个始终以“博山”僧示人的渐江来说，途经祖庭而不入门，近邻诸师而不拜谒，同门、同辈而无互动，这几乎是一件不可想象的事情。

以方以智跨“博山”“东莞”两支的寿昌寺祖庭住持身份，与渐江为乡邑，与渐江好友汪沐日往来。黎川寿昌寺石潮大宁有《赠方望子》诗：

> 弘济今年寓……此怀都莫问，风雨到山堂。①

这是汪沐日・益然弘济曾来黎川寿昌寺祖庭的证据，往来带信、传诗者，则可能就是方以智的画学弟子方望子。渐江亦有“几向武夷埋爪发”②诗，在方以智黎川 4 年期间，来过祖庭拜谒，并与方以智有“交”，虽未见到实证，但以鸿鸣所掌握两人的渊源关系，其相交应当是可以肯定的。以汪世清《渐江及其师友活动年表》，结合它方史料，将渐江与方以智两人可能“交集”的行踪，分列于下：

崇祯二年，黎川寿昌派下“博山”开派始祖无异元来开法金陵天界寺，古航道舟从之，觉浪道盛后继主该寺；三年，无异元来在博山示寂，道舟奔丧博山，复入闽，主法浦城回龙寺至十一年；

崇祯十年，开元，方以智有诗赠汪沐日；③十二年，道舟入江西能仁寺，主博山；十五年，道舟在建阳创“报亲庵”祀二亲木主，复归江西能仁寺，再主博山。方以智康熙六年武夷祭祖后，即让诸子“仿古航和上‘报亲庵’之制”，在浮山亦建“报亲庵”一座，《青原志略》载方以智《报亲塔院基》：

> ……笑峰和尚择地于涅槃城之南，因欲并立一堂，仿古航和上“报亲庵”之制，惜未及举。要当俟时，结此上缘，同一报也。“报亲庵”制，中堂奉佛，堂西供僧父母，堂东供居士之父母……④

又有《浮渡山报亲庵说》：

---

① 《眠龙》初编卷六十四・2830 页。

② 《渐江》34 页。

③ 《流寓》卷六《丁丑元日赠汪扶光》：“裘敝难衣厌岁新……闭户喜见挟书人。”《同扶光藩室饮，时拟元旦日食对》：“贻余新酒望人来……空持痛哭有何才。”

④ 卷一・山水道场・26 页。

> 中德、通、履遂修此处为报亲庵……报亲之制，博山下古航大师所定……此藏轩之前为报亲堂……此藏轩之后……[1]

余飏后有《报亲庵序》：

> 浮山愚者之子中德、中通、中履，葺其先世“此藏轩”以为老人安钵之所……而愚者方寄锡于青原，杖游于武夷九鲤，造予芦中而请曰：“儿辈所经营者，是当名“报亲庵”……愚者复蹶然而起曰：“……克尽子职，所以报也，夫子以为如何？”……并示方氏诸子其交勉之哉！[2]

余飏又有《浮山报亲庵歌》：

> ……君家原住浮山下……前有合明山，后有野同岩……就中特建报亲庵。报亲之庵何崷崒……传之浮山万世与千秋，报亲之名自君始。[3]

黎愧曾（1618—1697）[4]为撰《报亲庵记》，[5]又在致《青原无可大师书》中说：

> 报亲庵记……为大师作……[6]

余飏莆田人，黎愧曾长汀人，均对古航道舟建“报亲庵”之事熟悉。桐城“报亲庵”建在“移杖于武夷”后，与道舟“报亲庵”遥相呼应，是源自道舟、又延之道舟者，两者之间的亲近关系，足见一斑。

顺治二年，方以智在福州与黄道周（1585—1646）、郑芝龙（1604—1661）等拥唐王朱聿键（1602—1646）即帝位，改元隆武，复原官庶吉士、北冤得昭雪；[7]隆武帝派人三促赴任，避之；[8]同年，道舟辞博山入闽，避之深山，居无定止；

---

① 《浮志》卷之四 · 50 页。

② 《浮志》卷之四 · 51 页，《芦中全集》卷五，名《方氏报亲庵纪》有数字不同。

③ 《浮志》卷之九 · 217 页。

④ 《托素》卷末 · 行述 · 二十一：“讳士弘，字愧曾，生于万历戊午年十二月初八日辰时，终于康熙三十六年闰三月十八日辰时，享年八十岁”，原籍江西宜黄，后迁徙福建长汀，遂为汀州人。同治《永新县志》卷十 · 名宦：“顺治甲午魁北闱，由信州司李改任永新。”顺治十八年（《府君行述》作“康熙辛丑”。）任广信府推官；七年，任永新知县；十年，岁末离开江西，擢陕西甘州同知；十六年春，致仕回关内归里。有《托素斋文集》、《仁恕堂笔记》、《理信存稿》等行世。

⑤ 《此藏轩尺牍》。

⑥ 《讬素》卷四 · 五十一。

⑦ 《前编》卷八《寄朱震青相公书》：“蒙思文皇帝昭雪复职。”“思文”为隆武朱聿键庙号。所谓“北冤”指南明弘光朝《定北都从贼诸臣罪》，方以智列“五等应徒议赎买九人”第六位。见黄宗羲《弘光实录钞》。

⑧ 《前编》卷九 · 岭外稿 · 卷下《鹿公司马墓志铭》：“福州再创……余避之。”

汪沐日等歙县多人赴闽抗清，失败后，遁道舟门下为僧，得法名：弘济，字益然。九月，渐江在清军陷歙后，由水路入武夷，在福州抗清。汪沐日·弘济与方以智舅父吴道新、弟子兴斧山足均有交，吴道新《请山足禅师住持华严》：

华严为三一老人开，先浪杖人受记，无和尚为之担荷、为之接引，天界、弘济、青原、寿昌诸贤如云如林，和尚未明蒙标举，特选择而付嘱老禅兄卓锡此地……是皆老兄肩头担子……[①]

姚文燮与方以智妻侄潘江交往甚密，为诗文友。潘江在编辑《龙眠风雅全编》的过程中，即有：“林胤泸……集中有与乡人饮……姚经三误录为江公弘济作”。[②]

顺治三年，清军陷福建，隆武帝被杀，渐江时在武夷天游峰避祸一年；方以智于此时转赴肇庆，于十月与瞿式耜等拥桂王朱由榔，改明年为永历。

顺治四年，渐江拜道舟为师成僧人，[③]得法名：弘仁，字渐江；五年，道舟在建阳，居报亲庵；八年，渐江在金陵，方以智仍在广西永历朝中；九年，三月，方以智在梧州冰井寺剃度成僧人，得法名：行远，号无可。九月，渐江在宣城碧霞道，十二月，在芜湖；年末，方以智披缁在桐城与家人团聚；十二年，五月，渐江在芜湖；八月二十六日，古航道舟示寂于建阳报亲庵，塔葬凤山之阳。渐江当于此时入建阳举丧,有途经黎川入寿昌寺祖庭拜谒之极大可能。

顺治十三年，三月，渐江居五明寺、客丰南；五月，江西宜黄曹山重建曹洞宗本寂祖师墓塔，举行大法会。颖学弘敏携传綮·八大山人等，觉浪道盛携方以智、大然、大奇等同为祭祖。觉浪道盛后有博山、东莞之行；八月，渐江游黄山。以渐江在禅门中唯一之“博山”身份，当参与祭祀本寂法会，并在此期间与方以智极有互动的可能；祭祖后，渐江再游黄山。

顺治十四年，方以智在桐城“庐墓”；渐江在金陵，结夏香水庵。

顺治十五年，一月，方以智“庐墓”三年期满，行脚西江至庐山，接觉浪道盛信赴黎川寿昌寺；渐江时在金陵，探梅南郊、驻惠应寺；夏，方以智由庐山返桐城与亲友告别，或于此间，方以智对渐江有去向之告知；十月八日，方

---

① 《浮志》卷之六·书·99页。

② 初编卷十四·477页。

③ 康熙六年丁未刊，汪淇辑《尺牍新语广编》与程守信札：“哭别相公潭上……入武夷山……披缁皈古航本师，乞食固分内事……彼安知有苦行头陀也。”

以智至黎川寿昌寺祖庭；十二月，渐江回宣城湾沚；该年有“戊戌年四十九”之“赠元可上人”《疏林幽筱轴》。

顺治十六年，方以智49岁，住持黎川寿昌寺；渐江50岁，自元日至八月底，均在宣城湾沚；九月，游黄山、[①]在云谷寺挂单；十七年，方以智主黎川寿昌寺。春，渐江在丰南介石书屋、歙县桃源坞若米舫；八月，居五明寺澄观轩；同月，偕王炜再游黄山；十月，在休宁建初寺挂单；十二月，复归五明寺澄观轩；十八年，方以智主黎川寿昌寺。春，渐江在歙县；夏，游广陵，旋即返歙，途经杭州，在西湖净寺宿；夏秋，在五明寺澄观轩；十二月，在丰南仁义寺挂单，与王炜有游庐山之约，但成行未果。

康熙元年，方以智主黎川寿昌寺。六月，渐江在黄山白龙潭；十月，在丰南介石书屋；十一月，在五明寺澄观轩，将游庐山，与戴本孝等有五日聚；抵鄱阳，与王炜相会；二年，方以智转场逗留泰和。春，渐江客鄱阳，在芝阳东湖，暮春十日，自鄱阳买舟渡湖往游庐山；四月，返鄱阳，在芝山客舍；六月，自庐山归，道经丰南；七月，在五明寺披云峰；十二月二十二日（公元1664年1月19日），于五明寺圆寂，享年54岁。时人有《渐江上人墓[渐江工画，西归日植梅于墓以示所好，自颜曰梅花古衲云]》：

> 数尺贞珉半藓痕，梅花古衲字犹存……[墓在五明寺侧]。[②]

约康熙十四年前后，汪楫来《渐江墓》前祭拜：

> 画师墓上百株梅，尽是当年密友栽……[③]

汪楫既是方以智的弟子，又曾帮周亮工向渐江索画“二幅”，诗中以知内情之“尽是”口吻，诉说此荒山野岭前来“栽”此风骨梅花[④]的“当年密友”者，当然也包含了同门、同祖、同派、同辈，亦禅、亦画的乡邑方密之。

---

① 《愚山》文集卷八·158页《送孙无言归黄山》：“黄山蜿蟺数百里，连宣（城）歙（县）二州”。

② 程之鵕《练江诗钞》卷三·十四。

③ 《山闻》六。

④ 明亡之际，士子们以坟上植梅以示风骨。《黄梨洲先生年谱》卷下第50页：“疾革，论家人曰：我死后于坟上植梅五株……不事王侯，持子陵之风节……”

4. 进贤介冈鹤林寺拜谒颖学弘敏“易号木立”

方以智来黎川途中，经赣江、转抚河[①]水路过进贤介冈[②]灯社鹤林寺，拜谒了前两年随业师一道在宜黄曹山祭祖相识、相交，年长自己5岁、时年53岁的“博山”嫡派师兄颖学弘敏。饶宇朴《游青原山歌》：

> 青原峰高余百仞……篮舆廿里入山深……为问山志作者谁？木立石田笑相示［药地和尚访耕菴，易号木立；未晤耕菴老人访青原，易号石田；归介冈手志相赠］……始知洞水逆流处，乳乳到口谁羽翰……鹿同久洗双荷叶，棒喝交驰无可说……[③]

颖学弘敏（1606—1672），黎川寿昌派下“博山”开派祖师无异元来嫡系孙、博山祖庭雪关道訚嫡嗣，是传綮·八大山人禅门“得正法”业师。康熙《进贤县志》：

> 弘敏，字颖学……嗣博山、雪关和尚法。天界浪杖人以祖席属师提唱，师坚谢不就。种田博饭，隐居介冈之灯社及奉新芦田，字畊庵老人……法嗣传綮，号刃庵，能绍师法，尤为禅林拔萃之器。[④]

《五灯全书》：

> 洪都奉新头陀颖学弘敏禅师……寻头陀宗妙微薙染，参博山訚，入侍寮……复自武林还瀛山，师为第一座。訚印以偈……訚涅槃，建窣堵。工竣，归头陀开法……将陈年未了公案，窀窟填坑……可称尽善尽美……师生万历丙午正月二十四日，示寂康熙壬子冬十一月晦，世寿六十有六，僧腊四十有二，塔于本山［雪関訚嗣］。[⑤]

---

① 赣江支流从广昌至黎川，经南城段称盱江，临川至南昌段称抚河。《江西水道考》卷三·赣水：“盱江支津东南自建昌、抚州二府来会……盱水于进贤县西南”。

② 《康进》卷之一·舆地志一·形胜·六：“西乡、界岗、朱坊、雷山等，在抚河之西”，舆地志二·山川·十二：“介冈，邑治西五十里……与临川县抵界，饶氏世居于此”。今介冈附近仍有“袁渡镇”码头。

③ 《菊庄》卷十二·十四。

④ 卷之十七·仙释·二十八。

⑤ 卷第一百十六·曹洞宗·青原下三十七世随录。

弘敏自明天启六年在奉新从善乡头陀山定慧寺宗妙①座下薙染，②后往博山能仁寺“参博山誾”、“为第一座”，是黎川寿昌寺无明慧经寿昌派下第三代嫡派法嗣。方以智“墓下数年，重烹教乘”③再回禅门之时来访，弘敏已在禅门33年，④是一位住持进贤介冈灯社鹤林寺享誉十方的大头陀。弟子闵钺《贺头陀颖学禅师入方丈》：

……道光的的辉千室……善走金吾都拜下……不尽慈肠呕不休。⑤

方以智从顺治九年三月至五月间，在梧州冰井寺正式落发出家，成为一名具有“空观”身份的“剃染僧”。⑥按照禅门清规，从“剃染”到“圆具”，须“先修空观五年”，⑦但方以智仅在半年多的顺治十年，即获道盛特例得“圆具”，且在“闭关”两年半后的顺治十二年秋，于高座寺“破关”返回桐城为父亲奔丧，并庐墓三年。

方以智在禅门，既没有“空观五年”的正规、完整经历，也未守禅门“闭关”戒律，虽有禅门前后七年的名分，但除去自梧州返家、在桐城庐墓的时间，真正在禅门仅有三年稍多一点时间，是一个实实在在的“半路”和尚。道光《南城县志》对方以智初来寿昌寺的表现，有记载曰：

方以智……尝往来程山，讲学旬日，至儒禅吃紧处，辄托他事起。⑧

其所直指，正是方以智修持未熟，在遁入禅门的早期，每露“儒”之本来习气，而有“禅修”不足。这一点，无须讳言。

方以智与颖学弘敏相识，时间不会早于顺治十二年，当在道盛“越派”委任弘敏为“博山”支祖庭能仁寺两人产生龃龉之时。此际，方以智尚在老家桐城合山为父亲庐墓，并未参与道盛和弘敏之间的这场“龃龉”。

---

①《同奉》卷四·建置一·寺观·六十五·傅修《头陀寺诗》：“夙性厌尘嚣……宗风阐妙谛。”宗妙为慧经弟子，与博山元来为法兄弟，是弘敏的祖师辈。

②《冶庵》卷上《正伪录序》：“耕庵者，得法于瀛山，而受薙染之恩于妙老者也。”

③《华青》卷八·书·186页，笑峰然《致青原笑和上》。

④《冶庵》卷上《挽耕香禅师四首》：“自从一出瀛山后，到处相招只皱眉。注：师嗣法瀛，归洪州三十余年”。

⑤《冶庵》卷上·诗·四。

⑥《正源》卷八·百九十四：“无可智禅师……投昭平仙廻山剃染。”

⑦《五灯会元续略》卷一·广信府博山无异元来禅师。

⑧ 卷二二·寓贤·方以智。

顺治十三年夏，弘敏来奉新芦田创建耕香院，五月，道盛偕方以智等弟子，由金陵赴宜黄曹山为本寂重修墓塔，两人当在这次盛大的佛事活动中相识。方以智庐墓后重回禅门，面对弘敏的声望和地位，尽管在崇祯朝声名远播，在永历朝是大学士，在“博山”支是法兄弟，但在这位敢于“悖逆”道盛的禅门耆宿面前，仍然是事实上的晚辈和晚修。

方以智在梧州冰井寺“剃染”时，有法名行远，号无可；在金陵高座寺得法名大智；在 博山祖庭，得法名弘智，这次去黎川之前到介冈拜谒“易号木立”，饶宇朴以“始知洞水逆流处，乳乳到口谁羽翰”点明了这层意思。

众所周知，在某人座下“易名”，不外拜门、认师两途。方以智此次“易号”，从禅门的角度出发，除了“请益”的意义之外，就是要在这位禅门师兄处“洞水逆流”，而获得“博山”嫡派的“法乳”。方以智这一重新在“博山”派认门、奉弘敏为长辈、为师傅之举，犹如髡残同一年，从金陵长干大报恩寺，前往杭州皋亭寺转投道盛门下一样：

戊戌往谒浪杖人于皋亭，一见皈依，易名大杲。[①]

方以智将老家“墨历”岩谐音而易“木立”名号，其目的，就是试图建立一种新的师生关系，其“易号木立”背后另一个隐藏的意思，方以智后来在泰和首山濯楼所作的《禅乐府引》，即借“冷州鸠”之口，将这层不易觉察的意思，作了明确地表示说：

木音直，可以节乐。

用翻译过来的白话说“木立”，就是“直立！”是方以智以“标杆立木”的意义，来向世人展示自己坚守的“气节”之声！是方以智在弘敏座下，表明自己“守节”意志坚定的一种体现。通过这一“易号木立”的或“皈依”或“记莂”行为，将自己的“嫡”、“庶”身份、世系，在来黎川寿昌派祖庭之前，作了重新定位。

这一举措，在不推翻原有寿昌派世系、辈分前提下，以“易号”的方式，将执弟子之礼的本质，表明这层晚辈或弟子的关系。这种做法，既是禅门当中较为普遍的现象，又是出家僧人至今仍保留下来的惯例与定制。

方以智“木立”名号来源于弘敏，启用的时间、地点，鸿鸣首次在研究

---

① 《田间》卷二十一，第 422 页《髡残石溪小传》。

界公布，并将方以智还有“石田”名号的信息作了披露。此际，八大山人正在介冈鹤林寺。来年，弘敏将鹤林寺交给八大山人住持，这个时间的选择，几乎与方以智来黎川上任的时间同步。以弘敏与道盛三年前的“龃龉”论，弘敏的这一安排所包含的特殊意味，大有深究之处。

方以智在介冈鹤林寺“易号木立”身份的转变，不仅拉近了与“博山”之间的关系，更将其与弘敏之间的“兄弟”关系，转变为“师徒”关系，这为后来方以智与八大山人两人在禅门中的“兄弟”关系建立，为两人之间的书画交流，创造了良好的先决条件，更为方以智跋八大山人《墨菜图》所用“刃庵”落款，预设了伏笔。

方以智“木立”名号，在僧俗两界曾有“讹呼”之说，但在方以智到达寿昌寺之时，徐芳以《愚者大师传》对此有正名：

> 愚者大师……一（居）寿昌为药地或为墨历，有讹呼木立者，口更为木立云。

徐芳在方以智黎川4年追随的经历，以其“口更为木立云”语境，一定是徐芳知道方以智到达黎川之前，曾在介冈有“易号”之举，只是方以智未曾亲口告知而已，这才有徐芳文中的所“云”。黎元宽则是在好友弘敏的口中，获悉了方以智曾在其座下“易号”的事实，故在得读《炮庄》书稿时，黎元宽才会以毫不讳言的方式，在《读〈炮庄〉寄青原尊者》一诗中，直白地说：

> 大率人生两戒存。①

自此，徐芳除了在顺治十六年、方以智到黎川不久所写《寄木立道兄[己亥]》有“昔木立，今无可师”之外，一直以“木立”称方以智。②方以智亦在黎川4年中，始终将“木立”与“药地”并用。“易堂九子”从方以智“我来自黎川”访问宁都后，几乎所有的称呼，均以“木立”之名载于“九子”诗文。至方以智去世一年后，黎川新城知县周天德，与方以智黎川弟子涂景祚，在编修《新城县志》时，仍以“木立”名号将方以智在黎川禅门的事迹，记载于该地方文献中。

方以智黎川四年，人们既称“木立大师”，也同时称“药地和尚”。后因

---

① 《江青》卷十·诗·275页。

② 康熙四年《寄木公三[乙巳]》、五年《寄木公四[丙午]》、《寄木立大师四》。

方以智将“药地”之名命于《炮庄》巨著，“药地”名号遂遍传世界。

顺治十八年，《炮庄》一书成，方以智将书稿致介冈，耕庵老人读后，“将陈年未了公案，乞窟填坑，成就庄严，冬湧西没，可称尽善尽美”，遂以“弘敏”法名，特作《读〈青原炮庄〉》一首，在诗中将六年前与道盛之间的龃龉，以“磊块千古释”做了解释。

5. 访徐芳不值滞留南城麻姑“三阅月”

徐芳是方以智的“同年”，在明亡后避祸还故里建昌从姑山，但在金陵仍保留了一座“姑山草堂”，并曾向钱澄之索题。顺治十五年前后，钱澄之在《姑山草堂诗》中劝徐芳：

> 秦淮九月天气凉……徐生旅馆湛清觞……要我寄题姑山庄。姑山老屋百年荒……先世图籍此中藏……劝君早整还山装……作诗劝君归计长[似苏门晁张诸子之作]。[①]

方以智金陵高座寺闭关期间，徐芳当以“同年”尝有来往。以钱澄之诗中所涉及徐芳“还山”话题，徐芳在顺治十五年至十六年，即方以智到黎川后“还山”回到荷叶山。此间，徐芳常往来于建昌与金陵两地，穿梭往来为何？目前尚未见到更清晰的记载，这是方以智初访徐芳不值的原因。

方以智不遇徐芳，遂游麻姑山，[②]作《姑山定庵请题》：

> 白衣丹抹草蒲团……到此者，再看看。[③]

---

① 《田间》卷四·江上集[起丁酉止戊戌]·67页，《桐旧》卷十·十八，诗后有注“[似苏门晁张诸子之作]”。

② 《明建》卷之二·山川：“麻姑山，在县西南十里间……盱江山水最胜而名天下惟麻姑……从姑石”；《康南》卷之一·形胜·十一：“西南有麻姑山……谓此山及东郊太平寺，可屯万兵。”《道南》卷五·名胜：“麻姑山……三十六洞天之一……东北带盱、黎二水，为建武之屏障。”

③ 《别集》卷二·一。

又在从姑山、[1]资圣寺、[2]景云寺[3]等寺庙逗留，因感"麻姑双飞"瀑布与庐山"马尾瀑布"异同，遂以山水画"鸟爪法"皴写"二姑"，作《仿黄鹤樵戏作鸟爪法山水长卷》：

麻姑双飞练……从姑缘此相呼……因仿黄鹤樵戏作鸟爪法，长卷写之。[4]

初至麻姑、从姑二山，方以智既未称禅门寿昌派下"东莞"法名"大智"和"博山"法名"弘智"，也没称剃染僧名"无可"，更未称本名"方以智"，而是在建昌帮药地，以隐晦的方式称"药地病夫"。[5]徐芳后在记述方以智初访荷叶山时的《愚者大师传》中说：

愚者大师……居浮山，自称浮山愚者；在天界为无可师；入匡庐为五老；一寿昌为药地或为墨历，有讹呼木立者，口更为木立云。东海生曰：皆非师本名也，强为之名，宜曰：愚者……贼陷京师……遁迹五岭……寻以贞述先生老，还侍浮山子舍僧栖廉隅……会浪和尚开法天界……遂师事之，以避喧闭关高座三载。未几，贞述先生讣至，再返桐江，结庐三载……已……入盱江，访所知愚山[6]荷叶山中。适山[7]行脚远出，则就所居草庵栖止，凡三阅月……遇者懵然，不知为何等头陀也。会有居士鸿庄者，见其箧头一书，咤之曰："此桐城方密之笔也，奚为？"于是捉臂前诘。愚者猝不得匿……踪迹绽露，寿昌、青原相次礼请……愚者于

① 《明建》卷之二·山川·四："在县东南五里，魁然圆顶若人踞而坐……真足为麻姑之从也"，《同建》卷一·地理·山川·南城县："从姑山，三十四都，渡（盱）江东南三四里，抵山麓，明罗汝芳讲学于此。"

② 《康南》卷一·山川："城东……五十里，资圣山，地名松溪，内有资圣寺，明益恭王柩厝此。"《罗汝方集》贰·文集类。凤凰出版社 552 页《从姑胜游记》："盱城南出里许，江之浒，有山曰从姑……先端王墓所也。再日，入资胜山。又三日，入二仙山。二仙，先庄王墓所，而资胜，则恭王所浅殡者也……从姑近在目睫……"资圣寺又称资胜寺，今淹于洪门水库水线以下。

③ 《乾建》卷二十二·寺观："景德寺，旧在府治东，名景云……明弘治间改辟益藩殿。"《道南》卷三十·寺观志："东关景云寺，旧在府治东，原名景云……作弥陀阁。"1991 年《南城县志》卷三十·社会·佛教："景云寺，兴建于唐代大历年间。"

④ 《别集》卷一·二十一《二姑》。

⑤ 《冬灰》卷首·三《资圣除夕请示》"药地病夫游麻姑山"。

⑥ 指徐芳，字愚山。

⑦ 同指徐芳。

古今书无不读……尤深《庄》、《易》……同时有啸峰者，亦皖人，尝历官都谏，与愚者并师浪公，先后主青原法席，时称皖江两大师……今于狮子座上，现宰官身……独负数奇以游天地间，愚者之愚，岂可及乎！[①]

李瑶《南疆逸史》虽为后出，但记载这段故实则清晰可靠，且得辅证：

无可……初在天界为无可，既入匡庐为五老，一居寿昌为药地，或为墨历，人讹嘑之，又名之曰木立……旋诣天界事，偎公足迹徧诸山，已访所知于荷叶岭。所知者远出，就其草庵以居积三月……为居士鸿庄者见之，诧曰：此桐城方密之也，捉臂大笑，自是踪迹绽露……历主寿昌、青原诸讲席、而遂以僧终。[②]

“药地病夫”名号，是方以智“智出世托孤”以后，进入赣东建昌帮药地、在前往黎川寿昌寺之际“自称药地”[③] 开始启用，并于此“凡三阅月”间一直使用、不为当地人所知晓的名号。

建昌府久历独特的中药之乡，所制中药之“炮”法，以“药不过建昌不灵”享誉于世，与建昌府崇尚佛教、禅门的“药树”观念，有高度的契合性。在此地面上生活的人们记忆中，并未有闻任何“药地病夫”僧人，当方以智自称此号时，凡所见者，莫不“懵然，不知为何等头陀”。后因其手中所执自书便面，招致“芳之兄英见其扇头书，诧曰：此桐城方密之笔也”，被徐芳之兄徐英[④]“捉臂前诘。不得匿，为噱然笑”识破，遂“复拄杖景云，又入资圣”，在此得作“三阅月”停留。

至秋后，入冬前。方以智从南城再启程，沿着当年徐霞客（1587—1641）入黎川的线路，[⑤] 或陆路官道、[⑥] 或水路舟楫，由北而南依盱江、[⑦] 黎滩河[⑧] 东进，朝着最终目的地黎川寿昌寺而来。

---

① 《悬榻》卷三。

② 《南疆》摭遗·卷十六·四。

③ 均《别集》卷一《书庐药合草后》。

④ 《诗征》卷六十三·明二十五·二十一：“徐英。英字升伯，南城人，芳兄。”

⑤ 徐霞客《江右游日记》，崇祯九年 11 月初 7 日，徐霞客从建昌府依此路线入黎川。

⑥ 明清两代南城属建昌府管辖，方以智入黎川除水路外，唯一陆路官道即由南城、硝石、廪山等入北面朝宗门进。《黎川县志》陆路·古道·202 页。

⑦ 《康南》卷之一·名胜·廿三：“盱江，发源自广昌血木岭，六二百里至盱江，与新城飞猿水会。”

⑧ 黎滩河，又称中川，由黎川北下南城盱江、抚河、赣江，经庐山入长江。

以方以智从庐山下来南行，最后进入黎川寿昌寺的路程，参照明代万历时期（1573—1619）的舟、车路线计，由庐山、九江至南昌，路程约300余里；由水路在南昌府城之南进贤介冈灯社鹤林寺拜谒颖学弘敏“易号木立”，至少逗留5至10日；[1] 经临川、南城，再至黎川水、陆的实际路线，全程600余华里。[2] 所历路线当以水路为主，[3] 陆路为辅。

10月初8日，方以智经半年行程，抵达黎川寿昌寺。

第三节 初到寿昌寺与僧众见面及禅门兄弟

1.“金楼”对僧众的告白与“住持”身份的《冬灰录》

公元1658年，南明永历十二年，清顺治十五年，戊戌。农历冬十月初八日，时年48岁的方以智，以“早弃平章[4] 如敝屣”[5] 的心态，来到了新城黎川寿昌寺，[6] 在这座宗门日渐衰微、[7] 两年前尚在“栾庐”时就已得业师“药地图章”印可、[8] 并被记名委任为“住持”[9] 的禅门曹洞宗寿昌派祖庭，开始了他一生中“策杖西江，兴复廪山”[10] 的真正禅门长老生活。

黎川素有“士君子敏而好学，文而有礼；为文学懿于东南，在甲乙之目；

---

① 以禅门“易号”诸多程序和各形式推论，逗留至少在5至10日。

② 《罗汝方集》贰·文集类648页《宜黄应太学墓志铭》：“大江之西，省郡为南昌。自南昌西行二百里为抚州，再百里为建昌。”

③ 该水路连同荷叶山附近的明益藩各墓葬，今均淹于洪门水库12亿立方米容量、百米以下水中。

④ “平章”指宰相。

⑤ 《江青》卷十·诗·275页，宋徵舆《寄怀青原老人》。

⑥ 在原黎川东北角石峡乡，今洵口镇下寨香炉山村“犀牛下海”山湾里，庙宇占地60余亩，佛殿18座。寺前有寿昌桥，为无明慧经所建，元谧再修，寺内有明眼井，山门额“曹洞祖庭”，寺周有历代高僧墓塔。“寿昌”寺名历来无交代，《通雅》三十二·器用·印章条下：“秦始皇之玺，一曰‘皇帝寿昌’，一曰‘既寿永昌’。”前人取义，当与此有关。

⑦ 《中尉》卷一·五言古《己亥季夏郭家山呈别木大师》“师云宗门衰”。

⑧ 《江青》卷四·碑铭·孙晋《药树堂碑文》：“于栾庐时得药地图章”，指得佛门“印可”。

⑨ 《禅流》第十二章·曹洞法系（下）486页：“顺治十三年（觉浪）偕徒嗣药地等赴宜黄（今属江西省抚州地区）曹山，主持重建曹洞宗祖师本寂和尚墓塔”，方以智作《曹山第一代本寂禅师塔》碑，尾署“寿昌住持”。此碑为康熙二十六年重镌，今尚存。

⑩ 《浮志》卷之三·法谱·第十六代·无可禅师·27页。

才学辈出亦多膴仕；山川英灵之气钟，而为环伟杰出之才”，① 方以智到来及驻锡 4 年后，世人则以“廪山愚公人天师，文章风节海内推”② 来称颂这位“木立”头陀和“药地和尚”。

初至寿昌寺，如何让寺内的众僧认识、了解自己，以完成并践行业师交给的重托？方以智特以“药地”之名，在寿昌寺内的“金楼”，作十二条、连声递进式的“苍天”二十四声高呼，③ 其《苍天语》曰：

> 千门万户三条椽……奈何失此恩力？苍天！苍天！
>
> 口必不嚼粪块……谁不孤负，苍天！苍天！
>
> 尘埃惹不惹，衣盏总成冤……苍天！苍天！
>
> 宁可起，有见如须弥山……莽荡招殃，苍天！苍天！
>
> 可怜生，生可怜……可惜口如扁担。苍天！苍天！
>
> 牵者牵，缠者缠……急水风车，苍天！苍天！
>
> 人怕去后黑漫漫地……如何是全？苍天！苍天！
>
> 推磨三不然……谁能跳出此圈？苍天！苍天！
>
> 贪奇斗险……孟八郎踰垣，苍天！苍天！
>
> 利器不可示……若欲夷丘田壑，苍天！苍天！
>
> 表症与米煎……死执单方不对症，苍天！苍天！
>
> 宗耶？教耶？同别、偏正……拍盲一拳，苍天！苍天！
>
> 皮下无血，叫天亦枉然！若实未透过究竟者，苍天中更添冤苦矣！药出金瓶，岂得已哉！金楼识。④

就方以智在禅门已有 7 年的经历和修持而言，这篇在严冬初抵达寿昌寺的《苍天语》十二条告白，先说了自己与寿昌寺这片基业的佛缘，又说因有“斋戒”约束和业师的“恩力”，才有来此寿昌寺践行师尊的“未了公案”之举。随后，方以智以“墨历”、“药地”之名，作十二首诗偈，对众僧进一步解释自己来黎川的因缘。

---

① 《明建》卷三 · 风俗 · 三。

② 《木厓》卷十一 · 十五《廪山歌祝方姑母六十》。

③ 禅门语录中常见的一种制式语言，也有冤苦的意思，如《五灯》下 · 41 页：“曰：苍天苍天！师曰：叫甚冤苦？”

④ 《冬灰》第一篇。

是时，寿昌寺内的同辈禅门兄弟双峰大存、笠山大宁先后作记录、题跋识，[①]遂有《念佛孤颂》：

白毫先直指东方，北斗南看古道场……墨历大师十二首，曲尽三老苦心……有心人当向此中字字着眼始得。寿昌大存敬识。

药地大师，善知一切药病中之病症，而以一真之火烧尽古今者乎？……王老师[②]云："不是心，不是佛，不是物。"……三一老人[③]曰："此一念字，即《庄》之怒字，《易》之乾字……药地医王摇此一声佛铎以救之……吾知此番必有醒者。笠山大宁题。[④]

方以智文中尽管有"狐尾狮毛埋两岸"与"归墟漩破旧慈航"来讥讽郑氏集团，以及暗指大明山河已经破碎的意思。但在笠山大宁的"题"中，却将方以智《念佛孤颂》"此正今时对症方"来得正是时候，又直呼方以智是"药地医王"，乃是"摇此一声佛铎以救"的"呼醒之神力"，并在"题"中介绍了方以智外祖父吴应宾"三一老人"与他的《庄》学与《易》学渊源，其目的，均在于对方以智初来寿昌寺的加持。

《冬灰录》卷首第一篇《药地苍天语》所言金楼，本为黎川、南丰之间的一座山，"峰曰金楼，在盱郡之东，距城七十里……峰之下，古有兰若……万历间，有无明禅师者，命其徒元宾居焉……自癸巳始也，于是左右皆为客厅，其建大雄也，则自乙未始也……大殿之前，为三门，左斋堂，右禅堂……西北有静室……其可观哉！"[⑤]后有金楼宝轮寺，是黎川寿昌寺的一座下寺，无明慧经的弟子阒然元谧，即在金楼开悟。[⑥]方以智有《佛诞日金楼茶筵普示》：

满堂一口无别。此宗中兴，本自西江，在我寿昌俎头山发泄……似此金楼再造……此祖翁田地……不觉庆赞中带累廪山饶舌。

《新城县志》卷之十二·仙释：

---

① 《冬灰》卷首第二篇，是将方以智诗十二首、寿昌大存敬识、笠山大宁题，半庐弟子腾蛟敬梓三文，合在一起后，统称之为《念佛孤颂》。

② 指南泉普愿（748—834）。

③ 方以智外祖父吴应宾。

④ 《冬灰》卷首第二篇。

⑤ 《内省》二十三·十二《知予上人六十序》："吾郡有金楼名山也，在南（丰）、新（城）二邑之界"；十二卷·廿二页《重建金楼峰宝轮寺记》。

⑥ 《康新》卷之九·仙释·百三十五·僧元谧。

> 僧元谧，字见如，建昌南城人……投无明和尚于宝方，求披剃……后入金楼峰。

这些记载，均说明能容纳“满堂一口”的金楼，乃是寿昌寺可以用来集众“茶筵”的一个场所，是方以智已置身黎川寿昌寺内，地点准确、功能清晰的记载。

《念佛孤颂》的“敬识”者寿昌大存，“题”者笠山大宁，《新城县志》均注明是方以智的后续继任者。但是，在以往的“方以智研究”中，因没有从记录的地点“金楼”去考察，更未从两位寿昌寺“识”与“题”的身份上去作详细探究，故缪将方以智“语录”的最初时间，划归在老家桐城的“栾庐合山”时期。这种错误，皆因“游禅江西”界定，而使这段方以智已在寿昌寺的事实，出现了严重的分期偏差，误导了后世。

《冬灰录》留传至今，是方以智到了黎川之后，依照禅门长老的“语录”定制，将黎川、泰和、青原诸刹“上堂”“开示”“语录”等，由弟子或门人记录在案，而有开禅门“语录”之先。[①] 换言之，方以智由一个“假和尚”[②] 或“半真半假”的游方僧人，是在黎川寿昌寺成为“真住持”后，才有“语录”，才会有集“语录”而成《冬灰录》。

《冬灰录》各卷，以清晰的寿昌、廪山、南谷等活动，将各种“上堂”“开示”作了交代，是一部研究方以智在黎川四年生平、事迹与分期，具有标志性意义的著作。后世的研究界，并非完全无人看到这一点。《冬灰录》“校注”本作者邢益海，在“前言”第3页中就说：

> 《冬灰录》……卷首二为庐墓时期（1655—1658），卷首三为廪山时期（1658—1662）。

但可惜的是，这种已涉方以智在黎川四年的分期，却因“游禅江西”的错误界定，让这一正确的判断，在已摸到“黎川四年”的边沿时，戛然而止。

---

① 《冬灰》卷首 · 一：“药地学人兴月录”。

② 《藏山》卷十三 · 47页《失路吟》：“五更起坐自温经，还似书生静夜听；梵唱自矜能仿佛，老僧本色是优伶［愚道人既为僧，习梵唱，予笑其是剧中老僧腔也］。”是朋友们视方以智为“假和尚”的一种表现。

《冬灰录》五卷，共七万言，[1] 滥觞于黎川寿昌寺，[2] 但包含了方以智庐墓期间有关佛事的对话，[3] 由寿昌派下“博山”支的“传”字辈“传古”、[4] 和“东莞”支的“兴”字辈弟子[5] 记录。

康熙十年，方以智在惶恐滩赴水殉节后，由方中通、方中履“旅榇”万安水月山期间，“重搜‘语录’编之”：

> 亥子、壬子之交，守衬五云，苦口瓦镫，重搜《语录》编之，归而藏诸浮山……己未首春……故序此未列耳。[6]

《冬灰录》虽基本上按年代编次，但因“归类”等原因，不少篇章均有打散现象。[7] 如卷首·三《龙湖不二社茶话》时为顺治十七年，在寿昌和廪山；卷一为方以智在黎川游泰和首山《汋林浴佛日萧孟昉、小翮两居士为太常伯玉老居士冥诞宴请上堂》；卷二《佛诞日金楼茶筵示众》《廪山、南谷示众》《示众》《南谷示众》在黎川佛事的记录等，并不是完全依照严格的年代和前后顺序来编定。

从卷首开始，记录了方以智受业师之命初到黎川，在寿昌寺、复兴廪山，在南谷等周边弘扬曹洞刚宗、阐发寿昌圭旨，反复强调“万法皆两端交网，两端皆相反，皆相因，而公因贯乎其中”的“万物皆备于我”，此一主张和世界观，包含了方以智在寿昌寺初为“方丈”，出游泰和首山汋林，最后在青原山等周边诸禅刹的语录，是方以智晚期十三年禅门生涯中，对僧众、信士开示语

---

① 安徽博物馆藏有精抄本。

② 《青原愚者智禅师语录》约在康熙十九年，由弟子兴斧奉送入藏明《嘉兴大藏经》熊开元作《序》，但有许多内容被删除。方中通《送山足法兄运天界、青原两录赴嘉兴入藏序》。

③ 即顺治十二年至康熙六年期间记录，如《雪中问》、《偶答》等，均在栾庐期间。

④ 《冬灰》卷首·一：“传古”。大集本《药地炮庄》“发凡”。卷首·三“学人传口”、卷四：“书记传澥”。

⑤ 《冬灰》卷首·一：“药地学人兴月”、“行者兴种”，卷首·四、卷一：“侍者兴化”，卷三：“纪录兴伟、兴纮”，卷四：“兴会”等。后辑成《青原愚者智禅师语录》由方中通“侍子兴磐”及门人“兴斧”编。

⑥ 《陪集》卷一《药地老人语录》。

⑦ 《知见》43 页：“《冬灰录》……卷首，为方以智栾庐合山、行脚江西、兴复廪山、讲学汋林时语录。卷一，为甲辰（康熙三年，1664）冬入主青原山静居寺时语录，后有《五位纲宗》三千余言。卷三，为乙巳（康熙四年，1666）年语录。卷四为丁未（康熙六年，1667）年语录。”这个分期并不准确。

言、思想与倡导，主张与行动的真实反映，其禅学、禅修成就，得以完整体现的一个载体，是探索方以智生平与事迹，最具有文献和史实价值的重要著作。

方以智的弟子兴翱赵嵊在阐释《冬灰录》要义的《序》中说：

生死发药……药地大师，渊源三世……息喘杖门……世无具真心、细心者，畴能合《鼎薪》、《炮庄》而通其故乎？公因反因，殊破天荒，实乃如此……杖人曰：“冬炼三时，乃享无冬无夏之天。”此《冬灰》之旨乎！

石头[①]大师曰：“本末尽归宗，当知用及处。”

妙叶[②]何疑，但背与庭代错为用耳。特为流通，以待神明者。

《冬灰录》作为禅门“依制”而有的标志性事件，让方以智到黎川寿昌寺之后，真正成了一个“有据可循”的掌门人。虽为初来，但因有先驻锡于此的禅门师兄弟加持，其“根底”也随诸僧人的口耳相告，在黎川周边十方传播开来。

2.“敬识”者双峰大存

双峰大存（1622前后—约1661），又称寿昌大存，觉浪道盛法嗣。黎川寿昌寺住持的接任顺序是“竺庵……顺世……寿昌为兄终弟及，以归梅公，一如双公”，[③]“双公”即双峰大存。是《新城县志》记载继竺庵、方以智之后的第三位寿昌寺住持。

双峰大存的生卒年，未见它方文献记载。以观涛大奇《双峰存和尚塔》诗中称大存为“阿兄”，在《双峰存和尚讣音至》中称“大哥”论，大奇“诞于天启乙丑之春”，[④]“乙丑”为天启五年；以大存为方以智作“语录”时所用“敬识”口吻论，方以智生于万历三十九年，比称其为“阿兄”“大哥”的观涛大奇年长14岁，故大存的年龄，只能比“阿弟”大奇年长1至5岁之间。观涛大奇在“顺治庚子秋，受杭州护法……住皋亭山崇先显孝禅寺三门”，[⑤]“庚子”为顺治十七年，时大奇35岁，方以智已在黎川前后见2年。

---

① 石濂大汕，其“跋语”当在来万安“以当执绋”为方以智送葬、牵引灵车之时。
② 叶妙大权，其“跋语”当在接任净居寺住持不久，中通、中履旅榇万安期间。
③ 黎元宽《寿昌寺待谥禅师竺公老和尚一仪塔铭［并序］》。
④ 《观语》卷第六·铭《寿藏铭并序》。
⑤ 《观语》卷第一·篇首。

顺治十六年春，方以智首访宁都“易堂九子”，在逗留期间，寿昌寺“遣人至，谓黄龙背新筑一药地矣”[①]将方以智接回黎川。至康熙六年，方以智重回黎川，特在寿昌寺内《为双峰和上设供》哀悼，有“黄龙背上留药地”一语，可知当年前往宁都接方以智回寿昌寺之人，即为40岁左右的双峰大存。此后，在方以智和他人的文字记载中，“寿昌双和上”的参与，虽有载，但事迹甚少。《观涛奇禅师语录》卷第一，在《天界老和尚忌辰》后第四条，载观涛大奇《双峰存和尚讣音至》一篇：

上堂……报道寿昌桥忽断，无端平地起风波……且道寿昌和尚迁化……水上东山雪嵯峨。[②]

《观涛奇禅师语录》共六卷，此篇《双峰存和尚讣音至》为卷第一《天界老和尚忌辰》第四条。“天界老和尚”即道盛，其“忌辰”在顺治十六年秋九月初七日。[③]由此推测，双峰大存去世，应在观涛大奇入住崇先显孝禅寺的顺治十七年秋九月以后不久，或该年末，或顺治十八年初春，享年仅约40岁左右，塔葬寿昌寺后之祖山。

至方以智康熙六年重回黎川为双峰大存作《设供》，大存去世已五六年了。再至康熙十年，观涛大奇来任寿昌寺住持，在双峰大存墓塔前为之祭奠，面对这位曾在寿昌寺“振古纲”、但却早逝的“阿兄”，观涛大奇无不悲哀地在《双峰存和尚塔》中说：

丛林此日斗舟黄，阿兄劈板振古纲……揭开向上千峰眼，始见高深一道长。[④]

双峰大存在寿昌寺祖庭“振古纲”的时间，未见记载。以现有的史料，可确知顺治十年寿昌寺被大火焚毁，该年十月，竺庵大成带领门下弟子回黎川，并重修寿昌寺。刘余谟《传洞上正宗三十三世摄栖霞觉浪大禅师塔铭》说此际的道盛：

闻竺庵成公重兴寿昌，推双峰存公住持，特为上堂举扬。

---

① 《后编》卷之二《游梅川赤面易堂记》。

② 《观语》卷第一。

③ 《田诗》卷五《江上集［己亥］· 挽天界和上四首》。《青原志略》卷二《笑峰大然》：“己亥冬，天界和尚讣至。”《冬灰录》卷三 · 方以智《九月初七日天界和尚忌辰上供》。

④ 《观语》卷第六《佛事》。

这可看成是大存在顺治十年冬十月以后，或顺治十一年被道盛“推”为寿昌寺住持、并“特为上堂举扬”。道盛的这一举动，可能包含了竺庵大成回寿昌寺重建之前，双峰大存已在寿昌寺“当家”或“监院”这一因素。但这次大存是否“实任”住持，未见史料记载。

双峰大存作为寿昌寺内的老人，此际任“监院”的可能性很大。如是，至顺治十三年，道盛带领方以智、笑峰大然、观涛大奇等弟子回黎川，委任了方以智为寿昌寺住持，此间的双峰大存作为“记名”住持方以智的“监院”，应当还在该任上，并为之操持日常事务。

顺治十六年，方以智兴建廪山塔院，大存积极响应，号召寺内禅和子参与，并亲往“运木”“搬柴”。方以智《谢寿昌诸禅者》予以了特别的点名嘉许：

寿昌双和上，发禅堂人为廪山运木，举青林虔，令人搬三转柴，与今日是同是别？[①]

这是观涛大奇赞誉双峰大存“振古纲”不争名、不争利之“离言句子好商量”本性淳厚、“始见高深一道长”话语后面的本质。双峰大存是自方以智来到寿昌寺后，始终陪伴左右“无开闭”敞开胸怀的“好兄弟”。其协助方以智 4 年之功，使得方以智在康熙六年重返黎川寿昌寺时，不无感慨地在《为双峰和上设供》中说：

咬指流胸好兄弟……黄龙背上留药地……松枝挂剑霜风砺。[②]

以双峰大存的生年和前有竺庵大成、后有方以智为住持的史实，又以寿昌寺住持“兄终弟及”继任的成规，《新城县志》所列双峰大存在方以智之后的“住持”身份，应当是依据大存实际掌控寿昌寺、监院长达十余年的经历而有，这是双峰大存从未离开过寿昌寺，且行使“监院”被冠之以“住”的意义所在。

3.“题”者石潮大宁

石潮大宁（1631—1673），俗姓傅，号笠山，桐城双溪人。陈垣《清初僧诤记》第 20 页：“大宁亦觉浪嗣，与无可同门。”《龙眠风雅全编》“小传”：

释大宁……披缁为僧……浪杖人扫塔浮渡，过其庵，呼与语，器之，录为侍者，时年逾二十矣……闻杖人说法……自是手不释卷，贯通内外

① 《冬灰》卷首三 · 57 页。
② 《冬灰》卷四 · 234 页。

典……与竺庵、梅蓬诸公受杖人记莂。主席天界寺，缁素云归，再应江右新城之请，移锡福山，宗风益振。及栖霞竹公既寂，而世遂以浪公滴乳，首奉笠山矣。康熙壬子秋，方建佛殿……感微疾，沐浴礼佛而终，年四十余。所著《卮稿》一帙，则得自涤岑陈子者。[①]

顺治五年，石潮大宁已在寿昌寺。是时，钱澄之在建宁、黎川周边抗清失败后仓促间躲进寿昌寺，有《饭香吟酬韫公见赠之作》：

人生粒食先……闽关旅食缺……扪腹渐空虚，入口发禅悦……稽首问石公……石公笑不言……[②]

这位笑而不言的“石公”，即年尚17岁、在寿昌寺从事斋钟、粥鼓的石潮大宁。时隔三年，即顺治八年十二月，竺庵大成已到寿昌寺“中兴祖庭”，钱澄之由广西梧州重返黎川，欲要做一个“真和尚”，但物非人非，寿昌寺内“三匝绕完无认得，出门唯识饭头僧 [寿昌礼塔]”，[③] 仅有大宁这位“粥饭僧”还认识他。

这是大宁从17岁至20岁都在寿昌寺的证据。《龙眠风雅全编》初编卷六十四，载大宁各体诗56首，涉及方以智在黎川寿昌、廪山诸禅门的兄弟等人物。《投赠药地和尚》：

挂锡文殊草……衍《易》宗通佛，谭《庄》怪入魔……[④]

所涉《易》《庄》诸事，是大宁在寿昌寺期间向方以智“投”以请益的证据。大宁《大悲阁题赠智公》：

一阁开林麓，崔嵬出众峰……香雨净僧意……瞻眺兴犹浓。[⑤]

方以智有《和笠山韵》：

……石不随流去……略知医用药……凉风岭上多。[⑥]

这是石潮大宁追崇方以智“不随流去”对其的称赞，以及两人在寿昌寺期间的唱和。石潮大宁后著《庄我》一书，黎元宽《序》：

---

① 初编卷六十四・2822页。

② 《藏山》・诗存・卷八・生还集・217页。

③ 钱澄之《行路难》。

④ 《龙眠》初编卷六十四・2826页。

⑤ 《龙眠》初编卷六十四・2829页。

⑥ 《龙眠》初编卷六十四・2848页。

后世之深谈理事者，莫不举庄顾为《庄》而下注脚……药地大师炮之，备矣！广之遇之，见犹起彼“炮”之，用乃在我，此为最胜……石潮和尚曰：“以我言《庄》，即以《庄》言也；以《庄》言庄，亦不异以《庄》言我也。我可以天地同根，万物为一而何不可《庄》？《庄》可以化为蝴蝶若为鸟……为虫，臂鼠肝而何不可我庄？我之彼是不得分后先首尾……始有遁者而已矣！”于是……客执《庄》见问，作《庄我》……乃夜雨烧灯疾书。读《庄我》一遍……遂附论之……博地凡夫黎元宽识。①

以黎元宽《庄我序》论，石潮大宁著《庄我》，当在康熙四年以后，是一部深受方以智《药地炮庄》影响之作。故黎元宽《序》中才会有“见犹起彼‘炮’之，用乃在我，此为最胜”的慨叹。这亦是大宁作为方以智禅门兄弟和弟子，将其对《庄》进行“炮制”学说理论，转变为修行实践的一种具体表现。方以智后转场青原山，大宁有《读〈青原记〉[长篇别存]》：

前后诸记我再读，俨然置身青原腹。睇远临深片纸间，长歌衍罢疏钟续。②

所谓《青原记》，即方以智修《青原志略》，诗中“前后诸记”，是大宁对方以智众多著作一读与“再读”、并以重视之“睇远临深片纸间”表述。

康熙元年或稍后，石潮大宁曾回桐城礼远祖塔，有作《游浮山记》；③四年，大宁在金陵天界寺，其艰苦修持的境况，桐城王天璧④《过天界寺赠石潮和尚》说：

师携云入定……知是慧根饶。⑤

方文该年以“同乡”之名有访作三首，《天界寺书怀》：

其中笠山老，与我同乡园……先有黄生存[建昌黄子捷]。⑥竹榻许相连……朕舌谁能扪。⑦

---

① 《进贤》卷之七·序·二十七·《庄我序》。

② 《青原志略》卷十一·诗·292 页。

③ 《浮志》卷之五·74 页。方以智《远祖塔院斋僧田记》写于康熙元年，大宁礼塔，当在同年或稍后。

④ 王天璧，字照文，号甓亭。顺治乙酉举人，官阳谷知县，有《存心堂诗》。

⑤ 《桐旧》卷三十一·八。

⑥ 黄子捷于该年三月底回建昌，《嵞山》续集后编·卷四·800 页《三月晦日送黄子捷归建昌》。

⑦ 《嵞山》续集后编·卷一·650 页。

《天界寺访笠山师》：

早春犹未出城南……香灯从此奉瞿昙。①

《笠山禅师初度》：

廪山书问时相接［公与无道人最善］……二十余年了死生，灵椿龟鹤总浮埃［庄子冥灵，大椿是二物］。②

这一年，大宁35岁，开始撰著《庄我》，并与青原的方以智，时有书信往来，方文在金陵为其祝诞时，将此情写进了诗文。同年，大宁回访方文，方文《笠山师枉驾草堂奉赠二首［以下乙巳年作］》：

结制依香刹，三冬独闭门。蚤春才一出，徐步向孤村……况师同里閈，特地访衡茅。日暮难留客……万松庵最好，欲借一枝巢。③

以该诗所叙，大宁此次在金陵天界寺"继之"三年，④出游方文草堂相处一天。又以诗中"万松庵最好"论，此际的大宁，正在谋求"出路"，故有方文此建议。大宁是否去过"万松庵"，不得而知，但康熙十年，大宁已回黎川。《新城县志》记载"康熙壬子，重兴福山殿宇"，是时，方以智去世一年。

石潮大宁后住持之福山，是黎川"邑之镇山也"。⑤"在新城县南四十里"，是"延袤数十里，县之镇山……绝顶有萧曲峰，与会仙云门诸峰相映"⑥的名山，大宁所兴建的寺庙，称福山寺（在今社苹乡福山九叠谷正北），是寿昌寺的下院。黎元宽《募重建福山双林寺大殿缘起疏》：

福山之宜复也……而今日为石潮和尚之过化也……潮和尚实著《庄我》……⑦

---

① 《盍山》续集后编 · 卷四 · 796页。
② 《盍山》续集后编 · 卷四 · 805页。
③ 《盍山》续集后编 · 卷三 · 737页。
④ 康熙七年秋初，"金陵天界法弟大宁"有致晦山戒显《石潮宁书后》，是其尚在金陵的证据。
⑤ 《康新》卷之一 · 二十 · 福山。
⑥ 《嘉庆重修一统志》建昌府 · 六。
⑦ 《进贤》卷二十六 · 募疏 · 六十九。

大宁的好友林云铭[1]在《挹奎楼选稿》中，有涉多篇：

癸丑夏六月五日，福山和尚石潮讣至而示寂乃五月十日也。先两月，余游开元寺，为霖大师言潮公兴福山大殿未竟，得瘫疾甚剧，及计至，询之果然。呜呼！潮公往矣……自天界入福山……辛亥游吾乡，为霖大师以鼓山法门相属，时白眼者颇有异议，事因中阻，而霖公与公先后俱离鼓山……公与余同生，今年仅四十有六耳……[2]

《新城县志》载大宁“著有《语录》、《箫峰堂文集》、《庄我》”。前两篇鸿鸣未得读，后一篇《庄我》，有黎元宽《庄我序》可窥一二。林云铭《箫峰堂集序》，则对了解该书与大宁，提供了另一途径：

潮公自天界往住福山……辛亥岁，潮公飞锡晋安，与余订武夷之游……顿释四五年中蕴结……临别，复出所为《箫峰堂全集》示余……是盖有故以其平生胸中、眼中，别具一副大地世间……潮公与余相视而笑，遂书之而弁其首。[3]

元代“箫峰堂”盛况一时，康熙《新城县志》有载，[4]至明末清初圮为废墟，入清后的“箫峰堂”当为大宁复建。

大宁能诗，也尝与人唱和。康熙《新城县志》载［清］鄢郢［岁□□］《箫曲峰记》：“予和释石公诗有曰：‘结构半生高力士，至今令我思无邪’盖谓公也。”[5]方文康熙五年六月后，有《题笠山师诗卷》：

雨窗闲静阅公诗，风格高寒系我思……[6]

《正源集略》载小传：

新城福山石潮宁禅师。参觉浪盛，命充第二座。一日茶次，闻觉举寿昌老祖、临济三顿棒颂，恍如千层网底跳出，即呈偈曰：黄金宫殿水

---

① 林云铭（1631—1673后），晋安人，与黎川涂景祚善。《纪事》卷八·966页：“林云铭，字西仲，闽县人。顺治十五年进士，官徽州府推官。康熙六年以裁缺归，十三年为耿精忠所囚，踰二年得释，居杭州，以卖文为活，所著有《庄子因》、《古文析义》、《挹奎楼选稿》，未详没于何年……云铭喜言神鬼……郁勃之情如见。”

② 卷之十一·十。

③《挹奎》卷之四·二十九。

④ 卷之九·仙释·元·一百三十三。

⑤ 卷之十·艺文志·五十四。

⑥《嵞山》续集后编·卷五·858页。

晶床……看他白昼鬼分赃。觉阅而笑之……[1]

《五灯全书》：

建昌覆船福山[2]石潮大宁禅师……蓦竖拂子曰：天上人间斯为元首……只如钟楼上唱赞，床脚下种菜……后园驴吃草……两岸红尘飞不到……番人不系腰[觉浪盛嗣]。[3]

福山为黎川最知名。朱熹宋庆元二年（1196）游黎川时《福山》诗曰："四周阔野……绿水浮楼。"又有《福山寺吟》曰："覆船山色翠峨峨……莫疑身后有风波。"[4][明]徐钹《福山禅寺》："青山高百尺……却下文殊台。"[5]钱澄之康熙三年有《答石潮禅师见赠》：

天界堂头老导师，别峰未见已相知……谬劳佳句深锥劄，其奈凡情不肯疑。[6]

大宁能文，与黎川知县周天德过从甚密，康熙《新城县志》所载事迹甚多，其"记"三篇，都是大宁在福山寺住持期间所作。[7]所游之处，为黎川"三十景……五十三景，石潮又益以十景"。[8]

大宁与魏禧交，魏禧《答石潮道人手简》：

今日方丈中诗文，下笔便知如佛旨……古之传人传文，正不在多，此语藏之已久，不逢足下，终不发也。[9]

大宁老家的朋友陈焯（约1609—1683后）[10]来游黎川，即《龙眠风雅全编》小传中："所著《卮稿》一帙，则得自涤岑陈子者"，康熙《新城县志》有载：

近桐城进士陈焯游天峰寺，同石潮禅师望福山诗云：福山名胜缘师著，

---

① 卷八·百九十三。

② 明清两代黎川属建昌府，故云"建昌"。

③《五灯》曹洞宗·青原下三十七世随录·665页。

④《抚州宗教集要》230页。

⑤《康新》卷之十·艺文志·八三。

⑥《田诗》卷十二。

⑦ 卷之十·艺文志·六十至六十一至六十二。

⑧《康新》卷之一·二十四。

⑨《魏禧文论选注》江西人民出版社1984年5月第1版122页。

⑩ 字默公，号涤岑、越楼，桐城官山（今钱桥镇官青）人。是方以智的好友，详《方以智"惶恐滩"殉节诗证考》。

翻喜同师望福山……更欲携予箫曲住，凭栏先指数重关。[①]

诗中“翻喜同师”句，是两人同为方以智弟子的证明，其“望福山”，也是陈焯在方以智来寿昌寺不久，即追随到黎川看望，并有游福山的记载。

康熙十年秋，石潮大宁在福建鼓山涌泉寺闻知方以智“死事”，作《寄怀木立和尚》：

盱江两寺定幡风……放身原识鸟鱼同。墨池落笔翻波黑……归到廪山闲把玩，留予相对漫谭空。[②]

是时，涌泉寺第六十五代住持为霖道沛禅师，欲将该寺属以大宁，后因“白眼”甚众未果；十一年，大宁已在黎川“重兴福山殿宇”为该寺住持。

康熙十二年，五月十日，46 岁的石潮大宁，在黎川福山寺圆寂。其“住持”身份，也算是去世前的一种交代，其在寿昌寺至少前后生活了二十余年。十五日，法兄观涛大奇在寿昌寺大殿举哀，作《上堂》悼词：

上堂。法城崩，法灯灭，法海停波法流竭。五月十五雪花飞，法身冻杀离生灭……大地茫茫如泼墨……[③]

又为之在《福山和尚封龛》：

坐断箫峰寝万机……恭惟福山堂上石潮法兄……道行江西方洪觉范之风标……覆却船示有涅槃……何期真灯遽灭……毕竟为什么边事？……熊耳峰上有真规。[④]

远在千里之外的广州长寿寺[⑤]石濂大汕，接到福山大宁弟子“报丧”来信后，作《松侄寄石潮和上计音至，以诗追悼》：

鱼雁音沉春复秋……常怀兄弟池生草，不道相思雪满头。看到伤心风雨夜，梦回痛哭粤王洲……[⑥]

石潮大宁在方以智黎川四年中，虽以“大”字辈兄弟身份相侍左右，但以其年龄、“粥饭僧”和《庄我》一书的背景，实乃是方以智兄弟名分下的弟子。

---

① 卷之一 · 封域志 · 日山 · 十七。

② 初编卷六十四 · 2833 页。

③ 《观语》卷第三《住建昌府新城寿昌禅寺 · 福山宁和尚讣至》。

④ 《观语》卷第六《佛事》。

⑤ 长寿寺，在广州城西南五里，石濂大汕重建。

⑥ 《离六堂集》七律卷九 · 十九。

4. 致信青原笑峰大然

方以智到黎川寿昌寺安顿半月之余，已在处理寺内外佛事、与外面建立各种僧、俗两界的联系。十月二十五日，于黎川峨峰[①]致信青原山净居寺[②]住持、同门师兄笑峰大然70岁生辰：

> 自寿昌寄上青原笑和上。竹关别后，一恸终天。乃以师旨，重烹教乘。因外祖吴太史书，征三世易寂历，同时别传，遮二而又遮一，权奇炼将耳。《鼎薪》《易图》祝寿，知惟一笑。七十老翁甘此苦……却喜青原、南岳一口气，烹三炮五吞一味。峨峰塔顶突双尖，垂足流胸好兄弟……屈指十二万九千六百年，且吸博山烟上寿。[③]

在该信札中，方以智诉说了自金陵“竹关”别后，自己奔丧回桐城，今“乃以师旨”来寿昌寺“重烹教乘”的原委与目的；以外祖父吴应宾[④]《三一斋稿》经方氏一族三世，曾祖方学渐、祖父方大镇、父亲方孔炤对《易》的深究与新解，来说“别传遮二而有遮一，权奇炼将耳”。所言“《鼎薪》《易图》祝寿，知惟一笑”语，表明方以智这两部著作初稿已基本完成。[⑤]自己到黎川后所要进行的儒、释、道三教之“烹三”；在寿昌寺“药地”将以炮制中药的手段与研究方式，融禅门“五灯”的“炮五”之法，对《庄子》进行阐释；以寿昌派“峨峰塔顶突双尖”，而突出“博山”与“东莞”，居此茅屋山涧“仰天读破玄黄书”；终将在“龙无首”之寿昌寺，让业师所托付得以“龟开口”，实现“吸博山烟上寿”，故作《炮庄引》剖明心迹：

> 子嵩开卷一尺便放，何乃暗醷三十年而复沾沾此耶！忽遇破兰茎草，托孤竹关……烧其鼎而炮之，重翻三一斋稿，会通《易余》，其为药症也犁然矣……自庄生后数千年，评者众矣……旁通正变之冷灶耶！浮山药

---

① 在黎川洵口镇香炉山村，即指寿昌寺。

② 《光吉》卷八・建置志・庐陵寺观附：“净居寺在水东十五里青原山中，旧名安稳，为唐行思道场……毘庐阁右，归云阁左。”又作“静居寺”。

③ 《江青》卷十・诗。

④ 吴应宾，字客卿，一字尚之，号观我。桐城麻溪人。万历十四年进士，官至翰林院编修。居乡四十载，恢复浮山释道，著《学易斋集》《宗一圣论》等。其论学儒释道三教合一思想，对方以智影响深远。

⑤ 始撰《鼎薪》在顺治十年。

地，因大集古今至削漆者，苓桂硫浓，同置药笼……愚者不复一喙……或问古人云:“大地火发,始得与逍遥游,进一步乎? 退一步乎? 曰:“炮。”[①]

方以智“何乃暗醷三十年而复沾沾此耶”语，乃指30年前即有“炮”《庄子》之念。由该年上溯30年，在崇祯元年，时方以智18岁。但方以智学术重点真正转为对哲学、对《庄子》研究，当以在桂林流离时所写《书庄子后》。[②]

顺治九年,方以智从梧州回桐城,途中经庐山时写《向子期与郭子玄书[系炮庄二书]》[③]和《惠子与庄子书》。[④]十年,在金陵高座寺闭关,觉浪道盛将自己的《庄子》“托孤之论”以付，方以智始有系统撰写《炮庄》，而这些早期有涉“庄子”的散篇内容，均成其在黎川倾全力撰著《炮庄》的张本。

该年，方以智在黎川“黄龙峰”介绍“寒山”寿昌寺现状，并以《致青原笑和上》请以见面、自己将完成业师托孤《炮庄》之志，再次作了介绍：

> 忽忽三年，栾庐自倒……黄龙峰下，且息医寮……寒山放帚，陆沉下版，是所慰也。墓下数年，重烹教乘，反复外祖观我公之旨，自合四世之《易》，乃叹黄帝喻天与日……老人双选托孤，正是护大道之苦心，而捷于用其灵药……青原传心堂与白鹿同……先以《天界纪闻》投之，使知正大，然后可薰鼓也。才人则以《提庄》投之，姜枣何能逃哉！[⑤]

方以智来到黎川寿昌、廪山之后，乃以“浮山”之身，用“药地，因大集古今至削漆者”之法，汇“苓桂硫浓，同置药笼”，终归是一个“炮”字而无它。这4年，一直以药地“炮药”慢火、细熬的理念批注于《庄子》，使庄子与孔子相融合，最终得以脱稿，完成了这部举世闻名的重要哲学著作。

5. 父子两辈相交的禅兄笑峰大然

笑峰大然（1589—1660），尝见写为“啸峰”。俗姓倪，字嘉庆，江宁人。是年长方以智22岁，同门、同派、同师的禅门法兄。崇祯十三年，方孔炤于湖广巡抚任上蒙冤入狱，与笑峰同时关在一处。顺治十年，方以智投奔道盛时，

---

① 《后编》卷之二·数类·八。
② 《前编》卷之九·岭外稿下·二十。
③ 向秀、郭象两人均曾注《庄子》。
④ 均《后编》卷之一·数类·9至17页。
⑤ 《江青》卷八·书·186页。

方孔炤有《寄怀笑峰大师西江》：

忆昔剑头炊，把臂在西库……有子苍梧[①]归，杖门饮法乳。自闭高座关……托孤五石瓠。君已吸西江，安隐飞白鹭……我欲近白雪，幸酒军持露。

笑峰亦有致方孔炤《怀仁植方中丞》：

十年浩叹老吾身，忧患书成手再录……此中黑白无后先，招来浮渡华严局。[②]

方以智破关回桐城为父庐墓，笑峰有“不拘小节”《柬无可合山庐墓二首》：

岂因学佛始知儒，大段难将小节拘……[③]

因有这种渊源，决定了笑峰与方以智两人频繁往来，一个在黎川寿昌寺祖庭，一个在青原山净居寺祖庭，各据一方的犄角特殊关系，各自门下的弟子亦相互出入。光绪《江西通志》：

大然，号笑峰……天启壬戌进士，为户部郎。以党事下刑部。七年，单拈赵州无字参题事白，遂剃染……后印证浪丈，遂受法。住青原山，有衣钵塔［安志］。[④]

《皇明遗民传》卷一《倪嘉庆传》：

字笃之，号朴庵……除户部主事，历户科给事中。国亡为僧，名涵潜，又名大然，又称笑峰和尚。

《五灯全书》：

啸峰……镇江丹徒人，宋倪文节公思[⑤]之后也……与集生余公为僚友，[⑥]师与公同参无字……丁亥参天界盛于报恩……辛卯盛主太平万寿，印之以偈。壬辰命继席栖霞。丁酉住青原……师诞日上堂。山僧今年七十，生缘岁在己丑……却被青原绳索牵，且于祖地操箕帚。为问庐陵

① 苍梧县，在今广西东南部，明清为梧州府治。

② 方孔炤、笑峰二首均《青原志略》卷十·诗·247页至248页。

③ 《江青》卷十·诗·249页。

④ 《光江》卷一百十九·仙释·吉安·七五。

⑤ 倪思，字正甫，宋乾道二年进士，历任兵部、礼部尚书等职，卒谥文节。

⑥ 余大成，字集生，号石衲，江宁人。万历三十五年进士，曾任山东巡抚，平生好佛，是博山元来的在家弟子。《五灯》卷六十三·601页：“开府集生余大成居士，桐城人参博山来，于法堂中……”

米价高，[①] 直至于今谁下口。此事且置，只如山僧生缘，还是己丑，不是己丑……云从龙，风从虎……[觉浪盛嗣]。[②]

《青原志略》卷二·僧传：

笑峰……及党事，下刑部七年……乙酉剃染，遥礼空隐和上为师。明年春，受具于颛愚和上[③]……丁亥冬，天界和上主报恩，师入室……庚寅春，界主栖霞，命师监院事……明年，界主太平无相万寿，师往省……壬辰秋，界上堂，付以衣拂拄杖，命师首众栖霞。丁酉春，扫塔青原。适吉州檀护书迎天界和上主持，遂留师休夏西峰。秋，预请师入山代座，而界已应杭州皋亭之请，复书委师主席……吉人遂以古佛称之……师乃曰：“师弟之谊，有同臣子。只有代终，原无代始。忆昔本师浪杖人从栖霞转天界，遂命然阇黎代座栖霞。及从天界至博山，又命以代座天界。后从博山入梦笔，覆命以代座博山。今吉州诸檀护延请本师主法青原，师尚未至，而请然先代座，则不惟代终，且代始矣。”……己亥冬，天界和上讣至，师乃命树[④]首座秉拂领众，曳杖南奔。三月至天界，四月十三示微疾，十六辰刻，沐浴更衣，趺坐而逝。世寿七十二，僧腊十六……无可大师为建衣钵塔于青原圣域之左，题曰“断碣”。

施闰章《青原毗卢阁记》：

浮屠之言禅者……首青原……最盛者，称笑峰大然师……日端居学《易》，旁通《楞严》、《南华》诸经……其来青原也，天界固属之……会闻天界浪公讣，遽东下，不久亦化去矣。阁始于戊午，成于戊戌……公既去，命其徒兴树守之。今药地弘智……而青原至是为极盛……而笑公所造于青原，功甚大。药公为置衣钵塔，且见属以阁记……二公故皆以儒为禅，药公又与余善……且作颂曰……有伟笑公……执行若愚……药

---

① 《景德传灯录》卷五·13页：“僧问如何是佛大意？青原行思曰：‘庐陵米作么价？’”指修行和该寺庙的声望如何，后遂成禅门话头。

② 《五灯》671至672页。

③ 《光江》卷一百八十·仙释·明·南康府·十四：“观行，号颛愚，霸州人……著有《金刚楞严四依解》”。

④ 指兴树不空，曾参与抗清。《续明》卷之十五·诸方义旅·四五二页：“僧不空起兵于闽州……阴以众起，大学士曹学佺资之千金；众遂立杀悬招抚榜者。”

公接踵，有源则同……[1]

张贞生《青原笑峰禅师衣钵塔铭》：

大然……字笃之，别号朴庵，再号遁庵……以万历己丑十月廿五日生……乙酉遇祖心太师来自罗浮，遂剃染……戊子界住栖霞，师监院事。丙申，师从博山过寿昌，有请主廪山者，有请主宝方、景云者，概辞之。明年，诣吉州……杖人以书委主之。己亥闻天界圆寂，买棹东还。四月朔五日，忽示微疾……遂趺坐而逝。是为康熙[2]己亥四月十六日，[3]世寿七十有二，僧腊十六……时大众阅而骇之，乃果于杖人入塔之日，即师坐化之辰……忆丁酉，上巳[4]从乡先生迎师入山……甲辰冬，嗣君倪震复奔吉州，迎归江南。时主青原者，药地老人也……因率师诸法子［树、允、梅、炤］建衣钵塔，而以铭征……[5]

笑峰在明亡后顺治二年，于寿昌派“博山”支空隐道独（1600—1661）门下剃染；四年，投觉浪道盛得印可；[6]七年，道盛在金陵主栖霞寺，命笑峰监院；九年，笑峰在栖霞寺为首座，道盛甚倚重；十年，方以智为道盛弟子；十一年，笑峰与方以智同在高座寺。时南明张名振再攻入长江，克镇江，威势直逼南京。两人同修之余，尝在一起议“潮头”事。方以智《刀山正利，刻刻法场，笑大师见勘答此》：

慈航烂在落伽颠，不畏潮头撞倒天。一吸蓬莱干到底，鲁连还费草鞋钱。[7]

两人志同道合，为道盛多了一个接班人选择，也为后来道盛将两人安置一在吉安青原，一在黎川寿昌的布局，打下了基础。

顺治十三年，道盛偕方以智、笑峰等同至江西宜黄为本寂重修灵骨塔，

---

① 《愚山》文集卷十三 · 266 页。

② 此张贞生笔误，为“顺治”。

③ 《江青》卷二·僧传·笑峰大然禅师：“己亥冬……三月至天界，四月十三日示微疾，十六辰刻，沐浴更衣，趺坐而逝。世寿七十二，僧腊十六。”由“冬”至“三月”、“四月”，当在“己亥”来年“庚子”初，即顺治十七年。

④ 农历三月初三。

⑤ 《华青》卷四 · 碑铭 · 108 页。

⑥ 《中国佛学人名词典》附件一 · 诸宗师资穿承系统表 · 一二；《五灯》671 至 672 页。

⑦ 《后集》卷四 · 建初集。

随后至黎川拜谒祖庭。黎川的乡邑和信士，尽管先已有一再相请笑峰“主廪山者，有请主宝方、景云”之举，但都被笑峰“概辞之”。道盛随即委任方以智为寿昌寺记名住持，并于顺治十四年三月初三日，委任笑峰青原山净居寺代师主席。[①]笑峰未敢应承寿昌寺背后的重要原因，乃是道盛早已在心里对寿昌寺祖庭的“住持”安排，有了方以智这个最为理想的人物。

自此，道盛身居金陵栖霞寺；方以智在黎川寿昌寺；笑峰在青原山净居寺，曹洞宗世系下的寿昌派，在地理上形成了互为拱卫的三方，被紧紧地掌握在道盛手中。这种布局，既是入清后禅门各方争夺道场、道盛“天界固属之”的精心安排结果，也是“药公接踵，有源则同”的现实。故师徒三人的好友李元鼎《游漱青三叠》说：

曾同天界语，薪火喜频传[笑公、药公皆浪杖人嘱]。[②]

至方以智转场青原住持净居寺，时任庐陵县令的于藻[③]在《青原志略》卷首《序》中就说：“适药地大师来视笑峰大师塔，因留主此山。”又在“卷一·山水道场”中说：“笑峰……示寂……适药地智师自廪山来，为笑师视塔地，众请留此，青原宗风于是大盛。时节因缘，岂偶然哉？”于藻“因留主此山”和“岂偶然哉”，说的正是道盛在应对此间僧俗两界纷繁复杂的禅门争夺、人事安排、门庭争讼等问题上，全面地考虑了方以智与笑峰两人各自在社会层面的不同影响力，为两人做出的特殊安排。澹归深知其意，在《笑峰大师真赞》中说：

此老犹认真……持问笑峰翁……青原与栖霞，清风遍天下……庶几百年后，留以告来者。[④]

黎愧曾则在《跋无可大师手卷》中说：

可公得法于笑峰……往者《严统》一书几成聚讼，今两公把臂相逢，当作何语？[⑤]

---

① 《冬灰》卷三《笑和上生忌上供法语》：“笑老人初代座青原”。余均《青原志略》卷二·僧传，卷四·碑铭·张贞生《青原笑峰禅师衣钵塔铭》。

② 《华青》卷十一·诗·296页。

③ 于藻，字慧男，号春音居士，宛平人。康熙元年至康熙八年任庐陵县知县。方以智与其于奕正相识并有唱和。

④ 《偏行》卷十一·文部·记·365页。

⑤ 《讬素》卷三·六十九至七十。

黎愧曾的“可公得法于笑峰”，并非指禅门的具足或正法，而是得到了笑峰在对待禅门各种纷争之时的超然之法。这一点，方以智在该信札中说：“乃以师旨……同时别传，遮二而又遮一，权奇炼将耳”。作为道盛门下最为倚重的两位弟子，一居黎川，一居青原，正是“峨峰塔顶突双尖，垂足流胸好兄弟”的最好体现。

方以智《笑和上生忌上供法语》：

师云：笑老人初代座青原时，僧问：佛法大意如何拈出？曰：“空庭横螮蝀”。又问：向上宗乘如何通得消息？曰：“断碣偃龙蛇”。还有人知他两句生处么？今日听听，更有两句：活火参禅笋，清泉透佛茶。[①]

方以智借笑峰之口说“空庭横螮蝀”“断碣偃龙蛇”“活火参禅笋，清泉透佛茶”，乃是文天祥咏《青原寺二首》之二的前阙四句。[②] 方以智来到青原后即借此笑峰老话，在堂上回答弟子所问“什么是佛法大意，又如何拈出”时，笑峰所前举之文天祥诗，乃是要众僧像天上横空出世的“螮蝀”彩虹，要像青原山上盘踞如龙蛇的“断碣”那样，来表明心中真正的佛法大意。

笑峰以“不立文字”之禅悟，只说了前半句，后半句，则留给了弟子们去“参悟”。[③] 待方以智来为笑峰举办冥诞，这才以此为话头，将笑峰没有说完的后半句本意，说了出来。

所谓“活火”与“佛茶”，就是让人洞若观火、心性透彻，是文天祥的“大气节”。说白了，是方以智借笑峰的禅语发兴，告诉座下的弟子们，出家人的“佛法大意”，最重要的是遵守“节义”二字。这是方以智与笑峰两人共同认定、并追求的人生目标，也是方以智来到青原山后，首次将自己心中对文天祥“人格认定”自然流露。故李瑶评价两人说：

无可同时，有啸峰者……与之并师俍公，时称为皖江两大师。[④]

康熙三年十一月冬至日，笑峰圆寂第五年，方以智由泰和将正式进驻青

① 《冬灰》卷三。

② 《华青》卷九 · 诗 · 212 页。

③ 印顺《中国禅宗史》313 页：“洪州与石头下的作风……除……打、喝而外，主要的还是语言。不过所使用的语言，是反诘的、暗示的、意在言外的，或是无味话，都不宜依言取义。”

④ 《南疆》摭遗 · 卷十六 · 五。

原山，[1] 成为曹洞宗青原下净居寺第十六代住持方丈。是时，方以智没把泰和首山汋林庵留给自己的弟子，而是托付给笑峰弟子兴炤无倚住持，[2] 这种再次“岂偶然哉”的交叉安排，说到底，是在遵从业师的遗愿，让黎川寿昌派能在四处开花散叶。笑峰圆寂后的诸弟子，亦尽归方以智门下，其法兄弟门人之间的互为学人、互为弟子，又互为交叉的参修与住持现象，都是沿着道盛早已做好的“互为依托”安排。

康熙四年，净居寺笑峰衣钵塔建成，方以智为《笑和上衣钵塔成设供》：

师云……大众看看笑老人开口么？是谁禅床震动？尚劳挂齿！

又在《冬灰录》卷二《笑和上绍宗堂设供》中说：

随掷蒲鞋已六年……不用叫苍天。

方以智借告慰笑峰“是谁禅床震动？尚劳挂齿”之语，把“不用叫苍天”的感慨，告慰于“作向上主盟”已得实现的业师在天之灵。这一结果，既将方以智与笑峰两人携手、不同寻常的禅门兄弟关系凸显出来，更将两人先后出手阻断竺庵大成谋求的“传灯事”和盘托出。故方以智在康熙三年为笑峰拈香时，感痛于失去了这位禅门的知音兄长，有曰：

别十三年来此堂……子期伯牙空回肠，高山流水天苍苍。[3]

6. 海源、黄瑜、石开来访

方以智来到黎川后，曾在永历朝一道抗清的海源嵩云禅师，曾有寿昌寺之访。《青原志略》载海源《青原上无可尊者》：

忆昔相逢百粤城……三江共踏孤峰翠，八桂皆看火树明。怪石丛中淡底事，乱云堆里听歌声。参辰会合千秋梦，梁月方将又送行[戊子曾于独秀峰下同看火树]。[4]

---

① 《光吉》卷八·建置志·五十。

② 《江青》卷十·诗·无倚炤《枯荆再发诗》第二首。方中通《随侍入青原……遂将汋林付笑峰和尚门人无倚……》。

③ 《冬灰》卷一《龛前拈香》。

④ 《江青》卷十·诗·279页。

海源，法名嵩云，[①]诗前二句，写两人曾在广东一道抗清，第三句叙述两人在黎川“三江共踏孤峰翠”，以及顺治五年在“八桂”一道“看火树”。“三江”，指由黎川流经之章江、贡江、盱江至南昌，统称赣江；其“孤峰”，即黎川福山孤峰寺。[②]后四句写两人在青原山重逢。

以该诗的语境，海源此次访方以智在该年“梁月”十二月年底，两人共处三天。所言“怪石丛中淡底事”，结合首句“忆昔相逢百粤城”，很显然，所谈之事，正是当年在“粤”的抗清与到了“孤峰”黎川后的经历。因所在青原与前诸场景不同，故有“乱云堆里听歌声”的热闹。有同为“梁月”之“又送行”分别的悲情和“千秋梦”展望。

诗是在方以智已转场青原山、海源再与方以智相聚后所写，又涉当年“粤城”旧事，因当年只是匆匆而过寿昌寺，并不知道方以智在寿昌寺曾启用“药地”名号，故海源仍然称当年在梧州出家时的“剃染僧”名号“无可”。

方以智来到黎川的信息，通过不断向外联系、又有南城荷叶山徐芳、寿昌寺内诸僧人在外的各种传播，很快就在周边地区传开。黎川邻县资溪的黄瑜，即在此间，闻之方以智在寿昌寺，随之前来造。同治《新城县志》：

> 黄瑜字仔玉，号石庵，资溪人。读书不乐应试，志尝郁郁善病，自扃[③]一室曰：卧游。以诗歌自娱。著诗三百卷曰：《卧游诗集》，尝乐与高僧、逸士为侣。时桐城方以智遁于释，一见即唏嘘泣下，恨相见晚……方以智寄瑜诗：苍天原不语，白首复何为。养病惟安枕，消闲只赋诗。风因秋葛冷，云许石头知，遥寄同心者，千峰叶落时。[④]

方以智诗中的“苍天原不语”情绪，将自己劫后初到寿昌寺与黄瑜“一见即唏嘘泣下，恨相见晚”的交往时间，作了交代。

方文有《题石开上人所藏无道人画》：

> 秋浦曾来药地禅，为公秃笔写林泉。暂时不肯轻抛却，挂在松窗

---

① 海源嵩云，生卒、里籍均不详。《浮志》卷之三·法谱·32页：“碧云老宿，名海源，桐城陈氏子”，但其坐化在“崇祯辛巳”十四年，与该年访方以智不合。待考。此外，湖南怀化市洪江区有嵩云山，明末清初建有嵩云庵。与方以智曾在湖南抗清，或与其有关。亦待考。

② 《康新》卷之二·寺观·五十四：“孤峰寺，东北十四都，旧称孤峰院。”

③ 阎庵和尚，与八大山人同为临济派下法兄弟。

④ 卷之十·人物志五·文苑·国朝。

十二年。[①]

该诗没署年，置“戊申年作”之前，即康熙七年前后。以“曾来药地”点明黎川寿昌寺地点，又以“挂在松窗十二年”回推12年计，方文尊此石开[②]为“上人”，称“公”，其年龄当比方文大数岁，于顺治十五年，或十六年在方以智刚到黎川不久，即来寿昌寺并向方以智索“林泉”山水画，后将此作品悬陈“松窗”12年，方文见之，欣然有题。

黄瑜“号石庵”，又“尝乐与高僧、逸士为侣”，方文所作“上人”界定，是禅门的一种称呼；黄瑜“尝寓玉山”，诗有“丹枫”、“消劫火”句，似在晚年出家。二者是否为同一人，俟考。

第四节 黎川首游之泰和

1. 泰和为萧士玮作“冥诞”

方以智到黎川寿昌寺整一个月。是日，应泰和“三世交情重”[③]的萧孟昉延请，西行泰和首山，为其伯父萧士玮（1584—1651）[④]作“冥诞”。

萧孟昉（1619—1678），字伯升，号研邻，书写又为“研鄰”，方以智书为“砚邻”。泰和澄江栗园人，其生平与事迹，鸿鸣《八大山人在奉新耕香院》有详细交代，不赘。

十一月初八日，方以智在泰和般若寺[⑤]作《西昌般若寺茶筵请示》一篇：

> 师云：此般若寺，三十年前，不凋禅师与伯玉长者合手创建。沤、若耆宿同孟昉居士护守到今……拄杖又欲他游，苦留不获，因求曲示……愚者谓，尽虚空是烈焰，原无避处……难得个入处……此般若寺，如何得不孤负去？……且如不调禅师为吴观我老人所烧，践踏山岳……香严禅师曰：“去年贫，未是贫；今年贫，始是贫。去年贫，还有立锥之地，今年贫，锥也无。”真净禅师曰：“去年富，未是富；今年富，始是富；

---

① 《盍山》续集后编·卷五·868页。

② 此人不详，待考。

③ 《陪诗》卷之三·十《萧孟昉捐赀为老父刻〈药地炮庄〉感赋》。

④ 萧士玮，万历进士，官行人。入清后，辞疾归里，辟春浮园。所著《春浮园集》。

⑤ 彭士望《游西阳山记》：“般若寺……即西阳宝藏寺之行刹”；李元鼎有《饭般若禅林》。

去年富，一领破偏衫，今年富，百衲云山任我看。”者二大老，说贫说富，不避世情……[①]

万历四十四年（1616），萧士玮与方孔炤同年成进士，[②]两人交好甚笃，遂有后来泰和“萧氏”与桐城“方氏”的通家三世之谊。

泰和曾有来自桐城的“不凋禅师”（？—1644）[③]与萧士玮共建般若寺，沤公、[④]若公[⑤]、萧孟昉等人，共同维护，方以智均在“请示”中作了披露。因初到黎川不久，四方尚无挂碍，故“请示”中称自己为“闲人”。尽管已是深冬，但萧孟昉及泰和诸方檀越给予的热情，乃至深层次“不上钓鱼矶”的志向契合，让方以智感到“宾至辄如归”，在这座刚刚重新的“春浮园”[⑥]里，充满了“春梦”[⑦]而没有丝毫的“春尽”寒意。

方以智来泰和首山的目的，是为萧士玮作“冥诞”，但来了以后，才知道是萧孟昉借伯父“冥诞”之名，而有为自己四十初度“庆生”之实。于是，方

---

① 《冬灰》卷首。

② 方中履《泰和萧氏世集总序》。

③ 又作“不调”。彭士望《游西阳山记》：“出前辈所为西阳龙坪诸记，始知开山为其师不调。调公以异人谶，自桐城来西阳……甲申调公没，戊子兵乱寺尽焚无遗孑……其徒八十人勤昏旦不辍，终三年而后……颂开山之功……”

④ 沤公，《石园》卷第十·十二《九日饮萧孟昉过般若寺赠沤若僧二首》：“三十年来续此游……山僧莫话从前事，相对何人尚黑头……拾得落英聊共赏，禅房花木为谁新。”彭士望《游西阳山记》文中亦有及，当为泰和人。

⑤ 《诗征》卷六十九·国朝五·十二：“王愈扩……字若先，庐陵人。康熙九年进士……有《瑞竹亭合稿》。”《光吉》卷三三·人物志·文苑下：“王愈扩……以古文名于时，彭士望推为第一人……别字鹤林……所著《竹亭集》，魏叔子称其……尤长于论古人”。《瑞竹亭合稿》四卷由泰和萧氏趣园刊梓。彭士望《耻躬堂文钞》卷六·序·五十《送王若先南游叙》：“庐陵王子若先……今已成进士，年甚壮……与之交而日笃……于其南游也书以送之。”《江青》卷十二·杂记·337页《王性澥〈青原遗稿〉》：“泰和王尔康道安，万历乙未进士……今王若先孝廉愈扩，是其曾孙也。”卷十一·诗·296页·王愈扩《呈性海公〈青原遗稿〉》：“性海为吾祖……青原遗稿在……笑人药师笼。”康熙九年，王若先与方以智有“小学”讨论，《此藏轩尺牍》载方以智致其书：“虽有现成道路，而搜考编纂，不可潦草。”

⑥ 春浮园于顺治十四年夏之后，经萧孟昉重建已经得以重新。李元鼎《题春浮园图册》。

⑦ 潘江《木厓》卷十五·五言律·十四《方素伯为言春浮园之胜，兼述萧孟昉生平甚悉，赋以见怀》。

以智在“生辰”[①]宴会、萧孟昉请求驻锡泰和“苦留不获”后，特以香严[②]与真净[③]两禅师的原话，从贫富、物质的解脱角度，破解、劝诫于萧孟昉。

方以智到黎川后的第一次出游，选择了“三世”之谊的泰和萧氏，除了重续旧情渊源，联络十方周边，广开善缘、为新到之寿昌寺做佛事、化缘的表面目的外，更为隐蔽、深远的目的，在后来十三年的僧侣生涯中，渐渐凸显出来。

以该“请示”所叙，可知方以智与萧孟昉此次相见，是两人第一次，订交亦在此时。十一月，方以智辞泰和履至青原，[④]师兄笑峰大然设供招待，作《笑和上绍宗堂设供》：

随掷蒲鞋已六年，栖霞风雨到青原。相逢水碓舂新米，斧劈柴头冷灶烟。便拈香云：不用叫苍天。[⑤]

自顺治十年方以智在觉浪道盛门下“圆具”六年以来，新到黎川虽是“舂新米”，寿昌寺亦尚在“冷灶烟”，但方以智还是以“不用叫苍天”来安慰这位年长自己22岁的老师兄，也无不有告慰远在金陵的业师道盛之意。随后，两人在冬至日，一道祭扫了七祖行思墓塔，[⑥]以“药地智”名，作《冬上青原扫七祖塔，次笑和上韵》：

岭北南华开此山……一斧挥空[⑦]无不删……我来扫塔穿寒暑，烈日偏当冬至关。[⑧]

居留青原十余日后，方以智返泰和；于十二月初八浴佛日，[⑨]已在春浮园为萧士玮“冥诞”升座说法：

---

① 《有学集》卷二十四《慧命篇赠萧孟昉四十称寿》：“自吾友伯玉西归，而海内文章性命之友尽矣。孟昉惇笃风义，不愧伯玉犹子……孟昉年才四十……余则有以寿孟昉矣……岁在戊戌辜月之八日……”

② 指香严智闲（？—898）唐代名僧，沩山灵祐嗣。住邓州香严山。

③ 真净禅师出黄龙之门，为临济九世孙。宋神宗时人，有《云庵克文禅师语录》。

④ 《明一统志》：“青原山在吉安府城东南一十五里。”《方青》艺文·266页，施闰章《游青原山记》：“由泰和……此去青原五里。”

⑤ 《冬灰》卷二。

⑥ “七祖塔”在净居寺毘庐阁后。

⑦ 指行思传石头希迁鉏斧子事。

⑧ 《江青》卷十·诗·258页。

⑨ 僧家以每年农历二月八日、四月八日、十二月八日为“浴佛日”。钱谦益《慧命篇赠萧孟昉四十称寿》“戊戌辜月（11月）之八日”时间界定，知此次“浴佛日”在十二月初八日。

> 浴佛日萧孟昉、小翮二居士为太常伯玉老居士冥诞，请升座……师云：“两行水墨一齐飞。”……问：“世尊今日降生，三峨居士示寂，降生且置，且道居士于寂光中闻和尚说法，未审功超何地？”……乃云：“……圆通一信报知音。我杖人在圆通时，曾寄萧伯玉老居士一张白纸，此话未圆。今朝孟昉居士恰以世尊降生之日月，永为长者追荐之道场，生死一团骨肉，好个当机……世人尽说如来生日，愚者说原不曾生；世人尽说是老居士忌辰，愚者说原不曾死。诸仁者，者是一部《起信论》切脚，信得及否？今朝浴佛，无不信者，试浴浴看。生也一杓，死也一杓，生中死也一杓，死中生也一杓。直饶说得个不生不死，更须一杓……打瞎悟门，岂与诸方答话？到者里，须索唤起狗子……姜椒大慧[①]……诸仁者看看！春浮老居士蹦跳来也，一场亲答杖人书。”[②]

萧士玮因儿子萧维明早逝3年，故其晚年生活，一切由侄儿萧孟昉、萧小翮（1627—？）[③]兄弟[④]打理。萧孟昉在办完自己的“生辰”宴后，于方以智前往青原山十余日期间，会葬伯父萧士玮于泰和愚山之麓春浮园。[⑤]至方以智由青原返回泰和后，再专请方以智为萧士玮“冥诞”升座说法。

在这篇为萧士玮超度亡灵、念经、拜忏的“朝荐”[⑥]说法中，方以智对萧孟昉借伯父“冥诞”之名，为自己作“生辰”办得既盛大又热闹的做法，在言辞中既有“庆生即是？荐亡即是？”的质问，也有“两行水墨一齐飞”的嗔怪，又在叙述萧士玮与觉浪道盛的渊源时，透露了一个研究界并不知晓，且从未涉及的话题。

“圆通”指庐山圆通寺。所谓“曾寄萧伯玉老居士一张白纸，此话未圆”，指大明亡国后不久，觉浪道盛曾给在庐山圆通寺修行的萧士玮，寄过一张意在

---

① 指大慧宗杲（1089—1163）。

② 《冬灰》卷首·三《浴佛日萧孟昉、小翮二居士为太常伯玉老居士冥诞，请升座》。

③ 澹归《留别萧小翮》：“爱君犹静主……诒人买翠鬟［小翮两夫人别居，盗劫此，则小翮在彼；劫彼，则小翮在此。”

④ 《耻躬堂文钞》卷八·记·十《首山濯楼记》：“孟昉与其弟小翮继先志”；《叔子》卷十一·小翮一·九二《萧小翮五十叙》：“太和萧氏……小翮君，盖孟昉母弟也。”

⑤ 钱谦益《明太常寺卿伯玉萧公墓志铭》。

⑥ “朝荐”，指无酒肉做贡品的素祭祀。

表明“清白”的白纸。[①] 这一举动，除了表明各自的坚守外，其意更在“白纸”既可书写坚贞不二的操守，也可记载降清变节的污名。是道盛与萧士玮两人在国破家亡之后，相互勉励、互为珍惜的一种问候。但不久，萧士玮即去世了。这是方以智“此话未圆”的叹息原委，也是要萧孟昉“圆此话”的深意所在，而有“好个当机”的期望与寄托。

结合萧孟昉此后追随方以智的行为与决心，萧孟昉一定是将那些没有明说的“复辟”希望，全部都寄托在那张“此话未圆”的“白纸”上了。这是方以智与萧孟昉在有月前“订交”后，所达到的预期目的，也是方以智在要求萧孟昉的背后，才会有如此清晰的表达反应。

“太常”“萧斋”“三峨居士”均指萧士玮；“起信相传，指头犹在”，指萧士玮皈依佛门后，曾捐资翻梓佛门《大乘起信论》并写有《起信论解》一书。其所涉，都是方以智对萧孟昉捐资佛门，或为“圆此话”的暗喻与相劝，并将这次“升座说法”，看成是“一场亲答杖人书”。文中的“生也一杓，死也一杓……不生不死，更须一杓”等一连串话语，针对的都是希望萧孟昉这个大财主，来完成萧士玮与道盛两人尚未得“圆”的那个愿望。

泰和首山前后两次方以智的“萧斋龙树解”，使萧孟昉深感“旦暮遇知音”，[②] 自此追随、侍奉十数年；泰和的首山，也在康熙十年方以智惶恐滩殉节之后，成为方氏兄弟“旅榇”期间，乃至整个丧事活动的大后方和指挥部。

方以智泰和之行，收郭林为弟子，首山亦庵的中千禅师，也自该次相识、相交后，拜服于方以智门下，皈依为弟子。[③]

2.“大弟子”兴贤中千与“学人”郭林

兴贤中千（约前 1611—1676）俗姓童，泰和潋溪人。皈依方以智时“索”得“涤余”名号，自此，中千成为黎川寿昌派下“东莞”支第五世“兴”字辈弟子，法名：兴贤，是方以智来黎川后，第一个收为门下的寿昌派弟子。魏禧称“大弟子”，[④] 方中通称“涤余大师”。光绪《江西通志》：

---

① 《庐山开先寺志》。

② 《江青》卷十一 · 诗 · 萧伯升《上药地老人》。

③ 《光吉》卷三七 · 人物志 · 仙释附；《叔子》卷之八 · 童氏二 · 七十七《童氏禹贡遗书叙》。

④ 魏禧《童氏禹贡遗书叙》：“中千……大弟子也”。

中千，庐陵人，证道于药地，居泰和亦庵。编《首山偶集》，魏禧为之序，称其：人如衣布食粟［魏叔子文集］。①

光绪《吉安府志》：

中千，号贤公……受法于青原药地，居泰和之亦庵。庵为萧太常士玮所建，尝置账狱义田……②

志中“证道”说，指中千在他处“剃染”，后在方以智门下得“正法”，府志“受法于青原药地”之“青原”，指曹洞宗“青原下”之法脉与世系。魏禧《童氏禹贡遗书叙》：

泰和澈溪之童氏，有楚白君者……幼而君死，子且为僧，著书尽散失，僧曰：中千，名兴贤，药地老人之大弟子也……盱江梅君藏君《禹贡图说》于兵燹中，以归兴贤。兴贤执书大恸曰：父赍志死，吾又且为僧，吾死父其速朽乎？吾何以令吾父有传也。于是请于里君子王竹亭③为之叙，复再拜以属余……兴贤不得亲而养之，乃为谋及夫身后之名……兴贤之善传其亲也……兴贤能不愧死入地耶！［萧孟昉曰：一意曲折澹荡，使孝子之情悠然感人，不论书而书已传矣］。④

魏禧《涤余遗诗引》：

涤余者，首山中千贤公燕居之轩，药地大师索命名者也。中千受法于药地，所为参学及登座，语其弟子别已板行，又问以其余为诗。中千为人诚朴，与人交久益有情，山主萧子孟昉，每不欲中千为诗，曰：公实地人，毋效世人作文字禅也。然中千好诗及所作他文已成帙，终藏弆不令孟昉见之……予适到首山，中千大喜，尽出稿属予定之……即卒业而中千死矣。时孟昉自临江归，哭之恸而谓余曰：惜哉！然吾闻其窃为诗，不知为诗何如？予乃出《涤余草》箧中，孟昉览之大喜曰：吾不敢没吾死友使无传也。于是取其尤者刻之。⑤

---

① 卷一百七十九·仙释·吉安府·七五。

② 卷三七·人物志·仙释附。

③《叔子》卷之八·竹亭一·九十《王竹亭文集序》：“泰和王子竹亭……丙辰秋，予与吾友彭躬庵相见于富田曰……是时，竹亭举进士已七年……”

④《叔子》卷之八·童氏二·七十七。

⑤《叔子》卷之九·余遗一·三十。

自方以智来访泰和后，萧孟昉将“亦庵”改为“首山”。康熙二年深秋，方以智“露布”已在泰和首山，[①]萧孟昉请主法“法华庵”方丈，遂改“法华庵”名为“汋林”，[②]方以智随即作《首山庵记》：

西昌西郊……皆萧太常金玉所扶植者。次公多居陶庵……数十年如一日。远近差肩，望亦庵为诸山之首，则中千贤公与其徒胼胝一行所致者也。孟舫、小翮，衍经结集，施义田，赈圜土，每从亦庵首事……中千又建大悲阁……建法华会……题为首山，良有以乎！汾阳之道，续于首山念法华。夫所谓首山者，中条也。元有孤云尊者，临溪作了了庵，亦以双柏[③]当门，首山起兴……中千以精进闻……无不躬为领袖……愚者来首山，曾中时举念法华……而念公因注首山，宗风遍天下。[④]

首山，不言自明暗含了“不食周粟”的伯夷、叔齐采薇“首阳山”隐居之意。[⑤]乃是一座秉持“守节”大义，“集通邑长者作放生会”的一个聚集地。其目的，则是要让“宗风遍天下”。中通《首阳》诗：

薇蕨有几何，隐士古及今。所以夷齐外……乃知首阳山……黄金买园林。[⑥]

兴贤中千在萧孟昉的支持下，于泰和城外不远的陶湖[⑦]拓建亦庵、又创大悲阁，使之成为方以智在泰和的另一个道场。会聚此幽胜之地的诸前明诸仁人志士，以禅门佛事为掩护，附之于诗书画茶雅集，既以“首山”称之，又以“首阳”精神互为慰藉与勉励。《吉安府志》附王愈扩的《纪》曰：

陶湖萧氏别业也……药公谓此曲而潴者以幽胜……改曰：曲浒……中千上人既拓亦庵，复于陶庵故址创大悲阁，请药公大师卓锡焉。药公题诗阁上，有“更促主人编竹筏，南山随我板桥流”之句。中千于是编

---

① 《光泰》卷三十：载“首山”位于泰和西一图，其地美林木，笑峰和上以此山为西昌诸山之首，因名首山。上有首山庵，也称亦庵。

② 《陪诗》卷三《迎亲集·甲辰省亲汋林 [萧孟昉请老父主法华庵方丈，新挂钟版，改名汋林]》。

③ 指黎川寿昌寺之双柏望云英禅师。

④ 《光吉》卷九·建置志·十七。

⑤ 《史记·伯夷列传》：“武王已平殷乱，天下宗周，而伯夷、叔齐耻之，义不食周粟，隐于首阳山，采薇而食之。”

⑥ 《陪诗》卷六·十二。

⑦ 《光吉》卷三·地理志·泰和水：“陶湖去城数里。”

竹泛月。王子从他事不果往。药公率诸生游焉……药公、中千五六人待月于阁东之梅墩……[1]

兴贤中千成为方以智“大弟子”后,不管是在黎川还是在青原山,始终如一、死心塌地追随，成为方以智晚年僧侣生涯中的重要成员之一。至康熙十年清廷逮捕方以智，兴贤中千极力营救，并践行于“矢以死白其志”。方以智去世后，兴贤中千再尊方以智为“首山”的开山祖“当山一代”。[2]

方以智游泰和收为门下的弟子郭林（约 1624—1696），[3] 字入门，尝有写“同”[4]“门”者，泰和人。

顺治十七年，郭林已在黎川参与《周易时论合编》“再较”，[5]《青原志略》卷首“青原学人[与《志书》书采访者]”列该志素材采访第 12 位，为“郭林[入门]”，卷十二·杂记:“药地学人郭林入门、吴云山舫编”。光绪《吉安府志》卷三七·人物·隐逸：

郭林……孤介绝俗，有洁癖，终身不娶，士论谓元紫芝、倪云林合为一身……多识累朝旧事，编纂甚富。即船山所言钞录奇书也。

彭任《寄怀郭入门[泰和人]》有涉身世：

在昔郭文举，隐居大涤山……家世不违俗，山林独闭关。高风君近是，邈矣难追攀。[6]

郭林自泰和“沟林从愚者游”，此时的郭林尚为“山人”，归为方以智弟子列后，追随左右从学于泰和与黎川之间，后再随至青原山净居寺[7]“随寓”五年。

方以智惶恐滩赴水殉难后，郭林居隐居虔州“七里村”，中通曾命第四子

---

① 《光吉》卷三·地理志·泰和水。

② 方中通《感赠涤余大师》:“首山兴十载……一代尊吾父……[涤兄十年艰苦创造首山，今尊老父为当山一代]。”

③ 以郭林康熙二年随方以智入青原山“随寓”时 40 岁计，当生于天启四年。

④ 《华青》均作“同”。

⑤ 《时论·系辞提纲》署“西昌后学郭林再较”。

⑥ 《草诗》五言律·八。

⑦ 《愚山》文集卷二·青原志序·三三：“青原之为山……会药公来主是山……郭入同诸子之力与焉。”《山闻》十六《待月桥遇雨同无可大师、胡心仲、郭入门》。

方正琇[①]有访并在其家中宿一夜，作《虔州命儿琇访郭入门七里村兼招过舟一宿》：

虔州舟过已三番，今幸闻君七里村……十载邻人都不识，为吾儿到特开门……经难经灾经疾病，哭亲苦弟哭交游……二十七年重抵足，一声残角戍楼头。[②]

康熙三十五年，郭林去世，中通有《哭郭入门》：

不婚不宦古人情，老父相传击铎声。身是箪瓢颜氏子，[老父门下士甚多，咸推入门为颜子]，门多冠履鲁诸生[入门门人亦多]。读书当作游仙梦，到死方成处士名[门人葬入门于虔州之七里镇，立碑垂远]。屈指存亡轮次哭，哭君此泪觉纵横。[③]

3. 书信未断与往来频繁的澹归金堡

方以智自来黎川寿昌寺后，始终与早年一道抗清、后在曹洞宗“丹霞派”禅门兄弟金堡澹归书信、往来不断。

澹归（1614—1680）俗姓金，名堡，字卫公、道隐，剃染僧时，法名性因，浙江仁和人。崇祯十三年，澹归与方以智为同年进士，“授临清知州，坐事罢……隆武帝立，授堡兵科给事中……永历二年冬诣行在，授礼科给事中，不畏强御，遇事敢言……由是诸臣必欲置之死。崇祯四年二月，遂戍清浪卫，堡移居桂林。其冬桂林破，薙发为僧，师天然，从至东莞，辟囗庵住十余年。往仁化，辟丹霞山别传寺等”。[④]

顺治九年，澹归在广东番禺雷峰寺，得曹洞宗第三十四世传人天然函昰[⑤]头陀授具足，为第四法嗣，法名今释，号澹归；十八年，在丹霞山创别传寺；

---

① 《桐城续修县志》卷之十一 · 人物志 · 孝友 · 三十七：“方正琇，字扬光，中通四子”。

② 《龙眠风雅全编》续集卷十七 · 3916 页。

③ 《续陪》卷四 · 十四。

④ 《明季史料题跋》第 92 页《康熙刻本〈偏行堂集〉跋》。

⑤ 《光江》卷一百八十 · 仙释 · 九江府 · 十五：“天然函昰……己卯冬落发于归宗……顺治癸巳复入匡庐……戊戌复还雷峰，继主华首、海幢、芥庵、丹霞诸刹。辛亥秋，知府廖文英仍请住持归宗。”天然函星与方以智有交，并可能来过黎川，其《瞎堂诗集》卷十三·十六《酬木公尊宿》：“白云何处足安排，万里河山一草隈。当念久知忘劫量，入林元为济川才。共期砥柱伤同异，不取移茅绝去来。底事只今谁举似？佇闻法鼓起春雷。”

六年后，迎天然函昰为住持，自己为监院，僧众二百余。康熙十年，天然函昰赴庐山归宗寺，澹归为别传寺住持；十九年，在平湖故交前南雄太守陆孝山之南园示寂，著《徧行堂集》前集四十九卷，续集十六卷。另有僧号恬因、茅坪衲僧、借山野僧等。光绪《江西通志》：

> 今释，字澹归，杭州人……入国朝为僧，受天然记莂，开丹霞于粤东，旋归庐山净成精舍，后示寂当湖，其徒奉灵骨葬庐山天公衣盋塔之旁。粤东僧众复移塔于丹霞之海螺峰，著有《徧行堂集》。[①]

道光《宝庆府志》：

> 金堡，字道隐，浙江人。桂王时官给事中，刚直敢言，以党事被杖下狱，避地寓新宁近粤之茅坪庵，时往来武冈，已披缁入桂林山中，又入罗浮，卒为庐山僧，自号澹归……鼎革之际，四方名人逸老流寓郡州者甚多，若金堡、方以知（智）……尤著。[②]

《南疆逸史》：

> 仁和人，崇祯庚辰进士……抗直不畏强御，遇事敢言……[③]

钱澄之《吴门为澹归大师募净室疏》：

> 澹归和尚传心印于洞上，建法幢于岭表……寸丝不挂。且然行脚，宁无归隐之思……[④]

方以智《浮山文集前编》卷八·岭外稿中，分别有《答金道隐》、《又答卫公》和《与金道隐给谏》三札，前两者在顺治四年流离于“天柱[⑤]至此，浃月[⑥]迄今，久已解辫，是以得抱经徒步，托食于门人”和顺治五年“《俟命》二论，去年天雷所作”[⑦]之时。后一札当在前两者之间“年兄既抵行在，与弟书云：‘不听良言，遂沉苦海’后又从瞿相国函中寄语，劝智勿入。极感知己至爱，刻镂鸡

---

① 卷一百八十·仙释·九江府·十五。

② 卷百二十六·耆旧传迁客·十二。

③ 卷二八·金堡传。

④ 《田间》卷二十七·杂文·514页。

⑤ 《前编》卷十《瑶峒废稿·四辞请罪疏》：“复为同类役吏所露……潜转天柱。”天柱在贵州，今黎平属地。顺治四年，清兵陷沅州，方以智变易姓名，亡命黎平、天柱，湖广辰州（湖南沅陵）、大埠（湖南衡阳）等地。

⑥ 一个月或两个月之间。

⑦ “天雷”在湖南，方以智顺治四年作此二篇。

骨”之际。

以方以智剔出此时澹归责备之“何乃以诗酒自画耶？”语境论，永历一朝因两人为“年兄弟”，往来信札不断，关系甚密，且得方以智对其填词“庚寅（1650）梧州诏狱中，作词数阕，方密之见而称之，后绝不作，至庚戌（1670）复作”鼓励。金堡出家后，方以智有《似金乾阳》诗：

接筍楼居挂碧萝……推倒头弥又若何？[金名堡，国变后为僧]。①

至方以智到黎川寿昌寺，澹归书信不断，且常前来黎川看望。汪楫《山闻诗》所载三首，均与澹归和方以智在黎川、泰和、青原有关。《答赠澹归大师[金道隐先生也，原名金堡]》：

有明直臣曰金堡……麻衣无许哭江南，芒鞋只合投岭表。是时岭表正偏安，拾遗召对殊了了……公今遂已为浮屠……

《澹归师去青原[时药地师在西昌]》：

老僧惯行脚，触热入青原。故我无人识，新诗孰与论……峰迴即寺门。

《同澹归师、曾旅庵、李九洪、徐孝持诸公登宜楼[次澹师韵]》：

……茶瓜又共老僧闲……只在章江贡水间。

《赠别澹公》：

出世翻多事……托钵是头陀……可惜烟霞主……药地初相见，丹霞更许亲。此中藏二老，吾道复何人？……七年干蔗老[师自称甘蔗生]……说法身难隐……肯只擅词场。②

汪楫诗写于康熙五年至六年之间，“西昌”即泰和，以“七年干蔗老”句，是两人“药地初相见”的时间，即顺治十七年至康熙元年之间的三年中。澹归后有《题药地大师画》：

思孝来岭表，喜此重晤，出药地大师画共观之。师得慧解脱，不离笔墨游戏而作佛事，上下五百年，纵横一万里，无有与之匹者……阎立本垂戒后世，王摩诘追溯前身，若到药地门下，各与三十柱杖。③

---

① 《桐旧》卷二·二十四，题下有注“感旧集选”。《知见录》21页：“似金乾阳，见王士祯《感旧集》[卷三·释弘智]……接笋……推倒须弥又若何”有数字不同，无夹注“金名堡，国变后为僧”等字。

② 以上均《山闻》十九至二十。

③ 《徧行》卷十六·文部·题。

《题药地大师画册》：

药地和尚作此，补足力之不逮，尺幅以内，万里为遥……药地画妙绝时人，我不识得，如何说得？……只道得一句‘妙绝’！……[①]

方以智不管是在黎川、泰和、青原山，澹归始终追随左右，其《青原山赠药地禅师》：

未了青原付与谁，壎篪同调更相吹 [笑公重兴此山，师继其席，盖法门伯仲]……限作飞流不许归 [师住青原，得三瀑布]。[②]

康熙六年《药地炮庄》姚文燮版刊梓完成，澹归获方以智赠书，作《与药地和尚 [二则]》：

承闻和尚坐七祖道场，了天界公案……充当家，充化主，如驴推磨……今年春中……山中执事寄到手诲……更向青原山里饱吃自在水草，沾和尚余荫……拙刻四种，并手录与友人白话一则请教，盖未读《炮庄》，不免将《南华》来生吃却也……

又。还山念迫……于途中错过……某宜入山面辞……不敢更增往返，此意自在和尚慈照中……[③]

以信札中“拙刻四种，并手录与友人白话一则请教，盖未读《炮庄》”论，方以智在黎川寿昌寺期间的撰著，澹归的文章，两人尝有互动并在一起有交流。康熙八年，方氏诸子在浮山建“报亲庵”，澹归知方以智将“归乡”老家华严寺，欣喜作《寄题浮山报亲庵》：

别见浮山许报亲……得荫孙枝即正因 [庵为令先祖所构，师得法后，庐墓其下]……一曲归乡调最真。[④]

澹归与泰和萧孟昉善，其《作用庄严说为萧孟昉檀越寿》中，对萧孟昉给予了高度评价：

予以为吾友萧子孟昉……见义敢为，急人之急，有古侠士风……邑

---

① 《徧行》卷十六 · 文部 · 题。

② 《徧行》卷三十七 · 诗部 · 七律，《青原志略》卷十一 · 诗 · 305 页所载题为《青原山正韵》，诗内澹归自注均被删。

③ 《徧行》卷二十二 · 文部 · 尺牍。

④ 《徧行》卷三十七 · 诗部 · 七律，《浮志》卷之九 · 248 页载题为《寄题报亲庵呈药地和尚》。

中如首山……无不有以护念……[①]

澹归与陈子升交，陈子升《澹归大师自丹霞山至海幢寺有赠》：

多君驻白足，结宇向丹霞……可念江城客，飘零似出家。[②]

《寄澹归上人[上人尝与予同官，时在罗浮]》：

谏草重焚入绀园……明月依依九逝魂。[③]

《寄普雨、澹归二上座》：

病驱漫拟维摩诘……道路近来稀会面……凄迷门外见恩深。[④]

《走笔因柬止言、澹归二上人》：

……寄声自足同心侣，古月明灯何处堂。[⑤]

澹归与陈恭尹交，陈恭尹《题丹霞雪幹图为澹归大师寿》：

绝巘全高寄……天留暮岁香。南枝长不老，微笑傍空王。[⑥]

澹归是方以智禅门兄弟、弟子中，生前生后争议、非难最多者。王夫子康熙二年《读甘蔗生遣兴诗次韵而和之》，以及《骚首问》中，扬方而抑澹：

方密之阁学之在粤……谑笑不立崖岸，人皆以通脱短之。金道隐孤峻自矜，在临清则抗刘泽清，在福州则劾郑芝龙，在端州则刻郝水忠、陈邦傅，力争孙可望之王封，人皆畏其丰裁。乃披缁以后，密翁虽住青原，而所延接者，类皆清孤不屈之人士……道隐则……不择人而屈下之……作海幢于广州，营丹霞于仁化，所费至数万金，以此尽忘其本色……有如此夫？……[⑦]

澹归以遗民军持自晦者，终身自居，有贻吴梅村诗，可见其在明亡清兴的复杂社会中，坚守心中信念之不易。诗云：

十郡明贤请自思……哭尽冬青徒有泪……故陵麦饭谁浇奠，赢得空堂酒满卮。

① 《偏行》卷二·文部·说·二八页。
② 《中洲》卷之九·五言律·十三。
③ 《中洲》卷之十一·七言律·七。
④ 《中洲》卷之十二·七言律·二十一。
⑤ 《中洲》卷之十三·七言律·五。
⑥ 《独漉堂集·增江后集》,《陈恭尹诗笺校》242 页。
⑦ 《船遗》十二册《骚首问》333 页。

深柳堂长朱鉽有《三月十九日，与友人谈及澹归贻梅村诗有感，和其原韵》：

五十年来屈指思……十郡袁心甘置酒，一僧冷眼独吟诗……话到伤怀欲碎卮［吴梅村于三月十九日，集十郡名士置酒于鸳湖……访之知为澹归所作。］[1]

至一百年后的乾隆四十二年，澹归反清的“杂记”仍有流传：

南韶连兵备道，偶以公事过丹霞寺。寺中有厨，封锁甚固……观察命启视，僧不能阻，启厨得一册，皆谤本朝语，则明臣金堡澹归和尚手笔也……遂有焚寺磨骸之命，寺僧死者五百余人……金堡所著全行毁灭……[2]

王夫之“尽忘其本色”的苛责，以遗民之净遗民僧，对方以智和澹归两人采取截然不同的评价，并对澹归晚年与清廷官员往来，以“品行益卑，故黄晦木斥其堕落于沿门托钵之堂头，檀默斋目为势利和尚”[3] 诟病，对澹归的节操，污名而不实。[4]

以方以智终生未断与澹归的联系史实论，澹归与俗世委蛇表面的背后，方以智是真了解者，故时人对这一显失偏颇的评价，提出劝告说：

近闻澹归晚节稍委蛇，诸公可为我审之，如其果也，则其人可绝，如不然，莫妄言！[5]

康熙十年，方以智在惶恐滩殉节，澹归在广东别传寺得方中德“报丧”后，直接将方以智在惶恐滩“波中扫迹”赴水殉节的真相透露，作《挽药地和尚》一首：

有来谁不去？青原老摩羯令全提；是三角麒麟，波中扫迹……逆顺风齐……笑白泽图边……错道沉西。[6]

---

① 以上两首均转引自《僧净》88页《续甬上诗》六二。

② 朱希祖《明季史料题跋》《校本岭海焚余跋》94页。

③ 《船遗》第十五册《年谱》344页。

④ “别传寺”原本南明遗民避难之所，澹归诸反清遗著于乾隆四十年被清廷发现后不仅列为禁书，且将澹归弟子尽数逐出庙门，别传寺也从此改为十方常住，不久后被毁。

⑤ 《鲒埼亭集》十四·杨秉纮·天多老人言。

⑥ 《徧行》卷四十四·词部·325页《风流子［五首］》第五首。

第五节 桐城老家亲眷的牵挂与故交

1.“如母”的仲姑方维仪

方以智孤身来黎川寿昌寺，抚养、教育长大的仲姑方维仪，将“我老零丁惟望尔”的牵挂，一直相守至去世。

方维仪（1585—1667），字仲贤，方大镇仲女，方氏守贞“三节”①之一。②方维仪幼承家学，17岁嫁给同乡姚孙棨，③七年后姚孙棨病逝，产遗腹女，九个月后夭折，④遂请大归，回母家清芬阁守节。⑤是时，方以智年仅12岁，母亲吴令仪⑥于天启二年30岁时早卒。自此，18岁的方维仪，为胞弟方孔炤担负起抚养、教育侄子的责任⑦“俨如人师”，⑧直到方以智20岁，守节67年。崇祯十三年，迟大成题请贞节，旋奉旨旌表，建坊于“急递铺”祠前，坊额匾曰“今之大家”。

方以智说：“自智不得逮事吾母，已不得不子于姑，敢不母吾姑以不敢死其亲手”⑨“智十二丧母，为姑所抚，《礼记》、《离骚》皆姑授也”，⑩一生视仲姑

---

① 三节：方大镇长女、方孔炤长姊、方以智伯姑方孟式；仲姑方维仪，嫁姚孙棨·前甫；方大铉·玉峡之女，方以智堂姑方维则，嫁诸生吴绍忠，十六寡守节，寿八十四，著《茂松阁集》。

② 崇祯十七年，方孔炤上《一门三节疏》。

③ 桐城姚之兰·汝芳长子。姚之兰，字汝芳，号芳麓。万历二十九年进士，历官杭州知州，加按察司副使等，年六十九卒。

④ 方维仪《未亡人微生述》：“万历辛丑秋仲，余年十七归夫子，夫子善病已六年……至九月大渐，伤痛呼天……遗腹存身，未敢殉死，不意生女，抚九月而又殂。”方维仪《丙辰纪梦诗[有序]》：“予年十七，归姚子前甫。一年，前甫逝。有遗女，亦复不育。”《龙眠》初编卷十六·555页。

⑤ 《陪诗》卷之二·三方《远别离》：“祖姑适姚前甫先生，自十七岁孀居，后即依先祖至今，犹居远心堂之清芬阁。”

⑥ 吴令仪（1593—1622），字棣倩，桐城麻溪人，吴应宾次女。《龙眠》初编卷十九·650页：“吴氏令仪……相夫教子……以善病早世。”著《黻佩居遗稿》。方孟式《挽吴宜人》：“美善于归……善事公姑……克相夫子……诗字琴画，刺绣酒浆……种种精绝。”《纫蘭阁诗集》卷六。

⑦ 《陪诗》卷之一·九《王父携至浮山拜先祖母吴太淑人墓》：“祖母弃世，老父尚幼，赖祖姑清芬阁抚育。”《汗青》卷上·四十一《姑母孙恭人传》：“先公十二岁，（孙）恭人九岁，皆育于仲姑清芬阁中，仲姑世所称姚贞妇也……清芬实兼母与师。”

⑧ 《龙眠》初编卷十六·方氏维仪·536页。

⑨ 《膝寓信笔》。

⑩ 《此藏轩随笔》。

方维仪如母，子侄辈则视方维仪为祖母，文中常有“家姑祖母”。① 方以智赴南都金陵考试，方维仪与之“月夜咿唔”，有令人鼻酸之母送子的丁零又丁零。《送密之侄应试》：

槐花满眼望江涛……星河灿烂晓帆高……我老零丁惟望尔，秦淮马上莫辞劳。②

崇祯七年，8 月老家“桐变”，方以智奉祖母姚太淑人、仲姑避乱金陵，内外事皆赖方维仪一人支持，方以智说“甲戌桐变……赖有仲姑提撕，是小子之幸也！”③ 方文《寿姊氏姚夫人六十》：

阁以清芬著，嘉名先子题［姊有《清芬阁集》，先司徒所命也］……预表鲁砝西［姊年十九守志，谥其夫曰“良隐子”……河山嫂氏贤［姊夫二弟皆成进士，而事其嫂如母］。空房周甲子，青鬓已皤然……班姑无此情［姊选《古今宫闺诗》，分邪正二集，风人美之］。献岁夔龙奏，三贞共一堂……设尔为男子，捐躯必慨慷。疾风摇落后，弥见菊花黄［是年，中丞兄有《一门三节疏》，奉旨。旨下部，覆以国事变，中止］。④

顺治十一年，方以智称觞仲姑七十大寿，友人袁廷宪说：

方内所称清芬阁为礼宗者，今年七十矣。其侄四十四岁，蹈海而归……举以为寿，岂非第一奇特乎？⑤

方文为作《老姑行为姚姊夫人七十寿》：

吾家先世有老姑……寿介八旬贞不渝……清芬才调更绝人……绘事不让李公麟……苦节煌煌照青史……三老姑名应不刊……唯有斯人良独难。⑥

顺治十六年，中通北游西学汤若望，与老祖姑辞行，作《远别离》第六首：

远别离，离清芬，清芬为我老祖姑……今年七十有五矣……白描大士遍天下，书法右军与麻姑……所著集为清芬集……不忍离时且作歌［祖姑适姚前甫先生，自十七岁孀居，后即依先祖，至今犹居远心

① 《陪诗》卷之一《母大人携三弟亦至相遇于青山舟中》：“祖姑清芬阁为万里寻夫文。”
② 《龙眠》初编卷十六 · 550 页。
③ 《稽古堂文》、《此藏轩随笔》。
④ 《龛山》卷四 · 145 页。
⑤ 《清芬阁题卷》。
⑥ 《龛山》卷三 · 107 页

堂之清芬阁]。[①]

方维仪善绘事，尝“以家藏李龙眠《过海揭钵五十三参》为法，艰于着色，故止白描。尝曰‘所难者，吴道子一笔圆光耳。静坐作观，久乃落笔，吾以栖吾神。’”[②]今安徽省博物馆珍藏有方维仪71岁至76岁期间的《行书》《观音》《罗汉》五件。[③]

顺治十八年，方以智在寿昌寺驻锡已三年。黎川缙绅邓韦菴五十寿辰，方以智将“千秋”76岁仲姑方维仪所绘《大士图》以赠，这是目前已知经方以智赠送、方维仪有留作品在黎川的唯一记载，也是鸿鸣第一次向研究界公布。

方维仪守志清芬阁，一直活到康熙七年，享年84岁。方中发在《祖德述十首·清芬阁》中赞“老祖姑”说：

> 大归年十七……水月绘通神。可惜中丞疏，时危枉自陈[姑讳维仪，廷尉公仲女，适姚十七而寡，乃大归清芬阁，治圹可两棺而虚其右以自待。年八十四卒，合葬焉。工绘大士像，好读书，著有宫闱诗史分邪正二集。崇祯末，中丞公上一门三节疏请旌，会国变不果，姑之姊，纫蘭阁妹，茂松阁皆以节闻]。[④]

方维仪去世后，桐城立专祠祀之。方以智得成一代“忠孝节义”完人，固得力于庭训，但方维仪视方以智如子、其姑兼母的扶植基础与师教功劳，实在是不可泯。

2.“一日九迴廩山路”的发妻潘翟

方以智一人来黎川寿昌寺，发妻潘翟却在老家桐城“一日九迴廩山路”凄苦挂念。

潘翟（1613—1694）字副华，明末兵部侍郎潘汝桢[⑤]孙女，其父潘映娄，[⑥]曾任福建福宁按察副使。《桐城续修县志》：

---

① 《陪诗》卷之二・三。

② 《浮山》附录一・膝寓信笔・485页。

③ 《中国古代书画目录》第六册，皖1—238至242。

④ 《白鹿》卷五・五言律。

⑤ 生卒不详，字镇璞，万历二十九年进士，曾官山西、浙江巡抚，后任南兵部侍郎。

⑥ 潘汝桢次子，字次鲁，崇祯十二年特贡生，顺治三年官杭州盐法道，后任福建福宁道、按察副使。

方以智妻潘氏。年十五于归，事翁姑以孝闻，后随宦京师，闯贼犯阙，太史以智哭梓宫，被贼执不屈，潘指井自矢，后以智得间南奔，遁迹岭表，潘携少子万里追求，卒年八十二，著有《宜阁诗文集》。①

潘翟的生年，素有“与方以智同岁”即1611年为纪年。但以潘江《廪山歌祝方姑母六十》：“师虽顺世一二载”，又以“回首昨年蜚语急”计，加之民间祝寿“过九不过十”传统，其生年当比方以智小两岁，生于1613年。《龙眠风雅全编》载其“传”曰：

潘氏翟，字副华……十七归文忠公……克勤妇道。及释褐通籍，遽罹国变，母勉以大义，万死不屈。南都党祸起，文忠公避而之四方，爰挈少子中履，间关万里，由闽之粤……上事贞述公，下抚子女，死丧婚嫁之累，一身任之，以纾文忠公内顾之忧，成其大节。长斋奉佛，独居四十余年，年八十二而终。文忠公为完人，母为完人妇……《宜阁诗集》②成帙，失于回禄，中德、中通为追所记忆，并绵掇时诀别诗十余首，以存崖略，惜未获全稿云。③

潘翟的侄子潘江，在《廪山歌祝方姑母六十》中说：

廪山愚公人天师，文章风节海内推……犹可追师之夫人吾姑母[叶]……白鹿湖边垂白老[王姑赵恭人]，清芬阁里怀清人[老姑姚夫人]……万里重跰窜岭南，母亦间关穷水陆……忽漫闻师记莂去，一日九迴廪山路……师虽顺世一二载，母已孤帏三十霜。麻衣皑皑白如雪，鞠裳褕翟叠空箱……小子髫龀，初属文，曾侍母侧繙香云[少与母同师]……愿现如来寿者身，报母平生眉未展。④

潘翟与方以智感情，中通在《母大人携三弟亦至，相遇于青山舟中》叙述：

……母子放声同一哭，弟兄携手看千回……此去皖城三百里，行囊应到故乡开[吾母携弟由浙闽至两粤，始遇老父。祖姑清芬阁为作《万里寻夫》文]。⑤

---

① 卷之二十·人物志·孝慈·三十。

② 方正瑗《喜园诗注》：康熙丙寅火灾，远心堂书楼焚毁，该诗集毁于火。

③ 续集卷十九·4021页。

④ 《木厓》卷十一·七言古·十五。

⑤ 《陪诗》卷之一·迎亲集。

自方以智国变逃亡岭南，潘翟于顺治二年七月，受家翁方孔昭之命，携年仅7虚岁的中履，寻夫至粤。于顺治三年秋九月，母子俩跋涉投奔[①]“万里寻夫惨,迴思九断肠”,[②]与方以智在肇庆相遇,[③]前后颠沛流离共计约十年,[④]直至方以智在广西梧州被清军逮捕后出家,潘翟携子中履南返,[⑤]滞留岭南[⑥]得归桐城。

顺治九年冬，经施闰章等人出保，方以智从梧州过庐山返家，至该年十一月二十三日，中德、中通遵祖父之命前往迎接，父子三人在庐山汇合，乘船至鄱阳湖中央之“青山”[⑦]附近,又与北返的妻子及幼子中履在舟中相逢。除夕，一家三代，在桐城老家“白鹿山庄”得与老父亲团聚。潘翟作为妻子，不管方以智是在流亡的永历朝中、还是方以智被迫“剃度”成僧人，始终未离方以智左右。

顺治十年，方以智再次离家前往南京高座寺，潘翟这次没有随行，但时常遣诸儿子前往看望；[⑧]至十二年秋，方孔炤去世，方以智奔丧回桐城，随即，在合明山父亲墓侧庐墓三年。方以智虽已被迫成“真僧人”，但以潘翟对丈夫的了解，始终认定丈夫只是一个“假和尚”，是方以智要摆脱清廷不断纠缠、迫害，为逃生而“游戏”于“莲花界”。[⑨]

---

① 《前编》卷八《寄张尔公书》:“南都将变,老父遣拙妻稚子来视余,丙戌秋,遇于粤海。”《龙眠》第八册·3920页《附陈氏舜英》:“太史公遁迹岭表，姑万里追寻”；潘江《挽无可大师》:“天末怜苏过[师在粤右，惟幼子素伯侍]。”方中通《远别离》之三：“阿弟自小随母万里去……”方以智《妻孥至》:“九日悲远望，妻孥忽然至。万里风波中，刀镞蔽天地……努力推鹿车，幸慰平陵意。”《龙眠》1682页。

② 《龙眠》续集卷十九·4022页《闻冯妹出家有感》。

③ 《潘孺人内传》《文逸公列传》。

④ 《陪诗》卷之二·一《远别离》:“我母患难流离别十年。”

⑤ 《永历实录》附录二·瞿昌文《粤行纪事》卷三·373页：“方公捐妻子，披缁出家……方夫人暨其幼子还桐城，而行远留梧。”

⑥ 《陪诗》卷一·迎亲集《壬辰冬，老父以世外度岭北还，大父遣中通与伯兄迎至匡山》:梦断慈亲岭外音[时老母、三弟尚滞岭南]。

⑦ 《明史》卷四三·地理志·四：“青山在鄱阳湖中。”

⑧ 《陪诗》卷一·迎亲集《秋日又省竹关，即辞游楚》:“一拜一锥心，难禁涕泗淫。可怜归佛后，憔悴到如今。不问家园事，惟知苦行深。逢秋偏入楚，索性赋秋吟。”

⑨ 方以智《感示孔皙》诗：“慰余游戏莲花界”、“戒腊依然汉，禅心只看天。”

顺治十五年底，方以智到黎川寿昌寺不久，潘翟即命方以智“极爱”[①]之中履，千里追亲到黎川。是时，中履20岁，该年十一月十九日，中履三岁长子正珏·均乳夭折。[②]

以中履来到黎川的时间论，距方以智到达寿昌寺的时间，前后不足两月，中履尚处极度哀伤之时。[③]潘翟这次遣子来黎川的行为，大有深意！以伦常论，方以智初至黎川，若是普通的“探望”，当遣“侍母潘孺人，孝养承欢”[④]的长子中德，或仲子中通更为合适，但潘翟却让刚处在丧子之痛的中履前来，这里面所包含的，当然就具有了夫妻“一日九迴廪山路”之间，乃至方以智“极爱”的父子之间那种难以言状的“劝回”特别意义。

自中履首探寿昌寺之后，潘翟遂在以后的日子里，将三个儿子陆续遣往黎川陪侍，并常有信询问。[⑤]结合这一次中履来黎川探望，在后面归途中“请益”于南丰的汤来贺，这与潘翟的“一日九迴廪山路”，构成了一个标志性事件。作为妻子潘翟，知道这回方以智是真正地要将自己的后半生交给佛门，再也回不到自己的身边，这才有了“痛哭西台发欲晞，长埋井底心犹锢”的悲情。

在潘翟的心里，夫君虽曾“两弃妻孥”，[⑥]这次来到黎川寿昌寺，仍然会像以往两次的“出家”一样，终归是会“还家”的。因此，潘翟无不抱有期盼之情，“一日九迴廪山路”地希望方以智能尽早“还家”。这是潘翟在方以智刚到黎川不久，即派最疼爱之中履紧随其后的原因。

然而，方以智在到了黎川寿昌寺后首度与众僧见面的《苍天语》，却将这次来到黎川寿昌寺的“已将儿女付苍天”决心，[⑦]表达得清清楚楚。很显然，中履没能完成母亲交给的“还家”使命，只能原路返回。

中履在由黎川路至邻县南丰时，按照父亲的吩咐，或可能还带有堂外舅

---

① 《汗青》序：“季第素北……先公极爱之。”

② 《汗青》卷上·三十八《亡儿均乳圹志》,《龙眠》续集卷十九·3975页，方中履《与四弟夜话》：“余年十九生均儿……而均儿已死。”

③ 《亡儿均乳圹志》：“呜呼！……余生儿时年十九，人皆羡余得子蚤，余虽喜视之固然，亦何至羡三年儿死……余遇饮辄不乐……言吾儿则凄然。”

④ 《康安》卷十九·文学门·十四页。

⑤ 《康安》卷十九·文学门·十四页。

⑥ 《前编》卷八《岭外稿》卷中《寄张尔公书》。

⑦ 《芝麓》卷十六·《怀方密之诗》其五。

祖吴道新致汤来贺的问候，特意拜访了曾与方以智一道在岭南参与抗清、并在顺治二年乙酉尚有粤东“畅谈”、又相约在来年丙戌“偕隐”的同年汤来贺。为此，汤来贺作《送方素伯序》一篇：

密之方公与贺同谱……公子素伯，闻其入西江也，过吾庐而问焉。千里寻亲，不惮跋涉，至性肫口，有口寿昌之风……素伯之王父仁植先生，深于《易》学……密之之负当世文名……学有本源，夙端庭训，宜其子姓之多贤也。闻田伯、渭伯皆饶经济……今观素伯颖敏，精于史学……其于素伯见之矣！归晤田伯、渭伯为道思存。

[徐仲光曰：予与愓庵、密之相得最深，当日愓庵辞本兵，密之辞揆席，相约偕隐，实获我心。今密之超然世外，素伯千里寻亲，而愓庵以言赠之，人品学术具见于斯矣！王安节[①]曰：送素伯而一家之品行，具见笔力娇然。[②]]

汤来贺文后徐芳跋，可知中履来探汤来贺时，已和徐芳有见。中履的探视，虽说是“请益”，但就后来汤来贺与方以智的交往、延请方以智写《礼部仪制司主事黄公墓碑铭》等关系来考察，这背后更为重要的一层，就是让中履为其联络黎川周边的旧友与故交。

自此，中履带着母亲的牵挂，开始了整整四年黎川与桐城两头不断往返的历程。潘翟《忆少子病》诗：

忽有家书至，行行洒泪看。念儿身体弱，何日报平安？[③]

中履作为方以智最爱“少子”，在方以智与潘翟之间的纽带关系，通过这一如既往的“平安”惦念，将“发妻”之思体现出来。不管方以智当年是在广西冰舍、还是在黎川寿昌寺，乃至后来在青原山净居寺，潘翟在精神上的相伴，是方以智全其“名节”的一种无形力量，潘翟对于方以智“出家”和“名节”的呵护，让“一日九迴廪山路”有了升华，而让方以智在生命最后决绝赴水“自沉”背后，有了一系列的“保全”目标。

刘鸿都[④]在《方太史密之元配潘夫人七十》诗中赞潘翟道：

---

① 王逸少，方文女婿。

② 《内省》卷二十二・十七。

③ 《龙眠》续集卷十九・4023 页。

④ 《龙眠》卷二十六下・4515 页：“刘鸿都，字尔雅，别号西麓。崇祯末诸生，顺治甲午，学使者蓝公润考取拔贡，宰晋之广昌。”有政声。终年 78 岁。

太史声华振凤凰池，独留忠孝抒真愫。一朝冠盖敝履轻，卅年操作同荆布。丸熊深识北堂贤……千秋为咏冈陵句。[①]

需要交代的是,方以智前后“两弃妻孥”。顺治二年,方以智逃亡福建、广东,祖母姚太淑人极忧之。该年七月，方孔炤命潘翟携儿中履前往追寻;三年九月，潘翟与方以智遇于肇庆，然方以智弃妻、子于不顾，幸有苍梧观察彭粥岑[②]遣仆妇护持，得免饿死；[③]另一次在顺治五年秋，时方以智居武冈逍遥洞，中履奉母命寻至洞口,被再次弃之。[④]至顺治九年八月后,潘翟始得与中履返家桐城;十二年，方孔炤去世，方以智“破关”奔丧还家，与潘翟“不内交一言，妻孥无从识其面”。[⑤]

方以智在黎川、青原，虽“常返里省亲”，但“宿止僧舍，夫人至不顾，使孙致手书，题缄曰:‘铁心，夫子不开，视而火焉’”[⑥]“以不虚二十年出妻屏子之素节”，[⑦]“屏子”未必是实，“出妻”则丝毫不苟，这些不近人情的行为，究竟是何原因？又包含了哪些因素？自今不明，研究界也从未涉及。但潘翟父亲潘映娄在“国变”后降清的这一因素，则不可忽视。

潘翟一生于方以智不离不弃，不管是流离两广、梧州冰井寺出家，潘翟独居平西，让中履随侍；在金陵高座寺闭关，潘翟遣三子轮番探视；在黎川四年中，潘翟牵挂的唯有“断肠是蒲团”的夫君方以智。可以说，在方以智“完名节”后面，与发妻潘翟始终不渝的成就，是紧紧联系在一起的。

3. 南丰“同年”汤来贺

汤来贺（1607—1688）原名汤来肇，字佐平、念平，号惕庵，人称南斗先生，

---

① 《龙眠》卷二十六下 · 4518 页。

② 《桐旧》卷三十七 · 一:“彭黐字孔哲，号粥岑。顺治己丑进士，官苍梧道参议汝南道副使，有《据梧吟》《漓草越吟》诸稿……孔哲起家寒素，能自竖立，居官廉慎，勤敏擿伏如神，粤西中州人民至今德之。”彭孔哲有《寄怀施尚白》诗,方以智有《感示孔哲》诗。《桐旧》卷十·二十四，有钱澄之涉及方以智当年事之《寄彭孔哲刺史》:“梧州城踞夹江沱，乱后因君得再过……岭路渐通人渐散，独留高寺老头陀。”

③ 《潘孺人内传》、《文逸公列传》。

④ 《汗青阁集》。

⑤ 《过化寿帖》。

⑥ 均魏世俨《魏敬士文集》卷五《木公手卷，为诸子济跋》。

⑦ 《叔子》卷之五 · 木师一 · 五四。《与木大师书》。

南丰县人。崇祯十三年，汤来贺与方以智为同年进士，任官扬州推官、广东按察司佥事，在南海、岭南分巡，旋晋总制，加兵部尚书，不就归。植性严厉，雅有风裁，以鲠直著声。明亡后，为遗民40余年，著《内省斋文集》。《嘉庆重修一统志》：

汤来贺，南丰人。崇祯进士，司理扬州，以廉著……累官兵部侍郎，兼巡抚。告归卒，入祀乡贤祠。①

顺治二年四月，汤来贺自金陵南都来广州与逃亡的方以智相晤，并携带了一卷南都金陵刻印的《国变本末》，方以智读后“深见赞服”。“至六月，闻南都之变，而诸为刻论者，无不降口。”② 从四月至六月，汤来贺与方以智两人于流离期间，不仅在一起讨论了南北二都亡国事，更在一起讨伐了那些在《国变本末》中心口不一的诸降清者。方以智遂作《附载公论》：

汤惕庵曰：“南都操刻论者曰：‘王莽弑平帝、篡孺子，何乃称为尧舜明主，自称小臣？’可斩也……烈女不事二夫，封发刑耳者何愧焉？刻论之心，非忌则轧，圣人所恶也。李贼在北都，露刃九门，走不得出。南都城开三日，从容迎口，则今日之安坐剪发、稽首腥膻者，即昨日之操刻者也。”

杨机部③先生曰：“亡国之士夫，当以死自矢……”此公论也。

姚有仆上石斋先生曰：“……夫臣子以礼守节，不当问受恩之深浅……才与名，真老庄之所恨哉！……”④

顺治三年“冬十一月，永历帝即位于肇庆……瞿式耜以大学士兼吏部右侍郎……汤来贺……方以智……等各以翼戴功，进擢有差。”⑤ 此两例，都是方以智来黎川寿昌寺之前，与汤来贺忠贞“不事二夫”、参与南明抗清的决心与事迹。此后，方以智西进广西梧州等地追随永历朝，汤来贺北返归里遁南丰。

汤来贺回南丰后与黎川关系紧密，顺治八年，黎川重建石墩木梁并修筑桥西石堤，“南丰汤子来游新城……其里中人鸠工而作……汤子过而劳之则曰：

① 建昌府·名宦·十。
② 《前编》卷七《附载公论》后“鹿公方宠识”。
③ 杨廷麟，字机部，江西清江人。崇祯进士，南明唐王朝任兵部尚书，后死于抗清。
④ 《前编》卷七·岭外稿上。
⑤ 《续明》卷之十四·三三五页。

往斯桥之圯，吾侪竭心思疲手足而费财，今者用吾心思手足而已奚其劳……叹曰：美哉！”①

自方以智来到黎川寿昌寺，汤来贺将此信息告知好友陈子升。随即，陈子升由湖南致书方以智，作《寄方密之［时为沙门］》诗：

采毫长挹袖中书，秋色寥寥寄净居。金粟后身仍怖鸽，碧山回首漫焚鱼。湖生白下闻仙梵，叶坠枞阳见旧庐。谁遣汤师吟怨别，暮云江上倍踌躇。②

“暮云江”在长沙县，时永历朝尚有西南一带。因方以智出家为僧的消息来自汤来贺，故陈子升埋怨汤来贺说：谁让你把这样伤心的消息告诉我？让我在暮云江上如此犹豫不决。陈子升在诗题中注明此际方以智“时为沙门”，说明这次互通信息，是陈子升在与方以智分手之后首次。

“净居”指禅门净地的佛家，非指方以智三年后在青原山净居寺。陈子升又用“金粟身后”比方以智，暗喻方以智在江西“盱江”黎川禅门当住持。③“怖鸽”亦佛典，佛门有鸽子被鹰隼所逐，飞至佛旁，佛以身蔽之，鸽乃不怖。指方以智穷无所归，遁入佛门。《徽州府志》：“碧山在县西北八里”，注：“隋歙州治”；枞阳即桐城，这都是在说方以智归隐。“汤师”即汤来贺。

汤来贺小方以智堂舅父吴道新 6 岁，两人为好友，亦均高寿。在所交往的数十年中，两人是一对“故人司马书，殷勤特传致”的“千里若兄弟”。吴道新于康熙十八年汤来贺 72 岁时，为其所写《寄南丰汤惕庵司马一百二十韵［有小引］》诗中，以诸多隐语交代了汤来贺在江西诸“大僚”中的地位，也将两人之间的“曩予赴广陵，每随函丈侍”关系作了交代，更把汤来贺一生抗清的经历，以及晚年表面绝口不谈时事，内心却“吾念郑所南，铁函现明季”事迹，作了较详细的介绍和评价：

---

① 《康新》卷之二·三十六。

② 《中洲》卷之十二·七言律·十七。该诗次于《己亥书怀》后,《己亥岁暮》前三首,诗中有“秋色”当在秋间。

③ 《光江》卷一百七十九·仙释·国朝:“寓谷,名元志……康熙中南巡姑苏寓谷……后迁金粟［南昌府志。以上饶州府。”《华青》卷十·诗·281 页，载笑峰弟子久昌桂《金粟桥》:“金粟桥边径……倚杖数归鸦。”《五灯》卷七十一·临济宗·南岳下三十五世随录：“盱江资圣天水广禅师，在金粟为第一座。”

一毡延令，三载维扬……运去天崩地裂……欲变姓更名，何处觅仙人之市？……不肖新自泣鼎湖……仲夏雨止晴……忽闻剥啄声，嘉客西江至[兰谷自丰邑来]。故人司马书，殷勤特传致。三十五年余，沧桑邈遐遗……忆昔铎延令[此下叙延署荷公相遇之厚谊]，毡席叨厦庇……公车赋河梁[此下叙新别公入京，北变，蒙难倖归，遁迹云岩]……揭竿煽邻封，复罹豺虎噬。永嘉渡江东[此下叙南变，公之官粤东]……公时辞省郎，岭表辖水利……回首望钟山，烟寒孝陵祀。晋安暂拥立[此下叙公闽、广从王忠节]……义声振虔吉，扬戈待卷旆……五羊[①]失支撑，百粤亦颠踬……黄田十亩闲，军峰[②]千仞归[此下叙公归隐物望之重]……放歌采蕨薇，读《骚》裁荷芰。武侯《表》悉焚……廿载铭金人，绝口谭时事……闻公卧空谷，骏望隆群萃……豫章诸大僚，仰止泰岱似……曩予赴广陵，每随函丈侍……高名重于山，不受名之累……渐逵斯仪世……卯寅丁变乱……勿犯公宅地。聚公墅保全，妇孺百千计。古之孝子庐，今之贞臣第……六纪七旬二，健饭侔壮士……嗟予违矩范[此下叙新归隐，穷困自守，以与公同志节为幸]……偶一谒县官……从未通姓字……得询公履旋，调饥用欣慰……人生敦大节，出处必揆义……千里若兄弟。相期度残龄，稽古勉游艺。不朽赖立言，著述何嫌忌？吾念郑所南，铁函现明季。《内省斋集》刊，训诫贻奕祀。盱江下双鱼，珍重祈邮示[内省斋，公所居，有集]。[③]

方以智这次来到黎川寿昌寺广为联络新朋旧友、接纳弟子等，均是其证明要振兴寿昌寺、为实现业师所交给“吾宗正丁此时，如不能于无门创开不测之门，无毒拈出不传之毒，则又何足使此能作向上主盟，别展逆流手眼”的重要标志。至此，汤来贺这位享誉赣东当地的“耆英”，在方以智驻锡黎川四年间，举方以智为黎川黄端伯瘗灵骨、撰碑文，共同完成了将大明英烈黄端伯以“文天祥”待之，祭祀于麻姑山忠节祠诸事项。此间，汤来贺“无不从之游”，[④]成

① 指广州。

② 指军峰山，在南丰以西，是赣东地区最高的山峰，秦汉时百越领袖吴芮（约前241—201）在此聚兵，遗留山下诸村庄“傩”庙，鸿鸣曾采访登顶。

③ 《龙眠》续集卷四・3108页。

④ 《道南》卷二二・寓贤・方以智：“一时名人如汤来贺……无不从之游。”

为方以智理念和行动的坚定支持者。故陈子升在顺治十八年，再《寄汤惕庵先生》诗中说：

二十年前出宪时……今日南岩生紫芝。①

汤来贺《内省斋文集》，时人多有议论，林云铭以晚辈之身，作《复汤念平前辈》：

前读《内省斋大集》三十卷……为今日之谢叠山文章；今日之曾子固……②

严曾榘③在康熙十九年为《内省斋文集》所作的《序》中说：

……抱道藏身者盖三十余年矣……其高峰峻节，可不谓难焉……先生之人千秋之人，而先生之文千秋之文也。

张贞生④则在《序》中说：

先生庚辰名家……著书立言……意期于救世，非欲以文章鸣也，岂知天下之至文即在于斯也。

徐芳《序》曰：

佐平……穷稿于空山绝壑，其坚忍觥硊于斤斧之睥睨雪霜之摧悴，盖亦有年……

吕祉德《序》：

其理学之粹，经济之宏与纲常风化之维持……道德文章何足以知之……

其黎川的老友余岸少之子余光令，在《序》中说：

吾年伯汤惕庵……至今四十载而两地之士民犹颂其刚毅，而感其慈祥……其文也，皆有移风易俗之意……昔庚午，先生与先君同籍，相得最深……⑤

① 《中洲》卷之十三·七言律·五。该诗置《壬寅元日》前四首，当在“辛丑”年。

② 《挹奎》卷之八·二十四。

③ 严曾榘（1639—1700）。

④ 张贞生（1623—1675），字幹臣，号篑山，庐陵（今吉安）人，笑峰大然弟子。顺治十五年状元，翰林院编修；康熙七年因越位言事降二级；十三年召复原官。著《玉山遗响》六卷、《唾居随录》四卷、《庸书》二十卷。《清史稿》卷四八〇·儒林一：“张贞生……初阐阳明良知之说，其后乃一宗考亭。”《江青》卷首·序文·发凡，列张贞生为“青原学人[与《志书》书采访者]”第二位。

⑤ 均《内省》卷首。

彭任《赠汤惕庵先生》：

……汤公不出二十年，不居城市居山泽。六十须发已皤然……入世出世关失得，野老感激起歌声。定知仁寿丽不亿。①

康熙二十四，汤来贺在方以智去世14年后，以“理学经济，隐居山林”的“南丰名宦”，应江西巡抚安世鼎之聘，在庐山白鹿书院“主洞事”，一时“学者如云”，②四月，在白鹿洞书院与王士禛（1634—1711）“相约入山”。③黎愧曾此际有《寄汤惕庵先生》：

……先生古学徒……奇文走籍湜。缅闻白鹿洞，杖履偶然出……公既大耋年……火传薪不熄。④

康熙二十七年，汤来贺去世，饶宇朴作《奉挽年伯汤惕菴先生兼示若人诸昆》：

耆英社里更谁存……鹿洞犹传讲席尊。惭愧南州古风格，束刍空自哭山村。⑤

康熙二十八年春末，陈恭尹⑥有《挽汤惕庵先生》：

大雅久云没，中原尚此人……唯余召公树，蔽芾粤江滨。⑦

4.“云龙”老友陈子升

陈子升（1611—1671后）⑧字乔生，号黄门，因著《中洲草堂遗集》，人又称中洲。福王立，举明经第一；桂王都肇庆，拜兵科右给事中，上封事，多感

① 《草诗》七言古・一。

② 均毛德琦《白鹿书院志》卷之三・沿革・国朝、卷之五・主洞・国朝。

③ 《渔洋》附录八《渔洋山人自撰年谱》2035页。

④ 《讬素》卷三・七。

⑤ 《菊庄》卷十一・十九。

⑥ 陈恭尹（1631—1700），字元孝，初号半峰，晚号独漉子、罗浮布衣。广东顺德龙山人。父亲陈邦彦（1603—1647），是岭南抗清著名的“三忠”之首。陈恭尹能画，曾作《九边图》置箧，又绘《听剑图》。康熙十七年秋，陈恭尹涉嫌“三藩”吴三桂“伪周”事，被清廷逮捕下狱，200余日后得释。晚居广州城南，尝与达官贵人以诗文酬唱，有“易辙”之嫌，讽其曰“可怜一代夷奇志，错认侯门是首阳”，其个中原委不明。晚年陈恭尹以古诗“独漉独漉，父仇未复”之意取“独漉”之号，始终未入仕清廷新朝，卒后友人私谥“贞谧先生”。

⑦ 《江村》《陈恭尹诗笺校》357页。

⑧ 吴郡李模《为陈黄门［子升］六十序》：“辛亥，先生入黄山、青原访熊鱼山、方密之……二公宗门中所谓檗庵、药地者也。”回推60年，陈子升生年在1611年。

激愤发；桂王西奔，追从不及，流落山泽间，滞久归里。王夫之《永历实录》因其兄陈子壮抗清事迹，将陈子升兄弟两均列姜曰广（1583—1649）[①]之前：

陈子壮，字秋涛，广东南海人。父熙昌，官吏部给事，为清节名臣。子壮中万历己未进士一甲第三人，授编修。天启间，忤魏忠贤，与父同削籍归里。崇祯初起用，历官宫坊，为思宗皇帝所简知，擢礼部侍郎……弘光中，与黄道周同以礼部尚书召，不至。隆武间，就家拜文渊阁大学士，赴闽……苏观生立唐王于广州，子壮恶之，举家航海，招义旅，间道贻书于瞿式耜，请西师疾下……子壮兵尽……举军覆溺，子壮死之……永历三年，赠子壮太子太保，谥文忠。[②]

子升，字乔生，中崇祯己卯乡举。隆武中，授兵部主事。子壮既战没，子升收其余众，结石、马、徐、郑四姓，据花山岛。有杨光林者，拥兵万余，遥与联应。海南王兴，号“绣花针”，亦拥众数万，互为犄角。成栋归附，子升释兵，入见，改兵科给事中，迁礼科右给事中。端静无所附和，不合于时，移病告归。海上诸兵为李成栋所摧抑，皆瓦解。[③]

方以智与陈子升相识在崇祯五年，[④]南明隆武时，陈子升以贡生荐授中书；永历间，官至兵科右给事中，两粤陷后，虽流转山泽以老，[⑤]但始终与方以智保持联系、并结盟。顺治十四年秋，反清人士的子嗣在金陵秘密集会“狂奴袒臂起呼号”，[⑥]中通负父命前往，作《丁酉秋日，父执冒扑巢大会世讲于白门》：

云龙坛坫旧知名［老父与陈卧子先生力倡大雅，向有云龙之称，谓云间龙眠也］，二十年来水上萍……盟心不比西园集，结客还同北海情。折简若非前辈约，月明何处继歌声。[⑦]

陈子升《中洲草堂遗集》收录各时期与方以智往还诗多首：

《寄方密之学士》。桂林西去雪雾雾……九皋鸣鹤动相闻［方前游粤曾

① 姜曰广，字居之，新建人。万历四十七年进士，官詹事掌南京翰林院，南明弘光时拜礼部尚书兼东阁大学士。明亡后，从金声桓反清，兵败投水殉节死。有《石井山房文集》《輶轩纪事》等。

② 陈子壮死于南明桂王朱由榔永历朝与唐王朱聿鐭邵武朝的内讧。

③ 《永历实录》卷六·陈姜列传。

④ 方以智《祭姜如须文》：“余壬申西湖之得卧子。”

⑤ 《中洲》收入《粤十三家集》诗雪轩校刊本。

⑥ 《陪诗》卷一·二十《再集长干寺》：“狂奴袒臂起呼号……不分轩冕与蓬蒿。”

⑦ 《陪诗》卷一·二十。

变姓名]。[①]

《五子咏》。仆交于天下贤豪亦多矣……方简讨密之[以智]……[②]

《寄无可大师》。平生皖城友，当世白莲师……同病还同老，浮沉愧所知。[③]

《答无（卬）可上人》。潇湘殊不远，远思在夫君……何用持报君，秋风吹琼树。[④]

《寄无可上人》。……试望江南秋色里，一僧挥尘石头城。[⑤]

《遥题药地禅师青原新得瀑泉[施愚山目为小三叠]》。……师将一口吸西江，谁共解者愚山子……[⑥]

自“国变”后，陈子升、陈恭尹始终与方以智保持有联系，[⑦]由黎川至泰和、再至青原山前后25年，[⑧]虽对方以智称呼时有变化，但以“为怜旧友相如渴，片札将泉过岭来”二句，可推知在方以智黎川4年中，尝有黎川之行，是其与两地往还的记录。

顺治十八年，冬，钱谦益为陈子升作《诗集序》：

余于南海忠文公，礼先一饭，握手倾肺腑若兄弟然。乔生虽未识半面，余以为南海之弟犹吾弟也……南海藏血化碧，墓木已拱……念我八十耋老，渡岭相存携乔生……[⑨]

陈子升与萧孟昉交好，有《寄赠泰和萧子》：

名家最是萧居士，往往名山衲子称……世好不曾逢道貌，自来文体

---

① 《中洲》卷之十一·七言律·十五。

② 《中洲》卷之四·五言古·五。

③ 《中洲》卷之九·五言律·三。

④ 《中洲》卷之四·五言古·六。

⑤ 《中洲》卷之十七·七言绝句·四。该诗无纪年，但此时方以智在金陵。

⑥ 《中洲》卷之十七·七言绝句·七。

⑦ 陈恭尹《送家中洲之青原访药地禅师》：“舟并寒山夜一灯”是陈恭尹曾在“寒山”黎川寿昌寺过访方以智有“夜一灯”之宿，这是陈恭尹康熙十年托陈子升捎信《送家中洲之青原访药地禅师》所期待再有“想到吉州携手”旧交的证据。

⑧ 陈子升《子升集》卷一《西江叹逝赋》：……迨年长而遥怀兮，方倩翚其来并[药地禅师本姓方名以智字密之]。“越五五之变迁”注：“五五谓自丙戌至辛亥二十五年也。”丙戌为顺治三年，辛亥为康熙十年整25年。

⑨ 《有学集》中·卷二十·836页。

识庐陵。[①]

《赠萧孟昉》：

……名家彭蠡湖西著，姓氏梁皇寺里留……藏书自秘谁看得，闻说高僧共一楼。[②]

以陈子升的朋友陈恭尹、汤来贺、何三省、刘安世、萧孟昉论，[③]方以智、陈子升两人与八大山人的亲堂兄朱仲韶（1596—1651 后）交好；[④]方以智、陈恭尹、汤来贺、萧孟昉又与八大山人有交，这一紧密群体，虽未见有“结盟”的契约，但在泰和“首山”这一特殊背景下，方以智于黎川对周边“清孤不屈之人士”的“相招”，陈子升是不用“相招”，而紧随其左右的重要人物之一。

第六节“游禅江西”谬判与“药地”名号辨正

1. 方以智在黎川寿昌寺四年没有“游禅”成分

方以智在黎川寿昌寺四年的这段经历，被以往学术界判定为“游禅江西”。这是一个严重的谬判，既给“方以智研究”的行踪分期带来了混乱，[⑤]也让方

---

① 《中洲》卷之十四・七言律・四。

② 《中洲》卷之十四・七言律・七。

③ 《中洲》卷之八・五言律・五《何印尼太常招同刘安世司马、陈乔生宫谕雨集分得来字》。

④ 《中洲》卷之四・五言古・四《朱王孙仲韶［统锜］》：“王孙耽历学，要眇岂汝泄。一游忽思归，得微合明哲。索我先辈书，蒿庐用编缀。宝君梅花笔，至今香不灭。”《中洲》卷之八・五言律・六《月夜迟朱王孙不至》：“临风孤玉树，明月七星台。清夜一何永，碧云殊未来。虚空忘障阂，图画入莓苔。一室皆如水，将予漫溯洄。”

⑤ 台湾《书目季刊》1972 年，第七卷，张永堂《方以智与王夫之》：“根据方以智生平看来，他的晚年生活，可别为三个时期：一是浪游湖南时期；二是隐居平乐时期；三是逃禅青原时期。”该分期丢失了“黎川四年”；任道斌 1982 年《关于方以智的晚年活动》：“从辛丑（顺治十八年，1661 年）冬入青原山算起，到辛亥（康熙十年，1671 年）春离开青原山，方以智游迹青原道场，前后达十一年之久”将方以智在黎川四年中的第二年，泰和一年余，青原山混为一谈；罗炽《方以智评传》第二章・家世与生平・73 页：“顺治十五年……方以智……从五老峰入江西南城荷叶山……柱杖遍游南城景城、资圣和新城寿昌廪山、南谷、天峰诸寺，游踪不定，没有再回竹关。六年间，以智与佛教僧徒、明朝遗民、清朝官吏，以及乡绅贤达、士人学者，交往不断，关系最密切的要数宁都易堂学人和泰和萧氏。”此眉毛胡子一把抓的“六年”分期，将方以智在“黎川四年”与西进泰和滞留一年半混淆在一起；《冬灰录》点校者邢益海，因受“游禅江西”的谬定，而将《冬灰录》混淆为“是方以智栾庐合山、行脚江西、兴复黎川廪山、讲学泰和首山汋林时的语录”。这一分期，在时间概念出现了严重的偏差，且将《冬灰录》当中许多地点明晰、记录人物的身份，变得混淆不清，严重偏离了事实。

以智在黎川四年的事迹被丢失。

所谓“游禅”，是指某个僧人在某寺庙里，既没有固定的“常住”身份，也没有固定的寺庙职务“名分”，是一个今日在这里挂单，明日那里歇脚、打尖，云水堂中记名的方外行游僧人。方以智好友、临济派下的晦山戒显，在尚未被延请为江西云居山真如寺住持之前，即处于这一没有寺粮、没有户口、没有名分的“游禅”状态：

> 监院肇隆谋于绅士，请以寺粮别立僧户，名云居常住，附于芦潭镇之册尾……遂用其请。①

方以智于顺治十五年从庐山至黎川，是因有业师觉浪道盛对其寄予极大的“创开不测之门”②期望，肩负着曹洞宗寿昌派“振兴”之责而来。《冬灰录》卷末《跋》：

> 吾师药地老人，临难舍身……受嘱于杖人翁，担荷曹洞大法。

在方以智来黎川之前的顺治十三年，方以智就已经被业师委任为“记名住持”，他来寿昌寺的目的，既不是来“游禅”行脚，更不是在此“云水堂”中挂单，他来寿昌寺唯一的目的，就是来履行他的“住持”职务，在此“担荷曹洞大法”；是要承担起这座千年名刹“向上盟主”的责任。这个前提，决定了方以智在黎川的四年，没有任何“游方禅僧”的可能。康熙《新城县志》佐证了这一事实：

> 僧弘智，字木立……已上具相继住寿昌。

文中之“住”语，即指“住持”。娘舅吴道新送方以智来赣东黎川，虽没有明说黎川，但在诗中以黎川著名的“寒山”以喻，作《又用前韵送无可大师西上》说：

> 寒山瞻锡卓……西江今吸去，东海任扬尘。③

“游禅江西”的谬判，既没有认真审读这些文献的要义，也没有考察方以智来黎川寿昌寺的前后背景，而有此“无知”的界定。在以往的学术界，还有几则被视而不见的记载，这些文献，研究界既从未涉及、更无任何研究，这是

---

① 《云居》卷之七·寺记《敕建云居山真如寺立僧户碑记》。

② 《天语》卷二十七《寄示无可智公》。

③ 《浮志》卷之九·艺文·225页。

造成“游禅江西”谬判，将方以智“黎川寿昌寺四年”丢失的源头。方以智来到黎川寿昌寺半月后，即给青原山笑峰大然去信说：

自寿昌寄上青原笑和上。[1] 黄龙峰下……寒山放帚。[2]

方以智出游宁都，直言以：

我来自黎川。[3]

方中通获悉父亲出游“易水”宁都，思念而有：

《忆亲寿昌》[4]

方以智在宁都逗留有日，黎川即派人前来接归：

寿昌遣人至，谓黄龙背新筑一药地矣！

前来接方以智归寺庙的原因，是黄龙背“新筑”的“药地”方丈室业已完成，是方以智到了时候要回寿昌寺的理由。临行，邱维屏说：

久之，廪山使迎师，师归。于是知师乃廪山木立师……盖师始去宁都还廪山。[5]

来接方以智回寿昌寺的行仗，林时益说：

今师返寿昌，篮舆郭山入。[6]

黎川寿昌寺前来迎归的人，既告知寿昌寺建好了“方丈室”，又准备了“篮舆”竹轿前来迎接。这种方以智出游的记载，哪里会是一个游方在外的野和尚和？分明是黎川寿昌寺的住持大头陀，才可能获得的特殊待遇。

方以智出游如此，来访方以智的情况又如何呢？中德来黎川探视父亲，中通作：

《伯兄至建昌》。[7]

方以智在黎川寿昌寺三年后，堂叔方文来江西探视，老友徐芳早已告知：

自公去盱江，三年音信断。今春徐子来［仲光］，云在廪山半

---

① 《江青》卷十·诗。
② 《江青》卷八·书·186 页《致青原笑和上》。
③ 《龙眠》初编卷六十四·2840 页《梅川奇峰行》。
④ 《陪诗》卷二·六。
⑤ 《丘邦士先生遗集》卷十二《木立师六十寿卷跋》。
⑥ 《中尉》卷一·五言古《己亥季夏郭家山呈别木大师》。
⑦ 《陪诗》卷三·二。

方文到了江西，不问别的，直接租船：

即问盱江船。

半道所遇嗒然和尚，言为方以智之“徒”并相告：

自言药地徒，本师将南旋。①

施闰章来江西任职，所寻方以智，直指其驻锡地：

及今壬寅适一纪，无公驻锡麻姑，不可得见。②

不管是方文的“盱江”“廪山”“药地”，还是施闰章的“麻姑”，所指都是建昌府属地黎川寿昌寺，其“驻锡”而非“游禅”性质表达得明明白白，没有任何值得犹疑的地方。

原本一直陪伴方以智左右，但自方以智来黎川、始终居家桐城的发妻潘翟，则有无限思念的：

一日九迴廪山路。

方以智驻锡黎川四年，方中通在叙述父亲生平的《哀述》中说：

杖许竹关埋白下，斧知药地借青原……终制后复游西江，扶起廪山、东莞。吉州诸公因请主青原法席，而药地之斧，始酬米价焉。然历住建（建昌）、武（武夷）之资圣，安福、西昌之首山、汋林，何往而非药地乎？③

中通说父亲在黎川4年，是以“开山斧”精神，将黎川这座寿昌派祖庭，开辟出一片新天地，使寿昌、廪山、南谷得以振兴，这才有了“借青原”的最终结果。“扶起廪山”是以“药地之斧”在寿昌寺具有了“始酬米价”的住持生涯，所“历住”建昌、武夷，安福、泰和，代表的都是寿昌寺“住持”来到黎川这些“何往而非药地乎？”地方。因为这些地方、寺庙，均是寿昌寺祖庭或下寺，或所辖之地，其出游、过化的性质，是一个住持在“祖庭”之下的行为，与“游禅”的性质，没有丝毫瓜葛。

尽管研究界有学者因丢失“黎川四年”，对方以智生平、事迹无法衔接而有“密之在廪山之时地不明，则其入青原之年代即无从确定，且其晚年行踪亦失去重要之一环也”的感慨。但是在“游禅江西”的谬判影响下，仍然只能作

① 以上均《嵞山》续集前编・西江游草・五言古体・578页《寄药地上人[即从子密之]》。

② 《愚山》卷二十六・514页《重建香泉寺募疏》。

③ 《陪诗》卷之四・十四。

出“密之在廪山，先后约有两年”[①]的判断，且将方以智在泰和逗留1年半的时间，混列于黎川期间，再次将“密之入主青原前三年之行踪，因己亥（1659）、庚子（1660）及辛丑（1661），连续三年……未离新城县……则至少壬寅（1662）春入主青原以前之四五年，密之之活动地域始终不出新城县境”混淆起来。

如此混乱的分期，致使这些学者们无奈地发出了“由于文献不足，今已不能确知何以密之在新城期间迁动如此频繁”[②]的哀叹，而深感“误入迷途，几不得出”。[③]

方以智在黎川四年所交人物、事迹，过化的寺庙，均都围绕着寿昌寺周边展开，是一个名正言顺的“住寿昌”头陀方丈，在外的名声，均以“木立”与“药地和尚”所共识；方以智在黎川所从事的道场建设，或寿昌，或廪山，或南谷，接待前来的信士、朋友、弟子，在黎川4年的所有禅门活动，人们无不以“廪山大智”视之。

这些客观存在的事实，都表明方以智在黎川四年，并不是“游禅”，而是实实在在的驻锡和住持。直至方以智顺世以后，人们仍然以离开了黎川9年、赴水殉节一年后的方以智为“廪山愚公”，[④]而不称其在青原山的其他名号。

这是方以智在黎川寿昌寺驻锡四年、为该“住持”所带来的影响与余音，绝非一个“游禅”的云水和尚所能做到的。

2. 徐芳“一居寿昌为药地”与钱澄之“药地翁”“方药地”实指

方以智“药地”之名属性与本义，也是以往学术界谬判的一个重要问题。方以智有“药地”之名，最早出现的时间，是在顺治十五年夏，奉师命由庐山下来初入建昌府境从姑山之荷叶山访徐芳时，为了隐匿自己的身份，亲口说“药地病夫”[⑤]。徐芳在记述方以智初访荷叶山时所作的《愚者大师传》，开篇就交代：

> 愚者大师……在天界为无可师；入匡庐为五老；一（居）寿昌为药地，或为墨历有讹呼木立者，口（后）更为木立云。

---

① 余英时《晚节》19页。
② 《晚节》20页。
③ 《晚节》21页。
④ 《木厓》卷十一·十五《廪山歌祝方姑母六十》。
⑤ 《冬灰》卷首·三《资圣除夕请示》“药地病夫游麻姑山”。

徐芳是方以智的同年，在前明时，又是同朝为臣的旧友，在方以智来黎川寿昌寺后，一直追随左右，对方以智此间名号使用的顺序，以亲历者口吻所说“一（居）寿昌为药地”当然十分可靠。正因为此，这一“药地”名号使用的时间、地点界定，被后世多家所相从和采信。李遥《南疆逸史》：

无可……一居寿昌为药地。①

李遥沿袭徐芳“药地”名号的顺序，置于“披缁”、“天界”、“庐山”之后，这些时间、地点概念的表达，为方以智到了建昌府辖地黎川“寿昌”，才有“药地”之名给出了清晰的回答。马其昶（1855—1930）②《桐城耆旧传》：

以智……隐于禅，名曰弘智，居浮山称愚者，在天界为无可；入匡庐为五老；在寿昌为墨历、为药地。③

“寿昌”的概念，毫无疑问，是指方以智来黎川后的四年时间。寿昌寺原本就有“药山”之名，④至方以智来后，又专为方以智在“黄龙背新筑一药地”方丈室，人们自此从“人不知为何等头陀也”，渐趋频繁地称其为“药地和尚”。

至顺治十七年冬，方以智已经在黎川寿昌寺整整两年，钱澄之时为方以智贺寿所用“药地”名，后面还附缀了一个“无可”，其目的，就在要在“药地”与“无可”之间建立起必然的联系，故在这首《寄药地无可师五十》诗中写道：

言念药地翁，一身栖廪山；廪山在何所？草屋八九间。江右土气薄，况经兵烽残……惟彼药地翁，今年正五十；十载参学功，兹事应已毕……闻翁在药地，终日只读书；此事佛所禁，翁意那得舒……⑤

诗中反复出现的“药地”，各有不同的性质。前后两个“药地”，直指方以智。古人50岁称翁，时为贺寿，故称“翁”；第三个“药地”，是钱澄之所“闻”此际方以智，其地不在别处，是在黎川“廪山”、是在“药地”。这个药地，指的是建昌帮属地的建昌府“药地”。故康熙五年方以智重回黎川寿昌寺，在为双峰和上设供时说：

---

① 《南疆》摭遗卷十六·三。

② 马其昶，字通伯，晚号抱润翁，桐城人。举人，光绪三十四年曾授学部主事，民国元年任京师大学堂总教习，受聘清史馆总纂。

③ 《桐城耆旧传》卷六《方以智传》16页。

④ 《五灯》寿昌经禅师法嗣：“吾在药山二十余年”。

⑤ 《田诗》卷七·149页，《桐旧》卷十·十六，仅载一首，题为《寄药地无可师[五首之一]》。

黄龙背上留药地。

方以智自己这种清晰地表达，可见其用“药地”之名，在此际不仅与“无可”之名两者之间建立了完全的必然联系，“药地”之名也已在朋友间被广为知晓并接受。

钱澄之“闻”方以智到了寿昌寺后有“药地”名，是在《寄药地无可师五十》之前的该年春际。其时，钱澄之准备前往故地黎川，但因“风雨”和有人相“招”未果。遂在桐城作《拟往江右寻药地不得去，有里中诸子闻白门近事招余还山》：

庐山有愿去何迟……劝归为刻十年诗。[①]

由春到冬，仅半年，可知钱澄所“闻”方以智有“药地”名在该年春，并准备前往黎川。钱澄之是“寿昌派”弟子，且剃度在寿昌寺内。对黎川不仅熟悉，更知“廪山”的含义，这都是黎川寿昌寺为“药地”的特征。

钱澄之后在《田间易学》一书中，为突出黎川期间受到方以智《易》学思想的影响，直接称方以智为“方药地”。[②] 这种称呼，与世人称汤显祖为“汤临川”、曾巩为“曾南丰”、李觏为“李盱江”无异，都是为了突出地域性。

至康熙二年，方以智离开黎川已在泰和，钱澄之诗中，对方以智的称呼重新恢复了“无可师”；[③] 熊颐后在青原山为方以智六十寿诞所作《寄呈药地大师》说“乾坤留药地”。[④] 钱澄之眼里的“药地”，熊颐所说“留药地”，均是二人对方以智在黎川的特指。其地域性“药地”实指，不仅表明了此际方以智在“药地”的状态，更将专指建昌府中药“建昌帮”所在地予以了明示。

尽管后世有将方以智“药地”名号的使用，安放在顺治十七年方以智再游荷叶山的误判，[⑤] 但荷叶山傍之于廪山，“一居寿昌为药地”的黎川本质，没

---

① 《田诗》。

② 《田易》卷一 · 22 页、92 页等。

③ 《寄无可师》该诗在《田诗》卷十一 · 客隐集 [癸卯]。诗中有“法席应争请”，是方以智已经移居青原山的证据。

④ 明俞策编撰，清施闰章修订《阁皂山志》题咏 [缉补]，江西人民出版社 1996 年 6 月第 1 版，87 页 ：“青原云外寺……乾坤留药地……”

⑤ 《方谱》、《冬灰》卷首 · 三《资圣除夕请示》将方以智“自称药地病夫”放在顺治十七年再游之时，这一观点，实乃是因错误的“游禅江西”所致。

有发生丝毫的变化。

3. 中药“建昌帮”属地建昌府是“药地”名号的本源

江西建昌府自“顺治二年，师下金陵，改江南省，令督院兼辖江西建昌府南城”，① 所辖县府有“南城[临川]、新城、南丰、广昌、芦溪”、② “建昌府领治县四：曰南城、曰南丰、曰新城、曰广昌……芦溪明初改建巡检司，万历六年知府王之屏建议分南城之东北为芦溪县。国朝因之，府领县五，而南城附郭为首邑云”，③ 属地南城县，其依托于境内千年名山麻姑山和从姑山盛产中草药的天然优势，集中药采集、炮制、销售，成了久负盛名的中药“建昌帮”。

以药地闻名的“建昌帮”，起源于东晋（317—420），贯之于隋唐，发展于宋元；于明代鼎盛时期成“帮”，至明代中期，其“炮”制的“饮片”“丸剂”技术，影响到赣闽40余县市，针对“江西药帮”流行有俗谚云：

> 药不过建昌不灵，药不到樟树不齐。（又或云：“药不过建昌不行”。）④

建昌府城是中草药炮制之地，只有在建昌进行炮制的中药，既“灵”又“行”。“行”在这里指“好！”更指经过“建昌帮”炮制的中药，才能走出去、行得更远！尤其是“饮片”和“丸药”，若不经“过”建昌帮，这治病之“药”既不“灵”也不“行”，这里的“不行”指不好，也指“行走”不出去，不能行远。“建昌帮”对优质中药材的严格拣选、独特的炮制加工技艺，规范处方的实践，管理、流通机构的健全、一整套行之有效的完善机制与方法等，在明代达到顶峰。

明宪宗皇帝朱见深（1447—1487），于成化二十三年封第六子朱祐槟（1478—1539）为“益王”；弘治八年，朱祐槟之藩建昌府后，藩国内不仅设立了“医学校”“良医所”“惠民和剂局”，⑤ 聘请当地的名医、国手，到王府内担任“良医正”和“医学教授”，还对“建昌帮”的中药材，从炮制手段、膏丸、丹方加工，总结用药实践与经验等，进行“下天子一等”的严格管理。从而在益藩、在建昌府，形成了一整套自己独特的《局方》，并编撰、出版《玉札微义》

---

① 《康南》卷之一·沿革·六。
② 《国榷》卷首之二·舆属·建昌府[盱江]。
③ 《康南》卷之一·沿革·二。
④ 周春林《品读南城》。
⑤ 时黎川县有“惠民药局”。《康新》卷之二·建置志·医学·十九。

等医书，构建起一个以益藩属地为中心的“盱江医学”学派，在后续“七世八代”益王[①]的149年[②]统治、经营与不断支持、倡导下，“益藩”王府的医与药，使建昌府境内的“建昌帮中药”在全国享有美誉。至今，药界还流传着：

建昌个制妙，樟树个路遥。[③]

“建昌帮”药业的发达，促使建昌府城为中心，带来了巨大的商业市场，“南城民尚通，而善贾药为远游”，[④]使盱江、黎水的船帮与水路，得以兴盛与发达。时南城、黎川、南丰、广昌、金溪等江西的水路连成一片，又与福建、广东四通八达，直接可通向海外，其信息传递，更是“一日能知千里外事”，[⑤]“建昌帮”集采撷、洗晒、炮制、集散、流通，乃至直至诊治于一身的“药地”之名，成为全国13个大药帮之一，在我国台湾省、广东、香港，甚至于在日本和东南亚，都有巨大的影响力。

江西的赣南、赣东北，福建延（今南平）、邵（今邵武）、建（今建阳）、汀（今汀州）四府，云南、贵州、四川、两广等40余州县的药商，均乘船从水路，或从陆路前来建昌府订购“建昌帮中药”成品、半成品；建昌府城每年举办多种“药业庙会”迎接前来订购的各方客人；“建昌帮”行走在全国各地的药商、药资流动，“最多者资百万”。[⑥]历经300多年前的药栈、药号，至今在南城县仍有“三元信”“豫兴行”“怡成生”“长春泰”“源昌吉”“聚德隆”“长春生”“义大成”等18家名号遗存，并“走福建，吃药饭！”将“药地”黎川在全国各地四处经营药业为根本，以祖训的方式，记载在各自的家谱中。[⑦]

至清乾隆，建昌帮“药地”声誉达到巅峰，并由此带动了樟树。樟树也自此成为药材贸易集市，药材多而齐能够配齐。“江西药帮”之说，亦于此际兴起，成为明清两朝、中国南方中药炮制主流派“古药帮”十三大药帮之一。

① 益藩一世端王朱祐槟（1478—1539）；二世庄王朱厚烨（1498—1556）；三世恭王朱厚炫（1500—1577）；四世昭王朱载增（1516—1546）；五世宣王朱翊鈏（1537—1603）；六世敬王朱常迁（1559—1615）；七世定王朱由木（1588—1634）；八世末王朱慈炱（？—1646）。

② 弘治八年至崇祯十八年。

③ “个”是江西方言“的确是”之意。

④ 《康南》卷之二·风俗·三四。

⑤ 胡珠生《清代洪门史》6页。

⑥ 林传甲《江西省地理志》。

⑦ 《南城洪门起源》125页。

建昌帮“药地”炮制中药的影响，比以中药买卖、集散地而有“药都”之名的樟树，声誉早出了200多年。[①]

顺治十五年夏，方以智进入建昌府属地荷叶山访徐芳，再次隐姓埋名，将自己这一次的“变姓名”说成是“药地病夫”时，其“药地”之名所包含的意义，早已不言自明了。

方以智在进入建昌府后的这一隐姓埋名行为，其目的是什么并不十分清楚，但有一条则是清楚的，因为在明清之际禅宗盛行的江西，但凡有僧人称“弘智”或“大智”，世人也就能知道这位和尚是来自于曹洞宗、临济宗的那门、那派的弟子。以方以智在黎川十余里地的荷叶山逗留“凡三阅月”，且以“人不知为何等头陀”的方式，不立即去寿昌寺的史实论，不能排除其在荷叶山就近考察寿昌寺及周边关系的可能。

方以智在建昌府属地黎川整四年，黎川独特的地理位置，更是“建昌帮”药材通向福建的必经之路，其多次在南城资圣寺等诸禅刹、南丰诸地逗留的事实，以及次子方中通来黎川寿昌、廪山探视老父亲，均都是通过“建昌府”再到黎川。[②]这一切，都说明了方以智的“药地”之名所实指，正是“建昌帮”中药属地的“药地”。

方以智之所以在“药地”用中药之“炮”法，[③]对自己所认识的“庄子”进行阐释，其“炮”的意义与内涵，可用方以智在黎川四年、感触深刻的这段经历后所写《药室说》一文来阐释。

黄山谷《药说》[④]曰：“老夫往在江南，贫甚……惟作药肆不饥寒之术也。然市中人治药，以丁代丙，甚贵又不中用……今余欲作药肆……无不用其物宜‘炮炙生熟，无不尽其材性……‘欲作药肆，以济人为功，以娱老为业。’……

---

① 樟树“药都”闻名，在清初后逐渐发展。顾祖禹（1631—1692）约于康熙三十一年成书，嘉庆十六年首刊《江西水道考》卷三·赣水《读史方舆纪事》：“樟树镇，府东北三十里，南北药材皆集于此，本名清江镇。”

② 《陪诗》卷三·二《伯兄至建昌》。

③ 南北朝时有刘宋·雷敩，其所撰于约公元五世纪的《雷公炮炙论》三卷，即我国最早的中药炮制专著，所载中草药300种，叙述每种药材性状、易混淆品种、各自特点、真伪、优劣等，是中国古代鉴定中药的重要文献。后世有“雷公炮”之称。

④ 黄庭坚的《书药说遗族弟友谅》。

而刻意于救人……故书遗之。”耿天台①《药僧愿》曰：“人之生老与死……救疗功德，诚最切也。”……予寿昌祖每见病僧，必亲调药饵……予此身不知为人调药负薪者耶？人为我调药负薪者耶？今欲建法药院……笑翁曰：“山谷卖药之室，天台药僧之愿……愚者曰：“即差别是根本，于医亦可悟矣……胡心仲学《易》有年，豁然通《灵素》之要……可名药室……而外以卖药，伯休不二价②……法开让支公行道，③……寓此药室，因机说法，阴功隐德，何可量哉！”④

后世的学者们看到了方以智《炮庄》所指：“以炮为书名者，殆取雷公炮之义。密之自其先祖即习医，彼亦能诊脉，《浮山集》中有《医学自序》一篇，可稔其渊源所自。故又以药地为号”，⑤因不知方以智此间正处在“药地”黎川，而不知“药地”的地域和方位。

方以智在离开黎川后到青原山所建“药树堂”，正是基于在黎川四年这段“《炮庄》……此正子之药也”⑥的思想指导下才有，其在建昌府中药之地启发他以“炮制”为先导，而欲发世人对“庄子”的“治病”之能，《药地炮庄》与建昌府中药特有的中药“炮制”，有着内在、紧密的关系。

4.“药地”名号与“樟树镇”无关以及疑窦重重的《意在笔先图》

方以智“药地”名号的取用，专指中药“建昌帮”所在地建昌府黎川寿昌寺，故称“药地和尚”，但因以往研究界均以“药地”名号发生、启用在“樟树镇”一说，故对此专门予以辨正。

顺治九年中秋，方以智在施闰章陪同下从梧州返桐城老家，⑦所乘舟楫途经江西清江（今樟树市），在“樟树镇”⑧曾有夜间半日泊停逗留，并以一件《意

① 耿定向，字在伦，号天台，湖北黄安人。《明案》入“泰州学案”。
② 汉朝韩康，字伯休，卖药长安口不二价。
③ 《世说新语》：晋时僧于法开，善医。初以义学著名，后与支道林争，乃转而学医。
④ 《浮山》附录二·辑佚·517页。
⑤ 1974年台湾《清华学报》新十卷·第二期，饶宗颐《方以智与陈子升》。
⑥ 《江青》卷五·序·说·方以智《随寓说》。
⑦ 施闰章《无可大师六十序》，《白鹿》卷三《奇遇行，上周伯衡太师》：“老亲遭遇多奇异，少小才名鬼神忌……忆昔流离入桂间，金戈铁马填关山。忽遇同乡施招使，手携破衲天边还。”
⑧ 《渔洋》卷十一·1644页：“樟树镇渡，在临江府东北三十里。愚山《学余诗集》：鹿江俗名樟树镇。”

在笔先图》的山水作品自题为凭：

画在法中，意在笔外。莫谓大痴恁么作怪。壬辰冬日药地头陀写。[①]

由此，理论界将方以智“药地”名号取义、启用定在匆匆而过的樟树镇。针对此谬误，先说方以智在“樟树镇”半日夜留史实。

该年中秋，方以智与施闰章乘船到达樟树镇，施闰章作《使粤纪行·中秋夜泊樟树镇[时初脱粤西之难]》：

又是中秋夜，三年客里过……故山由明月，好与照藤萝。[②]

当年方以智半日夜泊之“樟树镇”，是一个极小的山村。八大山人的好友心壁（1647—1722后）[③]，在方以智去世25年后的康熙三十五年，同样以水路过此地时有《章树镇》一诗，可知顺治至康熙时期这个山乡小镇码头的规模。诗云：

村鸡三唱促长年，早起开头迩晓天。樟树行来六十里，人家尚未见炊烟。[④]

以方以智后来在江西的行踪论，这次夜泊樟树镇，没有任何交集的人物与事件发生，更没有任何与“药地”之名可联系、启用处。换言之，“樟树镇”与“药地”名号在此次短暂的夜泊当中，不具有任何的相关性和任何的实质性意义。

再说至为关键的所谓《意在笔先图》。这件署“壬辰”年款的山水作品，与方以智“药地”名号联系在一起的最早时间，是1985年任道斌《方以智、茅之仪著述知见录》第54页、转引日本大塚巧艺社·昭和十一年《支那名画宝鉴》第754图《山水》，款识为：

山水一帧。方以智自题云：“画在法中，意在笔前，莫谓大痴恁么作怪。壬辰冬日药地头陀写。”

---

① 《方谱》清顺治九年·182页：“是冬，作《意在笔先图》，时得‘药地’图章，因以为号。”邢益海《论方以智是庄子学派的重要代表人物》：“施愚山有《使粤纪行中秋夜泊樟树镇》……是冬，作《意在笔先图》自题……壬辰冬日药地头陀写。药地图章或刻于此时，因以为号。”张永义、邢益海校点《药地炮庄》，张永义校注《浮山文集》篇首《‘方以智集’出版说明》：“方以智……药地……经樟树（有药都之称）。”罗炽《方以智评传》附录·年表：“顺治九年……壬辰……冬，作《意在笔先图》，时得‘药地’图章，因以；‘药地愚者’为号。”

② 《愚山》诗集卷二十四·476页。

③ 《超渊和尚诗》：“超渊，字心壁，滇之昆明人……岁辛酉，策杖入庐山，不欲返……”

④ 心壁《归云草》四。

由此,“药地”之名,出现在方以智来黎川七年之前的顺治九年“壬辰冬日”。尽管“壬辰冬日”方以智早已不在“樟树”，而在桐城老家与父亲、妻子团圆，但总归是与此前途经“樟树镇”半日、存在着还算是同年发生事件的一个时间里。这也是后世理论界将方以智“药地”名号定在樟树镇的依据和理由。此后，《方以智评传》的作者罗炽，在其所订《方以智年表》里说：

冬,作《意在笔先图》,时得“药地”图章,因以“药地愚者”为号。[①]

通观“壬辰”这一年，不管是方以智尚先在梧州、后或在舟中夜间途经樟树镇码头，或在庐山，均未有确凿证据可证明方以智此期间使用过“药地”名号。可见《意在笔先图》的款识“壬辰冬日药地头陀写”，是目前所见唯一署有“药地”名号的孤证作品。

此外,这件山水画作品,既没有标明创作的地点是在仅有半日亭舟的樟树(不可能半日舟中完成)，又没有注明是在庐山某个“药地”所画；更没有说明可让方以智称之为“头陀”的地方，或是在途中的某个寺庙，或是在桐城老家。

以该“壬辰”款计：方以智自顺治八年三月，在广西梧州被清军羁押，顺治九年三月至五月间，在梧州正式“剃染”，成为一名具有“空观”身份的“剃染僧”，法名行远，字或号无可。这个“壬辰冬日”时间，距离其成“僧人”只有约半年，是一个既未受“圆具”，又尚未“得正法”的“剃染僧”，其“药地头陀”自称，大有疑问！

按照禅门的清规与戒律，一个刚刚“剃染”半年不到、距离“五年空观”期尚有四年半余、随时可依佛门规制脱去衲衣不做和尚（还不能叫返俗）、从内心到形式、半真半假的“剃染”僧，是不可以、也没有权力来将自己称之为“头陀”的。

其二,桐城方氏素有“当明明善,勿泥枯壁”的训诫（方孔炤顺治十年语）。该《意在笔先图》若是方以智在桐城老家所作，并自称“头陀”，显然与此训诫相悖逆，也是对健在的父亲一种极不尊重的表现。以“忠孝”闻名天下的方以智，绝不可能发生这种难以想象的事情。侯外庐先生在《方以智的生平与学术贡献》一文中，对一年后方以智“破关”时行为尚且有：“方以智破关奔丧，衰绖成服，受吊如仪。这说明他披着僧侣的外衣，只为了适应环境，实际上仍

① 《方以智评传》附录·416页，南京大学出版社1998年12月第1版。

保持儒家的传统。”[①] 因此，要将“头陀”安在此间仅有半年“剃染僧”的方以智身上，显然与诸多的史实难以吻合。

方以智出家，是“生”与“死”之间选择的结果，其“剃染僧”期间随时准备脱去袈裟的想法，连徘徊与犹豫的余地都没有。因此，这件仅见于日本记载的《意在笔先图》，不仅充满了层层的迷雾，还必将受到鉴定界“真”与“赝”的严重质问。更为重要的问题是，后世理论界将这样一件尚未得到证实的《意在笔先图》，与方以智所修《青原志略》中收载孙晋[②]《药树堂碑文》联系在一起，使得方以智的“药地”名号，与“壬辰”年途经半日夜泊的“樟树镇”纠缠，而有了某种莫名其妙的联系。

任道斌《方以智年谱》在说明“《意在笔先图》，时得‘药地’图章，因以为号”时，列举了：“《康熙青原志略》卷四孙晋《药树堂碑文》：宓山无可大师……得药地图章，因随所在，名为药地愚者。”[③] 作为辅证，以此来证明“壬辰”之年，方以智确有“药地”名号签署。但是，孙晋《药树堂碑文》这段话原全文，却是这样的：

> 宓山无可大师，踢翻南北，从剑刃上悟性命之因，印心杖门。于栾庐时得药地图章，因随所在，名为药地愚者。[④]

任道斌先生删去了《药树堂碑文》中至关重要的“于栾庐时”四个字，将这一“栾庐”的重要时间坐标给抹去了。后续承袭者罗炽，不辨东西南北，在所制《方以智年表》中，随之演变成了“时得‘药地’图章，因以‘药地愚者’为号”。

---

① 《方以智全书》23 页。

② 孙晋，生卒不详。明亡不仕。《道桐》卷之十二·人物志·宦迹·三十二：“孙晋，号鲁山……天启乙丑成进士，授南乐令，历政三载……擢授工部给事中……上曰：卿福将也。特简一行受事半载，征兵征饷，劳瘵成疾，因乞归。晚年遨游山水，刊有东瓯、黄山、庐山、曹溪、南岳诸集，居家事母汪，以孝闻，教子孙严整有法，子中麟、中象，一顺治甲午举人，一乙未进士，里人称为孝节先生云。”《桐旧》卷三十五·一：“孙晋，字明卿……官至宣大总督，有《黄山诸游草》。潘蜀藻曰：公由将乐擢给谏请谥杨忠节，转大理卿，特疏出刘宗周、金光辰于狱，督宣大以募兵饷忧瘵成疾免归。顺治初，有人以人才荐者，辞不出。所为诗，有黄山、庐山、曹溪、楚中诸游草。郡志：官工科，首覈权相疏九上……一时推为敢言。著有《冬垣谏草》。《明史·张凤翼传》：……给事中桐城孙晋以乡里为忧……闻者笑之……又《史忠正集》有复孙鲁山书，公盖尝权令也。”

③ 《方谱》182 页。

④ 《江青》卷四·碑铭·孙晋《药树堂碑文》。

这种删改与无知演变后的解释，不仅没有正确理解孙晋之文的真实含义，更犯了一个概念性的错误。因为孙晋文中的“栾庐”，既与顺治九年“壬辰”的“樟树镇”没有丝毫的关系，更不是指“壬辰”之年方以智在庐山的逗留时间。其所指，乃是三年以后的顺治十二年秋，方以智在父亲去世后的守墓“栾庐”之举。《浮山游记》说：

> 浮山距桐城九十里。而由大江入，止六十里。合明之栾庐，为其中半……拜中丞公墓……愚者因言先母葬浮山，往盍观焉。乘舟而入，先尽其概……[①]

方中履《浮山岩洞志》：

> 浮山距桐城东九十里，距江六十里，三面临湖，望之若浮，一曰浮渡山……东南则起妙高峰……峰下华严寺也……西麓则报亲庵……丹丘岩、墨历岩、掌岩相连，俱在浮山之西，廉此藏轩[②]当其趾……先公少时读书此藏轩，因爱而买之洞口土……继起者，此藏轩，今为报亲庵，先公有记。[③]

顺治十二年秋，方孔炤去世。方以智违背禅门清规，破关由金陵高座寺乘舟回安徽桐城奔丧、葬父合明山。[④]按照儒家“衰绖成服，受吊如仪”礼节，结庐于浮山脚下“中丞公墓”侧，为之庐墓守孝。直到顺治十四年除夕，方以智在合明山先人墓祠前，痛泣追思、表忠作《慕述》“死逝国节，投身望江”，[⑤]其“栾庐”前后越三年，实际两年整。

任道斌、罗炽二人将孙晋“于栾庐时得药地图章，因随所在，名为药地愚者”

---

① 《浮志》卷之五 · 69至73页。

② “此藏轩”在桐城浮山西簾墨历岩下，为方大镇构于天启三年，初名“在陆居”，又称“在陆山庄”，厅堂为“此藏轩”。方以智少时随祖父读书崖下，后方大镇将“在陆居”授予方孔炤，方孔炤再授方以智，嘱其“洗心退藏”，后经兵燹，其他建筑均毁，仅存“此藏轩”。方以智入青原山不久，其三子在旧地建庵，欲迎养父亲，施闰章为之“报亲庵”名。方以智去世后改为“四代祠”，祭祀方以智以上四代祖宗牌位，今尚存。

③ 《汗青》卷上 · 十六至二十二。

④ 《陪诗》卷之一 · 十八《先祖归葬合明山，老父栾庐墓侧，颜曰：不择地》。

⑤ 《合山栾庐诗·慕述》:“我祖断事，今祠表忠。死逝国节，投身望江……于我显考，闇学匡济……独我不肖，绍衣自疚……屡世景圭，罪我废人。退藏于密，水火中行。家风律律，勿忘折肱。丁酉岁除，合明栾庐。孤哀以智，稽首泣书。”

变成了“时得‘药地’图章，因以为号”和“时得‘药地’图章，因以‘药地愚者’为号”，其时间概念，用在了方孔炤尚在世的“壬辰”之年，这个中的重大错误，不言自明。

孙晋是方以智妹婿孙临的兄长，又是方以智长子方中德的岳父，两人尝在一起有对弈下棋之乐，[①]自然对这段历史了如指掌，故在方以智得觉浪道盛印可“图章”的十年之际，即康熙五年由曲江曹溪前来看望老亲家，入青原山、并有相劝还桐城老家之意时，[②]恰逢“药树堂”[③]建成，遂作《药树堂碑文》：

> 曩闻苍梧句曰：“西方药树是奇兵。”已闻竹关句曰：“死是大恩人。”已闻廪山句曰：“药病俱忘还说药，医王大病欲谁医。”呜呼！药病之间未易知也。宓山无可大师，踢翻南北从剑刃上悟性命之因，印心杖门，于栾庐时得药地图章，因随所在，名为药地愚者。呜呼！本无药病，在药病中舍身为药树，其愚不可及也。
>
> 岁丙午，余从曹溪过青原访之……师于其下，筑祖堂归云阁基，归云之下，为药树堂……因书之以为记。[④]

文中的“得药地图章”之义，并非任、罗二人所理解的那样，是用来钤盖书画作品的“图章”，实乃是佛门对“得印可”的另一种表述和记载。此“图章”非彼“图章”，任道斌、罗炽二人均在这一问题的认识上，犯了“不识庐山真面目”的错误。

方以智于父亲方孔炤去世后，在合明山“栾庐”第二年，即顺治十三年五月尚在“栾庐”期间，随业师来到建昌府“药地”黎川寿昌寺祖庭，以“记名”的方式，被委任为寿昌寺住持“得印可”嗣法后，才有的“得药地图章”文义本质。

方以智在“栾庐”期间前来江西宜黄曹洞宗圣地“祭祖”，在“药地”黎川寿昌寺获“记名”住持，都发生在方以智守孝的“栾庐”期内，故孙晋说“于

---

① 《陪诗》卷一·十九《父执孙鲁山与老父对奕》：“龙山今日聚，草木尽离尘。姓是朱陈旧［孙司马即伯兄之岳］，交从支许新。敲枰还说法，对局总宜人［老父奕为宰官中第一手］。茶能临溪水，斜阳理钓缗。”

② 《江青》卷十一·孙晋《入青原访药地师》：“冲泥寻旧约……龙眠共往还。”

③ 民国《吉安县志》卷四七·艺文志·金石略：“药树堂铭……为药地老人建……兆牂阳月。”

④ 《江青》卷四·碑铭。

栾庐时得药地图章，因随所在，名为药地愚者”，这与徐芳、李遥“无可……自披缁后……初在天界为无可，既入匡庐为五老，一居寿昌为药地”分期与时间概念，完全一致。

孙晋言“于栾庐时得药地图章”，是专指此间方以智在建昌府“药地”得业师“记名”委任“住持”的“得印可”表述，是方以智“得印可”后，将要在黎川寿昌寺为之“振兴”祖庭的期待之语。

孙晋在方以智“栾庐”期间，还常有鱼雁往还的艰辛问候，《雪中问》即是一例：

> 孙鲁山、刘瀼溪皆有书来……栾庐度腊，风雪交冥；破壁寒威，涕冰呵冻，因问博山老汉曰：“唤甚么作孝？唤甚么作天？天为甚么悯汝？”代曰：“日出后一场懡㦬。①”

孙晋作为方以智亲上加亲的老亲家，且这次又是“寻旧约”前来青原，他既不可能将方以智“栾庐”的时间记错，更不可能在行文时，将这一概念的本质颠覆。

方以智这种“得药地图章”行为，尽管只是以“记名”委任寿昌寺住持虚职的方式出现，但此一“得印可”，却标志着从此在“寿昌派”内的身份、地位、名分，得以明确，并昭告于禅门和天下。正因为有此“得药地图章”在前，才会有年余后“栾庐”期满、奉觉浪道盛之命前往黎川赴任在后。这是孙晋“因随所在，名为药地愚者”名号使用、前后关系交代的意义所在。

孙晋在时间概念上的清晰表达，说明了“名为药地”只能在“栾庐”之后，而不能在“栾庐”之前。这个顺序，也只能是方以智从庐山下来以后，绝不会是这期间方以智到过的其他任何所在。方以智在进入赣东腹地“药地”之后，于南城麻姑山、从姑山、荷叶山正式启用“药地病夫”名号，与现存文献、史料相互印证，得以吻合坐实。

从顺治九年方以智由广西梧州经梅岭、过樟树镇码头、上庐山，到顺治十二年这三年，仍然健在的方孔炤，既不可能有“栾庐”之说，更不可能会有“于栾庐时”在“樟树镇”，或在“庐山”这种前后关系颠倒的“得药地图章”表述。方以智“药地”名号出现的时间，不可能出现在“壬辰”之年，其用“药

---

① 《冬灰》卷首二 · 26 页。

地”名号的地点，更不可能发生在仅有半日夜泊停留在“樟树镇”码头或船上。

反观这件仅见记载、未见实物、未得到证实，且与方以智行踪有严重冲突的《意在笔先图》，其真、赝性质，也就必然凸显出来。研究者们将该作品拿来作为方以智“药地”名号的断代标杆，显然是极不合适的，其断代的结果，不准确、不可信，不可靠。

假如方以智这一重要的“药地”名号确曾来源于“樟树镇”，他一定会在以后每次途经于此时有所反映，但鸿鸣却从未见过。不仅如此，施闰章每过樟树镇，也从未见有将“樟树”与“药地”名号联系起来的现象。其《九日泊樟树》：

故国黄花市节……欹枕卧江船……历历数当年。[①]

《九日抵鹿江［俗名樟树镇］》：[②]

细雨舟中对浊醪……不及江南足紫螯？[③]

这两首诗，都是施闰章与方以智首次从梧州来到樟树夜泊几十年后的诗作，故有“历历数当年”感叹，却没有可将“樟树镇”与“药地”名号联系起来的任何信息

钱澄之是“以诗写史”的高手，他对方以智“药地”名号使用，有着自己的方式，其念念不忘的“方药地”情感，在他两次过樟树镇的诗中，同样丝毫不见有“药地”名号与“樟树镇”的关联：

寿昌桥下生还日［是年四十］……此日停舟樟树镇，托人为买上滩船。[④]

这种都已经触及到了黎川寿昌寺，但仍然没有方以智“药地”名号与“樟树镇”存在任何关系的信息。同年，钱澄之又有《守风樟树镇》：

鹿渚淹吾棹，风涛不可前……舟重防沙浅，篙长试水深……兵烽销不久……渔船辨妇妆［渔船以妇人妆辨文郭二家］……闻道云中郡，倾储莫赈荒。[⑤]

钱澄之在该诗中说了这么多，却依然没有见到“樟树镇”与“药地”名号存在关系的信息。施闰章与钱澄之，是方以智一生当中关系最为紧密的两人，

① 《愚山》诗集卷二十六・545 页。
② 今樟树市仍保留有“鹿江街道办事处”。
③ 《愚山》卷四十七・465 页。
④ 康熙二十年《樟树镇舟中七十初度［辛酉］》。
⑤ 二首均《田诗》卷二十三・客隐集［起己未止辛酉］・479、482 页。

每次两人途经樟树都与方以智有关，假如“樟树镇”确与方以智取“药地”之名存在关系，这两人无论如何都将会在诗文中有不同程度的反响。

由此可以看出，“樟树镇”在明末清初之际，其“药都”的概念是淡化的、甚至是完全没有的。至少在方以智、施闰章、钱澄之等周围的朋友们概念中，“樟树镇”与方以智的“药地”名号，既联系不起来，也不存在任何关系。以往研究界将方以智“药地”名号取义与“樟树镇”联系在一起，是完全错误的。

5. 方以智在庐山没有“药地”名号与《药地炮庄》对“药地”的解释

方以智在“樟树镇”有半日逗留之后上庐山，并一直使用“无可”与“行远”名号，与“药地”名号不存在任何关系的现实，为方以智“药地”名号不是来源于“樟树镇”这一论断，提供了坚实的证据。

顺治九年八月，方以智到庐山。九月初，与施闰章同游庐山旬日，以比丘身访“临济派”门下熊开元·正志和尚，居开先寺。熊开元《青原愚者智禅师语录·序》时描述当年方以智在庐山的状态：“壬辰（方以智）避人臣之极位，以比丘身访予匡庐……徒取声闻入涅槃为乐也。”至方以智游“三叠泉”，以“行远”名作《游三叠泉记》。《庐山志》先后载《释行远游三叠泉记》《跋》《释行远三叠泉诗》三篇：

> ……壬辰之秋，望匡庐而止焉……曷一览其最胜无上三叠泉……余今日瀑下之所吟，因为之记。[又跋]。余既记三叠泉问庐山志无之有庐山纪事……采三叠诸诗文……壬辰长至无道人行远识。[1] 释行远三叠泉诗[即方以智]……谁将折笔图成后[书家用三折笔]，可挂松风最上楼[陶弘景有三层楼]。[2]

此间一直陪在方以智左右、接触最多的施闰章，面对身披袈裟的方以智，始终在各种场合下称“无可”或“行远”，[3] 说其所咏唱是“犹作书生咏”，[4] 叙

---

① 《康庐》卷九·十八。

② 《康庐》卷九·十三。

③ 《康庐》与方以智《释行远三叠泉诗》并列有《施闰章三叠泉诗》：“侧叠云峰路几盘……枕石悬崖仰面看。”

④ 《康庐》卷九·七《方以智凌云舍诗》：“麻姑看五老……犹作书生咏……”

其状则以“明朝攀绝顶，白眼向乾坤”，[①] 并于此时为瞿式耜作传。[②]

春，溯江二上庐山，以“无可”僧名，至五老峰、[③] 宿西林寺、[④] 龙池寺等刹，[⑤] 欲得“自可求居止，安闲过此生”，[⑥] 均以“无可”之名示人，未见任何使用“药地”名称。方以智来黎川之前后两次上庐山，将有半日停留“樟树镇”的时间全部包含在里面，这是“樟树镇”与“药地”名号二者之间，不存着任何相关性联系的再一个证据。方以智《药地炮庄》“逍遥游总炮”批眉中，以清晰的语言告知后人说：

> 浮庐既安易寓，药地又来炮庄。

这是方以智在《药地炮庄》中将“药地”之地名，界定为建昌府“药地”，并非在樟树镇“炮庄”；将自己在“药地”以建昌中药帮“炮制”法，用以对《庄子》进行特有的“炮”制之论。其“炮”的“所以寄意也”[⑦] 目的，正是他在寿昌寺这一“药山”的最重要事情。正如后世《象环寤记》整理者张昭炜先生在该书“引言”中所表达的那样：

> 方以智“药地”之号可能并非限于普遍认为的中草药或佛教的药树，而可能有更深的含义。[⑧]

这种隐藏的含义，就是研究界丢失的顺治十七年、方以智已在“药地”两年。此际，《炮庄》一书已基本完成，其在南城景云寺、资圣寺等寺庙，向诸僧侣茶话时说：

> 且问麻姑（仙人）、庄子（达人）、世尊（佛祖）、资圣（孔子）四鞭，有同异否？……若到药地者里，不分有无内外中央，各予一鞭。

方以智的“若到药地者里”，是把“药地”的地域概念直接端出。《药地炮庄》

---

① 《康庐》卷九 · 七《施闰章雨宿凌云舍诗》：“竹屋住云根……白眼向乾坤。”

② 《陪诗》卷之一 · 二《凌云舍老父为瞿稼轩年祖作传赵秋屋携之东归》。

③ 汤来贺《送方素伯序》：“闻密之久为缁素，改字无可。今戊戌之春，始卓锡于匡庐。”徐芳《愚者大师传》：“结庐三载，有《栾庐草》已，心图泄尾，溯江登匡庐五老峰。”

④ 《康庐》卷十二下 · 四十六《释无可秋夜宿西林寺寄贾岛诗》。

⑤ 《康庐》卷十五 · 十三《释无可秋夜寄龙池寺真空二公诗》。

⑥ 《康庐》卷十五 · 十三《释无可游山寺诗》。

⑦ 方正瑗《方斋补庄 · 自序》：“先太史文忠公，侧身谗嫉之朝，游神形骸之外，《药地炮庄》所以寄意也。”

⑧ 《象环寤记》39 页。

虽最初撰写的时间在金陵高座寺“竹关”，但全书的撰写过程，则始终贯穿了他在黎川寿昌、廪山时期，至康熙元年，终得完成这部“托孤之论”。以觉浪道盛发起于寿昌祖庭，方以智在黎川四年阐发“炮庄”、批注庄子，将“尼山之学”融会贯通于《药地炮庄》，而成该书宗旨，这四年的撰写与修持践行，实在是不可以有半点的忽略和轻视。

方以智的“药地”之名，正是置身于寿昌寺这个“药笼”[1]，交游南城中药界久负盛名的“建昌帮”，从而启发其用中药“炮”制之法，撰写、完成先《炮庄》，再《青原炮庄》，最后定稿《药地炮庄》的整个不断递进过程。这个初稿、改稿、定稿过程，既说明了《药地炮庄》一书“削漆”的写作心路历程，也说明了《药地炮庄》最终定名的来源，是自己在黎川这座“药山”、置身于寿昌寺这个“药笼”的史实。

《药地炮庄》前身“青原”一名之用，表明的是“曹洞宗青原下弟子”的意思。以最朴素的语言来说《药地炮庄》，就是“我在药地阐释庄子”。

假若一定要对《药地炮庄》之名作出一个更为清晰的释义，在我们知道了方以智的“药地”之名是来源于中药“建昌帮”，是建昌府属地的“地域”“地方”概念之后，《药地炮庄》书名性质，则当两指：一指在建昌府“药地”所作《庄子》释义之书，这个“药地”，是一个地名概念；一指方以智这个自称为“药地病夫”之人，在“药地”、用中药的炮制之法，对《庄子》进行特殊的“炮制”，即进行阐释之书。“炮”即“炮制”，故时人及后世，均有直接将方以智的《药地炮庄》称之为《炮庄》。当“药地”被人视为名词时，它即是地名，又是人名；当“药地”被视为定语时，其置于“炮庄”前面的意义，显而易见是指特定的地域、特定的时间。

康熙五年十月，《药地炮庄》已经行世，方以智在青原山净居寺建“药树堂”并为此作铭，[2] 因《药地炮庄》在社会上引起的巨大反响，“药地”这一僧号，

---

① 《后编》卷之二《炮庄引》：“浮山药地，因大集古今之削漆者，苓桂硫浓，同置药笼……大地火发……曰：“炮。”

② 民国《吉安县志》卷四七·艺文志·金石略：“药树堂铭……为药地老人建……行书，古崛奇劲，幽愁怨结流露笔底，完好可拓。铭云：在天地间……兆牂阳月，援毫以记。”《江青》卷四·孙晋《药树堂碑文》：“岁丙午，余……师于其下筑祖堂归云阁基，归云之下为药树堂。此堂先成，施愚山署书一额：‘八窗玲珑，青原屋里……歆欤盛哉！”

实际上在方以智的心里已经发生变化，这才引发了将“药地”改成“药树堂”。自此，方以智在“药树堂”上堂说法不断。因黎川寿昌寺祖庭的关系，在方中通的眼中，这些周边地区，都被视为“药地”范围，其《哀述》说：

终制后复游西江，扶起廪山……而药地之斧，始酬米价焉。然历住建（建昌）、武（武夷）之资圣，安福、西昌之首山、汋林，何往而非药地乎？

在《药地炮庄》刊梓完成康熙四年，方以智为了告慰业师，在青原山净居寺后的“喷雪轩”[①]作《天界老和上影前上供拈香，焚炮庄稿》：

十年药地，支鼎重炮……今日喷雪轩中，举来供养，将谓撤翻篱笆，随场漫衍耶？[②]

所谓“十年药地”，虽是一个概数，但它所指，乃是顺治十三年前后至康熙四年前后这十年。即方以智应觉浪道盛的要求，在庐墓期间随往宜黄曹山，为曹洞宗祖师本寂重修灵骨墓塔而有“寿昌住持”之名开始到焚香以告的这十年。方以智“十年药地”意识当中，没有、也完全不包含乘舟匆匆途经、掠此而过半日逗留的“樟树”。

林时益《有饮以樟树下井泉者感赋》很能说明樟树的“商船”性质。诗曰：

江上横流欲到天……樟树高阴消暑色，地当要会聚商船……[③]

“中药建昌帮”属地黎川“药地”与后世之樟树“药都”相距甚远的现实，是方以智“药地”之名和撰著《药地炮庄》之“炮”的根本。潘江在《挽无可大师》中说：

药地壶芦大，《炮庄》薪火微［师别号药地，所著有《炮庄》］。[④]

以此可推知，方以智凡署“药地”之名的诗、文，大都为其在黎川四年的作品，凡以“药地”之名称方以智者，所交人员，大部分是在黎川四年当中。

方以智“药地”名号的释义与界定，关系到方以智生平、思想、事迹、交游、作品的分期，对于研究者来说，这种界定与分期的准确与否，必将决定研究结果的正确与否。

---

① 《江青》卷一·山水道场·23页：“青原诸泉……碧乳泉，一名喷雪，（净居寺）在方丈后，故题喷雪轩。”

② 《冬灰》卷一。

③ 《中尉》卷四·七律。

④ 《木厓》卷十五·五言律·十至十二。

卷二 黎川第一年

第一节 寿昌寺“农禅精神”与八大山人的《墨菜图》

1. 寿昌派的“姐头”家风与诸旧友的交集

公元1659年，南明永历十三年，清顺治十六年己亥，时年49岁的方以智，已在黎川寿昌寺半年余。四月初八日佛诞日，[1]方以智在寿昌寺内藉“过夏”，[2]于“金楼”设茶筵对众僧重申寿昌派精神，以庆佛祖诞辰：

> 昨日雷雨中来……人人指地指天，[3]恰遇周行时节……此宗中兴，本自西江，在我寿昌姐头[4]山[5]发泄……似此金楼再造……在此祖翁田地……只要自问唤甚么作锄头，见今相对时，不可空手钉橛。恰好过夏因斋，不觉庆赞中带累廪山饶舌。[6]

又以寿昌派法旨“栽田博饭”精神开示僧众，作普示：[7]

> 笞地藏琛禅师[8]云：“诸方浩浩说禅，何如我者里种田博饭吃……逢者一杯茶一碗饭，真不容易……即今在者片田地，事事见成，水足草足，比世人火坑业缠轻便多少？总是佛恩浩大……正好向镰刀上、镢头边，一心办道……世人病根起于只图安饱……古人尝曰：袈裟下失却人身，更

---

① 汉地佛诞日以农历初八为释迦牟尼诞生日。《康新》卷之一·封域志·七十二：“四月八日相传佛生日，作浴佛会。”

② 禅门规制，四月初一至六月三十日，僧人禁止外出过化，聚居在寺庙中参禅修行。

③ 佛祖诞生时一手指天，一手指地。

④ 指无明慧经。

⑤ 指廪山。

⑥ 《冬灰》卷首·三《佛诞日金楼茶筵普示》。

⑦ 《语录》卷二作“示众”。

⑧ 《指月录》漳州罗汉院桂琛禅师：“因插田次见僧，问：“甚处来？”曰：“南州。”师曰：“彼中佛法如何？”曰：“商量浩浩地。”师曰：“争如我这里栽田博饭吃。”全是“寿昌”一派的精神。

可怜悯。今日安得不一告报，时不待人，急须努力，珍重。”①

释家素来以托钵化缘为生计，但自无明慧经首创“寿昌”一派后，倡导“农禅精神”，一反“食嗟来之食”传统，以寿昌寺福田、山地为基础，在此一片“大好山中，乘时耕凿；扶犁底扶犁，拽耙底拽耙；田地稳密，家常之言，绿染蓑衣三径草，一犁春雨鹧鸪天”，②另创出一片崭新的面貌。

方以智对“农禅精神”的提倡，正是王夫之后来一再提及方以智在入禅后，不“遣徒众四出觅资财”③的精神体现。信士们所募化资金和善款，大都用以刊梓佛门经典、学术著作和重兴寿昌寺各下院如廪山、南谷等寺庙。

从方以智在黎川四年的情况来考察，实不乏因资斧不继，让弟子、门生出门筹款的现象。方畿《送素北侄出游为尊甫无可师觅讲堂资》，即是让仲子方中通出去为“讲堂”筹资的例证：

吾贤奋清笔，拾级大师后……布衣过南阳，躬耕两非偶。秋深予有适，楚帆拟在手。归来看仲容，九带扫孤帚。④

但是，透过这种筹资不难看出，方以智筹资，大多来源于老家桐城的乡邑、旧部，黎川为其筹资的信士，也大多来源于前朝的遗民和同年、同事，未见有让禅门僧人出去四处化缘、募化。这种靠耕种养活自己，不“食嗟来之食”，使寿昌派农禅精神得以“纯净”，让僧人在修持过程中，灵魂得以升华的方式，是与几千年来靠僧人四处化缘的生活，有着本质的区别。

该年，为刘存宗所编戴重《河村集》作《序》：

在端（州）、桂（林）之戊己⑤鲁孺发⑥因历使疏节烈以上闻，戴敬夫

① 《冬灰录》卷首三·普示。

② 《五灯》667页《吉州龙华梅逢大忍禅师》。

③ 《船遗》之《骚首问》太平洋书店1933年排印本64册，8页上。

④ 《龙眠》初编卷四十九·1955页。

⑤ 指顺治五年至六年。

⑥ 鲁孺发巡抚，方文有《送鲁孺发移家天门》：“四海选容膝，三山且卜居。”《甲大门访鲁孺发不值》。

同里也，甚详。余隐平西，触痛为之一歌。今闭竹关，见其子务旃、[1]无忝，[2]如见其父，又为之触痛一歌！刘存宗编《河村集》，芑山[3]梓之，属余弁之。余不忍读，且以坠黜，三反甘一，死灰忽忽，终天绝地！庐墓合山，无忝重趼天下，复抵我不择地，[4]而与之捽草把土，此痛何如！……作而喙曰：敬夫丈夫，其子丈夫子！冷风刮骨，声满天地，为之再三，歌其所歌，愈歌愈变，愈变愈和，此吾党学道之硎也！神武不杀之剑，淬之以惧，今日药病……不觉触痛而序之，序其不容自己者耳！其生平渊学实历懿事，不及更仆，俱在集中。嗟乎！三十年前上江声气切切，对江则秋浦、宣鸠诸子，江北则历阳有孺发、敬夫与敝邑数人倡和。前辈玄岳、[5]鹿友、[6]天枢[7]诸先生与先三世，时时提撕，故其风俗如此。半死事、半守死，报其人之天则已矣！痛则安能不痛！所为河村痛而慰者，有此顶踵直塞之丈夫子在，能学道以事其天，发愿转天下人学道，以报其亲；是为河村慰，也为上江慰。不特此也，为天地慰！又戊己书。[8]

此间，方以智致信徐芳，徐芳随即在荷叶山回书询问近况，作《寄木立道兄［己亥］》：

长安一别，竟余二十载矣……每不自忧而忧道兄，弟可死道，道兄之身不可死也，又不徒忧道兄之死而转忧其生。盖以天意卜之。知道兄

---

① 《明遗民诗》卷七："戴本孝，字务旃，和州人。文学，为河村先生长子。隐居鹰阿山中，以守砚名其庵，不接流俗，卖书画供朝夕。"光绪《直隶和州志》卷三十九·杂类志·摭志：戴本孝，戴重子，"隐居鹰阿山中，一号鹰阿山樵。诗画皆绝俗，在京师，一夕闻人谈二华之胜。晨起，即襆被往，其高旷如此。著《前生》、《余生》两集，《历阳遗音》。"章学诚《和州志》卷十八："哀父重死难，故终身不求闻达。以父死年止四十五，取己作平日所为为诗文，分四十五年前作为《前生稿》，后作为《余生稿》，闻者莫不哀其志。"

② 戴移孝，本孝弟。

③ 张自烈（1597—1673），字尔公，号芑山，江西宜春人。与方以智为友。

④ 时方以智庐墓于"不择地"。

⑤ 郑三俊（1574—1656）字用章，号元岳、玄岳，池州建德（今安徽东至）人，万历二十六年进士，累官南京礼部郎中、吏部尚书等，并曾推荐澹归。

⑥ 吴甡（1589—1670），字鹿友，号柴庵，江苏兴化人。累官山东潍县知县、陕西巡按、东阁大学士等。又为当时名医。著《柴庵疏稿》等。

⑦ 金光宸，字天枢。明末曾任河南巡按御史，著《两河封事》。

⑧ 指顺治十五年至十六年。该《序》当为方以智手书。

之必不犹人死，而特忧道兄之仅忧人生，即吾辈谅之而无以答天下之望。得观涛僧所致札，始知道兄果不死。又不但不死，且高座而释禅以几，几于菩萨与佛，若是道兄果不犹人生矣……夫以道兄之才、之识、之骨、之品，儒而豪杰与释而菩萨佛，俱度内事，奚庸弟攀夸举！然当二十年前，道兄之为豪杰，为圣贤，弟知之，天下之人知之。至于菩萨与佛，弟梦想不及，天下之人皆不及也，不惟他人而已。道兄亦岂意及之乎！此真吾党中一绝奇事也……去秋放浪一出，意十三五岳，十七尝在。道兄乃千里响风，不虞失之咫尺。寒山片石重负高贤……兼闻道履近离寿昌……弟此口奇险，想道兄所问，每痛定回思……弟于道未必知，慕子此世界厌离极矣！得从道兄晨夕之余时聆片言以自消息，生平之愿足矣，夫复何求口。然道兄之为圣贤、为豪杰，道兄得自主之，为菩萨与佛，道兄不得主也，不更有天存乎！夫天不可知，而吾党中之菩萨与佛，亦未数数然也。此则弟之所重虑也。道兄自命苦瓠，而天下之人，口口指为甜瓜种子。其说亦未知孰是也。经岁不得一语，逢知己辄复妄发，想当一筏，诸不一。①

在方以智前往泰和、至青原山再回泰和的一个月时间内，尚在杭州皋亭崇光寺任住持的同门法弟观涛大奇，将方以智已来黎川的行程，致信告知徐芳。② 因徐芳外出，直到来年康熙十六年，观涛的这封信札，才到其手中。

十二月深冬，方以智从泰和依原路回黎川途中，经南城荷叶山，二访徐芳。

2. 刘城与戴重及其《河村集》

刘城（1598—1650），有文名，方以智崇祯期间的旧友。《刘先生年谱》：

名城，字伯宗，明南直隶贵池县人。曾大父岐官直隶河间丞，大父正蒙，管河南汤阴丞，父光谟字观明，万历岁贡，授浙江虔州府通判……先生（刘城）崇祯十二年由诸生荐举考授彬州知州，皖抚檄任九江同知，均不赴 。

---

① 《悬榻》卷之五·书。此文漫漶、脱漏太甚，恐有许多辨识与句读错误，请读者自择佳本，再行雠对。

② 《悬榻》卷五《寄木立道兄（己亥）》：“得观涛僧之札，始知道兄果不死。又不但不死，且高座而释禅以几，几于菩萨与佛”。

鼎革后改字存宗，隐于峡川，完发以卒，年五十有三。[①]

《清诗纪事初编》：

刘城……晚号存宗……崇祯九年以保举廷试授知州不就。少与同里吴应箕齐名相善，同为复社眉目。城为人美姿容，好吟诵，温恭折节，不为放言高论，家富于资，笃于朋友姻戚，多所振贷。又聚书三四万卷，以至贫薄。而应箕铁面紫髯……挥手千金立尽。然城终以天下方乱，非绳尺拘谨之士所能奏功，益心善应箕，冀其有成。崇祯十二年，应箕集诸生百四十余人，出留防乱揭，以逐阮大铖……然有识者，虑党祸之终不免也。南都立，马士英方巡抚凤阳，有权略，挟刘泽清、刘良佐之众，以迎立功入阁，东林防其擅权，命史可法督师，以封四镇笼兵权……党争既烈……南都于是不守……独城与可法书，责其不应封四镇，谓桀骜不臣，或起降子，主弱必叛，敌强则降，主敌皆弱则专制自为，互相吞并。后来竟如所料。其识或过于应箕。弘光元年，应箕起兵贵池……死事甚烈，城为营葬……未几卒于庚寅［顺治七年］年五十三……朱彝尊尝目城与应箕为贵池二妙……城有《后通志略》……[②]

戴重（1601—1646）字敬夫，安徽和州（今和县）人。明诸生，崇祯十七年，拔贡生廷试第一，授湖州推官。明亡，戴重与王元震结太湖义军，三失三复湖州，败后潜马鞍寺，作绝命词十首。有《河村文集》《河村诗集》。

以《刘先生年谱》所载，刘城与方以智在崇祯八年 38 岁时有交，作《答方密之七律》，崇祯十三年 42 岁时，有《感事用韵重与密之》，余无记载。明亡后，刘城曾于永历六年诏授给事中，因“道远未达”；与方以智过往密切的孙晋·鲁山、吴道新·汤日、周歧·农父、鲁孺发，宁都曾传灯·庭闻，张自烈·芑山，南昌陈弘绪等交善。

顺治三年，戴重抗清中箭后，遁入佛门绝食而亡。刘城用晞发集韵，作《哭戴敬夫》六首，有诗引曰：

敬夫名重……余与交十余年，道义相劘如一日。甲申以次贡于廷试第一，时议授京官，敬夫落落失要人欢，弗与也。乙酉四月，挈余同避兵，

---

① 刘世珩编《刘先生年谱》贵池二妙集第二十八。

② 卷一·116 页。

转徙至湖州，余归而敬夫有所事，遂中箭洞腹，乃薙发为僧，卒以创死。余以哭史公黄公例哭之，即敬夫可知矣！

创深冤刻骨……宾主迹未遐［薙发令下，敬夫曰：我不如僧也，遂僧于吴兴，已乃归里］。

乘舟方访戴……驴鸣一座哀［儿子銮……遗书诀余父子……时銮伏哭，殆不能起］。

青山来此赴……千秋名自今［敬夫治命……先是中箭洞腹，竟死此创云］。①

顺治五年，戴重次子戴移孝以僧貌访刘城，“留数月，送之去兼致长公本孝四首……除日得和州戴本孝书及所贻诗画，即便寄答并问其弟移孝以僧服归者”，刘城去世后，黄文焕、沈寿民等人私谥“贞文”，陈弘绪为之撰墓志，戴移孝为之编《峄桐集》文十卷，诗十卷。②

方以智该《序》，是刘城去世后先有戴重之子务旃与无忝前来求《序》未作，后又有张芑山③在刊梓时，戴无忝再求《序》于栾庐之“不择地”，均不忍。方以智在《游浮山记》一文中，详细记载了“合明之栾庐为其中半”，即顺治十四年“戴无忝从愚者庐，且周年矣”在浮山陪方以智“栾庐”整一年的情况，从游者，有“无忝者，戴敬夫之子也；公厚者，沈眉生之子也；王孙者，刘舆父之子也；仲子者，邵漆夫之弟也”④。戴移孝此间有《跋·合山栾庐诗》说：

古人声出金石，音漏天地，皆不得已……愚者大师，伤尽古今人心，而知天下不得已，感此不得已之恩，岂人之所知乎！……廷尉、中丞两先生皆庐墓，世已罕矣。时此时，而鸡衲斩衰以庐墓也，世尤罕见矣！北难忍死不污，阳痦潜窜，此易知也。避仇南游，而告祡班行，已四五年。十召不出，以药囊禅钵，转侧苗峒，不肯韦贻范其身，而缩高其亲，此难知也。昭山被絷，甘就汤镬，而猛虎听经，安坐冰井……子骥归省，

---

① 《纪事》卷一·刘城·117页选三首。

② 以上均参《刘先生年谱》。

③ 康熙二年，方以智已在泰和，张自烈有访。方以智《独孤子集序》：“愚者方申《炮庄》托孤之说，芑山亦作《孤史》……芑山过访汋林，出诸笥中，快读一过……故叙其概于首。”“方申”之说，即刚作完《炮庄》，文后“首”字，指泰和“首山”。是张自烈这两年与方以智往来密切的证据。

④ 均《浮志》卷之五·69至73页。

而两受熸火之逼，以涅槃矢之，以雨花之关断之……破关奔丧……不能不痛大地是血者也！……自分已死久矣……大宗师终以桑户之若歌若哭，呼天呼命……丁酉冬除，历阳法子移孝敬跋。

戴移孝的这个《跋》，将方以智“庐墓”之前的行踪作了交代，其“两受熸火之逼”，又将方以智出家的性质说得透彻。戴移孝有《滴珠岩次药地本师韵》：

举头月窟且高眠……凭中击杖响争传。①

又有《会圣联句［有序］》：

合山本师再至浮山，移孝及同人从游……未尝有斧凿痕也。

共下虚舟墙合山……钟鼓生风雨［移孝］，龙蛇自屈伸［合山］。借来庄子斧［移孝］，削去古今尘［合山］。②

方以智以“愚者智”名作《会圣岩次戴无忝韵》：

玄关金锁网重重，疑杀增城九级中……最爱晓钟能婉转，迥然不与世间同。③

因有“触痛”，故在诗、文中均未涉请写《序》一事。至方以智到黎川，刘城去世已经11年，才将这篇“不觉触痛”的《序》完成。文中谈到的“河村”之痛，当指戴重明亡之际抗清中箭、遁佛门、绝食前后事，是否就是戴重《河村文集》或《河村诗集》待考。所写之“痛”，乃戴重的“节烈”。《序》之所以延宕至此，又重续如此，按照方以智的话说，乃一个“慰”字，这亦是方以智颠沛流离、来到黎川之后，才得以喘息的例证。

方以智在《序》中所言“又为之触痛一歌”，指方以智栾庐期间戴移孝为《合山栾庐诗》作“跋”之时的：

若歌若哭，呼天呼命，初入门者曰：此犹未出生死也夫！岂知其无生死可出，而一真塞两间也乎哉！④

顺治十七年，戴无忝与方中履同在黎川侍奉方以智，并访余光令。中履《冷云集序·感怀》：

忆庚子夏，来黎川省我先大夫。先大夫告我曰：“此邦人士，少年具

① 《浮志》卷之九·256页。
② 《浮志》卷之九·221页。
③ 《浮志》卷之七·151页。
④ 《知见录》17页。

有风节、能善诗文者，惟余子鱼郎一人……”予偕戴子无忝一日趋而谒之……[1]

至方以智黎川转场青原，戴本孝·务旃有《寄青原大师》：

空抱斜阳倚树吟，此日龙蛇应有命，从来天地未如今。青原一派闻钟铎，千里吹来梦转深。[2]

戴本孝所希望者，正是方以智在“青原一派闻钟铎，千里吹来梦转深”的征程号角。

3. 二访徐芳“结茅箫曲”

徐芳与方以智“长安一别”，在崇祯十二年。信中“不虞失之咫尺”，指上年方以智访荷叶山不值事。自“结茅箫曲”后，徐芳积极参与方以智在黎川的各种活动，以该文中“寒山片石重负高贤，枹口寔甚选山”论，可知方以智此际已经有了重修寿昌寺，或选山筹建廪山寺的想法和动议。

徐芳（1617—1670），字仲光，号拙庵、愚山子，建昌府南城人。“隆武时吏部郎，闽中败，遁迹江南，以青鸟术自隐”，[3] 平生所志，乃“尽驱天下之蛇缚虎，使途行者皆康衢而坦履”。[4] 康熙《江西通志》卷之第四十一，隐逸：

徐芳，南城人，字仲光，崇祯庚辰进士，知泽州有绘政，后丁艰归，流寇充斥，因喟然曰：时事不可为矣。遂以其先人所传堪舆诸书熟阅之，尝携指南车游秦晋闽吴间，遍览山川奇胜。所著述甚多。邑侯苗蕃高其清介，以徐孺子待之，因刻其诗文以《悬榻》名篇。

康熙《南城县志》以“入隐逸又纪文学，不没其文也”。[5] 承袭《通志》“小传”[6] 道光《南城县志》：

徐芳……淹通典籍……不随流俗……唐王僭立，起验封司，擢文选郎……改芳翰林编修，留延津，以病乞假归。国朝顺治七年，分巡道莫可期以遗逸荐，起翰林院左春芳，不就。生平于书无不读……而独宗良

① 余光令《渔郎诗集》卷二《冷云集·序》第1页。
② 《江青》卷十·诗·281页。
③ 《归玄恭先生年谱》永历十五年。
④ 《昭代》丁集新编·658页，徐芳《诺皋广志·半面人》。
⑤ 卷之一·凡例·二。
⑥ 卷二二·儒林。

知学……邑令苗蕃知其贤，特敬礼之。所著有《悬榻编》、《行脚篇》……苗尝选刻《藏山稿》文十之一，曰《悬榻编》以行世。[①]

汤来贺《徐拙庵太史五十序》：

> 科名岂足以为重哉！……惟吾拙庵为最耳。拙庵……直以天下为己任，与世俗之谈官术者迥异，贺心甚奇之，谓他日之足为科名重者，非他人，必拙庵也……世所不敢言者，拙庵特言之……吾拙庵者，文章、经济、志节、品望，久闻于四海矣！[②]

这一次，方以智与徐芳终得面晤，两人并相约要在黎川福山“结茅箫曲”。[③]徐芳在《西江游草·序》中以倒叙的方式说：

> 吾友方尔止……近又集其辛丑一岁所作为《西江游草》约二百首。夫尔止之于吾江所游者，惟南、九、临、赣四郡[④]耳……吾江之于诸省，际变同而受祸异，其斩艾燔灼，垂十数年始定……尔止以其羁孤落拓之身，忠孝壮烈之性，遇友朋而缠绵……尔止为予同籍密之诸父行，密之戊戌冬访予山中，因止盱、黎间。当尔止西棹时，予以拜马素修先生墓往锡山，不克偕。今归有日矣，密之且与予有“结茅箫曲”之约，尔止能重往乎？如三谷而探红泉磴之遗，登麻姑坛，寻鲁公碑，坐方平话沧桑处，其于移情，当更有进于江上琵琶、阁中帝子者，予将悬《江游续草》之目待尔止矣。[⑤]

徐芳说方文所游之“盱黎间”，“盱”指南城境内的盱江；“黎”指新城黎滩河，即指黎川。两人相晤期间，方以智有感于徐芳隐居“憩龙山房”的“此真子之香，莲花一叶也”，遂促使徐芳将“憩龙山房”复改旧名为荷叶山。徐芳《傍莲开记》：

> 予里有荷叶山……称憩龙山房者也……会方外友无可过而乐之，谓予曰：此真子之香，莲花一叶也。遂复其故名。[⑥]

方以智在来黎川之前寻访徐芳，到这次首度出游回黎川途中再次造访，

---

① 《康南》卷之十一·隐逸·六五。

② 《内省》卷二十三·十三。

③ 箫曲在福山之南，尝被写为“萧曲”。《明建》建志卷一·一十七：“新城县……福山箫曲纵其南……招武之咽喉，建武之屏蔽。”

④ 指南昌、九江、临江、赣州四府。

⑤ 《𪩘山》附录·911页徐芳《西江游草序》。

⑥ 《悬榻》卷之四·记。

其半年之内两度造访徐芳，并有约在黎川“结茅箫曲”，除了“同年”的原因外，大明英烈黄端伯曾授徒之所“箫曲山房”[①]正在该处。此外，徐芳作为建昌府属地的名人及影响，亦是方以智再度造访的另一个重要因素。

徐芳尽管在心里始终认为方以智出家，乃是“瓢笠支离各十霜，再来竿木且逢场”，[②]但自此相晤以后，两个大明王朝同朝为臣的旧友，不仅关系得以重续，且有了“国变”后不同环境下的同心“结茅”发展。徐芳在方以智黎川四年中，参与寿昌寺的各种活动，陪方以智一道出游，利用自己在南城、黎川的各种人脉关系等，四处奔波联络信士，为恢复廪山殿宇、筹资刊梓《通雅》等一系列活动，提供了各种支持与帮助。徐芳在《悬榻编》中，将两人重叙旧好后的交往，为寿昌寺“传灯事”诸事的紧密合作等，均予以了记载。

徐芳好《易》，与方以智尝有切磋，至康熙四年，两人仍在青原山有讨论“周易”的书信往来。[③]徐芳文中的“尔止”，是方以智的堂叔方文，徐芳与之交好。方文先后有《喜徐仲光雨中见过因留宿各赋二诗》中说：

还山五六载……藏书赖梓成［新城令苗蕃[④]为仲光刻文集六卷］……楞枷石慧明［往仲光来金陵……予得闻之］……笑语且忘忧。枕畔余群籍，三更阅未休。[⑤]

《题徐仲光荷山草堂卷》：

……荷山深处老烟霞……底事频年不在家……问君可是徐鸿客，行见杨花变李花。[⑥]

《重阳后一日徐仲光送酒》：

斗酒双凫谁饷君……把盏同看谿上云。[⑦]

---

① 《康新》卷之四·书院·三十四。

② 《江青》卷十·诗·280页，徐芳《送青原可大师》。

③ 《悬榻》卷五《答木立公［三］（乙巳）》：“向承远问，曾勒数行奉报……天地之道，方圆死活而已……其最微者，莫如《周易》。”

④ 方文记载的“新城县令苗蕃”有误，苗蕃为南城县令。

⑤ 《嵞山》续集后编·卷三·763页。时间在康熙七年，方文于金陵三忠祠与徐芳相遇时。

⑥ 《嵞山》续集后编·卷四·826页。

⑦ 《嵞山》续集后编·卷五·872页。时间与上三首同在该年重阳。

徐芳与南城知县苗蕃[①]为莫逆，《悬榻编》先后有《答苗九符邑侯》九篇，有“题贲皇先生蓝笔”、“江行诗”、“秋赋后”四篇，所论诗学、禅学、庄老之外，涉及甚广，文中师训弟子的口吻，足见苗蕃执弟子之礼于徐芳。苗蕃于康熙三年来任南城知县，在从姑山鳌峰下为徐芳筑“悬榻居”，并撰联“名称何奇，徐孺子下陈蕃之榻，诗文不偶，落霞与孤鹜齐飞。”[②]苗蕃后与方以智相交，亦执弟子之礼。

徐芳笃信佛教，几达迷信，[③]拜服方以智，在“忠孝节义”。有《天上十科》一文，以“孙中丞之侄孙六”[④]遭报应事，阐明了自己的这一世界观。今北京图书馆善本部藏清初刻本《悬榻编》，是对方以智在“药地”黎川期间与徐芳交往的记录，也是今天研究界对这位知之甚少人物的最好介绍。

《悬榻编》首“柴桑仝学弟文德翼拜撰于定应寺寓中”《叙》：

> 南城徐子拙庵，近隐于山无意人间世矣……因评选其文集以行，曰《悬榻编》云……晚寄簿书好古……其当时风流儒雅，必有大异于汉人之训诂者……斯以谈南城遭逢口南州一等矣。

《悬榻编》“晋东同学弟苗蕃拜手题”《叙》：

> ……拙庵先生处云达高上爻逸久矣，而余招之老山松……先生山阁幽居，郊无片瓦，入闉即栖兰若，余为搆一亭……署曰：悬榻居，而遥对一联：名姓何奇，徐孺下陈蕃之榻，诗文不偶，落霞与孤鹜齐飞……因以悬榻名篇世，南州高士之后者，尚憩而勿拜传他日一段逸谭也。

《悬榻编》李明睿(1585—1671)[⑤]康熙六年“时年八十有三”所作无题《文》：

> ……上下几千年，纵横十万里，恐未见有如仲光先生其人者，亦未尝见此等诗，此等文声气一投如雷长芭蕉，针引磁石，与他人说俱不信，缁衣好之，悬榻道之，惟楞华可与语此。

---

① 《康南》卷之九·秩官·五十：“苗蕃，山西平定州人，举人年任。”《道南》卷二一·县名宦：“苗蕃，字九符，号贲皇，定州人。康熙三年由举人知南城县……抵任访徐芳于荷叶山，建悬榻亭鳌峰之浒以居之，为梓其集曰《悬榻编》……所著《瀑音》二集，芳与以智序而传之。”

② 《江西历代文学艺术家大全》1276 页。

③ 徐芳《诺皋广志》多有因果报应记载。

④ 《昭代》丁集新编 · 659 页，徐芳《天上十科》。

⑤ 李明睿，字太虚，晚复号阆园。南昌县滁汊乡人。其先世有“世美堂”为御赐。是汤显祖弟子，从其游。谭元春、吴伟业、黎元宽、均为其门生。宁藩仪宾，明天启进士，顺治初任礼部侍郎。

《悬榻编》钱谦益《戏题徐仲九稿后》：

> 今世达官贵人例有文集行世，诸为序述者……今吾读徐仲光之文，信手绪阅，移日终卷……余倾倒于仲光至矣。

众多友人对徐芳为人、为文的介绍，以方以智在黎川四年的经历评介“纵横上下，极旋澜之致”、“究归圣人中和之道”，为学“深几研极，而旁搜游衍”为最中肯。

徐芳与揭暄有交，其《诸阜广志·冰莲》载揭暄事：“已卯冬，揭子子宣读书近地雪霁，偶登是山……子宣……过山中，予征其生平，闻见之异……嗜奇如揭子，而事始传其奇，遂为古今所仅有，则夫天下之异，其隐于孤远僻寂，而为耳所不及者，可胜道乎？”① 两人的初交，当始于揭暄在方以智身边为学人、誊抄《通雅》之时。

徐芳《悬榻编》涉及黎川之文甚多，记载亦多为徐芳身所历之人与事，以及为官、家居所见、所闻之周边奇异、梦幻、神仙诸事。卷之二《寿昌志略序》、《合建黄海岸先生祠序》，卷之三《愚者大师传》，卷之五《寄答寿昌卓公》《寄木立大师一》《寄木立大师二》《寄木立大师三》《寄木立大师四》《寄木立大师五》《与竺庵大师》为最要，与方以智在黎川四年的行踪、思想均有关。

鸿鸣得读之《悬榻编》版本，因漫漶、脱漏严重，辨识吃力，所录之文定多有误，句读亦难以准确，仅择其要公布一二，请读者找到较好版本时，雠对校阅，作更深入的研究。

自方以智“二访”徐芳并与之结盟后，作为同年和老朋友，徐芳对方以智始终以“地主”之谊对方以智“殷勤”护卫，两人以联手阻止竺庵大成的“传灯事”为最显著，其友谊一直持续到徐芳去世。

4. 法弟观涛大奇

观涛大奇（1625—1678），俗姓彭，早年丧父。②《观涛奇禅师语录》卷第六·铭《寿藏铭并序》：

> 康熙戊午仲夏之下浣日，住武林皋亭崇先显孝寺次住，盱之寿昌观

① 《昭代》丁集新编·658页。

② 《观语》卷第六·赞《扫父时显府君墓》：“生缘谁敢昧斯身？漫道而今始识亲。踏遍山河皆是血，白头人礼黑头人。”其父早丧。

涛僧大奇……余豫之抚州云林渭川里人也，父姓彭，字时显，母何氏，[①]诞于天启乙丑之春……年十九……投本里项山学出世法……纳具于邵武之龙湖戒坛，及归，命依上首月坡[②]山主……遂掩关于盱之觉仙峰……未及一年……往金陵见天界盛和尚……一见喜之曰：子何来之迟？即留挂搭一日……界为之称赏不置，每叹曰：惜吾老矣！使尔早生十年，我之生平大事，则有所托……故师资相得七年如一日。既而随往博山，入闽命监梦笔院事。又以法衣嘱余继席。余辞不愿离师。于是，随界从括苍金华返浙，时顺治丙申年也，次年丁酉皋亭崇先显孝，乃宋长芦真歇了禅师祖席久虚，而歇祖归真之塔犹存。杭城众绅士以界为歇祖嫡孙，固请主席。余为之首众，明年戊戌秋，天都汪比部请予住山，又明年己亥，界亦以老病归江南居年余，而界寂。予奔讣金陵。庚子，浙中士大夫特书请余主法皋亭……如是者四载……辛亥黎川护法请主寿昌祖庭不三载，而江西湖南闽粤皆揭竿而起，寺当杉关厄道，两师冲突，杀伤遍郊野。余率众掩葬之疫疠满山谷。余作药饵施给之……丙辰闽关通，余将欲归浙，黎之绅士坚留至再，遂重修大殿，葺藏阁，益庄田，凡不足者，补之。戊午，余必欲归浙，而诸缙绅谓：再造之功，过于创始，恳终老于山，无何春夏遘疾，执事请述生平以志不忘，并乞留寿藏，以表化仪。余笑曰……和尚居寿昌、皋亭两刹，皆从苦心血力之劳，况生缘本豫人，寿昌乃根本之地，而数载从劫火震荡之余竭力保全，兼之轮奂一新……皋亭兴创之功，不勒一碑，而出世本末，又岂可乞当路贵人藻丽之文而誉之以损吾师之真耶！余不得已，方允其请，而自叙如此……寿藏弟子其识之铭曰……师说行实后，疾复作不起。至……七月初十……早，索汤沐浴更衣端坐，越申及酉，泊然而逝，世寿五十有四，僧腊三十有五，留七七荼毗建塔，皆遵师遗嘱云尔。门人兴润录并识。

《五灯全书》668 页：

……观涛大奇禅师。抚州彭氏子……［觉浪盛嗣］。

---

① 《观语》卷第六《赞·扫母何氏孺人墓》：“……二十四年看不厌，青山依旧白云藏。”其母在大奇 24 岁去世。

② 观涛在康熙十年回黎川寿昌寺任住持的当年冬，即有《辛亥冬省月坡老师》：“廿年重得侍巾瓶……几劳心力慰伶俜。”《观语》卷第五《诗偈》。

道光《金溪县志》：

观涛禅师，溪南彭氏子，有大智慧。年十九薙染项山紫云寺，二十一诣龙湖受戒，掩关于盱江郭仙峰……亲依天界觉浪盛和尚，服勤十载，始得印证，授以衣钵，武林诸贵请住杭之皋亭崇光先显孝寺……有《语录》三集行世。[1]

道光《金溪县志》记载观涛"溪南彭氏"，即方以智与八大山人曾同游的金溪二十八都碧溪里彭家。金溪隶属抚州府，丁坊"萧复远家"的石牌楼对联"溪南文物人家"，即指其丁坊、碧溪里均在"许湾河"之南，是观涛里籍的准确交代。

观涛大奇是方以智顺治十一年，在金陵高座寺"闭关"期间既已交的同门、同师、同辈法兄弟，故在方以智初来黎川之时，先期致信徐芳告知；十三年，觉浪道盛回江西博山、福建东莞祭祖一行中，观涛与方以智、笑峰同行，并被委任为"梦笔院事，又以法衣嘱余继席"，但观涛均未受领；十八年秋，方以智与八大山人前往碧溪里，观涛是否同行回故里，未见记载，但以方以智与观涛交好一生、情感甚笃的情况，此行方以智来到观涛故里，并为乡梓"圆通阁"书写"砥中阁"三字，当与观涛有着千丝万缕的关系。

观涛与方以智自金陵同门于觉浪道盛座下 17 年以来，两人诗书往还一直音信不断，并常有聚；[2] 方以智完成《炮庄》，亦以书信的方式告知。

以观涛大奇诗中的"药笼"与"炮成"论，方以智曾"五承书记问"、即五次致信观涛，希望他能对《炮庄》"题梅"表达自己的观点。这是《炮庄》一书正式命名之前"稿本"或"传阅本"，在法门禅兄弟之间传阅的真实表达。《观涛奇禅师语录》卷第三《住建昌府新城寿昌禅寺・上堂》，还尝举方以智之例为寿昌寺众僧作开示：

无师智，自然智。拾得唱歌，寒山埽地……

---

① 卷十八・仙释・明・五。

② 《观语》卷第二《上堂》："举龙牙道……皋亭不敢自瞒，南岳师兄得半句，青原师兄得半句，山僧半句也无。江西、湖南踏破草鞋底，师僧以身抖擞……"这是竺庵与方以智先后在皋亭崇光寺僧舍与观涛有聚的证据，是时，竺庵回湖南衡山南岳，故云"南岳师兄"；方以智已在青原山，故云"青原师兄"。

智不如愚，巧不如拙……东南天倾，西北地缺。[①]

青原倒插荆，啸峰师兄、墨历师兄住院时，已发三枝新干……寿昌古佛门下，子子孙孙东撑西拄。[②]

此三则，可见观涛对方以智的身世、学养、经历，觉浪道盛对笑峰、方以智的安排，以及在禅门曹洞宗寿昌派中所占位置等，均有深刻的认识。两人的交谊，一直保持到方以智去世。观涛住持寿昌寺七年，是接续方以智、双峰、其天、梅蓬、石潮的第五位住持。

康熙十七年七月，观涛在寿昌寺祖庭迁化，石濂大汕为之作《悼寿昌观涛和上》：

……哭兄哭道句难工……一纸遗书寄粤东。[③]

由此，也可见石濂大汕与诸法兄弟之间的关系，以及其与黎川寿昌寺祖庭的紧密程度。所征观涛大奇的生平事迹有《自影[润首座请]》：

生书香之里，而目不识六七……分付润首座：为伊归踪削迹，庶几于寿昌门厅斯赖……学道遇明师，而未尽师家底蕴……三十年用不尽底，被侍者漏泄。[④]

《正源集略》：

杭州崇光观涛奇禅师……要头斫取去……今日分明重举似……莫待秋来少官赋。[⑤]

《正源集略》记载，仅有观涛在崇光寺秉持寿昌派农禅精神的体现而无它。《五灯全书》：

……观涛大奇禅师……行脚士莫因循，南岳天台不涉程……山僧亦随录而得自在……柱杖在握[觉浪盛嗣]。

钱澄之以观涛的自述，作《住寿昌观涛奇禅师塔铭》曰：

自青原后分五宗……独曹洞、临济，济宗特盛。至明代，洞宗益微，而中兴于寿昌无明经禅师，至博山无异舣禅师而道益隆，再传天界觉浪

---

① 《观语》卷第三《住建昌府新城寿昌禅寺·小参》。

② 《观语》卷第四《晚参》。

③ 《离六堂集》七律卷八·二十二。

④ 《观语》卷第六《赞》。

⑤ 卷八·百九十二。

盛禅师……得法以分化诸方者十数人，观涛奇禅师其一也……谒天界……相随七年不去，而谤师者众。界尝指语予曰："人谤渠，特未到渠地耳；到渠地，便不谤矣。"已住皋亭。界迁化，诸方奔走，师后至，哭尽哀……皋亭寺就颓废……住持者四年……乙巳……皋亭接待如故……法席益盛矣。旋赴寿昌之请。寿昌者，师祖庭也，近杉关，当江闽乱时……门外杀伤遍地，师率众敛尸瘗之。又疫疠大起，避兵死者满山谷，师一资以药饵，饿者给以食，寿昌左右全活者亡虑千余人。及皋亭再请主席，江右士大夫坚留不听去，遂终于寿昌，戊午年七月也……临殁，唯自述其出世本末以示弟子而已……初，吾乡方密之自岭外剃染还里……密之闻言，即至天界礼杖人为师，今所称青原禅师是也。观公在寿昌，当兵马之冲……能以大法力詟服魔众，转危为安，而声色不动……予二十年前至闽……有巨音，杖人嗣也，住仙亭，为人诬陷坐大逆……不怕死耳若观公……固杖人家法也……吾于师之寿昌、皋亭……寿昌中兴，天界再振……杉关兵棼，寿昌自静……得真印证……[①]

钱澄之《塔铭》中列观涛、方以智、巨音大选[②]三人为得觉浪道盛"不怕死"之家法继承者，评价之高，远出其他寿昌寺后继者。

观涛亦在住持寿昌寺期间，高举"寿昌门下锄头、锹头耙、柴镰、稻担，拈动也，山岳起舞；放下也，海晏河清"[③]理念，秉持"寿昌者里，从来家风朴素，人人牵犁拽耙，从不论因果。寒山蹋碓，拾得挨磨，普贤搬柴，文殊着火"、[④]"寿昌家风，从来种田博饭"[⑤]的农禅精神，自称"山僧是江西割禾客"，[⑥]而使黎川祖庭"寿昌中兴，天界再振"。住持黎川寿昌寺期间，竺庵已于康熙五年圆寂，

---

① 《田间》卷二三。

② 大选巨音，安福人。《正源》卷八·百九十三有载。观涛《为天界巨音和尚设供》："……兄呼弟应如相诿……天界堂上巨音选公和尚……百折不回魔外化……圆通门启无终古，大地群昏只者机。"《青原志略》卷十一·诗·320页，巨音选《访青原墨和上》："才名久已藉诸方，苦志还同践雪霜……万古宗风酬米价，谩言无力下禅床。"

③ 《观语》卷第三《住建昌府新城寿昌禅寺·弟子指月等请上堂》。

④ 《观语》卷第四《两序请上堂》。

⑤ 《观语》卷第四《普门大士诞日抚州广寿寺仙源禅座上堂》。

⑥ 《观语》卷第二《上堂看篓打篓》。

梅蓬亦在康熙十年后不久迁化，故在寺内有这两位先住持的“木主”灵位供养。[①]

观涛的法嗣弟子兴舒[②]等，将其在杭州皋亭崇光寺、黎川寿昌寺的上堂诸开示语录，编成《观涛奇禅师语录》六卷行世。所涉黎川诸禅刹、人物以及康熙《新城县志》记载的历任住持，《语录》均有彰显。

康熙十年，观涛大奇在方以智“粤案”最炽，惶恐滩赴水殉节后，棺椁滞留荒郊野岭的万安水月山，人人避之犹恐不及之时，敢言方以智之死“十八滩之云愁雾惨”真相，是观涛大奇作为觉浪道盛门下“不怕死”的另一种体现。

5. 刃庵·八大山人为方以智作《墨菜图》

是年，八大山人在接任进贤介冈鹤林寺住持后，为方以智仿吴仲圭《墨菜图》以赠，方以智题跋：

> 刃庵仿仲圭《墨菜图》，愚抄大痴跋曰：色本翠而忽幽，根则白面弗芽。是知达人游戏乎？万物之表，岂形似之徒夸；区山季子，[③]复寄《破蕉怪石》一幅，悬之浮庐[④]行彰，因拥腫之余荫，微风息埃，容膝而坐，按指发光，且令舒掌挥洒，以出支离之气。[⑤]

刃庵·八大山人所仿“仲圭”，即元代守节、隐逸，不仕异族统治以“气节”声名享誉于世的大画家吴镇。吴镇（1280—1354），字仲圭，号梅花道人，浙江嘉兴人，与同时代的黄公望（1269—1354）、倪瓒（1301—1374）、王蒙（1308—1385）合称为“元四家”。

方以智所抄跋文“大痴”，即黄公望，字子久，号大痴道人。方以智著作

---

① 《观语》卷第三《住建昌府新城寿昌禅寺·今上皇帝圣寿万岁》：“……供养南岳竺庵和尚现主方丈梅逢和尚，以此增延本寺护法檀那华算……祖院初临，冀闻垂示。”

② 《观语》由门人兴舒、兴润“录并识”，兴润是首座。弟子有：兴孝、兴悌、兴泉、兴卍、兴照、兴敏等。

③ 桐城浮山有“区峰”，《浮志·序》7页；《通雅》十五·地名异音：“区山，后、偶二音”；“区”读ou音。

④ 方以智有“浮庐愚者”号，故自称。

⑤ 此藏轩本《药地炮庄》卷二·符·四十五·上栏·第二行。

中多次对黄公望给予高度评价，[①] 是两人终生共同追慕的大艺术家。刃庵・八大山人所仿的这件“仲圭《墨菜图》”，在有记载的画学类书中，全名为《梅花道人墨菜图并题卷》，卞永誉《式古堂书画汇考》：[②]

梅花道人《墨菜图》并题卷。菘根脱地翠毛湿……一笑不直东坡前。梅花道人因食菜糜戏而作，友人过庐索墨戏，因书而遗之聊发同志一笑也。至正己丑。[③]

吴镇作此《墨菜图》在元至正九年，是其 69 岁的作品。该画自题后，先后有倪瓒、黄玠、邵贯、黄公望等 30 人再题。黄公望的跋文，在拖尾《墨菜铭》第三段，是黄公望对吴镇淡泊名利、高洁品行的赞赏，也是黄公望对元代绘画题材、将平民意识与思想，灌注于该作品的一次重大突破评论。[④] 文曰：

其甲可食……色本翠而忽幽，根则槁乎弗芽。是知达人游戏于万物之表，岂形似之徒夸。或者寓兴于此，其有所谓而然耶？大痴学人平阳黄公望书于云间客舍，时年八秩有一。[⑤]

八大山人所仿《墨菜图》，与吴仲圭所原绘一样，是用“墨”而非用彩；所呈之“表”像，有浓淡之分的“忽幽”。其所言之“幽”，在此处指晦暗，即黑色。这才有了方以智的“根则白”和“面弗芽”之鲜嫩一说。八大山人以绘如此清雅、高洁的《墨菜图》相赠，这让方以智有了大出“支离”之气的感觉。

所谓“支离”，即残缺。《庄子・人间世》：“支离疏者，颐隐于齐，肩高于顶，会撮指天，五管在上，两髀为胁。挫针治繲，足以糊口；鼓筴播精，足以食十人。上征武士，则支离攘臂于其间；上有大役，则支离以有常疾不受功；上与病者粟，则受三钟与十束薪。夫支离其形者，犹足以养其身，终其天年，又况支离其德者乎！”方以智的著作中，常用“支离”二字，朋友的诗文当中，也

---

① 《膝寓信笔》：“同超宗、千里、完德观吴充符珍藏大痴画。”郑超宗、郑千里、完德均为能画或善画者。陆心源《穰梨馆过眼录》卷三四《方密之仿黄子久轴［归安李氏藏］》为方以智 29 岁时作：“己卯四月十日……略似黄子久……密之方以智。”《浮山文集前编》卷之八・岭外稿中・二十七《为瑞王孙数笔》：“以黄大痴写之，宓山愚者记。”《通雅》三十二・器用・书法《画概》条下：“元四大家……黄公望、吴仲圭……大痴以画为乐，意到笔随，拈花击竹，又是一论。”

② 《书画》十。

③ 《式古堂书画汇考》下・画卷之十九・元・吴镇・39 页・下。

④ 元以前未见此类涉及贫民的题材。

⑤ 《书画》十《式古堂书画汇考》下・画卷之十九・元・吴镇・40 页・上。

尝以“支离”来形容入禅后的方以智。[1] 这种“支离”之痛，既是八大山人具有自身的深切感受后的表达，又是对明亡后方以智的“支离”之苦，有深刻了解的一面，更是促使方以智将黄公望跋吴镇原跋文，照抄于这件《墨菜图》上，以此来表达两人共有的“心声”，并以此评价八大山人所绘的会心之处。方以智喜爱与赏识这件《墨菜图》的程度，也跃然纸上。

方以智所“抄大痴跋”，为黄公望原“跋”的前段：“色本翠而忽幽，根则白面弗芽。是知达人游戏于万物之表，岂形似之徒夸”，是对《墨菜图》不以“形”而得其形、更得其神的夸赞。

在八大山人为方以智画了这幅《墨菜图》之后，“豗山季子”不久也给方以智寄来了一幅《破蕉怪石》。跋文中自“豗山季子”以后的文字，则以一个“复”字，将方以智有感于八大山人这件《墨菜图》和豗山季子的《破蕉怪石》所给予自己“以出支离之气”之气得以发泄，并在以后的旅途中“悬之浮庐行彰”。这是方以智将此记载于《药地炮庄》当中的感叹和体会。

《药地炮庄》这则“刃庵仿仲圭《墨菜图》”未署时间。《药地炮庄》全书首列“总论”，上、中、下三篇，共九卷，方以智记载《墨菜图》的文字，在《药地炮庄》“卷二·德充符第五”，这是方以智撰写《药地炮庄》较为靠前的时间概念。

以方以智记载中描写八大山人仿《墨菜图》面貌、并以得到这件《墨菜图》后，曾陈悬于“浮庐行彰”客舍计，结合顺治十八年“辛丑秋”方以智与八大山人两人有同游金溪丁坊碧溪里“萧复远家”和彭家之举，八大山人为方以智仿《墨菜图》的年代，应当在两人同游金溪丁坊之前，即顺治十六年至十八年之间，而不能晚于康熙元年，即方以智离开黎川的年底。

“刃庵”是八大山人自顺治五年“戊子现比丘身”[2] 至康熙十一年前后 24 年间一直使用的名号。[3] 这件《墨菜图》，虽在现存八大山人作品中尚未得见公布，但结合该年八大山人在任介冈鹤林寺住持后，创作了举世闻名的十五开《传綮写生册》以志，该《墨菜图》的“支离”风格，既与该册页第九开《墨菜》

---

① 《江青》卷十一·张密《同徐孝先谒青原老人》：“少小文章伯……死生无不可，针解任支离。”卷十一·郑郊《寄怀青原》：“鼎薪经九转，山水任支离……莫断竿头路，排空未入奇。”

② 《个山小像》饶宇朴跋。

③ 详《八大山人印款说》“刃庵”款、印使用时间表。

最为酷似，款署、钤印亦完全吻合，是八大山人“刃庵”期的代表性作品。

从方以智常常将《墨菜图》拿出来欣赏，并陈悬于行程“浮庐行彰”而得“舒掌挥洒，以出支离之气”，这种两人心心相通的情感，让方以智在“炮庄”过程中，因喜爱《墨菜图》而引发感叹并题跋，最终将这段“刃庵仿仲圭《墨菜图》”的文字，收录进《药地炮庄》。这个逐步递进的过程，均都应当是方以智在黎川这四年当中，故鸿鸣订在该年。

方以智在《墨菜图》上的题跋，没有写八大山人在此间人们最熟悉的“雪公”名号，也没有写八大山人在寿昌派下“博山”支法名“传綮”，而是用了八大山人剃染僧时在临济宗下的法名“刃庵”。这除了八大山人常以“刃庵”署名、钤盖“刃庵”印章于书画的因素外，另一个重要的原因，就是方以智在拜谒耕庵老人之后“易号木立”因素。

方以智堂弟方兆及有《怀密之》诗一首说：

> 蓬莱钓乐击鸣球，玉佩声随紫禁悠。鹤驾王孙吹雪调，龙门太史接风流。秘书身系芸香阁，骚雅情同杜若洲。自笑天渊多少路，长安难说大刀头。①

“蓬莱”是仙居方外，“名球”指佛家的木鱼或钟磬，前二句，皆指方以智与八大山人为禅门中人，且都与皇家有千丝万缕的关系。尤其第三、四两句写八大山人，时为进贤介冈鹤林寺住持，在外所用多“雪公”，故言“吹雪调”；后句说方以智曾是永历朝“太史”，今在禅门“登堂说法”，故曰“接风流”。

这都是时人眼中对“博山东莞，兄龙弟虎”两人关系的写照。

6. 进贤介冈鹤林寺住持传綮・八大山人

八大山人（1626—1705），明太祖朱元璋第十七子宁献王，封藩在江西的弋阳郡王第九代王孙。《盱眙朱氏八支宗谱・弋阳统字派》：

> 八世统𨨗，谋之子，号彭祖，别号八大山人，封辅国中尉。

《个山小像》饶宇朴跋：

> 个山綮公，豫章王孙贞吉先生孙也……戊子现比丘身，癸巳，遂得正法于吾师耕庵老人。诸方籍籍，又以为博山有矣……鹿同法弟饶宇朴

---

① 《龙眠》初编卷五十三・2184 页。

题并书。

康熙《进贤县志》：

> 弘敏……嗣博山、雪关和尚法……隐居介冈之灯社及奉新芦田，字畊庵老人……法嗣传綮，号刃庵，能绍师法，尤为禅林拔萃之器。[①]

方以智与八大山人的交往，有深厚的渊源。明崇祯四年冬，八大山人的亲堂兄朱仲韶，[②] 携祖父朱多炡[③] 的《绝命帖》“游四方”，至金陵与方以智交，方以智作《朱贞吉王孙绝命帖题辞》[④]：

> 绝命帖，宗侯朱贞吉先生所书也。先生工时赋，多著作，旁及临池，莫不尽善。时争购其字千金，先生之以为传久矣！于世矣，其孙仲韶又手持《绝命帖》游四方，岂惟欲以传其书法耶？手泽存焉，焉敢忘乎！余观其帖，先生易箦时，书以示子若孙者。夫人多通负材，岂无所以发愤于世，稍稍自矜？乃先生则皆温温仁孝言也，遗戒后人，古训是式，盖其厚与！天下之传《绝命帖》者，又岂惟传其书法邪？余从眉生闻仲韶其人，又多通，如其王父。余虽未尝见，然手持先人之手泽不敢忘，毋念尔祖，其有焉。有孙如此，盖以想见先生之风。[⑤]

此后，方以智与江西宁藩八支诸王孙多有交。[⑥] 八大山人与方以智最早“神

---

① 卷之十七・仙释・二十八。

② 朱统锝（1596—1660 前后），庠名宝君，《盱眙朱氏八支宗谱・弋阳统字派》：“谋次子，统锝，字仲韶。封辅国中尉。明万历廿四年丙申八月初四日辰时生。”朱谋垔《画史会要》：“写花卉，用墨有神。无一点尘俗气，第赋性偏僻，每以画自矜贵，为人所嫉。”

③ 朱多炡（1541—1589），《明史》卷 117・诸王传《宁献王权传》：“多炡者，亦奉国将军，颖敏善诗歌，尝变姓名出游，踪迹遍吴楚。晚病羸，犹不废吟诵。卒，门人私谥曰清敏先生。”欧大任《欧虞部集・文集》卷十《幻景庵记》：“瀑泉朱君，今之弋阳王子侯也……文名在艺苑，义声满中原”；《藩献记》卷二・十五：“多炡……善诗歌、兼精绘事，见古名人墨迹一再临之，如出其手，赤牍小札，日可百函，语语有致……海内谭艺者，莫不知有贞吉……临绝时，操笔作帖，命子等以白帜鹤氅敛槥侧，并镌勒铭识……所著《五游篇》，《倦游篇》凡七卷，梓行于世。”

④ 陈士业《石庄初集》卷二《题绝命帖》：“辛未冬……与友人朱仲韶方舟于石亭寺……仲韶为予言勾股弧矢风角鸟占之术……出一帙示予，则其王父贞吉先生绝命帖也……又安足以尽仲韶？书此以发一慨。”

⑤ 《前编》卷之二・稽古堂二集上・十八。

⑥ 《通雅》二十一・姓名・同姓名：“又南昌宗侯统稽有《同姓名录》十卷。”康熙《南昌郡乘》卷之三十八・人物志七・明下：“朱统稽，字时卿，以王孙封奉国中尉……倾禄入以购四方秘册……余寅有同姓名录仅三卷，稽推而广之得十六卷。”

交”，在顺治九年。先是，顺治二年，宁藩瑞昌郡王支十世王孙辅国中尉朱议霶，改姓易名林时益，随姐夫彭士望一道投奔宁都翠微峰魏禧。此际，四处“羸羸然若丧家之狗”[①]逃亡的“剃染僧”刃庵·八大山人，于“百川灌蓼洲，迷茫旧都邑”[②]后不久数年内，也南奔至宁都翠微峰族侄林时益处，时人以“刃庵”、“雪公”称之。[③]

顺治九年，曾传灿在赣南梅岭与方以智道别回到宁都，将方以智的信息带到“易堂”，时年27岁、出家已四年的八大山人，于此刻与林时益一道共度时艰之际，也获知了方以智。自此，八大山人“神交”方以智。林时益在方以智首度造访宁都后所写的《己亥季夏郭家山呈别木大师》长诗中，以回忆的方式，在诗的开篇交代说：

闻师自止山（曾传灿），八载藏胸臆。忆我归西江，师从南粤出……我时过翠岩，雪公共晨夕……今师返寿昌，篮舆郭山入……

宣统二年的《南天痕》，[④]对雪公·八大山人在宁都与林时益“共晨夕”予以了佐证：

朱议霶，字用霖，宁藩支子裔也，袭奉国中尉……依宁都魏禧，结庐翠微峰，变姓名为林确斋……年六十一而卒。时有八大山人者，亦南昌宗室也……中尉独能以礼自持……山人之佯狂，其行愈诡，而其志愈悲。吴是以附之列传焉。[⑤]

林时益虽年长八大山人8岁，但他却是八大山人的子侄辈，《南天痕》说“中尉独能以礼自持”，是指林时益在诗中以“雪公”尊称八大山人，记载这位年少8岁、时与同艰在翠岩“共晨夕”的族叔。雪公·八大山人在流离宁都期间，还与宁都成山“怪才”蔡受（约1628—1678后）[⑥]相识并订交，[⑦]蔡受有《赠

---

① 《个山小像》八大山人自题。

② 林时益《己亥季夏郭家山呈别木大师》。

③ 《居易堂集》卷四·尺牍《与雪公》。

④ 《南疆逸史》改名之书，《明季史料题跋》67页。

⑤ 《南痕》卷十九·列传·三十·五至六页。

⑥ 《道宁》卷二十二·人物志·州文苑·六十五：“蔡受，字采白，邑廪生。诗文具别调，图篆字画无师授，笔墨所不至者神通其妙……有《鸥迹集》。”

⑦ 鸿鸣《八大山人在奉新耕香院》，初定两人相交在康熙十一年秋，这个时间当以“神交”提前至顺治九年。

雪师》七古一首：

人言我怪怪不足，我眼底见惟一秃……忽然谁泛白莲花，结跏趺坐到吾家。[①]

蔡受后在与八大山人的交往中，始终称八大山人为“雪师”、“个师”，并于康熙十七年来到奉新芦田耕香院为《个山小像》作跋，[②]又为叶徂徕所得八大山人《扇画》题《雪师为徂徕叶子作扇画》诗。[③]雪公·八大山人在宁都逗留了多久，史料未见记载，但此间还与宁都刘敕[④]有过“啸歌吟咏”。《翠微峰志》说：

八大山人……曾游盱江而至宁都，游览金精山许多名胜古迹，与易堂九子相处一个多月而去。[⑤]

道光《直隶宁都州志》：

八大山人……号雪个……尝游盱江，至邑寓累月，邑人争礼之。所遗笔墨真迹，至今宝贵。[⑥]

同年春，方以智的好友陈恭尹“自闽而入匡庐”，[⑦]秋，过建昌府南城、[⑧]宜春等地，途中相继与魏禧、林时益等往来。此际，雪公·八大山人正在宁都与堂侄林时益“共朝夕”为伴，[⑨]林时益有欲“候至寒釜红，掀翻众手疾”投奔南明抗清之意，故陈恭尹在与雪公·八大山人相交时，作《送雪公归耕苍梧歌》：

苍鹰六翮不上天……送君耕，耕何所？上有苍梧之深山……曲枕右

---

① 《鸥迹集》卷十一。

② 《个山小像》第三段：“……个山个山，形上形下，圆中一点。减馀居士蔡受，以供个师，已而为世人说法，如是。”

③ 《鸥迹集》卷二十一《题画杂体》。

④ 《道宁》卷三十六·方伎：“刘敕……能诗，尤精绘事，同时以画家名家者，江右则魏石床、罗饭牛、八大山人……敕皆与交……啸歌吟咏以终。”

⑤ 《翠微峰志·人物》江西人民出版社 1994 年 5 月第 1 版 149 页。

⑥ 《道宁》卷之二十三·人物志·寓贤志·州·四。

⑦ 《独漉》诗集·初游集·小序：“壬辰春，自闽而入匡庐。”

⑧ 《独漉》14 页《建昌河上》：“十月辞西山……长松生左肘。”

⑨ 《中尉》卷一·五言古《己亥季夏郭家山呈别木大师》：“我时过翠岩，雪公共晨夕。”

肱树左股，万事不理望膏雨。[①]

湖南“苍梧”与南明永历朝“行在”近在咫尺。是时，永历朝“上之立也，承隆武之敝，禄位积轻，事权解散。及居武冈……江楚间塾师、游客、卜筮、胥史皆冒举贡，自称全发起义，赴行在求仕”[②]者多往。方文“蛮方此日正兵戈，君去苍梧意若何”，[③]说的正是此间“苍梧”兵戈正盛，时有人投奔的情况。陈恭尹“送雪公归耕苍梧”语，即指其有投奔、相从，欲为“曲枕右肱树左股”之“耕”意，这是八大山人在四处逃亡的“剃染僧”期间，可能有前往“苍梧”参与抗清的间接证据，是否成行，以《个山小像》自提：“道绝韶阳”论，或因当时湖南周边的情势，并未如愿。至此，八大山人与林时益自“闻师自止山”以后，叔侄二人在整整八年的时间里，同心同念，将方以智“八载藏胸臆”。

顺治十年，八大山人“空观五年”期满，在进贤介冈灯社鹤林寺颖学弘敏座下得“正法”，为曹洞宗寿昌派下“博山”支嫡传；十二年，道盛与弘敏因“博山祖席”能仁寺住持发生“龃龉”，震动江南禅门。此际，在弘敏座下“得正法”两年的39岁传綮八大山人，时年27岁的俗家弟子饶宇朴，均随侍于弘敏身旁；十三年，五月，道盛偕方以智等众弟子、弘敏携弟子八大山人等同来宜黄曹山祖庭，为本寂禅师灵骨修墓塔、祭祖。在此同殿一堂、共祭一祖的方以智得以结识弘敏，八大山人亦终在“神交”四年后，得与方以智相识并订交。

顺治十五年，方以智在前往黎川寿昌寺的途中，特往进贤介冈拜访颖学弘敏，并“易号木立”，时在鹤林寺的传綮·八大山人，法弟饶宇朴等，当同为接待；十六年，弘敏将介冈灯社鹤林寺交给八大山人住持，这个时间，几乎与方以智来黎川寿昌寺上任同时，其意义大有讲究。

以方以智与八大山人后来频繁往来于金溪丁坊“萧复远家”、八大山人在

---

① 《独漉》中游集·46页。《陈恭尹诗笺校》80页[笺]：“雪公，名籍本末待考。”[补订]：“释明相有《宿灵洲雪公故居》诗，可知其为灵洲宝陀寺僧。雪公曾偕屈大均北上辽东，屈氏南还后，雪公独寓居于铁岭，访函可和尚，同游千山。事见函可《同雪公游千顶纪事十首小序》。”灵洲，在广东南海。《新唐书·地理志》七上：“广州南海郡……县十三。南海……有灵洲山，在郁水中。”范围约今番禺、四会、博罗、龙川等县市。此际陈恭尹在江西建昌（今南城县）访宁都、往宜春、上庐山等地，而此时八大山人·雪公，正与堂侄林时益在宁都，故该[补订]之远在南海灵洲“雪公”，与陈恭尹所“送雪公”无关。

② 《永历实录》卷四·吴何黄列传·吴炳。

③ 《岔山》卷十九·359页《送许松牖令粤东》。

泰和首山与萧孟昉相交的记载，八大山人往返于介冈与黎川寿昌寺祖庭之间，两人从“订交”到过从甚密，当自方以智来黎川不久。同治《新城县志·寓贤》记载有“八大山人”：

> 八大山人……后隐姓名……盱江数邑游历殆遍……喜作画，皆著淡墨……[1]

《江西黎川涂氏十七修宗谱》载里人涂学珙《与倪永清先生书》：

> 珙学诗八年于兹矣……去年冬，读八大山人及总宪刘公作，则先生之评在焉。先生之评总宪诗也，称情而出，无溢美之论，其与评八大山人诗如出一辙……[2]

这些文献，都表明“八大山人”与黎川僧俗两界之间的紧密关系。八大山人小方以智 15 岁，在曹洞宗寿昌派世系下也晚方以智一辈，是“博山”支的“传”字辈。在《冬灰录》和《青原山志》中，记载有多名“传”字辈的弟子和学人，为什么方以智在传綮·八大山人赠送的这件《墨菜图》上，没有用寿昌派下弟子“传綮”法号，而是以“刃庵”之名来题跋呢？这个中的重要原因，与方以智在介冈鹤林寺“易号木立”有关。

方以智在颖学弘敏面前的“重参”与“易号”行为，实际上是将自己与传綮·八大山人放在了一个“平等”与“平辈”的位置上。因此，方以智在跋《墨菜图》时，不署“传綮”而以八大山人在临济门下“剃染”的法号“刃庵”书之。

八大山人说自己“穿过临济曹洞有”，“刃庵”是八大山人“临济派”下三十六世弟子的标志性名号，其全称应该是“进贤介冈刃庵雪禅师”。同辈的法兄弟有：“金陵横山同庵润禅师”、[3]“苏州海藏幻庵时禅师”、[4]“常州永宁肯庵学禅师”、[5]“天台能仁辨庵光禅师”、[6]“天台国清毅庵英禅师”、[7]“释上慧，字

---

① 卷十·人物志十二·寓贤。

② 下编卷十·艺文志·三。

③ 《五灯》卷第九十六·临济宗·南岳下三十六世随录。

④ 《五灯》170 页。

⑤ 《五灯》171 页。

⑥ 《五灯》183 页。

⑦ 《五灯》184 至 185 页。

天觉，号觉庵。俗姓吴，江西建昌南城县人”[1]等。在八大山人交往的朋友中，倪永清、庐山开先寺住持心壁，均为“临济派”下三十六世弟子。方以智的父执辈熊开元·檗庵，亦为“临济派”下三十六世弟子。这决定了方以智在与八大山人相交时，不敢称八大山人在“曹洞宗”的法名“传綮”，而只称八大山人在“临济宗”的剃染名“刃庵”。

此外，方以智“平等”与“平辈”于八大山人的因素，还有几个可供推测的重要原因。

八大山人“剃染”成僧人，法名“刃庵”在顺治五年，早方以智四年；八大山人“空观五年”满期后，在进贤介冈灯社鹤林寺弘敏座下“得正法”的顺治十年，早于方以智得道盛“圆具”一年。八大山人“得正法”身份，是一个完整的禅门“空观五年”经历，比方以智从“剃染”到“具足”，仅有两年的经历，是有着本质性区别的。这一修持过程中的差别，在禅门当中被重视的程度，远非禅门之外的俗人所认知。这是方以智来黎川之前，要到介冈灯社鹤林寺“请益”拜访耕庵老人并“易号”的一个重要背景，也是后来方以智与八大山人两人互为仰慕、相待平等的重要背景。

方以智所结识、交往的明王孙林时益、彭士望，均是八大山人的子侄辈；八大山人在宁藩王孙中的高辈分，使得其尝有“四方四隅，皆我为大，而无大于我”[2]之语；方以智一生感恩涕零的崇祯皇帝，在明宗室中的辈分为十一世，八大山人为九世，是崇祯帝的“祖”爷爷辈，这诸的多因素，是方以智在与八大山人相交时，为防止世人有“弟子”之误，特以“刃庵”书之。在今天我们所能见到的文献中，世人均以“雪公”称呼这位辈分甚高的前明王孙，“传綮”一名，亦只见有八大山人自署，而未见任何他人。

7. 颖学弘敏的俗家弟子饶宇朴

饶宇朴（1629—1689）进贤介冈人，世家子，有“菊庄”一座。是鹤林寺颖学弘敏的俗家弟子，也是八大山人一生的好朋友。道光《进贤县志》：

> 饶宇朴，字蔚宗。少聪颖绝人，读书目数行下。长于诗，古文词，卓然自成一家言。工书法，一时名士争欲与之游。著有《菊庄集》、《蔚宗集》、

---

① 倪永清《诗最》二集·卷十。

② 康熙二十三年张潮辑《虞初新志》初集·陈鼎《留溪外传》·《八大山人传》。

《鳳游集》。[①]

《饶氏十修族谱》：

宇朴……才名甲于昆季……精研艺，不以才伤格，尤长于诗，古文词。上规秦汉，下涉唐宋，卓然成一家言。又善书法，真草隶篆无体不工，有晋人遗意……与晦山上人入山为方外交……有《菊庄集》若干卷。临川李石台先生为之序……[②]

饶宇朴在《游青原山歌》中涉及方以智多处：

青原峰高余百仞……篮舆廿里入山深，圣域禅关皆可问［阳明先生讲堂岿然，山腹聖域禅关两石坊，愚山先生题］。初地隐现青莲花，遗真坠句增咨嗟［啸峰、药地两大和尚］。象王狮子了不异，繄严提唱今作家［无倚和尚继席，啸峰倪吏部嘉庆，药地方翰林以智也］……为问山志作者谁？木立石田笑相示［药地和尚访耕菴，易号木立；未晤耕菴老人访青原，易号石田；归介冈手志相赠］……陶谢风骚大手集［……愚者集并书］……雨气岚光浑未息［愚山雨中游青原山记，刻石堂下］，一时述作逢两愚，米盐粥饭今何如［愚山讲筵，愚者法席，供张诸费多出孟昉］。风流转眼不再得，高安渡口同欷歔［筠州两大愚儒、释讲会甚盛，即今太平菴地］。鹿同久洗双荷叶，棒喝交驰无可说……[③]

诗中“归介冈手志相赠”，“志”指《青原志略》。该“志”始刻于康熙八年，[④]故知饶宇朴在康熙八年“夏”以后，尚有一次青原山之访。从顺治十五年饶宇朴与方以智交，至方以智在黎川寿昌寺四年、泰和一年半、青原山七年当中，均有往来或有游。康熙八年饶宇朴这次游青原与方以智相见后，还在其返回介冈时，获方以智赠送一部刊梓不久“书成有时、有人，时难得、人难遇”[⑤]的《青原山志》，这是两人交往并非一般的另一种表达方式。

以《游青原山歌》的语境，该诗当写于方以智“惶恐滩”赴水殉节后，

---

① 卷十九 · 文苑二十五。

② 笃行传 · 十六。

③ 《菊庄》卷十二 · 十三至十五。

④ 《方青》志略序：“康熙己酉三月望后五日，愚山居士施闰章书于南浦客舍”，“康熙己酉夏，知庐陵县事宛平于藻慧男氏题于春音堂”。

⑤ 王辰《青原志序》。

因饶宇朴有感于“风流转眼不再得”，遂在这次青原游后，还前往“高安渡口同欷歔”作凭吊缅怀，并将约15年前方以智介冈访耕庵老人的这段故实，记载于诗中。

饶宇朴是八大山人的法弟，《个山小像》的正中央由饶宇朴题跋，并在该跋中将八大山人身世作交代，成为后世“八大山人研究”的重要史料；在介冈尝与颖学弘敏、八大山人游，[①] 又与八大山人亲堂兄朱仲韶·云心头陀交好，《菊庄集》卷十二有《题八大山人画荷［仲韶晚号云新头陀］》，是饶宇朴得见朱仲韶之作，而有张其曾目睹兄弟两人之画“荷”眼福的表现：

冲天荷柱忆头陀，三笔参差十指拖。令弟晚年殊泼墨，荷花荷叶法如何。

又在《游青原山歌》中说：

鹿同久洗双荷叶，棒喝交驰无可说。

饶宇朴一生受八大山人和云心头陀兄弟影响不小，与方以智的诸多朋友亦有交。顺治八年前后，晦山戒显访介冈鹤林寺，自此“与晦山上人入山为方外交，殆有托而逃者矣”。晦山戒显在介冈期间，饶宇朴与之唱和多首，均载康熙《进贤县志》当中。

康熙八年，施闰章在离江西任两年后，独自一人来介冈并住一晚，在饶宇朴的陪伴下，得读饶氏先辈著作，有《赠饶蔚宗秀才》五古一首：

寻源溯盱水，旅泊过江曲……遥指读书堂……言咏开羁愁……[②]

施闰章有感饶宇朴的家学，怀其美才，不能出为世用而感叹。三年后，方以智去世之年的康熙十年，施闰章又有《饶蔚宗江西书至言被放游江淮》五律一首：

无限离居意，凭书次第传……薄游淹岁年。济时还汝辈，吾已赋归田。[③]

此时的施闰章，在得知饶宇朴出而被放，浪迹江淮后，仍对其抱有殷切期望的咏唱。饶宇朴后再游青原山时，有作《登水观楼见施愚山先生遗文在壁，因拉住僧寻金牛泉，眺取亭废址有感》：

---

① 详《介冈》。

② 《愚山》诗集·卷九·170页。

③ 《施愚山诗集》卷二十九。

观水谁将额小楼，登楼游目动新愁……残碑欲搨多无字，斜日秋风恋一丘。[①]

饶宇朴与吴云有交，《菊庄集》卷十二·十五《走笔次韵答吴舫翁》：

……蛱蝶想滕王［舫翁善画］……明年先雁到，步屧访山庄。

十六页有《寻舫翁不值》：

几度寻君不见君……独立谿桥对夕曛。

《别舫翁》

……弟看……

……井边数认君门径，不见连环旧戏场。

其二

大烹小食忆当年……酒杯书卷没荒烟。

这三首有涉吴云的诗，前为《游青原山歌》、《青原山有懷循菴抱病》，故知是饶宇朴在游青原山时，与吴云有和韵、并邀来访介冈菊庄。其“忆当年”句，不仅说明了吴云与饶宇朴的关系甚密，还可知吴云为方以智弟子、饶宇朴为耕庵老人的俗家弟子的时间，在先后不久，两人均为寿昌派下弟子。为方以智捐资助刊《通雅》的李石台，饶宇朴有《石台太史夫人六十》：

……采绶鞶囊恰比肩。史局旧共青玉案……见说孙枝争挺秀，沅陵只在岘台边。[②]

李石台后亦为饶宇朴《菊庄集》作序。[③]

以《游青原山歌》中有“一时述作逢两愚，米盐粥饭今何如［愚山讲筵，愚者法席，供张诸费多出孟昉］”论，饶宇朴与萧孟昉亦有交。康熙二十四年，汤来贺去世，饶宇朴作《奉挽年伯汤惕菴先生兼示若人诸昆》。这些人物，均是活跃在方以智身边的朋友。

8. 绘制《破蕉怪石》的⿷匚了山季子

⿷匚了山季子（1606—1674）阮濬，字季子，号一衲道人，安徽怀宁人。因国变，

---

① 《菊庄》卷十二·十三。

② 《菊庄》卷十一·九。

③ 《莲龛》卷之六·序·二十六《菊庄诗文集序》。

隐居桐城𡵨山（今属枞阳𡵨山镇），[①]人称𡵨山季子。《桐城续修县志》：

阮一衲，前明处士，一衲其别号也，隐居大龙山，少与庆阳太守自华、谷城令之钿，一门竞爽，励志刻苦，讲性道，谈忠孝，不屑以诗文自表见。与方鹿湖、[②]任蘅皋、[③]刘深庄[④]居相近，唱酬往还无虚日。卒后无子，同人为葬于宅旁，议改宅为庵，祀一衲，复不果。名与字不传，乡人皆一衲先生称之。今宅已全废，墓复为居邻所侵占，牛羊荒草。士大夫过其地者每欷歔吊之。

民国《怀宁县志》：

清阮泼，字季子，幼宕逸不羁，攻苦嗜学，城溃后筑室龙山，读书纵酒，冬夏惟披一衲，因自号焉。工诗画，得酒即豪，时携襆被酒罏画具，命一樵童肩之以随，遇胜地即淹留不返。尝谓友人刘鸿仪曰：我死瘗于草堂之侧，即磨一片石题曰“呜呼此饮者，阮子一衲之墓”足以。未几卒，鸿仪葬之如约，且颜其居曰“一衲庵”。所著诗多寒瘦，画亦清绝。每岁宴，鸿仪携只鸡絮酒以浇其墓，且为诗吊之曰：酬君君不知，去去复回顾，一片纸钱灰，飞上梅花树。

《阮氏宗谱》方都秦撰《一衲公传》：

阮泼……生长名族，幼宕逸不羁，不慕荣利，城溃[⑤]后，益坚磨性，草筑龙山，读书纵酒，冬夏惟披一衲，因自号焉。工诗画，遗落世事，得酒即豪。时携模具、酒具、画具，命一樵童肩之以随，遇友人合志处淹留不返。常谓友人日：“我死即葬于草筑之侧。子辈当磨一片石题曰：‘呜呼！此饮者阮子一衲之墓’十一字足矣。”未几卒。友人果葬之如约，且颜其居曰：一衲庵。所著诗多寒素，画亦清绝。每岁晏，友人携只鸡絮酒以浇其墓。刘子超宗为诗吊之曰：“酹君君不知，去去愎何顾。一片纸

① 《道桐》卷之一·舆地志·山川·十四：“𡵨山，县东百三十里……有……白云寺……”《浮志》卷之一·形胜·白云岩记略·9页：“白云在浮渡东二十里……白云端住𡵨山白云寺”，卷之三·法谱·正宗住持·25页：“第九代，白云禅师……住𡵨山。”

② 方鹿湖，康熙桐城诸生。

③ 任蘅皋，即怀宁任亦鼉，康熙进士任塾之子。

④ 刘鸿仪，字超宗，号深庄，又号石航，桐城人（今枞阳县陈家洲）。康熙初年两登副榜。善书画，时称“诗书画三绝”。与方以智、阮泼、钱澄之等有交往。

⑤ 指皖城安庆被左良玉攻占。

钱灰，飞上梅花树。”闻者咸太息，高其谊云。

阮浚一生特立独行，能画，王士禛《居易录》与《带经堂诗话》、冯金伯《国朝画识》、彭蕴璨《历代画史汇传》等均有其小传。中履《阮季子墓表》：

呜呼！是为一衲道人阮君之墓。君即卒无子，其友人刘超宗[①]岁时必载酒酹其墓，吾弟有怀过其墓必拜……余与君同郡，尝恨不识君……君讳濬，字季子，怀宁世家子也……国亡，君即弃诸生，隐于函山，不复思用世……自号一衲道人……性孤介，既老益与时不合，从之游者不数人……酒酣往往击箸作吴歌，已而慷慨谈天下事……君好赋诗……最长于画，每拂几伸纸，注视良久，忽尔纵笔直遂，顷刻累幅，快然乘兴。虽儿童走卒，不俟请乞，任其争取。至王公贵人持缣素邀求，卒不可得……君生平未尝妄取人一钱也，将死，犹手握诸玩好，对之流涕……君生于万历丙午，年六十八……遂书以遗吾弟……戊午四月十九日，合山遗民方中履制。[②]

以方中履的介绍，可知中履与阮濬·函山季子并不认识，是方中履应“吾弟”之邀，而有此文。其寄画给方以智的媒介，亦与方以智从子方中发有关。中发有《过访阮一衲畏斋五首》：

忽动山阴兴……不觉日将斜……客半忘年友，交因绝俗真……山高日落早，客散步兵厨……坐看灯花烬，灰寒榾柮炉。卧榻容鼾睡，劳人寐自艰……渐看书幌白，曙已动寒山。[③]

中发记载阮一衲去世后的凄凉，有《大龙拜阮一衲道人墓感成四首》：

犹是蓬蒿旧隐居……可怜宿草年年恸，亲戚余悲转不如。死定无知定有知，倘能化鹤不胜悲……荒迳绝稀来吊客，坏墙一扫旧题诗……刘阮交情死更亲，新诗一字一酸辛。老年无处求良友，佳节常来哭故人……每到柴门不肯过［同人拟改所居为庵祀一衲其中，后竟不果］。[④]

函山季子是否曾来黎川寿昌寺，以中发与其的关系和其诗“卧榻容鼾睡……曙已动寒山”计，函山季子或与中发曾同来黎川有访方以智，两人并在

① 《白鹿》卷五 · 五言律 · 六《刘超宗深庄落成》：“地僻还求僻……惟应白云里，旧侣得追寻。”
② 《汗青》卷六 · 六。
③ 《白鹿》卷五 · 五言律 · 五。
④ 《白鹿》卷九 · 七言律 · 十五。

“寒山”同睡一屋而有见“曙已动”。

以中履、中发两人的介绍，这位叾山季子的性格、嗜好、书画风格等，均与八大山人有极近之处，两人是否相识、相交，待考。

方以智选择刃庵·八大山人的《墨菜图》与阮濬·叾山季子的《破蕉怪石》这两件作品悬挂于自己的“浮庐”居所，其所言之的“因拥腫之余荫，微风息埃，容膝而坐，按指发光，且令舒掌挥洒”情感，是其在“炮庄”过程中，方以智尝能从《墨菜图》和《破蕉怪石》中，得“以出支离之气”。这是两件作品能伴随其后来“悬之浮庐行彰”的真正原因。

第二节 初游宁都与“九子”相交

1. 天下罕二的“易堂”真气

赣南宁都与黎川紧邻，在有明一代为多事之地。自明嘉靖（1522—1566）、隆庆（1567—1572）以后，“赣州封疆多邻闽、广，山贼之出没靡常，巢寇之盘踞日久。一啸聚于乡落，则妻、子半为掳掠，田圃尽见荒芜；一弄兵于城池，则坟墓多被挖开，房庐悉为灰烬”，[①]“天下稍稍有事，则蚁聚蜂起，揭竿假名义者，不可胜数”。[②]

明亡，诸生魏兆凤（1596—1654）[③]“号哭不食，剪发为头陀，隐居翠微峰。是冬，筮离之乾，遂名其堂为易堂”。[④]魏兆凤卒后，“易堂”聚魏禧、魏祥、魏礼三兄弟，其姐丈邱维屏、里人曾传灿、李腾蛟、彭任，以及从南昌逃亡来宁都、依魏禧的宁藩瑞昌郡王孙女婿彭士望和妻弟王孙林时益，共9人，世称“易堂九子”。其关系密切的人物，有魏氏兄弟的族祖魏书·石床；魏氏兄弟子侄魏世杰·兴士（1645—1677）、魏世傚·昭士（1655—1725）、魏世俨·敬士

---

① 《明经世文编》卷三一四陆稳《边方灾患恳免加派钱粮以安人心疏》。

② 魏禧《周左军寿叙》。

③ 彭士望《魏徵君墓表》：“徵君魏先生也，徵君讳兆凤，字圣期，别号天民，赣州宁都人……少孤，能以礼巳慕孝友仁厚，童而有之，长益砥志立名义，崭崭然欲以天下自任，尤矜恤疾苦无告者……徵君行不显于天下才，不被世用则岂徵君一人时命为之耶。徵君近十年为头陀，绝意世务……前逝二日，为妣诞命扶拜起弗胜数顿首……殁之日，闻者莫不悼叹至哭，咸尽其哀……享年五十有八，即以甲午四月朔葬……李咸斋曰：简洁有风神……”

④ 《清史稿》卷四八四·文苑一·魏禧。

（1645？—1710）；彭士望的女婿胡映日·心仲；魏禧的门人梁份·质人（1641—1729），魏礼的门人吴正名·子政，林时益的门人任安世·道爰（1630？—1690？）、任瑞·幼刚、罗牧·饭牛，丘维屏的门人曾先慎·君有（1625—1698后）等。

顺治七年，清军破宁都，“易堂”诸子避居翠微峰，借此侥幸保全。“易堂”以亲缘关系、同好《易》学为纽带，亲上加亲，形成了一个紧密的团体。林时益的幼子娶了彭士望的女儿（表兄妹关系）；彭士望之子娶了魏礼的女儿；林时益的女儿嫁给了邱维屏之子；彭任的女儿嫁给李腾蛟儿子；魏祥女儿嫁给彭任儿子；魏礼儿子娶曾灿女儿等。这种亦亲亦友“节序岁腊，会堂上饮食；春秋祀祖祢，相赞助合馂；平居书名，称友兄弟，如家人礼，子弟亦如之。常易教，不率，与笞，无恒父师”①的紧密关系，使“九子”及亲眷，围绕着翠微峰、精金山研习《易》理，务农、种茶、制茶、卖茶为本，课弟子“明道理、识时务、重廉耻、畏名义”，各自将心中的“圣贤之学”和“忠孝节义”在“易堂”尽情发挥。“易堂”渐趋影响到周边乃至福建等地，从学的弟子，最多时达百数十人。

方以智到黎川的来年五月初，即出游邻县以“理学”②著称的南丰程山谢文洊（1615—1681）③“秋水斋”，④与弟子曾传灿·止山相晤。当曾传灿再次将

① 《彭躬庵文钞》卷五《翠微峰易堂记》。

② 梁份《怀葛堂集·查小苏九十序》：“周长孺常语曰：身从宋未有先生后，讲节义……易堂之经济，程山之理学，髻山之气节，鼎峙江西，有声于天下。”

③ 《同建》卷一·地理·山川·南丰：“程家山，在琴台石下，里人谢文洊与门人黄熙（1610—1672）、甘京（1616—？）、封濬（1611—？）、曾曰都（1626—？）等建堂讲学其中，题其门曰程山学舍。”《文献征存录》：“明季补诸生，年二十入广昌香山……讲阳明之学年四十矣！……自于城西起程山学舍……初与同邑邵睿明（1617—1682）、李萼林（1618—1669）、傅与（1616—？）、黄熙、甘京、曾曰都相讲习，其后皆折节称弟子。晚以养心为学，学徒益盛。南城章糙（1618—？）、刘良、宜黄邹鸣昌、新建蔡景定、南昌胡瑛日、新城吴博（1630—1710）、广昌黄建（1626—1703）、崇仁陈体元，皆担簦而来，愿执洒扫之役。西江言理学者，至于今不绝，文洊之功力也。”彭士望《程山堂碑记》：“谢子约斋生子固之乡，方壮岁即洒脱世故，捐制举艺，独有志圣贤之道为之二十有二年，晚乃得程山与其徒封濬、黄熙、甘京诸子居之程山。”

④ 谢文洊的斋室名。谢秋水，字约斋，江西南丰人。《内省》卷二十二·七《谢秋水先生六十序》：“吾乡夙称文献……约斋谢先生，博学多识……自甲申以来……究心濂洛潜居讲肆者三十年，其著述品题，皆有裨于斯世。”彭士望《髻山秋日书怀》咏谢文洊：“南丰旧罕闻真学……不教猿鹤识高人[谢秋水隐南丰二十年不入会城……]。”《清史稿》卷四八〇有传。

宁都翠微峰魏禧及“易堂”等人事以告时，方以智答应前往宁都翠微峰访“易堂九子”。

曾传灿先期致信宁都三巘峰，随后，陪同方以智过广昌万安砦，在黄介五竹篷逗留遇揭暄；遂于平西致“尺素”彭任·逊士，彭任随即“予往赴所招，赤脚蹑双屐”来访，[①] 两人促膝“回翔历岘山，连床话土室”。由此，彭任知道这位自称是“落叶枝”的“木立”和尚，乃是一位“寄愁不上天，心灰烬未熄”的松柏义士，[②] 并以“葛獠天下师”作《赠浮山僧》：

觉君神内注，不似向来时……岂曰生边徼，葛獠天下师。[③]

月中，方以智由彭任·逊士陪同，乘船由水路至宁都，游翠微山[④] 冠石、[⑤] 金精山，[⑥] 探奇石，钓桃泉，在伏虎岩啸咏其间，[⑦] 有感于宁都梅川[⑧] 诸景，遂以宋人笔法绘《梅川赤面易堂图册》，[⑨] 并于册后作《游梅川赤面易堂记》：

程山秋水斋唔止山……先走信回梅川，令愚者过万安砦，顿黄介五竹篷，遇子宣，语移日而彭逊士来相辂矣……乘筏下梅川。未至县二十里……逊士导我步入小峡，憩长亭。其山如果垒盒……乃赤面也……如赤城少息，一饭乃过穿田，主人彭躬庵出迎。少顷，林确斋至，留宿“树庐”，语至夜分。“树庐”者，因一桂树而庐也。林确斋居冠石。

明日，陟前冈……名冠石……愚者叹曰：“在此蓬莱中，与门人、子弟，昼耕夜读，岂容易得哉！”三魏相过，邀上易堂……所称“金精十二峰”，此翠微峰也……止山与李咸斋、彭天若、逊士皆编篱若鳞次，别建一室，

---

① 黄介五与彭任是姻亲，故有相招。

② 方以智《游梅川赤面易堂记》,《草诗》五言古·六《寄赠情缘木立和尚》。

③ 《草诗》五言律·三。

④ 《叔子》卷之十二·桃花一·二十三《桃花源图跋》：“右桃花源图……桐城方密之先生，世乱后常僧服访予翠微山……山中人多着野服草鞋相迎问，先生笑谓予曰：‘即此何减桃花源也’。而先生又常与予论桃源为无有是处，本五柳公寓言……乃与方先生合。”

⑤ 《赣府》卷六·山川志：“冠石在县西十里……又名纱帽峰。左曰东岩，右曰紫云峰。”

⑥ 《道宁》卷五·山川志·宁都州：“金精山，州西十里……道家列为第三十五福地……其最著名者凡十三，曰：三巘、翠微。”

⑦ 《道宁》卷二三·寓贤志·愚者：“僧自庐山游金精，探奇石，钓桃泉，善真草大小书，得者宝之。与易堂诸子相结而去。”卷五·山川志·宁都州：“伏虎岩在集贤岩后……僧无可尝啸咏于此。”

⑧ “梅川”指贯穿宁都城的一条河流，魏氏三兄弟均傍河而居，故三魏诗文集中常以“梅川”称之。

⑨ 此《图册》名，是鸿鸣根据方以智“用宋笔写此数图”文意所加，因有“数图”，故曰之为“册”。

往来过从。丘邦士、李少贱别从乡至。躬庵之坦胡心仲，训逊士子，连簃作塾，就谈信宿……冰叔设帐于水庄，过莲山之西桥，一村随流，分轩设榻，且息浃旬。因语集贤诸岩县水之奇，送我再游……丘邦士来语象数，有神解，因以研极望之。魏石床来，忽有二濂之奕客。愚者观之，与石床一笑而已。山水间不作谈道，语更胜然，惜不得石床为少文图也。郭山庵主体湛来迎……愚者安之，而寿昌遣人至，谓黄龙背新筑一药地矣。

愚者奇此山川，因约记之……二十年来，各携全家岷峰顶，读书怀古，敷衽啸歌，扶义古处，有茹肝澡雪之风……愚者踏南北而登易堂，幸有三世之《易》，应留此津逮之窟矣！因用宋笔写此数图，而记其后云。①

方以智游易堂"幸有三世之《易》"感叹，是引发其两年后"五十则专心学易"之处。

过一线天时，作《一线天》：

……雁峰太姥匡庐客，一线青天请共论。②

游金精洞，作《题金精洞示诸公》：

……游子传神只是诗……书藏洞里古来疑……③

时仲子方中通著《数度衍》，④"乱定入长安"远游燕都，⑤在京师与方以智旧交汤若望（1592—1666）⑥论历法，⑦并于此间经汤若望介绍，与福建游艺相

---

① 《后编》卷之二。

② 《桐旧》卷二·二十四，《知见录》21 页："一线天，见王士祯《感旧集》[卷三·释弘智]……锯破……却开挟……雁湖……"有数字不同。

③ 《龙眠》初编卷六十四·2857 页。

④ 《陪诗》卷之二·七《父执龚芝麓惠墨》："扫门相见易……犹念故人子……贻予书可成 [时予将著《数度衍》]。"

⑤ 《陪诗》卷之二·一《己亥春至白鹿用扇头韵》："不得逍遥又一年……乱后空教客入燕……明日长江好买船。"《远别离》之二："我今复向京师走，公卿王侯长者可如旧。"卷二·六《济宁谒任贞野年伯向予索〈纫兰阁集〉》、《入都》。

⑥ 汤若望，德意志在中国耶稣会传教士，善历法、象数。方以智好友陈名夏《石云》卷之六·十七《西洋汤道未先生来》："一日两命驾……来任天官篇。占象见端委……公为太史令……愿从学道术，寡营成大年。"

⑦ 《陪诗》卷二·七《与西洋汤道未先生历法》："先生崇祯时已入中国……与家君交最善。家君亦精天学，出世后绝口不谈……予所得穆先生火星法最捷，[鸿鸣案：指穆尼阁，其律算《火星法》。] 故相质论。"汤若望时任清廷"钦天监"职，负责编制历书。

互通信，[1]作《谢都门前辈书》：

念老祖荒落已十余年……恰幸老父以十载之缁衣，安三年之面壁……而自小子省视，见其枯形寂影，粗粥敝衣，惟有忍涕而已。[2]

中通知道父亲从黎川依盱水游宁都“易水”，作《忆亲寿昌》：

踏完南北死生场……袈裟今又隔他乡……易水盱江魂梦远，白云停处九回肠。[3]

六月十五日前后，方以智在宁都居一月后，作山水《金精翠微图》：[4]

梅川有金精十二峰……大似武夷……林确斋、彭树庐、魏、丘、曾、彭诸公，皆家其上，云中鸡犬，峰顶相呼。愚者有记记之，兹图其概。[5]

又以直言“我来自黎川”，作《梅川奇峰行》：

梅川西山麓，奇峰拔地起……幔亭似武夷，但少九曲水……金精旧仙窟……赤面望三巘……移家冠石者……子弟甘蓬藁。我来自黎川，峰顶熟相视。送我游三岩，伏虎且枕几。逾月过碧开，写此伸长纸……呼风拍掌歌，一声长不死。[6]

至方以智离开翠微峰彭任作《送别木立和尚》：

平西一获见，邂逅歌零露……大药在天地，孰与明其故。[7]

方以智在宁都翠微峰逗留前后约两月，因黎川寿昌寺“遣人至”接归，并告知寿昌寺内“黄龙背新筑一药地”方丈室已建成，遂于六月与“易堂”诸子辞别“还寿昌”[8]回黎川。

方以智在宁都翠微峰与“易堂”诸子的交往,并未以“方以智”本名造访，而是以“茶人”身份，以新取之“药地”名号，或“木立”名访魏禧、林时益、

---

① 陈悦《会通与重构·〈璇玑遗述〉研究》58页。《陪诗》卷五·南亩集·二十《松溪柬游子六》。

② 《陪集》卷一·陪古·十九。

③ 《陪诗》卷二。

④ 此图后经画学弟子王又逸仿制一幅赠魏禧，《叔诗》卷之七·七律·十三《酬王又逸仿药地大师〈金精翠微图〉见赠之作》。

⑤ 《别集》卷一·十六《宁都金精诸峰》。

⑥ 《龙眠》初编卷六十四·2840页。

⑦ 《草诗》五言古·二。

⑧ 《半诗》卷三《纪梦呈木立大师》“又二月，师还寿昌……六月又还山”。

魏礼、李腾蛟等；[①]“易堂”诸子亦以药地、木立、木大师称之，直谅相许。[②]自此，“易堂”诸子事方以智，则拟于严师。

从五月十五日到“清秋”前后跨越三个月，实际约两个月，地方志及“易堂”诸子均记“三月”。方以智在来黎川半年不到的时间里，即造访宁都“易堂”与诸子“共论”，所具有的共同情怀，莫过于那种幽远的故国之思。在对宁都“易堂九子”们有了真切的认识、体验后，方以智不无感慨地说：

易堂真气，天下罕二！[③]

方以智这一同声相应、同气相求的“真气”[④]赞扬，使“易堂”之名，得以不胫而名扬天下。

2. 前往宁都的引路人曾传灿

曾传灿（1625—1690），字青藜，号止山，止庵，后改为曾灿，晚号六松老人，宁都人。顺治二年削发为僧，游闽、浙、两广间。与魏禧兄弟相友善，归宁都后为“易堂九子”之一。筑六松草堂，后侨居吴门（今苏州）20余年。著《六松草堂文集》《止山集》《西崦草堂集》《过日集》等。《清史稿》：

曾灿……给事中应遴仲子。岁乙酉，杨廷麟竭力保南疆，应遴以闽峤山泽间有众十万，命灿往抚之。既行，而应遴病卒，赣亦破。乃解散，祝发为僧，游闽浙两广间。大母及母念灿成疾，乃归宁都。以大母命受室，筑六松堂，躬耕不出者数年。后侨居吴下二十余年，客游燕市以卒。著《六松草堂文集》《西崦草堂诗集》。[⑤]

曾传灿是方以智访“易堂九子”的路引子，执弟子礼的时间，在顺治七年夏。

---

① 林时益“复闻谢子言，有僧号木立”、“期以五月中，来易堂言易”、“茶忙立夏止，迎师来冠石”。

② 魏禧《同林确斋与桐城三方书》：“昔岁己亥，杖人栖迹寒山，列兄德业，便已委悉。”《魏叔子日录》卷二·杂说：“及交药地大师，能使才人见之自失，愚者见之自喜。”魏世傚《魏昭士文集》卷四《书木公册子后》：“公尝至翠微峰与先君子讲《易》，时予方入塾。”

③ 魏礼《先叔兄纪略》。

④ 《通雅》姚刻本卷十八·二页·下《精神气化》第九行：“精神结气也……圣人合内外、形神、虚实，而明其中之理。”

⑤ 卷四八四·文苑一。

是时，传灿与兄长传灯（1622—1677）① 二人来梧州西平山，请方以智为父亲曾应遴作《曾少司马墓志铭》：

余隐平西之二年，虔之二曾，以书为其尊君请志铭……公讳应遴，字无择，本号二濂……至督军，秉中丞……生万历辛丑四月十一日午时，殁永历丁亥十一月二十五日寅时……子六人，传灯、灿、煌、煜、辉、熠……伯子传灯，次子传灿……皆引义忼慷……伤哉今日，是何时执，不然南奔……②

文中“虔之二曾”，指“虔州”，是宁都的古称；二曾指传灯与传灿。至顺治九年秋七月后，时方以智已出家，在梧州与曾传灿相别。③ 随后，方以智得释北返，曾传灿又与方以智在广东至赣南度梅岭相遇，曾传灿“自论梅川砦”，告知方以智宁都梅川有“易堂”诸子，④ 并邀方以智游宁都。但这一次，方以智未能成行。自此，曾传灿回到宁都后，向诸子们介绍方以智。曾传灿后在方以智转场青原所作《访药地老人》诗中，叙述了这个过程：

苍梧冰井托瓢芦……高座对人惟有咒，栾庐衍《易》祇悬图。⑤ 曾过赤面云随杖，今到青原雪点炉……亲烹碧乳出方壶。⑥

曾传灿的父亲曾应麟（1599—1647），字二濂。崇祯七年进士，曾任兵部侍郎、南明隆武帝时，又任兵部右侍郎兼都察院右佥都御史，后在抗清中战殁，这是方以智为其撰“墓志铭”的背景。方以智来到黎川后，即向曾传灿“相招”，《寄曾止山》：

苍梧冰舍投滴血……送君一篇不可说……随寓垂帘路自别……若肯

---

① 传灯即曾畹，字庭闻，又名裔球，曾应麟仲子。崇祯十五年乡试不遂抑制副车，后远游边徼，寄籍西安，顺治十一年中陕西乡试。著《金石堂集》。顺治十三年，传灯过桐城，中通《陪诗》卷一·二十《李屺瞻、曾庭闻先后过桐城》：“献赋长安壮志雄，登山临水复过桐……十斗浊醪还击缶……不是西音调亦同 [李秦人，曾亦家秦]。”

② 《前编》卷九·岭外稿下·二十一。

③ 《六松堂诗集》卷六《初入梧州无可大师将南归，赋呈并别》。

④ 《后集》卷之一《无生梦》十八页下《度梅岭》《别滴投》五律两首。《别滴投》题下注“滴投”，“即曾青藜，时言易堂诸公。”

⑤ 方以智在合明山栾庐期间，承父命与三子合编《周易时论》。

⑥ 《江青》卷十·诗·曾传灿 [止山]《访药地老人》。

穿破玄黄眼青白，得与亦可行蛮貊。①

又在游禅南丰“程山学派”时，②于“秋水斋”与曾传灿相见，两人已是一别7年。传灿再“言赤面、③三巘、冠石之胜”而邀方以智，并在方以智同意前往后“先走信回梅川”，将方以智要访翠微峰的消息告知“易堂”诸人。有了这些前因后果，方以智这才有访宁都翠微峰“九子”之行。此间，曾传灿、王必逑为方以智《浮山后集》卷一作“较”。④方以智转场青原山，传灿有《归云阁呈本师药老人》：

归云新筑阁……吾师一念回［师入青原，倒荆复生］……诸天入座来。

又有《小三叠》：

吾师言此泉，开辟自老衲……记昔游匡庐……忽忽过四十。今且闻师言，欣然挈杖急……⑤

题中的“本师”与诗中“吾师”之称，是曾传灿为方以智弟子的证据，但其名字当中的“传”字，是否寿昌派下“博山”支的“传”字辈，因其兄长传灯亦有“传”字，故该“传灿”名，可能为家族辈分字。曾传灿后改名时将“传”字删去，是否与其游走于禅门、与众僧人交往中消除讹误有关？当再考。

曾灿因家世“抱宏才而甘渝落，主持风雅”⑥的秉性，在“易堂”诸子中被称为“贵公子”，其持守家风，是一位“能以死任大事”⑦人物。邓之诚评价“易

---

① 《龙眠》初编卷六十四・2844页。

② 即南丰以谢文洊・约斋之“程山六子”或“程山诸子”，包括门人甘京・健斋、封濬・位斋、黄熙・维缉、危龙光（1626—？）、曾曰都、汤其仁（1626—？）、邵睿明等。魏禧：“南丰谢氏……讲学于程山，与禧交最笃。”见《叔子》卷之十八・谢太学一・百三《谢太学君墓表》，这也可能是方以智访宁都“易堂”除曾灿以外的另一个路引。

③ 乾隆《宁都县志》卷一・舆地・山川：“翠微山在金精山前，色如丹霞，故又呼赤面砦。”《叔子》卷十六《翠微峰记》：“此山名‘石鼓峰’也，土人以其东面赤，群呼曰‘赤面石’。”

④ 《知见》11、15页；《后集》：“学人王必逑、曾传灿较”。王必逑，方以智《书周思皇纸》有“匡庐之旁，见同棹而返之宾朋，抵家见藏明寄颂之稿木，并以示之”，后有注曰：“宾朋，湖口孝廉王必逑也，稿木，梅惠连之熉也。”时在顺治九年。《诗征》卷六十三・明二十五・二十二：“王必逑……崇正十五年乡举，见时事日非，决志隐遁，筑室剑山麓，其谷曰‘濯缨’。屡征不就。”

⑤ 以上二首均《华青》卷十一・诗・318页。

⑥ 汤来贺《曾母温太夫人七十序》。

⑦ 《叔子》卷九《曾止山诗序》。

堂诸人，文学造诣，首推禧，次则属灿”。[1]《青原志略》卷首·序文·发凡《青原学人》，将“曾传灿[青藜]”列为19位，是自方以智在黎川四年，交往方以智各方朋友、弟子，最多、最频繁、关系最紧密的人。

康熙二十九年(1690),曾灿去世,追随方以智一辈子“葆气如虹”的钱澄之，面对46年与之交往的友情，作《挽曾青藜》诗哀叹道：

音问宁都断，饥寒更仗谁。[2]

3. 彭任及其姻亲黄介五

彭任(1624—1708)宁都固厚团坊人。《江西诗征》卷六十八·国朝四·四:“彭任……明诸生,精武艺,工书,潜心理学”,与同邑温应搏为友,闻其被乱兵所害，独往收尸殓葬；与程山谢文洊、甘京交，足不履尘市；于三巘峰结庐隐居，题庐名为“草亭”，后移居翠微峰，与魏禧等九人在易堂讲学；平生务为有用实学，论朱、陆异同，尝有“学者之病，不在辨之不断，而在行之不笃”;著《理学弗措录》、《周易解说》、《礼记类编》等，为“易堂九子”享寿最高、去世最晚者，卒年84岁。其《草亭文集》卷首·行略：

姓彭氏讳任，字逊士，号中叔，隐居三巘山，自名其室曰一草亭……与三魏先生暨李、邱、彭、林、曾诸君子讲《易》订交……所谓“易堂九先生”也……先祖(彭任)独以理学自持……闻南丰谢秋水先生讲学程山，徒步造访，淹留数月，与谢先生往复辩驳，谢先生亦心折，与为兄弟交；南丰汤惕庵、广昌黄先生介五、程山之门封先生……皆为忘年交……甲寅、乙卯‘三藩’变乱，诸贤豪或置身浮沉，先祖介然不与混迹期间，丁巳秋，韩大任溃围走匿黄陂界……先祖有谷数十石存邻乡欲卖……著《草亭诗文集》二卷、《周易解说》四卷……生明天启甲子，殁康熙戊子享年八十有五。

康熙十一年，彭任获知方以智殉节后在青原山建“衣冠冢”，遂以知情者言“青原竟沦迹”赴水淹没为句，作《寄赠情缘木立和尚》：

三世儒者学……偪侧走天末，三迎无可择……青原竟沦迹……晤公知非年，荏苒今六十。去者日以远……千古安其宅。青原山有松，青原

① 《纪事》卷二·曾灿·216页。

② 《田诗》卷二十八·客隐集[己巳至庚午]·562页。

山有柏。松枝日长青，柏子时至赤。保兹岁寒姿，日月为无斁。[①]

黄介五，生卒不详，广昌人。是彭任的姻亲。彭任《草亭文集》一《祭黄介五文》：

任等友君，交好有年……程山易堂，两地晋接；躬庵弱息，归奉箕帚；通家问询，不间子妇；任有稚子，又托昏姻；相将道义，情好愈亲。盱江梅水……接壤比邻……为师为友；嗟君巨才，遭世不逢……渠魁未歼；以此罹难，身危志直；贼骨未析……我辈往来……忘形尔汝……千秋大业；君志不伸……任等后先，交历群纪……其情难忘……告以此文。

鸿鸣怀疑此人即揭暄《父子传》当中揭暄所救被贼人绑架之人。存考。彭任《寿黄姻翁介五兄》：

古云七十古来稀……黄翁是同腊同其……常把六经宜玩易……诗书有子足传家……[②]

彭士望《耻躬堂诗钞》有《平西江上别黄介五、甘建斋》：

素心不易得，人生聚会难……亲朋俱老大……颇为儿子勤……侧身视天地，去路何漫漫。

林时益顺治十六年有《己亥二月十五日同彭躬庵陪黄介五陟岘峰访彭立斋、李咸斋、种樵、彭中叔兼送曾止山，别宿咸斋半庐作夏五月咸斋五十一，遂以为寿》：

黄子言陟岘，晦农招我陪……献岁曾几时……黄子悃愊人，绝少寒温辞。觞客醵酒果，语浃忘夜迟……主人意不浅，引烛窗前梅……乙丑至于斯……遂了百年期……是维乙酉秋，丙戌深相知……忽忽十年余……相期爱来日，盛大或庶几。[③]

可知黄介五是一个朴诚悃幅、不善言辞之人，与宁都“易堂”诸子均有交往，且往来密切，年龄与彭士望相仿。

4.“易堂”灵魂魏禧与伯兄魏祥、季弟魏礼及族祖魏石床

方以智游宁都所谓之“梅川”，是一条贯穿宁都城的河流，魏氏三兄弟傍

---

① 《草亭》五言古・六。
② 《草亭》七言古・四。
③ 《中尉》卷一・五言古・十三。

其而居，诗文中常有涉及；所交诸子，均站在不同的角度对这次交往的程度，有详细的交代，

魏禧（1624—1678），字冰叔、凝叔，号裕斋、勺庭等，宁都人，是“易堂九子”的灵魂人物。《清史稿》：

> 魏禧……父兆凤，诸生，明亡号哭不食，剪发为头陀，隐居翠微峰。是冬，筮离之乾，遂名其堂为易堂，旋卒。禧……与兄际瑞，弟礼，及南昌彭士望、林时益、同邑李腾蛟、丘维屏、彭任、曾灿等九人为易堂学，皆躬耕自食，切劘读书。“三魏”之名遍海内。禧束身砥行，才学尤高……喜读史……遇忠孝节烈事，则益感激摹画淋漓……方外交药地、槁木，皆遗民也。当是时，南丰谢文洊将学程山，星子宋之盛讲学髻山，[①] 弟子著录者皆数十百人，与易堂相应和。易堂独以古人实学为归，而风气之振，由禧为之领袖。[②]

同治《新城县志》：

> 魏禧……在易堂中最有名。意气倾动海内而束修砥行，读书论古，不往见公卿。顺治十一年己酉 [③] 寓新城交孔鼎，授徒涂氏三年，与涂斯皇论史，合刻以行，岁过南丰，与程山诸子剖析义理，务精当独，不喜立门户，曰：各持所见，终是有我。后举博学宏词科，以疾辞。久之卒于广陵。著有诗文集、日录、左传经世若干卷行于世。[④]

明亡，魏禧参与抗清，并应杨廷麟之召，有“护军西行”。[⑤] 自曾传灿带回方以智的消息后，魏禧就叹自己无缘与“复几风流”、[⑥] 声名藉甚、交游皆一时俊彦的方以智相识而惋惜。其《读史杂咏呈药地大师 [师本姓方，名以智，字密之，桐城人。国变后为僧，初号无可]》[⑦] 十首，就是在方以智访宁都时，借古喻今，表明志向的倾心赞扬，又在《读彭躬庵庐山诗有作寄呈木大师》诗

---

① 髻山诸子包括：宋之盛、查小苏、夏伟、周祥发、吴一圣、余暐、查世球等。

② 卷四八四・文苑一。

③ “己酉”误，该年当为“甲午”。

④ 卷之十・寓贤・三。

⑤ 《叔子》卷十八《彭母朱宜人墓志铭》。

⑥ 指明末的“复社”与“几社”，明末“四公子”的方以智即其成员。

⑦ 《叔诗》卷之一・四言・八。所吟有：周公、文信国、申屠子龙等。

中说：

……皖江有异人……窃独爱两人，杨瘠、宋未有。[1] 寄我庐山诗，磅礴无涯涘。最奇十四松，托根自晋始。刘石代纵横，礧砢有如此。[木大师昔寓庐山……传是前代物。躬庵作十四松行，其庐山诗首于宋，终于杨。杨名益介，字友石，新建人。国变后苦节不屈，宋见砸诗黄妇诗注。][2]

方以智访宁都回寿昌寺后，魏禧即往来黎川卖茶、祝寿、探视不断，《文木屏记》是在方以智驻锡黎川 4 年期间在外行踪的另一种记录：

余客横溪得文木之屏三，一方九寸，攒岚积嶂，岩壑百状……一方六寸，空濛中见罗汉骑狮子……横溪盱新城之西乡也，地连闽。闽多产此木，然文必数百岁合抱之……人不易识解木心者……故器盛于新城，而横溪工为能，新城人呼曰：花木。余客五载购之众，独此三板为绝也。桐城方太史云：即红豆树，所谓相思木是也。一云鸂鶒木，一云鸡翅木，皆以其文似之故……[3]

魏禧与黎川关系密切，魏兴士《答新城杨山一书》、《答新城孔玄徵书》[4] 均涉及"家叔父"与黎川诸人际关系，魏兴士亦常同魏禧往来于宁都与黎川之间。[5] 魏禧后在康熙四年、方以智离开黎川三年后，"乙巳岁，予授徒新城"、[6]"授经新城"，[7] 并往来于青原山与方以智频繁交，又六游吴、越诸地，这其中的关联性，尚待学术界进一步研究。

晚明的开放思想，"自明神宗时有利玛窦者，自泰西来中国，其国人精于历学迄今，犹遵而用之"[8] 魏禧所交方以智的基础，正是基于其早已耳闻的"泰

---

① 宋未有（1616—1680），隐居星子县髻山，人称宋髻山。《小腆纪传补遗·儒林》："宋之盛……国变后结庐髻山，足不入城市……非若世之辟议论者，舍精而攻其确也。" 是"髻山七子"之一。《后集》卷二·借庐语《怀未有、敬跻诸子》注："宋在髻山，吴在卧龙冈"。吴一圣（约 1610—1670），字敬跻，星子人。宋未有在康熙四年与方中通有交，《陪诗》卷三·十一《怀谢秋水、宋未有两先生》："壁立高千仞，程山 [谢先生] 与髻山 [宋先生]……两君甘石隐，磨砺未曾闲。"

② 《叔诗》卷之三·五言·二十一。杨益介，字友石，新建人，明诸生。甲申后作《采薇歌》以明志。

③ 《叔子》卷之十六·文木二·四八。

④ 《兴士》卷之二·杨山一·一。

⑤ 《兴士》："杰尝负笈从叔父新城。"

⑥ 《叔子》卷十一《泰宁雷翁七十寿序》。

⑦ 《叔子》卷十一·渐堂二·四《宋渐堂四十初度序》："乙巳冬，予客建昌。"

⑧ 《昭代丛书》梅文鼎《学历说》11 页。

西学”声誉，而有“吾向……交药地大师，能使才人见之自失愚者见之自喜”。[1]曾传灿从广西将方以智抗清带到翠微峰，犹如一盏明灯，使得整个“易堂九子”原先所抱守的“君子持节，如女子守身，一失便不可赎”[2]更加清晰和坚定。让这个曾经在大明王朝有过旌门、赐冠带、有过“圣旨门”殊荣的魏氏一族，在与方以智的惺惺相惜交往中，不管是“相招”成弟子，还是“结盟”为友，都有了一个共同的目标，而让魏禧成为这个特殊群体的“山主”。按照李腾蛟的话来说，“叔子于易堂，犹桶之有箍”，[3]是“易堂”诸子们的主心骨，而方以智则从此成了这个群体的精神领袖。

魏祥（1620—1677），字善伯、号东房，人称魏伯子，是三魏的兄长。《清诗纪事初编》卷二·204页：

> 魏际瑞，原名祥……乙酉后，[弘光元年]昆弟皆弃诸生，际瑞支持门户，独应试不改……际瑞之游，恒在浙闽粤中……初客范承谟所，不与死耿精忠之难，终为哲尔肯说降韩大任，遂见杀。际瑞为人无宿诺，为乡里捍患，冒白刃不悔，一方倚为安危者三十年。没于丁巳[康熙十六年]八月，年五十八……喜读庄子……能道人胸膈间事，或即物穷理，为修己治人之资，诗亦激越悲壮。

魏祥是在方以智游翠微峰月余后已至六月，才在方以智的所居“静室”有访，因不知方以智此时已由庐山至黎川寿昌寺任住持，故仍称方以智为“庐山木大师”。遂有作《己亥六月送季弟之江左兼访庐山木大师静室》：

> 海东声势卷潮头……布帆无恙秣陵秋。[4]

至清秋，魏祥陪同方以智游冠石，作《山中酬木大师》：

> 大师云此石，天下亦无双。想望竟三月，登临时夕阳……共向峰前立，清秋夜未央。[5]

---

① 《昭代丛书》魏禧《日录杂说》29页。
② 魏禧《里言》。
③ 魏禧《里言》录李腾蛟语。
④ 《伯子》卷之八·七言律·十三。
⑤ 《伯子》卷之七·五律十·四十五。

魏祥平生“颇嗜漆园”，[①]与方以智有“庄学”同好，又好“泰西”之学，[②]在与方以智相交后的十余年间，魏祥书信往来问讯、请教不断，并在一起讨论曾在内府所见诸医书，由此魏祥感叹方以智医术“则其学可知”。[③]两人亦尝在一起下棋搏杀。[④]

至季夏，黎川寿昌寺已为方以智在黄龙背新筑方丈室“药地”完成，特遣“廪山”的双峰大存前来宁都迎方以智归。魏祥于此时得知方以智已在黎川寿昌寺任住持的身份后，以黎川“寒山”将“放花”为内容，作《木大师》二首：

东南西北一时倾……留将此老作残僧……冬尽寒山又放花。解得木心阳气在，不留西土住南华。[⑤]

后又在为黎川孔氏《仁寿堂医集序》中，盛赞方以智：

> 新城孔氏……精医学……然尝闻桐城方密之先生称孔氏学……方先生读内府秘书，为余言医书传者……今称道孔氏如是，则其学可知……方先生言：古方书不可纪极，乌容更作。[⑥]

彭士望则在评跋中说：“知此可以作宰相矣！”魏祥以“人情当世之故，深炼熟识，入于毫芒”[⑦]厚道称世，但其思想深处亦不乏“海国干戈正未休，书生仗策几时投；伪朝李密惭忠孝，江左夷吾老寇雠”[⑧]的惆怅。

魏礼（1629—1693），字和公，人称魏季子。《清史稿》：

> 禧弟……喜任难事，以郁郁不得志，乃益事远游，所至必交其贤豪，物色穷岩遗佚之士。[⑨]

---

① 《叔子》卷之八·伯子一·四七《伯子文集叙》。

② 《叔子》卷之十二·泰西·三十《跋伯兄泰西画记》：“甲寅［康熙十三年（1674）］嘉平，伯兄出示泰西画……知泰西测量之学为不可及，伯子又述……”

③ 《伯子》卷之一·仁寿堂·四七《仁寿堂医集序》。

④ 《伯子》卷之二·牍·三十五《与木大师》：“瑞稽首敬问道体无恙，所诚所受奉持无竟不敢更咨启也。”又“牍九”《答方大师》：“四年京国……敬问和尚道体坚强，伏腊无恙。去冬十二月，曾附盐船过吉州……欲西反东……棋局之新，日日又日，烂柯所未尝载……”

⑤ 《伯子》卷之八·七绝七·四十四。

⑥ 《伯子》卷之一·仁寿堂·四七。该黎川“孔氏”，魏祥文中：“孔氏年踰六十……国变弃诸生淡泊势利，攻医学四十年而大成。”

⑦ 《叔子》卷之八《伯子文集叙》。

⑧ 《伯子》卷之八《署中月夜登楼怅然之作》。

⑨ 卷四八四·文苑传·一。

顺治十六年，魏礼“始至吴中，意其探海上消息”，[①] 十七年至十八年，魏礼游粤，句留独久，曾赴龙门岛与反清义军联络。[②] 陈恭尹《送魏和公归宁都》：

隔年相见即依依，知尔全家住翠微。穷海访人兵后去，孤身携剑雪中归……[③]

石濂大汕有《送魏和公归宁都翠微山》：

近代高明者……客星千里外……文章归翠微……[④]

魏禧《魏季子文集·序》说魏礼：“沉毅刚若，勇于义慨，虽水火白刃，不易言一言。”《魏季子文集》卷之四·五律·四《往廪山访麗公雨滞南丰三日未得行》：

抱疾行长路……意中得廪山。如何溪涧水，日夜发狂澜。

魏礼既常去黎川廪山，在黎川有弟子涂赞皇，[⑤] 也常往来于泰和首山，穿梭方以智与泰和萧孟昉之间，其《为萧孟昉寿》：

我欲往西那国……皆得之食此实者寿与天齐 [叔兄云倒提好]……身可具斯前有西曹公之泽施……取神仙引年之物为。[⑥]

《萧孟昉五十》：

五十声名久，濠梁寘此身 [孟昉有春浮园，遁圃甚佳]。系高连靖节 [宋萧楚太和人，谥靖节]，钱散似贞文 [南北朝萧眎素号曰贞文先生]。斗酒欢承夜……君自有神人。[⑦]

《游研邻却赠》：

名园供客玩……一年当两年。又：……独笑闲游客，开船只恐迟。[⑧]

《萧孟昉初营膝寓，予适来客，赋二百二十四字》：

研隣先生天下豪，千金万金比鸿毛……春浮遁圃不称心，研隣窈窕

---

① 《纪事》卷二·魏礼·206 页。

② 《陈独漉 [恭尹] 先生年谱》。

③ 《陈恭尹诗笺校》267 页。

④ 《离六》五律卷七·三。

⑤ 《同新》卷之十一·书序·二十八《海门文集》：“潘安礼序……吾友新城涂君赞皇，则魏季子弟子也。赞皇于凡兵农礼乐、天官地志，靡不毕究……”

⑥ 《季子》卷之一·杂言·四。

⑦ 《季子》卷之四·五律·十六。

⑧ 《季子》卷之四·五律·五十七。

殊晴阴……图书满架竹满寺……从僧更乞金沙地……一别八年还相见，君大黑须我白髭。谓我曲阑种芍药……昼闲且自摊书史……①

魏礼与方以智一直保持有联系，至康熙九年10月，方以智59岁，魏礼有《寄题小三叠泉遂为木立大师寿》：

我若为山水，定为三叠泉……谁能辟此路［三叠泉涧路自木公开］……疑有蛟龙起，复闻魈魑喧……八里通玉川，江湖忽到天。眼望汉阳树，心忆京口船。十载维巳酉，三叠开青原。好山私于师，② 机巧法自然。惟师有动静，抱真以永年。③

施闰章说魏礼："和公亦自视天下无难事……所至必与贤豪结欢。"④"三藩之乱"起，魏礼表现尤为明显。其时，魏礼不仅周旋于"贵人"之间，且"出入金戈铁马之中"，⑤ 还遣派儿子魏世傚"尝天寒被雨，步行九百里，衣裤水流者十三日夜"，⑥ 奔走于乱世之途。其另一个儿子魏世俨在谈到这段"三藩之乱"的事情时说：因"久习兵革"，"惟以豪杰自命"，但在这场"流而忘反，身名俱隳"的动荡之中，魏氏父子始终是以"故时面目"⑦ 的秘密方式来进行，魏礼一辈子始终不奉清朝正朔，以隐晦的太岁纪年方式来表明自己的"遗民"身份。"易堂"诸子们在方以智沉江殉节以后的举动和表现，与方以智的来访、魏禧、林时益屡屡前往黎川、武夷的"卖茶"等行为而论，很难说不会没有必然的关系。如果说方以智来宁都是为结交魏禧等"易堂"诸人学"易"、研究"易"的学术，倒不如用"九子"们常常挂在嘴边的"收拾奇士""得豪杰而用之""薪尽火传"来得实在。这大概也正是方以智与魏禧等"易堂"互为交结的真正原因。

明末清初因"国变"后的各地士子、弃官而四处游的士大夫们，遍寻奇山而有遗民间并不平凡的联络，构成了一道独特的风景线，士子们并不以乡邦自限，力图友"国士"，友"天下士"自居，隐藏在这一交游后面的，则是清

---

① 《叔诗》卷之五 · 七言古 · 十九。

② 说方以智在"寿昌寺"做主持，寿昌派于其青眼另看。

③ 《季子》卷之二 · 五古 · 四十七。

④ 《愚山》文集卷九 · 175页《魏和公五十序》。

⑤ 魏世傚《享堂记》。

⑥ 《昭士》卷二《答周盛际先生书》。

⑦ 《敬士》卷三《拙轩子卢孝则三十又一序》。

朝统治下的“汉民族”观和汉民族的“天下”与“国家”观念。后世对“易堂九子”甚至不乏“处父子兄弟夫妇间，咸有君臣之分”[①]的评价。

魏书（生卒不详），字石床，宁都梅江镇人，明末诸生。虽不列“易堂九子”，但他却是往来于宁都翠微峰的重要人物。工诗词，善书画，入清后弃功名，潜心著述作画，其父亲魏应秋，好学工诗，狂狷豪放，有“诗狷”美誉。著《石床文集》二十卷，《逸民卷》等。道光四年《宁都直隶州志·人物志》：

> 魏书，字石床……工诗词，尤善真草、篆、隶；画山水、竹木、鸟兽，穷态尽妍。甲申弃诸生，肆情著述。

魏石床是魏禧三兄弟年龄略长的族祖，[②]也是罗牧（1622—1711）学习书画的启蒙老师，[③]与林时益过往较频繁。顺治十四年有《丁酉季夏入宁都城，喜魏石床来晤李少贱宅，因送予至西郭门，兼订秋期》：

> 入城不过访，知子谅予情……客欲出门去……一杖莫迟回。

又有《魏石床、杨雨三枉过东岩遂同陟岘诸子集饮念曾止山于田》：

> 遂与登三岘……得不念曾生。[④]

顺治十八年，林时益与魏石床再聚后作《魏石床枉示白菊诗因和》：

> 种日如何分紫色……盘溪十里喜相过，力疾起吟清渠边。[⑤]

方以智记载魏石床“来”访，或因其年龄、辈分的原因，两人在三巘峰仅有“一笑而已”，且因有“二濂之奕客”来下棋，故与魏石床“不作谈道”，但方以智对魏石床的书画之名却很熟悉，遂以“惜不得石床为少文图”为惋惜。《药地炮庄》总论上·半山题画册曰，有魏石床的评论：

> 石床曰：此道亡于云林，快哉！超宗种草，赏鉴者谁？

这是方以智在黎川“炮”《庄》期间，[⑥]引用魏石床评书画而讨论《庄子》，

---

① 《纪事》前言·5页。

② 《叔诗》卷之二·杂言·九：“石城廖公以全发死于兵，族祖石床为作传。癸卯二月，且来征诗，石床好传义死。”又《叔子》卷之二·平阴·三十三：“《平阴》……族祖石床曰：架空立论”。

③ 《道宁》卷之三十·艺文诗·补遗·八十五页·魏书《春晴同罗牧过韦公岩居》：“结伴出西阁……诗思步层刚。”详《“江西派”开派画家罗牧》。

④ 以上二首均《朱中尉诗集》卷三·五言律。

⑤ 《中尉》卷四·七律。

⑥ 魏石床的评论后有“《逊志集》清泉记曰……其记桐庐、寿昌、见山堂”句，可知魏石床的评论，是方以智在黎川寿昌寺期间。

亦说明魏石床自方以智访宁都后，两人的交往，至少延续到顺治十八年《药地炮庄》基本完成之时。

方以智出访宁都翠微峰后，“易堂”诸子均与方以智或有简牍往来，或尝来黎川看望，魏禧更是希望邀方以智“更来斋中一宿”，[①]“易堂”晚辈的诸弟子们，自此视方以智为师，有的直接拜在其门下，往来不断直至方以智去世。

魏氏三兄弟等，在宁都这座地处偏僻，“江西之末，距省会千三百有余里，地介闽、广，而货产不饶”、[②]“豫章居江湖之僻，虔州僻于豫章，梅川又僻于虔”，[③]“四方士罕至者”[④]的“翠微峰”上，对大明王朝灭亡的原因进行总结，魏禧归咎于：

> 天下之害，由于人无真气，柱朽栋桡，而大厦倾焉。[⑤]

魏礼则将兄长所说的这种“真气”，看成是“奇气”：

> 人之有真气者，乃有奇气。[⑥]

方以智在来宁都的前一年，寿昌寺内就有：

> 发真实心，行真实行，方肯真实。参真实参，方有真实；疑真实疑，方有真实；悟真实悟，始信悟同未悟，始知真实践履。[⑦]

随着方以智来宁都的造访，其“真实践履”的理念与“易堂”诸子的“真气”与“奇气”，不谋而有契合。“翠微西登冈，遂对三巘峰。最上李子庐，开门向天东”；[⑧]魏祥《答方大师》文中，以近乎表态的语气说：“虽有翠微峰，如徐福蓬莱，至辄船风引去。”[⑨]

5. 宁藩王孙林时益与彭士望及其女婿胡映日

林时益（1618—1678），明宗室江西宁藩瑞昌郡王支十世“议”字辈王孙，

---

① 《叔子》卷之七·三十六《寄木大师·又》：“师杖屦且停，更来斋中一宿，广坐中不得独对，如彼此背蝉不得，搔爬正复难过耳。”

② 《季子》卷十五。

③ 《半庐》卷一。

④ 魏礼《先叔兄纪略》。

⑤ 《叔子》卷九《徐祯起诗序》。

⑥ 《季子》卷十二《邹幼圃来翠微峰记》。

⑦ 《冬灰》卷首《墨历崖警示》。

⑧ 《季子》卷二《李咸斋五十有一》。

⑨ 《伯子》卷二《答方大师》。

原名朱议霶，获辅国中尉爵，甲申国变后改名林时益。《清史稿》：

林时益，本明宗室，名议霶，字确斋……卜居冠石，结庐佣田，非其力不食。冠石宜茶，时益以意制之，香味拟阳羡，所谓林茶者也。晚好禅悦，著有《冠石诗集》五卷、《确斋文集》。①

《盱眙朱氏八支宗谱》：

瑞昌议字派，统镄次子，议霶，更名林，号用霖。邑廪生。明天启五年乙丑四月二十一日酉时生，清康熙十九年庚申十月初一申时殁，享寿五十六。鼎革初，变姓名村时益，字确斋，携家居宁都……小居冠石田而耕。冠石宜茶，时益以意制香味拟阳羡，所谓林者也。二书喜为诗，晚又好禅，以疾故，未尝一他适，颓然耆庞见者，目为老农老僧，如足者三十年，卒南昌府。②

林时益于明亡后附彭士望来宁都依魏禧，在“易堂九子”当中，对清廷除了广义的“国仇家恨”之外，真正称得上与满清王朝有血海深仇“家恨”的，只有林时益、彭士望和曾传灿三人，林时益“为最艰贞”③者。故《清诗纪事初编》对林时益的评价尤高：

朱议霶……林时益……性豪迈，敢为大言。见天下将变，专意结客，四方豪杰士多从之游……乙酉[弘光元年]……士望遂奉议霶走宁都依魏禧……议霶实为易堂宗主。故魏禧谓议霶来宁都时年二十有八，予与季礼方壮，并愿为之死。没前语士望禧礼曰：吾衰病无所用于世，君辈好为之，遂于戊午[康熙十七年]八月以呕血死，年六十一……议霶死而易堂之业衰矣……④

魏禧在为林时益作“传”时，不用他在宁都的“林时益”化名，而是坚称“朱中尉”，可见其对林时益“明宗室”身份的重视。魏禧《朱中尉传》：

明季天下宗室几百万……奉国中尉议霶……父统镄，中崇祯丁丑进士，知江夏县……中尉创立开收出纳法，别有籍法……江夏公即卒于官……柩乃得还南昌……中尉性豪迈，敢大言见天下将乱专意结客，招

---

① 卷四八四・文苑一。

② 《宗谱》瑞昌议字辈。

③ 《中尉》后胡思敬《跋》。

④ 卷二・212・朱议霶。

致方外异人冀他日为国家用……段公有异表……与中尉语大爱之……求实用。张若仲亦负奇才精击刺，中尉与为兄弟交，得其技。僧辨文、道士张怀初，深沉有大略，中尉皆委心交之……甲申……六月，金声桓入南昌，中尉、彭士望两人相与谋……立挈妻子走建昌，士望三至宁都……与诸子结庐金精之翠微峰，讲易读史为易堂凡八九人……士望尝游四方，中尉以病多家居，并督二家事……率妻子徙冠石种茶……夜则课之读通鉴学诗间射猎除田豕……歌出金石声，皆窃叹以为古图画不是过也……晚又好禅……见者以为老农老僧……戊午八月，复病呕血死，年六十一……所制茶高妙，远近名曰:林茶。工二王草法，诗于杜为别出，人咸推服之。然求书者，中尉率书古人诗也……①

林时益知道方以智，是顺治九年经曾传灿自梧州归后所告知。林时益在该年与方以智交后，写有《己亥季夏郭家山呈别木大师》长诗一首，诗中除了盛赞方以智的学识源博外，还将自己神交已久、终得遂愿的原委，以及在宁都的行为，作了最为详细的交代：

闻师自止山，八载藏胸臆。忆我归西江，师从南粤出……我时过翠岩，雪公共晨夕……人生遇不偶，乃一交臂失……今春止山行……复闻谢子言，有僧号木立……期以五月中，来易堂言易……中叔赴谢子，偕与师偕即。即夕止树庐，晦农与促膝。凌晨寄予言，心知是师必。初闻来问讯，得信倾倒极。指此是茶人，有如旧相识。翼日魏叔至，采山言卓锡……久复过树庐，一谈遂七日。始知师家世，为学有本末……师即茶说法……按图反滋惑。候至寒釜红，掀翻众手疾。风气香所譬，更宜藏慎密。茶忙立夏止，迎师来冠石……师如大海水……师学靡厌时……妄药未可试，火攻斯上策……别后绎师语……师云宗门衰，振之惟念佛。大众日围绕，火宅莲华国……今师返寿昌，篮舆郭山入。力疾写长歌，离忧那堪毕。②

此际，林时益的族叔八大山人·雪公，正与其在宁都“共晨夕”，两人将“方以智”这个人物，于“八载藏胸臆”。此后，林时益曾在萧平原处，见到过方以智的书画，但“失之交臂”而感叹未能得交。至“今春”顺治十六年，曾传

---

①《叔子》卷之十七·中尉一·百二十。

②《中尉》卷一·五言古。

灿乘船要去吴下寻找方以智的“师迹”时,接到了南丰程山谢秋水的口信说,“有僧号木立”要来宁都。此时的林时益，并不知道这位“木立”和尚，就是8年来一直挂在心中的方以智。

方以智由“易堂九子”的彭任在广昌接至宁都的时间，是在五月十五日傍晚。是日，因经过彭士望·晦农居所“树庐”，故与彭士望作“促膝”谈。第二天，彭士望便将方以智要来“问讯”的信息告知林时益，林时益“得信倾倒极”，但彭士望为方以智隐姓埋名，只说“指此是茶人”。林时益虽初次与方以智相见，但“有如旧相识”。

第二天，魏禧到后与方以智说采茶、说“卓锡”，希望方以智能驻锡宁都，这一行，林时益陪同。当方以智再次过彭士望“树庐”时，在彭士望家里连住了7天“一谈遂七日”。由此,彭士望对方以智的家世与学识,有了进一步的了解。

林时益在对方以智介绍了自己种茶、二三弟子的状况后，[1] 话锋一转，当说到了方以智来宁都借茶“说法”，林时益以“旗鎗莫妄摘，学古贵因时，按图反滋惑。候至寒釜红，掀翻众手疾。风气香所雠，更宜藏慎密”的句式，要大家在等待“釜红”的时候,要“掀翻众手疾”;要避开所仇视的“投降”之风;要更加“宜藏慎密”。待“立夏”林时益茶事完毕，便迎方以智到了自己的所在“冠石”，随即描写两人“供以羲皇风，于我竹窗北”主客两忘的交往，说“好友尝过从”，各自有不同的诉求；说易说医，方以智更是对林时益的王孙身世和不同于常人的亡国之痛，表达了“妄药未可试，火攻斯上策”的意愿，而林时益则表达了自己并不愿意庸庸碌碌过一生、至死追随不后悔的心意。

方以智游宁都时的“茶人”身份,直到黎川寿昌寺遣派“廪山僧”双峰[2]用“蓝舆”[3]来接归时才被揭开。此际,“易堂”诸子恍然大悟,原来眼前的这位“木立”和尚，就是众人思慕了八年之久的方以智。

---

① 至康熙二年，林时益有弟子兼工佣20人，时罗牧当在其中。见《癸卯初夏习生四十初度作此贻之》:“主仆工佣二十人，衣食何人知我艰”。

② 《同新》卷之十二·仙释·国朝：“僧宏智……僧大存，字双峰……已上具相继住寿昌。”继方以智以后，双峰大存任寿昌寺住持。方以智在《冬灰录》卷四《为双峰和上设供》有“黄龙背上留药地”句，又在游宁都后所写《游梅川赤面易堂记》中说“寿昌遣人至，谓黄龙背新筑一药地矣”，故可知寿昌寺所遣之人当为“双峰和尚”。

③ 即“竹轿”。姚文燮《刘宗成先生骑士寿序》:“余游越……侯先生方山居特命蓝舆访余……其家人之人才必首称……”可见以“蓝舆”相接，在明末清初时期，是民间一种较高的礼遇。

原本早已忘却自己是“天家之子”、已在宁都“不力耕不得食”、“荷锄运锸”的林时益，自方以智将其同视为“茶人”[①]后，便“常至江南，欲渡淮而返，间走一二百里，负茶自卖之”，[②]与魏禧前往黎川“卖茶”，或寿昌，或廪山，甚至追随方以智出游之地前往看望，以致与黎川诸寺庙的僧人熟悉并建立关系，在方以智离开黎川后，仍时有去寿昌寺看望其他的僧人。《朱中尉集》中的《赠廪山西堂静公兼柬适大师》、[③]康熙二年所作《寿昌访其公[④]喜与日怡上人谈诗酬元韵》，[⑤]又作《黎川送徐任伯还楚，予亦将还金精》[⑥]等，都是林时益频繁往来黎川的证据。方以智后在青原山《与易堂林确斋》书说：

> 将谓人裸猎较泥洹本分乎？将谓带鉏竿木安于所伤乎？总是业缘难回避耳。青原古名安隐……愚山庇之……环中遗命谓何？……学忍辱行……操履死而后已，痴愿死而不已，愚公移山，能无笑乎？不论赞者谤者，但使耳闻目及，或信或疑，过即受熏。孔孟当时，几曾如意？而万世人心自转……共一君臣，互为君臣……入门励志，可与共学……[⑦]

林时益与魏禧“卖茶”往来于方以智的“愚公移山”行为，正是他们心中隐藏的“共一君臣，互为君臣”巨大目标和秘密。而方以智在这次林时益将出远门时回信的口吻，则无疑是在用一种劝慰知进退的方式，将这个“结盟”群体中的领袖地位体现出来。

彭士望（1610—1683）道光《宁都直隶州志》卷二三·寓贤：

> 彭士望，字达生，号躬庵，南昌县诸生，英姿卓荦，少奉父命师事漳浦黄公道周……甲申，同林时益徙居阳都冠石，与丘维屏、魏际瑞、魏禧、魏礼、李腾蛟、曾灿、彭任为性命交，砥砺名节，暇则诗文往来。士望尤以躬行为本名。其所著文曰《耻躬堂集》。

彭士望与方以智在宁都翠微峰相交，是在迁居“草湖”后。《耻躬堂文抄·自

---

① 《中尉》卷二《癸卯三月送魏叔子之高邮……》。

② 《中尉》卷首·李萱孙《叙》。

③ 《中尉》卷四·七言律：“相逢岂意古黎阳……三年行脚在西堂……泣血诗归缁布囊……当令一坐断诸方。”

④ 指其天大浩。

⑤ 《中尉》卷四·七言律：“……谁为国士甘吞炭……何意逢君笑日开。”

⑥ 《中尉》卷四·七言律：“无有坚城在目中……赢得相思十二峰。”

⑦ 《华青》卷八·书·195页。

序》说：

戊戌迁草湖，依桂树为庐居之……佣魏伯子田，为隶农自给。僧药地[原方名以智]自庐山来访。己亥秋乱，复归冠石。[1]

彭士望《髻山秋日书怀》：

草湖有枯梅最古，予树庐其侧……方密之先生有赞。[2]

方以智造访彭士望，在新居“草湖”一居七日，时彭士望50岁生日之庆，方以智为此有“赞”。[3] 彭士望《纪梦呈木立大师》诗，对这次方以智来访，作了详细的描述：

……有客自云郃，南渡来游艺。圆顶而方袍，好须新尽剃。颀然可八尺，顾盼生雄毅。入门拜宾主……坐我树庐久……著书满人间……自惭安乐窝，无补天平世……是为文天祥，艰难尝已备……指我呼郃子……此翁识多端……取舍太便易……稍窥击壤意。以世视先生，如秦视易义……目为书卜筮。谁探方圆图，乾坤大罏鞲……先生安所置。[4]

以彭士望“好须新尽剃”句，显见是方以智在新剃了头才过来的，这当然是一种对方以智尊重与慎重的表现。以诗中“著书满人间，曾不立文字”论，两人在论“易”时，方以智当有将《易余小引》出示。彭士望在阅读文尾“爰有一人，合观乌兔，在旁之中，不圜何住？无人相似，矢口有自。因树无别，与天无二”时有问。方以智以“不立文字”手段回答“大明方以智药地”的含义后，这才引来了彭士望的“目为书卜筮，谁探方圆图”感叹。文中的“稍窥击壤意”句，又将方以智来宁都所隐含的“抗清”意思作了表达。至此，彭士望视方以智“是为文天祥”。这是魏禧、彭士望均以“文天祥”人格比之方以智、引发后来方以智对文天祥“人格认定”的一个重要因素。

彭士望在为方以智《合山栾庐诗》作《跋》[5] 时说：

---

① 《耻躬堂诗集自序》排在该年最后。方以智此次来访前后逾“三月”，彭士望所记当为“戊戌”年尾，清顺治十六年己亥年初。

② 《耻躬》卷六。

③ 《耻躬》卷六·十四：“历岁频就予，步担五千里……去年予五十……再拜出二纸……”是时，门生蔡静子由新建来冠石有贺，并出“二纸”诗文求教，故彭士望有《髻山送门人蔡静子归吴塘》。

④ 《耻躬》卷五·十五。

⑤ 此“跋”当在方以智来黎川后“侍子德、通、履录”编辑《合山栾庐诗》并付梓时所作。

浮山固以世孝闻天下，孤乃不幸转侧瘴徼九年，归而羁金陵竹关三年，至不获启手足，仅奔丧归，为栾庐居之。攀柏之暇，溅血为诗，声出楮间，痛彻天际，孤穷矣哉！

宁都“易堂”自方以智访后，诸子们之间常提及的话题便是“木立大师”。魏禧给彭士望一封《简》书，是“九子”谈论方以智的证据。该《简》魏禧将方以智的“托古”之风与诗学之“工”，看成是“易堂”诸子们心中的一座标杆：

久欲作诗酬木大师，泛言之则不尽切，则难为言。将托古依类杂见风指，又当于十六字中得古人要害，使意笃而义博语奥而体直，此难工也。夜不寐率尔成此，敬奉批削使当为工。[①]

方以智《炮庄》成，彭士望得读后作《宿闽南田舍，梦作〈炮庄〉诗寄药地老人》：

曾从天际别……要与鲲鱼说，南溟尚可游。[②]

胡映日（1630—1700），亦有作“瑛日”，字心仲，南昌人。[③]《青原志略》卷首《青原山志缘起》：“药地学人胡映日谨识”，卷十三“药地学人胡映日心仲、方兆兖乘六编”，卷五《药室说》：“胡心仲学《易》有年……来依青原……而寺侧环堵，可名药室”，是方以智访宁都后收为门下、在“药地”黎川学《易》有年的弟子。[④]乾隆《建昌府志》卷六十五·人物·列传·流寓：

胡映日……弱冠颖异绝人。父海定，以汜水令殉难，映日遂隐处不仕。顺治甲午来南丰，及谢约斋门。其学博而精，所著天文、地理、医卜等书甚富，尤深于象数、《周易》参同契，贯通有独得。妇翁彭躬庵称其文奇崛嶔崎，如拗山愚水，海内名宿皆推许……平生重节义，砺廉隅。

胡映日是彭士望的长女婿、李腾蛟的弟子。魏禧《与宗子发论未葬不变服书》：“南昌胡心仲，好饮酒，其先君子殉义，乐平服除，贫不克归葬，心仲乃为戒，既葬而后饮酒，盖若是者。”[⑤]作为岳丈，彭士望借写王乾维、欧阳宪

① 《叔子》卷之七·五《与彭躬庵·又》。

② 《华青》卷十一·诗·292页。

③ 《耻躬》卷六·十《髻山秋日书怀》：“广昌古平西邑长女夫胡心仲曾馆其地。”《耻躬堂诗集自序》：“戊戌迁草湖依桂树为庐居之，同居长婿胡名映日。”

④ 安徽省博物馆藏精抄本方以智《医学会通》，有许多方以智与“胡映日”的记录。

⑤ 《叔子》卷之六·论变服二·十七。

万[1]的《髻山秋日书怀》诗，把胡映日的身世，作了简单介绍：

自别髯翁十六年……莫忘交情死友贤……忠臣孝子今传笑，寡妇孤儿绝可怜。予年三十时，与乐平王乾维、新建欧阳宪万为死友。宪万早游无嗣，乾维迟暮亦未有子。予与乾维自留都乙酉别至今，南昌胡圣占本乾维学师弟，视予乙酉死义婺源，遗映日十载，予以长女字之，映日近始奉父首衬还里。宪万名菜，葬西山。予老贫多难，六年未出山，不及视宪万葬末似溪刻，然寔耳目之非漫迷。[2]

《建昌府志》将胡映日列为“流寓·人物”，又将其“天文、地理、医卜等书甚富，尤深于象数、《周易》参同契，贯通有独得”成就列于此间，其在青原山所写《药室说》中，又有“学《易》有年，豁然通《灵素》之要，与其叔小范皆以医游，来依青原……智缘诊脉，因父而知其子”[3]之句，这是方以智来青原之前，就与其父为“知”者，胡映日从学在黎川期间的体现。著《易象图说》《河图》《会通参同契》等，方以智《药室说》和《医学会通》有其“跋”，[4]是深受方以智“一用于二，二即一也，不于二中，明纲纪父母生杀之本始”，“千之万之，无非阴阳”诸论影响深刻的弟子见证。

胡映日有《本师悬〈寂历同时图〉》[5]诗，其中有：“环中累世奉盘盂”句。“环中”指方以智父亲方孔炤所居“环中堂”，诗题中称方以智为“本师”，又尝自称“药地学人”，这是胡映日可能曾有侍侧方孔炤“奉盘盂”的经历。

彭士望《髻山秋日书怀》诗文中有“忠臣孝子今传笑”句，其作为胡映日的岳尊，这个“传笑”，显然不是“传为笑谈”之意，而是指胡映日昔日的“忠臣孝子”，今已有“传笑”之名。以胡映日为彭士望女婿、李腾蛟弟子论，这二者虽始终尊方以智为师，但均没有归为到正式的“弟子”行列，而胡映日的辈分，及其后来在青原山为弟子的身份，均与这个“传笑”在寿昌派下“博山”

---

① 欧阳斌元（1606—1649），字宪万，号大涵，晚号丽峰居士，新建人。明诸生。平生师多于友。尝师事西洋教士学习天文、日月食、测量数诸法，遂易名信奉基督教，著《日月交食经》二卷。国变后，先入总督吕公幕任左司马，后又赴河南淮阳督师史可法幕以抗清。

② 《耻躬》卷六·十二至十三。

③ 《华青》卷五·128页。

④ 《华青》卷五。《医学会通》中，还有些是方以智与胡映日的记录。

⑤ 《华青》卷十一·诗·298页。

支世系、辈份、字派相合。如此，胡映日是因其父与方以智为“知”者的关系，早年在庐山时期，便一直追随方以智到黎川，再到青原的最早弟子。

胡映日是否与“传笑”确为一人？目前仅为鸿鸣推论，尚未找实证，俟考。

6. 李腾蛟与邱维屏

李腾蛟（1609—1668）有《半庐文稿》行世。《清史稿》：

> 李腾蛟，字咸斋，亦宁都人，诸生。于易堂中年最长，诸子皆兄事之，严敬无敢释。后居三巘峰，以经学教授，著《周易胜言》。①

《清诗纪事初编》卷二·214 页：

> 李腾蛟，字力负，号咸斋，入清弃诸生，意堂诸子中年最长，性严正，众皆敬事之……卒于康熙七年，年六十。撰《周易胜言》及《半庐文集》三卷……书魏裕斋诗后云：叔子以新诗一册徧寄诸吾党，吾党皆惊，而评阅吾党作不少宽假，吾党又无不屈服。相值论诗文，彼此欢呼，有至鸡鸣漏尽，惊动客寝未已者……

李腾蛟自曾传灿告知“方以智”后，三年来，久思成梦，常将自己理解的“方以智”在梦中出现，其“神交”诗文，有与彭士望同题之《纪梦呈木立大师[有叙]》：

> 岁丙申，授经半庐，六月十三夜梦师至。坐定，以手摩足笑说偈曰：辛苦辛苦，不得住不得住，吞他一个达摩，愁他不会走路。余答曰：咄咄！生吞活佛，连皮带骨，得进不得出。己亥闰月，师果至，间录《桃花源记》为说见贻。又二月，师还寿昌，诗以志别。
>
> 师来消息大……三年曾入梦，六月又还山……②

李腾蛟在得知“方以智”不久的“六月十三日”即梦方以智，且在梦中说方以智“不得住”，这是李腾蛟倾心仰慕方以智“神交”之心的体现。至“闰月，师果至”，且方以智先送了一篇抄录的《桃花源记》，随后，李腾蛟前来向方以智问《易》，方以智以围棋“黑白”二子分合论图书《易》数，但李腾蛟仍“不能解”，遂再往邱维屏处问：“尔能解不？”③又向请教“不二法门”，并将所问

① 卷四八四·文苑传·一。

② 《半诗》卷三。

③ 丘维屏《木立师六十寿卷跋》。

记录：

蛟尝问药地大师曰："参禅念佛，不二法门……依然漆桶。或曰专门必偏方能深入……果孰是耶？"大师曰："自肯一心，何事不辨？放下提起，不分两层。看破一切，岂是颟顸横逞？一心不乱……请念《孤颂》。"蛟叹而起曰："立地坐我等于莲花露中矣，敢为遍洒。"半庐弟子腾蛟敬梓。[1]

李腾蛟这段与方以智交谈的文字，在《冬灰录》中置于《念佛孤颂》"方以智诗十二首""寿昌大存敬识""笠山大宁题"之后，而没有将其在翠微峰向方以智请益的时间、地点作明确交代。

以方以智该年在宁都与李腾蛟交往的事实，史料中亦未见李腾蛟此间曾在黎川或寿昌，或廪山逗留的记录，并依据该文"请念《孤颂》"语境、《冬灰录》前后编撰秩序等，鸿鸣判断李腾蛟请益"不二法门"的地点，当在方以智游宁都翠微峰时。因为只有《念佛孤颂》在前，此际相交谈话，才会说"请念《孤颂》"在后。其合编附着于《念佛孤颂》之后的原因，是方以智弟子"传古"或"兴月"在编辑《冬灰录》时，特将李腾蛟该段记载，编在《念佛孤颂》末尾。后世研究界因不辨"半庐"与"腾蛟"，故在《冬灰录》的注释与诸多研究中，从未对这位"敬梓"作记录的"半庐弟子腾蛟"作出任何的解释。

方以智对宁都"易堂"的出访，给李腾蛟于很大的影响，乃至于魏禧在《与李咸斋》的"简牍"中，要李腾蛟在见了方以智之后，有所进益说：

木大师在岘小极，不能从胸无新得数见高人无益。[2]

李腾蛟后尝有书至黎川方以智，既称"木立大师"，也直呼"药地"，其《过冠石送林确斋出门卖茶兼呈木立大师》一首，即此期间所作。诗曰：

东岩茶务胜农忙……行装五月正端阳……白社还闻药地香……老僧半榻我匡床。[3]

丘维屏（1614—1679）又作邱维屏，字邦士，宁都河东人。

先世同家河东，有老屋数楹，藏书数千卷……先生上下千古，啸歌自得……而气体浑脱，绝去前人章句蹊径，崛然成一子。[4]

① 《冬灰》卷首·一《念佛孤颂》第三段。
② 《叔子》卷之七·四。
③ 《半诗》卷三。
④ 《邦士》卷首。

魏禧为作《邱维屏传》曰：

为人高简率穆，读书多玄悟……性静嘿……晚尤精泰西，算《易》数历法，皆不假师授……桐城方公以智，以僧服来易堂，尝与邦士布算，退而谓人曰：此神人也……所著《易剿说》、《易数》、《历书》，高三尺许。①

丘维屏是在魏禧、李腾蛟向其极力推荐后，遂与方以智相见。因两人有共同之“泰西学”爱好，故在“语象数”后，方以智评价其“有神解，因以研极望之”。临归黎川，方以智又为之作“各安生理说”、论《易》数原委之解，留“其言，洋洋洒洒尽纸幅六七尺而罢”。丘维屏也是“久之，廪山使迎师，师归。于是知师乃廪山木立师……盖师始去宁都还廪山”，在寿昌寺派僧人来接方以智归时，始知原以为是“庐山”来此游禅的“茶人”木立和尚，实乃是隐去了真实身份的黎川寿昌寺住持大头陀方以智。此后，邱维屏对方以智倾心拜服，至12年后《木立师六十寿卷跋》，仍对这次相见耿耿于怀作记曰：

先是十二年，予舅魏冰叔馆水庄，一日招予曰：“有僧至，殆非常人，盍来见之。”予走见，语数日而去。后，李咸斋又自三巘呼予曰：“师置黑白子，分合论图书《易》数，不能解，尔能解不？”予则视之，见论阳明子三间喻，师遂出三间说及各安生理说。见者皆读读，或三四读，或六七读，或八九读，乃能解通。久之，廪山使迎师，师归。于是知师乃廪山木立师……盖师始去宁都还廪山，特为予论《易》数原委，其言洋洋洒洒，尽纸幅六七尺而罢……右易堂诸子寿木立师六十文并诗……师曰：“辞危危者，使平其道甚大，百物不废。夫惟不废者为能存存。故夙之暮夜以号之，则相与生生而已矣。相与生生，则相与不息而已矣。”此又师所为安生理之说也，而予与诸子固何足以言之而寿之。②

丘邦士“先是十二年”回推12年，即“己亥”。文中的“水庄”“三巘”均为宁都地名。邱维屏是魏禧的姐夫，故魏禧在此次邱维屏与方以智谈话后，对其有劝道：

闻足下与木大师谈，甚得冰雪人将无热腹耶？足下孤简自放要丈夫精神，当有所用，若徒向文字儿女间作活，殆与饱食终日相去一间。弟

① 《叔子》卷之十七·邱维一·百十五。

② 《邦士》卷十二《木立师六十寿卷跋》。

逸而多欲言，此增愧耳。[①]

康熙六年，方以智从青原山重回寿昌寺欲往武夷山访友，在黎川天峰寺与魏禧及其侄魏世杰相晤，魏禧仍感叹此次方以智在宁都与邱维屏的相交：

初，药地大师大晤易堂，最称邦士，高悟不从人间得，岂固有是耶。[②]

7. 由“死士”成“学人”的揭暄

方以智自游宁都后，揭暄便随侍于左右为门下“学人”。至秋，揭暄已在寿昌寺开始誊抄、整理《通雅》稿，并为方以智崇祯十四年完成、列于《通雅》卷首三的《文章薪火》作跋一篇：

知道者有言无言皆可也……我师道备四时一多相贯，潜亢肥遁归于中田，其所雅言无非罕言，特未尝剥烂复反历尽者，无由知之耳。此一卷语，皆二十年中之随问随举，而田伯汇录之者，谨奉同心以公醇饮，祝犁大渊献秋，相提月学人揭暄敬跋。[③]

文中的“中田”即黎川，康熙《新城县志》卷之一·六十：“十六都[图一村七。曾坊、中田”，今黎川仍有中田乡。[④]“祝犁大渊献”即顺治十六年，这是揭暄在黎川追随方以智为学人，帮助方以智誊抄文稿的记载，也是该年方中德·田伯为《通雅》作“汇录”在中田的证据。中德回桐城后，亦在浮山作跋一篇：

子厚略为比兴著述二流，老父则日析理举事极物文之正也，达志陶情文之乐群也，士业生于典籍之后……皖桐方氏不肖子中德拜记于浮山。[⑤]

揭暄（1613—1695）字子宣，号半斋，广昌揭坊里（今旴江镇濠塘村揭家堡）人。[⑥]《畴人传》：

揭暄……著《璇玑遗述》七卷，一名《写天新语》，论日月东行……

---

① 《叔子》卷之七·十四《与邱邦士》。

② 《叔子》卷十《送药地大师游武夷山序》。

③ 《昭代》戊集续编·文章薪火·1088页。

④ 《11黎》卷一·环境·人口30页：“中田乡，位于县城西北部，地处洪门水库上游，动靠日峰镇，南接龙安镇，西连南丰县东坪乡，北邻南城县上塘镇……辖河东、中田……7个行政村……政府驻地中田距县城15公里。”今中田村仍有“幽栖寺”与“大山嵊”两座寺庙。见卷二十一·宗教·风俗·580、581页“2004年黎川县佛教寺庙情况”。

⑤ 《昭代》戊集续编·文章薪火·1088页另有“白笴门人瞽晟谨跋”一篇。

⑥ 1944年重修《广昌濠塘揭氏九修族谱》源流。

又谓天坚地虚……旧说蛋黄蛋白之喻……又谓七政之小轮……于五星西行……康熙己巳，以草稿寄梅文鼎，文鼎抄其精语为一卷，称其深明西术，而又别有悟入，其言多古今所未发。卒年逾八十［钦定四库全书总目、梅氏全书］。[1]

揭暄小方以智两岁，在《冬灰录》卷首《龙湖不二社茶话》末署“廪山学人揭暄”，《物理小识·地类·潮汐》在“愚者曰”后有揭暄注：“吾宓山师之以脉言潮也”，均揭暄在方以智面前所执弟子之礼，奉“业师”而左右。

揭暄的父亲揭衷熙（？—1646），字静叔，又字思冲，为明诸生。李梦日[2]《战书·序》：“静叔先生学问渊源，著述几满车”；林时益《冠石集殉友传略》称揭衷熙：“以博学著述为当时钜公，所称名藉甚”。国变后，揭暄父子一道与同里何三省、骆而翔[3]与其称“宗叔”的临川揭重熙（？—1651）、傅鼎铨（1610—1651）在南京一道抗清，后又举抗清义军在赣、闽、粤边境形成犄角之势，[4]“乡里咸膺，锋镝盱江”。《揭子性书》附盛谟（1699—1762）《揭半斋先生父子传》云：

> 衷熙，明诸生，负经济才，日痛愤天下事不可为。往往周绕堂室，对暄而泣，相视唏嘘不已。及游金陵，会大兵破维扬至瓜州方驻师。衷熙登金山，望两军相持，私为筹画久之，熟视文武吏皆阘茸，无可与言者，乃还……暄少有奇气，喜谈兵，慷慨自任……遂深居林薮，萚冠野服，与子匡闻呜咽幽抑以终……

《兵经》卷尾所附不同之《揭暄父子传》：

> 揭暄…………暄少负奇气，喜论兵，慷慨自任，独闭门户精思，得其要妙，著为兵经战书，皆古所未有，学使吴炳[5]见之，惊曰：此异人异书也。南都没，衷熙益痛伤，暄发愤举义，与抚州揭重熙，同邑何三省、骆而翔，后先并起。于是唐王辟衷熙为推官，暄为职方司主事，父子义

---

① 卷三十六·国朝三·453页。

② 李梦日，生卒不详，字方中，广东东莞人。万历四十年试举，任户部主事。

③ 明末进士，顺庆府推官。

④ 朱溶《忠义传》：“傅鼎铨，字聿庵，江西临川人。举崇祯庚辰进士……永历元年，拜大学士、兵部尚书……攻广信、建昌……战败……乙酉四月八日……坐而见杀……”余光令《渔郎诗集》卷一·咤月吟，第10页《吊傅律庵先生》：“讳鼎铨，被执信州，登州自咏，杀于豫章。”

⑤ 吴炳（1595—1648）。《南疆》卷二三《吴炳传》：“宜兴人，万历末举进士……迁江西提学副使……永历元年，擢兵部左侍郎……兼东阁大学士，仍掌部事，从幸全州。”

声，弈弈振江闽间。已而衷熙护饷，同友人间道由白水镇，遇贼取友去。衷熙曰：同王事也，何可独生。复返追友，贼怒执友出，露刃，衷熙大呼，以身翼之，贼遽刺友，并中衷熙死。时暄尚经营闽事也……及赣州闻父难痛哭归，日夜枕戈磨刀，图所以报，卒擒贼献墓门，斩首酾血以祭……所善方以智、邱维屏，游艺、甘京，皆名人。著有性、昊、兵、战，及《禹书》、《写天新语》……[①]

顺治二年，七月，清军陷建昌府，旋陷黎川，十月，南明郑彩复占黎川。[②]是时，揭暄率江西抗清军以投唐王朱聿键朝，“上言天时、地势、人事，以及攻守战御机要十策，王皆纳之”，[③]揭衷熙被授以推官，揭暄授兵部职方司主事。方以智亦于同年，拥立唐王朱聿键即帝位于福州，并在“改元隆武，方以智复原官庶吉士、北冤得昭雪”。[④]

顺治三年五月，揭衷熙因护饷被山贼劫持遇刺，后经揭暄母亲万氏率家人“夜袭贼所”抢回揭衷熙尸骸安葬。此际，揭暄尚在闽地，闻“父难，痛哭而归”，[⑤]誓死复仇，“枕戈泣血，图所以报，计百出，贼急走险，暄用谍者间贼左右”“凡所向必告，一贼逸出为所获”[⑥]并于父亲大祥之日，亲斩贼人首级于墓前祭奠。同年十一月，赣州陷落，揭暄“遂深居林薮，葎冠野服，与子匡闻呜咽幽抑以终”。[⑦]

揭暄自顺治三年隐遁广昌慈生寺，[⑧]“徜徉山谷与易堂、程山及宁化李世熊”[⑨]之间数年，与邻县宁都“易堂”、南丰“程山”诸子往来，[⑩]彭士望有《同

---

① 民国版《兵经》。

② 《康新》卷之一・封域志・六：“皇清。顺治二年乙酉七月，师（指清军）定建昌，新城归附，十月闽郑彩据新城。丙戌正月，我师复定新城。”

③ 咸丰九年濠塘刊本吴嘉宾《补刊揭子遗书序》、萧江《揭子性书序》。

④ 《前编》卷八《寄朱震青相公书》。

⑤ 均《补刊揭子遗书序》、萧江《揭子性书序》。

⑥ 温兰《见知录复仇传略》。

⑦ 盛谟《揭半斋先生父子传》。

⑧ 姚澄清《抚河源杂记》404页《广昌慈生寺塔记》。

⑨ 袁翼《遂怀堂全集・兵法百言跋》。

⑩ 易堂、程山二派均有人为《璇玑遗述》作序。

揭子宣、章于今、[1] 彭天若过魏凝叔水庄适谢亭三外至》;[2] 魏禧因揭暄杀贼报父仇太过残酷，颇为不忍，特作《刁亭论》。

方以智《游梅川赤面易堂记》说其随曾灿在广昌“过万安砦”时，与揭暄相遇的情景:“遇子宣，语移日”，说明两人是故交而不是新朋，相交的时间，当在顺治二年前后隆武朝。揭暄的《璇玑遗述》卷二 · 地图，有一段叙述与方以智相交渊源的故实：

> 方潜夫于无月夜，见晕如虹，半规地上与余于泰和桃源，日没时见光影环抱。

泰和的“桃源”在“吉州之南西昌北，中有桃源堪偃息”，[3] 方以智与泰和萧孟昉订交之后，时亦尝逗留于此。

“方潜夫”即方以智父亲方孔炤，所游泰和的时间，史无记载，但以揭暄在顺治二年、唐王朱聿键隆武帝时“同朝”、可能已与方以智相识论，揭暄陪方孔昭在泰和的时间，当在顺治二年至顺治十二年秋之前，即方孔炤尚未去世、揭暄亦顺治三年十一月赣州陷落后“遂深居林薮”、隐遁广昌慈生寺十年当中的某一年。

揭暄因有与方孔炤曾在泰和同观天象的这段经历，遂在方以智游宁都时，一见之下，“即拜为弟子”，这当然是揭暄早就对方以智有解才会有的举动，也是方以智在宁都与揭暄见面时“语移日”的原因。中通《赠揭子宣》说：

> 世外逢高士，相依不问禅。叩钟曾受业 [一见老父，即拜为弟子]，班草竟忘年 [子宣年长于予]。好我同推步 [后成《揭方问答》一书]，知君独写天 [子宣著有《写天新语》]。图成经纬合，绝学与谁传 [又有《经天纬地图》]。[4]

同治《广昌县志》卷五 · 文学，记载揭暄著书 :“《二怀篇》、《道书》、《帝王纪年》、《天人问答》、《禹书》”、“四方学者多宗之”。揭暄拜方以智为师时，年已 46 岁，邱邦士《璇玑遗述 · 序》:

---

① 章于今，临汝人，与宋未有交，顺治十六年夏，裒集诸志节传，曰《江人事》，请宋未有删定。其所列甲申后事，有王孙、举兵抗节等。

② 《耻躬》卷五 · 二。

③ 《陪诗》卷三 · 七《文石篇 [时省亲汋林]》。

④ 《陪诗》卷三 · 一。

子宣三十上下，子曾见所著《性书》《昊书》《兵经》《战书》。[①]

揭暄的兵书、战书，被时人视为“奇书”和“异书”，[②]今人合编为《揭子战法》。[③]刊梓于清初的《天文图说》，有标“揭暄绘”《大地圆球五州图》和明注“乙酉揭暄仿绘”《亚细亚一大州图》。“乙酉”为顺治二年，这是揭暄与方以智相识、追随方孔炤在泰和观测天象之前，已有涉天文、象数等“西学”的证明。这个时间段，既是揭暄曾追随方孔炤一道在泰和桃源观测天象的基础，也是揭暄在方以智前往宁都时，要为之领路背后的另一个原因。自此，揭暄以“廪山学人”身份，追随方以智左右，帮助誊抄《通雅》，[④]又为谋刊梓诸著作，或还可能誊抄了《东西均》。《象环寤记》有：

不肖覆腋历年，门人录口口之《东西均》，篝灯自乙，不觉迭踖大笑，隐几而昧。[⑤]

顺治十七年，揭暄参与《周易时论合编》为“再较”。[⑥]在为方以智订正、誊抄这诸著作过程中，得以对西学有进一步的体会和深研，也从方以智博大、求实、折中（中庸）的理论中获益匪浅，其“死士”的个性，得以锻造。自此，揭暄结束了早期“泰西”之学的游学“私习”经历，转而被方以智的思想打动，心悦诚服地在方以智门下以弟子的身份从学多年，并由一个手刃仇人者，转身为一个真正的学者。这个华丽转折，对于揭暄来说，是极其重要的。

同治《广昌县志》卷十，载方以智《挽罗园客[⑦]》：

高人沦丧亦何云，才绝当今一代文。抗疏功名余鹏舍，建坛骚雅敛鹅军。先型莫问风流远，遗韵空存水石分。宿草露痕迸溅泪，几声猿叫

---

① 揭暄 30 岁上下，为崇祯十六年至顺治元年，谢毓玄为《性书》作《原序》：“岁甲申与揭子抵足联床者几越月”，与其刊行约在此间正合；《昊书》的刊行，谢毓玄《原序》款“乙酉”即顺治二年；《兵经》、《战书》中有涉吴炳于顺治三年唐王被杀后投桂王事，又有“殉友遇害，子宣零涕三年”，当在该事件之后 3 至 5 年。

② 《揭子性书》附盛谟《揭半斋先生父子传》：“学使吴炳见之，惊曰：此异人异书也。”

③ 《揭子战法》见军事科学出版社 2009 年 6 月第 1 版。

④ 《陪诗》卷一《与熊鲁子书》：“《通雅》五十卷，五年前为揭子宣所抄。”方中通此诗在康熙元年底，回推“五年”，即揭暄初入方以智室之际。

⑤ 庞朴《东西均·序言》7 页：“《东西均》……钞本共三册……由门人抄录之稿本，曾经方以智亲自校改，乃存世之权威的唯一的版本。”

⑥ 《时论·周易上经》署：“广昌后学揭暄再较。”

⑦ 罗园客，名鸿，字羽玉，举人，曾任福建延平郡王郑成功府推官，工诗。

不堪闻。

广昌慈生寺《重兴慈生禅寺碑记》又记载：

> 清初大科学家揭暄，号半斋，与著名科学家方以智，曾在此仰宗谈禅。[1]

这两则记载，是否有揭暄的原因，尚不得知。但方以智在黎川 4 年中，揭暄一定陪同方以智去过广昌。揭暄在黎川追随方以智期间，常与中通问难，《清史稿》卷五六〇・方中通：

> 时广昌揭暄亦深明西算，与中通论难日轮大小。

其后来在校订《物理小识》过程中，作跋语多条，并将与中通问难的互动，别录为一书曰《揭方问答》，所涉多为西学所未发。揭暄撰《璇玑遗述》，中通亦为之作《序》，这是揭暄与方以智另一种父一辈、子一辈知己关系不断延续的表现。至方以智由黎川西进青原，揭暄仍追随前往。揭暄《青原侍本师作 [时举《炮庄》素逝]》《五峰 [好木材[2]]》[3] 等，均是方以智至青原后，揭暄陪伴左右的证据。

康熙元年，揭暄携《通雅》前往福建，方以智致书余飏等人为之介绍。在建宁、建溪得姚文燮、陈式、吴炎牧等人赞助，使《通雅》在康熙五年刊梓完成并行世。姚文燮在《通雅》即将完成时作《序》一篇，并在《发凡》中说：

> 是书系先生门人广昌揭子宣携至建溪，会吾乡西硕道人极叹其佳，因同吾师陈二如先生、吾友吴炎牧怂恿行世，遂竭力付梓。

从揭暄以天文历法就正于方以智，到为《通雅》《物理小识》作注，再到后来《写天新语》撰写，以目前鸿鸣所掌握的资料，在方以智诸多的学人、弟子中，仅有揭暄一人曾受益方孔炤、方以智、方中通方氏三代。[4] 方以智的诸多著作，除了见有方中通誊抄外，[5] 以现有的“实证”论，仅见揭暄一人。

揭暄的学术之路，以其传世的《舆地图》《帝王纪年》《天人问答》《禹书》《星图》《天地古今大观图》《周易得天解》等 18 种撰著论所涉，除早期的兵法外，

---

① 姚澄清《抚河源杂记》187 页

② 指瀞材法师，石雨明方法嗣。

③ 二首均《青原志略》卷十・诗・280 页。《五峰 [好木材]》：“青青嶂列玉芙蓉，小蚬黄原是五峰。茎草漫劳贤长者，兔丝不碍挂高松。”

④ 《时论》卷之七《两问质约》即有方孔炤的“或问天地之实形”，揭暄《写天新语》当受该篇影响。

⑤ 方中通《与熊鲁子书》：“老父前半所研极考究者，露抄雪纂，则小子之任也。”

均与从学方以智之后所从事的泰西宇宙、星象、纪年考据、人生性理、水文气象等有关。而这些成就，大都是在黎川四年的学人生涯中，所带来的深刻变化。

揭暄是方以智初到黎川后，收纳的一位由“死士”到“学人”的弟子和得力助手。这既是揭暄作为方以智“学人”的机缘，也是揭暄最终成为在象数、天文等诸多方面最为耀眼的著名学者原因，更是方以智在黎川四年，培养人才、最为显著和最有成效的一个例证。

从揭暄成为方以智门下学人开始，揭暄由一个隐居在乡间的“私习天文”西学者，一跃而成为此间全国一流学者的“学人”。揭暄不仅从此开阔了视野，还因其在为方以智奔波于四方的过程中，得与结交更多、更高层的学界人群，而渐具了声望，[①] 也让成为“学人”之后的揭暄，有了真正的千古之名。

8. 宁都收为门下的“学画”弟子王又逸

方以智在黎川期间曾游宁都翠微峰并前后居一月，期间有作《金精翠微图》山水一帧。此作今虽不见，但有方以智的弟子王又逸仿制了一幅赠魏禧。魏禧有《酬王又逸仿药地大师〈金精翠微图〉见赠之作》：

> 谁识翠微真面目，居然写入画图中。高僧草阁他时见，处士寒窗今又逢……知君亲入巨然室，落纸云烟自不同［又逸学画于药地］。[②]

魏禧获赠的“又逸学画于药地”，可知王又逸此间随方以智学画。胡心仲后帮助编修《青原志略》，《青原志略》卷十三·杂记·胡心仲《诗堂》是其修志的证据：

> 吉州西原能仁寺有诗人堂……王又逸画唐宋来游青原者为一屏，列归云阁。山舫曰：“此何异能仁之诗堂乎？……谁谓斯世无同调乎？”愚者确几曰：“和”。[③]

魏禧《酬王又逸仿药地大师〈金精翠微图〉见赠之作》中涉及先仿方以智《金精翠微图》，后在胡心仲《诗堂》中“画唐宋来游青原者为一屏，列归云阁”的“王又逸”，亦是方以智游访宁都翠薇山前后居一月期间，随方以智学画山水、再

---

① 《芦中》卷四《别揭暄滕楫二生序》：“子宣方为无可编订《通雅》，公剡方为无可修订《韵叶》。无可之书，非二公吾与辩诸者。则二生之所造，又可知已。”

② 《叔诗》卷之七·七律·十三。

③ 《华青》卷十三·杂记·351 页。

随之赴“吉州西能仁寺诗人堂”的一位特殊弟子。

以魏禧“知君亲入巨然室，落纸云烟自不同［又逸学画于药地］”的记载，王又逸是今所见方以智在黎川四年期间，唯一的“学画”弟子。其随侍习画的时间，在方以智黎川四年内。因所征材料不足，存考。

第三节 重兴“廪山塔院”与“中五道场”建设

1. 共发《廪山缘起》与《中五道场衍说》

方以智自宁都回黎川后，尽心在寿昌寺内《炮庄》；夏末秋初，黎川弟子涂斯皇等从学左右，并携游天峰禅院；①时徐芳、杨日升、涂景祚等相从，由此生发重兴廪山寺旁圮毁的“廪山塔院”之想。康熙《新城县志》：

> 廪山寺，在县北十五里。宋光宗绍熙一年建，明弘治八年僧道智蕴空重修，天启丙寅僧德和复建。皇清顺治十五年，僧映初重修。山人江佩②栖隐兹山有诗云：石磴高千仞……俱付一清吟。③

借此，方以智寻即以诸人发起、倡导为依据，着手恢复廪山塔院，作《廪山缘起》：

> 万历间，蕴空和上棲止峰头，寿昌从兹而崛起焉。此峰为黎川之北峙，屹然石立，白云出没，万山在下。罗近溪、邓潜谷诸公，往来游息。黄元公下帷最久，所题“通玄峰顶”④者也。既饮寿昌之乳，爰修廪山之塔……遂因旧址，欲施数椽。徐仲光、杨东曦、涂宜振、万年诸居士，共发欢喜，许建精舍。乃题之曰……扶起破盆齐出手，西江顶上一瓢吞。

---

① 涂斯皇《五老约·序》：“浮山大师……己亥夏，游敝邑，获晤于天峰禅院。”《同新》卷二·寺观·天峰寺：“在县西日峰山。”今黎川县日峰镇。

② 《康新》卷之九·隐逸·明·八十九：“江佩，字守默，号如僧，北坊人……专力诗歌、古文。后携所著作出游，得交当世名流如汤义仍、刘石间、李云、杜焦、澹园咸敬服之。晚隐居廪山……邓侍御澄、黄祠部端伯、涂孝廉昌伯、杨文学思本，相与唱和……年八十八卒……”

③ 卷之二·寺观·五十四。

④ 黄端伯题壁“通玄峰顶”，曾为禅门五灯之法眼宗禅师德韶（891—972）所居，其有偈曰：“通玄峰顶……满目青山。”《光江》卷一百七十九·仙释·宋：“德韶，处州龙泉陈氏子……依龙归寺剃发，十八诣信州开元寺受满分戒，谒投子庵主不契，造龙牙遁。禅师参问犹惘然。后于佛眼座下大悟，开宝四年集众告别而化，六祖下第十世［指月录］。”

"精舍"，原本为释家的一种"别业"。方以智《通雅》说："智谓凡屋之傍斋即曰精舍，言洁也……今以指兰若。"[①] 可见这次要恢复的"廪山塔院"虽仍为"别业"，但它却与一般的"精舍"有所区别，是一座完全依附于廪山禅门的建筑。其功能，即在于"廪山塔院"不完全是佛门的活动，而是承续了前代罗近溪、邓潜谷、黄端伯等人在此讲学的传统。康熙《新城县志》将"廪山寺"与"廪山塔院"作为两个条目分而载之，即清晰地说明了这一切。

所谓"缘起"，是明清时期禅门一种广而告之性质的"公告"，在于让周边的佛门信士都知道"我准备在此建寺院"，此地乃与佛门有渊源、有历史，目的在于向世人说明建寺庙的正当性，从而获得信士们的广泛支持，是兴建寺庙的发起、并将其即将兴建进行公布、广为宣传的阶段。故《廪山缘起》先交代了："万历间，蕴空和上栖止峰头，寿昌从兹而崛起焉"的历史。又介绍了在的著名学者罗汝芳、邓元锡等在此"往来游息"，以及黎川家喻户晓的禅门大德黄端伯所题"通玄峰顶"渊源。这些人物，都是黎川自明万历以来的著名"阳明弟子"所"游息"，乃是依廪山"饮寿昌之乳"而与蕴空常忠一起切磋阳明"性命之学"。

康熙《新城县志》又说："廪山精舍。明孝廉邓元锡、处士江如僧、进士张之奇、涂景祚先后读书于此"，[②] 邓元锡更是在此研习《易经》与卜卦。[③] 由此可知，廪山精舍是一座具有"阳明弟子"理学深厚背景的禅门之所。康熙《新城县志》载黄端伯《江如僧请旷居今草序》，对这一时期聚集在"廪山"诸学子的问学情况介绍说：

> 廪山当黎邑之北偏……潜谷邓子著之处也。先年蕴空禅师说法于此，上首弟子斯为寿昌无明经……余尝过其道院心神旷然……及余归自长安，再登绝巘，则余友江如僧居焉……如僧讲学邓子祠中……师事寿昌和尚……[④]

涂景祚曾于廪山精舍读书，与黎川诸子在此共研"阳明学说"的渊源，

---

① 《通雅》三十八・宫室《精庐》1170 页。

② 卷之四・书院・三十五。

③ 《康新》卷之十・艺文志・百二《至日读〈易〉廪山，念初先生惠诗见忆报用韵》："阳至岩居独掩扉……门短穷山叹道微。"

④ 卷之十・艺文志・二十四至二十五。

亦可知其是一位家近廪山，且深受禅门濡染的忠实居士。

黎川为江西赣江、抚河、盱江之“西江顶上”，是禅门马祖道一“一口吸尽西江”的发源之巅；廪山祖塔，又是黎川寿昌派下诸“饮寿昌之乳”，故方以智在《缘起》最后，以“扶起破盆齐出手”的展望之心，共同振兴寿昌派、实现马祖公案中的“一瓢吞”。这既是方以智来黎川的目的，也是其“扶起廪山”塔院、重兴理学，唤醒这一特殊时期里人们内心深处“良知”的一个重要原因。

方以智初来黎川人生地不熟，涂景祚对“廪山精舍”的偏爱和熟悉，是其引导、陪同方以智来此背后、并联络同好“共发欢喜，许建精舍”出发点和最终目的。以方以智《廪山缘起》介绍，这次同游，决定了先修历代“寿昌”祖师们的“廪山之塔”，后再有“因旧址，欲施数椽”廪山塔院重建，发起者即为徐芳、杨东曦、涂宜振和涂万年，遂有了这次的“缘起”发布。

为突出“既饮寿昌之乳”意义，让“廪山塔院”得以顺利施工，方以智在“爰修廪山之塔”动土挖山、恐惊地下灵魂之前，遵从佛礼和俗礼，率众弟子们先行以礼告慰，作《礼塔》[①]祭祀：

瞌睡虎，拦古路；积雪埋雷，云龙起舞。且问一锥，插空根在何处？今日儿孙不许父祖作语，遂烧香云：唵。[②]

此后，方以智在廪山塔院的建设过程中，对其功能各堂、室，均做了系列规划与设计，并以恢复中的廪山塔院各大殿规制，绘制成图以示公布、并向众禅和子们介绍。又依此图将来的用途、功能等，写成了一篇解释性的《中五道场衍说》：[③]

会祖尊正规鉴，示道场图……

中建大雄殿，前建通堂，开三门焉。北建法堂，上楼为毘卢之藏；法堂之东，为净土堂；法堂之西，为参禅堂。通堂之东，为教授堂，通堂之西，为维摩堂。正东为厨库、饭堂；正西为客堂、养老委积之所。

---

① 廪山寺后有“忠和尚”即蕴空常忠在此驻锡归寂后，其肉身塔葬于此。康熙十年观涛大奇来任寿昌寺住持后亦曾扫塔，并作《廪山扫塔》。其时，廪山塔院由瑞如监院。见《观语》卷第四《师至廪山扫塔》。

② 《冬灰》卷首三。

③ 此“衍说”记录者为“学人兴裁滕楫谨识”，兴裁滕楫是方以智在黎川期间的弟子，“衍说”排《冬灰录》卷首一第三篇，时方以智正兴建廪山寺，故此篇当在黎川无疑。

周环为痔，是从屋也。西则偃厕、浴舍；东则硙碓薪蓄诸杂务寮。北为闲簃方丈，后为别室。前立总门，森然备哉！各堂墙壁，各为一院，各当其位，各尽其职……中建皇极，三身之普光明殿……

西北之乾……乃享平康正直，颜曰："烹雪堂"，表西乾之参禅最上乘也；

东北之艮……为帝出之雷，颜曰："呼觉堂"，表当人自心之佛即净土也；

《洛书》四五六独顺，巽顺乾以制用也……颜曰："转风堂"，表风力声气必转于教授也；

坤上善合金火……颜曰："翊化堂"，表灵山之付嘱，是教养精一之兼广门也。

正南通堂设扆，而随时开阖，表离明相见之通途也。

正东主发生利用，故厨库、饭堂表之。

正西主收敛归化，故客堂、养老、囷庾表之。又周垣而围庑之，画九而分垣之，垣皆廊之，廊皆房之，经行于楹，备庑务、育众材也。

法王居中负北……巽梯中楼也……法位历然。所至道场，何能屑越？浮山之孤曰："有明此九宫，旋八之五位……先衍此图……各有时位，得地则布……"

……吾师小衍道场，随寓皆具，语亦具，默亦具……学人兴裁滕楫谨识。

《中五道场图》[①] 以"八卦"为方位，按《易经》象数学中《文王后天八卦》定位，将这座宣扬曹洞宗"中五"思想和阳明之学的"道场"宗旨、功能，配以《中五道场衍说》，作进一步阐释，其目的，就是希望能在廪山这座千年禅刹里，"发坎中之真阳，为帝出之雷"，而有"表当人自心之佛即净土"之"呼觉"。

自王守仁的"阳明学"阐发与江西并承续，至明末弥漫于士子、禅门后，便渐渐产生出了一种空疏与猖狂之气。方以智在此时的"中五道场"建设，顺应了"江右名区，赖诸先达讲学立会，在诸郡邑兴起，已非一日矣"[②] 的社会

① 该图后有"弟子兴盅敬梓"，兴盅是方以智在黎川的弟子，该图为其捐资刊梓。

② 《罗汝芳集》贰·文集类《柬合省同志》，凤凰出版社点校本 678 页。

现实环境和风气，又借助自己在禅门的合法身份，在这座具有“别业”性质的“廪山塔院”内设置“中五道场”，倡导以《易》理、《庄》学和寿昌派下的“农禅精神”，结合“实学”的理性，主张“中五”观念，这才有了这篇著名的《中五道场衍说》。

方以智后来在转场于青原后的“中五法堂”题柱有云：“不是五，不是空，亦不是中，别道将来楼阁许半分座”，[①] 其目的，就是强调“中五”的重要性，让信士们在对这个“道场”有更多的了解后，心悦诚服地参与到“廪山塔院”的建设中来。

---

① 《华青》卷五·题柱·136 页。

黎川廪山塔院“中五道场”布局示意图

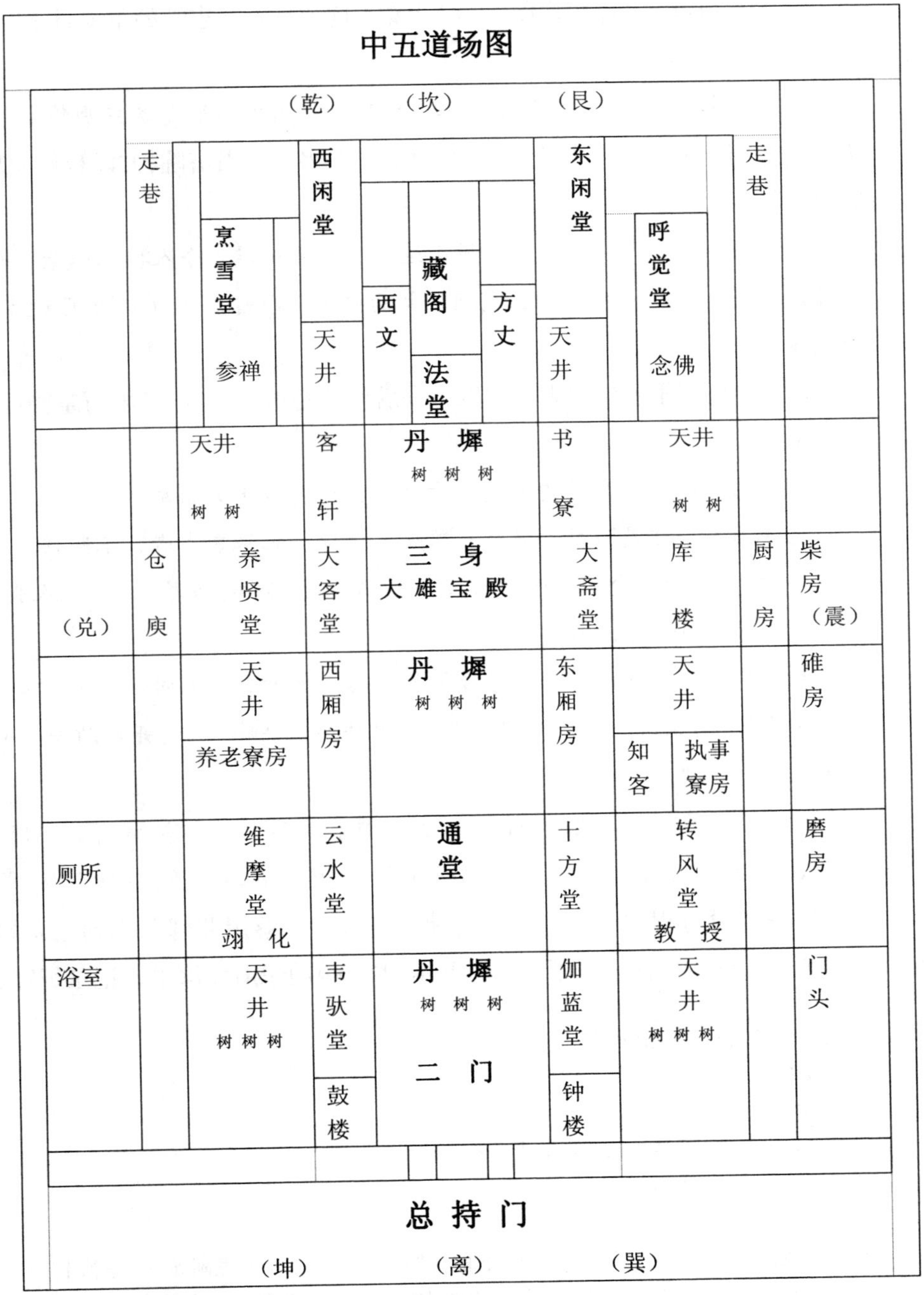

2. “廪山塔院”的建设与诸“规约”形成

方以智在黎川重建“廪山塔院”，至“上梁”这个具有标志性的重要日子时，作了一篇《上梁语》：①

木头不解语……一枝梦笔……令众起云：“大家看取是甚东西作主。”

为感谢禅门兄弟以及十方信士出力、出资帮助兴建廪山塔院，方以智作《谢寿昌诸禅者》：

寿昌双和上，②发禅堂人为廪山运木，举青林虔，令人搬三转柴，与今日是同是别？药地愚者时在龙湖，大雨初霁，谓诸禅者曰：“木已运了，为我各锄一顿”……③

为规范、约束弟子及诸门人，方以智先后作《药地易简约》《墨历崖警示》《墨历崖切问》④等。

药地易简约……此是炮地蒸天古药杵，全身放下大家举。

见在因果，即是历劫因果。凡昧灭、侵欺、犯根本戒者，不同住。

一精明，享六和合。六和合，始是一精明。主伴交参，各尽职分。凡人我、妒诤、巧罔、两舌者，不同住。

轻慢不消，拜立谓何？凡怠慢师长、忽侮十方者，不同住。

约法三章，顶踵一橛。金刚证明，半月作白。高峰⑤云：开口动舌……万古如斯。

墨历崖警示。发真实心，行真实行，方肯真实参。真实参，方有真实疑。真实疑，方有真实悟。真实悟，始信悟同未悟，始是真实践履，不作两橛。⑥

廪山塔院建设过程中，方以智为筹建设资金，在黎川北郊龙潭湖之龙湖寺⑦以“茶话”形式作禅净“不二社”开示，随侍弟子揭暄、涂景祚记录行踪、

① 《语录》卷四直接称“廪山上梁”。
② 指大存双峰和尚。
③ 《冬灰》57页。
④ 徐芳《愚者大师传》：“在寿昌为药地或为墨历。”
⑤ 高峰禅师（1238—1295）。
⑥ 《冬灰》卷首二。
⑦ 《康新》卷之一·封域志·十九·龙湖山［正北］：“北郊二里……旧有龙湖寺……崇祯十三年，寿昌僧元谧同黄祠部端伯，拓旧址重建法刹名‘龙湖禅寺’，邓侍御澄篆碑。”即今黎川日峰镇石子岭，距离县城仅约三四里路程。

法语，而有《龙湖不二社茶话》：

子宣问曰："请问不二法门……请师开示。"

师曰："一口吞得尽，一口道不尽。"

宣曰："今日折中舛驰，惟望详明正告。"

师曰："说个不堕诸数……愿与诸公放一个万古之大生何如？"

曰："将如何放？"

师曰："……杖人提出中和、易简、勤俭、精一，而传大公、妙叶之正宗者。老汉何不自护其专门，而乃不避潦倒耶？识法者惧，伤心托孤，有谁知其苦耶？"

……

不二法门，惟毋自欺。鬼神水火，皆怕至诚。格致研极，乃是茶饭。

……师曰："茶不是茶，饭不是饭……"

东曦曰："大死一回，乃享生生之茶饭耳……悬解之味如何？"

师曰："大死一回后，还是悬耶？解耶？神仙方技，切忌诬《庄》……既不识庄子之薪火，又岂识庄子之悬解耶？不见庄子之遽庐，而告子以为桎梏耶？安知达摩之墙壁，非庄子之遽庐耶？……"

宜振曰："知几其神，请问几在何处？"……

师曰："吉凶贞胜，是何几耶？……"

文始曰："《易》知鬼神之情状，此是何几？"

师曰："……鬼神没奈何圣人何？邵子曰：一念未起，鬼神莫知……最怕讳疾忌医。"

诸公欢喜礼谢曰："比见玄谈……幸甚！幸甚！从此洗心。"

师曰："向下文长，且看一日。"廪山学人揭暄、涂景祚仝录。

所谓"茶话"与"茶会"，即明清之际寺庙在兴建之前，集诸檀越于某寺庙，在传播思想、理念的同时，对众信士进行筹款的一种"邀会"[①]方式，有如今天的"众筹"。方以智在《龙湖不二社茶话》中，对禅与净土加以发挥，拈出"毋自欺"的不二法门，并将朱熹、陆象山等各种讹误列出，要求弟子们有"能集大成"之用。这正是方以智在《远祖塔院饭田记》中提出的"莲池、博山合一

① 《黎川县志》594页记载有各种"邀会"的形式："钱会、谷会、豆腐会和肉会等。"

滴水，天界杖人尝举此为不二社”[①]主张。

《冬灰录》卷首《龙湖不二社茶话》末尾署“廪山学人揭暄、涂景祚同录”，《物理小识·地类·潮汐》在“愚者曰”后有揭暄注曰:“吾宓山师之以脉言潮也”，均是揭暄与涂景祚二人在黎川寿昌寺同时从学于方以智、并常相陪伴的证据。

此间，方以智为应“达士”问，在黎川福山寺[②]报之以《答木心》一篇：

刀山上过……者个老汉，一场拌命，不值一钱……断化鹏之招稿耶？……不妨与吕梁、汨罗，洗发相鲜。皮袋浮沉，何堪逐浪？虚舟并没，谁要慈航？翻笑释迦老子作毒龙时，舍身与猎师……请吊以诗曰：“伤风犯手欲何为？逼出人间破浪诗。试问朱泾波上月，冷风尝似覆船时。”[③]

方以智为之的《答木心》一文，其有针对性的开示，在文中大谈“刺客报恩”动机，亦当是此际方以智化缘的一种行为，是让众檀越和后人在禅门“不二法门”的思想之外，有了另一种别样的新意。

3. 黎川秉持的“中五”思想与“烹雪堂”相关问题

从方以智早年的“中五”思想融会于《易》，其在《孝经通笺序》中说：

愚尝言：孝学教觉，皆本于爻。爻者，两中五之交，而效之也。天地交而生子，子效其父，始为肖子。《易》觉天地，而六子尽孝。爻固卦之孝子，卦固太极之孝子也！

圣人者，天地之孝子也。而后天者，先天之孝子也。圣人忧后世多不肖之梦，不知生死终始之易简……孝以效天地，则孝在发肤之先；孝以觉古今，则孝在身世之后……[④]

方以智“中五”思想的“正”与“觉”，与后二年研究《易》理、并将“爻”卦与“中正”概念里的“孝”联系在一起，是二者融为一体的具体表现。这些早期的《易》理研究和“中五”思想，均是在他来到黎川后，与禅门的传统“中五”思想进行了融化，并得以发展完善。

---

① 《冬灰》卷首二。

② 《康新》卷之二 · 寺观 · 五十：“福山寺，在县南四十里二十四都，一名双林寺……宋大中祥符中赐今名，元延祐间重建，明归并白石等六院为丛林。”

③ 《冬灰》卷首 · 三。

④ 《后编》卷一。

禅门中的“中五”，即曹洞宗提出的：正中偏、偏中正、正中来、偏中至、兼中到，合称“君臣五位”纲宗。曹洞宗提倡即事而真，宗风绵密，以默照暗推而入真性的“默照禅”为特点，以修证自我清静之心为本，别无其他。通过禅参者对真如本体与现象世界之间的关系，认识与理解，确立了五种境界，称之为“五位”。分别以“正”代表真如本体,“偏”代表现象世界。“正位”为空界，本来无物；“偏位”为色界，有万形象。君为正位，臣为偏位。所谓“中”，即说“五位”的正中偏、偏中正、正中来、偏中至、兼中到。良价有《五位君臣颂》说：

正中偏，三更初夜月明前，莫怪相逢不相识，隐隐犹怀旧时嫌。

偏中正，失晓老婆逢古镜，分明觌面别无真，休更迷头犹认影。

正中来，无中有路隔尘埃，但能不触当今讳，也胜前朝断舌才。

偏中至，两刃交锋不须避，好手犹如火里莲，宛然自有冲天志。

兼中到，不落有无谁敢和，人人尽欲出常流，折合终归炭里坐。

曹山本寂禅师又对“五位”有阐释：

正位即空界，本来无物；偏位即色界，有万象形。偏中正者，舍事入理，正中偏者，背理就事。兼带者，冥应众缘，不堕诸有，非染非净，非正非偏，故曰虚玄大道，无著真宗。①

明清之际，曹洞、临济虽门庭壁垒依然，但其修持观念相同，故有“一家”之说。临济派下南岳三十五世湖州道场万寿兀庵本源禅师，即以“不立文字”方式说：

问……如何是正中偏？师曰：长安晓色谁能和，明月芦花暗点头。曰：如何是偏中正？师曰：怀藏韬略归真化，一箭红心定不差。曰：如何是正中来？师曰：一轮碧汉和云白，上下清光彻太虚。曰：如何是兼中至？师曰：倒用横施全正令，龙吟虎啸出秦关。曰：如何是兼中到？师曰：藏却花冠炭里坐，从来共住不知名。

这让人有些云山雾罩的回答，禅和子们也并不十分明白，故兀庵本源禅师骂弟子们是：

---

① 以上两条均《中国曹洞宗通史》扉页·曹洞宗旨；第五章·159页《语风圆信本语录》。

黑漆昆仑擎露柱……者队漆桶。[①]

方以智来到黎川寿昌寺后，首倡并一直坚持的禅门思想，“杖人尝以道场表法衍七七五五之图，愚者约为‘中五四维’，而八卦布焉。统御者谁，何内何外，何中何边，而历历然不乱也。”[②]

所谓“不乱”，指《河图》与《洛书》居图中心的五个虚心圆：：圆之中心不落四边而占据“中”间，故曰“中五”。方以智又说：“太极寓于中五”[③]是“五之前，一二三四，五之后，六七八九，皆成象，何以前为位，而后为数也？盖以五居中，象太极。”[④]方以智在黎川寿昌寺开示时，则用切身的体会和直接的方式，在《人天眼目》说：

僧问曹山五位君臣旨诀，山云：“正位即属空界，本来无物。偏位即色界，有万形象。偏中正者，舍事入理。正中来者，背理就事。兼带者，冥应众缘，不随诸有，非染非净，非正非偏，故曰虚玄大道无著真宗。”从上先德，推此一位，最妙最玄，要当详审辨明。君为正位，臣为偏位，臣向君，是偏中正；君视臣，是正中偏；君臣道合，是兼带语。[⑤]

《冬灰录》卷一有《五位纲宗》篇，论相反相同互化，贯穿其早期的思想而成为方以智“中五”思想的核心：

愚者尝言万法皆两端交纲，两端皆相反，皆相同，而公因贯乎其中。”“方生于圆，而规成于矩，则偶何尝不藏其乎……万物皆备于我，尚不信乎！谓万我皆备于物也，可乎。”“宇宙托盘，毫毫具备，原自正偏互藏，岂复有兼中之可名乎”。

至方以智在黎川、后转场至青原，“既已东流，善用其长，日午三更，南行北面，舍身药树，剑倚天寒”，[⑥]始终如一，再将笑峰大然三年扶起的“中五”毗庐阁之右手，重新“中五堂”于药树、归云阁。[⑦]王辰[⑧]在《青原志序》中说：

---

① 均《五灯》766页。
② 《华青》的发凡·道场。
③ 《易余·绝待·并待·贯待》。
④ 《时论》图象几表·卷一《河图洛书旧说》。
⑤ 《冬灰》卷三。
⑥ 《华青》卷首·发凡·道场，9页。
⑦ 《华青》卷一·山水道场·安隐净居寺·21页。
⑧ 王嘉魁，江西安福人，与方以智为“同年”。

无可老人之于青原也，青原思祖，曹溪滴乳，三宗五位，吸尽西江……药地大医，剂调惟均，使缁流安本来之衣钵，书生奉中和之俎豆，实欲使处世膠柱者，知有超出之一门，而昏贪可醒……[①]

方中通在黎川陪侍数年，得父亲“中五”精髓，故在方以智到了青原山后的“中五”思想讨论中，不仅参与，且将父亲的“中五”思想与其他诸位大头陀的思想进行比较后，阐释其方法、本义，而有《五位纲宗问》：

青原方丈一日侍立次，有士问“五位宗旨”。问答已，退后。

中通列诸家论“五位宗旨”者呈曰：云岩宝镜三昧曰：重离六爻，偏正回互，叠而为三，变尽成五，洞山因立五位正偏而兼收之……如正中偏，偏中正；又正中来，偏中至，兼中到，总成五位。今乃《易》偏中至为兼中至，而耆师宿衲，亦恬然不知怪也。其爻六画，回互成五卦，重叠成三卦也。如重离之二三四爻成巽；三四五爻成兑，谓叠三也。下巽上兑成大过，下兑上巽成中孚，谓变五也。是以正中；来为大过，偏中至为中孚，正中偏为单巽，偏中正为单兑；兼中到为重离也。

天界和上以示之，复以觉范之互为未善而定之曰：䷝重离之偏正混融也。初奇叠上为䷸重巽，正中偏也。初偶叠上为䷹重兑，偏中正也。此后用变䷛大过，正中来也。又变䷼中孚，偏中至也。叠变既尽，则兼到于本重而成五，太极含四象之兼中到也。

鼓山和上尊正中来，而先列正中偏，偏中正为一配。后列兼中至、兼中到为一配。其叠三者，连变三爻也，变五者，重离变既未济损益也。

啸峰和上则曰：以重离之三叠观之，下一叠为二正中偏也，上一三者，自其不变者观之也。又就本卦三叠变五而观之，初与二为二，顺观为正中偏，回互观之，又为偏中正。此一变也，二与三为二，顺观为偏中正，回互观之，又为正中偏。此二变也……[②]

方以智的“中五”思想，不管是在桐城“庐墓”时期，在黎川寿昌、廪山，在青原时期，始终是“高座中五”。[③] 这一主张和观念都没有发生变化，[④] 并以“盖

① 《华青》卷首7页。
② 《陪集》卷一·陪古·五十七。
③ 《江青》卷首黎元宽《序》。
④ 《江青》卷一·山水道场：“至笑师来，扶起层楼，榱桷壮备，上奉遮那，下颜‘中五’，法堂表焉。”

欲穷尽上下四维，体如来之五中道，始能折摄顿渐万法，为午会之一大成”。[①]“中五道场”，则是方以智出身曹洞、临济二门，且一贯秉持觉浪道盛哲学思想的一个标志性的法场。

但是，在后世的研究界因丢失了“黎川四年”，故对方以智在黎川重建“廪山塔院”时是否有“中五道场”提出了质疑；对 1988 年侯外庐先生在《方以智的生平与学术贡献》一文“中五道场”在黎川廪山的敏锐判断，[②]更是提出了“不知何据”[③]的质问，并以“喷雪轩”作为一个判断，将方以智兴建“中五道场”的时间，推延至数年后的青原山净居寺。[④]

黎川廪山塔院内的“中五道场”，以“烹雪堂”命名，《中五道场衍说》有：

> 西北之乾，金刚上师。爻用四克，乃享平康正直，颜曰：“烹雪堂”，表西乾之参禅最上乘也。

这是方以智在规划“中五道场”时，对各堂、室进行五行位置、设计、功能的界定，是表明“烹雪堂”为“中五道场”一部分、在黎川“廪山塔院”的证据。“烹雪堂”再次出现在文献中，是《冬灰录》“卷首四”第四篇《亦庵中千师设茶筵请示》：

> 大雪后，冬至前……恰遇我青原诸法侄，新起个烹雪堂过冬，又有亦庵中千师兄设茶，为病僧祝寿。

“亦庵”在泰和首山；“中千师”指方以智的“大弟子”兴贤中千；《冬灰录》所记载，为方以智自康熙元年十二月离开黎川不久、转场青原之前，逗留泰和首山萧孟昉、中千处的康熙二年诸事迹。由此可知，在泰和亦庵，也有一座“烹雪堂”，但为“新起”。所谓“新起”，当然针对的是“旧有”。康熙二年之前方以智在黎川四年，也就是说，这个“旧有”，是指黎川廪山塔院内“中五道场”的“烹雪堂”而无它。这是方以智在廪山塔院内确有“中五道场”之“烹雪堂”的辅证。

证明方以智在黎川重建“廪山塔院”时，旧有“中五道场”的另一个重

---

① 《浮志》卷之六・启・114 页，弘智《答延陵吴山主公启》。

② 《全书》第一册《通雅》前言 61 页：“中五道场……即是方以智在新城廪山、寿昌时所处的庙宇，这图实即廪山寺坐北朝南的一幅平面图。”

③ 《冬灰》校注前言 7 页。

④ 《冬灰》校注前言 7 页。

要证据，是康熙六年方以智重返黎川，在廪山祭奠竺庵大成所作《竺和上约会鼓山同礼东莞，已而圆寂，遗书言传灯事，故师过寿昌扫廪山塔》，其《设供致语》说：

伏惟法兄和上，来中五堂破口一吸。①

此一语，直接证明了此时此刻，方以智是站在黎川廪山塔院的“中五道场”之“堂”上，正在用灵魂深处的相约，与那位从未见过一面，但在黎川这 4 年当中，如影随形的竺庵大成，予以“致语”的沟通。方以智此时此刻正在黎川的史实，证明了所站之“中五堂”，正是黎川的廪山塔院。

“中五”思想，是方以智一生哲学思想当中的核心之一。随着方以智“修持”“弘法”由黎川至泰和，再转锡至青原山，其“道场”的不断变化，黎川廪山塔院所设“中五道场”有“颜曰：烹雪堂”；在泰和亦庵有“新起个烹雪堂”；至青原山净居寺后，又有了一个以“忠节”闻名于世的南宋名臣胡邦衡“喷雪泉”②为“中五道场”的“喷雪轩”。

方以智 50 岁后着重于《易》，又在黎川寿昌、廪山等禅刹著有一系列关于《易》理、《易》学的著作，其贯穿始终的“中五”思想，一直伴随着他来到青原山，也因此在净居寺内开辟出一个“喷雪轩”，作为宣扬自己“中五”思想的第三个“道场”和法堂。

青原山“归云闲居”有题柱云：“浮庐药地，逢山是灵寿，荆条信手栽；阁上云窗，知天外白案，积古来青天。”③就是在交代自己曾在黎川寿昌寺“药地”，早就有廪山塔院的“中五道场”建设，青原乃是“积古”之传承。

4. 黎川世家子涂斯皇

涂斯皇（1617—1678），字振宜，号淡庵，东坊人，明诸生，是黎川望族

---

① 《冬灰》。

② 《江青》黎元宽《序》：“喷雪题名，胡邦衡之鉴赏”，卷六·记·药地无可智《青原山水约记》：“喷雪泉，胡忠简所名也。”胡邦衡（1102—1180），即胡铨，邦衡其字，号澹庵，吉州庐陵人，以“名节”著称，是南宋“五忠一节”之一。卒谥忠简。

③ 《江青》卷五·题柱·137 页。

涂氏世家子弟。[1] 其父涂国鼎（1571—1646），[2] 地方志及时人文集均记载为“大冢宰”，[3] 涂国鼎后在南明吏部任尚书，殉国而死。涂斯皇是涂国鼎的“仲子”[4] 或“少子”[5]“支子”。[6] 涂国鼎于顺治三年正月，被清军所执，后绝食而亡。其兄长涂斯郘“闻太宰公殉难，中夜欲引刀自裁，弟斯皇子大詠觉之，泣立持护获免”，[7] 徐芳为涂国鼎作墓志。[8]《江西诗征》卷六十八·国朝四·四载涂斯皇《徐仲光先生至或见之日者肆过访不值》，可知徐芳为其好友。康熙《新城县志》：

> 涂斯皇……明冢宰国鼎幼子……力学淹通，尤长于古文诗歌……隐栖于孔坊，[9] 结草庐居之。时觞咏寄志，后还故里……读书自乐……有古人风，无富贵气……与宁都易堂魏善伯和公、冰叔、彭躬庵、林确斋、丘邦士，南丰程山谢秋水、甘健斋、黄维缉[10] 论学往来，风雅唱和。所著有《文集》《诗集》行世。[11]

乾隆《建昌府志》卷五五·列传·隐逸：

> ……翛然隐处，往来程山、易堂间甚契。与魏禧合刻《史论》行于世。

---

① 《康新》卷之二·丘墓·宋·六十三：“涂团练使百一……南昌人，宋绍兴中以团练守建昌……镇杉关，保障一方，遂家新城……国鼎皆其后裔也。”

② 《康新》卷之九·人物志·二十：“涂国鼎，字牧之，号傒如，东坊人。中万历癸卯乡举，登丁未黄士俊榜进士，官至吏部尚书加太子少保……甲申……之变，鼎家忧恤层憔叠，逼丙戌春正月，官兵入城，有骑执鼎、刽鼎数日，以不食死。著有《统均代庖》《爰书》《问政陈情》《司铨》等奏议。”《忠义录》：“万历丁未进士……乙酉起兵，以新城城小，改筑之。清兵至，坚守不下。王得仁来，攻破之，缚之舟，自绞死。”

③ 《内省》卷十二·三《新城重修文庙记》：“新城文庙久圮，大冢宰涂公国鼎，志欲修之……其少子斯皇与其孙……于己亥之春而竣……斯皇以中翰隐居……”

④ 《康新》卷之二·城池·明·七：“崇祯十一年戊寅，邑南冢宰涂国鼎……公仲子斯皇。”

⑤ 《康新》卷之四·学校志·十八。

⑥ 庶子的别称。《仪礼·丧服·斩衰章》：“传：何如而可以为人后？支子可也。贾疏：支子则第二以下庶子也。不言庶子云支子者，若言庶子，妾子之称，言谓妾子得后人，嫡妻第二以下子不得后人，是以变庶言支。支者，取支条之义。案：据此，则支子与庶子，两称亦有分别。”

⑦ 《康新》卷之九·人物志·封荫·明·八十五。

⑧ 《康新》卷之二·丘墓·明·六十五：“涂冢宰国鼎墓……南城徐芳撰墓志。”

⑨ 卷之九·人物志·隐逸·明·九十。

⑩ 黄维缉（？—1683），先祖由福建邵武迁徙南丰松濮，遂为南丰人。顺治丁亥拔贡，顺治八年辛卯举于乡，戊戌会试中进士第三甲。癸卯告养。与谢秋水为性命之学，推为德行之首。彭任有《黄进士墓表》。

⑪ 卷之九·人物志·隐逸·明·九十一。

同治《新城县志》卷之十 · 人物志九 · 隐逸 · 国朝：

……与程山、易堂诸君子往来甚契。所著《书史论》最名，尝与魏禧著论恫板行花舫杂咏诸诗皆散失无存，所存者少作数首而已。

涂斯皇早年授业于本家涂仲倩，感念其有“文文山之遗风”而有作《送家仲倩先生之任庐陵序》一文：

吾师仲倩先生……诸弟子……起为寿……斯皇独逡巡前席三揖而言曰：愿有请庐陵文章节义之邦，有欧阳永叔、文文山二先生之遗风焉！……先生敬之、重之，举而宾礼之，以振颓风、以崇民望，则庐陵士大夫益钦先生行谊，且与文、欧二先生共垂不朽！……①

顺治十二年，涂斯皇重建“堂启圣公祠”两庑大成、棂星二门，又于方以智来黎川后第二年、即顺治十六年，率领三个侄子在原圮毁的地址上重建“新城县学宫”，② 与北坊张熼、③ 涂子期④ 等人结“文社”，⑤ 并于康熙八年聘请魏禧前来任教、授徒长达四年，⑥ 被黎川乡邑奉为“当世之极流”异人。魏禧《新城县学宫重修记》：

……新城学宫圮久而不治，邑大冢宰涂公国鼎忧之时方缮城，命其子日他日无废，命邑既被兵宫益圮……己亥闰三月，公少子斯皇，偕其兄子大諒、大訸、大訒修举之，秋九月工成，又十一年，乙酉宁都魏禧来授徒得瞻拜堂下。邑君子言曰：涂氏克世其德，功在圣人之庙……⑦

方以智到黎川第二年游东坊，涂斯皇“获晤于天峰禅院”，是时，方以智有作《五老约》，涂斯皇为之《序》：

---

① 《康新》卷之十 · 艺文志 · 二十七。

② 《康新》卷之四 · 学校志 · 十八。

③ 《康新》卷之九 · 人物志 · 九十二：“张熼，字伯远，北坊人，荣之孙……与过莲谷先生、江公逊、王公献、涂子期、鄢晴岚、涂宜振结文社往来……有《池上居文集》，师黄海岸、涂子期、江松逊为序。”

④ 《康新》卷之九 · 人物志 · 科第 · 三十二：“涂伯昌，字子期，东坊人……著《涂子一杯水云间》，陈继儒为之序……”《忠义录》：“崇祯庚午举人，累官太仆寺少卿。城陷，冠带自经死。”

⑤ 《康新》卷之十 · 艺文志 · 百十六 · 邓代兴《宴桃李园赋［鄢郢、黄龙元、张熺，盱甘霖俱有赋，兹不悉载］》。

⑥ 魏禧《祭涂母邓孺人文》，《康新》卷之四 · 学校志 · 十八：“己酉，宁都魏禧来授徒。”

⑦ 《叔子》卷之十六 · 学宫 · 十一。

江以南有浮山大师其人，私心窃响往之。己亥夏，游敝邑，获晤于天峰禅院。既而扫塔祖庭，卓锡廪山，皇因得时时过从……《五老约》诸什，句有棒提，语皆碧血，一字一浮山也，即一字一五老也……皇亲炙而知师实平易人也，铎中和以平斗诤之苦心也……手一编示皇曰：此予游匡阜《五老约》诗也……黎阳后学涂斯皇拜手题于潜确斋。①

涂斯皇在“时时过从”期间，还对方以智不参与觉浪道盛与禅门的诤讼、与颖学弘敏之间的龃龉，而知“师实平易人也，铎中和以平斗诤之苦心”有深刻的了解。邱维屏在《花舫杂咏序》中对涂斯皇的为人评价说：

资性孝友，日怡怡愉愉，出入尚书父子后，略不以贵侈凌人……居经丧乱，咏歌自苦”，“宜振尤好读书，念古人得失”，所咏诗歌“淑宕而清绮中，每出自然之致”。②

林时益与涂斯皇有交，且两家一直保持着良好的往来。顺治十八年期间，林时益有《读大冢宰公行状柬宜振竹林》：

元老孤城竟死之……不及床前入拜时。③

涂斯皇能文，康熙《新城县志》卷之十・艺文志・二十八，载《送家仲倩先生之任庐陵序》，七十三载《二赠公飨祠记》，百九载其《永怀赋》，且著有《古论》一书。同治《新城县志》卷之十・人物志・寓贤：

魏禧……顺治十一年己酉寓新城黎川，交孔鼎，授徒涂氏三年，与涂斯皇论史合刻以行，岁过南丰与程山诸子剖析义理务精，常独不喜立门户曰：各持所见，终是有我……

魏禧《涂宜振史论叙》说：

宜振与余谈上下二十一史，则若倒瓶水而泻之地，其为论曲尽一人之终始，比类旁徵，杂取以证，其说而归于不可易……宜振德量醇厚，潇洒多高致，于人贵贱不肖不设城府，性不甚好酒，与人饮必尽醉，醉则鼾睡声如雷……④

魏祥为《古论合刻序》说：

---

① 安徽省博物馆藏清初刊本，任道斌《知见录》17 页。

② 《邦士》卷六。

③ 《中尉》卷四・七律。

④ 《叔子》卷之八・涂宜振・三十五。

新城涂子宜振隐居读史，好议古人得失……宜振为人，当贵介少年时，泊然于势利，长而四方贤人至其地者，必内交之……及凝叔与宜振为昆弟交，子又客燕、蓟……观长江之势，涉大河、过泰山、走燕都，并出东北塞，不择地而游，不择人而交，喜悦惊怪，可歌可泣之事……近与季弟论宜振、凝叔，读书好古归本忠孝，二人之指趋同……宜振则论一人而数人可见，论一事皆备其本末。宜振持论贵和平，尚中正，有儒者之度……①

涂斯皇《古论》刊梓于康熙五年，汤来贺《涂宜振文集序》：

宜振之为学……生长当富贵，而夙有文名……沉酣于史学……宜其学术经济具见于斯文而不可掩也……②

又有书一则：

贵县往闽大路……则昕济岂微哉！［黎左严曰：动之以仁心，又教之以良法，真与人为善者］。③

涂斯皇与宁都“易堂”诸子过从甚密，曾在宁都翠微峰听过“易堂”诸子的争吵，魏禧在《涂宜振史论序》中说：“闻者惊为诟厉。”④这种争论的原因，当然就是邱维屏所说的“大义攸同，志各趋合”。

魏禧与涂斯皇，均未曾真正“入仕”在明朝有过任职，故面对方以智的身份，相形见绌，这才会有“书生纸上经济”⑤之说。这是方以智的心理优势，亦是魏禧、涂斯皇在与之相交的时候，处处要以“学人”、“晚辈”口吻和姿态的根本心理原因。

康熙十年，涂斯皇与黎川寿昌寺住持观涛大奇同时，获方以智惶恐滩赴水殉节“死事”真相，遂以“一声雷喝处，龙起碧潭中”，作《寄青原老人》：

此是何天地，空濛万古同。素心欣澹日，旨句析玄风。水拂秋烟白，枫飘石径红。一声雷喝处，龙起碧潭中。⑥

康熙十七年八月，涂斯皇在黎川去世，年长七岁的魏禧，为之作《哭涂

---

① 《伯子》卷之一・古论・五十。
② 《内省》卷二十・十。
③ 《内省》卷二十七・十八。
④ 《叔子》卷八。
⑤ 魏禧《与涂宜振》。
⑥ 《华青》卷十一・诗，为“涂思皇”，当为音读所致或笔误。

宜振文》：

呜呼！吾不幸而又哭吾宜振也……今年八阅月耳……吾党以哭吾宜振……吾门人任安世自新城归……拭泪而谓予曰：宜振先生方疽脚伤弗效也……孰意兄遂死……

魏禧《中书涂君墓志铭》：

君讳斯皇……世为建昌之新城县人……常出财与诸子，缓急人而钱榖征税无所知悉以委……新城地连闽界，甲寅乙卯以来乱最剧，君转徙江闽间流离，乱定返故乡。戊午七月，以足疾终于寓室……享年六十有三……[①]

5.《新城县志》“编次”涂景祚

涂景祚（约1620—约1676），是方以智去世两年后，与时任新城县令周天德共同编修《新城县志》、隐晦保留了方以智在黎川禅门行踪的弟子，也是从学方以智后，追随方以智重建“廪山精舍”的主要发起人之一。康熙《新城县志》：

北田涂景祚万年。[②]

涂景祚，字万年，号介庵，东坊人……中顺治丁酉乡举，登戊戌孙承恩榜进士，任广东广州府推官，康熙癸卯同考试。[③]

乾隆《建昌府志》

涂景祚……新城人……性耿直，胆识过人。[④]

同治《新城县志》：

涂景祚……号人庵……廉劲自持，稽佛山商贾洋货毫无染指……戊申奉裁罢归，有湛凤光为景祚。癸卯分校所得士其赠别诗有“秋水冷如持法日，归装轻似到官时”之句，晋安林云铭谓景祚：在仕途绝不婞婀取容，有壁立万仞之概语，具《挹奎楼集》中。癸丑修邑乘，景祚司编

① 《叔子》卷之十八·中书一·百五。
② 《康新》每卷左下。
③ 卷之九·人物志·三十四。
④ 卷五三·列传九·宦业下。

纂后，数载卒。[①]

《新城县志》中转引对涂景祚为官“在仕途绝不媕婀取容，有壁立万仞之概语，具《挹奎楼集》中”的评价，来自于林云铭的《挹奎楼选稿》之《复涂万年》文：

> 都城一别……计逾十四寒暑。忆当年握手看花，何殊隔世……同谱诸兄弟，仕路中寥寥可数……以足下之弘才硕抱，亦翛然物外，独不为苍生计乎？石潮禅师自珂乡至备述足下，昔在仕路有壁立万仞之概，绝无媕婀取容之衡杲……潮公学识为今时第一流人物，明眼人自有鍼芥之合，不待复赘。[②]

以该文的介绍，可知涂景祚与寿昌寺石潮大宁禅师交集不少，但其与方以智相识的史料，未见有载。

从顺治十六年方以智刚到黎川寿昌寺半年之时，涂景祚便已在方以智身边从学，并于该年同游天峰禅院[③]引发方以智重兴廪山寺的史料来看，此际的涂景祚，是一位刚刚高中“进士”半年，以“天子门生”尚热的身份，委身于荒山野寺的寿昌寺方以智，这一定是他对这位前明的“阁老”、“史部”、“大学士”有了深刻的了解和敬佩之后，才有可能心悦诚服地拜在这位住持头陀的门下。

以涂景祚康熙二年获进士的第四年，即方以智任南谷寺住持仅年余的康熙元年底，离开黎川寿昌寺西进泰和，涂景祚即走马上任“授东粤广州推官”论，涂景祚以“进士”侯官之身，随侍于方以智左右，参加廪山寺建设、并为方以智“语录”作记录，又在康熙元年邀请方以智来住持安福旧院[④]计，涂景祚在方以智身边，有整整四年。

涂景祚于康熙二年历“东粤广州推官”五年，康熙七年“奉裁罢归”。此际，距离方以智惶恐滩殉节，尚有两年余。康熙《新城县志》中，以涂景祚对方以智在黎川的耿耿隐晦记载，这期间，涂景祚当与方以智有较密切的往来。在方以智众多弟子中，涂景祚是唯一以清廷的“进士”候任官员身份，在方以智身边为弟子的人员，也是方以智离开黎川后，再赴朝就任于清廷官员的弟子。

---

① 《同新》。

② 《挹奎》卷之七・二十九。

③ 《同新》卷二・寺观・天峰寺：“在县西日峰山。”今黎川县日峰镇。

④ 南谷寺旧称，方以智来住持后改南谷寺。

潘江在叙述方以智对待弟子、学人的精神和态度时说：

> 公为人平恕，饮人以和，教人以无我为过关，因物为适当，慎独于未发，明征于中节，尤谆谆于“好学”、“毋自欺”两言。人有一长，辄称之不容口。叩击者，未尝不反复开示，惟恐其不尽。其所以爱才造就之者，口内外不可胜数。殁之日，闻者莫不为之流涕焉。[①]

涂景祚在为官的五年中，所获的“秋水冷如持法日，归装轻似到官时”廉洁评价，以及世人对其“在仕途绝不婞婀，取容有壁立万仞”气节赞赏，均与其在方以智身边的四年影响不无关系。涂景祚在康熙十二年参与修撰《新城县志》时，或许正是有这个致仕官员的背景和条件，才有可能与在任的新城县令周天德一道，共同将这段难忘的师恩之情，以曲笔的方式，彰显于这部难能可贵的《新城县志》邑乘中。这是涂景祚作为一个曾经“被泽”的弟子和学人，应有的“流涕”表现！

康熙十年，方以智在惶恐滩殉节，涂景祚的表现如何，未曾见载，惟其遗留在《新城县志》中的曲笔介绍，得窥其一二。《新城县志》说：“癸丑修邑乘，景祚司编纂后，数载卒”，涂景祚的卒年，当在康熙十二年后三至五年的“数载”内。

6. 杨日升东曦

杨日升（1614—1662 后）黎川东坊人。是一位祖辈屡有善举的世家子弟。康熙《新城县志》：

> 杨日升，字东曦，号集虚，东坊人，思庠孙，居曾子，居理侄。中顺治甲午科乡举，登乙未史大成榜进士，授南康府学教授，升东明县知县。[②]
>
> 杨思庠……长孙日升……[③]

同治《新城县志》：

> 顺治十二年乙未科史大成榜，杨日升，字东曦，东明知县，有传。[④]
>
> 杨日升……号集虚，居曾子。少颖异嗜学，年十六出应试，游郡泮

---

① 《龙眠》初编卷六十四 · 2838 页。

② 卷之九 · 人物志 · 三十四。

③ 《康新》卷之九 · 人物志 · 五十八。

④ 卷之九 · 进士 · 九。

宫，慨然有绝学己任之志。顺治乙未进士，例受令，自以为未信，就教职，司铎南康，捐俸葺学舍，修白鹿书院。日手朱文公，晚录一编，曰：修齐治平具此矣。当道延掌洞课，日与诸生讲心性之学，甄拔皆知名士，擢令直隶东明……治行丕著，擢授中书舍人，未及解组而卒，士民咸流涕……所著《条议草》二卷，皆切中利病，晋江魏宪为序行之。[①]

康熙《新城县志》“大有观，在县北十五里十一都金船峰……邑人江以硕[②]有记……忆少时偕弟观其氏寓读其中……山岭禅院则有扬子因之香山，兰若则有涂子子期，皆赫赫若昨日事。予尝同甥杨君东曦夜坐忽三鼓，闻异香馥郁，越两日复然。癸酉余方束装乡试……皇清辛丑秋肯构而聿新之……”[③]“癸酉”为崇祯六年，“辛丑”为顺治十八年，以此推算，杨日升的生年，当与文中的江以硕相仿。

杨日升是一位在黎川有影响的人物，康熙《新城县志》在介绍其“弟”和“从弟”的生平中，均以“日升弟”[④]“日升从弟”[⑤]来记载。

杨日升追随方以智，是其于顺治十二年中进士授南康府学教授数年，再任东明知县任满之后。自方以智来黎川，杨日升追随左右并于该年与徐芳等人倡导重建廪山塔院，在廪山塔院的建设过程中，一道随侍来龙湖寺，方以智作禅净“不二社”开示，时杨日升有问，方以智以《庄子》有答：

东曦曰：“大死一回，乃享生生之茶饭耳。且如《养生主》言：帝之悬解，悬解之味如何？”

师曰：“大死一回后……谁解为帝？……放下即是担当……《养生主》之四顾藏刀，慎独知几之吹毛手也。”

康熙元年，杨日升再随方以智与徐芳、汤来贺、文镫岩、何三省等人游麻姑山，可知其在方以智黎川的四年中，始终追随左右，其卒年当在此后。存考。

杨日升和汤来贺这两位方以智在黎川的好友，在方以智去世后，均先后

---

① 卷十・宦业。

② 《康新》卷之九・人物志・皇清岁选・四十八：“江以硕，字公逊，西坊人。顺治辛卯府学岁贡……初授袁州府学训导，改乐平，升河南新乡县丞，以年老致仕归，子士撰中康熙巳酉乡举。”

③ 卷之二・寺观・五十七。

④ 卷之九・例监・皇清・五十九：“杨日鼎……日升弟……杨日泰……日升弟。”

⑤ 卷之九・皇清岁选・四十九：“杨日杰……日升从弟。”

在庐山白鹿书院“兼书院副讲”，和“主洞事”。以《白鹿书院志》主洞·国朝的记载，杨日升在前，[①] 汤来贺在康熙二十四，其因果关系，目前尚不清晰。

第四节 向周边发出“屡招”与各方不尽相同的回应

1. 以《十二时歌》向王夫之发出“将有所授”的“屡招”

方以智该年访“易堂九子”之后，随即以《十二时歌》致书王夫之，并将魏禧、林时益等向王夫之作推介。方以智的《十二时歌》今虽散佚，但王夫之的《十二时歌，和青原药地大师》尚存：

药地《十二时歌》，原不作鼓楼上牌子，标他榜样，虽云渠自有拍板、摇槌，亦但欲活者死，死者活耳。到此一枝箭，射人也用，射马也用，但虑其不能没石饮羽也。千里唇皮，遥相乔赚，郄道人倚愚鼓而和之，不道未吃药地药，便掇开药囊，向一壁也煮。

子，今日风光昨日死，万古难消一炷香，此。
丑，北斗阑干君见否？胡李四唤黑张三，有。
寅，梅花谢后始知春，青山欲衔半边日，新。
卯，觌面金乌看个饱，老鼠云何怕猫儿？爪。
辰，饭甑肚皮谁主宾？热羹汤蘯冷喉咙，亲。
巳，彻骨钻心半个字，屋漏分明滴寒灰，渍。
午，弹丸跳上紧蹦鼓，急速凝眸在那边，苦。
未，只有山羊知草味，陈枝新叶苦甜酸，胃。
申，早来粥饭见无因，老年牙齿见锅焦，屯。
酉，莫道闭门遮百丑，哞哞篱下带金玲，狗。
戌，背面日头当面出，脊梁何罪背灯光，屈。
亥，江豚又把秋风弄，一日功成也是天，坏。[②]

王夫子《搔首问》借郭入门之口说：

① 毛德琦《白鹿书院志》卷之五·主洞·国朝。
② 《船诗》下册·附录·愚鼓词·640 页。

青原极丸[①]老人书来道：吉安人士孤贞自守者，如刘安礼、周畸五皆夙闻其风操。别有魏叔子、林确斋，亦鼎鼎非此世界中人。又有郭门字林外……孤僻自遂，亦奇士也。[②]

这些“类皆清孤不屈之人士”[③]的复明种子，均为当年在桂林、武冈永历朝时的旧识，后又都隐遁于宁都梅川。在方以智到了黎川之后，则将这些人物尽力搜出归其门下，成为方以智在寿昌寺的延接者，故知此间方以智始有“屡招”之举。王夫之《桐城余兼尊昔为青原侍者，归素以来，崎岖岭外相值见访为录前，寄极丸老人诗，仍次原韵赠之》：

沙上鸿踪昔岁心，堞楼鹤语旧时林。已知罢钓能忘饵，何必登床更碎琴。月影偶留传雁字，秋声不断有蝉吟。闲愁杜口从君语，为受青原记莂深。[④]

这是王夫之在康熙十六年，方以智去世六年后的追忆。该年，原在方以智身边为侍徒的余兼尊来访，王夫之对余兼尊说明自己当年未曾相从的原因。诗中“昔岁心”的时间和诗用“堞楼”与“鹤语”两词，均都表明此间方以智是在黎川寿昌寺。

所谓“堞楼”，明确指出此际的方以智在新城·黎川“金楼”。惟“城”有“堞”；惟寿昌寺有“金楼”，故云“堞楼”。以此推测，方以智此间“屡招”王夫之的信札，一定署有：“新城金楼”字样。其“鹤语”一词，徐芳在《寄木公四[丙午]》文中称方以智为“潜龙野鹤……炮庄而易……为高座说法”，[⑤]魏祥此间亦在《己亥六月送季弟之江左兼访庐山木大师静室》诗中称方以智为“八公山下闻风鹤”。[⑥]

王夫之以“鹤语”称方以智“屡招”之信，是方以智“屡招”王夫之在黎川的另一个证据。王夫之在《南窗漫记》中回忆道：

① 方以智的“极丸”之名，启用于康熙二年到泰和后的年余时间，《后编》卷之二·48页所载《极丸季人说》，是启用的标志，在泰和年余内，方以智向王夫之“相招”所用信札、诗文落款均以“极丸”署之。

② 《船遗》第12册《搔首问》327页，《永历实录》卷十八·158页。

③ 王夫之《搔首问》，《永历实录·刘季鑛》。

④ 《船诗》姜斋诗集·六十自定诗稿·七言近体·219页。

⑤ 《悬榻》卷之五·书。

⑥ 《伯子》卷之八·七言律·十三。

方密之阁学，逃禅洁己，授觉浪记莂，主青原屡招余将有所授。诵《人各有心[①]》之诗以答之。意乃愈迫，书《示吉水刘安士》诗，以寓从臾之至。余终不能从，而不忍忘其缱绻，因录于此："药铛茶灶[②]一炉煎，霜雪堆头纸信传……纵游泉石知同好，路过刀枪亦偶然。何不翻身行别路，瓠落出没五湖烟。"[③]

王夫之的《南窗漫记》刊于康熙二十七年，所叙多为旧事，自崇祯元年"戊辰"、十二年"己卯"、十五年"壬午"，顺治三年"丙戌"，康熙八年"己酉"等。此文是其追溯与方以智相交的记载，文中"药铛茶社一炉煎，霜雪堆头纸信传"，结合此间方以智把已归于门下的"易堂九子"及郭林向王夫之推介的事实，知方以智始有"屡招"致书王夫之的时间，当于此间。

方以智《物理小识补遗》增补方鸿寿[④]的《编目》后，附有方润轩的一个《跋语》：

若各安生理说，十二时歌、五十初度诗……刻石则有……寿昌寺碑、景云寺碑[⑤]……大士像赞……[⑥]

所列《各安生理说》是方以智来到黎川首访宁都"易堂九子"时，为丘维屏所作之文；《十二时歌》置于《五十初度诗》之前，该年方以智 49 岁；所涉《寿昌寺碑》、《景云寺碑》、《大士像赞》，均为方以智来黎川后所作。

刘毓崧《王船山先生年谱》卷上：（王夫之）"中岁称一瓠道人。按：先生《遣兴诗》自记作于癸卯，其中自称一瓠道人，又两称一瓠……《题芦雁绝句》作于庚戌，自注称瓠道人。《愚鼓歌》末附《十二时歌》自注亦称瓠道人。《和梅花百咏》……作于乙巳，第三首自称以瓠先生"[⑦]的判断，以称"瓠道人"为坐标，

---

① 《方谱》272 页为"人各有志"。

② 此"茶灶"二字，素阙如以"口口"替代，鸿鸣据刘毓崧《年谱》康熙十年（1671）条 357 页补进。

③ 《船遗》第十五册 · 191 页。

④ 方鸿寿（1914—1982），方以智十一世孙，长房长孙。曾与叔父方叔文（1902—1960）十世孙，在 1935 年二人联名整理出版有方以智《禅乐府》。

⑤ 《康南》卷之十一 · 仙释 · 百六："唐景云禅师……大历初，肆业景云寺，与姜相国公辅、颜太师真卿，本道廉使杨君恳、韦君丹友善……白居易作塔铭。"

⑥ 《全书》52 至 53 页。

⑦ 《船遗》第十五册《王船山先生年谱卷上》281 页。

虽离顺治十六年仅有四年，但因其未审《十二时歌》叙述十二年离别之内容，故仍未明该诗的确切年代。

该诗叙述十二年，其末尾："亥，江豚又把秋风弄，一日功成也是天，坏"之句，系明确所指顺治十六年己亥。该年，郑成功、张煌言抗清联军攻入长江，下芜湖，最后败于南京。以此可确知，王夫之《十二时歌，和青原药地大师》之"和"，是步该年方以智致其原韵《十二时歌》的"和"答，也是方以智在《十二时歌》原韵中，告知王夫之"将有所授"，希望其来黎川寿昌寺为徒有"屡招"之举，始于该年的证据。

方以智的"屡招"之举，延续了整整三年。王夫之在康熙十一年所作的《闻极丸翁凶问……传闻薨于泰和萧氏春浮园》一诗中，将这一"屡招"的前后时限，作了"三年怀袖尺书深"的清晰传递。即从该年开始，历黎川顺治十七年、十八年，至方以智离开黎川的康熙元年。刘毓崧《王船山先生年谱卷下》列《十二时歌》在康熙十年云：

> 《愚鼓歌》……未著年分……《十二时歌》既附于《愚鼓歌》卷末，序中又言"倚愚鼓而和之"，谅亦同时所作。且序中"千里唇皮，遥相乔赚"，"未吃药地药掇开药囊向一壁也煮"等语，与《南窗漫记》所言正合……故知作于是年也。[①]

此年代，既与刘毓崧自己言王夫之"中岁称一瓠道人"的分期相悖，又与方以智《十二时歌》置于《五十初度诗》前不合。该诗以"十二时"年份所叙述的清晰事件，足可辨其断代的时间在顺治十六年己亥，而不可能是十二年后的康熙十年辛亥。

刘毓崧《年谱卷下》列王夫之在方以智去世后"知恩不浅难忘此"的"述怀"《极丸老人书所示刘安礼诗垂寄，情见乎词，愚一往呐吃，无以奉答，聊次其韵述怀》诗，来证明《十二时歌》也是康熙十年所作时，还提供了另一条信息：

> 徐令素《唐躬园墓志》云：又极丸老人以书订船山同住青原。船山不欲往，遣躬园[②]行，达彼此之意，又以母病不果行。[③]

---

① 《船遗》第十五册《年谱》357 页。

② 唐躬园，字端笏。王夫之弟子。

③ 《船遗》第十五册《年谱》357 页。

王夫之生母谭氏去世[1]在顺治七年，其“病”当在前一二年间。此际，方以智与王夫之，均尚在永历一朝阙下或肇庆、或桂林，既无“屡招”之举，更无“屡招”的理由。以王之春《年谱》记载：顺治十八年“六月二十一日，郑孺人卒，年二十九”，[2]以此间方以智与王夫之行踪来考察，方以智已经在“青原”下之黎川寿昌寺三年，正是其“屡招”发生的数年间。记载中的这次相招，是托人前往说服，但仍然没有成功。王夫之或因郑孺人“卒”前一二年，或二三年，家中有人“病不果行”，而成为这次徐令素记载的理由？

值得注意的是，王夫之将方以智称之为“极丸老人”之名号，是方以智康熙二年在泰和亦庵期间启用的名号，这是王夫之后来以为方以智死在泰和的一个原因。

徐令素文中的“青原”，代表的是曹洞宗青原下的禅门弟子方以智，并非特指青原山，其所记载的“极丸老人以书订船山同住青原……以母病不果行”不确，亦待详考。由此，证明刘毓崧《年谱》中对《十二时歌》的分期判断，是错误的。

方以智以《十二时歌》相“屡招”王夫之，王夫之以《十二时歌》相“和”答，均在该年无疑。是王夫之对方以智在黎川寿昌寺所“招”的回应，是时，王夫之 39 岁。诗题中，王夫之直称“药地大师”，其界定的“青原”，指此际正在禅门曹洞宗黎川寿昌寺当住持的“青原”世系下的方以智。

两人对答的“时歌”，并非钟鼓楼上以定时间的“时牌”，而是“标他”之此时此地状态的一个“榜样”。

王夫之的“云渠”指方以智，即方以智的《十二时歌》中告诉王夫之的内容：我在黎川寿昌寺做住持，“自有拍板、摇槌”决定事物的权力。这是方以智相劝王夫之来黎川门下为僧、为徒的前提，即告知王夫之，一切均很便当之意。其“欲活者死，死者活耳”之语，是在指此间生活在“投降”与“抗清”两种人的心理和生活现状。如果到此黎川寿昌寺来，“此一枝箭，射人也用，射马也用”，也就不用担心“不能没石饮羽”，针对的是王夫之曾经有过的“抗清”

---

① 王之春《年谱》：其前母綦孺人，万历甲午岁卒；生母谭氏，十九岁嫁王朝聘，顺治七年八月去世，年七十四。

② 《船遗》第十五册 · 王之春《年谱》438 页。

经历而发出相邀理由。

王夫之的诗文至此，转而说："千里唇皮，遥相乔赚"指方以智千里之外的屡次劝说而可能的进身，但是我瓠道人[①]并不想倚靠愚（指方以智）之"鼓"，指方以智的"屡招"之鼓动。而附"和"之，"不道未吃药地药"不去吃"药地"的"药"，直接回绝了方以智。

文辞中的口吻，一改当年在武冈时的"仰同"与"闻"、"谒"，更不见以往诗文中的"阁老"、"御史"与"尊前"。是什么让王夫之在方以智"相招"之时以这种态度来回绝方以智？王夫之在《骚首问》中的这段话，值得注意：

> 韩退之言尧舜递传孟子，岂有密室之印、衣钵拂子如浮屠之授受乎？阳明天泉，止依北秀南能一转语作葫芦样，不特充塞仁义，其不知廉耻亦甚矣？[②]

又在《正蒙·自序》有：

> 其尤正者，无狂思陋测，荡天理、灭彝伦而自矜独悟，如老聃、浮屠之邪说，以诱聪明果毅之士，而生其逸获神圣之心……

这几乎是在指着和尚骂秃驴的言辞，大概可以当作此间王夫之在心理上，对方以智拒绝理由的另一种回答。对于在方以智身边或周围的人物，王夫之的态度则更加明显，其曰："熊鱼山、郭天门已落第二义矣。"[③]

方以智《十二时歌》当中，可能涉及此际自己正在撰写《药地炮庄》一书的内容，故王夫之这才说"便掇开药囊，向一壁也煮"，即指自己不接受方以智的"屡招"，不做和尚，也不做弟子，而是自己也将要"打开药囊"，对《庄子》来进行一番"烹煮"研究。这个诗《序》，就是要说明《十二时歌》的背景，以及其没有答应方以智相邀的原因。

至王夫之以《十二时歌》回溯顺治五年戊子、即十二生肖的"子"年，两人得相识、相交到顺治十六年己亥、生肖"亥"年，均涉及两人前后十二年"失联"所发生的大事，是王夫之对自己这十二年来向方以智的回复交代。由此可判定，方以智《十二时歌》原韵涉及的内容，将自己顺治五年与王夫之分别后

---

① 王夫之此号，自中岁始称。船山活了 73 岁，该年整 40 岁，正值"中岁"。

② 《船遗》十二册《骚首问》327 页。

③ 同上 328 页。

的情况，做了一个全面的介绍，

方以智与王夫之之间的《十二时歌》，是两人重新建立联系，并以诗文、信札等方式互通信息的证据，亦从此掀开了方以智在黎川“屡招”王夫之“余将有所授”的相邀。

方以智“意乃愈迫”的“屡招”，遭到了王夫子的拒绝和回避，两人至少有 5 年没有“互通信息”。

2.“拒禅”背后实质“拒方”的王夫之

王夫之（1619—1692）字而农，号姜斋，中岁称一瓠道人，晚年隐居湘西左之石船山，世人称之为船山先生，明湖广衡州府衡阳（今湖南省衡阳县）人。自清道光以后，由乡邑曾国藩兄弟大力推举，将其与顾炎武、黄宗羲并列，始有“明末清初三大思想家”[①]之称。《清史稿》：

王夫之……明王驻桂林，大学士瞿式耜荐之，授行人……夫之说严起恒救金堡等，又三劾王化澄，化澄欲杀之。闻母病，间道归。明亡，益自韬晦……称船山先生。所著书三百二十卷……夫之论学，以汉儒为门户，以宋五子为堂奥……皆力辟致良知之说，以羽翼朱子。于张子《正蒙》一书，尤有神契……辨上蔡、象山、姚江之误，或疑其言稍过，然议论精严，粹然皆轨于正也……身后四十年，其子敔抱遗书上之督学宜兴潘宗洛，因缘得入《四库》，上史馆，立传《儒林》，而其书仍不传。同治二年，曾国荃刻于江南，海内学者始得见其全书焉。

《国史儒林传·王夫之》：

王夫之……明举人……其言《周易》，不信陈抟之学，亦不信京房之术，于《先天》诸图及纬书杂说，排之甚力，而亦不空谈玄妙，附会老、庄之旨，故言必征实，义必切理。其说《尚书》，诠释经文，亦多出新义，然词有根据，不同游谈。其说《诗》，辨正名物训诂，以补传笺诸说之遗，皆确有依据，不为臆断。又辨《叶韵》一篇，持论明通，足解诸家之轇轕。

道光九年邓显鹤《楚宝·王夫之》：

顺治四年……大学士瞿式耜疏荐于桂王……即起就行人司行人。是

① 《永历实录》点校说明。

时，桂王建国肇庆，旋移驻武冈，走靖州、柳州，大学士严起恒皆从，已复至肇庆。时朝端水火，纪纲已大坏……必欲杀夫之……得不死，返桂林，复依式耜。闻母病，间道归衡……本朝为大儒，其志行之超洁，学问之正大，体用之明备，著述之精卓宏富，当与顾亭林、黄藜洲、李二曲诸老先相颉颃，而世鲜知者。……前明之遗臣，我朝之贞士……

王敔《大行府君行述》：

顺治四年……王父弃世……膺难西走。时前大学士瞿公[讳式耜]留守桂林，特章引荐……终制，就行人司行人介子之职。时粤仅一隅，而国命所系，则瞿公与少傅严公[讳启恒]实砥柱焉。行阙驻肇庆，纪纲大坏……内阁王化澄……指为五虎……两载以后，瞿公殉于桂林……遂决计于林泉以没齿矣……自此随地托迹……山中时著道冠，歌愚鼓。又时藉浮屠往来，以与澹归大师[前金黄门堡]……药地极丸老人[前大学士方公以智]……相为唱和……①

方以智大王夫之9岁，两人初交，始于方以智随永历帝抗清、流离辗转于湖南时期。

顺治三年十月十四日，方以智辅佐父执广西巡抚瞿式耜(1588—1651)② 等，拥立桂王朱由榔监国肇庆，十一月十八日称尊，改元永历，方以智为代诏，擢少詹；③ 时与瞿式耜相聚观画，并有题；④ 四年，“春正月，方以智为大学士同(瞿)式耜入阁办事”，⑤ 倾朝以“阁老”“太史”称之；清兵陷沅州，方以智变易姓名，亡命于贵州黎平、天柱，湖广辰州(湖南沅陵)、大埠(湖南衡阳)等地；三月，“丁亥寎月，余止夫夷、⑥ 理疴莲潭刹中，日与苄苓伍，绝不见人”。⑦

---

① 以上均转引《船遗》传记十种。

② 瞿式耜，字起田，号稼轩，江苏常熟人。《明史》卷二八〇·列传·卷一六九《瞿式耜传》。

③ 《前编》卷十《瑶峒废稿·六辞入直疏》：“盖自监国嗣服之时……臣自避兵入粤以来，留守辅臣与臣父同年，念犹子而给养……”《夫夷山再辞疏》：“詹事府少詹事兼翰林院侍读学士臣口口(方以智)谨奏。”《十辞疏》：“避兵入粤，依臣父执……至拜少詹之命。”

④ 《前编》卷七《为瞿稼轩题画》：“老伯抚粤，而携此以游。”

⑤ 光绪《肇庆府志》卷二十二·事纪·四十。

⑥ 湖南邵阳西六十里，汉武帝元朔五年建夫夷侯国。

⑦ 《后编》卷之七《九龙盆饭僧题辞》。

顺治五年·永历二年，时年 38 岁的方以智，流离于湖南武冈山区年余；① 此间，与避居武冈的王夫之相识，② 王夫之以“阁老”或“尊前”、“大学士”相待，不敢有越雷池半步。约于康熙十二年至十七年间，王夫之写纪传体《永历实录》，③ 在“卷五·李文方列传”附《方以智》：

> 方以智……蚤以文章誉望动天下……南都陷，以智徒步走江粤……瞿式耜闻而迎馆之。会上即位于肇庆，擢左中允，充经筵讲官……浮客桂、柳间。粤西稍定，就平乐之平西村筑室以居。以智诗仿钱、刘，平远有局度；书法遒整，画尤工；弈碁亦入能品，尤嗜音律。喜登眺……楚、粤诸多孔炤部校，欲迎以智督其军，以智咸拒谢之。永历三年，超拜礼部尚书、东阁大学士，不拜。诏遣行人李浑敦趋入直。以智野服辞谢，不赴。平乐陷，马蛟麟促以智降，乃舍妻子为浮屠去。④

顺治六年·永历三年，方以智 39 岁，永历朝“超拜礼部尚书、东阁大学士，不拜。诏遣行人李浑敦趋入直。以智野服辞谢，不赴”，但常出入瞿式耜幕府。元旦，瞿式耜有招同游桂林虞山；⑤ 三月十一日，与瞿式耜等游桂林还珠、水月诸洞，⑥ 游走于仕隐两兼，但与瞿式耜始终保持紧密的关系；⑦ 同年秋，侍御

---

① 《道宝》卷七十·疆里记十·武冈中·十八：“双壁岩……壁间镌桐城方密之先生诗数首……访方先生读书处……明方以智题洞口双壁诗……有读书岩。明方以智读书处……予雅爱密之方先生……先生著书处也……宜先生读书纂述三载于斯乎？……”《龙眠》初编卷四十三·1702 页·方以智《逍遥洞［在武冈之洞口］》：“天地一时小……题作鹿门看。”所言“读书纂述三载”实际仅年余。

② 《道宝》卷百二十六·耆旧传迁客·十二·方以知（智）：“以知……居武冈时，与衡阳王夫之善。”王敔《大行府君行述》。

③ 《永历实录》点校说明·1 页，中华书局 1985 年出版，杨廷福《王夫之》：“1663 年……次年写完记述桂王政府史实的《永历实录》。”

④ 《永历实录》上海古籍出版社，1987 年 10 月第 1 版，42 至 43 页。

⑤ 《密抄》虞山后集·新正十日《瞿年伯招同朱子暇诸君复游虞山》：“江流俯视碧天遥……弄丸千古慕宜辽。”《瞿忠宣公集》卷八《己丑元旦和方密之见投原韵》：“百粤衣冠仍汉殿……摩崖指日颂平辽。”《再次前韵》：“寄迹行都仕隐间……藤王风便成非辽。”《新正十日，招密之……密之再用虞山原韵枉投佳咏，特奉和以博一粲》。

⑥ 《瞿忠宣公集》卷八《三月十一日，同密之、鉴在诸君游还珠、水月诸洞，次前韵二首》、《再迭前韵》。

⑦ 该年五月二十八日，瞿式耜妻邵夫人病故，方以智诔文以悼，作《祭瞿相国夫人诔词》见《前编》卷九《岭外稿》卷下；《前编》卷八《岭外稿》卷中《姚吴二君墓志铭》：“北都之变……正不独为稚子诊视也。”

朱兼五[①]至平西村谒方以智，王夫之作《圆通庵初雨睡起，闻朱兼五侍御从平西谒桐城阁老归病，戏赠 [己丑]》：

棋枰应尽中原略，莫遣苍生属望难。[②]

针对方以智“桐城阁老”的屡招不就，王夫之“尽中原略”、为朝廷做不辜负“苍生属望”相劝。此间，方以智一直在向瞿式耜推荐人才；[③]8 月 8 日，瞿式耜 60 寿辰，方以智作《寿留守瞿相国六十序》：

今皇帝中兴改元三年，而先生以首辅留守桂林者即三年……八月上浣，适当先生寿晋六袠……而征文于小子智……敬从平西山中作歌序之……小子从伯申雁行，前伏膝下，奉觞为寿……作奉觞之歌，以志后庆。歌曰：登虞山兮望虞山……建南宫兮图丹青。[④]

随后，王夫之有步方以智“旧韵”，作《留守相公六袠仰同诸公共次方密之学士旧韵[⑤]》：

千古英雄此赤方……河山清晏自平泉。[⑥]

自此二诗后，王夫之在一个月内，得“学行”、“依瞿忠宣，荐授行人司行人”[⑦]获永历朝“从九品”的“行人”职务。[⑧]钱澄之《临轩曲》对此间瞿式耜举荐有如下介绍：

上御极之三年，行在史馆中乏员……桂林留守瞿式耜疏荐部属臣某等堪备馆职……会同礼、詹、翰诸臣，严加考核，取及格者若干人，孝廉知名未仕者与焉。以冬十二月二十四日临轩亲试，经艺三道，策论各

---

① 王夫之《永历实录·朱嗣敏传》:“字兼五，直隶怀宁人。颇工诗，善行书……湖广丙戌乡举……桂平陷……不降。未几以疾卒。”

② 《船诗》上卷·《姜斋诗集·五十自定稿》七言近体·165 页。

③ 《前编》卷八《岭外稿·寄首辅瞿年伯》即顺治五年方以智向瞿式耜推荐人才。

④ 《前编》卷九《岭外稿》卷下。

⑤ “留守相公”指瞿式耜。《粤行纪事》:“己丑八月初八日，王父六十诞辰，门下士额手前祝。”方以智为瞿式耜 60 岁诞辰作诗在顺治六年己丑，距王夫之此诗已经一年，故云“旧韵”。

⑥ 《船诗》上卷·167 页。

⑦ 《道宝》卷百二十六·耆旧传迁客·十四·王夫之。《续明》卷之十四·三三七页：“王夫之以学行擢行人。”时间排在顺治四年（永历元年）二月，有误，鸿鸣从王夫之自述。

⑧ 《永历实录》点校说明·2 页。明代行人司正九品，左右行人，从九品。掌管传旨、册封等事。王夫子首任该职，不会有“正九品”，鸿鸣以“九品”视之。

一道，诗一首，取中八人授翰林院庶吉士官……刘茝、钱秉镫……等……[①]

顺治七年·永历四年，十一月，清军陷桂林、平乐，方以智被清军捉拿被迫出家、流离于广西梧州、江西庐山、老家桐城、南京高座寺等近十年，方以智与王夫之音信断失。

顺治十五年底，方以智到黎川不久，即对王夫之发出了“屡招”之邀，并告知“余将有所授”，两人重新建立联系后，因王夫之拒绝了方以智的“屡招”，并在以后的五年中，方以智屡有派人、送信与王夫之联系，但王夫之始终不为所动。

九年后的康熙六年，王夫之与方以智重续联系，有《遥皈青原宓大师》又名《寄怀青原药翁》[②]诗。从顺治十六年方以智在黎川开始“相招”被拒绝，王夫之直到九年后才有这次回复：

霜原寸草不留心，一线高秋入桂林。哭笑双遮∴字眼，宫商遥绝断纹琴。情知死地非长夜，屡卜游魂得返吟。唯有寻思归计好，黄金装额怕春深。[③]

以《青原志略》记载该诗题中的“遥皈”一说，可知此间的王夫之，是以“遥”在湖南之“皈依”方式、成为方以智“弟子”，并与方以智恢复了联系。诗题中的“皈依”二字，坐实了王夫之的“弟子”身份。道光《宝庆府志》予以了辅证：

（方以智）既为僧青原，以书招夫之甚勤。[④]

明清之际的大变革，让这些前朝因“守节”的士子们心中不可能实现的仕途之望，转而从“三教”之中求取安慰：

始由一二儒生参究教乘，以禅学讲心学，其继禅门宗匠，亦间以释典附会书传，冀衍宗风。于是《中庸直解》、《老子解》、《周易禅解》、《漆园指通》等书纷然杂出。国变既亟，遗臣又多遁空寂，老庄儒释，遂并

① 《藏山》诗存·卷十一·行朝集·282页。

② 该诗在《船诗》上卷·姜斋诗集·五十自定稿·七言近体·172页为《寄怀青原药翁》；在《华青》卷十一·诗·307页为《遥皈青原宓大师》，诗文有：“宫商遥绝断弦琴”、“悬知死地非长夜”不同。后人所改“遥皈”有明显的隐瞒动机。

③ 该诗置“丁未”年《元日过子直弈》后，当在该年秋。

④ 卷百二十六·耆旧传迁客·十二·方以知（智）。

为一谈。[①]

王夫之诗文中的“∴”符号，读“伊”音，原为梵语中五十字母之一，[②]是方以智先在《东西均》、后在《药地炮庄》中表达自己重要哲学思想的一种手段和方法，其借为事物变化、左右“交、轮、几”而统一于中的“∴”符号运用和圆相之说，是方以智在禅门后所有的哲学思想核心。

此际的《东西均》，虽未刊行，但手稿则一直在朋友、弟子间传读，《药地炮庄》四十卷本陆续刊行、并流播于顺治十七年至康熙元年。沈寿民[③]《寄青原药地大师》记录了方以智著作的流播方式：

> 往年惠到《时论》……再承贶《寂历图》及《炮庄》大刻，实变化《时论》而出之者。翁兄力大解捷，如香象蹴踏……而六十年来，如醉如梦……翁兄其无忘东来，为我稍施针砭乎？[④]

以王夫之《遥皈青原宓大师》论，在王夫之与方以智“失联”的这些年当中，不仅得到了方以智的所有书籍，且一定是深读了方以智这两部重要哲学著作，才可能会将这一独有的“∴”概念，运用到自己的诗中，并以此概念作“寄怀”。也就是说，王夫之在写这首《寄怀青原药翁》之前的数年间，不仅知道18年前曾经提携过自己的“阁老”方以智尚存活于世，且知道方以智一直在著书立说。

方以智《药地炮庄》对庄子之道阐释，是明末清初最早提出“即器是道”思想者，自《药地炮庄》问世后，在整个学术、知识界得以秉持如斯、产生深远影响，在“庄学”研究成就中，具有重大贡献，是方以智以“药地”之手段重新“炮制”《庄子》的目的之一。

王夫之在得读《药地炮庄》后的十数年当中，不仅全盘接受、承袭了这一全新的由器见道、道与器相与不可分离的成果，[⑤]且将此思想运用于自己的《庄子》并称赞有加。后世并非对王夫之的这些承续熟视无睹，[⑥]而是将其作了有意和无意的“忽略”。

---

① 陈垣《明季滇黔佛教考》108页。

② 《东西》。

③ 沈寿民（1607—1675）《南疆》卷四四：“字眉生，号耕岩，宣城人也。”

④ 《随青录》、《华青》卷八·书·191页所在有数字不同。

⑤ 《船山哲学》台湾七略出版社2000年，241至260页张立文。

⑥ 《书目季刊》7卷2期，1972年冬季号，65至78页，张永堂《方以智与王夫之》。

康熙七年，49 岁的王夫之又《得青原书》：[1]

> 青原题书寄南岳，经年霜雪中回还……春鸿社燕皆旦夕，不碍幽忧长闭关。[2]

以该诗“经年霜雪中回还”和“春鸿社燕皆旦夕”的语境，显然不是“失联”后的第一封信，而是已经往复多回了；诗中王夫之的口吻，也已一扫往日那种“阁老”与“太史”的谦恭，变成了“青原”与“南岳”两座平等大山对话的巨大不同。

“青原”山在江西，代表曹洞宗祖师“青原行思”；“南岳”衡山在湖南，代表禅门祖师“怀让”。禅门中人的眼中，这两人均是如日中天的领袖人物。毫无疑问，王夫之此比，是将自己看成为“南岳”了。由此回溯，可知王夫之在与方以智“相招”而失联的五年当中，内心巨大的变化和所思所想。

康熙十年，王夫之 52 岁，作《极丸老人书所示刘安礼诗垂寄，情见乎词，愚一往呐吃，无以奉答，聊次其韵述怀》：

> 洪炉滴水试烹煎，穷措生涯有火传……知恩不浅难忘此，别调相看更辗然。旧识五湖霜月好，寒梅春在野塘边。[3]

该年，方以智给王夫之寄来了刘安礼的诗，并以该诗相劝于王夫之。以该诗的语境可知，方以智在诗中一定是告知了王夫子：“刘安礼在我处为徒。”其所谓“情见乎词”一语，透露的仍然是方以智对王夫之的顾念之情，王夫之则在“愚一往呐吃”收下后，“无以奉答”没有回信，这才有了这首“聊次其韵述怀”。

王夫之不作答的原因，是因为王夫之内心有所不安，故在诗中仍以“垂”示尊于方以智来安慰自己，其内心的愧疚，以此间尚未见面的实情，实乃是基于当年方以智对自己的青眼与举荐，故说“知恩不浅”，且有“别调相看更辗然”的难眠。这是王夫之追溯方以智一再有“相招”，而屡屡回绝的证据。

诗中“霜月”与“寒梅”，该诗当在康熙十年十月以后。此际，“粤难”已经发生，方以智已殁。远在湖南的王夫之并不知情，直到来年的康熙十一年，

---

① 该诗置“戊申”年《春日山居戏效松陵体六首》后，当在该年深秋。
② 《船诗》上卷 · 姜斋诗集 · 五十自定稿 · 七言近体 · 174 页。
③ 王夫之《遗书全集》姜斋六十自定诗稿 · 12 页。

才误听为在泰和春浮园去世，遂作《闻极丸翁凶问，不禁狂哭，痛定辄吟二章[传闻薨于泰和萧氏春浮园]》：

长夜悠悠二十年，流萤死焰烛高天。春浮梦里迷归鹤，败叶云中哭杜鹃。一线不留夕照影，孤虹应绕点苍烟。何人抱器归张楚，余有南华内七篇。三年怀袖尺书深，文水东流隔楚浔。半岭斜阳双雪鬓，五湖烟水一霜林。远游留作他生赋，士室聊安后死心。恰恐相逢难下口，灵旗不杳寄空音。①

诗前章，追忆20年前与方以智相交；“点苍”，指永历帝在云南死事。此句指方以智殉节，可与当年永历帝之死并“绕”为另一“孤虹”。“南华七篇”，指《药地炮庄》，是王夫之得读该书、并有体会的证据；诗后章，叙述王夫之已知方以智“死事”。“文水”，指文天祥诗“惶恐滩头说惶恐”之赣江“惶恐滩”。赣江由南向北而折东；楚指湖南、湖北，浔指九江，赣水东西分隔，归入长江。“远游留作他生赋”句，所言“远游赋”，指方以智的《九将赋》，该赋方以智仿屈原《九歌》而为之。

这是王夫之在知道了方以智“死事”真相，特意将方以智诗文中并不太彰显的该“赋”，入其诗中的一个重要原因。所暗含的目的，也是在说方以智“死事”与屈原赴水“自沉”的殉节无异。

方以智惶恐滩赴水殉节，触动了王夫之苦隐于山间荒野的内心，对方以智当年提携自己的“良知”而有该诗之“狂哭”真情。正因为如此，王夫子才会用王侯之尊的“薨”字，来待之于这位“知恩不浅”的“尊前”与“大学士”。其在《得须竹鄂渚信，知李雨苍长逝遥望鱼山哭之》五首之三中，还以武冈永历朝时的旧称“阁老”来对方以智悼云：“青原罢棹石门寒，柳岸霜风月已残。”自注：“密之阁老、天门司马俱以是年弃世。”这是王夫之用“薨”字的意义所在。

王夫子诗说“二十年”，以该诗在康熙十一年计，当在顺治九年，后世研究界以此“二十年”比之两人相识、相交的顺治五年，这个时间不仅少了四年，且与此说完全不合。为了吻合这个“二十年”，后世研究界曲解此为“约数”。②

结合后一句诗文内容，该“约数”之说的错误，便凸显出来。因为“流

① 《姜斋诗集·六十自定稿·七言近体》。

② 张永堂《方以智与王夫之》：“所谓‘长夜悠悠二十年’系约数。”

萤死焰烛高天”，是指顺治八年方以智 41 岁在梧州冰井寺“剃染”为僧人“流萤死焰”小光亮，如今 20 年过去，已在禅门当住持、拥有了巨大的“烛高天”声望。王夫之的“二十年”，指方以智这 20 年。

第二句，王夫之叙述两人的事情。“春浮”指泰和萧孟昉的“春浮园”，是方以智离开黎川前来青原山之前的逗留所在，也是王夫之后面所说，方以智之死，是被萧孟昉所迷惑的“梦里迷归鹤”所致，自己在“败叶[1]云中哭杜鹃”之痛，正是因为此，王夫之在误听方以智死于春浮园的讹讯后，有了另一种偏见后的怨言。

在抒发了自己的“一线不留夕照影，孤虹应绕点苍烟”情绪后，王夫之转而以“张楚”比方以智、也喻指当年自己因怀才不遇拜在其门下，再也没有“何人抱器归张楚”来为弟子、为学人，仅余“南华内七篇”的《药地炮庄》了。

张楚，秦时与吴广同时起义建立“张楚政权”，后被刘邦追封为“隐王”。这是王夫之在诗题中以“薨”称方以智的另一个原因。庄子素称《南华》，是王夫之有读《药地炮庄》之后，才会出现的言辞。

“三年怀袖尺书深”，指当年王夫之在永历朝得方以智三年的庇护和往来“尺书”的教导与受益，这亦是王夫之为方以智弟子的另一个辅证。

“文水”指吉安文天祥故乡之水。“东流隔楚浔”，指王夫之自己在湖南，方以智在江西的浔阳江畔，虽自各在东西，但“半岭斜阳双雪鬓，五湖烟水一霜林”心在一起。“远游”指方以智早年作《九将》[2]《七解》[3]等颇早年的文学作品，今只能“留作他生赋”了。“士室”，指康熙八年冬王夫之所筑“观生居”。“聊安后死心，恰恐相逢难下口”，指我（王夫之）不知道如何来回绝您方以智出家为僧、为徒的相邀。“灵旗不杳寄空音”，则是指方以智您今天已经去世了，我只能面对灵旗，遥寄几句空话来祭奠您。以此悼念诗，可断定王夫之读了不少方以智的著作。

康熙十六年，58 岁的王夫之，借余兼尊来访，再次表明当年难从方以智的决心，作《桐城余兼尊昔为青原侍者，归素以来，崎岖岭外相值见访为录前，

---

① 王夫之晚年居所“败叶庐”。

② 苏武子、刘伯宗均有《序》。

③ 崇祯十年作，见《稽古堂文》。

寄极丸老人诗，仍次原韵赠之》，诗中有“沙上鸿蹤昔岁心”句，指方以智与王夫之之间交往岁留下的“沙痕”记忆。

此际余兼尊前来，王夫之对余兼尊说，那些举例的“已知罢钓能忘饵”早已忘了，即自己拒绝“相招”的决心并没有改变，为什么一定要让“登床”成弟子、来破坏以往（平等）的友情呢？这是王夫之进一步说明自己不在方以智门下为徒的理由，也是王夫之回答余兼尊的原话。随后，王夫之说：还是让我们“月影偶留传雁字”往来诗文、信札不断，留下“秋声不断有蝉吟”的友谊吧。其时，余兼尊刚从青原侍奉方以智处而来、并转告当年方以智“相招”的话，故王夫之说“闲愁杜口从君语”，方以智去世，余兼尊还俗，游访王夫之，其游访，正是“为受青原记莂深”在方以智左右很久的原因。

以该诗的语境，余兼尊作为方以智的弟子，一定是向王夫之询问了当年为什么“不从”“不赴”的原因后，王夫之才以此诗作答。这是王夫之诗中透露出来的追求“平等地位”思想流露，既是对余兼尊的回答，又是对已经去世六年后的方以智的一种回答。

康熙二十年方以智去世已经 10 年，王夫之 63 岁，作《广哀诗［序·辛酉］》：

> 追平生交游，凋替之频仍……今乃知悲吟不暇为工，有如此者……《青原极丸老人，前大学士方公以智［字密之，桐城人。国亡披缁，称愚者智，字无可，一号墨历。壬子卒于泰和］》：[1] 青原千里书，白发十年哭。遥问皖江滨，青冢何时筑？……烹煮《南华》髓，调和双行粥。一意保孤危，为君全臣仆……[2]

康熙二十七年，王夫之 69 岁，当生命将走到尽头还有 4 年的时候，这才将当年方以智“屡招余将有所授”的真情，在《南窗漫记》的回忆中，用直白的方式和盘托出。

方以智与王夫之的相识、相交，从顺治四年至康熙十年前后有 24 年，因王夫之“拒方”失联 8 年，两人的实际交往在 16 年。

方以智在流离广西、湖南之永历时结识王夫之，因不失其正固相同，在有限的条件下举荐王夫之，然险阻艰难，未逢其仁；方以智来黎川后的“相招”，

---

① 《广哀诗》共 19 首，哀咏方以智的诗为第 14 首。
② 《船诗》薑斋诗分体稿卷一·五言古体·313 页。

就是试图以一己之能，力矫王学之失，而挽救颓风，然王夫之终以“人各有心”，拒绝了方以智的屡次“相招”。后虽两人殊途同归，著书立说，传授生徒，养成悠长之“正气”，但王夫之遗著，在清末曾氏兄弟的刊行与大力倡导，终得名扬天下。

方以智顺治六年追随永历朝时，曾有一段对“相招”的标准，可视为黎川“相招”源头和本质。《寄朝中诸公书》：

> 夫起业于一隅者，计通于天下，一军之将，犹养死士，布间谍，欲周知四方之情形，况帝业乎？朝廷当日夜构招艰贞之士，乘机远图，苟得一间，十道并发。得一烈士，如获异宝，分布四海，捷播声灵，并得诸将之情形，招山谷之忠义，使内廷处分，皆当窾綮，而吾党士君子练习之，便可为将，上所重在此，则下趋学之，始求跅驰，或云侥幸，既已买骨，神骏自来，岂非国家大便乎？以愚观日者，辇下之所争兢讲求，恐甚不在此也。惟安坐而听天助之至，植耳待喜信之自来耳。不胜杞人之怀。①

方以智在黎川对王夫之的“相招”，即此“十道并发”期望。然时事势事，王夫之不仅没有为之呼应，且以“不复”拒绝。王夫之前后八年置方以智“相招”避之不见的“拒方”，张永堂在《方以智与王夫之》一文中，以予了精辟的点评：

> 方、王两人学问立场上最大的不同点在于：王夫之是站在中国正宗儒学的立场而求深化求广博，对于其他学问则较排斥；方以智却站在一种集千古大智的立场，对于诸子百家及中西科学欲求兼容并包。因此王夫之认为“古今之大害有三：老庄也、浮屠也、申韩也”，而方以智却认为今而后，儒之、释之、老之、皆不任受也，皆不阂受也。②

以王夫之在方以智《药地炮庄》成书流播15年、刊梓行世18年后，而有康熙十八年所著《庄子通》一卷，这与其言“大害”的主张，并不相符。相比之下的两人学术胸襟，则已让世人有了判断。

以明末清初的道德观念和人们秉持的“操守”论，王夫之在对待方以智的关系上，只具备了“集体良知”层面，而完全没有“个人良知”的成分，更

---

① 《浮山》280至282页。

② 台湾《书目季刊》1972年，第七卷。

没有当年方以智在永历朝中所给予关照，或提携的个人“感恩”。这一标准，既与王夫之自己所提倡的“人之所以为人，不能离乎君民亲友以为道，则亦不能舍夫人观物曲以尽道”“舍天下之恶而不取天下之善”，[①]的诸“节义”不符，也与那个时代的个人操守相悖离，更与儒家的道德准则和衡量“圣贤”的尺度，有着相当的距离，其心灵操守是要受到质疑的。

余英时教授在《晚节考》52页中，说王夫之“拒方”：

船山壬子（1672）挽诗“三年怀袖尺书深”之句，则相招当在庚戌（1670）时事也。船山并明白道出其所以不肯随密之逃禅之故。其言曰：青原晚号极丸，取一峰[②]太极丸春之旨。此足见其存主处，与沉溺异端者自别。顾一峰太极丸中，羞恶、辞让、是非具足于恻隐之中，而密翁似以知和之和为太和，故深取庄子两行之说以为妙用，意熊掌与鱼可以兼取，则兼不得时必两失也……船山此论甚深，且洞见密之逃禅之底蕴，不可谓非密之并世之桓谭。又其“兼不得时必两失”之忧……

以余英时教授将方以智的“相招”，订在康熙九年论，该年方以智“蜚语”与“谣诼”不断，至十二月初一日，“退院”青原山净居寺；十年，三月二十三日“粤案”发，十月七日惶恐滩赴水殉节；十一年，方以智至少已经去世了三个多月或半年。其“三年”之说，“退院”之年“相招”为何？囚徒之人何以“相招”？去世之人又何来“相招”？很显然，余英时教授的考据与推断，是出了大错。更让人难以接受的是，将王夫之“拒方”的原因，归因在对方以智“‘兼不得时必两失’之忧”，与“足见其存主处，与沉溺异端者自别”而有的拒绝“相招”理由。

余教授这一判断，既与方以智将自己对“儒释道”均衡之观点完全展示于《东西均》不顾，也与王夫之平生将禅门视为自己的“操守”人物、并不视为“异端”的表述不符，更与方以智一贯倡导的“烹三炮五吞一味”[③]的追求不吻合。

明末清初的思想、哲学界，以顾炎武、黄宗羲、方以智为代表。这一时

---

① 均《纪事》卷二·王夫之·178页。

② 罗伦（1431—1478），字应魁，号一峰，吉州永丰人。明成化二年状元，理学家，治《易》，有《周易说旨》。列《明案》卷四十五·第九册·9至10页。《光吉》卷三十一·儒林传·14至16页。

③ 《东西》附录·165页。

期的方以智与黄宗羲两人，都对晚明空疏不实的学风，提出过最早的批判，都以反对所谓“明心见性”喜高好“玄”的空谈，提倡修己安人、经世致用的“实学”主张。方以智提出的“藏理学于经学”思想，又与年少两岁的顾炎武“经学即理学”理念不谋而合，均反对舍经学而重理学。此一观点，亦早于王夫之几十年，而被世人所景仰、膜拜，并尊崇为时代的巨人！这些思想的提出和主张，均早于，且影响了王夫之近40年；后世对此视而不见，为了维护王夫之即有之声誉，而阐发的浅薄论述，既不真实客观，也不公允公平，更不见“道义”。

3. 方以智与王夫之作品、成就、声誉、评价先后对照表[①]

年代	方以智	王夫之
万历四十七年（1619）	9岁。曾祖方学渐，明乡贡士；祖父方大镇，明大理寺左少卿，攻《易经》《礼记》，著述宏富；外祖吴应宾，深佛理，精西乾；著《宗一圣论》、《三一斋稿》；父方孔炤，万历进士，崇祯湖广巡抚，著《周易时论》。	1岁。生于湖南衡州府城南回雁峰一个普通家庭。父亲王朝聘，天启辛酉副榜授迪功郎，弃官隐居，究极天性物理；随父、兄习经义。
崇祯元年（1628）	18岁。拟著《周礼》；汇《史记》《汉书》章句 著《史汉释诂》	
三年（1630）	20岁。注《尔雅》后为《通雅》时为“明季四公子”之一。	
四年（1631）	21岁。仿王宣《物理所》始作《物理小识》；著《为杨雄与桓谭书》；	
五年（1632）	22岁。著《博依集》文震孟为《序》方以智名噪吴门；接武东林、主盟复社；诗集《泽园永社十体》成；	14岁。为诸生。
六年（1633）	23岁。著《稽古堂初集》；	15岁。参加乡试落第。
十一年（1638）	28岁。撰《医学》；仿西文列汉字成字母，依音韵变化著《旋韵图》成，并付梓	20岁。在岳麓书院组织“行社”与“匡社”。
十二年（1639）	29岁。举于乡；著《稽古堂二集》；《通雅》初成；	

① 此表“方以智”参任道斌《年谱》，“王夫之”参刘毓崧、王之春二《年谱》。

续表

年代	方以智	王夫之
十三年（1640）	30岁。中进士为第二甲第五十四名，膝行宫前，申诉父冤，作《激楚》；作《论交》《好色》《好货》今均佚；作《书晋贤传后》；与汤若望往来；著《诗说》；	
十四年（1641）	31岁。著《此藏轩音义杂说》；	
十五年（1642）	32岁。任崇祯帝第三子“定王”慈炯讲官。	24岁。中湖广乡试成举人；冬北上参加会试“道梗”南昌。
十六年（1643）	33岁。《物理小识》初成；再任崇祯帝第四子“永王”慈炤侍讲。作《宋断》《史论》；	25岁。张献忠“挟质”父王朝聘，“刺身作重创，傅以毒药”，救父。
十七年（1644）	34岁。上《请缨疏》，获崇祯帝召见于德政殿；	26岁。作《悲愤诗》百韵寄亡国。
顺治二年（1645）	35岁。作《史紬》；南明唐王朱聿键即帝位于福州，改元隆武，复方以智原官庶吉士、北冤雪。	27岁。侍父同游永兴角山。
三年（1646）	36岁。拥桂藩永明王朱由榔称帝，先后任左中允、少詹事、翰林院侍讲学士；《通雅》成。	28岁。始志注《易》；奉父命编《春秋家说》；编《莲峰志》；《岳余集》成。
四年（1647）	37岁。作《俟命论》；永历帝敕“内阁大学士”，与武冈王夫之相识。	29岁。与方以智相识；作《孝烈传》。
五年（1648）	38岁。修改《通雅》于岩间；约此间，在武冈与王夫之有交；	30岁。瞿式耜留守，方以智引荐获“著服阙另议”，因在“守制”，被许为“终制”后任，纳为幕府。
六年（1649）	39岁。永历帝征，拜东阁大学士、礼部尚书；修订《本草》及《本草纲目》；增治病方补入《物理小识》。	31岁。赴肇庆，为行人司行人；作《圆通庵初雨睡起，闻朱兼五侍御从平西谒桐城阁老归病，戏赠［己丑］》；
七年（1650）	40岁。上《十辞疏》永历帝；11月剃发，于清军狱中作《稼轩瞿相公传》。	32岁。依瞿式耜，作《留守相公六衮仰同诸公共次方密之学士旧韵》；
八年（1651）	41岁。春，“冰井寺”剃染，法名行远，号无可。	33岁。偕郑孺人还衡阳。
九年（1652）	42岁。脱“冰舍”与施闰章北返；著《东西均》；除夕，与老父、儿子三代团聚桐城。	34岁。居邵阳，李定国招，不往。

续表

年代	方以智	王夫之
十年（1653）	43 岁。金陵“高座寺”得觉浪道盛“圆具”，法名：大智；著《象环寤记》集孔、佛、老庄三家而有《易余》初成；《通雅》成，托稿“千倾堂”。	35 岁。作《章灵赋》称：“今孤臣在千里之外……求仁则坚贞而不怒，《章灵》之作，意在斯乎！”
十一年（1654）	44 岁。在金陵高座寺竹关著述不息	36 岁。避居苗、徭，说《春秋》，讲“夷夏之变”。
十二年（1655）	45 岁。父去世，违戒律破关奔丧桐城，葬父，栾庐 3 年。	37 岁。撰《周易外传》；《老子衍》成；
十三年（1656）	46 岁。庐墓，重编父之《周易时论》、撰著多种。随觉浪赴江西宜黄曹山，为本寂灵塔撰《塔碑铭》。	38 岁。居西庄源。《黄书》成；
十四年（1657）	47 岁。	39 岁。清“大赦天下”，携继室郑氏回到衡州双髻峰“续梦庵”；
十五年（1658）	48 岁。著《五老约》《药集》《医学会通》；10 月 8 日，至黎川寿昌寺，弟子记录上堂、开示诸语，有《冬灰录》；	40 岁。编《家世节录》。
十六年（1659）	49 岁。撰《药地炮庄》；向王夫子发出“余将有所授”相邀，被拒。后有“屡招”，均被王夫之“不复”，失联 7 年。	41 岁。居南岳以是年为最闲暇，有《山居杂体》诗。
十七年（1660）	50 岁。在黎川重建“廪山塔院”；著《药地炮庄》，研究《易》。	42 岁。造“败叶庐”；有《落花诗》等。
十八年（1661）	51 岁。《炮庄》初成，名《青原炮庄》，随刻在弟子、门人间传阅。	43 岁。继室卒，作《悼亡》诗数种。
康熙元年（1662）	52 岁。《通雅》篇章《文章薪火》、《切韵声原》传日本，日人仿著《东雅》；《物理小识》传日本，日人小野兰山、三浦梅园等，均在其著作当中引用。	44 岁。闻永历帝被杀，作《悲愤诗》、《长相思》。
二年（1663）	53 岁。《通雅》刊梓。	45 岁。修《尚书引义》六卷成，
三年（1664）	54 岁。《叶韵》刊成。	46 岁。居“败叶庐”；定《读四书大全》，《永历实录》成，
四年（1665）	55 岁。《浮山后集》成。	47 岁。重定《读四书大全说》。

续表

年代	方以智	王夫之
五年（1666）	56岁。《药地炮庄》传日本。	48岁。有《咏百合》诗。
六年（1667）	57岁。	49岁。作《春秋家说》;《春秋世论》成;得读《药地炮庄》，有皈依方以智诗《遥皈青原宓大师》。
七年（1668）	58岁。方以智对王夫之仍有“招”。	50岁。《春秋家说》、《春秋世论》二书成；得方以智“招”，有《得青原书》。
八年（1669）	59岁。《青原志略》成，付梓。	51岁。编《春秋左氏博议》；辑《五十自定稿》，作《漫成》，表达又新得方以智著作之喜。
九年（1670）	60岁。施闰章、贺贻孙等撰文称贺。	52岁。居“观生居”、“败叶庐”；齿始落。
十年（1671）	61岁。10月7日，在万安惶恐滩殉节赴水亡。	53岁。冬末，作《极丸老人书所示刘安礼诗垂寄，情见乎词，愚一往呐吃，无以奉答，聊次其韵述怀》，有“知恩不浅难忘此”。
十一年（1672）	子中通、中履编《冬灰录》；吉安总兵《告示》：方以智“宰相身”“登堂说法”恢复名誉，准许净居寺“继席开堂”;《浮山志》成，载方以智：“第十六代，无可禅师……旷代一兴者……《炮庄》……万世而下自有知者”；焦荣《寄题浮山报亲庵[有引]》：“吾师挺出不寻常，金质玉相异纨绔。历律象数括一掌，经史子集兼四库……读《易》……注《庄》聊欲起疴痼……琐屑里辞徒呕哑，愿分醍醐半滴乳”；刊《浮山集》。	54岁。闻方以智死讯，作《闻极丸翁凶问，不禁狂哭，痛定辄吟二章[传闻薨于泰和萧氏春浮园]》，又在《得须竹鄂渚信，知李雨苍长逝遥望鱼山哭之》五首之三中，以“阁老”称方以智以悼；《老子衍》成。
十二年（1673）	梅文鼎在皖江边祭奠方以智，作《浮山大师哀辞二首[即方文忠]》。《桐城县志》成，载方以智：“公之志节、学识，洵一代伟人云”;，早王扶之康熙四十六年入乡贤祠35年。	55岁。《礼记章句》初稿成。
十四年（1675）	钱澄之祭方以智墓，作《乙卯春将入中州过浮山哭无公墓》：	

续表

年代	方以智	王夫之
十五年（1676）	弟子兴斧山足编撰《青原愚者智禅师语录》；魏禧在泰和方以智“爪发塔”，作《丙辰九月，避兵过亦庵礼药地大师爪发塔，有作呈中公兼寄令子素北》	58 岁，始撰《周易大象解》一卷；
十六年（1677）		59 岁。7 月《礼记章句》定稿；桐城余兼尊来访，作《桐城余兼尊昔为青原侍者，归素以来崎岖岭外相值见访，为录前寄极丸老人诗，仍次原韵赠之》；
十八年（1679）	《药地炮庄》行世 20 至 18 年。	61 岁。《庄子通》一卷成；
十九年（1680）		62 岁。辑 50 岁以来所作诗为《六十自定稿》，撰《宋论》初成；
二十年（1681）		63 岁。作《广哀诗》，有悼方以智《青原极丸老人前大学士方公以智》；编订《相宗络索》；为弟子开讲《庄子解》三十三卷；
二十一年（1682）		64 岁。九月《说文广义》二卷成。
二十二年（1683）		65 岁。《制义俟解》成；《噩梦》成；编定《经义》；《诗广传》成。
二十三年（1684）		66 岁。《俟解题词》成。
二十四年（1685）	王士禛过江西，作《望青原山有怀药地、愚山二公》；	67 岁。《张子正蒙法》、《楚辞通释》、《周易内传》、《周易内传发例》成。
二十六年（1687）		69 岁。《读通鉴论》初稿成。
二十七年（1688）		70 岁。《南窗漫记》、《七十自定稿》成。
二十八年（1689）		71 岁。《识小录》、重定《尚书引义》成。
二十九年（1690）		72 岁。作《夕堂永日绪论》。
三十年（1691）		73 岁。定《读通鉴论》、《宋论》。

续表

年代	方以智	王夫之
三十一年（1692）		74岁。正月初二，卒于衡阳“湘西草堂”，遗命“勿为吾立私谥也”，丧葬禁用僧道，用自题墓碑：“有明遗臣行人王夫之字而农葬于此”，铭：“抱刘越石之孤愤，而命无从致；希张横渠之正学，而力不能企。”
四十一年（1702）	方苞跋方以智《截断红尘图轴》：“无可大师……江长子先生尝称为‘四真子’云，盖谓真孝子，真忠臣，真才子，真佛祖也。”	
四十二年（1703）	张英（1636—1708）：“海内宗密之先生盖五十余年……为近代人文之冠。”《桐城方氏七代遗书》22页。	潘宗洛提督湖广学政，王敔入幕，得见《思问录》《正蒙注》《庄子解》《楚辞通释》。
四十四年（1705）		潘宗洛为作《传》。
四十六年（1707）		入乡贤祠。
五十年（1711）	因孙方正玉坐“南山狱”被捕，《浮山文集》等著作，遭清廷禁毁。	
乾隆三十七年（1772）	朱筠督学安徽，作《拜无可大师像》。	
三十九年（1774）		《周易稗疏》《周易考异》《书经稗疏》《书经引义》《诗经稗疏》《诗经考异》《叶韵辨》《春秋稗疏》《春秋家说》得进呈，奉旨列入《四库》;《周易稗疏》《经书稗疏》《诗经稗疏》《叶韵辨》《春秋稗疏》，载《钦定四库全书总目经部书类存目》，《尚书引义》载《钦定四库全书总目经部春秋类存目》，《春秋家说》载《钦定四库全书简明目录》，《周易稗疏》《书经稗疏》《诗经稗疏》《春秋稗疏》以儒林于国史馆立传。
四十六年（1781）	《通雅》列《四库全书提要》：“惟以智崛起崇祯中，考据精核，迥出其上，风气既开，国初顾炎武、阎若璩、朱彝尊等，沿波而起……在明代考证家中，可谓卓然独立矣！”	

续表

年代	方以智	王夫之
	嘉庆一朝，日本刊刻《通雅》，在日大量流通。	
道光七年（1827）	《桐城续修县志》："方以智……家世理学，至以智益集其成……博极群书，天人体乐，象数名物，以及律历、医药、声音、文字，靡不淹治精贯……学者倾慕，称为文忠先生……"	道光初元，六世孙承佺，搜辑遗书藏于家。
二十年（1840）		七世从孙世全，刻遗书凡18种于湘潭。
二十九年（1849）	《宝庆府志》："方以智……至洪江赴水死，留诗二章……"	
同治四年（1865）		曾国藩、曾国荃兄弟重刻十七种于金陵，又增刻五十九种，为《船山遗书》，极力推崇。
		光绪四年衡郡士绅遵学政朱公=( )然前谕，创建川山书院于南城外。 光绪十年彭玉麟改建川山书院于东洲，曾国荃以家藏遗书刻板归之书院。 光绪十一年彭玉麟奏闻咨部，并奏改南城书院为船山祠，奉公栗主，请旨饬有司春秋致祭。
光绪十二年（1886）	《桐城耆旧传》方以智："康熙十年冬赴吉安，拜文信国墓，行次万安殁。学者称文忠先生。"	
十三年（1887）		书院补刻《龙源夜话》《忆得》《姜斋文集补遗》《分体稿》《编年稿》凡五种。
十四年（1888）	方昌翰刊《桐城方氏七代遗书》。	
民国初	《清史稿》："方以智……康熙十年，赴吉安，拜文信国墓，道卒。"	

4.“清孤不屈之人士”刘安世与刘安礼兄弟

方以智“相招”归于门下的“清节士”刘安礼，是汤显祖的外孙，名季錞，安礼其字，曾举于乡。方以智“书《示吉水刘安士》诗”给王夫之的“刘安士”，为刘安礼同母仲兄，[①]是吉安大名鼎鼎的官宦刘同升仲子和季子。[②]

刘同升（1587—1645），字晋卿，江西吉水人。崇祯十年（1637）状元，授翰林院修撰，刘同升的父亲刘应秋，与汤显祖为同年进士，刘应秋于明万历癸未（1583）摘探花，汤显祖遂将小女嫁给刘同升。明亡，顺治二年，刘同升投福建唐王，与杨廷麟等在赣州抗清时卒。《忠义录》：

> 刘同升，字孝则……清兵渡江，同升谋举事……散家财，聚众数千人。清固山谭太至，战大败，同升没于阵……昔宋亡，状元死者文天祥一人……同升死之，盖状元殉难者……[③]

《南疆逸史》：

> 刘同升……国变，同升闻之，痛哭几绝，乃驰檄遍告十三郡乡官士庶……与杨廷麟遇，大集澹台祠为思宗发丧，蠲吉誓师启行。会南都立，以左中允召不赴。明年与廷麟谋，邀巡抚李永茂共建义旗，保守赣州。唐王闻而嘉之，诏加国子祭酒，转詹事，遂建忠诚社招致四方豪健、乡官……集几二万人，克复吉安、临江。既而永茂内召，即擢同升兵部左侍郎总理江西，寻命巡抚。其地时益宗永宁王兹炎复取建昌、抚州诸路，约并下省，而同升拮据劳瘁已疾作，是冬十二月，徇至雩都，卒于道。赠东阁大学士，谥文忠。[④]

刘安世（1629—1670），即刘季鑛，尝被写为“刘安士”，因其曾被南明授予“兵部侍郎”，故世人又称其为“刘安世司马”。贺贻孙《刘安士墓表》：

> 刘安士，讳纫钟，吉水人。文忠公第五子，而余友安期、安于[⑤]之异

---

① 《续明》卷之十六·东南殉节·五二七页：“兵部右侍郎刘季鑛，赣州殉难刘同升次子也。”

② 刘同升长子刘安期，刘安世异母兄长。

③ 《遗书》696页。

④ 《南疆》摭遗卷三·十一。

⑤ 安于，刘逋，也是方以智的弟子。《青原志略》卷十二·杂记·343页《安于述兑阳公与紫柏老人因缘》：“《西华集》序云，龙山刘公方兴（安于祖父）曾为之记。问之安于，云：集已失矣……顾安于曰：‘哇否？’安于曰：‘青原山不变。’……安于作吐势，愚者拍手曰：‘穿过多，生了也。’”

母弟也……性慷慨，喜谈节义事。甲申上崩……每过日者家，推干支问死期……吾君吾父皆殉社稷，吾安得寿？……今二兄之于安士也，坟土已燥，松楸成行……[①]

贺贻孙又在《明太仆寺少卿刘公安期墓志铭》中介绍：

戊子，江西、粤东皆反正，季弟安世，亦起兵于永州之白水洞，闻吉州已复，乃从间道归永宁省母，与安期共图恢楚，敕升总督江楚兵部右侍郎。安期即以军政付安世，而身为赞画，调兵先取郴、桂，以通行在咽喉。会何、堵二阁部，以大兵压长（沙）、衡（阳），诸将争功夺其先，收州、县，安世归行在，安期亦归永宁……[②]

以刘安期、刘安世抗清的经历，兄弟两人均为永历朝方以智属下旧部。王夫之《永历实录》记载了刘安世在南明活动的事迹：

刘季鑛，字安世……隆武中，以贡授翰林院待诏。归里，吉安陷，季鑛走湖南，谒上于武冈，改检讨，寻擢中允……季鑛遂请终制。已乃奉敕复原衔，兼佥都御史，联络江、楚义旅，墨缞行事。季鑛志杰清峻，高自标举，故娶李元鼎女，元鼎降清，季鑛遂出其妻……遂纠众起，号召响应，复酃、茶陵、兴宁、常德诸县……永历三年春……江西再陷，季鑛所统义兵多骇散……遂遇害。

季鑛兄伯钦、仲錞皆清节士也。伯钦字安期[③]……以不剃发为清吏所执，系南昌狱，不屈，久之释归卒。仲錞字安礼，举于乡，亢节不仕清，隐于梅川。[④]南都陷……清兵逼南昌……曰广少师兼太子太师……赐尚方宝剑，便宜行事，督师恢复京、湖、闽、浙。……吉安刘季鑛所号召，西连酃、耒、郴、桂，所在响应，咸听命于曰广。[⑤]

---

① 《水田》五卷·十六。

② 永新沙市《厚田贺氏诗文集》。

③ 刘安期（1607—1682），名孟钦，号苏庵。贺贻孙《祭太仆寺刘安期文》："惟我文忠……一门三凤"，《明太仆寺少卿刘公安期墓志铭》："天性英敏，矫矫负气节，能诗文，通天文、律历、六壬、勾股等术，内外医方之学"，与方以智有交。

④ 《永历实录》卷十八·158页。

⑤ 《永历实录》卷六·陈姜列传。

王夫之对刘季鑛·安世“遂遇害”记载有误。① 刘安世抗清兵败亦隐于宁都梅川，方以智来黎川寿昌寺“相招”其出家，为寿昌派“博山”支“传”字辈弟子，法名传乘，② 并一直追随方以智左右，是一位有侠烈、有胆识之士。

方以智在青原山有涉其父刘同升事，多有询问刘安士。③ 有《皆园集》，贺贻孙为之《序》评价其曰：

古今侠烈之士……吾友刘安世，成仁取义……吾独谓安世之胆，安世侠烈之气所克也……安世以英绝之才，俯视一世，杯酒成诗……安世诗文之胆，亦皆侠烈之气之所克也……今安世诗文具在……徒以其侠烈胆气，克于诗文，流传人间……④

至方以智西进青原山净居寺，刘安世作有针对自己生平的《青原谒药地本师》诗：

曹溪昔自访卢能，今又青原见一灯。季主 ⑤ 逃名终卖卜，宾王 ⑥ 好遁更为僧。空山木脱飞萤火，古路巢云下角鹰。更有钓台谁可问？鹿裘人久折双肱。

这是刘安世皈依后，将方以智视为心中的一盏“明灯”，而以弟子“传乘”之名，对“本师”在青原山秉持寿昌派钁头“农禅精神”、可比肩于六祖慧能的赞颂。刘安世在青原山又有《新开三叠泉》：

斧子开山凿阪田，补来禅史有新篇。穿林祇让吾师健，三叠重寻瀑

---

① 《续明》卷之十五·诸方义旅·四五〇页：“翰林院检讨傅鼎铨、职方主事邬见正起兵于宜黄……鼎铨没，见正走吉安，与刘季鑛图复湖南，仍故衣冠，匿村塾。为人所讦；捕至，请自刃死。吏诮之，则大骂；不食，死狱中。”又四五一页：“同升子季鑛从父起兵，授待诏；后死。”贺贻孙《刘安士墓表》：“刘安士……庚戌七月病卒。”

② 《华青》卷十一·诗·299 页：“《青原谒药地本师 [传乘，即刘幼钟安士]》”。卷十二·杂记·343 页《漱青岕》：“传乘曰：向谓古胜今……愚者曰：性无古今前后也……传乘曰：礼非后乎？愚者笑曰：可与绘万物也已。”卷十二·杂记·346 页《青原逸句》：“向在潇泷浮来精舍谒老人，读陈涉江侍御《琴歌》而抄之者，今与安世皆古人矣，为之凄然。”可知刘季鑛是在成为方以智弟子之后才去世的。

③ 《华青》卷十二·杂记·349 页《青原大殿缘起》：“愚者曰……时讯安士，历历有之，文忠公乘愿来者也”，文忠公即刘同升。

④ 《水田》三卷·十一《皆园集序》。

⑤ 借汉代司马季隐者喻己。司马迁《史记·日者列传》有传。

⑥ 指骆宾王，初唐诗人，传说晚年为僧。

布泉。[①]

刘安世与陈子升、何三省、陈乔生均为诗友，陈子升有《何印尼太常招同刘安世司马、陈乔生宫谕雨集分得来字》[②]诗，石潮大宁以“遗民”为诗《送安士之湖上二首》：

……因识旧遗民……孤山原在水……僧住岸边寺……殊慰孤征者……[③]

大宁诗中的“孤山”即黎川，在黎水旁，又称刘安士为“孤征者”，其“僧住岸边寺”句，即指寿昌寺的位置，这是刘安士此际正在黎川寿昌寺的证据。

方以智至青原山，刘安世尝有陪游。《青原志略》卷十二·杂记《漱青岕》记载了刘安世·传乘与萧孟昉、罗牧曾在一起讨论制茶法；方以智则在回答刘安世·传乘“向谓古胜今、前胜后”问题后，以“性无古今前后也”作答，并将这一议题转化为“君臣道合于臣力”讨论。《青原志略》卷十三·杂记《宋二罗》还记载：“传乘曰：‘麇公（陈继儒）笑《吉志》无宋二罗”。这是刘安世曾隐于宁都梅川，在翠微峰与罗牧早年相识、相交的证据。这些诗文，都说明刘安世此际尚在世，且已经是黎川寿昌寺祖庭下博山支的“传”字辈弟子。

康熙九年七月，方以智“粤案”发生前一年，刘安世去世。贺贻孙《哭刘安士》：

英气当年动至尊，一身自许不须论。江南路断孤臣血，岭北城依孝子魂……

5. 周畴五与余兼尊

方以智此间所招“清孤不屈之人士”还有两人。周畴五（约1611—？）即周鼎泗，字懋极，江西安福人。崇祯九年（1636）中举，曾在南明授中书舍人，后隐居鸽湖山，以诗酒、《离骚》为终身。有兄长周鼎瀚。王夫之《永历实录》对兄弟二人有简略介绍：

吉安人士慕文山遗烈，不肯屈节者，比肩相属。诸刘[④]而外有……

① 《方青》卷十一·诗·309页。
② 《中洲》卷之八·五言律·五。
③ 《桐旧》卷四十二·八；《龙眠》2829页，有数字不同。
④ 指刘安世、刘安礼兄弟。

周鼎瀚之弟鼎泗，皆相举也……自吉安陷……鼎泗字畴五，授中书舍人，亦未就官，退隐梅川……

周鼎瀚，字浩若，江西安福人……以荫官南京刑部主事。家藏书数万卷……四方人士借读者，皆得就读……北都陷，思宗皇帝讣至，鼎瀚恸哭投淮水……不死。南都陷，走归里。今上立，鼎瀚间关陛见，改翰林院侍讲……时召鼎瀚缘饰文句，鼎瀚即自称直文渊阁……鼎瀚不自安，请敕联络江、楚，带兵部侍郎衔出，复自署视师阁部……遂见杀。鼎瀚夙以志节风操见重时辈……闻者莫不惜之。①

周畴五与贺贻孙交好，两人交往密切，常有唱和，贺贻孙《寄周畴五》：

剥苧缝为隐士衫，看来云气满寒岩。壶中易觅神仙路，醉国难堪从事衔。槐叶落时惊蚁梦，菊花苦处避蜂馋。知君闭户高秋后，凉夜灯边字一函。②

《周畴五有夜过周白山诗次韵寄赠》：

十二年间目已蒿，呻吟室内见同曹。竹□三径风饥早，松老千龄鹤梦高。乱世有朋容易散，闲身笔墨反成劳。相赓幸有新词在，檀板轻敲亦广骚。③

又有《复周畴五书》：

口口书示同志一则……弟昔年非明窗净几……十年以来，土室席门……四壁皆风，灯至即灭，摊纸作书，才及三四字，辄被揭去……与昔年明窗净几，所得迥异，乃知贫能炼骨，骨坚则境不摇……自变故以来……久居贫贱，无复他想……④

可知周畴五也是一位子国变后，志存高远，但始终以遗民安居守贫，艰困耐苦有骨气的隐士。

余兼尊，生卒不详，桐城人，方以智弟子。康熙十六年，余兼尊访问58岁的王夫之，此际，方以智已经去世六年，王夫之作《桐城余兼尊昔为青原侍者，归素以来，崎岖岭外相值见访为录前，寄极丸老人诗，仍次原韵赠之》。

① 卷十八 · 159至160页。
② 《水田居存诗》卷二 · 四九。
③ 《水田居存诗》卷二 · 六六，卷三 · 十另有《壶园诗酬周畴五》。
④ 《水田》五卷 · 十五。此文漫漶严重，仅略录所见。

方以智去世后，余兼尊即还俗，游粤至楚，往访王夫之。方以智来黎川寿昌寺后所招人物，其隐藏在“遗民”的身份大都为“清孤不屈之人士”之外，说到底，其实都是方以智在南明永历朝的旧识，或旧部，王夫之也概莫能外。这对于王夫之来说，方以智的“相招”，除了表面上的学术“有所授”之外，所涵盖的另一种隐晦意义，以王夫子面对方以智的多次“相招”所持的坚拒态度，以及其后来对方以智的诘问，王夫之的内心所思所想，也就不言自明了。

6. 在寿昌寺祖庭为周叙五作《语要序》

此间，方以智在寿昌寺为枞阳鹞石（今枞阳县周潭镇周潭村）周叙五作《语要序》一篇：

> 不肖智，淬镠十余年，闭关三年，庐墓三年，古今皆血，寓于下宫[①]罪过重矣。不耻衣食……周子叙五，矢志圣学，往于近溪语有省……药即饮食，学即飞跃……然后叹洗心藏密，莫密之与民同患矣……叙五之悔自砺也，即已砺万古而震破从来之我矣。漆园天理，善藏以刀。合山之骨，愿与吾子同砺斋戒神武之剑。合山药地无道人智题。[②]

该文署“药地无道人智”，以方以智“庐墓三年”期满，既云所居“下宫”，又说自己“不耻衣食”，且以在廪山塔院开堂讲学的罗汝芳“往于近溪语有省”之作《语要序》，当时在寿昌寺祖庭。

周叙五，其人不详。但方以智在顺治十三年秋，尚在庐墓期间曾为枞阳《鹞石周氏支谱》作《鹞石周氏续修谱序》一篇，内有涉好友周岐（1607—1671后）：[③]

> 余……自少与吾农父研席，浴其春风，早服老子温谦之道……农父尝称其族贤者遗事，仿先曾祖之《迩训》，重疏《孝经》，辑著《曾子》所以表隐德也……

周叙五当为周岐·农父的晚辈或后人。

---

① 下宫，即祖庙。《礼记·文王世家》：“诸子诸孙，守下宫下室。”郑玄注：“下宫，亲庙也。”《白虎通·姓名》：“《礼服传》曰：‘子生三月，则父名之于祖庙。’于祖庙者，谓之亲庙也。”

② 光绪二十年刊枞阳《鹞石周氏支谱》卷四。

③ 光绪《鹞石周氏续修谱序》卷一。该文后有“皇清顺治丙申年秋月穀旦，赐进士第翰林院简讨邑人方以智题”，将方以智列为清之“进士”与“翰林”，故知该衔署是修谱者为彰显族谱之显赫，所作的无端续貂。

7.“药游”与“药梦”下的《五老约引》和《槁木寒石图》

方以智到寿昌寺，是“奉师之命”达成“子骥欲约同心而终”，由庐山来黎川，并非自己的意愿，故对庐山始终怀有一种“再约五老峰”之意，这是促成方以智有《五老约》组诗，并于黎川有增《引》的原因。《五老约引》：

> 素逝之士……相约以五岳老……九死劫灰，颠沛苗僮，壬辰得离粤阱，息病匡阜，开三叠路，上五老峰……竹关坠灶三年，栾庐溅血又三年……适在浮山，药地梦五老为五岳之老，题余杖以药游。嗟乎！梦何能已，游又何能已！梦中告曰："五老峰下……五老峰上……乐何能已！"种药之孤曰："……何不可以哀乐之梦为药，而享其哀乐不入之山水也耶！"……我则随风药游，叶之醒而如约，是亦哀乐不入之药梦也……[①]

《五老约》诗，共22首，安徽省博物馆有清初刻本，没有明确的署年，但文中有“栾庐溅血又三年”，可知在“栾庐”之后，即涂斯皇《序》：“浮山大师……己亥夏，游敝邑，获晤于天峰禅院”期间，是方以智来黎川的第二年。侯外庐先生亦认为《五老约》诗集“可能是方以智从庐山回桐城后，追忆五老之作”，[②]其“追忆”之说，十二萧一首有：“刀头十载赤条条，背愿孤峰冷水浇”得以印证；“刀头”指清顺治七年方以智在马蛟麟“刀下”被迫剃度；“十载”，即涂斯皇《序》顺治十六年“己亥夏”回溯10年，与此正合；“孤峰”，点明黎川地域所在，正是方以智在寿昌寺“孤峰冷水浇”的时间。侯先生还认为，这并不是方以智在桐城回忆的全部之作，而是掺杂有在黎川此间的回忆。因诗中有多处有涉“药地”黎川，以及“炮”《庄》特色：“雷公留有些须药，炮制将来毒达摩”。

方以智在《引》中，有一段“托梦”的话，补充了业师道盛要其来黎川的信札内容：“五老峰下，雪浪奔雷，何其怒也！五老峰上，浸天拔地，何其旷也！”即在说，雪浪（1545—1608）和尚[③]当年的盛况，是如何壮哉！而庐山空旷，非其久留之地。接着，方以智以“种药之孤”口吻，暗指道盛：“惟

---

① 《后编》卷之二·叙类·一。

② 《全书》43页。

③ 指曹洞宗高僧洪恩，字雪浪。雪浪在江西禅门影响巨大。《列朝诗集小传》闰集有《雪浪法师恩公》。

有洒此上池，鉏此云峰”，“鉏”指无明慧经的“鉏头”农禅；“云峰”，则泛指黎川，黎川入闽即云峰山，是寿昌派支系“东莞”支繁衍所在。因寿昌寺是“寿昌派”祖庭，故道盛要方以智在寿昌寺里“续白莲青松之主宾”，而“播不欺之种”。这既是道盛在说自己、也是道盛在对方以智说：自己由寿昌寺出来，不能忘了祖庭的恩泽，其“主宾”之意，则明确以方以智“住持”的身份，即振兴祖庭的责任。

方以智的“庐山之梦”，因业师致书匡庐，而使其戛然终止了“五老峰”之游。未能实现的庐山情结，自来到黎川之后，便日有所思，夜有所梦，“梦五老为五岳之老，题余杖以药游……子骥欲约同心而终焉”，遂把栾庐时期，以及来黎川之后所作“梦”之“庐山”诗共22首，合编成集，为之作《引》付梓刊行，以平复自己的“庐山情结”，并希望能有“随风药游”和“药梦”之约的“再游”。其《庐山问》：

庐山问客几时到……南方雁宕胜天台，武夷还让阳朔道……一生结尾来登眺……三界鲲鹏卮寓言，脚跟依旧桑麻园。此去君乡本不远……五老独得江湖心。

诗中的“雁宕”“天台”“武夷”诸地名，均黎川周边；“三界鲲鹏卮寓言，脚跟依旧桑麻园”，则指黎川“寿昌派”的“农禅”；黎川距离庐山“此去君乡本不远”，则是实情。

又《五老行》：

乱世寻山恐不深……何人能识庐山心？五老峰上看云海……庐山有心问五老，五老面面对人好……①

方以智黎川弟子涂斯皇在为该诗集作《序》说：“《五老约》诸什句有棒提语，② 皆血碧，一字一浮山也，即一字一五老也。”又称这些诗“韵皆正叶”，“皇亲炙而知师实平易人也，铎中和以平斗诤之苦心也”。这说明方以智来黎川前后，还曾调息了业师在禅门的“诉讼”之事。弘庸在《炮庄·序》中言方以智此间“为两宗修和”所作“省一事，胜多一事”劝解，即一例。以鸿鸣所知，除了寿昌派嫡、庶之争外，当与“博山”支与“东莞”支，即觉浪道盛与颖学弘敏两人

---

① 以上二首均《龙眠》初集卷六十四·4842至4843页。

② 指临济棒喝。

之间“龃龉”有关。

方以智在黎川所写《五老约引》，就是将庐墓期间和在黎川所作的部分诗，合在一起刊梓，并将《正叶》《药集》二诗集，均在黎川刊梓。

《正叶》原刻全六页，为五律及七律共二十一首，其自《序》有时间记载：“著雍閹茂，贞于孟陬，日在危初，浮山孤子愚者题于易寓中”，“著雍閹茂”即顺治十五年，“孟陬”为正月。随后，方以智于年底到黎川。这是方以智在《药地炮庄》“逍遥游总炮”批眉中告知读者居所变化：“浮庐既安易寓，药地又来炮庄”，并援用“浮山孤子愚者题于易寓中”落款的原因。因此说，“易寓”虽是方以智“栾庐”时期在浮山对居所的称谓，但到了黎川后，至少在刊梓《正叶》前后，这一居所名称，仍有延用。今安徽省博物馆藏清初本，当为黎川所刊梓。

《药集》原刻五页，署“浮山愚者智稿”，有《忘忘》《炮药》《鳖隐》《茹吐》，分为四言和五言诗，共三十首。其《鳖隐》句：“赤松用白帝，借寓如转丸。两种羊肠坂，此辙终当环”，“借寓与转丸”，也是在说由“易寓”转到了黎川。清刻本书口亦有“易寓”二字，与《正叶》署款“浮山孤子愚者题于易寓中”一致。侯外庐先生在《方以智生平与学术贡献》一文中，以为该组诗用《洪武正韵》是“含有怀念故国之意”，[①]并对《药集》的写作地点判断为“也是在江西黎川的廪山所作”，[②]鸿鸣所见《药集》引文《忘忘》末尾“适有问此于药地病夫者”，故赞成侯外庐先生的判断，《正叶》与《药集》均在黎川刊梓。。

《正叶序》：

> ……浮山之孤序此而嘘曰：“悟不二不一之公因乎？……生于忧患，以死养生……尔远社易堂，一时铎应，托孤妙叶，我歌可乎！……”[③]

至该年底，方以智心中难以释怀的“庐山”情结，促其有作《槁木寒石图》，以表达自己的“散木高乎，狂醒藏拙耳！枯木难乎，橛株受感耳！”[④]的心情，诗亦为《五老约》中的一首：

> 本有参天势，其如冰雪寒。石奇原是伴，地险亦能安。根到九泉曲，才支大厦难。槁松尚偃折，莫惜一身残。澹痴以缺倪自励，一尘不染尚平台。

① 《全书》43页。

② 《全书》44页。

③ 《后编》卷之二・数类・二。

④ 《初编》卷之一《易余引》。

威许有后来，四六五蕴中。嗤秃鹙，不了头陀债也。弘智录旧。

鸿鸣所见该诗实物一件，记载两种。实物为 2018 年 11 月北京中鸿信送鉴定《槁木寒石图》，钤印：五老一（白文方印）、弘智（朱文方印）。左下另有：弢斋秘笈（朱文方印）和有残损收藏印：金石千声云霞万色（白文长方印）。为此，鸿鸣写有《不了头陀债 寒山作槁松·方以智在黎川寿昌寺所作《槁木寒石图》，刊于同期拍卖图录。

记载一为 1924 年余绍宋（1883—1949）《古书画经眼录》，诗后附文与所见实物不同：

> 论古斋送来恽南田、方密之两画帧求售……书精妙……方画：本有参天势，其如冰雪寒。石奇原是伴，地险亦能安。根到九泉曲，才支大厦难。桥松尚偃折，莫惜一身残。奚凡以禅理悟画道，少所许可，来游匡庐，说沧桑以终日，今将东矣，写此志别。浮山愚者墨历。[①]

另一为徐世昌《晚晴簃诗话》：

> 弘智……余藏有药地及朝宗画山水各一幅，药地题云：本有参天势，其如冰雪寒。石奇原是伴，地险亦能安。根到九泉曲，才支大厦难。槁松尚偃折，莫惜一身残。[②]

因鸿鸣所见实物有徐世昌“弢斋秘笈”收藏有印，故可认定所见实物，当与此记载为同一件。任道斌《方以智、茅元仪著述知见录》亦有该件作品有记载：“《药地山水轴》徐世昌藏。方以智题云：本有参天势……莫惜一身残。”今佚。并注明来自于“徐世昌《晚晴簃清诗汇》卷一九五”。[③]

以鸿鸣对该诗叙述事件的理解，是方以智在寿昌寺的诸人、诸事。“本有参天势”，指方以智来黎川之前，自己与瞿式耜辅佐永历皇帝抗清时的大好形势；“其如冰雪寒”，指被迫出家，今已转遁偏僻的山区黎川。

曹洞禅祖本寂有《偈语》：“摧残枯木倚寒林，几度逢春不变心”[④]句，方以智来黎川的时间在顺治十五年寒冬，又因黎川有大寒山，即代指黎川；“石奇原是伴”，“石”指寿昌寺的石潮大宁；“奇”指寿昌寺的观涛大奇；两人均

① 《余绍宋书画论丛》152 至 153 页。
② 卷一百九十五 [释子]· 1467 至 1468 页。
③ 三、画册、题跋及墨迹 · 72 页。
④ 《抚州宗教集要》211 页。

是方以智的禅门法兄弟，且相伴于左右，故云“是伴”。

方以智来黎川，寿昌寺已凋敝式微，要振兴这座“寿昌派”祖庭实在不易，故云“根到九泉曲，才支大厦难”；同治《新城县志》记载方以智兴建的廪山塔院“有诗云……滴翠偃岩松”，[①]方以智诗则说：“槁松尚偃折”，同时、同地、同景，这是方以智“莫惜一身残”的自勉，自己并非枯老，仅仅是在寒冬掉落了叶子之“槁”；“澹痴以缺倪自励”，“澹”指澹归，“倪”指笑峰大然，两人均是方以智的同门、同师法兄。

“四六”即“四柱”与“六爻”，指《易》中预测事；“五蕴”是禅门色、受、想、行、识的概念。方以智来黎川，就是来还报“不了头陀债”，因觉浪道盛有“向上盟主”之期，故诗中有“威许有后来”。

全诗叙述的人物、事件，与方以智此间在寿昌寺的人物、事件均相吻合，又结合方以智的《五老约》情绪，该作品钤“五老一”印章，为第一次发现和公布，是知该诗在此际的证据。印中“一”说，或正是方以智要表达其“公因反因”之“叶二为一”的矛盾对立统一思想而有，这与此间方以智矛盾的“药游”、“药梦”的语境是相符的。

从方以智四年后、即康熙元年与文镫岩、何印兹、杨东曦、徐芳、汤恪素、傅用兹、魏平仲诸人再游麻姑山时，对庐山的“药游”与“药梦”仍未得释，其《东山俗民和五老约题辞》：

> 余来西江四年……今年游麻姑……《和五老约》一夜倾泻而出……欲劝公和以游世……[②]

这是在《五老约》刊行后，众人游麻姑时以“五老约”之韵有“和”的情景。其言谈中，仍对当年道盛业师生生将其由庐山拽下来的情绪，依然是耿耿于怀。

---

① 卷二·建置志·寺观·七。

② 《后编》卷之二·《清史资料》第六辑，44页。

第五节　黎川水路赴南京天界寺为觉浪道盛奔丧

1. 弘庸童飞来黎川“丧报”与方以智在金陵与众禅门兄弟相聚

秋，觉浪道盛71岁，回金陵天界寺，于休夏间九月初七日圆寂。[1]是时，笑峰代师主青原净居寺法席已经三年。闻讯，笑峰令徒兴树守之、寺副监院兴中管理，[2]曳杖奔丧金陵。离青原日，大众请笑峰题像曰：“遮汉做事，多不成办。刚刚住得青原，葺理尚未及半。却又奔赴江南，未免有些系绊。何时方得重来，了此一段公案？莫只贪看着棋，不顾自己柯烂。留此一副脸皮，好与大家相看。”时大众阅而骇之。[3]此际，方以智在黎川或寿昌，或廪山，出门炮药，发愿医医。

弘庸童飞由金陵持讣奔驰黎川“报丧”，[4]方以智闻业师道盛去世讯，触著痛肠，一声寸断，呼天号地，痛悼追思，中宵滴滴枕头泪，作《善世门[5]哀辞》：

> 天生天界……竹关迸破，雪溅古今。以三不收之废人，行混不得之鸟道。回视环中、宗一，妙叶时宜……出门炮药，发愿医医……好山虎啸一锄翻……泪洒西江不勾吞……壁仿双选托孤心……十年万死一瓢还，煨火投机闭竹关……灵衣不挂五千字，挽歌自和三百诗……中宵滴滴枕头泪，世出世间皆不知，乃与纸钱同烧云。咦！［皋亭[6]返天界，杖人作尊天命诗三百首。[7]

随后，由黎水出发，一路乘舟赴金陵天界寺，途中遇风，作《登舟示众》：

---

①《田诗》卷五《江上集［己亥］》有《挽天界和上四首》。《江青》卷二·僧传《笑峰大然》：“己亥冬，天界和尚讣至。”《冬灰》卷三，方以智在康熙五年于青原作《九月初七日天界和尚忌辰上供》。

②《江青》卷四·碑铭·施闰章《青原毗卢阁碑记》：“公既去，命其徒兴树守之”，卷十三·杂记《会馆学田租数》：“彭孝廉交与笑峰和上，令副寺兴中管理……”《江青》卷二·僧传所载不同为：“己亥冬，天界和上讣至，师乃命树首座秉拂领众，曳杖南奔。”

③《江青》卷四·碑铭·张贞生《青原笑峰禅师衣钵塔铭》。

④ 弘庸《炮庄序》：“余驰讣寿昌，会大师于药地。”

⑤ 金陵天界寺，洪武四年改称“天界善世禅院”，洪武五年改称“善世法门”因觉浪主席，方以智以此代称。

⑥ 丁酉，觉浪道盛主杭州皋亭。

⑦《冬灰》卷首《善世门哀辞》。

同舟遇风……只为性命都在者里，无汝回避处……手足回互……[①]

旬日[②]后，方以智在金陵与大然、大存、大浩、大忍、大宁、大奇、大汕、钱澄之等诸法兄弟及记莂居士数十人，以体现弟子秉承其意志的“廪山大智”法号，建墓塔于栖霞山千佛岭，[③]并于此际得知，觉浪道盛圆寂之时，对自己有“天地托孤之说”，[④]又在遗嘱中遣“竺庵成往栖霞，石潮宁住天界”。丧葬期间，石溪大皋“自祖堂奔赴，诸弟子以杖人亲书法偈及竹如意遵遗命于龛前付授，师（指石溪）拜而藏之，不启，已，纳归青原（指方以智），终不受”。[⑤]丧事毕，石溪赠方以智画。[⑥]

方以智由金陵返回黎川廪山，梅蓬亦于此际随行，并再前往泰和首山汋林等诸刹。[⑦]弘庸童飞自此随方以智在黎川为“学人”。

弘庸童飞其人无出。但以其自署：“檀度学人”计，黎元宽在《近代尊宿语录序》中对“檀度”渊源的介绍，可为弘庸的身份，作些许的交代：

南庵大师之集近代尊宿语录……南公手力足以一扶正之……南公于竺老和尚如金昆玉友……檀度则乳公旧席也，由博山而视乳公……后之青原、南岳然哉，而南公为之大弟子，然则南公之人之足以重宗门概可知也。

录昉于寿昌古佛……遂当廪公此旨无或违背……若无尽、无为、无垢三君子耳，而其初与余同世间法，出于一师之门，其学出世间法，则余且晚进廿年，至于今日，元公益远余，虽十劫坐道场，犹未能一日及

---

① 此文在《冬灰录》中没有标注时间，但该文前有《善世门哀辞》，本文中又有“同舟遇风”。若论方以智外出、游禅，当不以此“遇风”犯险中乘舟，由此推测此次乘船外出，为有非不得已之事，其“示众”当在赶赴金陵奔丧之舟楫上。

② 《愚山》文集卷五·九三《适余堂诗序》：“豫章之去吴门，乘速风不旬日至耳”。

③ 潘耒《遂初堂集·传祠上正宗三十三世摄山栖霞觉浪大禅师塔铭》：“嗣法弟子二十七人、记莂居士四人建塔……青原大然……廪山大智。”姚范《援鹑堂笔记》卷四十九：“觉浪道盛［又号杖人］洞山三十三世也，从博山和尚受具……后主天界寺，又主摄山栖霞。尝受博山命，请啸峰然公代作无可智公高座掩关铭，左书青原嗣法连大成二十七人。然公，笑峰倪嘉庆也。不书无可，其廪山大智即无可耶。”

④ 《陪诗》卷之四·二十八《癸丑元旦拜墓》：“墓门临晓拜……泉泪可沾濡。”

⑤ 《田间》卷二十二《髡残石溪小传》。

⑥ 《田诗》卷五·江上集［己亥］·104 页《次夜过祖堂宿石溪竹关》：“几年客长安……独上锋头啸。”

⑦ 彭迎喜《方以智与〈周易时论合编〉考》第四章·方以智事迹杂考·129 页。

其岸也……[1]

南庵与竺庵为兄弟辈；乳公是憨山德清，因结庵庐山无乳峰下，圆寂后塔五乳，再以肉身供奉于六祖真身侧，[2]故世人以“乳公”称，是无名慧经的禅门同辈兄弟。

弘庸童飞是曹洞宗南庵世系下“博山”支，与方以智同为“弘”字辈的法兄弟。其拜方以智为师，先是觉浪道盛告知弘庸“可公”的能力、智慧与心胸，是世间难得的数一数二人物；又介绍了方以智“今已洞彻底源”是“三教总持”、是可“杀活不妨，冲破青霄”禅门得悟，且在黎川寿昌祖庭“舍身集法，慰《双选》”的独孤“龙麟”。

觉浪道盛向弘庸介绍的这些文辞，针对的是方以智在禅门并非“按部就班”，没有完全依照禅门的清规戒律，而获得禅门如此重要身份的议论而有。这从另一个方面，反映出禅门当时对方以智身份的某种质疑，是方以智看中弘庸背景“交代”的地方。弘庸因此将“杖人言之缕缕”，牢牢记在“肌骨沁入深”的心里。

顺治十一年，禅门发生临济、曹洞“嫡庶”、“正宗”诤讼，灵岩继起（1605—1672）[3]“来为两宗修和”，弘庸在高座寺亲见方以智劝解觉浪道盛和灵岩继起：“省一事，胜多一事”、“今既明矣，更何求焉？”的诤讼态度。自此，弘庸“心服”于方以智，其《序》“甲午之夏……更何求焉？’庸心服之”，说的正是这一段。

弘庸“先师”南庵大师在淮上“归寂”后，随即来投道盛，打算侍奉终身，但不期道盛也“翻然去矣”迁化。方以智不参与禅门的嫡庶之诤，并从中化解芥蒂，得到弘庸的“心服之”，又在持讣来黎川报丧时，与方以智在“药地”相会有“痛惬宿志”，故对方以智有了进一步的了解，深感“托孤在此”，遂有处理完觉浪道盛的丧事后，以同辈法兄弟的身份，一并来到了寿昌寺，并决定将“愿以事杖人者事之”心，来追随与侍奉方以智。

弘庸为《药地炮庄》所作之《序》，叙述的正是寿昌寺期间得读《炮庄》

---

① 《进贤》卷之七·序·四十四。

② 《光江》卷一百八十·仙释·明·南康府·十五：“憨山……届庵庐山五乳峰下，效远公六时莲漏……既化之次年，弟子居庐山者奉全身归塔五乳……去五乳峰时，又二十余年矣。”

③ 弘储，俗姓李，号退翁，江苏南通人，抗清失败后，在苏州灵岩寺出家为僧，是临济派下三十二世。每逢明亡“三月十九日”，必向北祭拜。

的体会，是他对方以智《庄》学来源于外祖父吴观我、来源于道盛的“托孤”，而尽显“药地《炮庄》合古今之评,以显杖人之正”的理解。所用“敬题”者，是其以“学人”身份，表达“予小子毕志于天界者，将毕志于此矣”的态度和决心。以弘庸于顺治十六年道盛圆寂后拜方以智为师计，至顺治十八年辛丑写此《序》，弘庸是方以智此际四处“相招”，因得见方以智的操守“心服”而归为门下者，且已在方以智身边两年的博山支“学人”弟子。

该年，南明永历帝流亡缅甸；台湾郑成功、张煌言等率反清复明联军攻入长江、下芜湖，旋即败于南京；清顺治帝下令，为明崇祯皇帝立碑祭祀。

2. 其天大浩

其天大浩（1628—1664），俗姓杨，直隶宁都府信丰人。弱冠出家，崇祯十三年，当他 24 岁时，得觉浪道盛印可，是方以智在金陵“竹关”授“俱足”时，相识、相交的同门、同师寿昌派下“大”字辈法兄弟。是康熙《新城县志》记载寿昌寺继方以智之后的第四位住持。《正源集略》：

建昌寿昌其天浩禅师。虔州信丰杨氏子……可以促千百劫于一刹那，而洞观千百劫。[①]

黎元宽为《五灯全书》撰《新城寿昌其天大浩禅师》：

读书敏悟，喜持素趋梵刹。年十五以应郡校，后于西来庵求剃染于夫呆法主……年十八受具宝华充侍者。复遍游。二十四依天界得法……应寿昌请上堂……宗门正脉当下亲承，追踪古佛家风，益见儿孙得力……师示寂于康熙甲辰秋九月朔二，寿三十七，腊二十三，塔于寿昌。南昌督学黎元宽撰碑[觉浪盛嗣]。[②]

黎元宽《寿昌其天大师藏灯塔铭》：

寿昌在洞宗非仅如一枝之横出已也，抑正统系焉，贤圣六七作矣，自无明和尚为之开山，直下历二世，以至我竺庵和尚、若双峰太师……以宝镜三昧之交光不堕者，既复得其天大师以劲其后规矩……何以奄忽示寂，令人天遂失一师哉。盖谓之报缘已尽，则谤师者也，谓之报犹有承杖人记莂机缘有三：一答心心相印之问，以大地一片雪也；一答不肖寿

① 《正源》卷八·百九十三。
② 《五灯》卷一一八。

昌之问，以坐断佛祖舌头也……杖人乃即其前后语和会为一偈授之以表信……己亥则杖人传衣之年……师初开法兴国，犹以宝华、天界较量抑扬，及主寿昌，则无一非还乡之曲矣……经七日，颜色如生，是可谓了生死然……师诞于戊辰八月五日，寂于甲辰九月十二日，得世寿三十有七，僧腊二十有三，其受具宝华为乙酉，则齿十八也，皈天界为辛卯，则齿二十四也……今塔于寿昌右方，盖是还乡之终事……[①]

钱澄之《寿昌其天禅师塔疏》：

寿昌其天禅师，今年自三山归，至昭武，距寿昌不三百里，奄然示寂……莫不悲泣震动……余与禅师交未久，而相知最深。自己亥秋杖人辞世，诸兄弟东西分化，禅师私谓余："将以片笠把茅，终身匿影，上报师恩。"未几而受兴国之请……又未几，寿昌虚席，竺和尚请禅师领众，即住寿昌……[②]

其天大浩于顺治三年，在宝华寺为侍者；九年得觉浪道盛"正法"；十六年道盛圆寂后，黎元宽说其"则杖人传衣之年，即其辞世之日，付托隆重，亦何啻闻顾命"，钱澄之说"禅师私谓余:将以片笠把茅，终身匿影，上报师恩"，这期间，其天的行踪，当于此间在黎川寿昌寺，其"未几"不久，即受"芜湖兴国"寺；"又未几"至康熙元年年底，方以智离开黎川寿昌寺在泰和首山。

其天大浩与竺庵大成关系密切，康熙二年"寿昌虚席"，原遁迹于福建的竺庵大成，再次回到寿昌寺率领僧俗众人，前往兴国寺，延请其天大浩来住持寿昌寺。黎元宽就曾说自己当年入竺庵门时，其天大浩："有助喜之诗"，这是竺庵大成会决定延请其天大浩来主寿昌寺的另一个背景。自此,其天"返赣后，主法新城寿昌寺，率众劳作，鼎新殿堂，力弘曹洞法门，衲子闻风而至者常有千指"。[③]

该年，魏禧、林时益两人在寿昌寺与其天和尚往来，林时益作《寿昌寺观其天和尚送别曾于密》：

……王孙谁赋少陵诗……还看执手问前期。[④]

---

① 《进贤》卷二十三·塔铭·三十一。

② 《田间》卷二十七·杂文·514页。

③ 《禅流》第十二章·曹洞法系（下）489页。

④ 《中尉》。

其天住持寿昌寺两年，即于康熙三年9月，方以智离开黎川的第二年，住持寿昌寺不到一年即圆寂，年仅37岁。闻讣，方以智在泰和汋林设供：

寿昌其天和尚讣至设供……又闻吹折黄龙一枝树。寿昌主人重过飞猿岭，途中撒手来时路……且答十年烧佛句……[①]

是时，钱澄之于该年秋，“甲辰……秋冬入闽，夜过寿昌寺，哭其天禅师，遂由邵武下延平”，[②]《夜到寿昌寺哭其天禅师》：

驻楫趋程日暮时，逢僧还怪客来迟……夜到故人通寺喜，坐谈遗事一门悲……即恐祖庭虚席久，栖霞早问老瞿昙。[③]

康熙六年，方以智重返黎川，在寿昌寺内为其天设供：

为其天和上设供。竹关[④]一声，奉送石耳。飞鸢过岭，[⑤]空伤脚指。虽然坐断是非门，换手椎胸今未已。灵苗栽石长新枝，且浇万年桥[⑥]下水。[⑦]

又在寿昌寺内作《上堂开示》：

请看寿昌二字当空……此地乃寿昌老祖开西竺之山……二世和尚克家厚载，请我师杖人特主此席……嗣后竺兄和上瓦砾再造，双、其二老善奏埙、篪，兄唱弟酬，金声玉振。今日一总烧却，与他炙地熏天去也。[⑧]

对其天在寿昌寺祖庭“虚席”之时，接续了“兄唱弟酬，金声玉振”的祖制传绪。自其天圆寂后，黎川寿昌寺再次由竺庵大成弟子兴源楚云代座，重又陷入“传灯事”的纠缠中。直到康熙十年，观涛大奇回到寿昌寺任住持，延续“兄终弟及”传承，观涛作《其天浩和尚塔》：

从来同步不同途……相逢谁识此心孤……[⑨]

其天大浩是在方以智离开黎川寿昌寺一年多后，寿昌寺第一次处于一个

---

① 《冬灰》卷首《寿昌其天和尚讣至设供》。
② 《钱澄之年谱》。
③ 《田诗》卷十二 · 264页。
④ 指方以智自己。
⑤ 《康新》卷之二·古迹·六十：“飞鸢驿，在县东六十里……洪武三年巡检董成祖迁杉关属福建。”
⑥ 明代建，在南城县，黎水北流盱江段。鸿鸣曾于1966年在万年桥大队随家慈教学居此数年。今尚存。
⑦ 《冬灰》。
⑧ 同上。
⑨ 《观语》卷第六《赞》。

到底是维持“兄终弟及”祖制、还是“父业子承”的争端之时，寿昌寺由竺庵弟子楚云代座的维艰“虚席”时刻，来任“住持”的。其住持寿昌寺不到一年即圆寂的现实，与寿昌寺内的“住持”之争，当有极大地关系。

3. 梅蓬大忍

梅蓬大忍（约 1606—1671 后）① 是《新城县志》列为入清后寿昌寺第五位住持。大忍什么时候到的寿昌寺，史无记载。但钱澄之于该年在金陵长干寺所作《同星卿访梅逢、一灵二上座》时，说明大忍此际尚在金陵。以钱澄之该诗在《田间诗集》卷五后的顺序紧邻《天界纪事》与《挽天界和尚四首》论，梅蓬大忍在金陵时，即为道盛圆寂后“嗣法弟子二十七人、记莂居士四人建塔，卜得栖霞，全身归葬千佛岭之右”② 丧事期间。梅蓬大忍当于此后不久，尊道盛生前安排，来到了黎川。钱澄之《同星卿访梅逢、一灵二上座》：

> ……一自导师亡……灵公呵冻书……梅公负暄坐，谈笑无拘束……梅公老古锥，信是住山人。灵公气肮脏，目中谁等伦……二老复何知，惟有彻骨贫……③

以钱澄之称大忍为“老古锥”，与“一灵”并称“二老”计，年龄当已过半百，比钱澄之年长五岁以上，其“彻骨贫”与“信是住山人”等诸原因，或是道盛安排其来寿昌寺的另一个原因。方以智有《为敬梅老僧火》一篇：

> 师云……直等到烹雪堂里许多人来，转雨为晴，大家出手……也不负你供养大众一番，抖擞。④

该文所涉“烹雪堂里……大家出手”，此际大忍不仅在寿昌寺，且参与了该年廪山寺的建设。正因为其年长，廪山寺的建设又在寒冷的冬、春间，故方以智有“敬火”之举。

以《冬灰录》载《为敬梅老僧火》在“卷首四”，该卷记载的大部分内容，是方以智康熙元年十二月已离开黎川，在泰和首山亦庵逗留的年余事迹，故多

① 梅蓬大忍的生卒年未见有载，其生年以方以智“敬梅老僧”推论，其卒年以康熙十年观涛大奇在寿昌寺立有供养牌位推论。

② 潘耒《遂初堂集·传祠上正宗三十三世摄山栖霞觉浪大禅师塔铭》。

③ 《田诗》卷五·己亥集·105 页。

④ 《冬灰》卷首四 96 页。

有疑问。

第一，文中的这个“烹雪堂”若是指方以智来到泰和亦庵后“新起”的“烹雪堂”，那么，该文可解释为梅蓬大忍来泰和亦庵，是在劝方以智重回黎川寿昌寺。方以智以“敬火”婉拒，并请在场的人“大家出手”，共同来回绝大忍。但是，以大忍年长方以智在五岁以上，是黎川寿昌寺的“老僧”。这种婉拒的方式，与方以智和大忍相善的关系，以及大忍后为黎川寿昌寺第五任住持的身份背景，显见有违礼与悖逆“唯圣人为能用火”①之处。但与《冬灰录》将其安置在“卷首四”时间上相符。

其二，问题有点大。以该文所叙述的“烹雪堂”语境，与此际梅蓬大忍正参与建设廪山塔院的境况更趋吻合。如此，这个《为敬梅老僧火》的地点，就应当是方以智在黎川重建廪山、“僧舍仅八九间”时已有、可用来烧炭火御寒、化雪做水、集众的“烹雪堂”。但这与《冬灰录》安置该文在“卷首四”的时间并不相符。

《栖灰录》成书时间在康熙十一年，即方中通、中履“苫次”万安水月山“古刹羁棲冬复春……柩旁草榻穗帷牵……遗稿一编清夜录[时又续编《冬灰录》]，瓦灯挑尽不成眠”②“亥子之交，守榇五云，苫凷瓦灯，重搜《语录》编之，归而藏诸浮山”③之时，晚于康熙九年成书的《青原愚者禅师语录》时间一年半至二年。④《青原愚者禅师语录》收载《为敬梅老僧火》在“卷四”最后一篇，且将原文中的“法云多年”，改成了“汋林多年”。

方以智在泰和亦庵前后仅年余，与“汋林多年”不符，方以智在黎川四年，与“法云多年”完全一致。由此可推测，《为敬梅老僧火》置《冬灰录》卷首四，极可能是康熙十一年中通、中履在万安水月山编辑《冬灰录》时，因受到康熙九年编辑《语录》时将“法云”改动为“汋林”的影响，而将原本应该置于《冬灰录》“卷首一”或“卷首三”的该篇，错置在“卷首四”倒数第二条当中。

如此，这个“烹雪堂”实乃指黎川廪山塔院，所叙事情，也正是廪山塔院重建时“僧舍仅八九间”的艰难之际。方以智为了表彰梅蓬大忍对廪山塔院

① 《华青》卷五·123页余飏《送愚者归青原序》。
② 《陪诗》卷四《即事》。
③ 《青原愚者智禅师语录·跋》。
④ 熊开元·檗庵《序》：“庚戌，其门人至黄山，出大师《语录》见示”。

建设的贡献，而对这位年长自己五岁多的禅门“老僧”，有“举火”相敬之意。

梅蓬大忍在黎川寿昌寺，常与来黎川看望方以智并“卖茶”的魏禧交好，魏禧有《和寿昌梅公石硖亭舟》一首：

君已心同系船……露湿青衫卧碧天。①

所谓“君已心同系船”，是指大忍此间来黎川襄助方以智，两人共同振兴寿昌寺祖庭这条大船，而有称赞。《正源集略》：

吉水龙华梅蓬忍禅师……寿昌今日咬定牙关，分明向诸人说，也是灞陵桥上望西川……②

《五灯全书》：

梅逢大忍禅师。九江刘氏子。出家庐山迴峰，年十六扣圆通盛……师出世住扬州石塔，次迁芜湖兴国，复继席寿昌……大好山中，乘时耕凿。扶犁底扶犁，拽耙底拽耙……［觉浪盛嗣］。③

梅蓬大忍接任寿昌寺住持的确切时间，在康熙七年秋。其时，竺庵圆寂两年后，经方以智、徐芳等人在“传灯事”中，再次将寿昌寺的承袭回归到“兄终弟及”，时年业已 60 多岁的大忍，得以继席寿昌寺住持。黎元宽专为梅蓬写了一篇《千佛寺记略序》：

梅公和尚，乃今起而集其成……梅公去主寿昌，与竺老人为兄终弟及共扶好山……梅公初尝稟学，为是而欲星宿志不忘焉……知梅公所谓河源，仍是海滴其承传，自紫柏以下，诸公莫不毕载……④

梅蓬于方以智离开黎川寿昌寺后，也曾离开了寿昌寺数年，至其再到黎川接任寿昌寺“住持”之前，在庐山金竹坪千佛寺驻锡。以黎元宽之文用“自紫柏以下”的“三负”所叹典故来比喻梅蓬，大忍离开寿昌寺，当与方以智离开寿昌寺“法门无人矣！”⑤有关。

---

①《叔子……》。

② 卷八·百九十二。

③《五灯》667 页。

④《进贤》卷之七·序·二十五。

⑤《光江》卷一百八十·仙释·明·南康府·十五：“紫柏大师真可，字达观，住匡山时，闻憨山以宏法坐戍……”

梅蓬接任黎川寿昌寺住持后，[①]黎元宽再为之撰《寿昌寺募盐短疏》：

寿昌自竺公老和尚化去，而梅公和尚继之，祖风益振，可谓今日佛窟，顾学徒云委供养水流，即诸种田稍可不至荒芜……持师所以发愿行募，岂得已乎……[②]

此际的寿昌寺，在历经数年的“传灯事”之争后，已呈凋敝之态，故观涛在叙述梅蓬大忍来住持寿昌寺时，以“女娲炼石将补天”形容，黎元宽《寿昌寺募盐短疏》亦说明了此间寿昌寺，为了“即诸种田稍可不至荒芜”，而需要名人前来再为之募款和扶持。

梅蓬大忍住持寿昌寺期间，极力倡导寿昌派农禅精神，故《五灯全书》言其“复继席寿昌……寿昌今日咬定牙关，分明向诸人说也是灞陵桥上望西川”时，虽是“手长衫袖短，脚瘦草鞋宽。大好山中，乘时耕凿。扶犁底扶犁，拽耙底拽耙，田地稳密，家常之言，绿染蓑衣三径草，一犁春雨鹧鸪天”，但终究是要以“咬定牙关”来度过。

三年后，即康熙十年夏，寿昌寺难以为继，梅蓬坚守寿昌寺的传续定制，没有将“住持”交到弟子“子愚喆”[③]手中，而是联合黎川合郡诸护法，前往杭州皋亭“崇先显孝寺”，延请法弟观涛大奇来黎川回互，于该年秋九月十二日，将寿昌寺交到观涛手中，再一次完成了“兄终弟及”的继位。此一举，亦印证了鸿鸣对梅蓬当年感叹方以智西进泰和、继而青原山后，黎川寿昌寺“法门无人”也离开了寿昌寺的原因与方以智有关的判断。

以观涛接任寿昌寺住持后，在寺内“供养南岳竺庵和尚现主方丈梅逢和尚，以此增延本寺护法檀那华算，伏愿扶持佛日，高握化权……祖院初临，冀闻垂示”，[④]即寿昌寺内供养有两位先住持的“木主”灵位，梅蓬大忍当在康熙十年九月后不久圆寂。但以《五灯全书》对梅蓬“师出世住扬州石塔，次迁芜湖兴国，复继席寿昌，后兴龙华”前后顺序计，所载又以“吉州龙华梅逢大忍禅师”

---

① 《进贤》卷二十七・募疏・六十六《寿昌寺募盐短疏》：“寿昌自竺公老和尚化去，而梅公和尚继之”；《观语》卷第三《住建昌府新城寿昌禅寺・冬至上堂》：“秋戊申……女娲炼石将补天”。

② 《进贤》卷二十七・募疏・六十六。

③ 《正源》卷十三・二百二十二：“梅蓬忍禅师法嗣。吉水龙华子愚喆禅师……诗以道志……”《禅流》附录一・中国禅宗宗派传承图・曹洞宗法脉（七）708 页作“子愚哲”。

④ 《观语》卷第三《住建昌府新城寿昌禅寺・今上皇帝圣寿万岁》。

为题，梅蓬大忍或于黎川寿昌寺住持后，再迁往吉州龙华寺。俟再考。

4. 石溪大杲

髡残石溪（1612—1673），[①] 俗姓刘，字介邱，又尝见书为石谿、天茧，[②] 湖广武陵人（今湖南常德市）。《国朝画征录》卷下・十八：

释髡残……号石溪，又号白秃，又自称残道者，武陵人。少时自翦其发投龙三三家巷，旋游诸名山参悟，后来金陵受衣钵于浪杖人，住牛首。工山水，奥境奇辟，缅邈幽深，引人入胜，笔墨高古，设色清湛，诚元人之胜概也。此种笔法，不见于世人矣！盖从蒲团上得来，所以不犹人也。

石溪于崇祯十一年27岁时，在武陵老家出家；[③] 明亡后“避兵桃源深处”。[④] 顺治十一年，石溪来到金陵长干大报恩寺，参与“藏社”校修《大藏经》，并在十四至十五年间，因“社主松影去楚”，遂由“石溪代领其事”。该年，石溪前往皋亭拜谒觉浪道盛，改投门下，皈依后成为黎川寿昌派下“东莞”支、与方以智同门、同辈的“大”字辈弟子，法名“大杲”，是晚于方以智五年、同为觉浪道盛门下的师弟。[⑤] 方以智《念佛孤颂》：“天界杖人为石溪题《楚词》，以《招魂》与念佛同参”，[⑥] 是两人同侍一师时的记载。

这一年，方以智在庐山接到觉浪道盛信札，遂奉师命前往黎川。

石溪在觉浪道盛门下为徒，“后来金陵，受衣钵于浪杖人，杖人深器之，以为其慧解处，莫能得也。公品行笔墨，俱高人一头地，所与交者，遗逸数辈而已。绘事高明，然不轻为人作”，[⑦] 在不到一年时间里，就得之于“《庄子提正》久布寓内……石谿约为《庄会》”。[⑧]

顺治十六年，石溪移居金陵城外30里外的祖堂幽栖寺；九月，觉浪道盛将圆寂之时，石溪“自祖堂奔赴”，觉浪道盛“亲书法偈及竹如意”以授。石

① 郑锡珍《弘仁髡残》记髡残卒年在1690和1692年：“那时他已经有八十的高龄了。”注则曰：“年只六十余，并没有活到八十左右。俟考。”

② 即古“天”字。

③ 钱澄之《髡残石溪小传》兴斧山足撰《公状》。

④ 程正揆《青溪遗稿》卷十九・《石溪小传》。

⑤ 《田间》卷二十一・传《髡残石溪小传》。

⑥ 《冬灰》卷首・一《念佛孤颂》。

⑦ 周亮工《读画录》卷二。

⑧ 《炮庄》兴月《发凡》。

溪接此，在觉浪道盛圆寂后却为此不敢启、不敢受。至方以智抵达金陵，遂将该“偈”及诸物“纳归青原”。这种对方以智尊重的表现，除了方以智在觉浪道盛门下受到倚重的地位、石溪又为师弟的身份以外，此际方以智已在黎川寿昌寺祖庭任住持及其禅门当中的影响，决定了这一切。

髡残脾气耿直、暴烈，兴斧山足剃染于门下，后因其张口便骂、出手便打难以忍受，遂转归方以智。髡残视方以智身行“忠孝节义”为榜样，居金陵牛首寺时，与年长方以智十二岁，且为好友的熊开元·檗庵同寓一寺。熊开元过太祖孝陵时不拜，且以“佛之道，君父拜之，于君父不拜”[①]言之，石溪为此大骂不绝。严修能·元照《蕙榜杂记》：

> 一日，有楚僧石溪者独不往。及熊归，石溪问曰：若辈今日至孝陵，如何行礼？熊愕然，漫应曰：吾何须行礼。石溪大怒，叱骂不已。明日熊谒石溪谢过，溪又骂曰：汝不须向我拜，还向孝陵磕几个忏悔去。

顾亭林记两人事，有《恭诣孝陵后，同楚二沙门》：

> 落日照金陵……旧日名省郎[熊开元]，曾折帝廷槛……复有一少者[髡残]，沈毅尤非常，不肯道姓名，世莫知行藏……[②]

顺治十七年，石溪出游，先后于五月和八月上黄山，有《黄山图轴》。[③]作为黎川寿昌派弟子，石溪此次出游期间，是否有游祖庭寿昌寺，未见有记载，但黎元宽《书石溪和尚禅林事宜后》，不仅说明了石溪与寿昌寺及黎川周边人物的密切关系，且似有来过奉新百丈寺迹象，并为作“事宜十二条”：

> ……自百丈以后……石溪和尚有恫焉，乃作事宜二十条以教、以诫，直可上接四十二章经，而下包罗乎宝训。石溪乃禅林中之隐君子，而能激困为人……[④]

方以智《信叶·江城子[送石溪仁者]》，是对石溪曾来黎川的补充和进一步交代：

> 麻鞋认得一峰孤，杖头呼，耳呜呜。滚出乱云，堆里药葫芦。甘露海中才一滴，人醉了、有天扶。君山划却好平铺，是冰壶，小浮图。一

---

① 《翁山文外》九《书嘉兴三进士后》。

② 《亭林诗集》二。

③ 《释石溪事迹汇编》注明款署：“庚子秋八月来自黄山。”

④ 《进贤》卷之十八·书后·二十一。

个琉璃，天地看来无。纵有探竿千百丈，量不得、洞庭湖。①

词以石溪来黎川“认得一峰孤”为首句，“认得”指石溪已到寿昌寺祖庭；“杖头呼，耳呜呜”描写石溪到达时的状态，即大呼小叫；“滚出乱云，堆里药葫芦”是方以智迎接时貌，因在寿昌寺众僧“堆里”出来，故以“药葫芦”点明地点；相晤时“甘露海中才一滴”，指两人饮酒聚欢“人醉了、有天扶”；“君山”指进贤介冈鹤林寺东北的“君山湖”。②方以智为此特别说明“量不得、洞庭湖”，即提醒石溪，此“君山”非湖南洞庭湖之“君山”，是方以智在说“划却好平铺”之今日，全凭在介冈有“易号木立”，才能够得以“探竿千百丈”。

方以智转场青原山，石溪又尝有访，对方以智“偶然一纸”为之的山水画，赠以《寄青原》诗一首：

悟即易，迷即难；青原冷眼惟旁观。偶然一纸付丘壑，崖边雪浪西风寒。③

康熙四年，方文访石溪于金陵天界寺，作《祖堂访石溪师不遇》：

冬春相约访山扉……短垣修竹映斜晖。④

康熙七年秋，方文又在金陵为石溪作《送石谿师还武陵兼寄刘山臞先生》：

城南三十里，有古幽栖寺……大师来自楚……师今下山去……师本吾儒氏，中年学浮屠……闲情寓笔墨……昔赠我长卷，叠嶂千里余。藏之笥箧中，后代垂令誉……今秋归故园……士夫好禅悦，奉师教化主。吾兄忝兰臭，予亦承法乳……⑤

康熙八年，方以智寄书致髡残，索妙染为“归云阁”补壁；⑥十二年，髡残卒于金陵，其身世及事迹，钱澄之在二十九年所作《髡残石溪小传》中，将

① 《后集》卷三《信叶·江城子》。该词任道斌《年谱》订在顺治十二年。“麻鞋认得一峰孤”是方以智让髡残来黎川之语，且称“药葫芦”，又有指道之进贤“君山”途经语，是该年前后髡残来黎川的证据。

② 《康进》卷之二十·杂志：“熊人霖《君山歌》……君山湖九十九汊，归墟栖霞山麓，走君山道波，万里碧连环……别有君山楚洞庭云之，君兮山之灵……君山之域古尊庐……惟闻湖边阳鸟群相乎。”

③ 《华青》卷十一·诗·296页。

④ 《盒山》续集后编·卷五·853页。

⑤ 《盒山》续集后编·卷一·670页。

⑥ 《此藏轩尺牍》。

后世“已不容易看到”、[1]之兴斧山足撰《公状》说：

师武陵刘氏子……闻诵《怡山愿文》……请诸父母求出家，不许……崇祯戊寅，师年廿七矣……遂引刀自剃其头……得云栖大师……拈香遥礼为师……师生平未有师承……甲午再来白下，遂驻锡长干。戊戌往谒浪杖人于皋亭，一见皈依，易名大杲。明年，杖人示寂于天界，师自祖堂奔赴，诸弟子以杖人亲书法偈及竹如意遵遗命于龛前付授，师拜而藏之，不启，已，纳归青原，终不受……疾革时，语大众：“死后焚骨灰，投弃江流……众遵命，举火后，函其骨灰投燕子矶下。[2]

钱澄之在《行状》前后，将自己与髡残所交，作补充如下：

丁戊之间，予侨寓白下，从胡处士星卿时过长干修藏社……有石溪代领其事……师与予同年生……自号髡残……时有吟诵，都不入格，一言半句往往出人意表。间以己意作山水人物，脱尽常蹊。吾尝谓石溪自成其诗，自成其画，亦自成其禅也……予每见，辄纵谈，谐谑杂出，无所隐讳……浮山山足斧公为公状曰……盖斧公状略如此……师在大歇堂，尽出其生平玩爱古铜器，以己意，命工写佛出山像，高数尺，一火而就，妙好端严，亲书一联云：“剜尽心肝，博得此中一肯；留些面目，且图去后商量。”从此绝笔，盖即师辞世偈也。师……遇弟子一以呵骂从事，非人可堪。不得已去之他方，往往为上座称大师，斧公其一也。师殁十余年，有瞽僧亲至燕子矶……刻“石溪禅师沉骨处”……刻师偈一卷、《大歇堂集》六卷行于世。瞽僧，桐城方氏子，字子安，能文，既瞽而出家，盖斧公之弟子也。

髡残石溪与八大山人、渐江、石涛被《清史稿》列为“清四僧”成员之一，也是明末清初开一派新风、对中国绘画产生巨大影响的大书画家。周亮工《读画录》：

公品行笔墨俱高出人一头地。所与交者，遗逸数辈而已。绘事高明，然不轻为人作，虽奉以兼金求其一笔，不可得也，至所欲与，即不请亦以持赠……予从瑶星张子与交，因乞作册子数幅，公欣然命笔自题云：

---

① 见郑锡珍《弘仁髡残》，人民美术出版社 1979 年 9 月第 2 版，第 28 页。

② 《田间》卷二十一 · 422 页。

残山剩水是我道人家些子活计，今被栎园老子夺角争先，老僧只得分炉头半个芋子，且道那半个聻他日睹面再与一顿……[①]

石溪与施闰章为多年好友，当在方以智来青原山后。施闰章先后有《石公种松图歌［画是梅渊公笔］》：

梅翁石公皆画松，倔强不与时人同。石公飞锡腾黄岳，万松诡异罗胸中……客来笑把《种松图》，看取新松种几株。俄顷空中声谡谡，青天万树齐浮屠，为问西飞黄檗归来无？

《为饶景玉题画》：

老我青鞋与布袜，爱画爱山都入骨……石翁落笔来英灵，三山五岳归毫发。愿留坐卧十日看，无数云霞时出没。[②]

康熙十二年，施闰章《与方邵村》信札：

石溪和尚旧为方外交，而未索其画，今甚悔之。州来先生为贻《偃松》半幅，无论其画，即其意已千古矣！……且邵村集中不可无愚山，莫谓穷同年可路人也。[③]

施闰章诗文中所“悔”者，暗含了石溪已经去世的信息。同年12月，施闰章又有《徐田东见遗石溪〈偃松图〉盖摩东坡墨本》：

高人挥秃笔……此《偃松》画者谁……前有东坡后石溪……石公生前好画与余善，惜我未致鹅溪绢……[④]

后施闰章终获此图，方亨咸[⑤]有《题施愚山同年所藏〈偃松图〉歌》：

先生意在松石间，宦游四海今鬓间。手提示我《偃松》障，展对风雨来珊珊。长身蜿蜒横撑支，屈铁拗折珊瑚枝……帧头细载坡公题，画者为谁僧石溪。先生谓我此老友，十年不见生死睽。当时未得其遗笔，对此何啻捧圭璧。徐君怜我此意真，割爱脱赠殊珍惜。画者赠者意俱深，世多膏梁华屋人……旧游何处松最奇？丈人峰前兴安县［愚山昔衡文山

---

① 《书画》第十一册 · 208页。

② 以上二首均《愚山》诗集卷二十二 · 422至423页。

③ 《愚山》文集卷二十八 · 577页。

④ 《愚山》诗集卷二十二 · 411页。

⑤ 字吉偶，别号邵村，顺治丁亥进士，宰获鹿，后擢刑部主事。

左，招使粤西]。月落山窗看此图，好松良友如重见。[①]

石溪与石濂的关系密切、往来频繁，石濂先后有《题封雪拥[②]炉图寄石溪和尚》：

鸡鸣山上雪，此日堆茅房。老兄冻不死，烧柮生微阳……[③]

《宿鸟山石佛寺怀石溪和上》：

对山如对友……孤怀梦不能。[④]

《晚渡采石次石溪和上》：

秋灯明灭出江烟……轻舟飞过雁行前。[⑤]

《题石溪和上画》：

乱山深处白云屯……一声长笛过前村。[⑥]

康熙十二年，秋冬季，石溪在金陵大报恩幽栖寺圆寂，石濂大汕以同门、同派最相知的禅门兄弟，作《哭石溪和上》：

共乳人三十，知心更是君。疑难无隐讳，痛痒必相闻……洒泪向孤云。[⑦]

这些时人珍贵的诗文与信札，均未见于现阶段的“方以智研究”和“髡残研究”，是两人，乃至石溪作品在当时社会、禅门中的地位、作品流通，人们对石溪的评价与影响反映。

5. 石濂大汕

石濂大汕（1620—1702）字石湖、石头，号厂翁，一说江西九江人，一说江苏人。[⑧]俗姓徐，少年出家，曾在青原净居寺有修；及长，投金陵天界寺，是“洞上二十九世寿昌之孙，杖人之子……处古殿苔生不居正位，缜密家风曹

① 《龙眠》续集卷二 · 2964 页。
② “封雪拥”三字阙如，依前目录补。
③ 《离六 》五古卷二 · 三十一。
④ 《离六 》五律卷六 · 四。
⑤ 《离六》七绝卷十 · 四。
⑥ 《离六》七绝卷十 · 二十一。
⑦ 《离六》五律卷六 · 十八。
⑧ 《纪事》卷三 · 释大汕：“吴人。曾灿以为九江，沈德潜以为嘉兴皆非。”《离六堂集》卷首 · 陶序 · 二“和上原籍江右”。《离六堂近稿》六十五《送别家武曾扶榇归毘陵》：“西粤历东粤，棲惶扶榇归。故人宁复尔，之子尚无依。葛帔照秋水，蒲帆挂夕晖。毘陵六千里，何日款荆扉。”以此诗论，石濂大汕为毘陵人。

洞宗旨”、[①]“乃天界之法嗣，得曹洞之正传……三十年，洵禅宗之宿老……通晓天文、地理、兵农、礼乐之事，以至术数、书画、琴棋、剑戟、百工之艺”、[②]“尤长于诗”，[③]与方以智为同门法兄弟；顺治间，“石翁和上开法广州”，[④]“乃有西竺之异人，来于东瓯之净域，则厂翁和上是其人矣”；[⑤]康熙三十三年八月初四日，应弟子兴竜·蒲月大越（今越南）国王阮福周延请，“从乙亥春抵国，迄丙子夏供养亲近”，[⑥]在越南弘法年余，纳弟子法嗣多人。归后著《海外纪事》三卷，有《大汕语录》《离六堂集》。曾传灿《离六堂集·序》：

和上为吾乡九江人……自藩王勋戚以及公卿百执事，无不争相折节，和上视之蔑如也。而好为诗歌……尝与之谈当世之务……天文、地理、兵法、象数，以及书画，诸子百家技，无不贯通其源委……往余与无可大师游，得参天界浪丈人，听其言论，无一不归之忠孝，故其门下士，半皆文章节义魁奇磊落之人……无可大师亦以文字几罹不测。[⑦]

方文《离六堂集·诗评》：

余观六朝以来，释之诗多于诗近而于禅远；唐宋以来，释之诗多于禅近而于诗远。盖兼善者鲜矣。夫善为禅者，使人不见以为诗善为诗者，使人不见以为禅；夫使人不见以为诗释之所能也；使人不见，以为禅释之所不能也。故必以诗为诗而不以禅为诗，斯可入风雅之林矣。厂翁之诗，使诗不见禅而禅无不备；以诗还诗，脱尽石屋梢堂、弘觉范之陋骎骎乎，驾灵一皎然而更上也，诗禅兼善矣！[⑧]

石濂在广州长寿寺“承先启后主法席四十余载”，[⑨]《正源集略》：

广东曹溪石濂汕禅师……何妨大汕东话西说，棒不枯不止，舌不烂不歇，累他八臂哪吒，十字街头叫屈，可怜牛过窗棂，只有尾巴过不得……

① 《离六》卷首·唐序·一。
② 《离六》卷首·高序·一。
③ 《离六》卷首·毛序·一。
④ 《离六》卷首·梁序·二。
⑤ 《离六》卷首·吴序·一。
⑥ 石濂《海外纪事叙》三。
⑦ 曾传灿该《序》不载《离六堂集》，仅见《六松堂文集》卷十二。
⑧ 卷首·诗评·二《桐城方尔止 [讳文]》。
⑨ 《离六》卷首·黄序·一。

你不见他直至于今，生陷地狱，如登三禅天快乐，到者里，佛也无可摆布，诸昆季，果是者等不避生死，独步独行底，任是魔头也，算他撑天挂地一个……[①]

石濂虽自少出家，但却有着强烈的前朝情怀，《过楳山》："……楳山立马泪沾衣。归鸦独抱前朝恨……" [②] 与方以智不管是在桐城老家、黎川寿昌寺还是吉州青原山，两人始终保持有联系。其《曹溪道中［二首］》，是石濂往来江西、并尝在黎川寿昌寺和青原山净居寺两处祖庭往返的证据。诗曰：

……转侧高林疑在近，乱峰影里远烟低。水碓舂畦上下坡，逶迤山半踏青莎。石田 [③] 民出耕耘少，云垄僧为樵牧多。断涧还从横木度……我祖全身在薜萝。[④]

方以智在黎川四年期间，石濂大汕除了与方以智交往外，还频繁与方以智身边的诸多友人、弟子往来，尤其与曾传灿往来密切，有《西林留别曾青藜》、[⑤]《对月行［与曾青藜、吴阑次诸君分赋］》[⑥]《送曾青藜》[⑦]《曾青藜、高念祖枉顾西林夜话》[⑧]《雨夜怀曾青藜》[⑨]《梦曾青藜》[⑩]《南昌道中怀曾青藜于吴门》[⑪]《喜青藜过珠江话旧》，[⑫] 与魏礼有《送魏和公归宁都翠微山》[⑬]《夏季病中送魏和公还宁都》，[⑭] 与黎元宽有《黎博庵移隐西山因寄》，[⑮] 又与幽游在黎川周边的竺庵大成先后有《残灯［与竺庵和尚分赋］》：

---

① 卷八·百九十三。
② 《离六》七绝卷十·十。
③ 在吉安青原山附近，今青原区有"石田"村。方以智至净居寺后以"石田"为号。
④ 《离六》七律卷九·二十二。
⑤ 《离六》五古卷二·十五。
⑥ 七古卷三·十。
⑦ 五律卷六·二。
⑧ 五律卷六·三。
⑨ 五律卷六·十四。
⑩ 五律卷七·二。
⑪ 七律卷九·一。
⑫ 《离六》六十二。
⑬ 五律卷七·三。
⑭ 《离六》五十六。
⑮ 《离六》五律卷六·十。

意欲通宵照……不减旧时明。[①]

《次竺庵和上壁间韵》：

松间枕石眠……松风忽吹破。[②]

石濂的《麻姑峰》:“遥闻鸾鹤在峰头……飞花无主乱云流”，[③]和《资福寺同僧出望有感》:“……朱门寥落马牛鸣。[④]旧时歌舞诸纨绔”，[⑤]二首，均是石濂有游麻姑山、资福寺，频繁往来于黎川寿昌寺的见证。《梦啸峰和上》诗，时间当在顺治十六年笑峰大然圆寂不久。诗曰：

雁断西江十二春，梦来犹是旧时身。岂因地下无兄弟，还向窗前觅故人。[⑥]

以笑峰大然圆寂于顺治十六年计，其“雁断西江十二春”的时间，当在顺治五年前后，清军陷江西之前离开青原山。是时，石濂大汕28岁，赴金陵栖霞寺归为觉浪道盛门下。

康熙元年十二月，方以智由黎川寿昌寺转场至西进至泰和，为前往青原山做准备。此间，石濂大汕与时在泰和浮春园栖息的方以智相聚，作《落花[同且拙、药地诸和尚分赋]》：

是处名园不可依……独向空山点翠微。[⑦]

笑峰大然的嫡传弟子无倚兴炤，时在泰和。石濂来后有《寄汋林无倚法侄，并索正宗后稿》：

虽未同君促膝吟，法中骨肉共披襟。一天鸿雁三秋梦，千里蒹葭廿载心。菖蒲关山晴更远，汋林风雨晚来深。�中知有相思曲，应向蛮方寄好音。[⑧]

康熙三年十一月冬至日，方以智在笑峰大然圆寂五年后，将首山汋林庵交给兴炤无倚住持。以该诗“千里蒹葭廿载心”计，石濂与无倚相识，当在

① 《离六》五律卷六・二十二。
② 《离六》五绝卷十・一。
③ 《离六》七律卷十・十四。
④ 黎川“资福寺”因在建昌府益王墓群附近，故有此说。
⑤ 《离六》七律卷十・十五。
⑥ 《离六》七律卷十・一。
⑦ 《离六》七律卷九・二。
⑧ 《离六》七律卷九・十七。

康熙元年十二月以后、方以智逗留泰和年余“法中骨肉共披襟”期间，两人虽未曾有“促膝吟”，但因有笑峰大然和方以智的双重“骨肉”与“法侄”渊源，故亦常有“相思”之情。

兴斧山足是髡残石溪和方以智两人的门徒，故石濂对这位“法侄”很了解，其《寄怀浮山山斧法侄》说：

药兄门下羡诸贤，相识无如尔最先。记到端溪五千里，别来岭峤十三年。知谁问字春风里，病我怀人秋雨前。闻道浮山登座后，夕阳江上看烽烟。①

可知石濂在金陵与髡残、方以智同堂天界时，就已和兴斧山足相识，是方以智诸弟子、朋友中的“最先”者。诗中的“闻道浮山登座后”句，则点明了是在兴斧山足住持浮山华严寺以后。石濂在往来广州与江西的数十年过程中，诗书禅画，与髡残交往，题髡残书画诗最多，又与罗牧有交往，《题罗饭牛画》说：

绿柳浓荫半掩扉……林下闲人半个无。②

石濂尝有涉山水画，并将画作赠人。《题拙画寄赠王云公》：

满林黄叶一溪寒……聊将住处写君看。③

石濂与黎川祖庭及寿昌派下诸禅门兄弟交往最多、关系最紧密。

康熙十年，石濂大汕在广州获方中德“报丧”，知方以智在惶恐滩赴水殉节，遂以真相之“入风波中”，作《挽药地和上［有引］》：

盖大丈夫深植忠孝……自利利人……药地法兄，夙培血性如金刚……辛亥秋，入风波中，乘无争三昧，翛然脱去……④

康熙十二年，髡残圆寂，石濂作《哭石溪和上》；⑤该年，黎川福山寺住持石潮大宁圆寂，闻讯后，作《松侄寄石潮和上计音至，以诗追悼》；⑥十七年七月，黎川寿昌寺住持观涛大奇圆寂，石濂在广州有《悼寿昌观涛和上》；⑦同年，

---

①《离六》七律卷九・十五。
②《离六》近稿・十四。
③《离六》七律卷十・十九。
④《离六》卷二・五古・四。
⑤《离六》五律卷六・十八。
⑥《离六》七律卷九・十九。
⑦《离六》七律卷八・二十二。

钱澄之《酬石濂大师》：

穷途相见早相亲……能倾衣钵成师志，惯作丹青救客贫……雨中偏貌白头人。[①]

石濂《喜晤钱饮光》：

忆昔参天界，同堂义独深。廿年人见面……相对白头吟。[②]

两人相见，已是“廿年人见面”“雨中偏貌白头人”了。石濂所交人物，均都是紧紧围绕于黎川寿昌寺祖庭和方以智周边的朋友和弟子。康熙十八年前后，“三藩”烽烟骤起之际，黎川福山寺仍对石濂有邀约，其《寄答福山松帜、远峰二法侄》说：

两度西江泛白蘋，新城遥望几逡巡……烽烟稍待承平日，曳杖箫峰话海滨。[③]

康熙二十年，方以智惶恐滩赴水殉节十年，石濂感怀当年方以智坚守道盛“兄终弟及”定制，将青原山净居寺交到法兄弟叶妙大权手中，特作《寄青原山叶妙和上》：

卓立青原极望遥，怀人十载梦难消……南岭尺书悬落日，西江鸿雁隔重霄。同条大半悲凋丧，喜有庐陵声价高。[④]

石濂诗中的“庐陵声价高”赞许，从另一个侧面反映了“同条大半悲凋丧”后，对重兴青原、并将净居寺交给妙叶的方以智所具有之无限敬仰。

康熙二十三年，中通于广州拜访石濂，对当年父亲惶恐滩殉难念念不忘，作《长寿庵谒石濂和上旋恩却寄》：

十年挥泪说风波，相见犹怜尚脱罗……忽报钟声思往事，青原白发奈愁何……几日孤舟泊五羊……往还潮汐是兴亡……[⑤]

石濂“博雅恢奇，尤长于诗，以及星象、历律、术射、理数、篆隶、丹青之属”，通画理，能作山水，以花卉见长，尤在两广有声誉，所“游更越罗浮涉彭蠡，

---

① 《江青》464 页。
② 《离六》五律卷六 · 二十三。
③ 《离六》七律卷八 · 二十。
④ 《离六》七律卷八 · 二十三。
⑤ 《陪诗》卷七 · 十。

问津滹沱，吊古金台碣石之区，而归道所经虎阜明湖……”[①] 这是禅门之外与方以智交往、并了解的另一个重要基础。

石濂大汕敢于讲真话，其“斋头释典而外，牙签锦轴充栋，皆古今善本、手迹，靡有遗编，其究心古人者深矣……诗本于性情，兼以多闻、多见之识力，宜其超然出群”、[②]“《离六堂诗》谓生吞碎撦、涉笔而皆陈腐者乎？和上之诗无有也；谓作为奇怪尖刻不可究诘者乎？和上之诗无有也；谓托理学藉道德援虚空而非偈非诗者乎？和上之诗无有也”，[③]“以真学问运真性情，信手拈来尽成妙谛”。[④] 康熙三十年，石濂大汕与一贯交往密切的屈大均“大均作花怪诋之”抵牾，与潘耒[⑤] 交鬨，与梁佩兰交恶；三十二年，又因所著《证伪录》《不敢不言》《源流就正》等对《五灯全书》禅门“统派”诸问题提出异见，致使潘耒告发清廷当事。潘耒《致粤东当事书》：

> 大汕明知皇上为圣感寺僧霁伦[⑥] 作《五灯全书序》而故将霁伦极力诋毁，故将御制序所褒之书极力贬剥，兼有“不顾皇上道德文章之大”，及“累我君王，瞒请当今御制序文”等语，隐然谓皇上不当制序，则皆狂悖之甚者……[⑦]

康熙四十一年，石濂大汕终因此一“僧诤”，被“按察使许嗣兴禽治，押发出境，至赣州，止于山寺，皈依者众，为巡抚李基和逮解回籍，死于常山途次”。[⑧] 后世对石濂大汕的评价，又因石濂大汕与屈翁山、梁佩兰、潘耒的交詈因素，多有不公，故《道古堂集外诗》所载《游长寿庵伤石濂大师》曰：

> 离六堂深坐具空，低徊前事笑交讧。纷纷志乘无公道，缔造缘何削此翁。[⑨]

---

① 均《离六》卷首・毛序・一。

② 《离六》卷首・樊序・三。

③ 《离六》卷首・黄序・三。

④ 《离六》卷首・周序・二。

⑤ 潘耒（1646—1708）字次耕，稼堂，晚号止止居士，吴江人（今苏州）。康熙十八年举博学鸿词，授翰林院检讨，后以浮躁降职；四十二年得复原职，越三年归，晚与佛门尝纠缠，居家二十余年卒。著《遂初堂文集》《别集》等。

⑥ 即《五灯全书》编撰作者霁伦超永。

⑦ 《僧诤》三一页。

⑧ 均《清诗纪事初编》卷三・342 页。

⑨ 均《僧诤》三三页。

卷三 黎川第二年

第一节 游禅筹资与祭奠黎川的前明忠烈亡灵

1. 再游南城从姑山诸刹“茶话”与“扶起廪山”众人

公元 1660·南明永历十四年·清顺治十七年庚子。春，方以智从去岁夏开始重建廪山塔院，今得落成，时年 50 岁。康熙《新城县志》：

> 廪山塔院。皇清顺治十七年僧墨历建。[①]

自该年始，“专心学《易》”，[②] 学术方向、重点有所转变，并将父亲方孔炤的《周易时论合编》付梓刊行。[③] 因“廪山无粒米”，[④] 遂孤身自廪山寺出，[⑤] 再度往游南城从姑山，请萧韵、刘大千、邓炅等设供，在建昌府境内景云寺、资圣寺等寺庙，与诸刹僧侣“茶话”：

> 愚者自廪山赴景云，请萧元声、刘广生、朱济寰、吴芳仲、邓幼立、冏仍、日生诸居士设供，同景云、资圣禅侣茶话……廪山无粒米，恰赴景云斋……诸公特汲龙门桥下神泉，共享箫曲峰头茶味。药地愚者偶触著鲁公[⑥] 石片，[⑦] 搔痒痛快，一齐拈来……可惜王方平[⑧] 下个注脚：“此鞭甚不易得。”……宋时资圣南禅师曰：“野老不知黄屋贵，六街慵听静鞭声。”[⑨] 此处痛痒，

① 卷之二·寺观·五十四。

② 《前编》卷之八《岭外稿·又寄尔公书》：“年五十则专心学易”。“尔公”者，即张子烈。

③ 北京大学、日本内阁文库藏本，均为顺治十七年方以智在黎川期间刊梓。

④ 《五灯》下·88 至 89 页，临济派下南岳三十五世，太仓香林佛古闻禅师：“晚参。举五祖演示众曰：四五百石麦，二三千石稻。好个休粮方，耆婆不得妙。师曰：五祖，大似富嫌千口少……廪无一粒米，信手拈将来，供养诸贤者……”方以智借此典实指。

⑤ 魏禧《同友人之资圣寺访木大师留宿赋呈》：“孤飞祇树林。”

⑥ 颜真卿，麻姑山有颜真卿《麻姑仙坛记》。

⑦ 此石在麻姑庙，是方以智已在麻姑山上的证据。

⑧ 隐居麻姑山的上古真人。

⑨ 《五灯会元》卷第十四：资圣南禅师：“圣节上堂……野老不知黄屋贵，六街慵听静鞭声。”

搔得著否？且问麻姑（仙人）、庄子（达人）、世尊（佛祖）、资圣（孔子）四鞭，有同异否？有者以庄子鞭麻姑，有者以世尊鞭庄子，有者以资圣鞭世尊，有者云世尊弄影，亦是外道。妙在救出蔡经不惑。若到药地者里，不分有无内外中央，各予一鞭[①]……大家亲到悬崖上，击石驰雷看电鞭。[②]

此间，黎川周边“扶起廪山”、鼎力相助于方以智的众人，各有记载。

康熙《南城县志》：

萧韵，字明彝，号元声，举崇祯壬午孝廉……五经、左史百家诸书，过目不忘，所为诗、古文词甚多……任侠好义……壬午乡举升冠壁……丁亥迫赴公车，自度必售，至三场，故以墨污卷后，果入壳主司，深为悯惜。归杜门谢客，号长松居士。邑侯曹公为修郡邑志，式庐造请，终不一见。后修辑麻姑丹霞志，刻行世，所著《周礼补注》……等书。甲寅兵燹，散佚遗存紫阳书院，序大雅社十则，预埋铭刊，入邑志，生平迹详，自埋铭中。[③]

乾隆《建昌府志》：

萧韵，字明夷……南城人……节操娇娇，与徐芳交最密。崇祯壬午举于乡，试南宫归。明年丧母，值国变，叹曰：“身为宇宙无所用，人孝廉之为何！今而后不当以此名吾矣。”既葬母，筑祠墓侧，自居其中，力田以奉祠事……终身不复出。[④]

乾隆《建昌府志》：

刘大千，字广生，化之子。博学工诗文，兄弟皆为复社所推许。崇祯丙子魁于乡，主司以得大千为幸。顺治壬辰拟会元，被斥。晚年奉母意园，与兄大巩、大常相怡愉为乐。集千百年人物，成《古今大谱》；又戏作《枳木丸》一种，以砭食古不化者，曰：“读书不能长识，竖议论虽书簏经笥，无为也。”所著《意园集》藏于家。[⑤]

刘大千曾为揭暄写传，其在《璇玑遗述》中说：“暄少颖悟，通性命天人之学，

---

① 方以智的地域概念更清晰。
② 《冬灰》卷首·三。按明清惯例，所谓“茶话”，就是为了筹款。
③ 卷之十一·隐逸·六五。
④ 卷五五·列传十一·隐逸。
⑤ 卷五一·人物·文苑。

日试六艺为诸生已，更试七艺。”

康熙《南城县志》：

邓炅，字日生，号用晦……遭世乱，坚卧不出，筑馆近郊，纵心古学，发为诗，朝文辞与衍弘邃，士大夫得其只文半字珙壁珍之。所为诗文甚富，旋复散佚或为人持去，及经兵燹存益不多。今所存者《频伽园文集》、《藏山诗稿》而已。初方公密之、李公太虚、熊公雪堂辈并以讲学者，著书相属，邓辞弗应，高公口口视学盱郡，闻其名造请相见深契之。欲循博学弘词例荐于朝，邓艴然去为诗却之[详见高渭师所作邓用晦传中]。[①]

县志中记载的“邓用晦传中”一语，透露出邓炅乃《冬灰录》和《青原志略》中屡屡出现的方以智弟子“传中”。《冬灰录》卷一《五位纲宗[青原]》：

传中曰：如《易》之画后森然，画前穆然。

《青原志略》载左錞问学方以智的《公因反因话》亦为“学人传中识”所记录。

《五位纲宗》是方以智在黎川廪山期间主张的禅门理论，成熟并最终完成于康熙三年冬、[②]刚到青原山不久，后在净居寺以“相反相同”之互化理论，[③]公之于众僧。以邓炅“南城名宿”论，传中在讨论“五位纲宗”时对《易》有心得的口吻，乃是一位对禅门“中五”观点和方以智阐发“中五”思想有认识、有见解的学人。

《冬灰录》卷一所记载内容，均为方以智在黎川寿昌、廪山期间发生的诸事情。方以智在黎川廪山建“中五堂”，秉持“中五”思想，并将这一理论，完善于黎川寿昌寺，后又在青原山再设“中五堂”，故知相随于方以智于此间的“南城名宿”传中，乃先黎川寿昌、廪山，后随至青原的寿昌派下“博山”一支的弟子，与八大山人为兄弟辈。以方以智在进贤介冈拜谒颖学弘敏“易名”木立后，邓炅·传中与方以智亦为禅门的兄弟辈。

康熙《南城县志》卷之一·凡例·二：“邓用晦入隐逸不入文学，原其志也。”[④]

---

① 卷之十一·隐逸·六七。

② 《方谱》卷六 232 页。

③ 即方以智诸理论：“万法皆两端交纲，而端皆相反，皆相同，而公因贯乎其中”，“方生于圆，而规成于矩，则偶何尝不藏其乎……万物皆备于我，上不信乎！谓万我皆备于物也，可乎”，“宇宙托盘，毫毫具备，原自正偏互藏，岂复有兼中之可名乎”。

④ 卷之一·凡例·二。

其修心之志可见一斑。康熙《南城县志》卷十二·艺文·五六，以“名贤之著”[①]载有邓炅一篇《朱陆异同论》：“……性学之有濂洛关闽四子也，是直接尧舜周孔之传而补孟氏之未备者也……余姚又学于象山者也，良知提宗，吾有取乎？尔其言格物……故象山之变，而余姚也，余姚之变而二溪也……”其“三教合一”的思想，与“初方公密之……并以讲学者”的臭味相投当中，所受之学说影响至深至远。道光《南城县志》：

> 邓炅……崇祯中选拔第一。寻遭变，避山中……嗣是筑馆郊所，纵心苦学，尝对刘九一、周栎园曰：“士君子报国各有道，进言者不必毛举瘢索，而在拔本塞源。树节者不必断头捐肩，所贵艰贞、正志。炅放废以来，固欲别自树立，以报我知己也。”生平与陈伯玑、魏叔子、李太虚、丘邦士、彭躬庵交最善。著有《频伽园文集》、《藏山诗稿》……《廿一史提要》，学者称频伽先生。[②]

邓炅后于康熙十年获知方以智在惶恐滩殉难的真相后，有作《和青原老人韵》：

> ……何如吐却无生句，今日池塘昨夜生。[③]

这些人员在方以智出游时相随或“游”，或“茶会”，都是在围绕着“扶起廪山”。方中通《哀述》中有一段对方以智很重要的叙述：

> 结茅庐墓终制后，复游西江，扶起廪山、东莞。吉州诸公因请主青原法席，而药地之斧，始酬米价焉。[④]

方中通这个叙述顺序，既说明了方以智在黎川寿昌寺四年的功绩，乃是用“药地之斧”，而达到“酬米价”之目的。所谓“酬米价”，实乃是指“扶起廪山”不易，建设中人力、物力、财力的艰难准备和物资“不便宜”，这才需要大家一起来“茶会”。记载廪山文献鸿鸣斩获不多，康熙《新城县志》：

> 廪山[自是北通南城]。东北十里平冈中，忽峻拔圆耸高数百仞，俗称点山。形家云此山乃邑仓廪因名，上有廪山寺。邓元锡秋夜宿廪山诗云：

---

① 《康南》卷之一·凡例·二。
② 卷二二·处士。
③ 《青原志略》卷十一·诗。
④ 《陪诗》卷四·十四。

白云就我岩上眠……回头山路云漫漫。[①]

黎川存有一块道光二十二年《廪山古碑》，但对方以智在廪山的建设没有任何涉及，碑曰：

盖闻廪山乃古迹者，坐对南城四十六都蓝溪里余氏一宗文山也。此系新(城)南(城)二县志史分水之界。至万历年间,余氏族众坛越一所……是余宅祖，世发于廪山……年口口月……拾年壹换住持……情不得私通所主另请……迨至嘉庆庚午年冬月，复被迴禄口今州于载，无人奉祀香油。至道光辛丑年，邀集科首众信，捐赀创造殿宇，塑过神像，永受香火。道光壬寅廿二年三月重修。族长余恒春敬立。[②]

碑中记载“上旧例均行存立须领俵,拾年壹换住持”,是否包含了方以智“扶起廪山”后的制度建立，不得而知，但“情不得私通所主另请”之语，则反映出此时“廪山寺”已经有些受制于周边的村民了。

三月，中德在江苏太仓参加冒襄五十寿诞。[③]中德所往，是否代表父亲，不得而知；暮春，中履由桐城来寿昌寺探父省亲，其妻张氏莹[④]在老家作思念之《庚子暮春忆外省侍寿昌》：

杨花落尽尚征途……风尘荏苒客身孤……欲付尺书双鲤去，江潮不肯过鄱湖。[⑤]

中履往来黎川与桐城之间，老祖姑方维仪、母亲潘翟、妻子张瑩，牵挂之人所系者，都是来自于在黎川禅门的方以智。

2. 寿昌寺内祭奠笑峰大然与撰《礼部仪制司主事黄公墓碑铭》

三月，笑峰返金陵天界寺，四月十三日示微疾，十六日辰刻，青原山净

---

① 卷之一·封域志·三十五。

② 此碑系黎川县委党史工作办公室主任余天禄拍摄、释文。

③ 冒襄《同人集》卷二载陈其年《奉贺冒巢民老伯暨伯母苏孺人五十双寿》：“冒先生五十……年伯母苏孺人亦称五十云。其通家子陈维崧……江以上则戴生本孝、方生中德主之，江以下则魏生允楠、彭生师度、陈生维崧主之。为文者，陈生维崧。”

④ 张莹，兵部尚书桐城张秉贞第七女，中履原配。

⑤ 《龙眠》3996 页。

居寺代师主法席三年[①]的笑峰，在金陵天界寺病逝，世寿72岁，僧腊16年。净居寺遂由笑峰首座弟子兴树不空和尚守之；[②]时，张贞生奉差浙行，笑峰弟子兴桂久昌，[③]持笑峰遗偈、暨竺庵和上封龛法语见示，兼道及大众决志迎灵龛归青原，请张贞生写“缘引”一篇。[④]方以智在黎川寿昌寺闻笑峰讣，设灵龛[⑤]举哀炷香：

半生倪夫子，[⑥]七载白云库。劫火入杖门，栖霞只一步。朴庵、遁斋改笑峰，[⑦]不觉一笑天地通。熄邪之雷不可少，救东震西一茎草。青原鉏斧破虚空，笑趁蒲鞋一齐扫。竹关三载感雪恩，溅血迸碎玄黄门。今日香炉安得不倒地？倒此灰堆如何？出气。啐！[⑧]

笑峰的圆寂，因张贞生是应笑峰弟子兴桂久昌所请撰写，故在《塔铭》的记载中，将笑峰的圆寂日，说成是与觉浪道盛同逝于顺治十六年，并由此误导《释氏疑年录》袭依此说。方以智以当事人“啸峰大然讣至”，其当事者的记载，是可靠与准确的。

五月，魏禧自宁都来黎川，[⑨]先寓塔下寺，[⑩]与沈仲连[⑪]同往资圣寺向方以智

---

① 《华青》卷六·记·药地无可智《青原山水约记》:“笑峰大师来，重开七祖之颜……主此三年……而又翛然去矣！”

② 《华青》卷一·山水道场·21页。

③ 《华青》卷二·僧传“笑峰门人兴桂久昌编”；卷七·疏引：“笑峰门人久昌兴桂编。”兴桂先协助笑峰编修《青原志略》,方以智来青原山主席净居寺后,兴桂久昌再帮助方以智续修该志。《华青·法产》:“青原志稿为久昌、芝颖所编。”《华青》卷一·山水道场《断碣塔室》:“笑峰然禅师衣钵塔，司成弟子张贞生铭，久昌初奉龛上，药地愚者来视葬地。”卷十·诗：久昌桂《金粟桥》:“金粟桥边径……倚仗数归鸦[久昌事笑峰老人，竭心无二，遗稿散失，问雪扇头抄此]。”

④ 《华青》卷四·张贞生《青原笑峰禅师衣钵塔铭》。

⑤ 《冬灰》卷首·三《栖霞和上新定天开岩，遣僧展拜兼礼笑大师龛》。

⑥ 笑峰大然，俗姓倪。

⑦ 均系指笑峰别号。

⑧ 《冬灰》卷首《啸峰大然讣至，设灵柱香》。

⑨ 《叔子》卷之八·吴一焉·三十《吴一焉时习篇叙》:“岁辛丑五月予之新城，道经梅源。”

⑩ 《叔诗》卷之七·七律·四《辛丑五月寓新城塔下寺奉怀沈仲连先生在盱》:“郁孤谁望旧时春……新城树色全消雨……欲到麻姑山下问，莲花幕府隔江蘋。”

⑪ 康熙《大兴县志》卷五·人物·隐逸考·沈仲连“名光裕，大兴（今北京大兴县）人。崇祯庚辰进士，授赣州推官”。

以“问”,并同宿寺中。[①] 时宁都丘维屏曾往黎川廪山寺,建昌府景云寺过访。[②]

秋，因黎川金峰寺椽颓壁朽，方以智锐然奋兴修建，使其得以宝殿崔嵬，绀相辉烁。康熙《新城县志》：

金峰寺，县北七里十一都。元至元二十八年建，旧称院。顺治十七年重建，今称寺。

康熙《新城县志》未明何人重修的遗漏，同治《新城县志》作了补充：

金船峰，（在县）北十五里……上有金峰寺……明嘉靖戊午夏，为劫火所烬……至国朝顺治庚子秋，椽颓壁朽，僧木立锐然奋兴，宝殿崔嵬，绀相辉烁。前则平台挹秀，远则文峰插天，焕然成一大观矣。[③]

以县志记载该年已经“焕然成一大观矣”，为该年秋重修完成，开工始修的时间,当在年初或顺治十六年。康熙《新城县志》对寺庙的记载,往往有“今称寺”字样，这与清初黎川寿昌寺原有的许多子孙寺庙圮毁重建后，不再是寿昌寺的下院有关。而方以智重修后的金峰寺，县志注明“今称寺”，亦当不再是寿昌寺的子孙院。

方以智在黎川四年当中,共修建了两座寺庙，一为廪山塔院，一为金峰寺。廪山塔院始终为廪山寺的“别业”，是寿昌寺的子孙院，而金峰寺，则是方以智在黎川寿昌寺祖庭以外的另一种禅门功业。

八月十三日之前，方以智在黎川应邻县南丰老友汤来贺之请，为曾经推荐觉浪道盛来黎川寿昌寺任住持、前明礼部仪制司主事黄端伯的“举葬”,撰《礼部仪制司主事黄公墓碑铭》：

海岸黄公既死一十有六年矣，其乡诸门人举葬县北之忠孝桥。其门人南丰惕庵汤子，志而铭，以掩诸幽。其墓隧之碑，又请之智。智病辞不获……愚于黎川黄礼部公能无叹乎！

公名端伯……以崇祯戊辰进士为宁波推官……甲申，擢南京礼部仪制司主事。明年八月十有三日而死。凡通籍十有八年，守内外艰及居匡

① 《叔诗》卷之六·五言律·六《同友人之资圣寺访木大师留宿赋呈》:“三年迟行杖,十里望松阴。争识先生面，谁知后死心……”方以智顺治十五年“戊戌”到黎川，“三年迟行杖”正在“庚子”十七年。

② 《邦士》卷十二《木立师六十寿卷跋》:“予后乃过师廪山、景云寺……”

③ 卷一·山川。

庐山中越十年矣……余岸少曰：‘公著《易疏》成，夜梦有龟伏胸。明日著之，得明夷贞无悔。再著如之。’……遇寿昌经公，[①]煅炼之而服，遂受戒，下帷廪山，深参有年……后以语谧公，[②]谧公曰未在。其叙寿昌……咀茹近溪、潜谷，互相琢磨，学者各有从入……公生六十一年后为乙酉，公在仪曹。北兵且至，署其官于门。卒拥见帅，帅三致意，竟不肯屈。久之，帅呼卒剚以刃。卒举刀辄颤，弃去；易卒如之。公谓卒曰：‘何不刺我心，而乃怯为！’卒如其言以死……嗟乎！世道之交丧也，鲜有不为生死惑者……有烈士而未闻道者……公临死赋诗，在兵间猝不得传……公初娶孺人杨氏，再娶范式，皆无子……泣且请曰：‘碑，悲也，愿以垂示。’智既不得辞，又一年，始克为之。然智岂能碑公者，聊系以铭……是奇男子扶正轮……顽石动兮蝌斗灵。[③]

黄端伯就义在顺治二年九月六日，对黎川影响深远。[④]方以智之文，即其赴死16年后“家人为棺殓载而归”，诸“门人为葬于邑九都”[⑤]之时所写。黄端伯与觉浪道盛为好友，崇祯八年，道盛入主新城黎川福船寺，与黄端伯互有往来，并结为生死之交，[⑥]这是方以智为黄端伯写《墓铭》的另一个渊源。

九月七日，正逢觉浪道盛去世一周年忌辰，方以智在黎川寿昌寺为业师、也为这位黄端伯的好友，拈香致祭：

天界老和尚周忌拈香……自从刀头撞倒太平拦路锥，十年并作一年啼……以香爇炉中云：“即今不得唤作烧香，不得唤作诗题，烈烟触著伤心处，不是伤心人不知。”[⑦]

---

① 指无明慧经禅师。

② 指闇然元謐禅师。

③ 《后编》卷之二 · 45至47页。

④ 《同新》人物志：“邓篆字……端伯风节，抗志不屈。”《诗征》卷九十四·歌谣·五·新城童谣：“万历癸巳……五十二年九月六日，黄元公殉节金陵。是日，新城大风昼晦黄雾蔽天，亦有白布悬于文庙之阙云。童谣：水内生青莲，黎川出大贤。”

⑤ 《康新》卷之二 · 六十六：“黄祠部端伯墓，在县九都忠孝桥。”

⑥ 《康庐》卷十三 · 三十八《黄端伯圆通礼祖塔诗》此诗另见《康江》卷之第四十七。

⑦ 《冬灰》卷首 · 三。

3. 大明烈士黄端伯

黄端伯（1585—1645）字元公、海岸，号迎祥。是黎川至今家喻户晓的大明忠烈。康熙《新城县志》：

> 黄端伯，字元公，号海岸，龙安镇平溪人……两充吴越同考，所得士皆当世名宿，如杨廷枢、蒋鸣玉、文德翼、吴昌时、吴国琦、章国佐、陈朱明，皆其所闱拔士…………顺治二年乙酉五月，豫王下江南……端伯独闭门不出，榜其门曰：礼部仪制司主事黄端伯寓。俄有两骑至，挟端伯去欲授以官，不从。下江宁狱凡五越月，言笑如常。有二门人入狱视之劝，端伯稍贬损怒曰：君不能以礼自处，乃欲以非礼强我耶？投之以研生惭而退。作《明彝录》以见志……八月十三日，有卒引端伯出狱，经通济门外水草庵，顾庵曰：此佛地也，愿毕命于此。遂引颈受僇而瞑。越三日，藁葬水草庵侧。明年，家人为棺殓载而归，又十六年庚子，端伯之门人为葬于邑九都之忠孝桥。著有《瑶光阁》、《东海还乡》诸集。[①]

周天德、涂景祚的这个“小传”，与《新城县志》当中的“方以智”一样，同样隐去了黄端伯面对清军大义凛然赴死的事迹，这是两人在编修《新城县志》时，所采用“曲笔”的再一次体现。黄端伯中进士后历官宁波府、杭州府推官，以丧归。后避居庐山，与诸高僧交谊甚深。[②]南明福王弘光元年，经礼部尚书姜曰广推荐，黄端伯授礼部仪制司主事，这才有了后来轰轰烈烈的一系列壮举。黄端伯受命后，与南京军民共守城池，渡长江，在江心寺作悼唁抗清志士诗云：

> 孤屿巉岩杀气高，义旗麾处鬼神号。江流不尽英雄恨，万古风天鼓怒涛。

又作《守城二首》：

> 巍巍不动寰中主，一座坚城似铁山……危城独守浑无畏，烈汉从来不顾身。[③]

后遭马士英（1591—1646）、阮大铖（1587—1646）“蝗蝻录”、“蝇蚋录”

---

① 卷之九·人物志·明进士·二十二。

② 《康庐》卷五·二十八《黄端伯开先寺悟道偈》、卷六·四十五《黄端伯忆憨师诗》、卷十五·四十三《黄端伯途中杂咏诗》、卷十三·三十八：《黄端伯圆通礼祖塔诗》。

③ 以上两首均《93 黎》565、640 页。

以东林为蝗，复社为蝻迫害，有“七十二菩萨”之称，[①] 南都失守，黄端伯被清军豫亲王多铎俘获，《小腆纪年附考》：

礼部主事黄端伯……百官迎降，端伯不赴……系狱四月。临刑，绝命诗曰：“问我安身处，刀山是道场。”一卒左刃之手颤，弃刀走，一卒右刃之亦然。端伯厉声曰：“吾心不死，头不可断，盍刺吾心。”如之而绝。一仆拱立不去，亦见杀。[②]

《续明纪事本末》：

礼部主事黄端伯……或劝之走，曰：“临难毋苟免，我岂以僧活者！”为一帖与多铎曰：“大明忠臣某。”多铎招之，不至。挞其妾以诱之，不顾。曰“杀耳，我必不谒也。”乃执之……多铎曰：“文山终不负宋也！”乃杀之。刑者左手刃，忽自颤；右之，亦然。端伯曰：“吾心不死耳，曷刺吾心！”乃死……[③]

《三垣笔记》曰：

黄仪曹端伯 [崇祯戊辰，新城人]。考选时，初拟授科，以生平喜释，中用二释语，故得部，后卒死难。[④]

朱溶[⑤]《忠义录》记载甚详：

黄端伯……清兵破扬州，渡江西，忻城伯赵之龙使使约降，置一籍，愿降者书官及名姓其上，文武争书之。至端伯，大书曰“大明忠臣黄端伯”。清兵至，被执，见豫王天坛，以角巾大袖。左右呼曰：“王在，宜跪。”曰：“王，清王也，我大明臣，不可屈。”王不辨何语，问左右，乃知，令缚其妻子至视之，曰：“而不降，余分而家为奴婢。”端伯闭目益骂。豫王笑，命系之狱。未几，引出见，不跪，南向席地坐。王问：“弘光帝何主也？”曰：“贤主也。”曰：“渠日为淫乐，欲害子先帝太子，大清之竖子皆唾之，子独贤之何？”端伯曰：“清兵渡江，陛下仓卒出城，端伯惟惧其啣璧舆榇，以为先皇帝羞。今幸未然。虽有逸乐之事，似不足损贤。且而所称皆马士英、

---

① 《小腆》卷第九・清世祖顺治二年二月・癸未。

② 《小腆》卷第十・清世祖顺治二年五月。

③ 卷之十六・东南殉节・四八八页。

④ 《三垣》弘光，中华书局 1982 年 5 月第 1 版，105 页。

⑤ 朱溶，生卒不详，字若始，清康熙时期人。先世原居苏州，为三吴望族之一。后徙松江华亭。

阮大铖为之，假令士英不朝，而督师史公居左右，犹可以立而勿私我也。”

端伯系狱，注《楞严》、《维摩》二经。六月二十四日，薙发令下，狱吏以请。端伯笑指脰曰：“我宁薙脰不薙发。”一仆侍端伯狱中不去，亦不薙发。或劝之，曰：“若小人薙发，主必不食我食。”九月六日，豫王将北，命杀之市。卒牵端伯出，堕履，曰：“冠履不可失也。”卒内履。至水草桥，不行，仰天大呼曰：“太祖高皇帝、烈皇帝，孤臣黄端伯死矣！”遂遇害。其衣带中有词曰：“今朝大事毕，一笑见空王。割截无嗔恨，刀山是道场。”时年六十一。其仆愿从死，并杀之……监国赠太仆寺卿，谥忠节，赐祭葬，荫一子。隆武帝赠礼部尚书，谥忠毅。①

钱澄之有《南京六君子咏“南京陷，死者寥寥，得丐与卒而六焉，悲夫！然其死不愧四君，四君又岂不屑六也，故并君之”》列黄端伯首位：

不走黄端伯，居然揖左贤［虏至，公自署其门曰：“不走不降黄端伯。”见大酋长揖而已］……还期心血溅［刃其颈不殊，公曰：“非颈硬，乃心硬也。”刺心而死］……②

顺治五年，钱澄之在福建抗清失败逃亡至黎川时，面对这位大明英烈，在读其著作《明夷集》和《激楚》时，作《读黄海岸先生〈明夷集〉［先生狱中作也。予向有吊先生诗，今读兹集，更为一首］》：

庞公学道处，庐峰孤月③时……所由心坚刚，宁有鬼神持。我读《明夷集》，《激楚》凄肝脾。至人已形解，壮士空含悲。④

黄端伯《激楚》一书，鸿鸣未曾得见读。但是方以智崇祯十三年秋，因

---

① 《遗书》537 页。

② 《藏山》诗存・卷六・生还集・169 页。

③ 《光江》卷一百七十七・仙释：“孤月居广信月峰山后，后移锡从姑山……有《圣门心学》一卷，益藩召住章山寺……”同治《贵溪县志》卷十之一・杂类・仙释・二十四：“明。明盛，号孤月，邵武光泽毛氏子，初谒南海大智禅师……参……南平，并印为法器。南平语以良马鞭……真人张氏，请住应天山，时从学者百六十余人。无像桂毂最著。无像为益藩师……请旨赐月峰桂林寺高僧明盛妙契儒宗额，时万历甲辰季夏月也。明盛后示寂抚之紫云寺［旧志］。”

④ 《藏山》诗存・卷八・生还集・223 页。

父亲方孔炤入狱西库，与黄道周同居圜中，同样也写有《激楚》一诗。[①]时方孔炤有《智儿作〈激楚〉而黄东厓、[②]宋九青[③]诸公序之》一首：

去岁空持虞頵幡，公卿为汝试啼痕。楚声一发何堪读？痛哭无非天地恩。[④]

黄端伯因“所由心坚刚，宁有鬼神持”作《激楚》，方以智则以“吾家有隐德为昭忌兮，自断事而监其忠”而有诉父冤之凄清《激楚》，这一途殊同归的“不怕死”，值可谓是惺惺相惜、不谋而合，抑或两人早在前明时就已相识。

黄端伯壮烈殉国，在当时引起了巨大的反响，时人有极高的评价和颂扬。[⑤]至同治朝重修《新城县志》，清廷对明末清初人物解禁，黄端伯守节慷慨赴死的真相，才得以某种悲歌式的介绍：

黄端伯……大清兵破扬州……端伯大书曰：“大明忠臣黄端伯”……王问……汝独贤之何？端伯曰：……假令士英不在朝，而督师史公[⑥]居左右，事未可知也……遂见杀……端伯就执，露刃令其跪，独引颈谓：头在此，可斫！主帅叹曰：南来硬汉，见此一人。致命时作偈曰：问我安身处，刀山是道场。北向四拜，坐受刃。卒惊眩不能刃。厉声曰：何不刺我心！竟刺心而逝……[⑦]

黄端伯明亡之际的“孤忠”典范，桐城杨臣诤[⑧]在《水草庵黄海岸先生殉节地偶同子杰过之》诗中说：

招提居水草，因以水草名……志士得死所，孤忠许克成……慷慨难

---

① 《前编》卷四《曼寓草上·激楚〈庚辰秋作〉》：“智既上疏不获请，惧伏穷巷……家君子适至，入省圜中。天乎！天乎！谓之何哉？……号曰《激楚》，当涕泣耳……蒙额以膝行兮……上龙眠之冢兮，号先人而啧啧。我生何不辰兮，历兵火而加以困厄……吾家世有隐德为昭忌兮，自断事而监其忠。今披阁而茹肝兮，上帝方隮而忡忡……”

② 黄景昉，字太屏，号东崖，天启五年进士，崇祯时官至内阁大学士，《明史》卷二百五十一有传。

③ 孙晋·鲁山有《哭宋九青》诗。见《龙眠》初编卷二十一·710页。

④ 《龙眠》初编卷十九·649页。

⑤ 《桐旧》三十八·八·祝祺《黄公词》长诗言其：“诸郡解甲争降迎，我公仰力屈心不屈。天仗剑声铮铮，男儿七尺系社稷……乃知我公自万古，岂与宵小争枯荣。”

⑥ 指明兵部尚书史可法（1601—1645）。

⑦ 《同新》卷之十·人物志·忠义·明·五·黄端伯。

⑧ 杨臣诤，字古度，又字无诤，与方以智善。

可及，从容尤莫京。血已化为碧，草秀水逾清……[1]

同治《新城县志》记载："《清旷居吟草》江佩著，黄端伯序……《易疏》黄端伯著，《瑶光阁集》黄端伯著，临川李绂序"，[2]《新城县志》载有《瑶光阁集》李绂[3]所作《序》，特别将其"舍生取义"的行为与方以智作了一番比较：

> 吾乡黄元公先生……谓佛氏能了生死，故诸君子能舍身以殉国……国变也……元公先生……以身殉国，为南畿死事六臣之首，此岂尘芥河山者所能为？当城之破也，或劝先生以披缁匿僧寺，不许。固已高出药地、道隐[4]之上，既拘幽不屈大帅，欲以禅师礼之，终不屈。则先生于佛学固不屑矣？先生学佛时，时署私印曰：海岸道人……晚年磨去印文，改镌："忠孝廉节"四字……因质言，所以别择之意以复于都谏焉。[5]

李绂（1675—1750）作为晚辈，虽看清了黄端伯崇佛、敬佛后面的真实意图，但对方以智明亡后的活动，以及其"生于忧患，故须以死治生……能善用其生死"、[6]最终还是与黄端伯同样的"殉节"方式赴死，却没有看清。方以智《碑》文中的"其墓隧之碑，又请之智。智病辞不获"，则将李绂的这一"没有看到"，以汤来贺、余岸少这些黄端伯弟子、黎川乡邑们对方以智来寿昌寺，对其有更多的了解后，视方以智为撰写该"碑"最合适的人选方式，得以了澄清。

黄端伯"好佛，与诸名僧游，记其问答至数千言……弘光帝即位南京，端伯以理刑考选试卷多言佛，执政不喜"，[7]是黎川寿昌寺无明慧经的嫡传在家弟子，[8]其在《劾益藩及辨出妻酗酒疏》一文中说自己：

> 臣受戒寿昌、断荤酒者二十七载……辛巳九月初十日……[9]

黄端伯生于万历十三年，"辛巳"是崇祯十四年，这一年黄端伯 56 岁。由

---

① 《龙眠》初编三十五 · 1359 页。

② 卷十一 · 艺文志 · 书目 · 明。

③ 李绂，字巨来，号穆堂，临川荣山人。清康熙进士，曾官工部右侍郎、户部侍郎，有《穆堂类稿》等。

④ 指澹归金堡。

⑤ 卷十一 · 艺文志 · 书序。

⑥ 《冬灰》卷首 · 三《龙湖不二社茶话》。

⑦ 《遗书》537 页，朱溶《忠义录 · 黄端伯传》。

⑧ 《禅流》附录 I 中国禅宗宗派传承图 · 曹洞宗法脉（七）。

⑨ 《同新》艺文。

此回推27年，黄端伯于寿昌寺受戒在万历四十二年，时年29岁，随后，遍参天童、径山、三峰诸禅师。[①]崇祯四年，僧人一如照真与给事中王鸣玉重修禄山西林寺和千佛塔，黄端伯为塔东门撰额曰“常寂光”，联曰：“宝网交罗千刹佛；金轮坐断十方空”，署为：“弟子黄端伯撰书”。[②]曹洞宗另一支、三十二世常亨重建芙蓉山[③]苾蒭禅院，黄端伯为其师宗匠洪断·诸缘（1550—1621）[④]撰《像赞》说诸缘:“一株大树”[⑤]祀于法堂,还为青原山净居寺真元禅师、“博山”支瀛山雪关智闓撰塔铭，为雪关《语录》撰序等。

黄端伯的寿昌派子弟身份，使其成为明末崇祯期间禅门曹洞与临济两宗的著名护法，其影响不仅受到禅门上层礼遇，更在释子们当中受到普遍敬仰和爱戴。无明慧经的《语录》刊梓，黄端伯以“新城弟子黄端伯”之名作题：

> 这老冻脓真古怪……不参祖师禅，不受菩萨戒，劈头柱杖没人情，大地众生结冤债。[⑥]

崇祯八年，觉浪道盛在禄山圆通寺三载，黄端伯与其旦夕相依，漫话千载因缘，延请觉浪道盛回黎川祖庭任住持；十年九月，黄端伯又邀请华严宗第二十六世宗匠颛愚观衡住持永修真如寺，宗匠颛愚观衡特致函黄端伯：

> 禅门淡薄甚久，幸得执事与集生余翁同心此道，为今日大法旗鼓……不知大彻悟人，亦有妄语否？幸示我。[⑦]

黄端伯与“临济宗”头陀雪峤圆信禅师有特殊关系。雪峤“圆信与天童悟同得法于幻翁，独不传法，惟授金陵殉难之黄端伯，与浙东死事之徐启睿，时称双瓣香”,故丁闓公《明事杂咏》赞曰:“天童法嗣满人寰,万善巾瓶奉御颜,独有狮翁不传拂,心香双瓣壮河山。”[⑧]雪峤开堂径山,从者三千,顾未有付法,相传最后得黄端伯即付之。及徐启睿至，请曰：“某或亦端伯之亚也。”雪峤相

---

① 《五灯》多处有其参佛事例。690页。

② 此塔、此联今均尚存。

③ 《康南》卷之一·名胜·十九：“芙蓉峰，在宝应山真如寺前。”

④ 诸缘，字洪断，里藉、姓氏有二：藁城（今属河北）张氏子；明慈圣太后淑房国戚，俗姓陈。曹洞宗二十六世，在云居山真如寺20余年，使曹洞宗风，被及赣域大地。

⑤ 《江佛》132页。

⑥ 《无明》四卷合订。

⑦ 《江佛》147页。

⑧ 均《僧诤》卷三·云门雪峤塔诤·63页。

对而笑，亦付之。后二公皆殉国，说者叹雪峤之冰鉴也，[1] 并于崇祯十三年“髡顶入匡山”。[2] 此等因缘，故黄端伯曾有请圆信雪峤入主庐山开先寺法席，[3] 康熙《庐山秀峰志》有载黄端伯条目，[4]《五灯全书》亦列黄端伯为“居士”，并有较为详细的记载：

祠部黄端伯居士……及参寿昌经，始知别有妙悟一著……崇祯戊辰举进士，自京师旋，见博山来，详叙所证，来首肯之……径山谒雪峤信……公生平以卫法为心，忠烈是任……清师渡江……被执……别家人，有偈曰：“义士何忧死，忠臣不爱生。只留方寸赤，千古放光明。”八月十三日临法场，又说偈曰：“四大原无我，消归烈焰中。红炉焰灭处，遍地起清风。”偈毕，引颈就刃，从容自得。自非生平学力真实，何以能此？[5]

黄端伯有《易疏》五卷、《瑶光阁》十三卷、《庐山集》、《东海集》、《明夷集》等行世，好友李元鼎曾为之刊梓，[6] 康熙《新城县志》载《罗近溪先生语录序》、《江如僧清》等，诗则隐于该志［清］鄢郢［岁口口］《箫曲峰记》一首：

黄海岸诗曰：石壁亭亭雁腹横……只是千年蝙蝠精。[7]

方以智举葬黄端伯作《碑铭》，既为南城陈允衡在来年将其与王与胤、孙传庭、袁继咸四家入《诗慰选》，[8] 又为两年后黎川乡邑以文天祥“忠孝节义”祀于南城麻姑山忠节祠，作好了充分的铺垫。

康熙元年前后，黄端伯的未亡人妾范氏，以“尚书”旧称致《上汤惕庵尚书书》：

侧闻臣扬君休子述父行，理固宜然，至于妾妇而欲表彰夫子之德业者，

---

① 《鲒埼亭诗集》卷一《雪峤和尚双瓣香行》。

② 《悬榻》卷之二·疏《募修密云庵序》：“予髫发时，同郡海岸黄公已成进士，有大名于时。叹其文为儒宗，而学乃更深于释也。后十年庚辰，予倖捷南宫，公已髡顶入匡山。”

③ 《光江》卷一百八十·仙释·明·南康府·十四：“雪峤圆信，临济三十世，嗣龙门传。崇祯壬午，司李黄端伯请住开先，有古钟哑折，信至，复鸣［庐山志］。”

④ 《庐山秀峰志》词翰姓氏·明：“黄端伯……礼部主事。”卷六·艺文下·四：“开先寺悟道偈·黄端伯：更深夜静绝行踪……等闲灭却少林宗。”

⑤ 卷第六十二，582 页。

⑥ 钱澄之康熙三年《李司马席上赠文灯岩》：“诗存南国表孤忠［公刻海岸先生诗］。”当在该年前后。

⑦ 卷之十·艺文志·五十五。

⑧ 《渔洋》附录八《渔洋山人自撰年谱》2020 页。

实不幸焉耳……忆昔乙酉秋，先夫以南都之变，搢笏垂绅，恍若文信国、颜常山毅然殉难……维时，氏年甫二十，跪受先夫遗命，忠臣不事二君，烈女岂更二夫……乙未春季，幸遇广昌陈夫人卢，托迹麻姑山中，因礼为师，非得已也，盖借此以全吾大者而已。迨至庚子夏，瘗玉忠孝桥……赖丰邑李公仲闇竭力纠集，与大人致书，同门咼能成此盛举，与讵甲寅闽变，孤子迎归……忽忽数年……今喜同郡……善信新构大士庵于城南，为吾师一片袈裟地，以蔽风飘雨零……奉祀先夫藉莲花座下，宣扬贝叶，以祝国有良臣，家有孝子……以吾夫之德业……念汤大人执义先夫有古人之节，氏几欲命舆而剖……向名流硕彦作一引手也，临楮不胜恳切之至。①

至康熙十一年，黎川新城知县周天德，将“范孺人”载入《新城县志·列女》，以另一形式，对黄端伯“遗志”给予了高度的彰显：

范孺人，祠部主事黄端伯继室也……克完其节，端伯既死。范氏随奉其骸骨，归葬于邑之忠孝桥。遂长斋绣佛，结草庵于麻姑之巅，奉端伯遗志，今三十余年，可谓能全节矣。②

康熙二年，黄端伯卒后18年。黎川民众与范孺人一道，将黄端伯供奉于麻姑山忠节祠。徐芳为之作《合建黄海岸先生忠节祠序》：

海岸先生……当事悯其节，为给传护家扶衬还里。又十六年庚子，始葬先生于黎川之忠孝桥……又三年议祠先生于郡之麻姑山，而予友王君素登实倡其役，以书来徵一言。先是先生死无子，元配亦先逝，独如夫人范氏……遂长斋剃发，结草庵麻姑之巅，奉先生遗志，今十九年矣。祠址拟就庵所因地也……乃更易书宋相信国公主始开霁焉……先生之从容就义，仿佛文山，没而庙祀……且祠之宜于麻姑者有三……山有三忠祠，为唐颜鲁公、宋李文定、岳忠武两公……今先生既死比于张建封之眄眄。太史公之清娱，国朝之独口尼……③

方以智、汤来贺在黎川为黄端伯所做一切，均来自于感其悲天地、泣鬼

---

① 《同新》卷之十一·文征·四十。

② 《康新》卷之九·列女·皇清·百二十八。

③ 《悬榻》卷之二·序。

神的殉国之举。

4. 余岸少与余光令父子

方以智《碑铭》文中所引长言者“余岸少”，在黎川四年中交善，但事迹未见更多记载，鸿鸣仅征得其生平如下。

余岸少（1580—1645），“余日登，字岸少，宏村人，崇祯庚午科，著有《易疏》等书”，[①] 另著《卧庐稿》、《太平通史》。其子《渔郎诗集》[②] 卷首有《吕纯阳仙笔为孝廉岸少公传》：

余岸少先生，讳日登者，文人也、廉士也，江西黎邑人……补诸生……及庚午科，受知于朱震青先生讳天麟者……岸少叹曰：天之所以穷我者，乃天之所以造我也，不如穷愁著书。乃卜屋溪上，名曰“汉阁”……著《太平通史》……《易传》……《卧庐藏草》……及李贼犯阙……乃闭门图朝廷事，注《中兴本论》……至乙酉年盱邑大乱，避居于石竹之西溪……遂死于石竹……幸有长子小令，善诗文……以传令千古以上俯见。岸少文人也，廉士也，亦忠肝义胆人也，千古以下，仰见岸少文人也，廉士也，忠肝义胆人也，是以传。

余岸少所创“汉阁”，其子在《不能依刘草》中说：

先君子当时所创汉阁，实费千金。一邑人欲以五百镪求售，予曰：“予虽家无担石，予何愁也？”于是再与族众共谋，愿得醮产三十石作价六十两，又银四十两，以归于令族。众莫不听从，此阁永为世瑚公享庙。令泣下曰：“不如是，又何面目以见先君子于地下哉？……一朝归去得依刘，还见当时汉阁楼。小子颇能明大义，多金岂可为私谋？……奉主入祠长配享，先君地下亦无忧……汉景升亡殊可恨，范文正在不须忧……[③]

汤来贺康熙十四年为余岸少之子所作《余小令五十序》回忆余岸少说：

庚午秋，贺与余岸少孝廉……于是天下士人莫不知有岸少矣！……甲申后，小令遂矢志高尚……托之歌咏，慷慨沉雄……三十年来……每多忠孝之思……盘桓汉阁中，独寐寤歌，如野鸟［鸿鸣案：此处原书缺失

① 《康新》卷之九·明乡举·三十二。
② 黎川县委宣传部吴维纲先生惠赠鸿鸣光绪癸卯版复印本。
③ 《渔郎》卷三《不能依刘草·七言律》第25页。

一页]……今仲秋榖旦，为君览魁之辰，咸约称觞，而属贺为序……将见万邦黎献……以为天下苍生寿。①

杨日升的族祖杨思本②有《同余岸少昆垂相对道院之作》：

溪梓有古意，闲语将无同……道院生凉风……濡墨思鸿蒙……③

又为余岸少之子《渔郎》作《诗序》曰：

余岸少独存奇骨，久著芳名，家有大人，贤成公子。

余岸少之子余光令（1626—1696），字小令，号渔郎，是南丰程山派谢文洊的弟子。余光令承父一辈、子一辈友谊，与方以智及其前来黎川侍奉、探视父亲的“三方”交。汤来贺《余小令诗序》：

庚午秋，贺与余岸少孝廉同见知于郑太白、许霞城二师。二师亟称其文，于是天下之士人莫不知有岸少矣。当是时，岸少声气最广，而同谱中与予之相契尤深。予读其文，高古峭拔，实为世之人所不敢为。予尝自愧不能几及，意其抒为经济，必能迥逾伦等，而为旷代之名臣。已而事出意外，同人莫不抚膺。予尝为之解曰：“此留有余不尽以贻后人，安知非岸少之福乎？”是时，小令甫六龄，越数年，学为举子业，予驰驱王事，不获一觏。而同籍之过邦关者，为予道小令才，则予心已向往之。

岁甲申，中原鼎沸，小令遂矢志高尚，不屑逐，遂而趋以其愤世嫉俗之意托之咏歌，慷慨沉雄，即少陵曲江诸什，曷以加焉。予尝读其诗而击节，嘉与称为必传之，技盖不诬也。夫诗所以道性情也，古忠臣孝子无以展其抑郁，往往发之于诗，遂使千百年后读其诗如见其人焉。三十年来，以为应酬之具，而风雅一道于是乎浸衰，惟小令登临赠答，皆有黍离麦秀之思。假令其为声律，未尽底于精纯，吾犹将因人以增之重，况其所为诗，又皆尽善也欤？噫嘻！小令之诗传矣。予观世俗之情，恒汲于富贵，苟可以求之，则竭其心力而无所惮。乃小令卓然远观，视末世之轩冕不啻泥涂，盘桓“汉阁”之中，独寐寤歌，如野鹤翔于云表，龙

① 《内省》卷二十三・十九。该《序》原缺一页。

② 《诗征》卷六十四・明二十六・十二：“杨思本……字因之，号十学，新城人。崇正中诸生，少有异质，敦志节……汤若士皆亟赏之，著有《驿道十笺》《太平三策》《经国二十书》，黄元功比之子云太元。族孙日升会刻名曰《榴馆初函集》。”

③ 《诗征》卷六十四・明二十六・十三。

潜于深渊，翛然尘外。非有过人之学识，其能见及于此哉！古所称丹霞百丈，青壁万寻，其小令之谓欤？伟哉。小令岂惟庚午后裔不能，拜其下风，即吾江右多材而乌衣子弟能并其高节者，不亦鲜乎？此吾深庆岸少之有子，而并喜吾乡之有人也。

今小令年遂五十，世人谓五十始衰，然予观小令，志在千秋，正如皎日之方升，安可以恒情测乎？吾邑曾文定之祖父正臣先生，当五代时，洁身不仕，及宋太宗即位，始出而登第，以谏议大夫见重于朝廷，时年盖五十有二也。今当再旦之期，小令其有意哉。然则媲美于曾公矣。其愤世嫉俗之旨，当转而为鼓吹休明之韵矣。而小令之诗愈传矣。甲寅长至日，年家老友汤来贺拜手撰。[①]

徐中恒《余小令诗序》：

小令，吾故人岸少之子也……读书过目成诵，下笔缕引千言……逮岁当申、酉之际，天步既移，而庭椿忽又弃养。小令忧关君父危蹈乱离，愤之积也，土木视身。久之，遂谢去举子业，构一苇庵于荒汀邃浦之间，把钓行歌，混踪渔子，偶而诗，恣其胸之所欲吐，伸纸疾书，不令而亦不拟古。大抵小令抱郑、谢之隐志，而所鸣匆张，不必掘井而亟，不必望台而恸，而一段忠怨之微绪悠然穆然，断未肯以诗媚时者。且其栖寻寄托，多猎趣于名山高士，用能畅彼独往之怀。间为方外游，弗惮杖履之劳。尝逾岭访余于青郊，则其所以自持而达外者，益可知矣……夫岸少，渊探博稽，天人学贯，独以文奇，诖摈斋志，蚤逝。小令于继述之，会潜囊遣恨，宜其音之哓哓。予也，捉笔追念友朋存没之感，骨肉凋残之伤，觉更有不怨言所欲言者矣。因叙诗而并及之。绥城世社弟徐中恒拜撰。[②]

府志附载余光令：

余光令，字小令，新城人。少警敏，负奇气，变天下事，多慷慨激烈。母丧，哭至呕血。甲申兵燹，田庐尽为他人有。独守父所名“汉阁”不肯去。曰：“吾不忍忘死父也。”尝竹杖箨冠行市中，市人皆笑，不顾。学于楷园孔正叔，又学于谢秋水。尝自励曰：“学者，忠孝而已。此处一失，举

① 《渔郎》卷首。此文即汤来贺《余小令五十序》，因汤来贺《内省》原书缺失一页，故照录补阙。
② 《渔郎》卷首《序》。

业非学，词章非学，即高谈性命亦非学。”二先生皆是之。以鱼自隐，号曰“鱼郎”。顾意有所触，即悲苦不自禁。晚年行益高，节益著。新城令杨嗣汉两造其庐，谢不见。南城宰董降祚以书币罗致，卒不往。终老于汉阁。所著诗文曰《鱼郎集》。[①]

《新城县志》：

余光令……宏村人。日登子，性至孝。母殁，哭之恸，呕血数合，既又取而吞之。曰：“此父母这脂膏也，岂可污尘垢中？”家固贫，敝庐一区，曰“汉阁”，临溪上，穷巷萧然，吟咏不辍。明亡，隐于鱼，自号“鱼郎”。尝衣古衣冠入市，市人唾之，光令去不顾。晚年又名所居曰“百丈园”，自谓当老死园中，戒子卜人，世所弃时日，干支极凶恶者，葬于园竹林之下。预为文志其墓。生平所著诗古文，以抒写性灵为宗。东乡艾南英为之序。[②]

余光令在方以智黎川四年中，与方中履最洽。顺治十七年夏，中履侍父，有《冷云集序·感怀》：

予二十年来未读鱼郎近诗，想其诗不知盈箧满笥，积诸牙签者，（奥）啻十数百种？兹独以《冷云集》见寄……鱼郎其殆微讽我矣！

忆庚子夏，来黎川省我先大夫，先大夫告我曰：“此邦人士，少年具有风节、能善诗文者，惟余子鱼郎一人，隐居汉阁数十年来，羞以面目对人。”予偕戴子无忝一日趋而谒之，但见其双溪之水冷绝泠泠，箫峰之山峨峨叠至。当是时，即不得见鱼郎及读鱼郎之诗文，而鱼郎之品行学术大概可想而知矣。何况得接见其人，而又得读其诗与文耶？彼童子时，其先公岸少先生为刻偷《月岩诗》行诸世，而诗离离奇奇，吐其光怪，真不可一世之意。最后《铁堂》一集，稜稜心血又不知自何而来。予半世牛马天下，目所经见者，实未易数数觏也。虽然第恐此片冷云，又与鱼郎之心血而俱热矣。鱼郎其谓之何？通家同学弟方中履撰。[③]

中履“通家”一语，将余岸少父子与方以智父子的关系，做了交代。余光令《戊午冬，偕汤硕人、邓旷生、衲子九曦步日峰远眺，至暮方才下山》：

---

① 府志附载余光令：（图 014）

② 县志附载余光令：（图 015）

③ 《渔郎》卷二·冷云集·序，第 1 页。

十七年前到此峰，方家兄弟共携筇[谓田北、渭北、小愚三昆季]。胡为昨日汤公子，又过当时老钓翁？……犹带佯狂阮籍风。[①]

“戊午”为康熙十七年，回推17年，在顺治十八年至康熙元年。是时，三方兄弟中德·田伯、中通·位伯、中履·小愚均在黎川侍父，余光令有“携筇”同游黎川日峰山。其《汤硕人以同游日峰三韵属和,信笔奉答,非云诗也》又说：

遥忆七贤辟竹林……海门日已照高岑[峰上有“日岫海门”四字]……当从兹地结禅林,冷断花前一片心。不送将军关外去,追随公子岭头吟……最好雪中同访戴[昔时戴无忝曰游于此]，王猷兴勿阻山阴……[②]

康熙二十八年,方中履·合山在桐城去世,余光令作《得桐城友人方合山讣，诗以哭之》：

家侄南游返故村，忽言方子死桐城……半世心难忘俎豆，通身病只为君亲……最怕伤心哭旧人。[③]

又在《哭亡友伊崖[④]》诗中对方中履去世念念不忘：

予海内相知亦不数人，其学问、性情最相乳水者，惟龙眠方子合山、浦城徐子破郎。今年冬，合山往矣，予作一诗哭之。继而破郎又死。念予老泪无多，不惟哭以一诗，令作有哭序一篇。其词已不堪读，兹复赋哭诗十首……稍得伸于泉下也……[⑤]

戴无忝来黎川探视方以智,余光令与之交,有《录戴无忝诗》[⑥]《悲哉行寄戴无忝、邹天鹖》[⑦]《病中得戴无忝诗见寄,感赋答之》;[⑧]吴云来黎川看望方以智，余光令交后有《予不晤舫翁先生又一年矣，一日不见思念舫翁，一时不见如失舫翁，舫翁来矣何又离乎舫翁，舫翁去矣又不能忘于舫翁，作一见舫翁诗十首以志其喜》、《舫翁此来主于一友家,约令早过,我望之不至》,其《对舫翁》：

且把生涯付钓篷……舫翁却是信天翁。西山看罢无明月[予楼对西

① 《渔郎》卷二·冷云集·杂体，第2页。
② 同上第3页。
③ 《渔郎》卷三·岁寒集，第36页。
④ 徐宋，字亦翱，又呼伊崖，号东霞公、破郎，家浦城梦笔山下。
⑤ 《渔郎》卷三·岁寒集，第36页。
⑥ 《渔郎》卷一·小儿吟·杂体，第2页。
⑦ 《渔郎》卷二·急焚草·杂体，第8页。
⑧ 同上第13页。

山]，共望红轮早出东。[①]

余光令与林时益之子林舟之(1638—1664)有交。魏禧《渔郎先生文集·序》："己亥秋，予友林确斋之子舟之卖茶新城，与新城余小令相得欢甚，又招致其平日所亲善八人与结交，则儒冠、缁衣，执缄之工，杂然具在。"余光令《南州林舟之世变易姓名，躬耕梅川冠石砦中，春尽访予溪上，留酌灯下感赋》：

何为策杖访鱼郎……解冠卧石看沧桑……我有寸心难语子，灯前一醉露佯狂。[②]

又有《林子舟之躬耕梅川，与予有金兰之契，今秋接任子道爰书言林子已死，作诗二章遥哭》：

遁迹携家变姓名，南州何地可归耕……六年不见我舟之……两地情怀杨柳日……才开任子缄难读……谢翱何处哭相知。[③]

余光令尝言"学者忠孝而已，此处一失，举业词章非学；即高弹性命，亦非学也"，其守父宅"七十一年汉阁"，[④]晚以居名"百丈园"，《怀古》诗曰：

安有为臣不愿良？……多少迂儒悲发剪……今朝得见文山面，甲子同书大宋皇。

又在《快哉者何可多遘也，是夜旅中独坐，想见快哉平生气概书此怀之》诗中说：

自从一棹入西江，借问黎川到草堂。对我何言无好友，逢人又道有鱼郎。三年见子时时怒，几次来书字字狂。总是平生多热性，常当半夜哭先皇。[⑤]

余光令承家学"贤成公子"而有"文山"节义，其《渔郎诗集》卷三章慥顾之《章序》评价：

宋文山先生狱中之难……千百年后，吾友渔郎读是书，而发其慨叹为诗若干首，字字血生其中，虽未尝语语说出文山，似觉抱痛文山……噫吁！鱼郎此躯不朽，犹尚可为，予又愿鱼郎幸无为文山先生之后身可

① 以上均《渔郎》卷三·依刘草，21至23页。
② 《渔郎》卷二·急焚草·杂体，第4页。
③ 同上第9页。
④ 《渔郎》卷三·还有古人怜我草集，第44页。
⑤ 《渔郎》卷二·冷云集·杂体，第4页。

矣。[①]

余岸少、余光令父子，是黎川坚贞不二、著有声誉的遗民义士。

5. 交孔鼎论“以身殉道，至死不变”

该年，方以智在黎川交孔鼎。先是，孔鼎“得揭子宣惠师《周易时论》、《通雅》、《韵原》诸书”而获交方以智。孔鼎康熙四年《与愚者大师书》说：

> 乙巳小宜春望，鼎顿首愚者大师座下，记鼎之安福奉教也，于今已六年所矣！[②]遐想白光日月为烈载后，得揭子宣惠师《周易时论》、《通雅》、《韵原》诸书……鼎闻之君子之学，贵识贵力……知进退存亡而不失其正者，其唯圣人乎！再言圣人所以深戒学者之识力……师曾对鼎言：亢难于潜。鼎曰：岂惟难于潜，口难于飞。师为首肯……请师为八衷之识力……然余生小令谓：师语之暇每存问鼎，夫以上哲而不忘下愚，当必别有以取之自提撕而教之矣！敢以鄙衷妄质愿因子宣下布德音。[③]

康熙六年，孔鼎《复愚者大师书[别号木立]》：

> 庚戌九月，从吴生[④]所拜读师手教，其宫门[⑤]文中子云久矣！道之能变时与位也，时位之变即中也……孟轲氏愿学孔子，乃说齐梁之君行王政，凿凿据五年、七年为期，至性善仁义，以身殉道，至死不变……谓非师今日立命之机口口执之时位哉！统异合类恐口难下注脚于朝鲜耳，扇头一律口口至人求政不宜。魏冰叔曰：口理正义，而出以深严之气。[⑥]

同年八月以前，方以智重回黎川处理“传灯事”，孔鼎的“复信”在方以智离开黎川之后。其所论“以身殉道，至死不变”话题，是两人该年在黎川有晤的证据，并可能有涉“收拾残局”之事。又在《与朱济寰书[名由樻》有：

> 愚者大师语弟云：人要死得口，经生得口，弟请口为情，死生为情，生无情之人，贸口在天地内，生死口口益耳。[⑦]

---

① 《渔郎》卷三·序，第1页。

② 康熙四年回推6年，在顺治十七年。

③ 《楷园》卷一·与愚者一·一五。

④ 指吴云。

⑤ 指郭入门。

⑥ 《楷园》卷一·与愚者一·三九。

⑦ 《楷园》卷一·六。

孔鼎此次与方以智的讨论，是“生”与“死”的话题。孔鼎《楷园文集》中另有《与愚者大师》信札三通：

以释孝子为儒忠臣，一片苦衷天地鬼神实式临之其后诸人。扬口宗风，遂忘大本，如觉浪不二社缘起之说是，嗟夫！孤芦中有人异日罪过，即从知我者而起，愿吾师焚之为不失其正。

又。静夜思之，潜中之亢，亦一机权，其识力似踞潜绝顶非亢无以行之。揭子宣刻布师名山藏丛，自是正中补偏救弊之法。

又。易堂魏冰叔先生矜式下邑奬借人伦，随承学所造而陶铸之觉后两字，是其机权。今日萎靡之习，鄗邻为甚振一代之衰，鼎于魏先生知潜中具见惕口此师之故人想不谓妄。青原非遥，何日得德杖音口口质于冰壶也。

孔鼎（1602—1680），字正叔，明诸生，黎川贤溪[①]人。其父孔尚举，曾为“明邑宰谭公称曰‘孝友先生’，扁其堂曰‘真君子’”。[②]国变后，孔鼎隐居山中，研究《易》及天宫、地理之学，著《楷园集》。彭士望《孔正叔传》：

孔鼎字正叔，一名胤雅，新城人。本至圣裔，宋建炎间中散大夫传兴从子，衍圣公端友扈高宗南渡，居衢州再传迪功郎革夫宦临川遂家焉。又三传温宠教授于新城之贤溪里，乃居宏村是为宏村孔氏，中散其始迁之祖也。又十二传为鼎父尚举盛德为乡里所推，崇祯间邑令谭梦开称为孝友先生，颜其堂曰：真君子。甲申五月，尚举闻闯贼陷京师……鼎于是即弃诸生……研易传、史鉴、天官地理、岐黄吐纳之学，为书八十余卷，名《楷园集》……无故不一至城市。宁都易堂魏禧之授徒新城也……一见如旧相识，齿序兄弟，而心切奉为严师……时鼎年六十有七，长禧以倍加五岁……禧尝与林时益过宏村，鼎持被出宿，寝食必偕。禧每别，必徒步十余里，涕泪下，望舆影没乃归……于闽则悦李世熊、丘嘉采，建宁与李嗣玄交独善。嗣玄尝称鼎为元祐完人。同里善余日登。日登曾举庚午乡试，以文名忤时忌被放，鼎尝与坐汉阁，从容言志。日登曰……[③]

① 贤溪，又名宏溪，五十二都，距黎川城 45 里。

② 《楷园》卷十八 · 魏禧《孔孝友先生及配刘孺人合葬墓志铭》。

③ 《楷园》康熙刻本……黎川《贤溪孔氏宗谱》卷十九所载略有不同。

孔毓琼（1665—1717）[①]《先君述行》：

族伯祖桂山先生［讳鼎字正叔］，高士也。当鼎革时，弃诸生服，隐居须弥峰下，所著诗古文集，皆易堂魏叔子先生选定……

魏禧先于方以智在顺治十一年与67岁的孔鼎交，时魏禧寓黎川[②]评价曰：

正叔先生少负才，气岸才峭，有笼罩一世之慨，为文韵折多奇气。[③]好学，工诗文，有名，岸然不屑一切人。[④]

又在《答孔正叔一》中说：

君子为文章，务使显可示于天下后世，幽可质于鬼神……不敢为不试之誉。[⑤]

康熙八年，孔鼎七十大寿，魏禧有诗以贺：

正叔先生积学力行既七十年，著书百有余卷，再见禧于新城，欣然谓其从弟八桂"吾不知吾之有七十身矣！"禧闻而叹曰："噫！函关尹所谓火神，意在斯乎？"因遂成诗。[⑥]

孔鼎获后喜曰："魏先生真知我者"。

6. 以"内府秘书，为余言医书传者"孔八桂

方以智懂医、懂药，《物理小识》卷五《医药类》，即有多条证明。[⑦]崇祯十年，方以智27岁时因病涉猎医药，《物理小识》卷五·医药类·延胡索：

崇祯丁丑，老父为南京玺卿时……痛而呕……服申子药而愈……以智于是学医。

又《浮山文集前编》卷三《医学序》：

小子以智……汇医为一编……丁丑，老父……为医所误，得金申子而解，于是学医……智未行医，且穷其理，就《灵素》之条贯，详《证治》之准绳，约而记之，名曰《医学》，聊备遗忘。将来或有所引伸而会通之……

---

① 孔毓琼，字尚英，号晓窗。魏礼弟子，著《孔钟英集》黎川《贤溪孔氏宗谱》卷十九。

② 《同新》卷之十·寓贤·三。

③ 《楷园》卷八。

④ 《楷园》卷十二《跋桂山先生手札》。

⑤ 《楷园》卷七。

⑥ 《叔子》卷一《火一章为孔正叔寿》。

⑦ 卷五·医学类《黄连》："时重川连，而南楚辰、播皆是。愚在城步辰阳，见人取之，是鸡爪类。"

崇祯维单春，皖桐方氏子以智识于宓山之室。

方以智在流离两广，卖药、行医市中，不仅要对药材质量、产地有起码的认识，更要在行医的过程中，对病理有深度的了解。自到黎川“药地”之后，方以智更是意在“以空药破世病，以妙药医空病”①“构药树之堂，以救生死”，②在于“种多药树医王病”。③自与黎川孔鼎、孔八桂交往，而特将“内府秘书，为余言医书传者”于孔八桂。黎川《贤溪孔氏宗谱》：

> 八桂公桂衍，博涉群经，尤精医理，著有医家诸书，方木立（方以智）、魏冰叔（魏禧）、汤佐平（汤来贺）、族正叔（孔鼎）诸先生集中俱有序。④

方以智黎川4年期间，不仅为黎川“仁寿堂”孔氏医书《三要》作《序》，使魏祥感叹方以智医术“则其学可知”。魏祥⑤《仁寿堂医集序》：

> 新城孔氏，以儒者好元，既又精医学，所著有《三要》、《十要》诸书凡六种……尝闻桐城方密之先生称孔氏学，己又为之序《证治三要》千数百言。方先生读内府秘书，为余言医书传者五百九十六部，万有九十二卷，明人续之者三千。今称道孔氏如是，则其学可知。
>
> 余亦尝以为善医者，必兼通元学与儒者之理……孔氏年踰六十，饭疏食菜，充然有童子色……攻医学四十年而大成……或又谓信如方先生言：古方书不可纪极，乌容更作……岂独方书哉……⑥

魏禧《仁寿堂药集·序》：

> 予授徒新城时，从八桂游……又谓信如方先生言：古方书不可纪极，乌容更作……虽先圣先儒于经义无不皆然，岂独方书哉！黄帝、扁鹊其说具在，而后世犹惜谯人之书不传，是又无可以已也。⑦

孔鼎《从弟八桂医集序》：

> ……八桂曾以是书（指十三经）受知明太史方密之先生。先生称：“悬

---

① 《江青》卷三·书院《传心堂约述》。
② 《江青》卷首黎元宽《序》。
③ 《江青》卷十一·方熊《归云阁》：“置身忽在归云阁……种多药树医王病，茁长枯荆七祖栽。”
④ 卷十九·坊表录·10页。
⑤ 《孔谱》卷二十·艺文志·书序·5页，作者为“魏禧”。
⑥ 《伯子》卷之一·仁寿堂·四七。
⑦ 《孔谱》卷二十·艺文志·书序·5页。

国门，出可问世；藏名山，入可问心”。予曰：然先生深于《易》，固知其深于医也。[1]

孔鼎又有《复八桂弟书》：

……老弟积十六年沈挚之气，托轩岐以隐。轩岐之理精，而六十年以前之学问，无不融贯。今见，知木公（方以智），是木公已为老弟“当世之桓谭”矣！[2]

方以智黎川四年，以“医”以“药”与孔鼎交的事迹，当另有所见之不少。

7. 往来黎川并在江西“浪游”三年的汪楫

汪楫（1626—1699）于该年在黎川探访方以智，并与此间逗留黎川的澹归相识。其《赠别澹公》：

药地初相见，丹霞更许亲。此中藏二老，吾道复何人？尚有鱼山叟，披缁东海滨。近乡浑未识，天地久风尘。[3]

诗写于康熙六年，汪舟次再访方以智在青原山时。该诗“其四”有“七年甘蔗老[师自称甘蔗生]”句，以此回推7年，知汪楫初访方以智于“药地”在顺治十七，或十八年。诗中虽未点明“方以智”，但汪舟次在黎川所见之“此中藏二老”，“此中”之一者，必为寿昌，或廪山“二老”之一者，除了所言澹归今释之外，只有方以智。汪楫在黎川与“二老”的相会过程中，还从两人的谈话中，知道了此际尚在福建的“鱼山”熊开元·檗庵和尚，但“未识”。

康熙五年五月，汪楫送友人来“盱江”[4]作《徐次源招集康山送王黄湄游盱江[山以康修撰海得名，修撰被放后，常弹琵琶于此]》有“南望盱江北望秦，高丘惜别正残春”句，[5]这是汪楫以“知盱江”者身份而有之作。随即，汪楫“游豫章八百四十日”，先至吉州，陪施闰章、高咏同游南昌西山，后游黎川，至冬在青原，离开江西时，独游庐山，时间跨越三年。在南城荷叶山欲访徐芳“老岩谷交臂”，因徐芳外出未曾得见而留遗憾，遂与“江南贤主罗嘉宾”罗牧有“割

---

① 《楷园》卷二·八桂医集一。括号（）内文，为《孔谱》卷二十·艺文志·文略·15页同题。
② 《孔谱》卷二十·艺文志·文略·12页。
③ 《山闻》十九。其四：“七年干蔗老[师自称甘蔗生]，一路木樨香”。
④ 该诗前即《郝母诗》：“丙午夏五月”，诗有“正春残”，在5月前后。
⑤ 《山闻》七。余句有：“浪游更远三千里，结客犹能十九人[时座客十九人]……听到琵琶泪满巾。”

鲜洒酒弹秦筝”之会。至来年秋,徐芳“挂归帆”,汪楫“亦返”江都。汪楫《长歌答许仲光先辈》:

我游豫章八百四十日，独未一识徐先生葛巾野服，只疑老岩谷交臂，偏作江南行。江南贤主罗嘉宾[①]……子把卷笑虞卿尊，羹鲈□秋风远，君挂归帆余亦返，流萤熠熠飞芜城……幸无启事扰山公……只今咫尺相寻十日不一遇，与君何似章江贡水间。

诗文所涉“盱江”人与事，是汪楫数度往来黎川寿昌寺的证据。

康熙六年冬或七年初春，汪楫始游青原。七年秋，汪楫在青原山，应江都科举同学汪左岩老母七十大寿约，执“四尺松江绫”请方以智为作山水条屏画贺寿，有《柬药公乞画山水障子为左岩伯母寿》:[②]

左岩我兄兼我友，昨得双鱼长跪剖。上言尔从药公游，摘花定见如船藕；下言老母开七袠，坐待新诗介春酒……动以黄金为母寿……吾师落笔争天功……只今时展匡岳图，五老分明罗户牖……恰有四尺松江绫，请趁秋晴一挥手。

任道斌先生《方以智年谱》254 页，列该年“秋，汪楫游青原山，并乞密之作画为黎元宽母贺寿”，所据该诗，又作黎元宽介绍，将“汪左岩”误作“黎元宽，字左岩”。《悔斋诗》五律・十三，汪楫《方畲山至自白门同孙豹人、王麟友、家左岩、季角集斋中即席限鸦萝二字》,诗题“家左岩”者,“汪左岩”也。七古・十六，又有《送左岩兄归里》:

与君同占广陵籍，君领贤书我落魄。与君同忆旧家园，君驱高车我伏辕。淅淅风吹路傍树，叶脱那得齐归根。短歌送君泪盈把，独羡飞尘随去马。松萝山下墓田荒，白云应笑悠悠者。

黎元宽・左岩生万历二十五年（1597），天启七年中举；汪楫生天启六年（1626），该年才一岁，何来“与君同占广陵籍，君领贤书我落魄”同科？康熙七年,黎元宽年已垂垂 71 岁,又何来“下言老母开七袠”为母亲 70 岁祝寿之理?

汪楫与黎元宽有交，其《庚戌初冬送魏冰叔还章江》诗中，尊黎元宽为“黎公居市尘 [博庵先生]”，不言“左岩”字，两人初次相交在“步履蓼水边”。

---

① 指罗牧・饭牛。

② 《山闻》二十一。

黎元宽《序·山闻诗》也将两人“初与舟次相遇乎蓼水之阳”，在南昌府城西赣江东面之“蓼洲”予以了证实。汪楫的五律·九《送左岩兄之东城谒徐豫章先生[兄乡试受知先生]》、《山闻诗》五《送左岩兄北上》等有涉“左岩”诗，均说明此江都“汪左岩”，非彼南昌“黎左岩”。

任先生《年谱》将“汪左岩”与“黎元宽·左岩”张冠李戴，所误后世研究者袭依不在少数，均大缪矣！

汪楫另一次在黎川与方以智有晤的记载，是杨竹庵于方以智去世10年后，在青原山为宋李纲立《游青原诗碑》时的一篇《跋》：

> 李忠定公游青原诗，本集不载。药地老人于《周益公集》中见前跋，惜其不得吉光片壤，为山灵光。丁巳吴子舫翁得于广陵太史汪舟次手摹真本……时守太平，爰捐俸购镌之，买舟命儿子嗣汉载归青原。石若能言，当不徒寒山一片可语也。康熙二十年秋八月。①

杨竹庵是后来方中履《古今释疑》捐资刊梓者，其在康熙十六年，得吴云于汪楫处的宋李纲《游青原诗碑》拓片，遂有镌刻立青原之事，并特为此作《跋》交代来龙去脉，即“李忠定公游青原诗”散佚的“摹真本”来自于汪楫，且得到方以智订正。这是杨竹庵要说明该《碑》具权威性的地方。文中的“石若能言”以及“当不徒寒山一片可语”，寒山，即黎川；不徒，指不枉费；可语，即指汪楫请方以智作鉴定、订正此“摹真本”事。是汪楫当年在黎川寒山与“药地老人”讨论真赝的记录。此举，在后之青原山两人再次探讨颜真卿书“祖关”二字的“真赝”，埋下了伏笔。②

康熙十年，汪楫在《荆树行为无可大师赋》中，记载施闰章“去职”与清廷“无端飞电搜蛟螭”逮捕方以智的关系，鸿鸣均在拙著《方以智“惶恐滩”殉节诗证考》当中有详细的交代

8. 为姚康伯《货殖传评》题词

约该年前后，方以智为桐城乡邑姚康伯作《货殖传评题词》：

> 白白斋《货殖传评》，吾桐姚康伯先生笔也。一生恬淡寡营，师事吴

---

① 《光吉》卷四十五·艺文志·金石。
② 《华青》卷八·201至203页，汪楫《与无可大师书》，愚者智《答舟次》。

观我宫谕，[①] 得其别致。为人狷而狂，能自遣而不傲，何芝岳 [②] 相国极重之……先祖廷尉公 [③] 最厌放佚，然时称之，爱其人也。晚年左夏子 [④] 馆之，为抄其书。合明山栾庐中，重得此册，反覆数过，深刺人情。以反衍 [⑤] 为蔓衍，颓激生波，令伤心之士，彷徨起舞。时方《炮庄》，因作而叹曰：子长不得已而寓之货殖，子休不得已而寓之盗跖，苦心堤眉，[⑥] 谁解此乎！得无有误解之者乎！白白曰：好古者，好其款识之文，规制之妙耳！岂以铜价哉！《货殖传》垂数万言，谓无一字及富，可也。今人竟欲以富当太史公，是粥铜于太史公之门者也。况欲以盗当庄子耶！药地愚者更发一笑。[⑦]

方以智在文中写明“时方《炮庄》”又以“药地愚者”署名，是其在黎川期间所作“题词”。[⑧]《货殖传评》的作者姚康（1578—1653），原名士晋，字康伯，号休那，桐城人，家有白白斋。万历末诸生，才识卓异，为同里何如宠所重，延入幕。崇祯十三年，荐贤良方正，辞不赴。后为史可法记室，不久辞归。明亡后隐居黄公山下竺隐庵，抑郁悲伤，作《忍死录》纪其先世事。专精经史，肆力诗古文辞。著《太白剑》《货殖传评》等。《浮山志》卷之七・附・155 页有“姚康一首，休那，邑人。《从傅师游浮渡》……”《龙眠风雅全编》初编卷二十五・932 页，载吴国琦 [⑨]《入龙眠山房道中便访姚康伯，时康伯抱病》：“去郭适来访，衡门映水边。文心堪对竹，诗友易逃禅。孤坐凝朝气，千山散暮烟。所居青嶂里，君听几回泉。”

钱澄之有《姚经三昌谷集注初刻引》：

---

① 吴观我，方以智外祖父。

② 何芝岳（1569—1642）字康侯，号芝岳，桐城人。晚居金陵。万历二十六年进士，由翰林院庶吉士历官庶子。崇祯元年起礼部尚书，拜武英殿大学士；四年乞休。赠太傅，卒谥文端。著《后乐堂集》等。《明史》卷二百五十一有传。

③ 廷尉公方以智祖父方大镇・廷尉。

④ 指左国鼎，字夏子，左光先之子。

⑤ 《庄子・秋水篇》：“以道观之，何贵何贱？是谓反衍。”

⑥ 暗指孔子。孔子有异相之一为“堤眉”。

⑦ 《后编》卷之一・数类・四十。

⑧ 钱澄之《序》中有“南昌陈士业雅知先生……惟时方绣山在坐”，此指康熙二年九月，方绣山邀钱澄之作“章江行”事，方以智的题词当在此前。

⑨ 吴国琦，字公良，号雪压，崇祯四年进士，桐城人。

吾乡休那翁称禅家有意熟果，或异地熟，或异时熟，熟之远者隔生。①

又作《太白剑集序》，是了解姚康伯不多见的材料：

吾乡先哲……曰姚休那先生。先生长盛明，讫于末造，行年七十余……所著书甚多，脱稿而已，未尝编比成集，以期传世；往往散佚，为里人所收录，亦不成帙。平生酷好史学……故其于史，凡人所略视不省者，独加详焉……至于稗官野乘，凡事之有资于史者，无不熟览而详说之……先生则自有特识也……崇祯时，流寇起秦豫，躏及吾乡，先生脱身渡江，窜伏洲渚间，取《唐书·黄巢传》阅之……先生雅不喜宋儒高谈理学……故慷慨愤懑，一切发摅于此书。

此书当成于丁丑、戊寅年间，不知何时谁为授梓。三十年前，方君则自白门载以授予，予以转寄蜀藻。惟时多所忌讳，蜀藻秘之至今，更为订讹补缺，思以行世，属予弁其端，不忘自也。南昌陈士业雅知先生，昔在掌门，以表章之责见属。惟时方绣山在坐，慨然任为梓行。既归，予多方搜诸里人，而所梓仅《货殖传评》一帙，藏诸其家而已。山川之灵不忍终閟其奇，蜀藻此举，殆为之兆也。“太白剑”者，唐时用太白山人言，掘破牛山，于石匣中得一剑、一黄腰兽，兽扑剑死，而巢伏诛。厥后，秦人掘李自成坟，亦得枯骨，黄毛，脑后一穴，有赤蛇，生角，因函其颅骨并蛇腊之以闻，而自成以败。其事前后略符，则先生此书亦殆有神物告之者与？

是年，郑成功由福建厦门、金门岛东进渡海，从荷兰人手中收复台湾。缅甸诸人在捉到南明永历帝后，献之于吴三桂。清世祖福临驾崩，子玄烨嗣位，是为康熙皇帝。

第二节　五十寿诞后的学术转型与对弟子、学人的扶植

1. 寿昌寺内的五十岁寿诞与各界的祝贺

秋末冬初，中通从老家桐城来黎川松溪资圣寺，中发作《送仲兄位白赴

---

①《田间》卷十六·引·298页。

松溪四首》[1]：

瓯闽烟瘴地，十载旧销魂……病骨须珍重，慈亲日倚门……骨肉看憔悴，生涯各砚田……经过南浦上，莫惜暂停船[时伯兄客章门]……迟君书数卷，抱膝此岩阿。[2]

十月十一日，黄宗羲在庐山玉门川作《玉门川与雁山夜话，兼寄方密之》诗，致黎川寿昌寺相勉，诗曰：

从来艳说玉门川，真个披云卧不垠。铁壁飞泉多寺路，好山明月亦寻人。狂言不怕山精漏，一恸堪为知己伸。若遇无公[密之改名无可]烦寄语，故交犹未染红尘。[3]

同月二十六日，方以智五十寿诞辰，仲姑方维仪清芬阁持绘《佛像》为寿。是时，合堂僧徒上殿庆寿；周边乡邑信众、缙绅在寿昌寺作放生会[4]等盛大活动；远道的朋友、故旧、弟子、学人，亦无不前来祝贺。方维仪为方以智为寿的《佛像》，亦于由此际在黎川僧俗两界引起强烈反应，遂有方以智来年以仲姑《大士像》赠黎川乡贤邓韦庵的寿辰之贺。

魏禧、林时益在宁都欲以"负剑交"身份，来黎川廪山寺祝寿，因阻于兵未果，遂有"当丈人之寿……会以寇阻未果"[5]之憾。

以方以智晚岁十余年中之生辰考察，每值诞日，必有庆生，并形成了"廪山云气游蹁跹"、十方檀越前来祝贺的定例[6]与规模。方畿《寄青原和尚无可弟六十诗》，把该年以后的庆生规模、情景，在方以智六十寿诞尚未来临之时，作了概括性地描述：

辛亥之冬十月日，大师岳降吾龙眠。届兹庚戌六十年，廪山云气游

---

① 该诗未署年，以诗中"十载旧销魂"计，方以智出家在顺治九年，当在该年。

② 《白鹿》卷五·五言律·二十。

③ 黄宗羲《黎洲遗著汇刊·匡庐游录》："庚子岁……十月癸巳……始抵玉门川。"黄宗羲等《续姚江遗诗》卷一。

④ 《冬灰》卷三《十月二十六日师寿日请上堂》："大雨忽晴，恰值病僧初度，邑内山前诸公来龙潭作放生会。"

⑤ 《叔子》外编·卷之五·二十三《同林确斋与桐城三方书》："与丈人为负剑交，乃不及相见也。当丈人之寿，意列兄至，四方贤者咸集，益、禧负笈廪山，得尽见其人，与列兄为昆弟语。会以寇阻，未果。"

⑥ 施闰章《无可大师六十序》："师今周甲子，四方交游多为文辞称寿。"

蹁跹。袈裟红覆狮子座，祝无量寿灯光然。门外有兄发皓白，不知佛法写世缘。忆昔裘褐少年场……名士风流供一吷，宰官应度[①]时当捐。茹蔬担菜共行脚，白云绕树居三年[②]……惟师直上圣贤路，我非阿好徒谀。廿年瓢笠阅山水，三游胜比匡山巅。随师所过是说法……惟师到山叶一发……师今提唱无中边……《炮庄》等书世未有……远公后身有师在……师来发曚群所冀，首楞谷响为师延……伫师柱杖故山栖，爰祝法寿同三千……[③]

长子中德过建昌府至黎川省亲；仲子中通、季子中履、从子中发均于此际会合寿昌寺，为方以智祝寿；[④]发妻潘翟在老家桐城作《少子及诸孙随杖将度岭阳月廿六日值夫子初度》：

不避投荒去，义人相遇艰。诸孙扶白发，病子伴衰颜。拜祝南山远，团栾异地闲。天怜忠孝事，佛祐速归还。[⑤]

因亲人于生辰团聚于古刹祖庭，方以智颇喜。[⑥]是时，钱澄之在桐城遥赋《寄药地无可师五十》，反复言其为“药地”之“翁”，又言廪山寺乃“草屋八九间”，诗曰：

风劲知岁晚……言念药地翁，一身栖廪山。廪山在何所？草屋八九间……又闻终岁病，须鬓不复斑。岂无徒与侣，枯淡恐无欢……惟彼药地翁，今年正五十……大《易》本在人……闻翁在药地，终日只读书……翁倘能归来，我其从翁居……昔在庚寅岁，同泊昭江船。为翁称四十，冠冕罗宾筵……五十为始衰，百骸宜周旋……知翁无所嗜，亦不用学禅。惟有一卷书，可以终天年。[⑦]

该年春，钱澄之在知道了方以智的行踪后，准备来“药地”建昌府寿昌寺，但未成行。作《拟往江右寻药地不得去，有里中诸子闻白门近事招余还山》：

庐山有愿去何迟……出门偏与雨风期……劳动故人远相忆，劝归为

---

① 指庆生初度。

② 指在黎川已经 3 年。

③ 《龙眠》初编卷四十九 · 1977 页。另外，很多的贺寿诗，都说明了庆贺的规模和热闹的程度。

④ 《陪诗》卷一《谢都门前辈书》：“恰幸老父以十载之缁衣，安三年之面壁……自小子省视……惟有忍涕而已。”这些描写，均为方中通在黎川寿昌寺期间的体会而有。

⑤ 《龙眠》续集卷十九 · 4023 页。

⑥ 《陪诗》卷三 · 二《伯兄至自建昌》。

⑦ 《田诗》卷七 · 江上集 [庚子] 149 页。

刻十年诗。[①]

钱澄之原本希望与方以智能“云水伴”的行程和“劝归”的计划，无果而终。

2. 黄宗羲的问候诗书与阎尔梅的寄怀思念

该年冬，十月十一日，方以智到黎川已两年，黄宗羲在庐山开先寺，遇徐州阎尔梅，至夜话，说到知己方以智，遂柬并有诗寄黎川，两人相勉之情，见乎于表，[②]《黄梨洲先生年谱》顺治十七年条下：

八月，甲午十一日，为匡庐之游……宿开先寺……遇徐州阎古古［尔梅］……至玉川门，与雁川夜话，即柬方密之。［检讨方以智，时已为僧，改名宏智，字无可。］……[③]

黄宗羲在《玉川门与雁川夜话兼寄方密之》诗中以“故交”和“知己”请人托信“寄语”黎川寿昌寺，可知黄宗羲与方以智的交往已久。方以智遁迹黎川之本意乃为“守节”，故黄宗羲在诗中以自己“未染红尘”相告，直疏胸臆于老友，自己未向清廷屈服，尚为清白之身，是表白对民族效忠的决心，也是其对方以智“守节”榜样和崇敬之情。

黄宗羲（1610—1695），字太冲，号南雷，又称梨洲老人，浙江绍兴府余姚县人，年长方以智一岁。两人的许多经历，有相似之处。黄宗羲的父亲黄尊素（1584—1626），明天启间官御史，东林党，后遭魏忠贤陷害死，是明末著名的“七君子”之一。崇祯元年，时年19岁的黄宗羲，袖长锥草疏，入都讼冤，锥刺魏阉遗党许显纯等，义声大振。左右入告崇祯皇帝，帝叹曰：“忠臣孤子，甚恻朕怀。”

黄宗羲与方以智，一前一后，均得崇祯帝垂怜与眷顾；卒后，门人弟子先私谥方以智为“文忠”，后私谥黄宗羲为“文孝”。一忠一孝，惊天地泣鬼神。两人均为晚明“复社”巨子，初交在天启朝，《翰林院庶吉士子一魏先生墓志铭》：

天启朝……己丑，忠节受难，孝子捐生，遗孤满堂，迫吏坐门……余束发交游，所见天下士，才分与余不甚悬绝而为余之所畏者，桐城方

① 《田诗》卷六·115页。

② 黄宗羲《黎洲遗著汇刊·匡庐游录》：“庚子岁……十月癸巳……始抵玉川门。”

③ 卷中31页。

密之，秋浦沈昆铜，余弟泽望及（魏）子一四人。五行一览，半面十年……[①]

崇祯十二年，黄宗羲病虐于金陵天界寺，前往探视的方以智为之切脉诊治[②]；《南雷诗历》卷一·病虐：

忆昔己卯岁……密之[方以智]。诊尺脉，好奇从肘下。

《思旧录》：

方以智……明敏多艺，吴子远之甥也。己卯[余病疟。子远求茅山道士……密之为我切脉，其尺脉去关下一尺取之，亦好奇之过也。

崇祯十五年，黄宗羲又在京师得听方以智论《河洛》，感其所论。《思旧录》：

壬午，在京师言《河洛》之数，另出新意。从永历为相随，后削发为僧，法名无可。[③]

方以智是黄宗羲所见"天下士"之"才分"与学问的"四畏友"之一。这种评介，对于明末清初的士子与学界，具特定含义。明亡，黄宗羲至福建随鲁王监国，授兵部职方司主事，迁御史，累升左副都御史。此间方以智在隆武同朝为臣。两人作为故交当有往来，但目前尚未见记载。黄宗羲《行朝录》卷五·永历纪年载方以智：

永历元年……上驻跸梧州……方以智[庚辰进士，桐城人]……扈跸。二月上至桂林，以吴炳、方以智为东阁大学士……三月……方以智弃妻子入山为僧[以智为僧在庚寅冬两粤再破时也。法名宏智，号无可。此时入天雪山耳]。

黄宗羲对"方氏"一族甚为了解。耿定向（1524—1596）在任南京提学御史时，曾创办崇正书院，广招江南十四郡士子前来读书讲学，思想家焦竑、方以智祖父方学渐，均师事耿定向。黄宗羲后在康熙十五年67岁时所撰《明儒学案》说："先生学于张甄山、耿楚倥，在泰州一派，别出一机轴矣"，[④]将方学渐归入到阳明后学泰州学派。

黄宗羲该年所居开先寺，顺治九年九月初，方以智从广西梧州与施闰章

---

① 《黄宗羲全集》第十册《碑志类》413至416页。

② 《黄梨洲先生年谱》卷上19页："十二年己卯……公病瘧……桐城方密之[以智]无日不相徵逐也。"

③ 《昭代》1334页。

④ 《明案》卷三十二："明经方本庵先生学渐"；三十五《明经方本庵先生学渐》。

返家桐城，途经庐山即在开先寺逗留旬日，访禅门熊开元·正志和尚，以“行远”僧名作《游三叠泉记》。明亡后，黄宗羲有《卧病》诗：

好友多从忠节死，人情不尽绝交篇。[①]

此际黄宗羲与阎尔梅相遇，又与雁川夜话，所涉话题均为方以智，是谁将黄宗羲的信柬传递给方以智的？黄宗羲说：

阎尔梅……余游庐山遇之，坐五老峰顶限韵赋诗……[②]

鲁一同《白耷山人年谱》十七：

辛丑，十八年……游庐山……秋……每宿黄潭或万松坪，自冬徂秋有终焉之志，又时往来于南昌星渚间，会沛邑人士相率诣山左……《南昌杂咏诗》……《过安庆寄怀浮山和尚诗》……一首：大地池左大江环，下海重门第一关[海门第一关见县志]。七十二峰何处办？拟从三祖入浮山[③][大龙山在城东，浮山有七十二峰。三祖山在潜山县西北二十里，即僧灿道场]。[④]

阎尔梅（1603—1662），字用卿，又字调鼎，号古古，又号白耷山人，蹈东和尚，沛县（今属江苏）人。崇祯举人，也是当年“复社”的魁硕，早年与方以智有交，《龚芝麓先生集》[辛巳至乙酉]《中秋同阎古古孝廉集方密之太史曼寓分韵》：

青枫已报落吴江……故园明月怜依旧，口口惊烽莽未降。被酒谈玄狂底事，却输红袖倚屏双。[⑤]

阎尔梅早在崇祯十六年与方孔炤有交。弘光时，清军南下曾劝史可法进军山东以图恢复，后在抗清活动中为清军所执，不屈，脱走后流亡各地。从顺治十七年十月至十八年冬，阎尔梅这两年一直在江西周边逗留，与黎元宽、文德翼、王泽弘（1625—1708）均有交。《白耷山人诗集编年注·年谱》834页：“顺治十八年……山人在庐山……秋，遇黄太冲于五老峰下。”后又在过安庆时，作《过安庆寄怀浮山和尚[浮山在桐城县东九十里，和尚即方密之]》，因不知

---

① 黄宗羲《卧病》。

② 《昭代》1338页。

③ 禅宗三祖僧灿，曾住浮山。

④ 王汝涛、蔡生印《白耷山人诗集编年注》540页。该诗编在“康熙四年”待考。

⑤ 卷十六·七言律诗六。

方以智是在黎川还是在浮山，故该诗以方以智旧号“浮山和尚”称之。

阎尔梅是否在顺治十八年前后过访黎川与方以智相晤，未见记载。但以康熙二十二年闰六月，八大山人写有阎尔梅《爱梅述》以悼其去世20周年忌辰为计，阎尔梅当在该年前后，不仅与方以智有见，且与八大山人有交。

明末清初的中国，虽然政治动荡剧烈，但不乏变革与开放，西方不断传入中国的欧洲宇宙论，即各种“泰西”之学与思想研究，在这些先进的士子们心中，得以传播和空前活跃，从而形成了第一次“西学东渐”的启蒙。尤其以方以智、黄宗羲在此际“泰西”学上的表现，主要有两部分组成：作为历法修订基础的集合模型，即相机传入的古希腊托勒密体系、第谷体系与哥白尼体系；其二是：亚里士多德的自然哲学体系中与宇宙论相关的部分内容。

这些思想在中国传播后，前者成为历算学家研究的热点，后者则以“四因学说”启发了中国的百科全书式思想家不断涌现出来，方以智因与利玛窦、汤若望等西学的接触，[①]同时又对中国传统宇宙观及其理论有深刻了解与认识，为这些科学知识与传统中国“经世”理论，打开了一条新的思路，可以在“经世致用”的心理暗示下，为明末时期混乱的朝纲，找到一条挽救时艰、便捷的道路。方以智是这些先进思想与理论的最早赞成者、最重要的思想者和传播者。

黄宗羲以明末清初士大夫的观念而有《破邪论·从祀》说：

> 从来议从祀者，自七十二贤之外……上下千古如汉之诸葛亮……文天祥，明之方孝孺，此七公者，至公血诚，任天下之重，屹然砥柱于疾风狂涛之中，世界以之为轻重……儒者视孔子门牆窄狭行焉，比迹诵必共响，名节重于国事……孔子之所谓逸民者，而吉凶同患之学亡矣！故视此七公者，皆等之为外道。嗟乎！七公之崇祀，为小使弥纶天地之道……[②]

黄宗羲、阎尔梅都是在明亡后或逃亡，或流离于福建、江西等地，两人对投降者的憎恨，难以用言语表达。黄宗羲“寄语”与“寄诗”方以智，其“寄怀”的基础，都是来源于方以智虽遁入佛门，但却依然是“任天下之重，屹然砥柱于疾风狂涛之中”的人物，与文天祥一样，是民族与大汉明王朝的坚贞与

---

① 利玛窦的《山海舆地图》约于万历二十八年在南京有刊行。

② 《昭代》1277页。

忠节“砥柱”。这是魏禧:“师(方以智)之抱恨甲申也,识者律以文山不死!”[①]的根本。

光绪三十二年丙午仲冬，黄嗣东有感方以智与黄宗羲的关系，在跋方以智《水中雁字诗文卷》中说:“清明皈依惟正学,明夷恸哭又梨洲”,[②]将两人并列，是有其巨大社会基础的。

3. 与黎川纠结不断的至交钱澄之

钱澄之(1611—1693)与方以智同岁，后世多以公元1612年为生人。[③]原名秉镫，桐城麦园人(今枞阳镇五一村)。崇祯时诸生，弱冠即闻名四方，与方以智接东武林，联云间陈子龙、夏允彝“云(间)龙(眠)社”，从黄道周学《易》;明亡，入闽投唐王，授漳州府推官，因避祸剃发为僧，释名西顽，[④]号西顽道人;[⑤]西奔桂王永历，授礼部仪制司主事，考授翰林院庶吉士;桂林陷，东归返俗，改名澄之;因好酒，字饮光;晚筑庐名田间，[⑥]抱节自守，专事著述，开桐城文派、诗派先导。查慎行从学诗，方苞(1668—1749)从学古文，后皆各自成体、为大家。

钱澄之与黎川恩怨并存，先是一名在寿昌寺剃度的特殊弟子，返俗后仍与寿昌寺瓜葛不断，与方以智为同乡、同学，在南明同朝为臣，追随方以智一生，两人是一对胜似亲兄弟的真朋友。《清史稿》:

> 钱澄之……少以名节自励……好饮酒，纵横经世之略，尝思冒死危难立功名。[⑦]

《桐城续修县志》:

> 钱澄之……弱冠时，尝面斥阉党，巡按御史某名闻四方，是时。几社、复社始兴，秉镫与陈子龙、夏允彝交最善，遂为云龙社，以联吴淞

---

① 《叔子》卷之五·木师一·五四《与木大师书》。

② 《知见》59页。

③ 《田易》钱仲联《序》2页。

④ 《钱谱》220页:“入清后祝发为僧，释名西顽。”

⑤ 《田间》卷十五·289页《江上诗人集序》:“西顽者，予别号也。”

⑥ 《田间》卷十五·292页《田间集自序》:“钱子游十年归……废瓜田盈亩为之，环庐田也，故名曰田间。”

⑦ 《清史稿》卷五〇〇·列传·遗逸二。

冀接武于东林。宏光时……避难闽中，黄道周荐诸唐王，授吉安府推官，寻改延平府推官。桂王时擢礼部主事。己丑特试，授翰林院庶吉士兼诰敕撰文。遇事直言皆切时弊，忌者日众，乃于庚寅年请假间道归里，隐居田间后，更出游燕、齐、吴、越，所交俱名贤，覃思撰述，卓识精义，俱探古人之微……[1]

《桐旧集》卷十·十二：

钱秉镫……饮光生于万历辛亥，与方无可同岁。钱大昕《疑年录》：钱饮光卒于康熙三十二年，年八十有二岁。郡志：与同邑方密之、云间陈卧子、夏彝仲结社应和，文誉藉甚，后避党祸南遁至闽剃染为僧，旋返初服，归结庐田间……崇正时屡上言时政，南渡崎岖闽峤不忘初志，迨后绳床土室埋照……深得香山、剑南之神……先生自甲申变后，南都拥立新主……而为之魁首者其乡人也，先生以夙负盛名慷慨好持正论与之迕，及其得志

顺治二年冬，钱澄之入闽[2]隆武朝“行在延平，予为郡里”；[3]三年十一月，清军陷福州，杀隆武帝朱聿键，弟朱聿𨮁即位广州，十二月陷，亦杀之；五年，钱澄之37岁，抗清败后逃亡黎川，因情势紧迫潜入寿昌寺，其《饭香吟酬韫公见赠之作》：

快意腥与血……闽关旅食缺。息影寄僧庐……闻钟始入堂……稽首问石公，此义了可揭。石公笑不言……[4]

遂在寿昌寺匆匆落发，走失的15岁儿子钱法祖（1631—1668），[5]亦于来年在邵武宝莲庵“皈依问西师受戒摩羯……私受戒牒”。[6]《钱公饮光府君年谱》：

---

① 卷之十五·人物志·儒林·十五。

② 《田间》卷二十·题跋·390页《在原恸题词》：“忆乙酉冬入闽”。

③ 《田间》卷二十·传·406页《孙武公传》。

④ 《藏诗》卷八·生还集·217页。

⑤ 《桐旧》卷十·二十七：“钱法祖，字孝则，田间长子……田间在闽，孝则家居。一夕盗入其室，孝则以卫后母，故盗刃之，盗竟未获，闻者冤之。”

⑥ 《田诗》卷十五·客隐集[起戊申止己酉]·328页《伤心言》：“吾儿遇难已经年……儿在闽曾受戒,既归有室家,疑毁戒未忏,故罹此。死后戒牒犹存。”钱法祖曾在端州得方以智授书法“搦管”,《田间》卷三十·行略·570页《亡儿濂祖生卒纪略》对此有详细记载，并悔恨其死乃：“私受戒牒”所致“死后，见所受戒牒挂于内室幔钩上，岂亵渎戒神，得此报应耶？”

戊子，年三十七岁……投寿昌，皈阒然大师出家。阒然命且阅藏，从关内默窥之曰："君意中尚有未了一事"。府君[指钱澄之]曰："然。亡妻榇在吴，未移回；仅一子，散失，未得聚耳。"师曰："若如此，了此两事再来不迟。且粤东已反正矣，宜急往。"府君遂至新城县，寓黄氏老翁宅。①

钱澄之《寿昌寺礼阒然禅师》将紧迫中剃染阒然元谧的情景写道：

十年行脚路茫茫，落日青山见寿昌。羯鼓破山初入定，狮王开院夜焚香。横拖柱杖看舂米，倒捉锄头上讲堂。阅尽艰难生死细，遮回佛手拜绳床。②

钱澄之"落发"为僧在阒然元谧座下，元谧乃觉浪道盛业师。由此，钱澄之与道盛同为"道"字辈，高方以智一辈。但这次"剃染"身份，却只是一个"假和尚"，并没有得到禅门的认同。钱澄之后在"辛卯冬托钵还山，空作一场游仙梦耳"③依约再来寿昌寺时，也未能成一个真"和尚"。顺治八年，钱澄之再投道盛门下与方以智成禅门兄弟辈，直到33年后的康熙二十年，钱澄之仍然对这次情急之下的出家，在《樟树镇舟中七十初度[辛酉]》诗中感叹说：

寿昌桥下生还日[是年四十]，燕子矶前花甲年[是年六十]。此日停舟樟树镇，托人为买上滩船。④

《行脚诗》又说：

无端歌哭总成痴……寒山碧上怕题诗……身在人家半在寺，行藏俘教世间疑……粥饭随人生计疏，偶来野衲许同居……茗熟喜逢高士至，菜香每谢道人锄。叛将老笔修禅史，又被圆通戒著书[卓庵禅师住圆通]。⑤

顺治八年，竺庵大成在寿昌寺拒绝钱澄之的事件，给其心理留下了阴影，至康熙二十一年和二十三年，钱澄之仍在与闽中人士的诗中，对此耿耿于怀，《送

---

① 康熙六年，钱澄之再过黎川，对当年曾住过的户主有访。其《讽罗处士佚老文》："余二十年前，尝遁迹于茂溪，主罗氏之家……历历险阻，未尝不念茂溪……顷者再入闽，由史溪趋双峰，道出茂溪……访罗氏诸子……"虽仅言"罗氏"，所访者，当包含了此间的"黄氏老翁"等。

② 《藏诗》卷八。

③ 《藏山》尺牍·与沈圣符·卷四·527页。

④ 《田诗》卷二十三·479页。

⑤ 《藏诗》卷十四，338页。

将乐余不远闽并寄双峰何剑客诸子》说：

我昔壮岁游闽山……垂老复作双峰客……十年离别话连宵……自出闽关十七载……倘得重寻或尚存。[①]

此次，钱澄之在黎川诸寺庙及周边逗留数月，《藏山阁集》所载《雨后》《颂寿昌花，和邓侍御壁上韵》《赠智梦禅人》《看僧移花》等，均为此间所作，其《留发生》一首，是钱澄之黎川亲历清军“剃发”事。诗曰：

新城有书生，不肯剃发，囚之，令其自择，死与髡发谁善，诘朝请曰：宁死不愿髡，遂斩之。黎城城外痴男子，誓断此头发不毁。一夜囹圄千载心，明朝裹帻赴西市。[②]

在经历了这次“假和尚”的经历后，钱澄之又在黎川随南明永胜伯郑彩（？—1659）[③]抗清，并有九月作《江城感事》《曾吏部》《建昌守》《新城令》《留发生》《闻岭南信志喜》《新城中秋即事》《客新城邀建阳王帅先饮郊外桂树下》《读黄海岸先生明夷集》《盱江感事》《别新城诸友》等诗。随后，经广昌[④]过宁都、[⑤]转广东、[⑥]广西，在梧州随方以智入永历朝，全祖望《题田间先生墓表后》：

乙酉冬，间道入闽。时唐王建号于闽……闽变……随复奔粤……及粤变，遂僧服入山。大帅马蛟麟遣命赍币到山，以书邀之，急避乃免。后匿影山中……遂剃染度岭，以辛卯冬抵家……到金陵皈依天界觉浪宗师。[⑦]

顺治五年冬，尚在梧州的方以智得知劫后钱澄之还活着，作诗痛哭：

五岳顶上放声哭，哭我残生哭死友……改啼发啸伏波门，龙眠幸有三人存。可怜怀中书、囊中笔，崩山倒海不曾失。灵田出纸共挥毫，悲歌且纪天涯日。[⑧]

顺治八年二月，身为假和尚的钱澄之，接到了方以智来信，并叮嘱要以

---

① 《田诗》卷二十四·客隐集［起壬戌止甲子］·492页。
② 《藏山》八。
③ 郑彩，福建南安人。南明隆武帝因其拥立，被封为永胜伯。
④ 有《自新城至广昌途中口号》。
⑤ 有《夜过宁都》。
⑥ 有《发宁都入粤道上纪事》。
⑦ 《钱澄之全集》附录237页。
⑧ 《密抄》流寓草·戊子冬来桂林依鉴在，时幼光自闽奔端州，以书与鉴在，见讯信笔写此。

和尚面目来梧州相见，其目的，乃是要用寿昌寺和尚的身份，前来求脱：

密之寄字招府君入城，云来时须僧服耳……乃走梧州。彭君见府君至，急延入。密之在座云："彭君托我作字招子，见否？何以不至？"府君曰："不知意指。"密之曰："帅[①]意耳。帅意延揽，久知有君，予亦感帅之知，已容我为僧也……"[②]

钱澄之《生还集·得方密之信见寄》：

同时亡命五经春，岭峤分飞痛甲申。夜卧惊啼频梦虎，朝行掩面怕逢人。佣书海市音全变，卖药山城术已神。闻道征车求旧切，漫藏名姓更垂纶。

又有《密之与鑑在相依桂水贻书招予书怀二十八韵奉答》：

……艰难猺峒路，遭际桂林城。书到知予在，歌长见友情。离群真历劫，访旧半捐兵。党锢同亡命，髡钳各易名……卖药方曾效，从戎计未成。吴江家总破，闽海国重倾。瘨泣通三载，夷歌尽五更……梦颠江右复，涕洒粤东平……吾道愧坚贞。再著冠裳好，重逢父子惊……只觉生存倖，翻悲死丧轻。武公尸不返，农父祸谁撄[密之书来云："孙武公战殁，周农父亦罹家难。"]白社余三士，青云仗两兄……唱和送余生。[③]

至该年冬，钱澄之在梧州冰井寺与方以智"同覆牛衣"，并于十二月北返[④]复至黎川。这回原本是要来寿昌寺"真剃头"，但阒然元谧已于顺治六年圆寂，只有"粥饭僧"石潮大宁还是旧相识，故在《行路难》中说：

三年习气已消磨，曾约东还此再过。古寺烧残老僧死，留予一顶教谁摩？[戊子在寿昌，阒然师约予还为祝发，比到，寺毁，师已辞世矣。]……衹园劫后再来兴，耿耿犹存塔院灯。三匝绕完无认得，出门唯识饭头僧[寿昌礼塔][⑤]

---

① 指清帅马蛟麟。

② 《钱谱》。

③ 《藏山》诗存·卷九·生还集·425页。

④ 《藏诗》卷十三·失路吟《行路难[自庚寅冬十月梧州失路，迄辛卯冬十二月返里……]》："予十日无被，抵梧州与愚道人方密之同覆牛衣……"《钱谱》："府君遂归……出岭至南安，附舟至吉安……至樟树镇……乃改陆，趁浒湾逆流入闽……数月……过寿昌……"

⑤ 《藏诗》卷十三·失路吟《行路难》。

在祭奠了阒然禅师后，作《看阒然禅师塔前除竹［初寿昌师阅〈语录〉有云“大好山”遂悟］》：

竹篠阴阴覆塔寒，亲持利刃斩琅轩。我心留把红尘隔，师意除教法界宽。不许秋声敲石户，更无月影到阑干。门前大好山光在，开眼虚空便得看。①

钱澄之所不识者，乃是“值竺庵中兴祖庭，像健谈甚欢，府君已僧服矣”，② 作《到寿昌寺毁，因入杉关即事》：

著破芒鞋礼道场，惊从劫后睹空王［旧寺烧毁重建］。出家已爽山僧约，蹈海应从估客装……③

“健谈甚欢”的竺庵，并没有接纳钱澄之，而是“为指芒鞋更向前，匡庐深处许安禅。前身应是山居客，说著峰头意惘然［卓庵指往匡庐寻隐］”，④ 劝其“往庐山，作字万松坪为主人。府君曰：须送儿归，葬妻毕，始果此愿”。⑤ 无奈中，钱澄之作《寿昌卓庵师指入匡庐寻隐辄步来韵》：

前身曾似住庐山……当门松偃渐知还……腹笥可怜书书卷，炉边昨夜已全删［卓庵力戒予著书］。⑥

此际，寿昌寺的“卓庵禅师”，钱澄之记为“住圆通寺”，⑦ 黎元宽《杲日和尚语录序》记“遇卓庵于孤峰⑧ 访一庵于塔下，今又闻杲日名号，是得三解矣。两庵各相见有篇章往复而属序”。⑨ 可知卓庵曾是寿昌寺僧人，且在后来常回祖庭。

---

① 《藏诗》卷八。

② 《钱谱》206 页。

③ 《藏诗》卷十三 · 失路吟 · 323 页。钱澄之来黎川的时间，以竺庵大成于顺治十年重建寿昌寺在该年冬后为据。

④ 《藏诗》卷十三 · 失路吟《行路难》。

⑤ 《钱谱》206 页。

⑥ 《藏诗》卷十三 · 失路吟 · 325 页。

⑦ 《藏诗》卷十四《行脚诗》。方文《嵞山集》卷二 ·《庐山诗［壬辰］》52 页：“靖节书院三里至圆通寺……觉浪师尝讲经于此，未久即去，命其徒卓庵主之，后亦去。盖寺僧气味不相合也……所以浪丈人，一去不复归［右圆通寺］。”

⑧ 即黎川福山孤峰寺。

⑨ 《进贤》卷之七 · 序 · 三十三。

顺治九年，钱澄之“独身走闽粤，流滞七年返里”[①]归家桐城，以僧人面目走芜湖，作《行脚诗……[予为卓庵指往庐山，不得去，遂往来江上为行脚僧，诗以寓志]》：

佛法人情两未通，麻鞋钵袋任西东。衣冠莫笑当场戏，棒喝难施半死翁……逢人叉手话南宗，笑杀诸方老冻脓。绝迹孤峰从不到，转身沧海岂能容。情知广额刀难放，却讶曹溪碓久舂……

钱澄之在诗中，充满了一种重回寿昌寺后不被竺庵接纳的埋怨。竺庵大成拒绝的原因，以诗中所反映，从梧州重返寿昌寺的钱澄之，“逢人叉手话南宗”，这才招致“笑杀诸方老冻脓”不留。这是竺庵在“中兴祖庭”时，所忌讳的话题。

这一年，方以智尚在梧州，钱澄之在芜湖行脚，但两人的事迹仍有联系。该年秋，杭州有人来访：

不通名姓……见之讶曰：“君何与姚默仙神情酷似？”其人急起拜……哭曰：“先君蒙公与方密之葬，敬来叩谢。”子诚与金道隐起兵駢灶，屡有战获，封仁武伯。事败，其尊人默仙逃诸闽，又至粤，与到隐不合，乞府君荐诸密之。密之方在平西山讲岐黄之术，默仙素精此道，得之甚喜。未几，默仙卒，密之葬之，为树碑，列府君两人名。子诚知之，故来谢。[②]

钱澄之流寓至顺治十一年，又与方以智“正月，方密之回往白鹿，一晤即别……九月，到白门，晤无可于竹关。是时，密之已得法于天界，改字无可”，[③]两人相会后，钱澄之作《长干寺遇旧中官述往事记》：

顺治甲午年，方密之以智既为僧，闭关高座寺，余往看之，寓报恩寺，坐卖卜周勿庵肆中，有老僧与同坐，故中官也，问余，知为桐城人，因曰：“桐城有一方以智，尚在乎？昔于内廷供事，烈皇一日御经筵回，天颜不怿，忽而叹曰：‘求忠臣必于孝子之门！’如是者再。某跪请其故，上曰：‘今早经筵上……朕闻新进士中，有一方以智，其父方孔炤亦以巡抚湖广，

① 《田间》卷二十·题跋·396页《书姜大行如须传后》。
② 《钱谱》207页。
③ 《钱谱》：“甲午……正月，方密之回往白鹿，一晤即别……九月，到白门，晤无可于竹关。是时，密之已得发于天界，改字无可。”钱澄之“改字无可”记载，是两人自顺治八年两人在梧州冰窖寺分别后的第一次见面，始知方以智的“剃染”僧名为“无可”。但此际钱澄之已知方以智为寿昌派弟子，当“改字大智”才相吻合。存考。

与陈某同罪下狱，闻以智怀有血疏，日日于朝门外候百官过，叩头呼号，求为上达。此亦是人子。’言讫，又叹曰：‘求忠臣必于孝子之门！’未几时，释孔炤而辟某。孔炤之得生由此，外廷岂知之乎！”余闻其语，随到竹关说与以智。以智伏地哭失声，北向九叩头谢恩。甲午秋九月事也。①

这段记载，在方中通《过王父中丞公官署故址有感》②中得以证实。钱澄之流离中获此太监内情并告知，由此，引发了方以智对崇祯帝“知遇”的涕零和“士为知己者死”的坚贞决心。至冬，钱澄之再于高座寺访方以智，二人深夜谈《易》理，钱澄之作《白门过无可师关》：

苍苔雨过跛驴艰，破寺城南独叩关……拥被夜深谈《易》理，与君耐可老青山。③

钱澄之的记载，常常透露出“予尝与无可道人信宿其家，讲《易》图象”；④在梧州“同覆牛衣”；在竹关“拥被深夜谈”于一床，两人的亲密关系，超越了鸿鸣所见方以智其他朋友、甚至亲人。顺治十二年方孔炤去世，钱澄之前往吊唁，作《方贞述先生挽章》：

蛟台夜见大星沈，泪洒枞江听讣音……曹山孝子已被缁，还著麻衣哭繐帷。绝学谁传康节《易》[先生易学宗邵子]，断肠难读放翁诗 [诗有《示儿》绝句，先生每读之失声]……硕果晨星零落尽，普天赢得几人悲。⑤

与方以智同为墓庐，“是冬，无可奔中丞丧，出关成礼葬毕，庐墓，邀府君（钱澄之）往注《易经》”，⑥作《不择地⑦同无可师夜座》：

露下久不坐……破戒编书目，伤心见性时。静中一滴泪，未许俗禅知。⑧

---

① 《田间》卷二十六 · 杂文 · 494 页。

② 《陪诗》卷之一 · 十二：“父执钱饮光语中通兄弟曰：曾遇中官为僧者云：一日先帝御经筵回宫，天颜不怿……朕闻有新进士方以智，其父孔炤亦以巡抚湖广与祖苞同罪下狱，闻以智怀血疏，终日于朝门外候百官过叩头求为上达。言讫又叹曰：求忠臣必于孝子之门……”

③ 《田诗》卷一 · 江上集 [癸巳] · 42 页。

④ 《田间》卷二十一 · 传 ·《家席之小传》。

⑤ 《田间》卷三 · 江上集 [起甲午止丙申] · 52 页。

⑥ 《钱谱》209 页 · 乙未条。

⑦ “不择地”即方以智在栾庐期间的住地。

⑧ 《田间》卷三 · 江上集 [起甲午止丙申] · 53 页。

后又作《枞阳合祭方中丞贞述公文》，[①] 方以智在《合山栾庐诗·与西顽》诗中说：“横身剑刃送君归，独受钳缒破铁围。望举兴舆欢白社，谁知麻绖缚缁衣。”两人患难与共，可窥一斑。

顺治十六年，道盛圆寂，钱澄之随方以智在高座寺治丧，作《天界纪事》和《挽天界和尚四首》，算是对自己在寿昌派下的交代：

百丈毗庐阁……端坐老堂头。[②] 三门来往歇，半是带伤兵……导师辞世日，悲泣动天龙……诸方正五宗［杖人有《五灯正宗》，一清诸方之讹］……曲盏端然坐，倾都礼梵容。[③]

自顺治十七年，钱澄之因未与方以智做成“云水伴”，遂有“劝归为刻十年诗”，[④] 并为来建宁任推官不久的姚文燮所注《昌谷集》作序。[⑤] 约此际，钱澄之向姚文燮推荐方以智的《通雅》，并谋求一如《昌谷集》改梓于建宁。[⑥]

康熙元年，钱澄之为再版五十二卷本《通雅》写《序》：

往予与愚道人同学时，窃见其帐中恒有秘书，不以示人，闲掩而遽览之，则皆所手钞成帙，凡生平父师所诂、目所涉猎，苟有可纪者，无不悉载，即一字之疑、一音之讹、一画之舛，亦必详稽博考，以求其至是……其三十年心血……名曰《通雅》……予尝谓道人曰：……夫所阴阳之理、穷天人之敌，考政事之得失，辨学术之异同，以及古今制度之异宜，中外风土之殊俗……今道人既出世矣……《通雅》已故纸视之矣。姚子曰：《通雅》者……天下闻道人之风而欲学其学者甚众……吾梓焉……[⑦]

---

① 《田间》卷二十五·祭文·484 页。

② 指觉浪道盛端坐圆寂。

③ 《田诗》卷五·江上集［己亥］·105 页。

④ 《田诗》卷六·115 页《拟往江右寻药地不得去，有里中诸子闻白门近事招余还山》。

⑤ 《田间》卷十二·序·229 页《重刻昌谷集注序》：“姚子注《昌谷集》成，予既为序之，梓诸吴门矣。至是，姚子官建宁，建宁人以重刻请。乃更加较订批点，视昔尤详，而再属序于予。予时客双峰，注《南华》七篇初成也。”卷十六·引·298 页《姚经三昌谷集注初刻引》。

⑥ 《田间》卷十二置《通雅序》于姚文燮注《重刻昌谷集注序》前一篇，文有：“同时有陈二如，因而为少陵诗注……二子以为必有意也……自二子言之，亦似其果有意也”，可知此间钱、姚、陈三人尝有聚，当为钱澄之向姚文燮推荐《通雅》之时。

⑦ 《通雅》卷首钱澄之《序》。

康熙二年，钱澄之欲与方以智会；九月，方绣山[①]邀钱澄之作“章江行”，[②]西行访庐山万松坪。面对这座十余年前因竺庵在寿昌寺不肯收留而推荐的寺庙，以“旧持”竺庵大成之“书难达”，作《万松坪赠闻极上人》：

庐峰峰半万松坪……旧持南岳书难达 [十年前卓庵禅师有书附予转寄]，新撰《匡庐志》已成 [上人修山志甫成]……

至玉川，有感于方以智在黎川四年的振兴，作《玉川门里有山径绝险可达万松坪，是无可师手开看三叠泉，孙鲁山再为剪刈，诗以志之》：

玉川竞达五峰巅……旧辟荒途药地禅。[③]

又作《寄无可师》：

此来寻五老……应堪破寂寥。[顷有沙弥无伴，为大师犹子，远寻西上]……故乡斟酌住…… [白云亦祖庭，不必定浮山]。

这是该年钱澄之有劝方以智回桐城的记载。至南昌过访黎元宽，作《同紫屏访黎博庵庐居》：

南昌前辈古风流，特访庐居问蓼洲 [地名]……别后有诗无忌讳，好凭何逊寄扬州。[④]

十二月，方以智已离黎川，在泰和首山。

康熙三年，秋冬之际，钱澄之再入闽，[⑤]途径南昌，作《将发黎博庵过舟夜话》：“理楫候明发，先生乘夕来……乞文曾有喏 [许为先君墓志]，相约及春回。”[⑥]同时，在南昌与髡残相晤，作《题石溪禅师画为何紫屏五十初度》：“石溪高僧吾老友。”[⑦]途经黎川时，在其天和尚墓塔哭，作《夜到寿昌寺哭其天禅师》、《寿昌其天禅师塔疏》，又作《栖霞礼浪大师塔院》：

导师归寂久，礼罢泪难禁……一瓣香藏久，逡巡直至今。[⑧]

---

① 方绣山，此人待考。

② 《田诗》卷十一·客隐集癸卯)·228 页《阻雨万松坪纪事》：“今年九月天气清，方子邀我章江行。”

③ 《田诗》卷十一 · 231 页《玉川门里有山径绝险可达万松坪，是无可师手开看三叠泉孙鲁山再为剪刈诗以志之》：“玉川竟达五峰巅……旧辟荒途药地禅……”

④ 《田诗》卷十一 · 客隐集 [癸卯] · 234 页。

⑤ 《与董松溪书》：“仆以甲辰冬入闽”。

⑥ 《田诗》卷十二 · 客隐集 [甲辰] · 244 页。

⑦ 《田诗》卷十二 · 客隐集 [甲辰] · 264 页。

⑧ 《田诗》卷十二 · 250 页。

此间，竺庵在金陵栖霞寺，因知钱澄之与方以智的关系，故有致信或诗给钱澄之言“传灯”事，但被婉言回绝，作《答栖霞竺庵禅师》：

曾到黄龙空手还，余生得意酒杯间。细看妄想宁宜灭，自信狂言不可删。佛法忘来随处见，《南华》[①] 读罢此身闲。导师惜我频垂示，却怪顽夫老更顽。[②]

钱澄之以“黄龙”喻寿昌寺，以顺治十年再投之时被竺庵拒绝的往事，故此诗不无揶揄而有“空手还”说。

康熙四年夏，钱澄之在黎川“客双峰，注《南华》七篇初成”，[③] “滞双峰者三月，双峰人士多从予饮酒、论诗、讲《南华》、寻山水之胜为乐”，[④]3 月，并在南丰有逗留。

钱澄之在黎川所作“《南华》七篇”、与黎川人士讲《南华》，即《庄子内七诂》,该篇后与《楚辞屈诂》合编成《庄屈合诂》。[⑤] 此间,方以智《药地炮庄》散篇及稿本，已在朋友、弟子间流传数年，刊梓正近尾声。钱澄之此间作《庄子》释诂，文内又尝见“药地曰”，[⑥] 二者之间还有什么更深的内在联系？鸿鸣虽无更多证据，但以钱澄之追随方以智一辈子，且以后世之“清代的汉学风气，其实是他与其友人方以智所共同开拓”[⑦] 评价，钱澄之《庄子内七诂自引》:“友人曰：‘此训诂之学也，读《庄子》岂宜作如是解？’”，其“友人”在钱澄之作“《南华》七篇”时，一针见血的“指点”，以钱澄之的个性，大概除了方以智,不会有他人。而这一反传统之“训诂”注《庄子》手段,正是方以智撰《药地炮庄》最为值得称道的贡献。自该年后，钱澄之由黎川至邵武下延平，留住建宁，为姚文燮修《建宁府志》三年。[⑧]

康熙六年孟冬十月，方以智从黎川游武夷，钱澄之前后为伴。作《孟冬

---

① 此《南华》当指方以智的《药地炮庄》稿。

② 《田诗》卷十二·客隐集 [甲辰]·244 页。

③ 《田文》卷十三·242 页《陈昌箕文集序》:“去年……客琴溪……冬至闽……舟建溪。”南丰古今均称“琴城”。钱澄之此际在南丰曾居留。

④ 《田文》卷十五·序·286 页《余不远游草序》。

⑤ 见黄山书社出版钱澄之全集之三，1998 年 8 月第 1 版。

⑥ 《庄屈》大宗师·九七页。

⑦ 吴孟复《庄屈合诂序》。

⑧ 《钱谱》乙巳、丙午、丁未条，211 至 213 页。

同无可禅师、李磊英居士游武夷》：

万年宫外筏初齐……住静粮悭特卖茶。何事好奇李居士，白云窝里竟移家。[①]

随后，钱澄之与方以智一道由武夷返桐城，归家后居田间，作《孟冬同无可师访报亲庵过同由里》：

柳巷凋残兵火余……老友邀寻开士庐……太平想见弦歌接，半是名流此卜居。[②]

钱澄之入清后“转徙闽粤者十余年”，[③]“二十年来，凡三入闽”，[④]数度在黎川与方以智保持紧密的关系，始终对反清复明“圯桥倚遍无人授，要等兴刘孺子传”[⑤]抱有幻想，直至方以智去世后，才渐趋表现出些许的无奈。

康熙十四年，方以智去世三年，钱澄之在坟头祭吊，作《乙卯春将入中州过浮山哭无公墓》：

荒坟无路少人行……［余哭公有词六调］报亲空有远山梦，［浮山构报亲庵，将返］……［公坟即在母宜人墓侧］时事正禁身遽死，九原可用更逃名。

纵观钱澄之一生，几乎可以说，方以智早期的人生重大事件、抗清事迹，方以智在黎川四年，都伴随有钱澄之的身影。

4. 撰著《药地炮庄》与廪山塔院“双选社”

年底，方以智在黎川寿昌寺祖堂仍贯之于读书积习，精修苦行，不受一法束缚；时有桐城乡邑高念东，致信赋闲在家的姚文然称：“密之证悟，何似令弟。”[⑥]姚文然以“年伯”之称，为方以智辩护作《复高念东书》：

密之年伯，行脚江右，精修苦行，勤于读书，此亦迦叶闻筝积习自在。然其意以祇园遮眼，何异吹毛。大约聪明轶人，虽入祖师堂中，不肯受一法束缚耳，亦久未知闻问也。潜柱长斋绣佛，居然有室。头陀参学，

---

① 《田诗》卷十四·客隐集［起丙午止丁未］·309 页。

② 《田诗》卷十四·308 页。

③ 《田间》卷十《西田庄记》190 页。

④ 《田间》卷十四《容斋集序》261 页。

⑤ 《赠方士先山人》。

⑥ 《端文》卷之十一·十五《复高念东书》。

勤猛颇苦太贫时时有在，陈之厄然，神气安缓，无惘惘之态，亦可念也，以故人远询，便闻奉慰。[1]

方以智在黎川，汇集古今解《庄》“炮制”众说，凭己意加以批注，奋力所撰哲学著作《药地炮庄》，使“庄学”与“孔学”得以融合；时中通、中发在黎川探视，中通作《庚子同四弟省亲寿昌》：

吸尽西江水，东流不到家……趋庭无别语，开示总南华。[时老父著《药地炮庄》]。[2]

在重建廪山塔院期间，不畏严寒，中通、中发同为捐资运木；塔院虽“僧舍仅八九间”，然新柱已立；工役之余，兼以尼山之学授大众；僧俗相从左右、游者日甚，涂宜振、孔八桂、江五章、邓文始诸弟子寒岁共守；作《双选社传语》：

全身是《易》，全《易》是身……小子半生虚过，中年历诸患难，淬砺刀头，乃始悟三世之易，虚舟子[3]之河洛，宗一公[4]之疑信，又以煴火凿坎之逼，得息喘于杖人……浮山之孤[5]不妨打破曰：“即差等为平等，双选托孤，时哉时哉！先请死心，从冬关入。”[6]

中通作《涂宜振、孔八桂、江五章、邓文始诸子过龙湖寺》：

双选还名社[时有双选社]，追随奉我亲……祖庭新露拄，从此结比邻[时老父重兴廪山，余与四弟捐资运木]。[7]

所谓“双选”,即觉浪道盛的“儒佛双选”主旨。方以智在黎川寿昌寺四年，始终秉持业师“夫选佛选儒之举,古人从来如此结社”,[8]宣扬“真儒必不辟佛，真佛必不非儒”[9]的双选宗旨践行，并提出“出世者必知处世法，乃知天下国家”要求，将“儒学”的分量，始终在《易》《庄》、禅三教会通过程中，占据主要地位。在秉承觉浪道盛“五宗并举”“三教并弘”的宗风同时,以禅净不二、

① 《端文》卷之十一・十三。
② 《陪诗》卷之三・一。
③ 指方以智业师王宣。
④ 指方以智外祖父吴应宾。
⑤ 方以智自指。
⑥ 《冬灰》卷首・三。
⑦ 《陪诗》卷之三・一。
⑧ 《天界觉浪盛禅师全录・杖门随集》开篇即为其在双选社的多则开示。
⑨ 刘余谟《传洞上正宗二十八世摄山栖霞觉浪大禅师塔铭[并序]》。

儒佛双选“荆杏交参”、“钟铎妙叶”而建立起来的“三教合一”思想，已完全成熟。

由此，寿昌寺的僧俗弟子、学人，前来黎川的迁客骚人、明宦权贵、遗民隐逸，乃至商贾、贩夫鳏寡，无不相从追随而游者甚众。人们云集于此的目的，早已超越了一个出家和尚在此深山僻壤“归隐”和“避难”的意义，而具有了远比在佛门阐释“三教合一”学说，要高出许多的内涵。

至方以智转场青原，将一以贯之的“天下国家”精神带往净居寺，“浮山愚者而大兴，盖莫盛于此矣。枯荆再发，信非偶然”。①

5. 贯穿于黎川期间从学《庄》与《易》的“学人”兼朋友左錞

在黎川寿昌寺参与《庄子》讨论的藏一，即左錞，有“左右錞”之称，别号宋山子，生卒年不详，安徽桐城人，县学生。是一位在方以智来黎川之前“合山栾庐”期，就“得从药地大师盘桓”、年龄与方以智相仿的朋友辈弟子。《桐城续修县志》：

> 左锐，字又錞，号藏一……有三不死，少以天为己任，一经鼎革，遽营墙东园，自号为学圃，其不死者一；墙东屏迹。读史成经世一书，学《易》成仪象一书，凡先儒语录，探微迹欲成其集而未就，其不死者二；又与曹溪大善知识觉朗老人及其徒无可、石潮为方外交，入其教而不染其教，其不死者三也。②

左錞精象数，早年曾跟随方以智业师王宣学《易》，后得益方以智“庐墓”期间“盘桓”点拨：

> 藏一曰：“汝中标四无，而三一老人救之……然则佛言空者何耶？”愚者曰：“《法鼓经》曰：空者，大乘之初门。紫柏大师曰：以空药医世病，以妙药医空病，佛祖只是应病予药耳。《维摩经》曰：无我无作无受者，善恶之报亦不忘。曾知无身有事之双超，而因物付物之本空耶？《楞严》非因缘，非自然，又双非之，其中安在，何不一参？”……③

方以智到寿昌寺后，左錞不仅来过黎川，与慈炳嗒然一道参加了对《庄子》

---

① 《江青》《青原寺田新立僧户碑记》。

② 卷之十六·人物志·隐逸·八十三。

③ 《冬灰》卷首二·28页《偶答》。

的讨论，还与石潮大宁交善，《周易时论合编》卷之二署“宋山后学左锐再较”是其顺治十七年在黎川的证据。《青原志略》另载左錞问学方以智矛盾对立统一的《公因反因话》：

> 藏一曰：环中堂公因反因，诚破天荒、应午会矣，愿请从《中庸》指之，以引诸士信证可乎？敢问如何是公因？老人曰：不二无息。问：如何是反因？曰：代明错行。一曰：学者从何下手？曰：格致即是定静。一曰：格致至此，更何疑哉？老人提一掌云：且问这个里，有公因反因否？士无语。老人曰：你再问我……藏一曰：与知不知，岂两处邪？老人曰……“格物”一节，为慧生定。仁者一体，本无分别，智者极物，善能分别。何非反因？而诚明合之，神于其中……一元午会……诚万世之幸也。学人传中识。[①]

该篇问学，虽载《青原志略》，但以左錞的“环中堂公因反因，诚破天荒、应午会矣”的语境时间，当在其由桐城来黎川期间对《周易时论合编》时“再较”所获方孔炤思想；又以“识”者邓炅·传中的“一元午会”时间论，应为康熙元年的“开元”[②]之日“午会”。

方以智转场青原，左錞再得相招，于康熙三年在净居寺从学三年，“始知圣人之神明如是，我之神明亦如是”，[③]但此间从学已无“一元”之说，故知该篇《公因反因话》当在黎川寿昌寺，是《青原志略》为补方以智的哲学思想，将方以智在黎川与左锐的对话，增添所致。

左錞从学方以智于禅门，但却始终“不染其教”未曾从佛，仅以“学人”的俗家身份随侍左右。方以智《与藏一》说：

> 世教以身世而立经纪，宗门为性命而以生死发药……故以望数十年苦心之宋山子耳……生于忧患，置之死地而后生……青原荆沥杏仁，正慰妙叶。穷崖多骨立之士，我翁何不来此共盘桓耶？[④]

方文《喜左又錞见访有赠》：

---

① 卷十三·杂记·363页。

② 《史记·孝武本纪》：“元宜以天瑞命，不宜以一二数。一元曰建元。”《一字长编》：“按：汉武帝以前，无年号，景帝始有初元、中元、后元之分。是此所谓一元者，即初立之元年也。”

③ 《华青》卷五·序·124页。

④ 《华青》卷八·书·193页。

> 君去青原山，言访炮庄老［无道人作《炮庄》书］。淹留历冬春，禅学共探讨……何为复还家，尘缘惹烦恼。君言山中僧，粗粝常不饱。终年肉食无……师道贱如草……青原有同心，自合归三宝……[①]

康熙三年冬至，左鐏在青原山祝贺的人群中，以"行窝"比喻，作《呈药地大师》：

> 仲翔五世传易学，天成我师雷雨作……药游不改箪瓢乐。果然公因藏反因……恰有青原为行窝，[②] 归云喷雪好丘壑……但得渔父声中传两濯。[③]

左鐏在青原山的所写《中五说》：

> 或问"中五"之说于宋山子。宋山子曰：难言也。鐏少见王虚舟先生衍河洛，犹以为一端也……合山栾庐，得从药地大师盘桓……起而叹曰……曹洞纲宗，以正中偏、偏中正、正中来、偏中至、兼中到为五位，约则君臣道合而已，正偏兼中而已……《炮庄》引庄子之金针曰：灵台者有持，而不知其所持，而不可持者也。议之所止，极物而已。以有形者象无形者而定矣。人犹不感《炮庄》之恩乎？故曰：一不可言，言则是二。夫"中五"而用参两者……藏悟于学，学而不厌，此圣人之无我也……笑老人以此表堂，全提宇宙，深心哉！……[④]

左鐏阐释"中五"，虽是以青原山笑峰和尚所建之"中五堂"而论，但立论的基本点，是承续了方以智在黎川在黎川廪山"中五堂"思想，以及《炮庄》试图达到的目的。这是左鐏前有黎川寿昌寺之承、后有青原山之续的从学记录。方文《喜左又鐏见访即送其归里》：

> 学《易》元同舍……不敢负师承……三年会面难……握手泪汎澜。[⑤]

康熙四年，左鐏回桐城，中通以"父执"礼与之作别，有《送父执左藏一归里》：

---

① 《嵞山》续集后编・卷一・653 页。

② 在桐城浮山佛母岩。方以智《浮渡野同岩》："先祖卜筑此藏轩，以授老父。乙丑（1625）……老父曾梦邵（雍）子于此种松，故又书'行窝'焉……"即人生之起始之窝点意。

③ 《随青录》、《华青》卷十・诗・269 页，有数字不同。

④ 卷五・说・124 页。

⑤ 《嵞山》卷五・178 页。

故园从此去……不能留父执……空余江水深。[①]

左鐔作《华严怀古》：

远公去后几人存，唯有青山不负恩……谩道华严无定主，神宗御制正当门。[②]

《浮山志》载吴兆熊一首[汝梦，邑人]:《山足大师以修〈浮山志〉来金陵，持左藏一曾伯书述无可和尚昔在青原详及家祖太司马公施连云峡诸事，有感赋此》：

只疑岩壑亦趋新……青原师复念前人……飞锡欲归徒盼望，编摩何幸属天亲。[③]

这是左鐔与方以智两人曾在青原山谈及桐城老家之事，交情甚深，并言及回归桐城老家以享“天亲”的证据，也是从学方以智弟子中，除揭暄、游艺、黄虞稷、梅文鼎、戴移孝之外，左鐔为佼佼者的证据。

6. 为揭暄《写天新语》作跋十五则

除夕，方以智以“药地病夫”之名，携中通、中发，学人揭暄等弟子众人，再北游建昌府南城从姑山，在资圣寺[④]应约讲禅、请示：

年年过年节……判断作十二个月……者个资圣寺，许多破缺。幸有轮公与吴芳仲居士，二十年来一片心血……药地病夫游麻姑山，撞到者里休歇……如今大家欢喜，不妨闲说……尽古今来过一个大年，是何消息？……如此自在道场，且祝香炉发热。放下葛藤过年，大家普请一杯结舌。[⑤]

此间，方以智对《物理小识》进行增补，并作《补遗》二卷交弟子揭暄作注、誊抄。据侯外庐先生《方以智全书》介绍，《物理小识补遗》所增补的内容，依照方鸿寿编目后所附方润轩跋语：

若各安生理说，十二时歌、五十初度诗……刻石则有……寿昌寺碑、

① 《陪诗》卷三・十一。

② 卷之九・243页：左鐔一首[藏一]，邑人。

③ 卷之九・244页。

④ 《道南》卷三十・寺观志：“资圣寺……邑僧多于此受戒。”《康南》卷之一・名胜・十七：“资胜山，地名松溪，内有资胜寺”，方中发《送仲兄位白赴松溪四首》。

⑤ 《冬灰》卷首・三《资圣除夕请示》。

景云寺碑……大士像赞[①]

这些增补于《物理小识》中的“五十初度”以及在黎川寿昌寺事迹的文章，既表明了方以智在黎川寿昌寺的时间，更将方以智此间的行踪与事迹，做了交代。这些文章、碑石等今均散佚，有待于后世研究者们戮力追寻。

方以智初访宁都时在广昌与揭暄相识，并由其陪同前往翠微峰访“易堂九子”，由此，揭暄追随方以智被纳为弟子，方以智评价其曰“为人貌甚朴，望似耑愚，身敝衣履，口不茹膏血”，而“研精与虑”。揭暄的追随，以为方以智的《物理小识》作注、誊抄《通雅》开始，在从学的两年过程中，常与方以智“寄寓盱江资圣寺，偶同浮山愚者茶话”。[②]由此，积累了自己对大地大象，七曜运璇认识的不断提升，并结合此间与方以智尝有的“辩难”，遂将心中所得泰西、理气之学，融合后的感想缀成数篇，编撰成帙，[③]“初成一篇，继五篇，及抵皖桐得十余篇”，[④]命名为《璇玑遗述》呈方以智与方中通父子。方以智在阅后大加赞赏：“尝谓其于易道有所发明。”[⑤]中通为《璇玑遗述》校阅、鉴定后作跋：

中通少时，偶尔所算，初讯授时于汤圣弘，已与薛仪甫游穆尼阁先生，所闻其言，彼国近有五十年明一水星者，较之前此诸家，又更精确……读熊文直公集，殆有灯笼之说。邱邦士谓曰：离地尚三倍馀，不至熇热之说。游子六谓：金水有远地之轮弦，近地之轮弦……不肖自判，终影响也。及遇子宣，以素所疑难者质问，子宣辄为剖析无留义，豁然万里一气，万数一理，万种之动，皆由一动。妙出恭差，指掌犁然也。天不外乎人，徵人身之符，则诸符一矣。谈至此处，为之起舞出汗。此真发太西之所未发，开中土之天学哉！

省侍老父，阐先祖中丞公论，始知尽备于易，河洛为度数之符，犹

---

① 《全书》52 至 53 页。鸿鸣疑为清顺治十八年，方以智在黎川寿昌寺将姑母清芬阁《大士像》赠黎川邓韦菴 50 寿喜之际所写《大士颂为邓韦菴作》，俟再考。

② 方中通《写天》卷首《跋》。

③ 四库提要：“大抵与游艺《天经或问》相表里……持论新奇……考潮汐，辨分野，辨天气地气所发育。”

④ 方中通《写天》卷首《跋》。

⑤ 《四库全书提要》。

身心之为两间符也……因名《写天新语》……不肖何知，幸获子宣徵质，写与同心，互期研极……实在午会矣！皖桐同学弟方中通谨识。

并为之改书名曰《写天新语》。揭暄黎川的弟子何之润在《写天新语·跋》中说：

吾师《写天新语》一书……盖因寄寓盱江资圣寺，偶同浮山愚者茶话，辩难成帙。初止一篇，继五篇，及抵皖桐，得十余篇……渐积至累牍，遂列为三十余条……

方以智当于此间读揭暄《写天新语》初稿，为之作跋。卷一：《天转最疾》：

方以智曰：更有一速于此者……果后世人之息犏乎。

卷二：《附潮汐考》：

方以智曰：人日夜五十荣……地异或不同耳。

卷三：《政皆左旋》：

方以智曰：七政大体本情……不知其东旋而仍西流也。

《政无迟速》：

方以智曰：一气之中……而人犹不悟耳。

《诸政激轮》：

方以智曰：一激而生……理到极处，忽然一笑。

《皇政避日》：

方以智曰：立圜以对冲为极……忽然点出，直破天荒。

《金水绕日》：

方以智曰：日火也，金水皆水也……阴阳相反而不相舍，于此可悟。

《黄道斜交》：

方以智曰：各有一天，天心不同……乃天生人自下注解耳，多少火蹉过。

卷四：《日自转征》：

方以智曰：迅不停机之体……省得发与未发之疑。

《月自转征》：

方以智曰：火体水晕……时时转，时时不转，此处可参。

《诸星转征》：

愚者曰：据其实动……理属通几，不可思议，质测精详，固不相关也。

《日小光肥》：

愚者曰：若非生千古以下……岂不令兜离人伏地乎！

卷五：《三际无定》：

愚者曰：要之不出阴阳……精核其质，即知冒通之理。

《岁原无差》：

愚者曰：先父以易准立静天之度……历年多迟者不及多，历年少，非有盈虚也。

卷六：《形气始终》：

愚者曰：文饶言数至十五为立圆……然生死亦不能洒然矣。

以方以智15篇跋文论，揭暄此际所呈《写天新语》当以《世说新语》体例为本，所谓“初成一篇，继五篇，及抵皖桐得十余篇”之说，是一个“提纲”性的代表作，方以智为此对每篇作“批”，其目的，在于指导揭暄后面的撰写，其方式，或陆续一二篇，或二三篇，这是《写天新语》当中有别于那些方以智未曾作跋的。也就是说，方以智“跋文”各篇，为揭暄后续部分，打开了“启迪”的重要窗口。

此后十余年间，揭暄不断补充，终得完成《写天新语》六卷，末一卷，共七卷，但成书后一直未能刊梓，至康熙二十八年，方以智去世18年后，揭暄将《写天新语》书稿寄给梅文鼎，梅氏抄此书成《写天新语抄存》一卷。乾隆二十九年，万年茂主持南昌豫章书院第二年，获揭暄族孙揭要·廷裁出示，遂将其复称旧名《璇玑遗述》刊行。[①]

7. 游艺来黎川请教《易》理

游艺（1614—1684）字子六，号岱峰，福建建阳人。所著《天经或问》、《诗法入门》，均存世，《历象成书》、《立法归宗》、《奇门超接》以及抄录友人吴泗的《天文管窥》未见有传。《畴人传》：

游艺，字子六，建宁人也。著《天经或问》前集四卷，后集无卷数，皆设为问答，以推阐天地之象。大旨以西法为宗，与揭暄相友善，故集

① 有见《写天》单刊于康熙二十八年，存考。

中多取其说[钦定四库全书总目、天经或问]。[①]

游艺年轻时曾从学黄道周；入清后曾任福州府建安县训导；顺治元年至顺治六年，随熊明遇学天算，此间曾读桐城方氏三世的《易》学著作；顺治十六年，方中通在北京汤若望学习西洋天算，汤若望即介绍游艺与中通互通信息，其《中西算学通序》：

> 嗣入都，闻之道未汤先生，始知游子精西历，获读《天经或问》，累书往复辩难，然犹迄今神交，未一见。

方中通虽与游艺此间尚未曾"一见"，但在不断的往复通讯中，累有对术问题进行"辩难"。[②]游艺亦在此际，知道方以智正在黎川寿昌寺，随即致信方以智求教，并于该年以《天经或问》来黎川问学，方以智作答：

> 余有诸条与太相发明者，转请高明研析而示之。[③]

《通雅》四十七·动物·虫《海月》条下，有游艺跋一则；顺治十七年方以智刊行《周易时论合编》卷之一署"潭阳后学游艺再较"，是游艺此间追随方以智在黎川的证据。

康熙二年，方以智转场青原在泰和逗留年余，此间，游艺仍有问难并请方以智为《天经或问》作《序》。方以智《游子六天经或问序》：

> 《天经或问》，建阳游子六所约以答客者也……往年良孺熊公[④]作《格致草》……而子六学焉。子六沉潜好学……构乱弃举子业，隐于历算日者……专精天人之故……不汲不戚[⑤]……愚者闻而敬之。读吾三世之《易》，反复《鼎薪》致书见问。愚者答之曰：神无方，[⑥]而象数其端几也……万历之时，中土化洽，太西儒来……揭子宣发槽丸激滚之论，小儿中通，明影瘦光肥之理。太西之说，本自不一，今摩公云："五十年明一水星。金、水围日轮为轮，可以分二天乎？"先中丞约两间之质测而申之曰："气几、

① 《畴人》卷三十六·国朝三·453页。

② 《陪诗》卷二·七《与汤道末先生论历法》："千年逢午会，百道尽文明[依邵子元会运世推算，正逢午会，万法当明]。汉去推平子，唐僧重一行[先生崇祯时已入中国……与家君交最善……]有书何异域，好学总同情。因感先生意，中怀日夕倾[予所得穆先生火星法最捷，故相质论]。"

③ 《此藏轩尺牍》。

④ 熊明遇，字良孺。

⑤ 语出陶渊明《五柳先生传》：指不汲汲于富贵，不戚戚于贫贱。

⑥ 阴阳不测之谓神，故神无方所。

心几，二而一也……智病且老，空有其志而弗逮也。谨书之，以奉神明格则之士。[①]

康熙六年，方以智重返黎川寿昌寺收拾“残局”，又往建阳、建宁，游艺执弟子礼追随左右；七年，揭暄在福建与游艺一道有讨论天文学，在《天经或问·前集》中，有部分引用揭暄《璇玑遗述》观点和论述。

游艺的《天经或问》完成并刊梓后，与好友林云铭一道前往青原山探视方以智，所作《满江红》之《又[三叠前韵，送游子六归闽，子六精于天学，著有〈天经或问前后集〉]》：

乱后生逢……何曾南北把臂重诠缠度尺……那管沙门争棒喝，凭他羽士谈黄白。念胸中各有一玑衡存平昔。[②]

康熙十年至十三年，游艺在方以智去世后，仍有反清复明活动参加；十九年，揭暄再往福建，将《写天新语》中有涉诸图相赠于游艺；十六年，方中通再游福建，在松溪资圣寺给游艺写有《松溪柬游子六》：

……几度思亲札寄君……梦中边雁不堪闻。[③]

游艺与方中通两人的友谊，在18年间一直保持着往来。

第三节 黎川期间的易学研究及其影响

1. 早年的《易》学与“非举业家”观点

方以智的学术分期，以著作而论，早期的家学与青年时期所受到的西学影响，主要体现在《通雅》与《物理小识》两部书中。这两部重要的著作，大量引用了西方的科学技术知识，包括历算、物理、水利、火器、采矿、造船、地圆说、九重天、岁差、日月食等，并提出了两个重要的理论概念和学术观点，即“质测”[④]和“通几”,[⑤]对后世的思辨观念与哲学思想,传统儒家学者等,均产生了深刻、重要的影响。

---

① 《后编》卷之二·49页。

② 《抱奎》卷之十二·四十一。

③ 《陪诗》卷五·南亩集·二十。

④ 《物理》。

⑤ 另有“宰理”，即“专言治教，则宰理也；专言通几，则所以为物之至理也。”《通雅》卷首。

方以智的《易》学，早期以家承为主，生而与《易》有缘。祖父方大镇在其出生后，根据《易·大传》第十一章“蓍之德圆而神，卦之德方以智；六爻之义，易以贡。圣人以此洗心，退藏于密，吉凶与民同患”而取名“以智”，字“密之”。方孔炤在《名儿以智、其义》中说：

大儿方以智，天下藏于密……根本在学易。[①]

方以智在《虚舟先生传》中说自己的《易》学之始是：

先生……屏绝室家，以《易》为终始之学……智十七八……先生年七十……智方溺于词章，得先生之秘传，心重之，自以为晚当发明。岂意一经世乱，遂与先生永诀哉！……

崇祯三年，方以智在《又寄尔公书》中说：

余不才好读书……以为从此以往，以五年毕词赋之坛坫；以十年建事功于朝；以十五年穷经论史，考究古今；年五十则专心学《易》。少受虚舟先生河、洛象数，当推明之，以终天年，人生足矣。[②]

在方以智来黎川之前对《易》的诸观点、阐释，其梧州所写《等切声原序》说：

五行之位，西方属金，主声纳音起焉……道寓于艺，小即藏大。《易》包天地，而已著策名……愚者智识于梧州之冰舍。[③]

在庐山写《匡庐名字疑》：

篆吊（不）象形，《易·震》为萬。

在《孝经通笺序》：

愚尝言：孝学教觉，皆本于爻，爻者，两中五之交，而效之也。天地交而生子，子效其父，始为肖子。《易》觉天地，而六子尽孝。爻固卦之孝子，卦固太极之孝子也！圣人者，天地之孝子也。而后天者，先天之孝子也。

在金陵高座寺，道盛“托孤”之后，所作《孤史序》说：

观《易》至十页，悔之际留，硕果反下，而长至得元，此其天地之

---

① 方其义之名亦来源于《易》。《易文言传·坤》第二爻：“直其正也，方其义也。君子敬以直内，义以方外，敬义立而德不孤。”

② 《前编》卷之八《岭外稿》。

③ 《后编》卷之一·4至5页。

托孤于大小雪乎！……

《读书通引》说：

春仁秋义……正所谓分合、正反同时之《易》也。孔子与诸高弟，未尝一语及《易》，何非《易》耶！……小子（方以智自指）何莫学夫诗……是因二也。因二即《春秋》也，《易》一其中矣……[1]

《易》学对于方以智来说，始终伴随在左右。但方以智早期读《易》，是将其当作《春秋》来看待的。至顺治十一年，方以智的《易》理研究，已有深见。这年，钱澄之来金陵竹关探视，两人谈《易》理至深夜。随后，父亲方孔炤将《周易时论》稿寄至，方以智读后又大得启发。《药地炮庄》：

老父在鹿湖环中堂十年，《周易时论》凡三成矣。甲午之冬，寄示竹关。穷子展而读之，公因公反，真发千古所未发。万物各不相知，各互为用，大人成位乎中，而时出之，统天乘御，从类各正，而物类本齐矣。[2]

方以智到黎川寿昌寺的 50 岁以后，他的思想与学术，尽管仍然保留了对泰西、历算的等西学的热忱，其“西学中源”的观点亦始终未曾动摇，但自此在寿昌寺后的“专心学《易》”，却成为他回归《周易》象数的一个重要标志和学术转捩点。其以《易》学会通医学的思想，在《内经经脉》中说：

欲通灵素之理，而不征三才，不明《易》图，其能豁然古今之聚讼耶？……董子曰：“圣人见一而知万”，以类而通之也，精之至也。[3]

而方以智将《易》的理念运用于医学的《手易明大肠经》《足易明胃经》[4]等，则是其用《易》于具体实践中的体现。由此亦可反证这些医学类书、文的撰写，与“药地”黎川有着紧密的关系。

从思想史的角度来说，方以智在来寿昌寺之前，尽管已经有了《东西均》的哲学著作，但基本上世人以文学家、思想家与科学家视之。但当方以智来到黎川之后，《药地炮庄》的撰写与完成，以及该年后对《易》的关注和《易》理的深入研究，则将其真正置身于一个“哲学家”了。这一重大转变，对于后世认识方以智的思想、历史地位和影响，以及其在哲学思想上的巨大贡献，尤

① 《后编》卷之一 · 31 页。
② 卷一 · 齐物论第二。
③ 《知见》29 页《内经经脉》条。
④ 《知见》29 页《明堂图说》。

为值得关注和重要。这是否与宁都“易堂九子”的接触有关，尚待作进一步的研究。

方以智是出生在一个“一门五理学，三代六中书”[①]有着四世传《易》的家庭，其《易》学的学养和功力，时人评价有“先生家屡世传《易》。《易蠡》、《易意》、《易论》、《易余》诸书盈尺，类皆发前人所未发”，[②]曾祖父方学渐著《易蠡》十卷（今已散佚不存）；祖父方大镇著《易意》四卷（今亦未知）；父亲方孔炤著《周易时论》十五卷，40万字，《周易图像几表》八卷，10余万字，合计二十三卷、50余万字，均是方以智少年时期耳濡目染的《易》学来源，而这些著作，均为方以智来到黎川后，在黎川重新编辑并刊行，所著《易余》，亦是建立在这些基础上的。

对方以智《易》学研究产生重要影响和作用因素，还有来自于外祖父吴应宾和早年的业师王宣。吴应宾著有《学易斋集》，方以智《膝寓信笔》[③]说：

外祖吴观我宫谕，精于西乾，与廷尉公（方大镇）辨证二十年。小子未尝深入其藏，未敢剖也。[④]

方以智在桐城的业师王宣，著有《风姬易溯》（今未有见）五卷，[⑤]“风”指风后伏羲，“姬”指文王。这两人都是象数学传统所附会的人物。王宣自《序》：“溯风者溯卦，[⑥]溯姬者溯象[⑦]爻独不溯孔者，余观象家，非举业家也”。王宣的“非举业家”观点，强调“象数”，学者不是讲八股的举业家，并无讪议孔子《十翼》的意思，这或许是方以智50岁以前并不深究《易》学的一个重要原因。但王宣的《易》学思想，仍在方以智的思想当中，深深扎下了根。方以智后来在《考古通论》中说：“王化卿先生长于吾桐，最精河洛”，[⑧]又在《虚舟先生传》中说：

智年十七八即闻先生诸论……是时先生七十，益深于河、洛……智

---

① 苏获《方以智杂考》枞阳文史资料，第二辑，138页。
② 《数衍》胡宗正（中通女婿）《跋》。
③ “膝寓”即茅元仪·止生宅第。该书记录方以智早年与茅元仪交游等活动。
④ 《桐城方氏七代遗书》二十五页上。
⑤ 《四库提要经部易类存目二》。
⑥ 伏羲画卦。
⑦ 文王作彖辞，即卦辞。
⑧ 《前编》卷之五《曼寓草》。

方溺于词章，得先生之秘传，心重之，自以为晚当发明……[1]

故方以智“晚当发明”的《易》学思想，多得之于王宣的象数与河、洛，其在《通雅》自订《凡例》有：

少受河、洛于王虚舟先生，又侍中丞于法司，[2] 闻黄石斋先生之《易》，别有折中论说。[3]

方以智“晚当发明”才有的《易余》与《周易时论》哲学理论，都来自于诸家《易》学理论中所提取的“别有折中论说”。刘砥《浮山别集跋》：

老人承四世之《易》，淬血焦鼎，极深研几，不惮垢衣蓬首，假别路而会通之，翊中彪外，游戏遣放，故其矢口肆笔，随物赋形，皆能究晰天人，综心变化，若烛星日，而涤江汉。岂犹夫广川之藻、长睿之博、南宫之韵、坡公之笔舌诩诩哉！[4]

钱牧斋此际经萧孟昉往来穿梭，亦与方以智鱼雁传书，[5] 以“古人所谓心易，己易也，学易者于此求之足矣”，而有《复方密之馆丈书》：

大法垂秋，法竿倒却，可道人于尔许时应缘出世……眼光烁破四天下，大放狮子吼……方不辜负转轮遗嘱也。茫茫世界……我辈愚钝众生……每念憨大师摩顶记莂……迴向法门，销归教海……本师智灯心镜，默传一线，此即是船子和尚翻身入水之日也……正不堪可道人升师子座一棒赶出耳。

少年读《易》……判《易》有太极……古人所谓心《易》己《易》也，学《易》者于此求之足矣。若夫古今学《易》者，精微之旨……近代之谈《易》者……素伯不耻下问，趣举以告，想过庭时闻之，当笑狂夫老更狂耳。山川阻绝，末由执手。信笔申写，聊当一昔面谈。乱后废人……徒有泫然。[6]

该文下半专言古今《易》学得失，在《有学集》中，置《与吴江潘力田书》

---

① 《后编》卷之一。
② 指方孔炤崇祯庚辰1640被诬逮狱。
③ 转引《全书》57页。
④ 《此藏》卷之二·浮庐愚者随笔《清史资料》132页。
⑤ 《有学》卷三十八《与吉水李文孙书》：“孟昉邮筒，往来多便，幸无金玉尔音。某再拜。”
⑥ 《有学》卷三十八1321至1322页。

之后,《复徐巨源书》之前。《复徐巨源书》署“丁酉仲冬晦日”的《答网于一秀才论文书》。“丁酉”为顺治十四年，故可推知《复方密之馆丈书》在方以智黎川寿昌寺“馆丈”之后。时素伯·中履在金陵问《易》于钱牧斋，这是此间方以智与钱谦益两人关于《易》学相互切磋，方中履作为媒介、萧孟昉为之鱼雁往来的证据。

2. 儒学精神下的“五十以学《易》”

方以智在黎川第三个年头“年五十则专心学《易》”，是其禅门生涯的一个标志性事件，也是方以智重振学术的另一个开端。以方以智在黎川四年的行实、遗著而论，这一学术的转型，与其转场后生命最后十年间仅有一部《青原志略》来说，其意义显然更为重要。

方以智家世中的儒学、《易》学、理学，取径相近，而有“三教”融会。桐城方氏的《易》学传承，博采汉、宋以来治《易》之所得，将兼宗象数、义理，会通《易》、《诗》和《庄》，纳其于一炉而“炮”，以治经、治史，以史解《易》，倡导“节义”的显著特征，得以让方以智的治《易》精神和思想，凸显出来。

当方以智步入50岁以后，在“炮庄”之余，无不以前贤的人生轨迹一样，将孔圣人“五十以学《易》,可以无大过矣”[①]的不可“失”之精神,转而对《易》学进行了深入的探究。这是方以智在审视了自己前半生颠沛流离、坎坷经历之后,而有圣人知大过之举,终将这一对人生态度的“可”与“不可”,用于对待、处当世于后半生的思想体现。

比照圣人生平，50岁以后却莱夷、诛华士、堕三都无论已，最后乃作《春秋》。《春秋》天子之事，作《春秋》而乱臣贼子惧，遁世之君子独立不惧，孰有大于此者？方以智的《易》学“春秋”之意在何？纵观其来到黎川前后的行为，对周边地区旧友、弟子，甚至在隆武、永历两朝时的旧部，所“相招”之“清孤不类之士”，而聚集于身边、门下的尽为“带伤之兵”，尤其是在康熙六年重返黎川时的“上堂”与“开示”，果有行“大过”之举，是否与后来之“粤案”发生、“粤难”自沉，存在着“春秋”因果，则是大有可追究处。

将国保先生说：“明末清初，于安徽桐城形成了一个以《易》学为思想基

---

① 《论语·述而篇》。

础的学术派别，方以智是这个学派的旗帜。”[①] 但这个分期，除了方以智早期在老家桐城家学中三代的《易》学传统，这一时期的《易》学思想体现，主要以《通雅》一书中的哲学命题“质测即藏通几”为代表。至方以智到了黎川寿昌寺 50 岁以后的《易》学研究，其所形成的思想，则是以在黎川后 3 年当中形成的《易》学群体为中心，它包括了自己的三个儿子、宁都“易堂九子”诸人、始终不离左右的钱澄之等诸朋友、学人和弟子。侯外庐在《中国思想通史》中说：

> （方以智）的哲学思想，不但始终利用了《易经》这一古代思想材料加以改造，并增添了时代所允许增添的新内容，并且也利用了禅学形式加以自由解释。[②]

钱澄之在“困闽山者三年……辄思读《易》”[③] 期间，以早期所学《易》理，撰成《火传》。在该书中，钱澄之多次以“药地”地域特色名号，引用“方药地曰”、[④] “方药地谓”[⑤] 等，对自己的《易》学进行阐释，这既体现了此一时期方以智的转型《易》学研究之实，也证明了此间方以智与钱澄之两人在黎川期间对《易》学研究的交流，更证明了两人的密切交往，是如何直接对返回桐城后的钱澄之，在晚年终得完成《田间易学》，所带来的深刻影响。钱澄之在《田间易学・凡例》中说：

> 时贤《易》论……悉加采录……《时论》则吾乡方中丞白鹿公所著，而吾佐密之之参订而成者也。故三书引据尤多，密之别号药地，亦时引其说。[⑥]

钱澄之在承袭了方以智的《易》学思想和治《易》精神之后，将方以智的《易》学见解与理念，变成了该著作中的一部分重要内容。故后世的研究界称这一现象为：

> 如果说方以智是桐城《易》学的旗帜，那么钱澄之可以视为桐城《易》

---

① 《散论》· 周易纵横录。
② 第四卷（下）第二十八章。
③ 《田易》凡例。
④ 《田易》卷一・13 页。
⑤ 《田易》卷一・22 页。
⑥ 《田易》凡例・3 页。

学的会通者。[①]

钱澄之在对自己的《易》学历程概括时说："惟《易学》、诗学，三十年心血所聚"、"四十年心血，尽于《诗》《易》两书"，不管是"三十年"还是"四十年"，都将钱澄之在黎川"困闽山者三年……辄思读《易》"的始发时间，涵盖在里面。[②]这是钱澄之后来成为《易》学大家的发端。方以智对《易》学进行研究并"自由解释"，滥觞在黎川寿昌寺50岁以后对《易》理的重新整理。施闰章《无可大师六十序》说：

无可大师，儒者也……去而学佛……盖其先父廷尉公湛深《周易》之学。父中丞公继之，与吴观我太史上下羲文，讨究折衷。师少闻其好之，至是研求，遂废眠食，忘死生，以为《易》理通乎佛氏，又通乎老庄。每语人曰："教无所谓三也。一而三，三而一者也。譬之大宅然，虽有堂奥楼阁之分，其实一也。门径相殊而通，相为用者也。"[③]

方以智在黎川期间对《易》学的研究，弟子熊颐说"披襟析所疑"，[④]后世则有"兼采象数与义理，折衷诸家……《易》《庄》原通，象数取证；以《周易》贯通诸子思想；会通佛学思想等几个特色"，[⑤]其讲《易》学不局于名，不局于数，不局于物之形，不局于教之迹，而能会通其所以然，穷变全举。这是方以智在黎川四年当中对《易》学理论的贡献。施闰章作为好友兼弟子，在总结方以智黎川四年的《易》学时说：

《周易时论》、《炮庄》等书，其说无所不备，学者以为汪洋若河汉，而参伍错综，条理毕贯。《易》曰同归而殊途，一致而百虑，殆谓此也。[⑥]

自转场青原后，方以智作为学术研究的《易》学，被其"乾坤留药地"，[⑦]施闰章则直接说方以智在青原山"善《易》者不言《易》"[⑧]了。

---

① 《田易》整理说明·5页。
② 《田易》刊梓在康熙二十四年左右。见《整理说明》13页。
③ 《愚山文集》卷九·一。
④ 《阁皂》题咏[缉补]87页熊颐诗。
⑤ 《散论》·周易纵横录。
⑥ 《无可大师六十序》。
⑦ 《阁皂》熊颐题咏诗。
⑧ 《无可大师六十序》。

3. 隐晦的“大明方以智药地”署名与《易余·小引》

方以智在黎川因有了一个相对稳定的环境，与宁都“易堂”诸子往来不断，于佛事、访友之余，开始整理逃亡、流离以来撰著的书稿，以备适时梓刊。哲学著作《易余》的增订与修改，则在此时。其以极隐晦之方式在《小引》中暗署“大明方以智药地”，将方以智在黎川期间的《易》学研究，凸显出来，其《小引》曰：

> 三时以冬为余，冬即以三时为余矣！……死者，生之余。生者，死之余。以生知死，以死治生……《易》无体……余安有《易》乎！……皆非知《易》者也……置之死地而后生，盖习坎困蒙之存乎疢疾也！惟其病病，是以不病；厌学而侈绝学之极，则是养痈也！……自为药树，乃能勿药……是吾忧也，是其乐以忘忧也……辨学者不可不知也……盖深于学《易》者乎！……祭猫劝耕，大地皆药……与民同患，不因不济，何用《易》耶！……有知《易余》之言先者乎？可以余消余矣！……[①]

《易余》历经年“苦为尘封，情锢如涂”，让方以智将该书稿带到了黎川，并在《易》学研究中，进行了修改和订正，[②]在有了“役物刻迹”的梓刊念头后，遂让弟子等人誊抄，自己再作《小引》一篇，将前后缘由做了说明。至《小引》收尾，要对这部著作的作者姓氏、撰著的年月日进行交代时，为了躲避时炽的文字狱迫害，[③]方以智以“繇曰”[④]的方式，用了极为隐晦的词句与哑谜手段写道：

> 偶闻何生、当士、平公之问，答而录之。或有问答，或无问答。如问问答、无问答之，故十二世后，自有问答者。筮余之繇曰：爰有一人，合观乌兔，在旁之中，不圜何住？无人相似，矢口有自。因树无别，与天无二。章统十干，重光大渊，皇览以降，过不惑年。

文尾对三个儿子回答“筮余之繇”晦涩文字：“爰有一人……过不惑年”

---

① 《后编》卷之一。

② 《易余》卷首《三子记》有“瀑壁之山，野老相传禹篆藏焉”、“禹篆何有哉？是竹林寺之影也”内容，是方以智完成《易余》后，来黎川寿昌寺之前在庐山不断修改的证据。

③ 梁启超《中国近三百年学术史》：“最著名的，如康熙二年湖州庄氏史案，一时名士……七十多人同时遭难。此外，如孙夏峰于康熙三年被告对簿，顾亭林于康熙七年在济南下狱，黄梨洲被悬购缉捕，前后四面，这类史料，若仔细搜集起来，还不知多少。”

④ 庞朴先生作“谇曰”。

这个因在“药地”才有的“药葫芦”，以“答而录之”论，谜底应当是明白告知了诸子们。但在行文中，仍然以不易理解之谜面形式，希望在后人的问问答答之中，即所见此文有疑惑、探寻谜底之读者，而寄望于“十二世”后能“自有问答”找到答案。

在经历了350多年后，这个言若天书般的谜底，终于顺应了方以智“十二世后”的期望。1999年至2015年，庞朴先生为《东西均》作“注释”，用了一大段妙趣横生的语言，以决定性的方式，破解了方以智遗留在这篇《小引》中的“葫芦”。庞先生揭开的这个“葫芦”谜底是：

（1）爰有一人。“一”字加“人”字，大也。

（2）合观乌兔。乌，太阳，日中有三足乌。兔，月亮，月中有蟾与兔。合观日月，明也。

（3）在旁之中。在“旁”字的中间，谁？方字。

（4）不圜何住。不圜的还能是别的么？方也。

（5）无人相似。无“人”去相帮“似”字，便只剩以了。

（6）矢口有自。有矢有口，再有自，合成智字。

（7）因树无别。不详。

（8）与天无二。人？

（9）章统以下，说的是此人生于辛亥年，现在已过四十岁了。

庞先生的这个谜底，对“因树无别”有“不详”之未破，故对后一句“与天无二”的理解产生了偏差，并导致庞先生以拆字法减去“无二”，射该句为“人”字的未透彻尾巴。最后，庞先生的破解结论是：

大明方以智口人？此人生于辛亥（1611）年，现在已过四十岁了。①

庞先生未解之“因树无别”句，鸿鸣续貂作补充如下。

“因树无别”句，在前面有铺垫“自为药树，乃能勿药”而“树无别”之说，乃是其刻意隐去“药树”之“药”，而只写“无别”之“树”，其所隐藏，正是那个关键的“药”字。证明方以智此处“无别”之“树”是指“药”字的，还有其《药树堂碑文》中“西方药树是奇兵”句。“与天无二”，《小引》文有“大地皆药”，又有“地之大也，人忘之……天之高也，人忘之”语，故知方以智

① 均《东西》注释·第4页《易余小引》文尾“谇曰”破解。

眼中可与“天”相比无“二”者，乃是大地之“地”字。连贯“因树无别，与天无二”在一起破解所得，正是名号“药地”二字。

至此，方以智这个留给后人破解的“药葫芦”之“繇”谜，结合庞先生已破译的全部解释，用白话来说就是：

大明方以智药地，[①] 生于辛亥，此书完成时，年已过四十岁不惑了。

方夫子“药葫芦”里所卖之药，将此时此刻正在“药地”的真实姓名、别号、地点，以及该《易余》一书完成的年代和年龄，作了清晰的交代，也将这篇《小引》是到了“药地”黎川寿昌寺之后、有了“药地和尚”之名才撰写的事实，告知了读者。支持鸿鸣这一结论的证据，还见于方以智在该《小引》中隐喻的另一句“祭猫劝耕”禅典。

禅门祖师南泉普愿（748—834）[②] 有著名的“斩猫”以喻舍生取义；黎川寿昌派开派祖师无明慧经，其“派”的本质性意义，就在于他是以“镢头”、以“劝耕”为根本的“农禅”。曹洞、临济一家，故临济派下也有“广度者里，法式迥别于诸方，长年惟与镢头亲密，亦懒去山下打供。”[③] 知道了这两个禅典的出处，“祭猫劝耕”的意思也就迎刃而解了。“祭猫”指佛堂上的佛祖南泉普愿；“劝耕”指黎川寿昌派开派祖师“无明慧经”。是方以智在顺治十五年“三冬”来黎川寿昌寺安顿后不久，身临“冬”尽之余的有感所发；文内的“祭猫劝耕”，是此际方以智已经在寿昌寺内主持佛事的“上堂”与“开示”，并以无明慧经寿昌派农禅精神，对众禅和子们“劝耕”的内核表达；“大地皆药”是方以智身处黎川寿昌寺的“药地”环境交代。

方以智来到黎川这方“大地皆药”的寿昌寺之后，尤其是对即将刊梓的文章，面对清廷盛行的“文字狱”，不能不用谜一般的语言来隐藏自己的身份，

---

① 鸿鸣补充破译“药地”之名后，得读张昭炜《象环寤记·易余·一贯问答·引言·方以智“一分为三”思想的深度及学术地位》，在该书第 11 页对“谇曰”有补充曰：“‘因树无别，与天无二’二句无解，窃以为这两句当射方以智的别号——药地。”见此，鸿鸣即痛在人后，亦有“英雄所见略同”之快，特作说明。

② 唐代僧，郑州新郑（今河南开封新郑）人。俗姓王，10 岁受业于大隗山怀让。后参谒江西马祖道一，有所省悟贞元十一年（795），无池阳南泉山建禅寺，三十余年不出山。一日，东西两堂争猫儿，南泉乃对大家说：“道得即应对者”。南泉即斩猫，以截断学徒之妄想。故有“南泉斩猫”之语，脍炙人口。太和八年十二月二十五日示寂。世寿八十七。世称南泉普愿。

③ 《五灯》临济派下南岳三十五世广润巨灵自融禅师。762 页。

也只有他到了黎川寿昌寺，才可能在佛堂上既“祭猫”于禅祖南泉普愿，又对堂下诸禅和子们有“劝耕”的实际行动。这种文字，是方以智有感于祖堂上对南泉普愿的祭祀，对堂下弟子有“劝耕”的身临其境，才可能发出来的。

方以智被迫遁入禅门以后遗留下来的许多文章，是在特殊背景、恶劣环境下所写，故其文章的写作手法，掺杂了大量的禅典、话头，谜一样的语言，使得后人难以理解，《易余小引》就是一个鲜明的例子。

庞朴先生对《小引》结尾的破解，用的是“儒”家手段，鸿鸣续补，则来源对禅典的认识。《小引》中的“大地皆药”视为“药地”好解，但“祭猫劝耕”一语，若仅用字面上的文字来解释，是无法完成的，但若对禅典和“寿昌派”的内在精神有了深刻的理解后，这种一头雾水的文字游戏，也就化解在“机锋”与“话头”之中了。

彭士望在表达他初次见到方以智时所作《纪梦呈木立大师》就说：

> 著书满人间，曾不立文字。生吞虎豹千，消归极丸内。

破解“祭猫劝耕”，让方以智写《小引》一文的时间、地点得以清晰地显现出来，《易余小引》的“药地”之署，则将方以智到了黎川寿昌寺之后，对《易余》一书进行修订的事实，作了交代。方以智在黎川寿昌寺的事迹，亦得以渐趋丰富。

4.《周易时论合编》刊梓及诸背景

《周易时论》是方孔炤的著作，《四库全书总目提要》：“是书即其罢官后所著……其立说以时为主，故名时论……有所忧患而发于言，类多证据史事，感慨激烈。”崇祯十六年，方以智就曾为父亲的书作《跋》一篇，[①] 后该著作一直庋藏于桐城老家，未能刊梓。明亡后，各种颠沛流离，致使方以智没有更多的时间和机会对该书进行深入的研究。直到顺治十二年秋，方孔炤去世，来年，方以智在桐城老家为父亲“栾庐”，再次对《周易时论》作了“订正”，[②] 其《灵

---

① 《跋》：“家君子自辛未庐墓白鹿三年，广先曾王父《易蠡》、先王父《易意》而阐之，名曰《时论》，以六虚之归环中者时也……此《时论》所以折衷诸家者乎！家君子之于学也……余小子少受《河》《洛》于王虚舟先生，符我家学……谨守父师之说，以晚学《易》，梼昧而文过耳……崇祯癸未冬日，不肖男以智百拜谨跋于上江小馆。”从该文“以晚学《易》”的语境，该跋当在黎川刊梓时有修改。

② 《钱谱》顺治十三年：“春，过合明山无可墓庐，其尊公有《周易时论》，无可欲为订正。”

前告哀文》说：

> 忽忽三年，易箦之际……无发可指，无地可入……念及遗言，合编《时论》，且以自尽留其残喘耳！[①]

顺治十七年，方以智50岁，《药地炮庄》写作已进入尾声，在黎川亦是第三个年头，该年，方以智将学术重点转为“专心学《易》”。为了不至于“家有数千年正决之学，而复不能侃侃木舌”，遂将父亲的《周易时论》作“智按”、“智曰”语数十条，与自著《周易图像几表》八卷13万言，附图百余帧，编为《周易时论合编》，[②]时长子中德正在黎川，遂遣其前往武夷，请举业师座余颺为之作《序》一篇，[③]自己亦为这部《合编》，写了一篇《跋》：

> 重览癸未跋，忽忽十五年。老父归卧环中堂，《时论》又再易稿矣……《合编》未竟，遗命谆谆。时当病发，墓庐碌�。命儿子德、通、履合前后稿而编录之……果不可以庄语，而以卜筮象数寓之乎？差别难穷，赖此易准。待好学者深几而神明之，存乎其人，同时哭笑。不肖子智稽首又跋。[④]

方中德在《合编·跋》中，将方以智在黎川合编《周易时论》的思想，作交代说：

> 老父训之曰：三世家学而偷息祇支，罪无逃矣。祖父以朱、邵为饮食，而守雌闇修，所编《时论》，千载津梁……我自少好诗书……通籍后，侍西库二年，始自猛省刻厉……辨考务博，专穷物理。忽当崩裂……又为仇蛰，祖父命我远游。患难之中，乃以少所受之《河》《洛》，深研精入……有入处匡庐。归省见逼，遂以煴火为铁门……忽然爝破黄叶，重历千差，乃叹巧于锻鍊……汝等烧不欺之火，以学问为茶饭，即可悟全身是《易》矣。

---

① 《后编》卷之一·27页。

② 后于安徽巡抚采进本，列《四库全书总目提要·易类存目二》，中国社会科学院哲学研究所有藏。

③ 余颺《序》：“自天地以至人物，有一不范围于《易》中者乎？则有一不范围于时中者乎？故《易》之配日月以成字……桐城方潜夫先生《时论》之为极深研几、至大至广也。先生之学《易》也，以统有无之中为极，以《河》、《洛》为端几，而要归于时用……莆田后学芦中人余颺赓之撰。[……中丞公之嗣为密之以智……以己卯出家父之门，天末不受宰相之召，瓢衲以隐，别称浮山、药地、愚者。庚子遣其子田伯中德来□□□家父以《时论》求序云。芦中之子余佺谨识]。”

④ 《后编》卷之一·数类·三十三所载，与顺治本有数字、数处不同。

中通亦作《跋》曰：

我祖中丞公……衍此盈虚而研极焉……老父会通之曰：虚空皆象数，象数即虚空……公因反因，真发千古所未发，而决宇宙之大疑者也。嗟乎！掠虚易，实学难，贯一切而会通者尤难……

中履长年侍父在侧，参与《合编》“抄录”而有《跋》：

浮山闻语曰……明堂必南面为天地，理其家事者也。北奥者，守黑者也。骑危者，虚空座也……藏坐卧焉，风矣雨矣，将享峰顶之虚空乎？……五世相传，惟重立志不惑，岂敢漫言从心而执无实法之黄叶，以扫理而荒学哉！……雪地抄录……不肖中履伏记。

经编辑后的《周易时论合编》二十二卷，[①] 终得淮徐兵使者上谷李世洽捐资，又将《寂历图》和《图像几》[②] 同为刊梓。李世洽为之作《序》说：

天地不得不卦爻……潜夫方先生缵承家学，著为《时论》……晚丁鼎革之运，嘉遁环中草堂，令嗣密之万里归省，华表一鹤，犹复埋影雪窟，黄叶栖真，更从庐居阡甾中，尽变极研，卒就名山之业！……予友人竹西执契盖十余年，是为先生从子，绳其祖德……未尝不抚卷而三叹也……竹西子请表章之，遂不辞匙识，因序以行……顺治十七年……淮徐兵使者上谷李世洽题于山水心堂中。

李世洽（约 1620—？），字君渥，一字存夫，直隶（今河北）束鹿人。顺治四年丁亥科三甲进士，与方以智舅父吴道凝·子远、[③] 方以智好友王大礽·愿五均为“同年”好友，授江南太湖县知县，有政声，并修撰《安庆府太湖县志》十卷；顺治十一年擢兵部武库司主事；十三年为武库司员外郎，同年，升任车驾司郎中；十四年加一级为山东乡试主考；十七年任山东督粮道参议，与晚一科的进士施闰章为好友。《施愚山集》:《同严子餐给谏、李君渥枢部泛明湖》顺治十八年曾捐资刊梓《东谷集》诗二十卷、续刻二卷，文八卷、文续刻四卷。晚岁归里，居束鹿。同治《太湖县志》卷十六·职官志二·名宦·国朝：

---

① 即：《周易时论》十五卷 40 万字，自著《周易图像几表》八卷 10 余万字，合计二十三卷 50 余万字。

② 《全书》58 页：“据此则《寂历图》亦有刻本，疑即顺治十七年与《周易时论》合刊之《图像几》表”。

③ 方以智、钱澄之、方文、周岐、孙临、吴道凝为“永社”成员。

李世治……知太湖县……尤重文教，首建学宫，以育多士。纂修邑志，表彰往迹，当道扬其遁声，擢郎署去。民不忍忘，立石以志思焉。官至山东按察使。顺治癸巳年，知县李世治。①

李世治崇尚佛教，同治《太湖县志》载其《告城隍文》《祈雨文》，以及《忧旱行》等诗文，以县志所载《征节孝启》论，李世治是一位崇尚“忠孝节义”的地方名宦。是何直接原因让李世治刊梓《合编》，目前尚不清晰，但其父李鸣珂在崇祯初年曾任山东盐运使，与方以智父子同朝为臣，又与吴道凝、王大礽为同年，这些人员，既与黎川往来紧密，又曾先后捐资为方以智刊梓著作出力、出钱，故其《序》又说：

潜夫方先生……绍闻则祖明善而祢廷尉，集说则循康节②而遵考亭[朱熹]而又精搜杨[杨雄]、京[京房]、王[王弼]、郑[郑玄]、周[周敦颐]、程[程颐]、张[张载]、蔡[蔡元定]之奥，以汇及近代名儒巨公，穷经博物诸君子，不下十余百家，综合全豹，征几析义，纲举目摘，亡虑数十万言，亦何灿然，其明备也。

李世治所云“竹西”者，是方以智的堂弟方兆及，《合编》卷之四署“侄鹤立竹西兆及蛟峰参订”。

方兆及（1613—1715），方学渐曾孙，方仲嘉③长子，寓居金陵。顺治十一年举人，任山东济宁兵河道佥事。精于泰西天文学。与弟方兆弼（1620—1667）合称“蛟台二方子”，与潘江自少同研席，为杵臼交。康熙《安庆府桐城县志》卷之四・仕迹・六十二：

方兆及，号蛟峰，参戎仲嘉之长子。简默寡言，言必中情事，文章赡敏。以郡庠应顺治辛卯贡监，授弘文院中书舍人。先是游幕府，复历中翰，凡所为奏记典策诸篇章，落笔数千百言，悉条达疏，畅如出宿，搆当世公卿雅重之。甲午登贤书，累达刑部正郎，寻升山东济宁道，地当南北

① 同治《太湖县志》卷末947页。

② 指邵雍。

③《康桐》卷之十二・人物志・宦迹・四十五：“方仲嘉，号望天。天启武举，授荻港把总……崇祯甲戌，里中盗起，单骑驰归，与兄中丞孔炤运筹决胜，手斩获渠魁数人，乱赖以靖，乡里德之。少举子不遇，遂弃而学剑，性仁孝，慷慨好急人之难，暮年尤尚气节，武功特其绪余云，子兆及、兆弼。”

之冲，治河决狱，供亿大师往来如织，兆及清勤慈惠，戴星出入，不交睫者六七年，竟以劳瘁成疾卒济阴，至今思之，子登峄。[1]

卷之十二・人物志・宦迹・五十：

方兆及，字子诒……学渐曾孙。幼嗜学，于书无所不通……在官七年，平疑狱、清逋赋，革抑派私罚禁旅，南征刍粮，动以万计，事皆豫集无匮，扰时逋逃之令，方严杜绝株连，民无枉累，属邑赖之。会东省裁并，各道遂兼辖曹单，饬兵以积劳发病卒，崇祀山东名宦祠。

李世洽与方兆及先后在山东为官，两人是"执契盖十余年"好友，因方兆及是方孔炤从子而有"绳其祖德"，故在"互相发玩往复"《周易时论》之际，"未尝不抚卷而三叹"后，遂有李世洽捐资刊梓之举。

《合编》署"孙中德、中履、中通、中泰编录"，"中泰"参与了全书编录。以"中泰"辈分与方氏兄弟同，或为方兆及子，因其为"从子"，故"中泰"置署名之末；卷首另有方大镇弟方鲲《序》一篇，以李世洽"绳其祖德"言，或此"中泰"为方鲲之孙，均存考。

《合编》，集晚明方氏对汉、宋以来象数之学发展成果的总结，前后"忽忽十五年"，融合了方孔炤、方以智以及"命儿编录，薪火而已"祖孙三代心血，终将这一积存了多年的愿望得以实现。刊梓当与方以智访宁都魏禧、林时益等"易堂九子"，有着某种紧密的内在关系，是方以智"专心学《易》"，所刊《易》学著作，在黎川期间转型学术的一个标志性事件。

50以后的方以智《易》学，倾向于"达上而学下"致虚功夫，这与早期"下学而上达"治学，不管是手段还是观念，均有着本质性不同。以《易》为治学、思想之根本，会通百家"三教"，由广博而趋转于返朴与简约。其《河》《洛》象数之说，《易》之阴阳、太极、虚实与"通几"之论，阐述精道而更具尚实而藏虚的色彩，实既不废虚，虚更有实，以"质测即藏通几""以通几护质测之穷"的辩证关系，来达到"致虚非逃虚，务实非滞实"，[2]同时，结合烹炮《庄子》，而在《易》学的研究中，建立自己以《易》象数学为核心的"实学"体系，

① 《国朝清诗别裁集》卷二十・二十三："方登峄，字凫宗……官工部主事，著《述古堂诗》。水曹以朋友负罪牵连谪戍，处极危苦之境，而能种花赋诗以寻乐意，所养定也。迨奉诏赦归，已殁谢塞外矣。以孙问亭官保贵，赠如其官。"

② 《光吉》卷九《首山庵记》。

试图构建出以批判、调和宋明以来朱、王自然哲学与融通“三教”学术的哲学思想新风，而其深厚的《易》学家庭渊源，在是方以智在这一学术转型过程中，发挥巨大作用的根本，并将之延续到方以智离开黎川以后的十年间。

方以智由壮年步入中年时期，从 49 岁到 52 岁，在黎川四年，则是以一个真正的禅门住持身份，清理自己以前的学术与思想，后终归统于熟悉的《易》学之下，而有以《药地炮庄》为代表，囊括子嗣、门人等，形成了一个“方氏学术”团体，或可云“方氏学术体系”。

这一年，尽管清廷禁立社聚众、忌用“同盟同社”等，但方以智仍然以“易学”为名，四处游访过化、“相招”于各处的旧识、旧部、弟子、学人等。在概括自己的《易》学时，方以智说：

> 角丱鼓箧，即好旷览而湛思之；长博学治文辞，已好考究，已好物理；已乃读《易》，九闳跋梃，无不极也，非知《易》也。中观大难，濒死十九，忽以嗒然，遂傥然矣。[①]

方以智 50 岁以后对《易》的研究，使《易》学思想体系得以构建，逐渐清晰、具有层次。此后，立足禅门，不独囿于释家；其“三教合一”与“不立门户”思想，以及学术以崇尚本质，不虚浮亦不失典雅的一脉延续，其《易》学思想、观念、手段的一个转捩点，所践行的学术道路，都是在这一人生的规划当中。但是，60 岁戛然而止的生命，使其人生的真正“晚年”，人为地提前到来，而让其没有达到真正的“以终天年”。

方以智治《易》的方法论、观念等，对钱澄之的影响也是深远的，并常常使钱澄之有“输”在其后的感叹。直到康熙十四年，钱澄之来到方以智的坟前以哭，作《乙卯春，将入中州过浮山哭无公墓》凭吊，仍对自己常“输”之“老爻”的方以智，念念不忘地说：

> 惭愧千秋输老爻。[②]

钱澄之在《田间易学》中屡屡用“方药地”“药地和尚”而不用“无可”，这种对方以智在黎川地域明显的称呼，说明其《田间易学》一书，不少是来自

---

① 《易余·三子记》。

② 钱澄之《乙卯春将入中州过浮山哭无公墓》诗，在《田诗》与《浮志》中所载不同，前者为“老友”，后者为“老爻”。

于黎川期间方以智所给予的影响。直至康熙五年和六年，钱澄之陪方以智游武夷，题方以智《溪山册子》说：

丙午秋，（愚道人）与余相值于建安……至今忆之……上有二老翁据床相谒，不问而知为谈《易》也……①

两人在旅途中，钱澄之仍有向方以智研讨《易》学之举。

5. 为来黎川看望的弟子方熊作题

方熊（1626—1688 后）字望子，号黄虞外士、香砂道人，黄虞山人、黄虞外史，新安钟溪人，喜游历采药。《青原志略·青原学人》载“方熊 [望子]”列 42 位，②是方以智在黎川寿昌寺、青原山驻锡期间的“学人”。方望子以诗闻名于徽州与扬州等地，擅书法，方以智来到黎川寿昌寺后，尝随其左右从学。黎川寿昌寺石潮大宁的《赠方望子》说：

弘济③今年寓，江流何混茫。诗囊临水石，屐齿带冰霜。天外云光白，松间月色苍。此怀都莫问，风雨到山堂。④

《此藏轩别集》卷一《题倪文正⑤芝石图》有：

忽瞻倪文正公《芝石图》……望子远携至此，此已出格矣，秋山晴窗，安能忍俊？

《此藏轩别集》卷二，有《题望子阁帖⑥》：

钟溪望子，千里出游，携此不舍，意在系表，外人那得知？何局局较沕痕为？

《龚芝麓先生集》亦有特别注明方望子精于绘事的《三叠前韵答望子》：

词场鹊起雁行均……披图兴欲横双屐 [望子熟精长康⑦之技]……樽前物色满阳春。

这些记载，都是方以智在黎川寿昌寺、青原山驻锡期间，方熊携前明英烈、

① 《田间》卷二十。

② 卷首・序文・发凡。

③ 益然弘济，汪沐日，黎川寿昌派“博山”支古航道舟法嗣。

④ 《眠龙》初编卷六十四・2830 页。

⑤ 指倪元璐，谥“文正”。

⑥ 指淳化秘阁法帖。

⑦ 顾恺之（348—409），字长康，晋陵无锡人。六朝时大画家。

经典书画频繁往来探望、请方以智题跋的证据。方熊随侍方以智左右，方中发有其在泰和的《月夜与方望子登濯楼感话二首》：

客散江城月已西，归来重与度前溪。忽然话到伤心处……只有愁人听得明。①

这是方望子随方以智在泰和并与方中发有“话到伤心处”所言，当为方以智平生颠沛流离的话题。《青原志略》又载方熊尝由金陵来青原山看望方以智的《归云阁》诗：

置身忽在归云阁，千里蒋山②江上来……复看岚气故今开。种多药树医王愿，茁长枯荆七组栽……③

“蒋山”即金陵钟山，“复看岚气故今开”句，方望子由南京来青原山，已经不是第一次了，其频繁的程度，余飏《怀方田伯、位白、素北》：“……望子不来秋已暮，别君欲见梦相思”④予以了证明。方熊游走于方以智的朋友之间，钱谦益有《答新安方望子投诗枉访》：

茧穴鸡窠正怯寒，清晨剥啄响阑干……⑤

康熙三年，钱澄之有《雨宿方望子寓楼》：

小楼聊假息，留滞忽经时。月色愁中误，雨声醒后知。朝炊烟不出，夜漏榻频移。多少交亲宅，唯君借一枝。⑥

康熙四年，方文有《腊八前一日访张瑶星⑦松风阁小饮……得三十韵》内涉方望子，可知其有交已久，且情谊甚笃：

今日是和日……道逢诸子来［王左车、方望子……］，各携衾一担。云当宿僧舍，遶塔行相参……秉烛待鸡鸣……侵晨各归去，此会知无惭。⑧

方熊亦在《方嵞山诗集》对方文康熙五年以来的诗，大加赞赏：

嵞山夫子擅风骚，丙午诗篇体更高……今古丙丁应不错，隆中抱膝

① 《白鹿》卷十四·七言绝·二。
② 即金陵，南京钟山。
③ 卷十一·322 页。
④ 《江青》卷十·诗。
⑤ 《有学》卷一三。另卷二〇《新安方氏伯仲诗序》记方望子奉乳山之教，以诗道相叩击事。
⑥ 《田诗》卷十二·客隐集［甲辰］·248 页。
⑦ 即张怡，字瑶星，号白云先生，金陵人。明亡后住栖霞寺，工诗，是髡残的好友。
⑧ 《嵞山》续集后编·卷一·654 页。

意何如。[①]

方熊有兄弟方兆兖，也是方以智的弟子，曾于顺治十七年在黎川参与了《周易时论合编》之“较”，[②]《青原学人》将“方兆兖[乘六]”列方望子前为36位，或方兆兖早于兄长方望子在方以智身边。方兆兖，生卒不详，字乘六。康熙二十六年钱澄之在《白门晤方望子自岭外回》诗中对其兄弟两人有涉：

君家兄弟有奇才……身经万死寸心灰。故人世外偏劳念……相看疑在梦中回。[③]

以钱澄之前后二诗计，其与方望子、方乘六兄弟交好跨越了二十多年，诗中“兄弟有奇才”评价甚高。方兆兖是八大山人好友方士琯[④]的堂兄弟，朱观《岁华纪胜》方宝臣云：“大兄望子之弟乘六，从游药地本师于青原有年”，熊颐康熙二十九年所写《水明楼送别方乘六归省新安，时方事莘已奉母归里，乘六附舟以行，兼与余订维扬之约，并寄乃兄方望子》两首，之一有句云：“知君不是怀安者，邗水居亭卜比邻。”之二有句云：“悲凉何用碎胡琴，谁识韩康市隐心……水明楼夜惟余月，路出齐云忆远岑。”[⑤]

方中通在《送山足法兄送天界、青原两录入嘉禾藏序》中说：“通侍青原，与方子乘六既编《物理小识》”。方以智《浮山别集》卷二·四《题枯笔山楼》：

乘六寄我白门小笔……因叹山水造命，寄之退麓中，北窗南山，西崑东坡，尽为此楼四面供张，别一天地。假使李成、董源，责以口行，则又有渊明请恕醉人之例。

方望子、方兆兖兄弟，都是擅绘山水的画家。方兆兖与方士琯同时客居江西有年，八大山人同时与方士琯、熊颐为好友，当与方兆兖有交。澹归《题药地和尚手迹后》说：

新安方君望子，曾及药地和尚之门，裒其手迹成一册，首以画，终以论《易》，请序之书。书即画，画即《易》，以为不足尽《易》，何处非

---

① 续集后编·卷首·附录·902页。

② 《时论·序卦传》署“环山后学方兆兖较”。

③ 《田诗》卷二十六·客隐集[丁卯]·530页。

④ 方士琯（1650—1710）安徽歙县人，字西城，号鹿村。工诗，在南昌多年。有《鹿村先生诗集》，魏禧为之《序》。

⑤ 《麦有堂诗集》二集编年诗卷三。

《易》？以为足以尽《易》，何处是《易》？秖如望子欲见康流，康流已不可得；欲复药地，药地已不可得。有册子写到处，即有册子写不到处，写不到处册子上见，写到处册子上不见。一点一画，全用全不用，更说个全勿用全用，早是画蛇添足耳。[①]

澹归说方望子“曾及药地和尚之门”的时间，在方以智50岁黎川寿昌寺专治《易》期间，以澹归文中“欲复药地，药地已不可得”及其所题语境，所题当在方以智去世不久，且方望子有再侍方以智之意。但此际，方以智已经去世了。

方熊晚年与方中发尝有往来，中发《与望子同舟夜下吉安次日即送之南昌，兼定归约，又得四绝》，记载方以智在惶恐滩殉节后，与方熊仍有同船话当年“粤难”事，并有再约之诗：

江湖何事送年光，坐对秋天引恨长。忘却夜深清露重……那堪催起送君归……就中多少他乡路，只记当时此处来。扁舟更约共还乡，万叠云山正渺茫。寄语西风好相待，莫先催客渡鄱阳。[②]

以此二诗可得知，方望子随同方中发同舟经过“万叠云山”的万安五云至吉安后，两人告别，方熊回桐城。方中发随后前往盱江建昌或黎川，其《盱江夜雨感怀》说：

千里南征岁欲残，故乡何处问平安。江湖夜夜风波险，梦里还家路亦难。[③]

方望子晚年仍常往岭南、罗浮等地有游，欲在黄山做道士，此一事在扬州引起轰动。曾在建昌府任过通判的黄元治，[④]在康熙二十七年秋，与方望子黄山不期相遇，作《黄山喜遇方望子》四韵：

竹杖一孤客……吾友却相逢……别来经几载，何处话从容……何日离江左，前年到粤东……[⑤]

---

① 《偏行》卷九·文部·题跋·遗命·202页。

② 《白鹿》卷十四·七言绝句·三。

③ 《白鹿》卷十四·七言绝句·四。

④ 黄元治，字自先，号樵谷钝夫，安徽歙县、黟县人（一说江西德兴黄村人。）康熙十五年丙辰科进士，工诗善书，后知江西建昌府，著《西山记游》。

⑤ 黄元治《黄山草》84页。

诗后有汪士鋐[①]的诗评说："望子好游，胸眼豁达"，先著染庵有《答方望子》、《酒香山人歌为方望子作》，黄元治、先著两人均与八大山人有交。

石涛曾为安徽丰南人吴蓼汀作《双清阁图》，（故宫博物院藏）姜实节曾说吴蓼汀杜门绝轨，不与人来往，"知之者惟黄虞外史、清湘子及余而已"，晚年与石涛也有往来。

第四节　黎川期间的学人与弟子

1. 方以智禅门多重身份下的弟子

方以智僧侣生涯长达 20 年，占据 60 年生命的三分之一，因特殊的身份，在步入禅门之后具有多重身份，所在派系、世系、辈分与变化等，学术界素无涉及与交代；其师承、法嗣，以及众多弟子的世系、辈分等身份来源，更是含混不清。

方以智在禅门有三次从"师"、"两戒"经历。三次从师：顺治九年广西梧州冰井寺"剃染"；顺治十年在金陵高座寺"圆俱"；顺治十五年在进贤介冈鹤林寺"易号"。两戒经历：觉浪道盛门下授"具足戒"，颖学弘敏座下"得正法"[②]或"受禅定"。[③]

顺治九年，三月至五月间，方以智在梧州被清军捉拿，无奈于冰井寺剃发成僧人：

> 吉州青原无可禅师……避难远窜，投昭平仙回山剃染……谒天界盛和尚圆具。[④]
>
> 方密之，自岭外剃染。[⑤]
>
> 无可……国变披发历滇黔，返栖寿昌。师神颖秀发，得法浪丈……[⑥]

方以智在神颖秀发座下剃发后，成为一名具"空观"身份的"剃染僧"，

---

① 又名徵远，字扶晨、号栗亭，歙县潜口人。康熙间曾以布衣召对行在，著《四顾山房集》等。

② 八大山人在颖学弘敏座下"得正法"，比照而有。

③ 施闰章《青原毗卢阁记》："……笑峰大然……受具戒于云居颙公，又从天界浪公受禅定"比照而有。

④ 《正源》卷八・百九十四。

⑤ 《田间》卷二三《住寿昌观涛奇禅师塔铭》。

⑥ 《光江》卷一百十九・仙释・吉安・七五。

得僧名“行远”,号“无可”。[1] 神颖秀发 [2] 禅师,是方以智最初削发为僧的“剃染师”。

顺治十年,方以智回桐城不久,清廷再次强逼出仕。该年,方以智尚处“空观五年”第二年,在金陵高座寺得曹洞宗黎川寿昌派下“东莞”支嫡派传人“道”字辈觉浪道盛授“大法戒”,破格“圆具”。依照寿昌寺祖庭无明慧经为始祖的寿昌派世系、法脉、辈分字:“慧元道大兴慈济”,[3] 方以智成为曹洞宗青原下三十七世,黎川寿昌寺无明慧经寿昌派下“东莞”支第四世“大”字辈弟子,法名“大智”。觉浪道盛是方以智得具足的“圆具师”。

> 吉州青原墨历大智(智)禅师……别号药地。寿昌上堂…… 觉浪盛嗣。[4]
>
> 大智……国变披发历滇黔,返栖寿昌。师神颖秀发,得法浪丈,住持青原十余年,卒于安福县,塔归浮山。[5]
>
> 大智……先后执掌新城天峰寺、廪山寺、寿昌寺、南谷寺……等处法席。[6]

这些记载,均是方以智寿昌派下“东莞”嫡派弟子的身份标记。

顺治十三年五月,方以智禅门“空观五年”期满。觉浪道盛偕尚在桐城“破关”为父庐墓期间的弟子方以智,前往江西宜黄曹洞宗祖庭曹山重修本寂灵骨塔。由此,依照寿昌派下“博山”支祖无异元来的字派:“元道弘传一,忞光普照通”,方以智再获曹洞宗青原下三十七世,黎川寿昌寺无明慧经寿昌派下“博山”支派(庶出)第四世“弘”字辈,法名“弘智”的双重身份。

---

① 瞿昌文《粤行纪事》卷三:“以智为僧于梧州冰井寺……披缁出家,名行远,号无可。”

② 神颖秀发,方以智的“剃染”师,无出待考。《正源》卷十·二百九十·南岳下三十六世·敏树相禅师法嗣:“辰州龙山颖悟秀禅师。”辰州龙山在湖南怀化,颖悟秀发(?—1666),《正源》卷十一·二百十,载其弟子沅州太和长明炅禅师有“且看木上座”句,似指“木立·方以智”。颖悟秀发与神颖秀发是否为一人,俟再考。

③ 《方青》附录·360 页:“东莞系……‘鼓山系’续演字派四十字:慧元道大兴,法界一鼎新。通天兼彻地,耀古复腾今。今日禅宗振,宏开洞上传。正中妙挟旨,虚融照独圆。”其前五字相同,今青原山净居寺“本山以此字派传承曹洞宗鼓山系”。

④ 《五灯》卷第一百十八·曹洞宗·青原下三十七世随录,669 至 670 页。

⑤ 《光江》卷一百十九·仙释·吉安·七五。

⑥ 《禅流》第十二章·曹洞法系(下)487 页。

今药地弘智，又同公受学天界者也。[①]

释弘智《远祖塔院斋僧田记》。[②]

辛丑春日画……弘智。[③]

愚者……浮山药地愚者弘智题。[④]

岁在兆咩，浮渡山愚者弘智记……[⑤]

这些记载，均是方以智寿昌派下“博山”支弟子的身份及派系标记。

顺治十五年，在方以智前往黎川寿昌寺途中，特至进贤介冈鹤林寺，在曹洞宗寿昌派下的“博山”支嫡派传人“弘”字辈颖学弘敏·耕庵老人座下“正法”[⑥]并“易号”，得曹洞宗青原下三十八世，黎川寿昌寺无明慧经寿昌派下“博山”支第五世“传”字平辈名号“木立”。自此，方以智得“博山”嫡派弟子认同，与同出一门的传綮·八大山人为兄弟辈。颖学弘敏是方以智在“博山”支“得正法”师座。

药地和尚访耕菴，易号木立……[⑦]

愚者大师……口更为木立云。[⑧]

僧弘智，字木立……住寿昌。[⑨]

金峰寺……国朝顺治庚子秋……僧木立锐然奋兴……焕然成一大观矣。[⑩]

方以智来到黎川寿昌寺后，始终以“木立”名号对外自称，将“木立”与“弘智”并列，以彰显自己在“博山”嫡、庶两派当中的身份与地位。黎元宽《读〈炮庄〉寄青原尊者》诗，以知情者的身份说方以智“两戒存”，其意义正在于此。

自方以智在泰和首山将兴贤中千纳为“大弟子”后，黎川四年中，仲子

---

① 施闰章《青原毗卢阁记》。
② 《浮志》卷之五。
③ 顺治十八年方以智在黎川廪山为归庄所作《山水册》款识。
④ 《悬榻》方以智《序》，钤“弘智”印。
⑤ 方以智《青原得瀑记》。
⑥ 饶宇朴跋《个山小像》：“个山綮公……得正法於吾师耕庵老人。”
⑦ 《菊庄》。
⑧ 徐芳《愚者大师传》。
⑨ 《康新》。
⑩ 《同新》。

中通、季子中履虽也皈依在“徒弟”之列，但随堂礼佛、披缁，却未尝落发剃头，[①] 所传嫡嗣弟子还有两位：兴斧、兴蛊。[②]

依照禅门的世系、辈份、字派规制，所纳弟子，均为黎川寿昌寺寿昌派下“东莞”支第五世“兴”字辈。

方以智为了区别黎川寿昌派下的“东莞”与“博山”两支，凡“博山”支“传”字辈人物，均平等于自己，以“学人”待之，如传綮·八大山人，传乘·刘安世等。其所亲修之《青原志略》当中，分列有两份名单，其一、《青原学人[与《志书》书采访者]》：

刘轩孺[平田]、张贞生[幹臣]、程士鲲[天修]、彭举[敻夫]、王愈扩[若先]、李幹[遯湄]、刘洞[雪林]、宋之鼎[商玉]、李鹤鸣[子和]、康若生[上若]、李长世[闻孙]、郭林[入同]、邹世祚[端侯]、吴云[山舫]、刘思允[若孩]、汪楫[舟次]、施男[伟长]、萧伯升[研邻]、曾传灿[青藜]、刘幼钟[安士]、杨学悊[濬文]、蔡文诏[严庵]、廖逢吉[生公]、刘澥[叔导]、萧应玺[虎符]、萧发生[英子]、刘建极[兼三]、王鼎吕[儕渔]、胡映日[心仲]、刘砥[岸矣]、萧淑[仪一]、李天材[非殊]、颜凛绳[勿堂]、滕楫[公剡]、王政元[敷优]、方兆兖[乘六]、周烜[习继]、刘吉[六谦]、萧凤来[翔虞]、揭暄[子宣]、沈泌[方邺]、方熊[望子]、刘征廉[季顽]、欧阳霖[方然]、刘逌[安于]、罗懋章[斐生]、萧炜[令生]、杨应陶[由亮]、贺世封[固庵]、吴駷登[黄乘]、李魁士[苑芳]、龙科宝[团庵]、陈鸣皋[于天]、高九嶷[迴陵]、笑翁之子倪震[止先]、倪霁[雨先]、愚者之子方中德[田伯]、方中通[位白]、方中履[素北]。[③]

这份60人名单，是以“博山”支学人与俗家皈依的学人，混合交织在一起，方以智以平等待之的身份，特与“东莞”支下的弟子作区隔。其中与方以智在黎川四年中有关系者16位，均在本书各章节有较为详细的介绍，他们是：

彭举·敻夫、王愈扩·若先、郭林·入同、吴云·山舫、萧伯升·研邻、曾传灿·青藜、刘幼钟·安士、胡映日·心仲、滕楫·公剡、揭暄·子

① 中履《吴舫翁文集序》：“履至不肖，缁衣之托，固在吴子。”

② 《禅流》附录I中国禅宗宗派传承图·曹洞宗法脉（七）。

③ 卷首·序文·发凡。

宣、方熊·望子、刘逋·安于、龙科宝·囥庵、方中德·田伯、方中通·位白、方中履·素北。

这16位有别于禅门弟子的“学人”,除了方以智的三子外,均为或在家“皈依”的禅门居士，或为仰慕方以智之名来求学、尚未获取功名的士子，唯一区别仅有“剃度”和“未剃度”之分，他们的学人身份，本质上仍然是方以智的“弟子”。另一份名单,主要是以“东莞”支下的弟子兼有其他禅门派别的弟子，而有的《青原执事》:

大权，兴炤[无倚]、兴梅、兴闻、兴渊[洪浪];大朔，兴澥[再堂];德璨，兴鉴、兴会、兴紘、兴伟、兴剑、兴谦;德闻，尝定、兴礼;大功;超喻，慈函、洪慈、兴念;法熟，光源;德璿;法专，洞平、兴蕴;法省，兴初、兴诚;寂悟，兴象、兴能、兴斧[山足];本眼，智乾;德嵩，觉澄;太甽，超征、行邃;寂铠，海奇、通典、胜近。①

这里面包含了黎川寿昌派下“东莞”支“大兴慈济(寂)悟本”诸字辈弟子，也包含了“临济”门下的“德超”等辈弟子。是觉浪道盛法嗣当中的师兄弟笑峰大然、竺庵大成、笠山大宁、叶妙大权,和“东莞”支其他头陀法嗣下的“大”字辈法兄弟:石溪大杲、三省大畴，以及曾住持寿昌寺的双峰大存、其天大浩，梅蓬大忍，观涛大奇，因禅门和寿昌派下的“互修”关系，准确地说，他们都曾是方以智在黎川期间的弟子。

这两份名单中的人物，前者为学人，后者为弟子。这些世系、字辈不一的弟子们，依照寿昌寺祖庭的法脉和寿昌派下“博山”与“东莞”两支世系、辈分字，均可找到准确的世系与派系。

这些弟子，大部分是寿昌派下“东莞一支”法脉，有些是方以智在黎川期间追随左右,有些则是在青原山后,诸法兄弟尽归其门下的弟子。排名前后，没有依照尊卑“辈分”秩序的原因，或可能因为剃度、入门时间早晚，或年龄长幼，或在青原山“执事”轻重等不一而足诸原因。

不管是“博山”支，还是“东莞”支，乃至各种身份，他们有的是方以智在黎川四年中即追随左右，有的则是在泰和首山濯楼、青原山归为门下的学人或弟子。

---

①《江青》卷十三·杂记·法产《净居寺山场田地》之末。

2.“博山”支的“传”字辈

方以智来到黎川之前，即有邓炅·传中等寿昌派“博山”支的“传”字辈学人追随。方以智《惠子与庄子书》后注：

> 此愚者大师五老峰头笔也……不须读《庄》，又何能读《炮庄》。大医王详症用药，横身剑刃，申此两嘘，苦心矣，岂问人知！壬辰秋，玉川学人传笑识。①

“壬辰”是顺治九年，方以智时年 42 岁，以僧貌从梧州回桐城，途经庐山有“三叠泉”之游，作《释行远游三叠泉记》：

> 壬辰之秋，望匡庐而止焉……遂从玉川门入。玉川门有伊庵禅师指其路……言开道绕三叠至玉川门……谷口里许为玉川门……玉川门外……②

传笑于此时，追随方以智在庐山。以“传笑”的“玉川学人”身份界定，“玉川”可视为传笑的“里藉”，即庐山；以传笑的“传”字辈与其师从方以智的时间界定，此间的“传笑”，乃是曹洞宗寿昌派下三十世“博山”支的禅门僧人，与传綮·八大山人为平辈。

值得注意的是，顺治九年的方以智，既未拜觉浪道盛为师，更没有获得曹洞宗寿昌派下“博山”支的任何身份，仅仅是一个刚落发才几个月的“剃染僧”。故此，这位被研究界素来认定为方以智“弟子”的传笑，并非是方以智在禅门的严格“弟子”，仅为此间追随方以智左右的“学人”。

《青原志略》卷八·书，有传笑《与刘雪林》一篇，其文内介绍曾赠送刘洞·雪林一部《药地炮庄》，并劝其在青原山多留住时日，以便获益说：

> 公既赏《庄》而读《易》，何不以《炮庄》激扬，以易几征格之乎？特奉一部，并致商贤（杨彭龄）。还当久住青原，获真益也。

传笑对《药地炮庄》有如此深刻的理解，可知其自庐山追随方以智，并在方以智来到黎川后仍在追随。《青原志略》所列“学人”当中，没有“传笑”，但在《药地炮庄·发凡》中，却有将“传笑”变为“兴月”一例。③这个转换，

---

① 《后编》卷之一·数类·九至十七页。

② 《康庐》。

③ 《药地炮庄》大集本《发凡》的作者为“传笑”，台湾中研所本《发凡》作者为“兴月”。

到底是“发凡”作者的更动？还是因“博山”与“东莞”两支“传”与“兴”字为同一辈分下的对等名号变化，抑或是传笑来到青原山后，另获“兴月”名号？目前尚不知原委。

彭士望《髻山秋日书怀》中对胡映日身份“今传笑”的界定，《建昌府志》对胡映日“尤深于象数、《周易》参同契，贯通有独得”[①]的评论，都和传笑于方以智50岁以后在黎川专注于《易》学研究的从学经历相吻合。《青原志略》列“胡映日[心仲]”为“学人”第29位，以《青原志略》所列“学人”均以俗家姓名为参照，[②]胡映日法名为“传笑”的可能性极大。传笑与胡映日是否确为一人，目前尚无实证，待再考。

传乘，即刘幼钟，字安士，或写为安世。《青原志略》：

> 传乘[即刘幼钟安士]《青原谒药地本师》：曹溪昔自访卢能，[③]今又青原见一灯”。[④]
>
> 《新开三叠泉》：斧子开山凿阪田，补来禅史有新篇。穿林祇让吾师健，三叠重寻瀑布泉。[⑤]
>
> 传乘曰：向谓古胜今……愚者曰：性无古今前后也……传乘曰：礼非后乎？愚者笑曰：可与绘万物也已。[⑥]
>
> 向在潇泷浮来精舍谒老人，读陈涉江侍御《琴歌》而抄之者，今与安世皆古人矣，为之凄然。[⑦]
>
> 《宋二罗》：传乘曰：麋公（陈继儒）笑《吉志》无宋二罗……[⑧]

传乘与萧孟昉、罗牧论制茶法，方以智答以传乘“向谓古胜今、前胜后”、“性无古今前后也”，并使之议题转为“君臣道合于臣力”[⑨]讨论。

刘安世是刘同升之子，抗清兵败，后隐于宁都梅川。是方以智来黎川寿

---

① 《乾建》卷六十五·人物·列传·流寓·胡映日。
② 刘安世法名“传乘”，以“刘幼钟[安士]”之名列“学人”20位。
③ 六祖慧能，俗姓卢。
④ 卷十一·诗·299页。
⑤ 卷十一·诗·309页。
⑥ 卷十二·杂记·343页《漱青岕》。
⑦ 卷十二·杂记·346页《青原逸句》。
⑧ 卷十三·杂记。
⑨ 《青原志略》卷十二·杂记《漱青岕》。

昌寺所“相招”的“清孤不类”人物之一。以其法名“传乘”论，方以智来到黎川寿昌寺之后，所收禅门弟子均以寿昌派门庭字派为徒，如住持泰和首山亦庵的“大弟子”兴贤中千，住持浮山华严寺的兴斧山足等，故可知，刘安世是在方以智“相招”之前即已出家，为寿昌派下“博山”支的弟子。《青原志略》以“刘幼钟[安士]”之名列“学人”20位，可见其在方以智被“相招”之后，以“学人”的身份相伴左右。

以传乘“今又青原见一灯”来拜“谒”的语境，传乘眼中的方以智，在来到青原山后所秉持的寿昌派“镢头”精神，乃可与曹洞宗青原系下六祖慧能的比肩人物。这是传乘归为方以智门下为“学人”的根本。刘安世在《青原谒药地本师》中的“本师”称呼，则是在归为方以智门下后，依照禅门世系、相同辈分心悦诚服的一种尊称。

传澥丹堂，生卒不详，湖南攸县人。《冬灰录》卷四《扫鼓山永老和上塔》：“书记传澥、兴会录”。《冬灰录》卷首・三有“学人传口”，其阙如之“口”当为“传中”或“传澥”，后世有简化为“传海”者，[①]亦即“传澥”。传澥能诗，《浮山志》载其《忽晤荆堂法兄于皖之太平》一首：

千里逆风到皖城，万松影里忽三更……最难十载重相见，应信残躯亦再生。[②]

诗题中的“荆堂”，即兴斧山足，“太平”即黄山，今黄山仍有太平区。这是黎川寿昌派下“博山”支的传澥，可能负师命尝由黎川前往安徽诸地，并在黄山“忽晤”平辈法兄弟的“东莞”支兴斧山足的证据。由此，也从另一个侧面，反映出兴斧山足常来往黎川看望业师方以智，两人这才会熟悉的原因。

传古，生卒、里籍、俗名均不详。《药地炮庄》大集本有“传古录”。

这些黎川寿昌派下的“博山”支弟子、学人，都是传綮・八大山人的禅门法兄弟。方以智顺治十五年来黎川之前，在进贤介冈鹤林寺拜谒颖学弘敏“易号木立”，从此，与颖学弘敏由“兄弟”辈，转变为“弟子”辈，与传綮・八大山人，由子侄辈“弟子”，转变为“兄弟”辈。但这并不代表其他的“传”字辈人员，也与方以智的“弟子”或“学人”关系发生了变化。换言之，这些

① 《方谱》273页。
② 《浮志》卷之九・266页。

“传”字辈的弟子或学人，并不能等同于“传綮·八大山人”。

因方以智有“博山”由“庶”变“嫡”的这层内在转变关系，故其不管是在《冬灰录》、还是《药地炮庄》中，但凡有涉这些“博山”支下的“传”字辈人物时，均以“学人”待之，而在《青原志略》中，则将自己在寿昌派下的“东莞”诸弟子，作了泾渭分明的区别，但这些被方以智平等待之的所有“学人”，均为方以智的“弟子”本质，一点也没有变化。

曾传灿后来去掉“传”字，改为曾灿，但始终奉方以智为“本师”，亦与此有关。

3.“东莞”支嫡传弟子兴斧山足

兴斧山足（1635—1688）[①]是方以智嫡传弟子中[②]与笑峰、石溪渊源甚深，为“博山、天界、青原及山足和尚，当洞山二十七世逮三十世”[③]寿昌派下“兴”字辈传人。康熙《浮山志》卷三·法谱，定其为华严寺第十七代住持：

> 第十七代，山足禅师，名兴斧，字剑谷，号荆堂，吉安人。康熙庚戌，承药地师命监院华严。癸丑仲冬，师（方以智）入塔，受方丈请，修《浮山志》，建藏经阁，置斋田，丛林规模肇于斯矣。《语录》一卷，《一茎草诗》传于世。

兴斧山足俗姓张，吉安府永新县人，明永乐朝翰林张叔豫[④]远孙。[⑤]《龙眠风雅全编》小传：

> 释兴斧，字山足……初入金陵，为石溪禅师剃度，秉戒于万松响谷

① 山足的卒年，钱澄之《重修浮山华严寺碑》：“山公凡住山九年，而两事告成。成之日，撩衣即去。”《浮志》卷之五·记·82页：张英《重修华严寺记》：“余后以壬午岁方得请还里。至明年，复来浮渡……还计山足与余游时……盖已二十有一年矣。”其卒年当在康熙二十一年；《浮志》卷之二·祖塔·山足禅师塔：“在无可爪发[塔]前，田间老人钱澄之撰铭，康熙辛未仲春建。”卒年当在康熙二十年（1681）；《龙眠》记载兴斧卒年在“戊辰”，即康熙二十七年，与上诸多不合。鸿鸣从潘江之说，存考。

② 张英《重修华严寺记》：“嗣至本朝药地愚者卓锡青原，山足其嫡乳法子也。”

③ 《浮志》佷净挺《序》。

④ 生卒不详，明永乐三年乙酉乡试解元，永乐四年二甲进士。

⑤ 《浮志》卷之七·艺文·125页：“《名宦志》：张别驾，永新人，发解于乡，登进士，改翰林院庶吉士，出判安庆……乐皖山之秀，自号皖山逸叟……今华严住持山足师实公之孙，公恋浮渡未遂采药之愿，乃百年后其孙来居之……”

> 禅师，随参天界，次谒青原，受法无可和尚。奉和尚命，应桐邑请，就席华严寺，修山志，建藏阁，送天界、青原两录入嘉禾藏……旋归浮山，置斋田，葺殿宇，百废具举。戊辰上元后，召大众，出衣履为记莂，飘尔长往，寄锡京师之观音寺。预示顺世之期，以三月十四日沐浴更衣，趺坐而逝，七日如生。吾乡张宗伯为召匠写真入龛，京师观者如堵。首座定崖迎归，塔于浮山。世寿五十三，僧腊三十四。所著有《浮山录》、《五灯纲宗》，其《一茎草》前后诗数卷，吴水部无斋、张宗伯敦复咸为序以传之。①

康熙《安庆府志》：

> 荆堂斧禅师……号剑谷，永宁人，姓张氏。少遭冠脱白长沙，初依石溪道人，至白下觉浪遂受具。游湘州会军李廉使、陈及潮人士，延请讲经开元寺皆悦服。己酉省墓故乡，为青原药地翁所器重，留为典职。庚戌皖公卿礼请翁主华严，翁命斧掌院事，口两北诣口，乃以斧继席，振起宗风，修山志、创藏阁，买口口，增寮舍。事竣，使侍子社嗣，方丈飘然长往。久之，寄席京师，观音寺，予示寂及期，沐浴趺坐，书偈而逝。七日，坐不望色，一时官民顶礼以万计。其首座桂奉龛南归建塔……②

康熙《安庆府志》刊梓在二十二年，文中“受具”一说有误。兴斧山足在黎川寿昌派下的世系为“兴”字辈，是觉浪道盛的徒孙。其“己酉……为青原药地翁所器重，留为典职”的表述，指兴斧于康熙八年归故里挂纸省墓时，前往探望业师方以智，被留为青原山净居寺“典职”，而非指兴斧山足在此时归为门下。

顺治十二年，兴斧山足在金陵长干大报恩寺为僧，“剃染师”为石溪，③ 即《清史稿》所列“四僧”之书画大家髡残④，因难以忍受石溪暴躁的脾气和随意棒打，后归为方以智门下得“受具”。

以方以智“半生倪夫子……救东震西一茎草。青原锄斧破虚空，笑趁蒲鞋一齐扫”论，山足当曾得笑峰之“救”，后归为其弟子，再侍侧于方以智，

① 续集卷二十七 · 4587 页。
② 卷二十一 · 仙释 · 七十七。
③ 即石溪大杲，《田间》卷二十一 · 422 页《髡残石溪小传》。
④ 《清史稿》卷五百四 · 列传二百九十一 · 艺术三 · 一三八九九。

又得到过道盛的器重。① 方以智来黎川后，山足随“药地传薪，荆枝继萷”②，是方以智在黎川“药地人天转法轮，唯公肩柱德山杖”③ 最为得力的弟子。故方以智在“寿昌寺”上堂时，尝有以“一茎草”作开示语，其师徒之间的情感，世人以“儿”目之。④

《冬灰录》和《青原愚者禅师语录》这两部记载方以智“语录”中，多次有及“一茎草”之语，都是山足在黎川期间随侍方以智左右“早负师承”⑤ 的证明。其“艰辛问芒履，一任往来穿”⑥ 于桐城老家、药地诸南城、南丰，吉安、青原山等地。

《浮山志》收录有方以智在山足监院华严寺期间的三封信扎，可知方以智对弟子的行事、僧俗两界关系、修志的具体指导等，俱见之细。

> 与山足监院……不慕繁华，随家丰俭，则华严之风不振矣！……待人接物以谦冲，依礼为平怀，处众先劳以行，起解灭为实地，修志须刻一《小引》，求诸杂记往事，是古今一大快事也。
>
> 又。人人都言新华严先众任劳，又能谦下，是能克家布基立幢者也。叙事待客款款有条……孙鲁山居士书至亦云：“守院者认真做去……即多生一生之正命食也。”子其勉之！
>
> 又。近日担荷要发大愿……吾老余年，一切放休，华严当家自付山主……希之诸作堪选入志……承命而守者，挈瓶之智，手不假器，彼又安能如之何哉？⑦

山足有《本师命余送李公之洪都，除夕阻风剑江》⑧ 即是其往来的记载。至方以智晚年，老家桐城浮山华严寺无人住持，吴氏族人及诸地方官吏，以“山

---

① 《浮志》卷之六 · 书 · 97 页，吴道观《与函云水部》：“山足师真实比丘，昔经浪杖人所器重。”《龙眠》续集卷二十七 · 4591 页，山足《张南邨秋日见访浮山》：“三世情存笔墨间 [谓杖人、药地]。”

② 《浮志》卷之六 · 启 · 115 页，吴道新《请山足禅师入华严方丈启》。

③ 《浮志》卷之八 · 艺文 · 169 页，吴文心《前题次家大人韵》。

④ 方以智法兄弟大选巨音，《浮志》卷之九 · 231 页《送山足法侄归浮山》：“十年监寺老杨岐，药地如今有此儿。”

⑤ 《浮志》卷之六 · 启 · 116 页，释兴斧《浮山志征诗文启》。

⑥ 《浮志》卷之九 · 艺文 · 226 页《山足大师〈浮山志〉成书赠》。

⑦ 均《浮志》卷之六 · 101 至 102 页。

⑧ 《龙眠》续集卷二十七 · 4588 页。

足大师为无可大师法嗣，贯通三教，弘启宗风，奉师命卓锡于兹……今者，山足大师饮曹溪之法乳，印青原之指归……”[1] 纷纷邀请回乡主华严寺法席。康熙九年，方以智先遣山足暂监华严寺，[2] 写诗以勉励：

浮渡棋声在眼前……一斧供薪足煮泉。[3]

山足亦以《庚戌暮奉青原本师命同延陵诸公清理华严院事……得无感乎》以回：

古寺时悲春色徂……棋局未残容客到，天风欲醉倩谁扶？华严此日堪弹指，楼阁门开水一湖。[4]

方以智棋艺为有明一朝国手“能品”，山足亦得师传并善弈，且常陪下棋。师徒二人以浮山“棋枰”为诗兴，足见融洽的程度；是方以智在黎川4年期间深得信任、后来被安排在老家浮山华严寺，先监院，后住持，并反复叮“嘱其重修山志”，[5] 极其信任和倚重的弟子。其被方以智向桐城浮山举荐的一个重要理由，就是山足能高举“寿昌”而启迪、开化信士。方以智在给亲家孙晋介绍这位弟子兴斧山足的《与孙鲁山司马》文中说：

山足兴斧向参杖人者，近在青原执侍者巾瓶，知其气概，亦谙事体，故即以华严米盐为锻炼……寿昌家风，正棒打石头人耳……[6]

山足工诗，有诗集《一茎草》鸿鸣未曾得读，但在潘江所编《龙眠风雅全编》续集卷二十七，收录了兴斧山足诗29首；《浮山志》收录张英（1637—1708）[7]《山足和尚〈一茎草诗〉序》评价山足诗：

癸亥九月力疾至浮山，与山足和尚同游，凡三日……出《一茎草》读之，苍秀高洁，极刻画处皆极自然，过唐诗僧贯休、灵彻辈远甚……甲子春，和尚来龙眠山，以此诗问序……和尚得之于山灵者独厚，而吾辈深愧不

---

① 《浮志》卷之四・引・45页。

② 《浮志》卷之二・建置・华严寺：“庚戌，命山足斧公来监视院事，山公承师命，重集《浮志》十卷，药公辞世，山公主方丈，阐扬经理，遂以一人任之云。”卷十《桂林公约》：“华严祖庭……今春先以山足来监院。”

③ 《浮志》卷之八・184页《与山足斧》。

④ 《浮志》卷之九・245页。

⑤ 《浮志》提要1页。

⑥ 《浮志》卷之六・书・100页。

⑦ 张英，清大臣，桐城人，张廷玉之父。

如也……[1]

钱澄之以长辈作《一茎草序》，将山足先髡残、后方以智的师徒关系作了交代，文曰：

丙寅初夏，予年七十五，忽有浮山之兴。华严寺住持山足，予旧识也，杖而为之前导……山公为之主人也……读其《一茎草》，虽应酬杂出，要自一往有洒落之趣……公终日在山……山公昔随吾老友石溪师寄锡长干，师褊急善嗔恚，遇弟子一以呵骂从事，不得已，去而师事青原无可翁。翁既应浮山之请，令山公先来布置，而翁卒不至。山公不数年道风大振，使久废之丛林顿还旧观，遂领众方丈。予为作《重兴华严寺碑记》，厥功钜矣。予别浮山五十三年，识山公近三十年，至今年乃始揽山之胜，一尽公之长，因自叹曰："不意五十年后始识浮山，三十年来始识山足！"……以为《一茎草》序。[2]

兴斧山足在编辑、整理《冬灰录》后有《跋》：

吾师药地老人，临难舍身，踏完天地而归不二，穷尽一切而乘中和……总持三教，烹炮古今，归于鼎薪。非现五地身而说三圣之法者欤，非处困而亨者欤。末后受嘱于杖人翁，担荷曹洞大法。计出世二十余年，说法多处，语录若干卷，位白兄于万安患难苫次中编辑成帙，此又以处困而亨者为刀斧不开之一证也……复与位白兄谋为语录流通，因缘时节，或自有在……时在丙辰重九，吉州门人兴斧百拜敬识。[3]

后又与方氏兄弟将《冬灰录》进行整理，编成《青原愚者禅师语录》，与道盛语录一并送入《嘉禾藏》。康熙十一年秋，兴斧山足在金陵，兴见[4]作《壬子秋，喜山足法兄来金陵》：

闻子尚南海，何时返吉州 [兄从越还青原，木立 [墨历] 老人嘱住浮山]？……浮渡棋先说，青原机早投。知今凭钝斧，万古绍箕裘。[5]

康熙十四年，中履为《一茎草》作《序》说：

---

① 《浮志》卷之四 · 56 页。

② 《田间》卷十五 · 序 · 287 页。

③ 《冬灰》卷末"山足兴斧 · 跋"。

④ 字云在，广东人。

⑤ 《浮志》308 页。

每过浮山与山足法师坐于老松修竹下，反复痛论未尝不为三叹也，虽三十年间高人奇士往往隐于别路，看破世间，又看破出世间，其谁知之？往年先公在濯楼，尝欲采集别路，拈提未就而没，今山公志将踵成……乙卯大寒题于汗青阁。[①]

由康熙十四年（1675）“乙卯”回推“三十年”，为顺治二年（1645），这是山足已经出家的证据，其“往年先公在濯楼……今山公志将踵成”之语，亦是方中履说山足对“首山精神”的继承之意。

康熙十五年夏，兴斧山足送《青原愚者禅师语录》入《嘉禾藏》在金陵天界塔院，王概[②]作《庚申夏喜晤山足大师时寓天界塔院》：

十年相忆遇何艰？……录补藏中归绣水，书成袖里出浮山；公以新修《浮山志》见示，欲载杖人诸刻，补入吾禾书本藏中……

同门法兄弟兴孝[③]对山足奉黎川祖庭给予高度评价，作《山兄和尚从吴越归，即之青原取杖祖语录板入藏，次王安节扇头韵赠别》：[④]

杖藜浑不畏时艰……一席已经归药地，诸方谁不仰浮山……[⑤]

康熙二十四年，钱澄之作《浮山示山足上座》：

浮山山下华严寺，忆我游经六十年[别此山五十余年矣]……独教诗句半窗传[雷鲤号半窗，有诗]。[⑥]

中通《送山足法兄送天界、青原两录入嘉禾藏序》：

通故尝服膺吾山公者，不以浮山为拈椎竖佛之所，而以传老人之事是亟，浮山之志成也……藏经之阁起也……老人之塔建也……两《录》入藏之举……则浮山之不负青原，犹之青原之不负天界……[⑦]

---

① 《汗青》卷上·三十二。

② 字安节，绣水人。

③ 甦庵，闽人。

④ 以上二首均《浮志》310页。

⑤ 《陪诗》卷二·十三《送山足法兄送天界、青原两〈录〉入嘉禾藏序》：“……岁庚申，山公还自吴门，云当沂洄青原，运杖人翁《全录》……从此赴嘉禾《两录》入藏之志遂矣！”此二《语录》，均见《嘉兴藏·又续藏经值画一》第十六函。《嘉兴藏》即《嘉禾藏》。

⑥ 《浮志》卷之七·艺文（诗）·121页：“雷鲤一首[半窗，建安人]。”曾游浮山，有《浮山纪游》、《易雷公洞为墨汁岩》等。另据《田间》卷二十五·514页。

⑦ 《陪集》卷二·陪古·十三。

山足一生追随方以智，不顾颠沛流离，以“疾风知劲草”意命其诗集为《一茎草》，是不辱、不负师命，而有中通这个评价。后在桐城浮山华严寺践行黎川祖庭“寿昌”一派的农禅精髓，上堂开化“令行人锄地”；[①]继承泰和“首山精神”，[②]成为方以智黎川寿昌、青原净居诸弟子中，行踪、事迹最显豁，最为倚重的继承人。

康熙二十七年，兴斧山足游北京访旧识张英“越数千里来相访，留京师不数月，卒”，[③]方中发作《影堂·双桂塔》：

> 山公去华严阅数月，示寂于京师……弟子法住闻变奔赴跣足经三千里迎龛归寺……[④]

康熙三十年，仲春，桐城僧众、檀越在方以智爪发塔前，建“山足禅师塔”，钱澄之撰塔铭，[⑤]兴斧山足永远与恩师相依相伴在一起。

4. 兴裁滕楫、兴蕴襄藏、兴地吴疆等“兴”字辈诸人

兴裁滕楫，字公刿，婺源人。是《冬灰录》之《中五道场衍说》记录与“识”者，黎川寿昌派下“兴”字辈弟子，《青原志略·青原学人》中列第34位。

兴裁滕楫在黎川即为方以智弟子。张自烈以“芑山瘖道人自烈书”之名有《阅〈炮庄〉与滕公刿语》；

> 乡者宓山繇瘴徼，羁长干竹关。会失怙奔丧，庐墓三年。比出游，好学不倦。

可知张自烈写此“语”在方以智黎川完成《药地炮庄》之前，以顺治十五、十六年最为可能。是方以智写《炮庄》最酣之际，亦可证兴裁滕楫此际在黎川。余飏《别揭暄、滕楫二生序》有方以智对兴裁的评价：

> 今岁薄游吉州，过沩林与无可谈，胸眼顿阔。又得其门下士二人，曰广昌揭子宣，婺源滕公刿楫，二生皆远江负笈从无可游。无可方精谈三一之学，而独亟称二生，则二生之所就可知。

① 《浮志》卷之六·启·113页，弘智《答怀宁县缙绅请住华严寺启》。
② 《浮志》卷之六·书·105页，吴道新《留山大师书》：“大师之薪，即传青原本师之薪，坚志弘愿，感格人天，宁必无首山之继风穴、投子之绍太阳乎！”
③ 《浮志》卷之五·82页，张英《重修华严寺记》。
④ 《白鹿》卷五·五言律·六。
⑤ 《浮志》卷之二·祖塔·20页。

余飏文中说兴裁“恂恂似不胜，衣不即人而人自即之”，“善于谈地，自天下名山大川，绵岭支流，皆能道其委发源流，一见便说吾乡壶公形势，若其夙游然者”，“心细而密”，“事亲极孝”，“子宣方为无可编订《通雅》，公剡方为无可修订《韵叶》，无可之书，非二公无与辩诸者，则二生之所造，又可知已。”“公剡能为诗而不甚拈，比偶诗绝，清新可诵……尚工举子业应试云。”①
滕楫有《枯荆再发诗[有序]》：

七祖倒插荆，近已枯矣。丁酉，笑峰和上来此，枯枝忽生。甲辰，药地本师来，枯蘖复生三枝……当年一幹原难插，今日三枝岂易攀？……②

方以智有《腊月十三日，七祖忌辰上供》：

千年一腊不曾忘……殿前二桂久昌昌……古炉倒插一枝香。③

这是滕楫后随方以智到青原、在净居寺随师一道为七祖忌辰上供的证据。《青原志略》兼室决语有“兴裁”与方以智的对话。④其“本师”之说，知兴裁·滕楫是方以智在黎川四年期间随侍在身边，后带至泰和首山汋林、再带至青原山净居寺的弟子。

兴蕴襄藏，《浮山志》作“衮藏”，⑤即萧鼎，字九牧，庐陵人。宋之鼎[商玉]的《赠青原侍者襄藏》：

牧公年少时，五陵游侠子。击剑天低昂，破家身不死……精研笔墨耽经史。书法怀素诗皎然……忽逢药地便掩泥，仰山峭石欣瞻礼……阖门七口同庞家，一时齐上法华车……吸尽西江烹慧命。谁不道藏庐出世奇……⑥

诗中的“忽逢药地便掩泥，仰山峭石欣瞻礼”，是其在黎川拜方以智门下“瞻礼”的证据，并曾随方以智去过金溪仰山硝石。诗中还以《五灯会元》记载庞居士举家信佛的故事，用“阖门七口同庞家”来说襄藏全家七口“舍宅”建庵信佛，而使其学道之所的“藏庐”成为“谁不道”之“世奇”。《青原志略》卷

① 均余飏《芦中全集》卷四。
② 《华青》卷十·诗·268页。
③ 《冬灰》卷一。
④ 卷十三·杂记。
⑤ 卷之八·180页。
⑥ 《华青》卷十一·诗·319页。

一·山水道场·庐陵陈鸣皋于天《青原峰别道同说》中有：

襄藏大师慧颖并忱……药地托之兹堂，而师朝夕奉持……

这一记载，或正是其“舍宅”所建之寺庵，被方以智看重并相托的原因。兴蕴衮藏有《赠山足法兄》：

拈茎草竖起华严，远录宗坛绝正偏。白下群贤堆满志，青庐全录喜重镌。谈心慰我十年后，高手让君一着先……①

兴蕴襄藏也是因“国变”出家,但他入方以智室在兴斧山足之后,故有“让君一着先”之语。方以智来青原后，兴蕴襄藏朝夕“奉持”门下从学。以陈鸣皋·于天文中称兴蕴为“大师”、又以其诗中称兴斧为“法兄”论，兴蕴襄藏的年龄当与兴斧在伯仲之间。兴蕴《题归云阁》：

荆条药树互峥嵘……帘卷寒光山两臂……万古知归青尺五，恍然身在碧霄行。②

“荆条药树互峥嵘”，指“药地”黎川寿昌寺、青原净居寺的禅和子们相互参学的情景，兴蕴非常熟悉，故其才有将黎川的寒山与青原山两处道场作比较说“帘卷寒光山两臂”。石濂《送襄藏法侄》：

出世无情尔何情，十年为我走羊城。驿路无端哭放声……不贪富贵不辞劳……杀人场里乞兵火……万里相期拼死生，又迩江帆入珠浦。本来不访安期③仙……道中骨肉久别离……我为师、尔为祖，慨然一诺即辞行，相留不住猛如虎。④

诗中“我为师”指方以智,“尔为祖”指“寿昌寺”祖庭。石濂大汕还有《襄侄归棹寄青原、寿昌、汋林三札，并征诸方近录》：

遥遥尺素赖君持……却累远传诸刹信，为言深负十年期……邮筒早晚寄吾知。⑤

襄藏在黎川、青原期间，是一位方以智及诸朋友十分信赖、往来广州持之十年之久，为方以智与石濂大汕做信使“邮筒”的弟子。

---

①《浮志》卷之八·艺文·180页。

②《华青》卷十一·诗·310页。

③ 指刘安期，其弟刘安世是方以智来黎川后“相招”门下的弟子。

④《离六》七古卷四·二。

⑤《离六》七律卷八·二十。

兴地吴疆，字季六，新安人。道光《婺源县志》：

吴疆，字季六，蕉源人。伟岸躯干多力，善骑射，尝手缚两虎。能诗，所咏《忠愤吟》甚悲壮慷慨。工书画，尤长墨竹……性豪迈，喜任侠，交游四方多名俊。欲以韬钤树立，值时艰不获售……人称为吴千斤云。①

《青原志略》卷一·山水道场《小三叠》："吴季六问樵人，言嵋庵之左有悬泉"；卷十一·诗·吴疆 [季六《因寻灵寿木，开三叠泉图上吾师》：

塞北江南放脚回，隐屏香谷望高崖。多生自画龙眠影，三叠新从虎穴开。灵寿荆蓬谁敢近？沧浪药室老招来。雪霜好看青青意，棕竹红梅一镬栽。

以吴疆诗题中的"吾师"论，又以方以智发现"小三叠泉"在来青原山的第二年，所云"沧浪药室老招来"随"招"随到计，很显然，吴疆在方以智黎川四年中，已经是其弟子，方以智转场青原，吴疆追随左右。《青原志略》卷六·方以智《青原得瀑记》：

夏游武功，搜得图坪千丈库之瀑……适吴季六来寻灵寿木，入深壑中……岁在兆牂。

康熙五年，方以智兴建"药树堂"，吴疆为之作"文殊与善财画像"。胡心仲《药树堂文殊、善财画像》对吴疆的绘画和寺内诸人评价，给予了详细的记载。方以智则在评语中，借吴疆的绘画，阐述自己对绘画的认识与体会：

新安弟子吴疆兴地画，龙眠孙晋题曰：药地大师于枯荆下，新建禅堂，愚山居士颜为"药树"……适有吴季六得干皴沁晕之神，一心作观七日，信手挥洒，不用影本，因缘时节，千指俨然……始信华严指头，恩力有在……榴庵曰：季六工入丝发，而不用影朽，望之卓然如生，何也？

愚者曰：彼以西染化郑千里之法，而又以槁笔积晕之，世已不能知矣！其致专如纪昌之视虱车轮，而后下笔焉，何怪王翰之须菩提起坐、吴道子之最后圆光惊人耶？况季六亦臂举五百斤，介马一呼，千人辟易，今摄入于此兰叶，描且二十年，世又乌能知之？

榴庵曰：画为其似也，似犹可贵，况其真者。道法亦犹是也？

愚者曰：真与似，盖难烟哉。影似形者也，孰能禁影……画也者，

① 卷二七·人物十三·方伎。

借物以自造一命而传其心者也。予试借我而自造一命否耶？……[1]

兴地吴疆作为方以智的弟子，在药树堂作水陆画，得“干皴沁晕之神”，所绘文殊、善财画像“信手挥洒，不用影本”，且7日即成，故方以智以“西染”之法（即西方传入的明暗、光线用以表现体积的渲染之法，今谓之素描）有赞其曰：“彼以西染……世已不能知矣！”其“至专如纪昌之视蝨车轮而后下笔”，说明吴疆的人物画，是一种对人物用细笔刻画、具有明暗体积、空间感强烈的作品。

这种“西学”观念和手段，是吴疆在来青原山之前即从学方以智，有着师徒关系和紧密逻辑关系的。这是吴疆的画要由方以智来作禅师，老亲家孙晋说吴疆“始信华严指头，恩力有在”赞扬其深得业师“恩力”的根本所在。

兴盅，《冬灰录》卷首有《中五道场图》，该图后署有“弟子兴盅敬梓”，说明该图是其捐资刊梓的。“中五道场”是方以智在黎川“寿昌寺”兴建的道场规划图，兴盅是方以智在黎川四年期间嫡传“兴贤、兴斧、兴盅”三位弟子之一。因其生平事迹尚未得征，故仅列其名于此。

兴翺，赵嶓《冬灰录》卷首有“东海学人兴翺赵嶓”的《序》一篇，《药地炮庄》全书尾有“药地学人兴翺识”无署年的《炮庄末后语》一篇。徐芳《愚者大师传》：

愚者大师……东海生曰：皆非师本名也，强为之名……

“东海学人”兴翺赵嶓与徐芳所云“东海生”，当为一人，对方以智来黎川前后诸名号来源均甚了解，是黎川期间追随方以智的禅门学人，与徐芳也熟悉。后中通、中履兄弟编撰《冬灰录》，兴翺以“生死发药”作《序》一篇：

生死发药……药地大师……合《鼎薪》《炮庄》而通其故……《冬灰》之旨乎！……

兴月一轮，《冬灰录》卷首·一：“药地学人兴月录”，《青原志略》卷十·诗有“兴月一轮”的《青原部药地本师韵》诗一首。兴月一轮是方以智在黎川寿昌寺、廪山寺“相随药地”[2]左右，并为之记“语录”、后再至青原山净居寺的弟子。其“一轮”的法名，当为是“博山”支的“一”字辈弟子，是曹洞宗寿昌派下

---

① 《华青》卷十二·杂记·350页。

② 《药地炮庄》兴月《发凡》。

“东莞”与“博山”兼而有之的弟子。

兴种,《冬灰录》卷首·一:“行者兴种谨记”。兴种于方以智在桐城庐墓期间,即随侍方以智,后至黎川寿昌寺,再至青原山的法徒。

兴口一鉴,《冬灰录》卷二有“书记一鉴”,当与兴月·一轮一样,同为曹洞宗寿昌派下“东莞”与“博山”兼而有之的“一”字辈弟子,但在寿昌派下的字辈是否也是“兴”字辈,抑或是“慈”字辈,并不知晓。

兴秫,《冬灰录》卷三《彭夐夫孝廉舍其祖状头公宅为庵,施愚山大参题为“浮来精舍”,请药地愚者居之。进院日诸山浮侣请小参》:“侍者兴秫谨录”,《药地炮庄》全书尾有“侍者兴秉录”无署年的《炮庄末后语》一篇,此“兴秉”或“兴秫”当为一人,是方以智在黎川期间侍侧的弟子。

兴伟顾堂,《冬灰录》卷三《十月二十六日师寿日请上堂》:“纪录兴伟”;《青原志略》卷一·山水道场·《五峰庵》:“兴伟云:五峰前,住资福三年”;卷十一·诗《次新开小三叠韵》“几伟·兴伟”;康熙《浮山志》卷十:“兴伟……又名顾堂,桐城光宅人。”是方以智在黎川寿昌寺,后追随至青原山的法徒。

兴纮,《冬灰录》卷三《十月二十六日师寿日请上堂》:“纪录……兴纮”,是方以智在黎川寿昌寺,后追随至青原的法徒。

兴畜,《冬灰录》《偶答》有法门弟子“兴畜”按语。兴畜于方以智在桐城庐墓期间,即随侍方以智,后随方以智到黎川寿昌寺,再至青原山,与方以智有“不昧本心,随分自尽,神不可知,在可知中”①的阐发。其《上巳语》中记录了自己与方以智、郭林、兴礼介山、乘湖因“兰亭修禊”引发的生死讨论,并存诗一首“俯仰任纵横,看来到处平。问先留一叹,诗亦罚三觥。放眼忘山水,狂歌贯死生。何须轻去就,枕石梦溪声。笥参②小子兴畜,归而志之简端。”③

5.“东莞”支徒孙慈炳嗒然

方以智寿昌派下“东莞”支的弟子为“兴”字辈,孙辈弟子为“慈”字,慈炳嗒然即是黎川四年期间追随左右的一位隔辈弟子。

慈炳嗒然,生卒不详。《冬灰录》:

---

① 《江青》卷八·《情缘门下答白门士》。

② 指方以智。

③ 《华青》卷十三·杂记·361页。

嗒然举当时在寿昌……嗒曰：如何？愚者曰：者畜生。[1]

《药地炮庄》"此藏轩"本有邓林《跋》一篇：

……吾师药地老人，痛伤其心，发大悲悯，不忍坐视流毒，乃拈一茎草……窃笑近时专门画狗。剥取皮毛，描写装潢，以当白泽谣谣，讳疾忌医……余小子炳不敏……幸遇医王，应症与药，饮我上池，年来狂解少瘳……噫！炮庄者，是又余之一旦暮遇也夫。阏逢执徐修禊暮春，邓林旧徒嗒然慈炳谨跋。

署年"阏逢执徐"，为康熙三年。这是嗒然在方以智《药地炮庄》完成后有作"跋"，也是其曾在黎川从学的证据。以款署"邓林旧徒"论，"邓林"为古地名，典出上古神话中夸父逐日，道渴而死，弃杖为邓林意。《商君书·弱民》说："隐以邓林，缘以方城"，属战国时楚国北境，这是嗒然里籍可能在楚北、并非出自名门显族、是来自于"山野村夫"的一种身份自谦表示。以该《跋》在"吾师药地老人"后面，以极谦恭之晚辈"余小子炳"自称，与这个"慈"字辈的身份证是相吻合的。

钱谦益《次韵何慈公岁暮感事》诗之四："闻逐邓林搜弃杖，戏禁沧海学栽桑"，诗题中的"何慈公"即嗒然，可知慈炳嗒然俗姓"何"。嗒然为方以智之徒在何时？何地？方以智《宋子建秋士集序》有："《乐记》曰'歌者直己，而天地应焉。'嗒然者冲口直己而已。"署名为"无可道人智题"，[2]写作的时间，当在金陵高座寺"闭关"期间，也就是说，此间"嗒然"已在方以智身边。

方以智来黎川不久，嗒然便追随其后，也到了黎川。方文在《寄药地上人［即从子密之］》：

自公去盱江，三年音信断。今春徐子来［仲光］，云在廪山半……九月来彭蠡，即问盱江船。不图章门外，忽逢僧嗒然［僧之字］。自言药地徒，本师将南旋。[3]

诗中"僧嗒然"自称"药地徒"，奉方以智为"本师"，其语境当为两人初相识。这种关系，若"嗒然"在方以智庐墓期间从师，方文当有认识，这是"嗒

---

① 卷首三·机缘。
② 《后编》卷之一·28页。
③ 《嵞山》续集前编·西江游草·五言古体·578页。

然”不可能在方以智老家“栾庐”期间的弟子证明。此际，方文已从徐芳早春来访时，知道了方以智在黎川“廪山半”，正欲前往时，在南昌“章江门外”码头遇到了嗒然，并获悉“本师将南旋”，意在赶紧去，不然本师就走了遇不上。这是嗒然在黎川廪山追随方以智，才会对“本师”行踪如此了解，也是嗒然在廪山为徒有年的体现。方以智到青原山后，慈炳嗒然仍追随，有《怀药地本师》：

新造闲居阁，云归谷口桥。药囊为易寓，桑火亦冰消。三拜收双袖，千峰总一瓢。自惭荒岁月，北面指招摇。①

“新造闲居阁”指方以智所建“归云阁”，是嗒然前往青原的写照；“药囊为《易》寓”，则将嗒然随侍期间，方以智已经转为专心研究《易》的实情和盘托出；“三拜收双袖”是慈炳嗒然有“三拜”方以智为师、与这位“千峰一孤”本师的情分，而有了在方文，乃至他人面前显胜“招摇”的资本。这种对方以智的赞颂，可知其始终追随方以智，是多年相随的隔辈弟子。嗒然《药地炮庄·跋》，还有“窃笑近时专门画狗”一语，这表明慈炳嗒然可能是一位能“画”者，且在黎川期间有画。嗒然在寿昌寺参与了方以智阐发“庄子”的多次讨论：《药地炮庄》对此有记载：

藏一为庄生圆梦曰……《易》曰：括囊，无咎无誉。嗒曰：《庄子》数万言，囊何云括？笑翁曰：彼知不可庄语，非括尽耶？嗒曰：幸得多奇字，旁人未必知。笑翁曰：且道街头布袋，是如何括？②

陈眉公曰……风轮，则文人之笔是也。强作解人，漫无可否，则山川乡愿矣。嗒然曰：庄子其噫风轮而胜藐姑之山也乎？何必以道锢庄子，不如且降作文人，以供养后世之游山水者……③

以嗒然顺治十八年已追随方以智有年计，这位寿昌派下的隔辈徒孙，至少在方以智身边随侍长达五年以上。

6.“博山”与“东莞”两支均不明法系、字派诸弟子

方以智在黎川四年的追随弟子中，还有几位法系、字派不明的禅门人物。

---

① 《华青》卷十一·诗·314页。
② 卷四·骈拇第八·上栏。
③ 卷八·外物第二十六·上栏。

直来，李腾蛟《半庐诗稿》卷三《伏虎岩赠直来上人［上人乃木师高座］》：

参尽诸方佛，何如扣木师……山君作主持……直待耳聋时。[①]

魏礼《赠涂宜振》："己亥到新城……今春直君来"所涉及的"直来"和尚，是方以智在宁都收授的弟子，其驻锡的"伏虎岩"在宁都。以李腾蛟将直来和尚"参尽诸方佛"、最终叩倒在方以智门下论，直来为"木师高座"的身份，当为"东莞一支"的"兴"字辈，或为"博山"支的"传"字辈，但其"高座"并未交代，故其辈分尚未明。方以智驻锡黎川寿昌寺期间，直来尝往来于黎川与宁都之间。

法鼎，《冬灰录》卷一《五位纲宗》有"侍者法鼎"。

超心，《冬灰录》卷一《五位纲宗》有"书记超心谨录"。

寂常，《冬灰录》卷二有"侍者寂常录"。

无伴，钱澄之康熙二年《寄无可师》"顷有沙弥无伴，为大师犹子，远寻西上"。方以智视"无伴"为"犹子"，当在黎川寿昌寺时即有追随，至方以智泰和、青原，无伴"远寻西上"追随。

琴岛，施闰章《无可大师六十序》："去年秋，青原弟子琴岛来，言师今岁周甲子，四方交游多为文辞称寿……"

方以智在黎川四年，坐而言、起而行，相招、游历周边各县，结交释家、方外学者，商磋学问，弟子们也都在黎川诸寺庙形成规模，并追随左右。在思想、文化传授的同时，外面众多、庞大的学人群、全国顶尖级的一流学者、名宦、朋友，也都纷纷云集于这座小小的黎川城，谒其"开示"，听其讲学，耳提面命之余，在黎川周边形成了一个巨大的"文化"与"精神"群落，这些或曾经在大明王朝中的重臣、翰林，或遍布于全国各地的仕宦、缙绅，都集中在方以智身旁，直如一个躲藏在山间的流亡政府、小朝廷一样，以寿昌寺为掩护、禅学为中心，将政治、经济、军事、文化、艺术的话题，加以讨论而无所不包。这种现象，无疑对黎川这个小小的山镇县城来说，文化聚会，以及其所形成的宗教、文化效应，对于后世的黎川、寿昌寺祖庭内的诸学人、弟子，寿昌派各支的门人、弟子所产生的巨大影响，实在是难以用量化的计算方式来估量。

---

① 《半诗》卷三·五言律。

《青原志略》许焕[1]《序》说："山水以文重，尤以人重"，又说：

借人兴山，借山兴人。[2]

方以智在黎川四年，以践行寿昌派学说为目的，使人与山二者都相辅相成，而让黎川"寿昌"一派，在方以智来到之后，得以再度兴盛。

① 许焕，字尧文，江苏太仓人，顺治间曾任嘉兴知府。

② 《江青》卷十三・杂记《诗堂》。

卷四 黎川第三年

第一节 黎川僧俗两界的交往与泰和首山聚集

1. 在廪山与众僧的“机缘”和俗世的书画情

公元1661年，南明永历十五年，清顺治十八年，辛丑。方以智来黎川或寿昌，或廪山已三载，时年51岁。春，时在廪山之“半”，[①] 建设廪山塔院之余，为归庄作《山水册》十二开，款署：“辛丑春日画，呈玄恭社先生教正。弘智。”[②]

四月，中通在黎川“随衍室中”左右，侍父“娱亲”之余，在廪山寺兼治泰西之学，[③] 并于此间得“比例规解之本法”，[④] 将前后10年所著《数度衍》以完成，[⑤] 遂作《辛丑〈数度衍〉成》诗：

> 秦余易象本家传……自笑十年忘寝食……收将今日东西学……聊以娱亲消岁月，行藏未卜且由天。[⑥]

中通呈《数度衍》交父审阅，方以智作勉励之语：

> 漆园《天下篇》曰：明于本教，系于末度。吾谓数自有度。《易》曰制度以议德行，神自无方准不可乱……汝既知数，即可以此通神明、类

① 方文《寄药地上人［即从子密之］》。

② 方以智《赠归玄恭山水册》，原藏于闽侯严氏，今不明。

③ 《陪诗》卷一《南亩记》：“余少遭乱失学，长从泰西穆氏游，好西学及究声音、历律、周髀、九数诸学……逮侍老父合山，始知通几贵乎质测。老父教以《河》、《洛》为三圣之大符，而后豁然愿学《易》焉。”《中西算学通叙》：“通尝侍先君子，栾庐合山衍《易》，教以一切征诸《河》《洛》。通因悟九数皆勾股。勾股出于《河图》；加减乘除出于《洛书》。诸算无非方圆叁两所生，谬为《数度衍》二十六卷。”

④ 《数度衍》卷首·钦定四库全书·提要：“比例规解之本法，惜仅见其弟中履称：中通得旧法于豫章。”此际在黎川。

⑤ 《数度衍》卷首注：“辛丑余月，位白通识于随衍室中。”余月，《尔雅·释天》：“四月为余。”疏：“四月万物皆生枝，故曰余。余，舒也。”故知时在农历四月。

⑥ 《陪诗》卷之三·二。

万物矣。专精藏密，勉之勉之！[①]

中通此后北返。方以智在寿昌寺繁忙的佛事中，始终对儿子的《数度衍》给予指导，中通在黎川侍父两年，最终完成该著，这是方以智在黎川四年当中的另一个附属成就。此际，长子中德在桐城四弟中发家中，接待前来探望的彭士望，[②]随后，中德与中履赴黎川，中发作《送叔兄之寿昌》：

十七年前党祸炽……尔时君方五六岁，远侍慈闱走荒裔。万里寻亲若等闲，十年始得归丛桂……两年消息竟断绝……语我驻锡寿昌寺。君今买擢再寻亲……出门即是天涯路……君直寻亲我未得……豺狼已死无梗塞。[③]

彭士望在桐城探访钱澄之时，钱澄之作《彭躬庵过访田间》，对方以智有："远愧药地翁，毅然事浮屠"之怀。[④]

除了日常的佛门法事，方以智尝与寿昌寺诸弟子、学人"机缘"不断，门生嗒然亦从学左右：[⑤]

机缘。嗒然举当，时在寿昌。竺和尚落堂，问："牛过窗棂，尾巴过不得"……药地愚者曰："我更不然。"嗒曰："如何？"愚者曰："者畜生。"僧问："廪山云'磨得青萍倚石眠'，如何是青萍？"愚者与一掌曰："倚石眠意又如何？"又与一掌曰："且磨看。"

问："寿昌云'翻身跳出祖师关'，如何是祖师关？"愚者曰："汝曾上到峰顶也未？"……"祖师关容汝不跳，药地关无汝跳处。"……有僧问禅，愚者曰："信得四书及否？"曰："安敢不信？只是行不到。"曰："既

---

① 方中德《序》："药地老人示：'漆园《天下篇》曰：明于本数……汝既知数……勉之勉之！'此大人见《数度衍》而勉二弟之语也。弟之研极者十余年矣。初，大人庐墓合山，重编《时论》，时衍极数以示德等，弟退即变数十图以进。大人喜甚，因命精致。弟遂发明勾股出于《河图》，加减乘除出于《洛书》。既而玩泰西诸书，乃合笔筹珠之三法，而穷差别于《九章》。"

② 《耻躬》："辛丑适皖［主方名中发、杨名森、方名中德］。"彭士望有《谒方正学先生祠》，《耻躬堂诗钞》排在"庚辰至丁亥"。

③ 《白鹿》卷之三·七言古·十九。

④ 《田诗》卷八·170 页："垂老营一室……远愧药地翁，毅然事浮屠。我守先子训，黾勉学为儒……良朋眇天末……子在岩穴间……昼则把犁鉏。此乐可忘死，桃源焉得如。致意曾止山，远游胡为乎？……明年春水发，能同东来无……"

⑤ 《冬灰》卷首："僧嗒然曾在新城寿昌寺从密之学。"

然恁么，何必又来问禅？”……[1]

秋，中通在金陵接到林时益、魏禧书，遂作《林确斋、魏冰叔书至赋答》：

心与易堂游，神交已十秋……大茗自丹丘［林率弟子昼则种茶，夜则读书］……才高善狎鸥［魏善伯、曾青黎俱已出游］。年年思白发，惯买豫章舟。[2]

中通随即“惯买豫章舟”返黎川，并于初冬在海门[3]登船，作《海门解缆》：

海门天晓朔风呼，一粟中流望小孤……明朝犹喜渡鄱湖。[4]

该年冬，中通由水路已至黎川，侍父于寿昌寺之侧。

阎尔梅因不知方以智此际是在黎川还是在浮山，故有《过安庆寄怀浮山和尚［浮山在桐城县东九十里，和尚即方密之］》。

2.“僧装亡命”的归庄

归庄（1613—1673），又称归藏，国变后更名祚明，字玄恭、尔礼，号恒轩，明嘉靖太仆寺丞归有光（1506—1571）曾孙，江苏昆山人。是钱谦益的学生。天启六年补诸生，后与方以智、顾炎武同为“复社”成员，故方以智在给其的书画册中款“社先生”。

顺治二年六月，昆山县丞阎茂才摄县事，下令剃发，归庄杀之，遂“僧装亡命”隐居乡野，自谓“首难之人”，僤狂玩世，穷困以终。[5]文名与顾炎武同为时人称誉，善画竹、草书，今尚有其作品遗存，著有《归玄恭先生集》《恒轩》《归玄恭文钞》《归玄恭遗著》。同治《苏州府志》：

归庄……为诸生时，博涉群书，落纸数千言不止。善书，工墨竹。性嗜酒，携酒应院试，且饮且书，日未晡，成七义，分隶篆真草书五经文字，御史怪而黜之，惜其才，旋复焉。顺治乙酉，县丞阎茂才摄令事，下薙发令，士民不从，譟于县，縶茂才，庄白众杀之，遂婴城守。事定后，究前事，庄亡命，薙发僧装，称普明头陀，隐居乡僻，后乃庐金潼里先墓侧。生

① 《冬灰》卷首三·机缘。

② 《陪诗》卷三·二。

③ 海门在江苏南通长江边上。

④ 《陪诗》卷三·二。

⑤ 均《归庄》523页《归谱》。

平最善顾炎武，以博雅独行相推许，而俱不谐于俗。里中有归奇顾怪之目。[①]

今人重编《归庄集》中，不管是诗文还是《年谱》，都未见方以智该年赠画有交的记载。但顺治十八年，南城徐芳在昆山有访归庄；[②] 康熙十一年，归庄访魏禧于吴门，有《赠魏叔子》，魏禧有《赠归庄玄恭序》等，[③] 后世有“禧能击鼓歌之，或庄亲授”[④] 之说。

3. 在泰和首山参与萧士玮的“会葬设灵”

四月初八之前，泰和萧孟昉准备为伯父萧士玮去世做十周年祭，[⑤] 方以智由黎川再赴泰和首山春浮园，[⑥] 参加这位先世故交的“会葬设灵”，在其所作《奉常三峨老居士会葬设灵小参》中，对萧孟昉的“犹子”行为大加赞扬：

> 师云……一个示见在家犹子，承佛恩力，在平地上竖起骨堆……从佛化生，在华表上吹着香烟。《起信论》下个注脚，早用一碗橘皮汤，烹浇佛祖性命。春浮园本无片瓦……奉常[⑦] 自报毫端天，中间只疑杖人寄一封信，直得维摩居士榻上默然……且道今日烦沩林大众念赞，是何真言？不免将寒山[⑧] 的扫帚，为他打一个大圈。[⑨]

刃庵·八大山人当于同时，前来参加萧士玮去世十周年共祀活动。泰和浮春园因有方以智与刃庵·八大山人这两位前明“遗民”典型人物的参与，让原本只是“会葬设灵”的共祀活动，在这个特殊的“首山”，被赋予了全新的

---

① 转引《归庄》传略 [附录二]576 页。

② 《归谱》永历十年。

③ 《归谱》壬子 [康熙十一年]。

④ 《纪事》卷一 · 九。

⑤ 萧孟昉梓《春浮园集》附钱谦益《明太常寺卿伯玉萧公墓志铭》：“辛卯四月十三日，卒于西阳之僧舍。”

⑥ 《光吉》卷五 · 地理志 · 泰和古迹：“春浮园在柳溪，明萧士玮建。”钱谦益《牧斋诗抄》卷中《寄题泰和萧伯玉春浮园》：“烟著层层柳……咫尺使人迷”，“亭亭千个竹，凛凛岁寒姿”，水花树影，堪与苏杭园林媲美。但在方以智来时，此园已经兵火劫后，萧条冷落，大非昔比。至康熙五年“春浮园”10 年后，已再次修缮一新，方中通该年所写《春浮园》：“骑马西郊落照时……高山流水皆能造 [年祖萧伯玉先生手创]，何事文人不可为。”《陪诗》卷之三 · 十四。

⑦ 方以智以官职尊称萧士玮。

⑧ 指黎川之大寒山，泛指寿昌寺。

⑨ 《冬灰》卷首 · 四载该文为第一册之末尾，没有标明时间，但以萧伯玉去世 10 年的大祭活动来推测，当在该年。以《冬灰》编排此文在“廪山”时期，与此正合。

内容，而有了共倡“首山精神”[①]聚会。

约于此间，方以智在泰和有作《禅乐府》二十二首，[②]所置题目有《驴年壁》、《苍天休》、《不答话》、《一二磨》等，其《小引》曰：

《易》变而《庄》，《诗》变而《骚》……别传变而五叶……弄至今日……数见不鲜久矣！……善用之皆药也……浮庐散人初不作等计也。山房无事，伸纸卷而试散卓，即以毫端为敝帚。冷州鸠曰：“木音直，可以节乐。”……落叶随流听之矣。浮渡愚者智漫题于濯楼。[③]

又作《濯楼诗》。[④]方以智为诗，不主何代何人，惟务绝其不雅者，[⑤]其《禅乐府》长篇，韵老词新，语句流利不重字；至若章法，贵乎次序不紊，转折不乱。[⑥]徐世溥有称曰：“密之乐府，深厚雄杰，出奇不穷，古风渊雅，无复浮声，殆浸浸乎汉魏之人矣。而又备拟历代兼擅众长，高凉苍郁，一振唐风，三百年所仅见也”，[⑦]于此雅集之时，“酒酣耳热，慷慨呜咽，拔剑砍地，以三尺许国，誓他日不相背负……一一洩之于诗”。[⑧]是时，方中履在泰和帮助父亲刊印《浮山集》，[⑨]《禅乐府》后于康熙四年编入《浮山后集》。中通在《浮山后集》编次完成的《又编次浮山后集》说：

《浮山》前后集，子舍录千篇［伯兄、三弟编次居多］。体亦随时变，才原在篇先。一生如隔世，分帙合编年。此日难《庄》语，新增《乐府禅》［老父新增《乐府禅》］。[⑩]

此际，有弟子杨学悊·濬文、[⑪]萧应玺·虎符[⑫]两《跋》。杨跋有：“吾师乎，

---

① 雍正七年《清诗大雅》载海岳《寄八大山人》。

② 任道斌《年谱》“作《禅乐府》”置康熙四年，见239页，《知见录》19至20页。

③ 该《禅乐府引》则写于康熙十年退净居寺后，在泰和首山濯楼建成之时。

④ 《陪诗》卷四《感恩赠涤余大师》：“老父《濯楼诗》……云散月招魂。”

⑤ 《陈默公诗慰序》。

⑥ 《膝寓信笔》。

⑦ 《桐旧》。

⑧ 徐芳《愚者大师传》。

⑨ 《陪诗》卷四《忆三弟首山》自注：“时在首山刊《浮山集》”。

⑩ 《陪诗》卷三·十。方以智《禅乐府引》署：“浮渡愚者智题于濯楼”，当完成于康熙三年初驻锡青原净居寺之前。

⑪ 后世又写为“杨学哲”。

⑫ 萧应玺，此人待考。

吾师乎，公因反因，不二代错，激扬妙叶，真破天荒”语，[①] 这是方以智哲学思想在人们心中引起共鸣，并掀起波澜的反映。

随后，方以智与八大山人相约在秋后，一道去金溪丁坊萧孟昉的族亲晚辈“萧复远家”。

4. 黎川邓韦菴五十寿喜《大士颂为邓韦菴作》与赠方维仪《大士图》

方以智在黎川寿昌寺除了与各地禅门兄弟、遗民交往外，其“天不能冬莲春菊，是以圣人不违时；地不能洛橘汶貉，是以圣人不违俗”，[②] 在黎川当地的僧俗两界信士中，亦有多方接引。该年四月二十三日，黎川邓韦菴五十寿喜，方以智将仲姑方维仪所作白描《大士图》以赠，写《大士颂为邓韦菴作》一篇：

> 大士颂为邓韦菴作［方以智密之］。普门璎珞，到处西土，倾甘露瓶，飞白鹦鹉；请此大士，来为君语，骑龙弄凤，逍遥今古；是离垢园，种兰蕙地，歌达夫诗，书羲之字；五丈夫子，分左右侍，少能文章，皆廊庙器；高士乐矣，晋大衍筹，讽五千字，登三层楼；杨枝之水，送大壑舟，持玉红草，与三径收；此道子法，出千秋手，七十有六，家姑祖母；清芬阁中，白描不朽，绨袠宝之，世不得有；请以赠君，为五十寿。[③]

该篇当为方维仪《大士图》上的跋文，是一篇散佚、弥足珍贵的方以智颂文。该文后，另附受主邓韦菴所作《附韦菴公大士赞》一篇：

> 方密之以仲姑姚夫人所写《大士图》寿予五十喜，而拜手为赞。维我大士出人天，类以相求之落，于邪趣不以相求大士何处？相即非相，乃云：无住。昔有其人物，莫能拒吹凤遐，飞跨鹤仙驭今，有其人物莫能萃大士，维何即身而具前身。画师曰：郭忠恕几年化仙，忽陈搏语，乃我夫人何思、何虑，笔墨所通，遂与天遇，为众生悲，为众生惧，现身说法，吐其妙绪，是一是二，不作泥絮，呼之即出，不呼亦著，岁岁年年，瞻之勿去。

邓韦菴（1611—1685），名篆，字文，号韦庵，黎川望族“邓氏”后裔，[④]

---

① 《全书》33 页:《禅乐府》有武汉铅字排版本一册，方鸿寿 1935 年校刊。庞朴《东西》序言·5 页。

② 《华青》卷五 · 说 · 135 页，方中履《纲宜易简说》。

③ 《江西黎川下南津邓氏九修宗谱》卷七十五《赠言录》38 页。为黎川县交通局王健提供。

④ 邓韦菴其叔父邓渼（1567—1628）。

生于明万历三十九年，卒于康熙二十四年，享年 74 岁。《江西黎川下南津邓氏九修宗谱》：

明副举邓公韦菴先生传。[康熙丙子岁贡，邑人张士裕撰]。新邑之邓为望姓，代有闻人。韦菴先生则以文苑而兼独行者也。讳篆，字文，始号韦菴，生而颖异，数岁就塾师学，即能开声解义，伯父壶邱中丞公器之，每顾韦菴，则为色解曰：此吾家驹，必当致远。弱冠补弟子员，游海岸黄先生之门，负笈三千里，从学官署三年，所诣益进，归而键户，于百家无不窥，而独嗜六代文章。日与邑名流为文酒，会每一艺出务漱芳润，而掇菁藻，诸名流莫不心折。韦菴既负丽才，又壶邱爱评，而性端方，薄轻华，盱当盛时分建藩邸，富丽甲东南，诸贵公子皆鲜衣怒马，日沉酣青楼中不及世事。韦菴顾超脱尘氛，不一蹈其轨辙也。己卯举副榜，是年，明怀宗特命阁部大臣罢拔贡保举，而录乙榜先正榜。一日，揭出临轩策问，择官教习，各选知推韦菴适丁内艰服阕，部文促试，力辞不赴，惟屏迹口南之别业畅园。园故宋李泰伯风月亭址，有山水林木之胜，韦菴日曳杖孤吟其间，兼督诸子孙读书。平日所训示者，皆以立志、立品为期，论制艺悉范，以诸名大家规矩，故子孙特达者代不乏人。然则韦菴得称为一代完人，优游著述以没，谓非以文苑而兼独行与。①

篆公……邑庠生。崇正己卯科副榜，有传。生明万历辛亥四月二十三，卒清康熙乙丑七月二十一，葬十一都蕨冈嵊。②

方以智对邓韦菴五十寿诞赠以《大士图》，可窥见其对黎川寿昌寺周边信士的重视，是方以智在黎川寿昌寺佛事之余，与当地俗世具有深层交往的证据。今所公布，为方以智散佚之文添遗补缺，让方以智在黎川寿昌寺四年的事迹得以更加饱满，也为方以智在黎川的行实，增加了一段佳话。

方维仪虽为女性，但博学才高，精于禅理，尤擅书画。其以宋代乡邑李公麟（1049—1106）笔法作白描《观音大士图》形神兼备，所绘罗汉诸像，生动绝妙，人称“白描圣手”，为时人争相供奉、收藏宝物。时人王士祯（1634—

① 卷六十九・传志录・七八。

② 《江西黎川下南津邓氏九修宗谱》荣公支下光富公房・四七。

1711）称其《观音大士图》为“妙品”；吴询[①]《题清芬阁白描大士图》赞云：“墨花寒卷秋潮空，毫端轻染春云笑”；桐城章氏有湘[②]《上清芬姚老夫人》：“清芬一卷香拂纸，君家才藻世无比。谢韫休题柳絮诗，班昭漫续东观史。书法绝胜卫夫人，画像并传吴道子”，[③]书法得卫夫人遗韵。

方维仪不轻易落墨，故吉光片羽尤为世所珍重。然有破格事，《膝寓信笔》载曰：“茅止生[④]新其该备堂于武定桥北，以宛叔寿宴客。止生再三求吾清芬阁为题一幅，吾甚难其请。姑曰：‘彼才如此，死心事一伟人，高于李易安多矣’。”[⑤]遂为命笔，这是方维仪作画重“气节”的范例。

方以智头年在寿昌寺庆生，因仲姑方维仪所赠《佛像》在黎川引起了不同凡响赞誉，这是时隔半年，黎川邓韦庵即得到方以智转赠仲姑《大士图》贺寿的一个重要背景。中通在一年前的《远别离》诗中赞“老祖姑”说：

> 清芬阁为我老祖姑……白描大士遍天下，书法右军与麻姑……世所称为今大家。[⑥]

方维仪著有《宫闱诗史》、《楚江吟》《归来叹》诸诗稿，后集成《清芬阁集》，其诗一洗铅华，归于质直。方以智在为《清芬阁集》作跋时说：

> 嗟夫！女子能著书若吾姑母者，岂非大丈夫哉！……暨稍长，离经小学，克共待命，而吾母即世。嬛嬛𩟐凷，莫适与归，问我诸姑，仲氏任之。盖抚余若子者，八历年所，无间色矣。

又在《慕述》一文中说：

> 惟我二姑，一节一烈。《纫蘭》、《清芬》，世传双绝。不负家学，伟哉闺阁。仲姑抚我，耄犹教学。诚以芜迹，医卜可托。苦匏连根，吞不自觉［智十二丧母，为姑所抚，《礼记》《离骚》皆姑授也］。

---

① 生卒不详，吴询字重约，一字湘麓，号画溪，安徽桐城麻溪人，清县学生，工诗文隶书，深究《易》，博学。著《矩轩周易》《易象》等，遍历闽粤、江西等地。

② 字玉箧，又字令仪，号橘隐。桐城进士孙振公之继妻。

③ 《龙眠》初编卷五十五·2290页。

④ 茅元仪（1594—1640），字止生，号石民，湖州人。明末儒将，曾因功荐为翰林院待诏。著《武备志》等。

⑤ 《浮山文集》附录一·膝寓信笔·504页。

⑥ 《陪诗》卷之二·三。

方以智遗文中屡有题“大士”，所见有《题清芬阁白描大士像》[①]《题大士垂一足像》《眉心大士》《为石巩老宿题顶大士像》《为柳斋题大士》《为懒生题大士像》《璎珞像》，[②] 均与方维仪有关。尤以崇祯七年方以智所作《题清芬阁白描大士像》、与27年后的这件赠邓韦菴《大士图》有“一以贯之”的紧密联系：

> 清芬阁者，愚仲姑也……愚小子智，壬戌失母，仲姑抚而教之。曾定《古今宫闱史诗》……尝画大士……笔分轻重，盖有妙于笔先者。近且望八，焚香作观……纫兰阁者，愚伯姑也……亦善白描大士……谁谢指头供养也耶！[③]

以方维仪一生的行实，以及其与方以智两人之间的“母子”关系，方以智这篇《大士颂为邓韦菴作》文，实乃是一篇以救苦救难的“大士观音”为题，而赞颂自己仲姑的颂文。

第二节　魏禧、林时益在黎川结识“三方”

1. 魏禧、林时益来黎川“卖茶”

夏，魏禧、林时益卖茶黎川，至寿昌寺或廪山寺看望方以智，说诗论道，无不谈笑相宜，[④] 时值方氏三兄弟在寿昌寺聚齐，遂与中德、中通、中履交。魏禧作《同林确斋与桐城三方书》：

> 昔岁己亥，丈人栖迹寒山……庚子，读三兄省亲诗；辛丑夏，卖茶黎川，大兄、二兄所作赠遗……益、禧深恨同生此时，与丈人为负剑交……丈人拟于严师……不以未尝谋面为嫌临风瞻望死罪，死罪！辛丑月日白。[⑤]

魏禧自方以智游宁都“丈人见易堂诸子，颇以直谅相许”，此次在黎川廪山寺与方以智相处，更加“是固同堂、同室人也”，故在黎川相从、问学约两、三个月，所亲见之方以智“自苦而为此枯槁寂寞之事，甘之如饴”。期间，林

① 《后编》卷之一。
② 均《后编》卷之二。
③ 《浮山此藏轩别集》卷之一。
④ 《叔子》外编·卷之七·三十六《寄木大师》：“正月杪授经涂氏，忆往年廪山謦咳……惟大师自择而审处其一。”又《叔子》卷之五·木师一·五四《与木大师书》：“丁未月白，禧顿首。间别七年……如春蚕成茧不可得竟。”由康熙六年回推7年，在该年夏间。
⑤ 《叔子》卷之五·三方一·二十三。

时益追随方以智至南城荷叶山资圣寺，作《过资圣寺访木立和尚经南背方丈》：

在昔感知己……三年才赴约……江城旧苦辛……叶叶自为春。[1]

魏禧在黎川与顾龙川（1598—1661后）相晤，[2] 有《江南寻顾龙川旧寓处喜值》：

忆昔黎川寺，邂逅与君晤……仲秋负笈归，送我西桥去……爱君重古义……明日下扬州，留诗写情素。[3]

秋后，魏禧、林时益依黎水溯盱江而上，离开黎川廪山寺。[4] 魏禧、林时益往来于黎川“卖茶”。《青原志略》对“卖茶”这一行为的性质，作了些许的交代：“林确斋《茶约》，笑公赏之，是亦借茶说法耳”。[5]

自方以智来到黎川寿昌寺后，身边逐渐云集了各方慕名前来诸弟子，其“血子”、[6]“兄之三子委道路”，[7] 轮番来黎川接替陪侍左右。[8]“三方”作为直系亲人，在陪侍方以智驻锡黎川寿昌寺的四年中，“更迭承欢左右”，[9] 均留下了不少事迹。

2.“三方”长中德

桐城方氏“家有四世之薪”，[10] 方以智所生三子，长名阶、仲名钟、季名符，[11]

---

① 《中尉》卷三·五律。

② 《伯子》卷之一·顾龙川·二七《送燕客顾龙川序》：“岁辛丑之五月，予寓报恩寺僧舍，其后佛殿有邑令客，问其里，曰：燕人，姓顾，名梦麒，龙川其字；问其年，六十有三矣……龙川自言，当崇正间以兵部堂吏，为密县尉，遂家于密……龙川曰……年二十八，感亡友林龙泉言始发愤自立……国变后……语先帝则泫然泣下，呜呼！……龙川练达物务，能知人情伪，然少好游，长又为吏，以故少读书……君年过六十尚矍铄如四十许人……”

③ 《叔诗》卷之四·五言古·十八。

④ 《叔诗》卷四·十一页《辛丑仲冬过瑞金圣恩寺怀季弟在琼州》。

⑤ 卷一·山水道场·《青又庵》。

⑥ 《陪诗》卷之四·二十七《先大人归窆浮山遵命也》：“肉身归血子，此儒释两尽之道也。”

⑦ 《龙眠》初编卷三十九·1547页，方其义《忆兄》。

⑧ 《陪诗》范宋《序》：“浮山先生以植节遗弃世俗，远遁西江、吉安之青原，位白兄弟三人，更迭承欢左右”。

⑨ 范宋《陪诗·惶恐集·序》。

⑩ 《古事》自序。

⑪ 《陪集·文忠公垂示》：“德小字升阶，通小字钟生，履小字符三。”

是在“家学之书，凡近千卷”[①] 的儒家仕宦教育环境中成长起来的。马其昶《方密之先生传》：

自先生曾祖明善为纯儒……至先生乃一变为宏通赅博。其三子中德、中通、中履并传父业，于是方氏复以淹雅之学世其家矣！[②]

明亡刻骨铭心之痛，方以智的遭遇，让方氏家族所抱守的“忠孝节义”清德，在诸子们心里产生了巨大的震动，深深地影响到他们。

顺治九年，方以智由广西梧州得释返家。至冬，长子阶、仲子钟，奉祖父方孔炤之命前来迎接。于庐山父子三人劫后重逢，百感交集之余，方以智借此间正在撰写《东西均》，遂以“谇曰”谜语之“旁死中生”[③] 为寄托，将两个儿子的名字，长阶改为：中德；仲钟改为：中通。[④] 归家后，再将季子符，改名为：中履。故世人称方中德、方中通、方中履为“三方”。方以智弟子郭林为中通《陪集·序》说：

吾师方文忠先生有三才子，先生既遭变出世，三子不析先生之财，而析先生之学。伯氏田伯，精于史，尝集古今之议论而折衷其是非；季氏素北，好博雅，工考辨；独仲氏位白……穷历律、象数、音韵、六书之学。三子所学，既分而其诗古文词，亦各析吾师之一体迥然不同。[⑤]

“三方”得家传，承袭先辈专心治学的传统与操守，终身不仕清廷，各具所长。针对诸子的禀赋、个性、特点、喜好，方以智各有忠告与评价：

阶［中德］任集古今之议论；钟［中通］明于算，可充象数之学，但知质测、通几，不相碍，则治心治事、格物俱到矣；符三［中履］好博雅，可明诸家发为文章。各用所长……墨历老人与阶、钟、符［德小字升阶，通小字钟生，履小字符三］：汝兄弟诗，俱词藻清雅，各有巧致……与德通。

---

① 方中履《时述堂遗诗跋》。

② 《桐城耆旧传》卷六·17 页。

③ “谇曰”中的“旁死中生”语，经庞朴先生破解为：“旁字的旁边死了，中间部分还活着。这活着的中部，非方为何？”指方以智的“方”字。而此时方以智改儿子之名均为“中”，即在于自己“昔日以智，甲申已死”，祈望诸儿能够在此“中生”。见《东西》注。

④ 《后集》卷二·借庐语《五老峰上将、中两儿来迎［将改名中德，中改名中通］》：“天崩与汝封刀决……十年黑夜践荆棘……五老峰头两不识，父一瞪目儿泪血。鹿湖堂上病哽咽……且跪南浮草中说。”

⑤ 《陪集》卷首。

履。[中履]汝于象数有悟性，此物理之一切现成者也……总归之于《易》，则已千古独出矣！词章但取达意而已。

与中通。深几之中，忽有悟入，此其一长，当一切以方圆图通之……即《华严》之行布不碍圆融，圆融不碍行布……诗文走别路，清灵奇秀亦是成家，只免庸俗透人情物理舍己从人，自然刀不犯大軱，而中窾綮也。与钟生[中通]。汝就汝长，以数学用《易》禅、庄、儒之分合，只在明其理……古今之事，只通其概可耳。与中通。

承三世之后，考究有绪、统类已明……以笔墨藏身而游于人间高幢，是理学与禅宗，知而不居宗门，所谓当堂不正坐也！以经学传正当之理，而合性情之安以为适，即《庄》、禅也……与兴磬[通法名]。[1]

魏禧有赞曰："大兄之资，老成浑厚，练于物务，二兄才能肆应，三兄高朗有不可一世之意，此皆难得才也"，三兄弟各施所长、尽子责。康熙三年，余飏《怀方田伯、位白、素北》：

法云仁院拜阿师……最忆老人扉屧冷，膝前扶杖侍诸儿。[2]

长子方中德（1632—1711）后[3]，《清史稿·方以智》：

子中德，字田伯，著《古事比》。以智搆马、阮之难，中德年十三，挝登闻鼓，讼父冤。父出亡，偕诸弟徒步追从。

《桐城续修县志》：

方中德……号依崖，以智长子。性孝友，少侍京邸，京城陷，随父南奔，值马、阮用事，罗织善类，于以智尤所切齿。中德年十三，手挝登闻鼓讼冤，不报。以智出亡，中德与其弟徒步追而从之父……著《古事比》……皆行世，其未刻者尚有九十六种。[4]

卢见曾《小传》言中德：

敦行孝友，隐居不仕。[5]

---

① 《陪集·文忠公垂示》。

② 《华青》卷十·诗·266页。

③ 《汗青》序："伯兄中德序于书种斋，时年八十"。今黄山书社《古事比》出版说明有："方中德（1632—1708？）。"

④ 卷之十五·人物志·儒林·十五。

⑤ 《渔洋感旧集》卷八，引张中畯语，页九。

传记中“以智出亡，中德与其弟徒步追而从之父”，已明晰交代了中德作为长子，始终伴随在父亲左右的史实。顺治十年，方以智在金陵高座寺闭关，中德探父，[①] 方以智作《新竹［中德传寄远社文初诸子］》，让其向四方传递自己此间的心迹：

……一生全是节，出世竟何心？……松风相问答，原不望知音。[②]

中德与中通兄弟两前往探视，中通作《伯兄同姊婿马严冲[③]省竹关，严冲赋梅花诗二十首，名曰〈寒空影〉，伯兄为序之》：

一艇书囊与膝琴……阿大文章可共吟。[④]

顺治十六年秋，方以智来寿昌寺已有半年多，中德即随父在黎川中田为《通雅》作“汇录”，揭暄跋《文章薪火》[⑤] 说：

我师道备四时一多相贯，潜亢肥遁归于中田……而田伯汇录之者……祝犁大渊献秋……揭暄敬跋。[⑥]

中通有《伯兄至自建昌》：

百里崎岖道……异乡昆弟集，古刹老亲开……严寒香不散，只待一枝梅。[⑦]

中通所言“建昌”即黎川。诗中“严寒香不散，只待一枝梅”在岁末，是方以智生辰十月二十六日祝寿之期。该诗在《陪诗》卷三・二中，置《辛丑数度衍成》之前，“辛丑”是顺治十八年，上一年，即顺治十七年，方以智 50 岁。中通将兄长于顺治十七年从老家桐城“百里崎岖道”专门来黎川，“昆弟”在异地他乡寿昌寺这座古刹里汇集，为父亲五十贺诞祝寿事实，做了“老亲开”的清晰交代。该年，方以智遣中德前往武夷，请余飏为《周易时论合编》作《序》。[⑧]

---

① 《时论》方中德《跋》：“不肖德省侍竹关。”
② 《龙眠》初编卷六十四・2847 页。
③ 马严冲，方中德女婿。
④ 《陪诗》卷一・八。
⑤ 《通雅》卷首三。
⑥ 《昭代》戊集续编・文章薪火・1088 页。
⑦ 《陪诗》卷三・二。
⑧ 《时论》余佺“识”余飏《序》。

来年，中德再于夏之前到了黎川，表弟孙中础[1]作《送田伯之黎川》：

西江古名胜，遥望白云起，老父居其下，衣缁着敝屐。一见当再拜，泪下胡能已？岂敢怨风尘，别离疏甘旨。有言向膝前，绝不问桑梓。廪山高千寻，可望不可拟。嗟我蓬蒿人，何堪久居此？[2]

是时，魏禧、林时益来探望方以智，中德与二人均有交。魏禧在《同林确斋与桐城三方书》[3]中，将去年因“当丈人之寿，意列兄至，四方贤者咸集，益、禧负笈廪山，得尽见其人，与列兄为昆弟语。会以寇阻，未果”的原因相告。中德这两次来黎川寿昌寺的明确记载，都是在方以智生辰诞日前后。以方以智在黎川有四次寿辰计，中德来黎川寿昌寺可推测的次数，至少有四次。

中德“周旋庭闱，濡染家学”，[4]“尤笃嗜坟籍，力探古人奥窔”，[5]承传父亲的“史学”之长，以施政、处事、立身、治学之龟鉴，著史论，代表作《古事比》五十二卷，[6]是其“擩染于父师之训”[7]谨遵父命，在“随杖之暇，老父偶论古人之事，因命之曰‘何不集而比之？’……余因是慨然有感矣，曩与两弟侍老父侧……露抄雪纂”[8]“旁搜远绍，攻苦数十年”[9]“天下、国家、身心、意知，无不从格物始也”，[10]经长期积累、精心撰写而有是书，故中通说“《事比》一书，吾先子志也”。[11]至方以智去世35年后，门人王梓[12]出资，《古事比》于康熙四十五年刊行，后被收录《四库全书总目·子目·类书存目》。

中德在陪侍父亲的四年中，《古事比》有多少成分在黎川完成的，史无记载，

---

① 方以智外甥，长妹方子曜与孙武夫妇长子，字肖武，多次往返江西，又有《入青原山寺见舅父无大和尚》等，当有黎川看望舅父之行，年45岁卒。

② 《龙眠》续集卷九·3435页。

③ 《叔子》外编·卷之五·二十三。

④ 阮尔询《古事比·序》。

⑤ 王梓《古事比·序》。

⑥ 《古事比》初刊于康熙四十五年由其门人郃阳（今陕西和阳县）王梓助资刊行，后被收录《四库全书总目·子目·类书存目》。

⑦ 方中通《答阎百诗征君书》。

⑧ 方中德《古事比·自序》。

⑨ 王梓《古事比·序》。

⑩ 钱勘仍《古事比·序》。

⑪ 王梓《古事比·序》。

⑫ 郃阳人，今陕西和阳县。王梓后在武夷任职，遂为之刊梓该书。

但在《古事比》中所见以下内容，则与其在寿昌寺侍父一定有关系。卷首《答阎百诗征君书》：

昔盱江邓潜谷征君著《函史》时，每一卷讫，缄奉南城张长卿先生为之评定，相传为艺苑仅事。

“盱江”“邓潜谷”“南城张长卿”均为黎川建昌府之地域、人物、事迹，是中德身临“黎川”其境才有的感发；开篇卷之一·象纬《霍光典衣奴》条下，注“《佣吹录》”、舆地《白石清泉》条下，注“以上《佣吹》”，[①] 是中德在黎川期间与文镫岩接触、相交，引其著作的体现。

3.“三方”仲中通

仲子方中通（1634—1698），字位伯，号陪翁，博涉多通，尤精泰西、天文历算之学，遵父命终身守节，不仕清廷。《清史稿·方以智》：

子……中通，字位伯，精算术，著《数度衍》，见《畴人传》。

《清史稿》：

方中通……时广昌揭暄亦深明西算，与中通论难日轮大小。……方中通得家学传《易》，又得父亲教，故对天文历算精通。顺治十年曾专门求教于穆尼阁律算，得火星法，顺治十六年还前往北京访汤若望，求教论历法……有《数度衍》。[②]

《桐城续修县志》：

方中通……郡诸生……性笃孝，幼随父官京邸；甲申，父弃家流离，中通重趼奔侍……卒年六十有五，学者称为继善先生……[③]

《龙眠风雅全编》：

幼随父官京邸。甲申，父弃家流离，重趼奔侍……缵承先绪，研究天人、律历、音韵、六书之学，著有《数度衍》……又闻明明善，文孝、贞述、文忠四世理学，著《心学宗续编》……诗文集凡数十卷行世。[④]

中通在顺治十六年的《远别离》第九首中回忆说：

---

① 《古事比》3 页，19 页。

② 卷五六〇·方中通。

③ 卷十四·人物志·理学·七。

④ 续集卷十七·3894 页。

……思我生长逢乱离。甲戌正当民变时，当时我母奔走逃，避出兵火，直至长干始生我。我生十岁向烟尘，二十还乡里，笑我原非故乡人……

其《再至前马[去溧阳县三十里]》：

一家分散日[甲申国变，老父因哭梓宫被执，拷掠口窜归，复避仇奸游台宕，老母携余兄弟南还，复携弟随外祖赴任，伯兄亦随岳家他去]，初变姓名时[南都失守，先祖命改姓名，託王实之送予溧阳前马陈公，以元家陈公与先岳雁行也，不令知之]。不识陈门婿，权为吕母儿[陈公夫人吕氏、金坛吕静铭年祖族女也，无子，遂育予为子]。萑蒲翻大索[时贼肆起，大索予为奇货，吕母携避金坛]。邑宰复先施[溧阳令朱公先叔至交也，遗书通问，前马始知予为方氏子，予因还桐]，十有五年别，相逢只泪垂[吕母之恩非言可悉，惟有泪落而已]。[①]

可知中通少年时因"国变"和父亲的逃亡，寄为他人之子的颠沛流离生活。其《古今释疑序》说自己：

吾昆季自幼遭难失学，逮患海归来，余年已逾舞象矣……当时是，万里生还破巢重聚，莫知载籍何物，敢云学者自命乎？然好读书，又幸家有藏书，虽残轶，犹存十半……昆季中，余最鲁……专事象数、物理。觉稍稍有入，故好泰西诸书及历律、音韵、九数、六书之学。[②]

又在《南亩记》中说：

余……长从泰西穆氏游好西学，及究声音、历律、周髀、九数诸学……逮侍父合山，始知"通几"贵乎"质测"。老父教以《河洛》为三圣之大符，而后豁然愿学《易》焉。[③]

中德说中通"仲爱质测"，[④]在《汗青阁文集序》又说：

仲弟喜晤名理，深心象数。[⑤]

---

① 二首均《陪诗》卷二·四、五。另《同城方氏诗辑》卷五·方其义《时术堂遗诗集》附钱澄之撰《名处士方次公直之墓表》："……娶张氏山东方伯钟阳公女……一子中发，娶余氏，女一，适溧阳陈生行恺，即芝山次子也……"

② 《陪集》卷一·陪古·九。

③ 《陪集》卷一·陪古·三。

④ 《古事比·自序》。

⑤ 见卷首。

顺治十年，19岁的方中通即投身西人穆尼阁门下学习西洋历算、火星法，其《喜遇薛仪甫同受西洋穆先生历算》：

参差看七政，不解古今疑……偶因同调至，得与异人期。我欲方平子，山中造浑仪。[①]

中通从西学的年龄，与今日之现代“西学”教育几乎同步，用今天的话来说，中通是一个精通外语、天文、历法、算术，以西方科学、技术之学为主业的人，后世列中通的成就为《畴人传》：

集诸家之说，著《数度衍》二十四卷，附录一卷……又言古法用竹径一寸，长六分二百七十一，而成六觚为一握，后世有珠算，而古法亡矣……时广昌揭暄亦明算术，与中通论难日轮大小，得光肥影瘦之故，及古今岁差之不同，须测算消长以齐之。一昼夜入一万三千五百息，每息宗动天行十万里有奇，别录为一书，曰：《揭方问答》[数度衍]。[②]

这是方以智在明末清初大变革之际，让儿子投身于西人门下学习科学技术、思想超前，并对后世产生巨大影响的另一种体现。

顺治十一年，春，方以智在高座寺闭关，中通有《甲午春同三弟省亲竹关》：

木末亭前路……有弟堪传学，无人可和歌。老亲多著述，纸笔敢蹉跎。

同年秋，中通再探父，作《秋日又省竹关即辞游楚》：

一拜一椎心……可怜归佛后，憔悴到如今……逢秋偏入楚，索性赋秋吟。[③]

顺治十二年，中通游楚返金陵，侍父于侧有《楚回直趋竹关省侍》：

楚国逢遗逸，人人感至今。云沾王父泽，聊慰老亲心……[④]

这两年侍父的经历，让中通得方以智亲授诸学；顺治十三年，方以智回桐城在合山庐墓，中通于方以智编《周易时论》时，又得父亲授“易象”。[⑤]

---

① 《陪诗》卷一·六。

② 《畴人》卷三十六·国朝三·453页。

③ 以上二首《陪诗》卷一·九、十二。

④ 《陪诗》卷一·十六。

⑤ 《陪诗》卷一·十九《丙申老父重编先祖贞述先生周易时论，因授中通易象》。中通陪侍期间有《随侍过白鹿刘超宗请示画法书法》、《父执孙鲁山与老父对弈》等。

至顺治十六年，方以智到黎川第二年，再遣中通“短衣蓬首入京华”，[1]前往北京访汤若望，求教论历法。《陪诗》卷之二·远游草，是中通北上京城“西学”经历的各种记载。此间，中通独自一人在外的历练，让其有了与长兄中德、与三弟中履完全不同的思想，这在他后来处理父亲“死事”的过程中，犹显凸出。其《尘沙行》说：

尘沙满眼塞道路……如今征战不在沙场外，男儿行役有何害？我今不得从军行，骑马军中走观兵。[2]

顺治十八年，初冬，秋，中通在黎川随侍父亲至康熙元年三四月间，与中履在金溪浒湾帮助父亲处理《通雅》刊梓事，与吴云相识。至年底，随父在南昌陈士业“读书楼”，与孙威公在王其人府城官署有饮，作《同孙威公[3]饮王其人署斋》：

……今宵沾得故乡唇……便作莲花幕里人[时其人随亲任江右少参留余署中]……感君尚有南州榻，孺子惭余是后身。[4]

中发对此时30岁的中通，在《寿仲兄三十》中描写其状态说：

君生石头城，我生武昌府。虽为桐城人，生长非故土。骨肉常东西，故乡如逆旅。君忽三十年，我亦二十五。有书不能读，有剑不能舞。忠孝即不言……生君名门户……努力慰期许。[5]

中通虽自言“中学”甚晚，但以鸿鸣所及“三方”遗留的学术成就而言，中通为最显豁。郭林《陪集序》：

位白殊不好词章……不肯降志……所得于天者厚也……当贞述公弃世，吾师栾庐合山，时授位白河洛易象，逮后主青原法席，位白又侍师三年……盖其笔之妙才之美已得于天……位白经吾师患难后……自号陪翁。寄语余曰……耳不习古文而为古文，不习诗词而为诗词，不习帖括印章而为帖括印章……他日当合诸陪为陪集，吾子为我序之，其肯陪我

① 《陪诗》卷二·六《入都》。
② 《陪诗》卷二·九。
③ 方中通《椒南孙威公留宿》：“偶来苍翠里，一迳入云烟。峭壁水声怒，短桥人影穿。峰环门外立，天落谷中圆。胜地成吾醉，高楼夜雨眠。”知孙威公家在椒南。
④ 《陪诗》卷三·四。
⑤ 《白鹿》卷一·五言古·十一。

乎！余应之曰：世出世间孰非陪耶？……夫天地而以一艺藏身……幸记忆较愈于位白。向者，就学青原，田伯曱季先后省觐，余得同侍吾师方丈，凡师所言，退而书之，不遗一字……会一览成诵。位白苦读百遍，不熟而深几之中……复不能逃此陪集之所以成也……同学友郭林拜手书。

中通得父亲“泰西”学滋养，于科技之传，精研历律象数、音韵方书之学，又得西人传授，郭林言“位白殊不好词章”，但在现存“三方”遗留的诗文中通为最多，且以《陪诗》最著名。

大明王朝的覆灭，中通虽仅有10岁，但祖父、父亲对故国的坚贞，使其一生抱守“鸿鹄志云霄，终身不奋飞。骐骥可千里，槽枥愿已违……不恨凉风薄，但恨为布衣”，[①] 是“三方”诗文、心存反清意志最激越、坚定、突出者。顺治十六年《咏怀诗》说：

天戈愤起未能挥…… 报仇剑笑床头泪……欲问仇家是死交……知到何时一斩蛟……相逢偏爱笑中刀……带剑何劳只逐蝇……千里遗得最坚冰。[②]

史称方以智“诗最悲壮”。中通的诗，记载父兄及诸亲友在黎川寿昌寺、泰和首山、青原山事迹最为翔实、丰富；叙述“粤难”最悲壮、隐情最多。《肇庆府志》说方以智“今其子孙最盛云”，[③] 中通无疑为“最盛”者。中通好治印，中履《随衍室印谱题词》：

吾仲兄生平精于历律、数度、七音、六书之学，寤寐饮食未尝不在，而印章其余事也……今阅三十年矣。或终岁不一作，及其磅礴郁积而欲发至穷日为之，亦不复倦其自得也……吾兄诗文多不存……今人辄从印章焉。[④]

桐城老家的好友范宋，与中通凡交20余年，其《陪诗·惶恐集·序》对中通的才学、为人介绍说：

余与方子位白交逾二十年……一旦肩鸿负钜，当大利害其可属。先是，父执浮山先生以植节遗弃世俗，远遁西江、吉安之青原，位白兄弟三人，

① 《陪诗》卷一·十六《拟古》。

② 《陪诗》卷二·九至十七。

③ 均光绪《肇庆府志》卷二十·人物·流寓·八十三·方以智。

④ 《汗青》卷上·三十六。

> 更迭承欢左右。辛亥，粤难作……毅然请以身当之，并不以累兄若弟……越数月，浮山先生卒于万安之惶恐滩……位白自桐洒泪奔丧……位白之能荷重，任而不挫，其气阅常变而不渝其操……①

中通在黎川陪侍父亲的过程中，与季弟中履、四弟中发，后均皈依寿昌派下，成为“东莞”支的“兴”字辈弟子，法名“兴磬”。②中发《送仲兄位白赴松溪四首》：

> 瓯闽烟瘴地，十载旧销魂……经过南浦上，莫惜暂停船［时伯兄客章门］……迟君书数卷，抱膝此岩阿。③

诗写于顺治十七年底，时方以智正在黎川松溪资圣寺。这是中通持病仍往来于桐城与黎川之间的凭据，也是方以智艰苦为禅门操劳的见证。诗中，中发还不忘叮嘱中通，在舟楫途经南昌时，前去看望时在章门的长兄方中德。中通《咏怀诗・八齐》诗，是其往来桐城与黎川之间，风餐露宿一路向西的艰辛写照：

> ……伤心翻痛此曹溪……天涯行脚无归日，纵有松枝只向西。④

4.“三方”叔中履

叔子方中履（1638—1689），字素北，行三，人称文逸先生，是方以智“极爱”之最小老儿。后随父侍佛，依寿昌派世系皈依老父门下，成为“旁死中生”的“东莞”支第五世“兴”字辈弟子，法名兴=。《清史稿・方以智》：

> 子……中履，字素伯，幼随父于方外，备尝险阻，著《古今释疑》。

《桐城续修县志》：

> 方中履……以智少子。马阮衔以智刺骨，必欲杀之，以智奔岭表，追捕不可得。中履甫七岁，代父诣狱，后以儒服从父方智崎岖岭峤，足茧以寸……⑤

《桐城方氏七世遗书》：

---

① 《陪诗》卷四・惶恐集序・一。

② 《青原愚者智禅师语录》方中通《跋》：“药地侍子方中通，法名兴磬，百拜敬识”；《浮志》卷之九・277页《浮山华严寺普同塔院钱氏施田碑记》：“药地之子方中通法名兴磬。”

③ 《白鹿》卷五・五言律・二十。

④ 《陪诗》卷二・十一。

⑤ 卷之十一・人物志・孝友・二十三。

……文忠公第三子……号合山，一号小愚。隐居不仕。自党祸起，阮大铖衔太史公刺骨，追捕不可得。公甫七岁，代父诣狱，九岁随母潘孺人，跋涉闽粤……归，公遂以儒服从太史公崎岖岭峤间，日程百里，足茧以寸。太史公隐青原，公越一二岁归省孺人，不数月复往。及辛亥送终万安，明年扶榇归。乃筑稻花斋，奉母隐居……有《古今释疑》《汗青阁全集》行世……讨论经史，自礼、乐、法度，以至历数、算法、声韵，医药，无不精备。姑孰太守杨竹庵①为镌板。康熙间相国张文端公进呈御览，与太史公所著《通雅》并传。乾隆间载入《四库全书》。②

《龙眠风雅全编》载中履诗127首，其“小传”云：

方中履……君之博雅狷洁，名动公卿……而天不假年，才五十有三而卒。同人钱子饮光、陈子默公、刘子超宗、钱子扶升暨予辈私谥之曰文逸先生……有……《四诗鼓吹》诸书。③

《桐旧集》：

方中履……才情敏妙，时人拟东坡之有苏过……少罹多难，《汗青诗集》多危苦之辞，半为其父辨诬诉屈，不独自述诗一词，颇得唐人遗意。④

中履对自己的诗，在《誉子读史诗序》中有评价：

余自少喜读史，当其开卷或抚几起舞……与古人若相疾痛……因发而咏史诗，既而择其可存者，得四十余篇，诗家方以烟云花鸟为能事，又见其创格多弗善也。⑤

长兄中德说三弟“季喜考覈”，⑥又在《汗青阁文集序》中说：

季第素北，少秉清白之训……以遗民自处，殆亦不逊高蹈之风者也……资尤通敏且闳览博物，欲穷古今辨同异，不肯屑同章句之小儒，先公极爱之……⑦

---

① 杨霖，江西安福人。与吴云为世交。

② 卷首《文逸公家传》。

③《龙眠》续集卷十九·3955页。

④ 卷三·三。

⑤《汗青》卷二·八，该诗作于康熙十四年夏。

⑥《古事比·自序》。

⑦《汗青》卷首。

中履自小随父母身边，明亡，方以智追随隆武、永历两朝，中履亦随父母流离于两广、湖南等地，颠沛十余年。中通《远别离》之三：

远别离，离阿弟，阿弟自小随母万里去……架上父书汝能读，床头宝剑汝相随；我之伯兄为汝兄，汝既有兄汝事之，我当东西南北任风吹。[①]

中通又在《古今释疑序》说：

季弟素北，少余四岁……人知素北舍书无他好，多假之使读。是所为地与时与资，虽弗获全，然有书可读，颇具读书之质，则素北得之天者固厚也，不数年而《古今释疑》成。[②]

中履自己回忆这段流离的经历，作《重忆天末风景》：

去家四千里，两度广州行……湖南诸郡县……宁知有国朝？……忽惊天末客，十载卧江皋。独剩端州石，偏亡交趾刀……魂梦漂流地，何愁五岭高？[③]

顺治十五年冬，方以智来寿昌寺不久，中履即被母亲潘翟遣来黎川。此后，往来于黎川与桐城之间“三载西江侍，亲恩日夜深”；[④] 中履喜博雅，工考辨，“十余年来余省亲青原，去而学道”[⑤]“蹉跎三十，去而学道”；[⑥]“独往侍父十余载，及殁，奉榇归葬焉”。[⑦] 在十数年的陪侍父亲过程中，两头牵挂“越一二岁归省孺人，不数月复往”[⑧] 而不知疲；往返于安徽与江西之间，足茧以寸。其旅愁，不无感慨地在《七渡彭蠡望大孤山》中说：

平沙湮没浪花新……一岁一番湖水绿，何曾识得旧游人？[⑨]

表兄弟马孝思[⑩] 在送中履来黎川所作《与方三素伯有江右之役，业已登程，予忽兴尽而返》说：

---

① 《陪诗》卷二・二。
② 《陪集》卷一・陪古・九。
③ 《龙眠》续集卷十九・3961 页。
④ 《陪诗》卷三・十六《拜辞老父归里》。
⑤ 《汗青》卷上・二十八页《听雪斋诗序》。
⑥ 《汗青》卷下・十九页《释疑》自序。
⑦ 《清史列传》卷六十八・儒林・五至六页。
⑧ 《方氏遗书》卷首 1 页。
⑨ 《龙眠》续集卷十九・3966 页。
⑩ 马孝思，字永公，号玉峰。

回车中路似知几……话到五更犹不寐，坐听鸡唱各沾巾衣。①

这些相送过程中一鳞半爪的诗文，均是中履水路、旱路往来于老家桐城和黎川寿昌寺之间的见证，方以智往来黎川与桐城的信函等，都是由中履身捎转达，②故中履自己说：

余平生足迹所至，南极岭海烟瘴之地……独于江右最久，湖东、湖西，莫不皆到；彭蠡凡十有一渡，其于吉州尤久……③先文忠公老于江西，余遂半作江以西人，因从陈氏（弘绪）、萧氏（孟昉）藏书中得读未见书，复覆视昔日曾读书，先公亲为指授……④

中履在黎川的记载《古今释疑》有《地名溷淆》自案：

履按：朱晦庵……杨升庵……皆有辩地名说。然犹不能无舛，老父《通雅》折衷甚多，尝命履别为一书……⑤

这是中履在黎川同为协助《通雅》诸事的证据。《通雅》付梓前后，揭暄誊抄，中履参与刊梓与雠校，由此，练就了一套辨别各地版本的能力。⑥方以智转场青原，中履与诸兄弟先后轮换陪侍，见证了父亲对净居寺的建设，又得益于在父亲身边读书、抄录父亲所著等，《再到青原》：

莲社龙眠自写真……但将山水养吾亲。别峰且录《青原志》，核室藏书愧《荷薪》。

《新建归云阁门，榜闲居 [中履适至，大人命读书其中]》：

闲居山色里……岚气饱书帷。坐卧枯荆下，亲看再发枝 [阁成，枯荆又生一枝]。

《再题闲居》：

莫疑奇特事……闲抄天地书……梦醒松风阁，萧然自有余。⑦

中发对中履侍父期间的凄苦，乃至方以智对“极爱”之老儿尚未生子的

① 《龙眠》初编卷六十一 · 2647 页。
② 《浮志》卷之六 · 书 · 96 页，吴道新《与集万侄孙》：“前请无大师书，闻即付素北去。”
③ 《汗青》卷下 · 十八《李须麓诗序》。
④ 《汗青》卷下 · 十九《释疑》自序。
⑤ 《释疑》卷十三。
⑥ 《汗青》卷下 · 八《书千顷堂书籍闻见录后》：“近时闽板书，字既拙恶踳驳，满纸藏之反足为病；吴中椠本差为精良淆讹，卒亦难免。”
⑦ 以上三首均《江青》卷十一 · 诗 · 316 至 317 页。

疼爱，在《怀叔兄素北侍青原》有介绍：

岁华容易改……老亲犹出世，穷子敢思乡？独有含饴望，心伤是北堂[时兄尚未抱子]。①

中履自顺治十五年来黎川，经泰和、至青原山，往返桐城侍父最久。

5.“从子”方中发

从子方中发（1639—1723），字有怀，号鹿湖。中发是方以智胞弟方其义（1619—1650）② 之子，方其义早逝，所遗孤子中发甫年 10 岁，由方以智抚养，视如己出，呵护有加，在方氏族人和外人的眼中，均以平等之身份于方氏三兄弟如“四子”，三方兄弟亦称中发为“四弟”。③

方中发虽是“从子”侄儿，但其坚守“世父即父”④ 家法，在方以智来黎川后，尝在寿昌寺陪侍世父，后至泰和首山、吉安青原山，尤以处理方以智“死事”为显豁。《桐城续修县志》：

方中发……县学生，其义子，祖孔炤抚楚日，生于武昌节署。幼孤，侍祖归隐白鹿山，祖旋卒，时乡居乱离荡析，奔世父以智之难……著有《白

---

① 《白鹿》卷五 · 五言律 · 四。

② 方其义，字直之，号次公。《康桐》卷五 · 儒林：“中丞孔炤仲子也。未入塾，能辨四声。属以对句，出人意表。长而笃嗜古学经济之书……其兄愚者，诗名倾当世。其义出，遂与齐名。又矫捷多力，挽强善射……从中丞抚楚……未几卒。其义博洽多艺，临池篆刻，击剑弹棋，无所不工。里人宝其书法。所著《时术堂集》十卷行世。”《田间》卷二十四 · 465 页《前处士方次公直之墓表》：“吾友方次公直之殁三十八年，既葬，而其子中发乃请予为文，予……与次公先后同学……中丞公讳孔炤……有二子：长太史公，讳以智；次即君也，君讳其义，字直之，行二，四方皆称为方次公……中丞公抚楚，君从之官，贼战辄在行间。君勇力过人……中丞公御贼，徒以君能先士卒……争致死以取胜也。已，中丞公被谗谴戍粤东，卒遇盗，君出舟与斗，失足堕水，浮至舟尾，一跃直上柁楼，大呼，连发数矢，群盗骇散，岸上观者皆以为神……君生于万历己未某月，卒于顺治己丑某月，享年三十有一……子一中发……孙男一人正琯……以庚戌年某月，中发葬君于柴林之山巅……越十八年，丁卯，始属予为之表石……”《汗青》卷上 · 十五《时术堂遗诗跋》：“吾叔父少负才名，慷慨有大志，善骑射，晓兵略……其书法、诗歌已为时所藏弆……”门人私谥“孝节先生。”

③ 《道桐》卷之十七 · 人物志 · 笃行 · 二：“方懋，字自勉……父法为蜀阃断事……世父即父……而脱世父之女于阨……以子佑贵赠监察御史。”

④ 《浮志》卷之十 · 283 页《桂林公约》：“方氏子：中德、中通、中履、中发谨白”；《陪诗》卷二 · 一《得河字与四弟赋别》。

鹿山房诗文集》，卒年八十五。[①]

《桐旧集》：

方中发……诸生考授州同知……与素伯为从兄弟，犹同产也，游处甚密，倡和复多，其为诗音调悲婉，情思缠绵。[②]

中发有《戊午仲冬初度四十追忆双亲并及耆年延僧诵经龙泉信宿怀庐感赋四律寄示儿侄》：

我刚生四十，三十五年孤。莫赎终天痛，徒劳抢地呼……幸苦诸兄子……门庭尊礼法……不是爱栖禅。再传仍独子……承欢不厌贫。[③]

钱澄之82岁为《白鹿山房诗集》作《序》：

有怀生十岁而孤，中丞抚自提抱即诲之以礼……事世母如其母，以同祖昆弟为之昆弟……吾尝观其与素北二龙唱和诗……可谓得情之最正者矣！……故乐而为之序。

江皋[④]《白鹿山房诗集·序》：

先生生而多慧……落笔数千言……历两朝治乱……更陶淑于乃祖乃父之理学、文章、经济出处之大端……此所以正其心而广其识也。

钱澄之《二龙唱和诗引》：

有怀少孤单……素伯与有怀年相若，故视诸昆仲，游处较密，唱和尤多……彼此留恋，孝友之谊蔼然。[⑤]

钱澄之《题白鹿山庄图为方有怀寿》，以中发之“孤”，赞其在这个大家庭中处置之礼，而获得大家的认同：

余年未二十时，尝过白鹿山庄，受知于中丞公，兄事曼公，弟畜直之，迄今已四世交矣……辛卯冬……则直之已先一年忧愤以死……有怀，时年才十三，目光炯炯，进退周旋有礼。从余哭直之于殡所……居然成人也……有怀之于门内外，其有得于礼者为不浅矣……中丞公殁，曼公

---

① 卷十一·人物志·孝友·二十九。

② 卷三·八。

③ 《白鹿》卷五·五言律·二十。

④ 江皋，字在湄，号磊斋，桐城人。顺治十八年进士，任瑞昌知县……秩满升兴泉道参政，卒81岁。工诗能文，著《江在湄文集》三十卷，《诗集》四十一卷。

⑤ 《田间》卷十六·引·304页。

已出世，称大师，自白门破关出归治丧，有怀年且十七。大师语余曰："此子至性过人，能知大礼，吾弟为不亡矣。"已，大师入山迁化，有怀益孝事伯母，母视有怀犹子也，诸兄田伯、位伯、素伯，有怀视犹同胞也……有怀今年五十……益重余今昔之感矣！[①]

方以智在黎川4年期间，中发尝有往来看望，并对黎川熟悉。其《聊当三叹》：

行路难，别离远，兄弟四人同偃蹇……伯兄新著《山东鞭》，仲兄早买西江船……我亦将南游闽峤、过杉关……[②]

"杉关"即黎川。自顺治十四年秋，中发与"三方"兄长，代表方以智赴金陵，参加反清人士的秘密集会，[③]此后，在方以智黎川四年，乃至泰和、青原山的十余年当中，四兄弟除了孝思逾常、更番奔侍外，穿梭往来于老家桐城之间，仆仆道途为执行方以智的意志，十方奔波、联络各地仁人志士，始终都是方以智最好、最得力的助手。

"三方"与四弟中发，"伯仲叔季，承累世遗绪，种学积行，以交相资"，[④]直至晚年兄友弟恭、相互往来勉励不断，中履、中发则因年龄相仿，两人过从更密。[⑤]

方以智逃禅的"非心"本质，是方氏四兄弟子在方以智来到黎川的4年中，仍然不断要子侄们"更迭承欢左右"，并不断驱使他们风尘往返于桐城与黎川之间，常年轮换侍奉左右的根本。

第三节　与八大山人同游金溪与施闰章来任江西"湖西道"

1. 在金溪碧溪里写"砥中阁"与八大山人同游丁坊"萧复远家"

秋，方以智与刃庵·八大山人一同赴金溪丁坊[⑥]萧复远家，又在二十八都

---

① 《田间》卷二十·题跋·388页。
② 《白鹿》卷三·七言古·十一。
③ 《陪诗》卷一·二十《丁酉秋日，父执冒扑巢大会世讲于白门》："余兄弟田伯中德、位白中通、素北中履、有怀中发……"
④ 方正瑗《白鹿山房诗集·跋》。
⑤ 《白鹿》卷三·七言古·二十七《将还山与叔兄夜饮》《月下与叔兄偶诵唐诗》等。
⑥ 《道金》卷一·都图·二十九："二十八都永乐志载五里，辛未志四里，今四图……丁坊[萧]、彭家渡……"

碧溪[①]里彭家，为写“砥中阁”牌匾。《彭氏族谱》收载雍正四年（1726）彭家秀才象晋所写《砥中阁记》说：

国朝辛丑秋……值有避世之药地愚者屐适至。愚者谁？明进士以智方先生也，擅大书，余家鼎、秀两公，爰得奉币请题其额，此则易额‘砥中阁’之所由来也。[②]

方以智书写的“砥中阁”，虽然是以《彭氏族谱》为记载，但“砥中阁”却是金溪较为有名的一座寺庙。今人吴定安在其《方以智及八大山人在金溪》一文中介绍说：

砥中阁是彭家渡下首一座大庙……原名“圆通阁”“普济庵”“马桥庵”等，因清初药地和尚方以智到此书写“砥中阁”三大字，故正式定名砥中阁。且以青石刻了门联，联曰：“秀挹层峦开胜地，雄横碧水砥中阁”，但未署作者……雍正四年彭家秀才象晋先生写有《砥中阁记》，记其始末，收于《彭氏族谱》之中。[③]

道光六年《金溪县志》“二十八都”，未见“圆通阁”记载，但有：

清源庙……砥中阁……以上二十八都。[④]

《彭氏族谱》记载的“砥中阁”事，在道光《金溪县志》“寓贤”中一并将方以智与八大山人来丁坊“萧复远家”史实，予以了佐证：

明。方以智……后为僧，名宏智……尝流寓金溪，今二十八都碧溪里浮屠有密之书“砥中阁”三大字，“药地愚者智书”六小字，笔意绝类欧阳率更。

八大山人……尝与方密之往来于丁坊萧复远家，今其子孙藏山人书画甚多。[⑤]

光绪二年《抚州府志》沿袭并补充了这一事实：

---

① 吴定安《芗草集·金溪历史文化研究》江西人民出版社 2012 年 3 月第 1 版，299 页《方以智及八大山人在金溪》：“今芦河彭家渡一带。芦河古称清江，发源于资溪，碧溪河水流……注入抚河，故此地名碧溪里。”

② 转引自吴定安《芗草集》300 页。

③ 《芗草集》299 至 302 页。

④ 卷三·寺观·三九。

⑤ 卷十八·寓贤·二。同治《金溪县志》卷三十一·寓贤，承袭了这一记载。

方以智……甲申后薙发为苦行头陀……尝流寓金溪，今二十八都碧溪里浮屠有密之书“砥中阁”三大字，“药地愚者智书”六小字，笔意绝类率曳。八大山人……尝与方密之往来于丁坊萧复远家，今其子孙藏山人书画甚多。①

方以智所书“砥中阁”石匾的命运及后来发现，吴定安文中有交代：

“砥中阁”至解放初即已凋残败落，“大跃进”期间被生产队拆毁，方以智所书门额石匾亦不知下落。1991年金溪县建立文物管理所，本人忝任所长……一次在一村民家门前发现这块石匾，它被村民翻过来作了一块普通的垫脚台阶石，所幸尚未打断损坏。我们征集上来，现藏仰山书院。

“砥中阁”匾，灰红石质，长175厘米，宽63厘米，厚度不均，在8—10厘米之间。字大60×37厘米左右，行书……遗憾的是在左侧落款“药地愚者智书”六字被铲平了，只见“阁”字后有一道平整的铲槽。是否为康熙后期里人在修砥中阁时奉上级意旨所铲，我们不得而知了……道光修县志者未实地察看，依然保存了原说。

方以智与金溪渊源颇深，其桐城老家的业师王宣，是方以智曾祖父方学渐的门生。

王宣(约1558—1641？)，字化卿，号虚舟，金溪潘方里人。道光《金溪县志》：

王宣，字化卿，一字虚舟，潘坊人。父客桐城而生宣。年二十还籍，补郡弟子员，仍家于桐；六十弃举业专事著述；七十遭乱，去桐归故里；八十诸子皆亡，犹著《易》不辍……与左光斗、曹履吉②等以文相镞砺。方以智而下，皆北面受业，所服膺者推罗汝芳。年八十四而卒。③

方以智《虚舟先生传》：

王虚舟先生……与先叔祖玉峡公[讳大铉，癸丑进士]、赤城公[讳大任，丙辰进士]为友……不第，遂弃举子业，傥然高蹈，自号虚舟子。自桐先曾王父讲学，先廷尉公倡之。先外祖吴观我先生好参究，合三教

① 卷六十九·人物·寓贤。
② 方以智季妹适曹元甫·履吉之子曹台岳，为姻亲。《时论》卷之八署“子婿曹台岳再较”。
③ 卷十·儒林·明·十三。

而一之……智十七八……先生年七十，益深于《河》《洛》，扬、京、关、邵，无有能出其宗者。智方溺于词章，得先生之秘传，心重之，自以为晚当发明。岂意一经世乱，遂与先生永诀哉！[①]

天启七年，70 余岁的王宣，成为 17 岁的方以智业师。王宣著《物理所》方以智受其启发，于崇祯四年刊梓。自此，方以智每有所闻，辄仿而录之、考订。后费 30 年之精力，著《物理小识》，书中屡引王宣言，方中通《物理小识编录缘起》：

王虚舟先生作《物理所》，崇祯辛未，老父为梓之。自此，每有所闻，分录别记，如《山海经》、《白泽图》；张华、李石《博物志》，葛洪《抱朴子》、《本草》……

王宣以自己的学说“两间物物皆《河》、《洛》……虚舟最精，向令儿辈受之”，[②] 故方以智在《周易时论后跋》：“余小子少受《河》、《洛》于王虚舟先生，符我家学”，[③] 弟子胡映日亦在方以智《医学会通·识语》中说：“虚舟子……世精医学……欲以《河》《洛》之秘授吾药地夫子者也。”王宣《曹元甫携具谢楼同方密之赋》：

楼头美酒贮黄金……俯仰只今吾辈在，相逢惟有浅深斟 [刘裕桓温指四镇言李白，青山谢眺楼指登楼言]。[④]

王宣所冀望及其学说，对方以智后来的《易》象数学思想形成，亦有显著影响，《物理小识》即得之于王宣的《物理学》诸多启发。

方以智在王宣 70 岁后往返桐城与金溪老家的过程中，感受于业师的“金溪”情结与熟悉程度，当在方以智心中，有深厚且久远的影响，更不能排除方以智年轻时，随王宣来过与桐城邻近的金溪可能。来到黎川后，又因水路与金溪十分便利“水路自建昌府南城县濮牛村入境，至许湾镇七十里，许湾至府城四十里，至省城五百七十里”，[⑤] 浒湾行船，是一条直通黎川与福建交界“杉关”

① 《后编》卷一。
② 《时论凡例》第四则。
③ 《前编》卷五·曼寓草·卷中《周易时论后跋》。
④ 《桐旧》卷三十一·七。
⑤ 《道金》卷一·山川·六。

的水路，[1] 不仅常有路过，且尝有金溪之行。今人所著《禅宗宗派源流》，还有方以智此间曾主金溪疏山寺[2] 的记载：

大智……先后执掌新城天峰寺[3]……金溪疏山寺，南城县资圣寺等处法席。[4]

方以智何时"执掌"疏山寺，鸿鸣未见它方史料记载，但《彭氏族谱》记载顺治十八年秋，方以智在金溪二十八都碧溪里观涛大奇故里"彭家"书写"砥中阁"；《金溪县志》《抚州府志》记载方以智与八大山人在金溪丁坊与"萧复远家"相交；方中通于康熙元年所写《壬寅同三弟（中履）省亲盱江相遇于许湾》诗，都说明了方以智在黎川四年当中，往来黎川与金溪之间的频繁事实。

方以智与八大山人来金溪丁坊"萧复远家"事迹，拙著《八大山人在奉新耕香院》一书中有详细考证，读者可参阅。现仅 2015 年 10 月 17 日，鸿鸣在金溪丁坊"萧家"考察所得新材料，补充如下。

《金溪县志》、《抚州府志》记载"萧复远家"之萧复远（1667—1725），家世源出江西吉安，为泰和萧孟昉族亲。金溪丁坊《兰陵萧氏宗谱》二册·卷尾·世系·一号：

仁寿公·讳克复，号德源，系出吉安府吉水县螺坡里，以贤良方正、才学兼优举登贤书，授金溪儒学教谕，涖任十有二年。士民仰戴，尊称为宣教先生。考绩政仕，后遂家于此。生于元世祖……[5]

萧复远的父亲萧文忠（1625—1688），《兰陵萧氏宗谱》：

讳文忠，字敬元，号景燕，敕赠儒林郎。生于明天启五年乙丑四月廿四日，殁于康熙廿七年戊辰七月二十九日，寿六十四，葬筲箕窠……子五。[6]

---

① 《康新》卷之一·封域志·六十六五福镇［旧称五福街］："在县东三十里四十都，有公馆，地临东川，上通石硖杉关，下接抚州浒湾……称新城首镇。"

② 《道金》卷三·寺观·三七："疏山寺……南唐改名疏山。宋太宗、真宗、仁宗、高宗皆赐御书寺额……人因立崇儒祠祀文庄……以上十三都。"

③ 方以智何时"执掌新城天峰寺"未见它方史料记载。

④ 第十二章·曹洞法系（下）487 页。

⑤ 萧一宗世居江西抚州府，属金溪南乡二十八都丁溪里，古号兰陵郡族谱，世次·第一世·始祖。

⑥ 1995 年重修《兰陵萧氏宗谱》卷尾·世系·四号·地二公次子，锦三公。

按照《泰和萧氏族谱·辈份字》“孔孟文章族”[①] 世系，萧文忠是泰和萧氏“万合田塅志善·世次 87 的“文”字辈嗣孙，与萧士玮孙“文鼎”、“文英”同辈。[②] 光绪《抚州府志·善士》：

萧文忠，字敬元，丁坊人……喜为义举，不吝于财。康熙十三年闽寇蹂躏，男妇被掠，裒金赎数十人，岁饥出粟活人以百数。人皆诵其能施云［旧志］。[③]

萧文忠……金溪人……子鄮，以贡生授安仁教谕，日以学行饬士子，士皆感佩。年逾六十疾终，官舍阖邑哀之。[④]

《兰陵萧氏宗谱》载萧文忠：“子五……鸿二、鸿七、鸿十、鸿十七、鸿二十”，鸿二为萧复鄮，鸿七为萧復云，鸿十为萧復傑，鸿十七为萧复远。“鸿二十”未见谱中。五子均以《泰和萧氏族谱·辈份字》的世系与吊系辈分“复”字取名。长子萧复鄮（1648—1710），金溪丁坊《兰陵萧氏宗谱》：

讳復口[⑤] 字汉侯，号琴山，岁贡生。饶州安仁县教谕，生于顺治戊子十月十一，旋升确山县知县。殁于康熙庚寅年四月二十七，寿六十三。考终官署，扶柩归葬……子五。[⑥]

道光《金溪县志》：

萧复鄮，丁坊人，安仁县教谕。[⑦]

光绪《抚州府志》：

萧复鄮［安仁教谕］。[⑧]

次子萧复云（1662—1733），《兰陵萧氏宗谱》：

讳复云，字寿侯，号直庵，郡庠，入太学生，赠文林郎……生于康熙元年壬寅六月廿三日，殁于雍正癸丑年正月二十四，寿七十二，葬本

---

① 《泰和萧氏通谱》源流篇。

② 钱谦益《萧伯玉墓志铭》。

③ 《道金》卷十四·文苑·十五。

④ 光绪《抚州府志》卷六十七·人物·善士·四。

⑤ 此脱字当为“鄮”。

⑥ 卷尾·世系·四号·十三世·锦三公长子·鸿二公。

⑦ 卷六·选举·贡生·国朝·十七。

⑧ 卷四十五·选举志·五贡［监生附］·金溪县儒学·国朝·二十三。

都螺蛳山……子二，栋七、栋十二。[①]

道光《金溪县志》卷十七·耆德·二、光绪《抚州府志》卷六十七·人物·善士·十二：

萧复云，字寿侯，丁坊人。由庠生入太学……尝设立义仓。康熙六十年大旱，出粟活数百人。雍正九年十年间，复困于水饥者，糜至人给以粟……

三子萧复杰（1664—1740），《兰陵萧氏宗谱》：

讳复杰，字英侯，号静庵，考授同州，敕封儒林郎。生于康熙甲辰年十一月初六，殁于乾隆五年庚申二月二十六日，寿七十七，葬破港蔡宅屋后山……子三，栋十公、栋二十七。[②]

道光《金溪县志》：

萧复杰，字英侯，丁坊人。岁贡生……岁祲出穀赈饥，隆冬施絮以济孤贫，全活无算……有《静庵诗余》三卷，临川李绂为之传［旧志］。[③]

四子萧复远（1667—1725），字定侯，金溪岁贡生。康熙五十四年在其48岁时，回老家泰和县任训导，卒于泰和任上。《兰陵萧氏宗谱》：

讳复远，字定侯，号耐叟，岁贡生。廷试第一，任吉安府泰和县儒学训导。生于康熙丁未年十一月二十五，殁于雍正甲辰年八月三十日。老终官署，归葬横源塘尾……子二，栋三、栋二十六。[④]

道光《金溪县志》：

萧复远……任泰和县训导……攻诗、古文词，与郡邑名隽唱和，多推许其能文，又善书八大山人，谓兼董米之长。著有《耐叟集》、《学易堂诗草》。[⑤]

《学易堂诗草》四卷，《耐叟集》八卷。萧复远撰。[⑥]

光绪二年《抚州府志》：

---

① 卷尾·世系·十一·地二公支下［次房］·十三世·锦三公次子·鸿十七。

② 卷尾·世系·一号·地二公支下［三房］·十三世，锦三公三子·鸿十公。

③ 卷十七·耆德·七。

④ 卷尾·世系·一号·地二公支·锦三公四子·鸿十七公·十三世。

⑤ 卷十四·文苑·十五。

⑥ 卷二十六·书目·十三。

萧复远，字定侯，金溪岁贡生，任泰和县训导……善法书，八大山人谓：兼董米之长。任泰和振兴古学……有《耐叟集》八卷，《学易堂诗草》四卷，藏于家。[1]

以《彭氏族谱》载方以智“辛丑秋”来访丁坊“彭家”，在碧溪里与“萧复远家”相交时，萧文忠第四子萧复远离出生尚有 6 年。后世地方志的记载，是以“萧复远”为人物，故云方以智在金溪丁坊之交为其“家”，实乃是指“萧氏一脉”的家族之“家”。[2] 换言之，方以智来金溪丁坊所交，只能是“萧文忠”而不能有“萧复远”。

萧文忠平生“乐善好施”，“康熙十三年四月，逆藩耿精忠距闽叛，遣伪将易明攻抚州，分寇金溪，七月初六日城陷，知县白琬如降”，[3] 的“三藩之乱”时，“岁饥出粟活人以百数，人皆诵其能施云”，[4] 这与萧孟昉在吴三桂反清大将韩大任到达江西之时，给予粮饷援助之事相辅相成，这或许正是方以智、八大山人此间与“萧复远家”交往，并隐藏在“砥中阁”背后的某种关系。该年前后，刃庵·八大山人尝往来抚州、临川。来年，八大山人在抚州参加郡守苏剑浦组织的“临川十咏”诗会。[5] 八大山人频繁往来于抚州、临川、金溪与方以智同游，而有《金溪县志》和《抚州府志》在金溪丁坊与“萧复远家”交往的事实记载。

以《彭氏族谱》、《金溪县志》和《抚州府志》及后人的不断记载，方以智为“圆通阁”书写“砥中阁”三字、并落款“药地愚者智书”的事实计，方以智与八大山人前来金溪丁坊萧家、彭家逗留，还有一个重要的因素，就是与方以智交好的法弟观涛大奇，乃是“溪南彭氏子”[6] 这段与碧溪里的渊源，也可能是促成彭家“爰得奉币请题其额”的原因。

---

① 卷五十九·人物·文苑·三十八。此四子长幼排序，鸿鸣在《八大山人在奉新耕香院》一书中，因尚未见《兰陵萧氏宗谱》，故有误，特作纠正，并向读者致歉。

② 2015 年 10 月 17 日在抚州文化书院周信昌院长、金溪县博物馆原馆长吴定安先生的帮助下，访问金溪丁坊时，该村尚存一座清代石牌楼，上有萧復远书“酇侯名里”，款署“复远”，钤一印，不识。泰和、金溪“萧氏”一脉，均为汉丞相萧何被封“酇侯”，故两地祠堂均有“酇侯名里”匾悬。丁坊“酇侯名里”牌楼两侧，另有对联：“阀阅留芬，汉室功臣世胄；诗书裕后，溪南文物人家”。

③ 《道金》卷三·武事·三五。

④ 均《道金》善士。

⑤ 详《介冈》。

⑥ 《道金》卷十八·仙释·五：“观涛禅师，溪南彭氏子”。

方以智与八大山人来丁坊“萧复远家”、于碧溪里书写“砥中阁”，其“中流砥柱”的意思，在“萧复远家”与萧孟昉为族亲、并在后来同时参与抗清；观涛大奇于方以智沉江殉节仅有25天的哀悼辞中说方以智：“十八滩之云愁雾惨”的背景下，此间方以智与八大山人游方、写字、卖字溪南，在赞颂“萧家”与“彭家”禅门“圆通阁”的外衣下，则包含了更多、更深层次的意义。

是年秋，施闰章来江西，已在“分守湖西”任上。①

2. 施闰章官“湖西道”与方以智相约赴会

九月，施闰章来任江西布政司参议、分守湖西道，② 随即“寄语到黎川”，方以智在黎川得讯后，作答《寄施尚白少参》：

> 冰舍遂一纪，竹关别九年……凭空飞宝盖，传是临江仙。犹意苍梧梦，寄语到黎川。飞峡曹溪路，激流同刺船……君建璎珞幢……旧榻知新悬……是帘皆可廛。药笼一茎草……早写香山篇。冬雪中立春，句报梅花先。③

方以智在接到施闰章的信后，抑制不住内心的高兴，故云“凭空飞宝盖，传是临江仙”；其“君建璎珞幢”、“旧榻知新悬”均是施闰章邀请方以智来吉安；而以贫民居所“是簾皆可廛”来形容此际的“药笼一茎草”，是方以智在寿昌寺“药笼”左右“瓦龟姜枣煎”一直陪侍的弟子“一茎草”兴斧山足。

是时，方文来江西，在南昌道中偶遇黎川出来的慈炳嗒然，并将方以智行踪告知方文：此际，方以智在黎川或寿昌，或廪山，或建昌府南城等药地。方文作《寄药地上人[即从子密之]》：

> 自公去盱江，三年音信断。今春徐子来[仲光]，云在廪山半。学道既已深，著书复无算……九月来彭蠡，即问盱江船。不图章门外，忽逢僧嗒然[僧之字]。自言药地徒，本师将南旋……审尔宜趣驾，不必更迟延。④

---

① 《愚山》文集卷二·重修临江府志序·二六。方中通《陪诗》卷之三·十三《潞州行》：“时施愚山先生为袁、临、吉三郡监司。”

② 《愚山》附《年谱》卷二：“顺治十八年辛丑……秋，奉命分守湖西……九月十三日，初入临江。”，王士禛《南来志》：“顺治……辛丑……时施（愚山）为湖西道”。湖西道辖“临（临江）、袁（袁州）、吉（吉州）三州”。

③ 《龙眠》初编卷六十四·2841页。

④ 《畲续》西江游草[辛丑]·五言古体。

从顺治十五年底来寿昌寺，方以智在黎川已3年。这是方文造访黎川的时间，在顺治十八年的证据。从该年至来年的康熙元年，方文游江西“四千里”，[①]先后在南昌、[②]临江、[③]泰和、后至赣州十八滩，一路拜访了施闰章、周体观、曾传灿等诸人，这个行程，必途经黎川、过寿昌寺。[④]

诗中“九月来彭蠡，即问盱江船”，说明方文来江西首访的就是要去“盱江”流域的黎川、南城等地。在获知了嗒然“本师将南旋”信息后，方文遂有“不必更迟延”的急迫心情，并从水路乘船来到了黎川。因嗒然有“本师将南旋”相告，方文的《西江游草》中，又未见此次与方以智相晤的记载，故不知此次方文是否与方以智得见。但以方文的个性和他与方以智的亲密关系，方文此次到黎川并有游期间，当逗留至方以智归黎川，并有见面。

民国丁巳（1917）续修《江西新城平溪黄氏族谱》[⑤]载有署名“方文字嵞山，江南人”凭吊黄端伯的《过水草菴》七言一首：

> 灵谷西边桐井东……野老题诗纷满壁……从今水草菴前路，直与燕山柴市同。

该诗收录《方嵞山诗集》续集后编·卷四·800页，有注“乙巳年作”，即康熙四年，与《龙眠风雅全编》所收同，其诗题为《过水草庵吊黄海岸先生》，诗文略有小异。[⑥]《嵞山集》载顺治三年同题同韵、但诗文完全不一样的《过水草菴[黄元功先生遇害处。丙戌]》七言绝句：

> 汩汩河流声向东，闻君此地化长虹。山僧指点行刑处，落日寒原望不穷。[⑦]

方文在游黎川期间，是否前往龙安镇黄端伯墓前凭吊，没有记载。收载

---

① 《西江游草》《将近枞阳舟中遣兴》：“孟秋江右去，仲春江右还。客行四千里，始见枞阳山。”

② 《嵞续》581页《生米潭寄怀尚白少参[以下壬寅春作]》。

③ 《施谱》：“顺治十八年……冬，方文过临江。”

④ 《愚山》文集卷四《西江游草序》：“嵞山方先生……西江之役，自九江而南昌而赣州”、“桐城方尔止……有西江之游，所适皆贤主人，岁暮归自赣，过临江，留十余日……”周体观《西江游草序》：“又去萧滩、入虔州”。

⑤ 该谱为黎川县原政协文史委主任江建华提供。

⑥ 《龙眠》初编卷三十三·1290页。

⑦ 卷十二·393页。

于《龙眠风雅全编》该诗，自顺治七年有《庚寅除夕》[①]诗后多涉江西人与事，如《萧伯闇家移竹》、《章门访陈士业征君》，[②]尤以紧邻两首《题徐仲光荷山草堂卷》为显著，诗曰：

岭海归来重叹嗟，荷山深处老烟霞。漫言此地堪终隐，底事频年不在家？玩世且同华表隺，维舟先听白门鸦。问君可是徐鸿客？行见桃花变李花。[③]

诗中的“玩世且同华表隺”，系指徐芳所居之建昌府丛姑山，即是明代“益藩”封地埋葬诸益王的祖山坟地。墓前的华表标识，是方文确曾亲临荷叶山访徐芳的证据。如此，方文在顺治十八年至康熙元年期间来访方以智时，当有前往黎川龙安镇黄端伯的墓前凭吊。

黄端伯当年就义的水草菴在金陵灵谷寺“西边”，方文《过水草菴》被收录进《江西新城平溪黄氏族谱》可供推测的原因：可能是修谱者在水草菴墙壁上抄录诸“野老题诗纷满壁”，[④]或后人征集所得；其二、则是方文在拜谒黄端伯墓地时，将曾经写过的《过水草庵吊黄海岸先生》诗，在凭吊追思时，再赋于墓前，被黄端伯后人所征集；还有一个原因，就是方以智在为黄端伯修灵墓、作铭文时，向黄端伯的族人或后人作了推荐。

至该年冬，十月二十六日，方以智 51 岁生日。彭任在宁都翠微峰致诗以“主僧”志，作《忆旧同木立和尚游飞泉洞遂以赠主僧五十[⑤]》：

自别高僧后，三年未问津……若言当雨日，君是百年人。[⑥]

十二月，方以智因施闰章九月来寻不值，故由黎川廪山西进青原山，既为圆寂两年后的笑峰和尚修衣钵墓塚、[⑦]又来临江官舍与施闰章相会。途至临

---

① 见 1284 页。

② 见 1288 页。

③ 见 1290 页。

④ 《田诗》卷二十二·客隐集 [自丁巳至己未]459 页《过韬光和黄海岸先生韵》：“二十五年重到此，谁知不是后身来。”

⑤ 因该诗后有“三年未问津”句，故知彭任是以实岁视方以智曰“五十”。

⑥ 《草诗》五言律 · 五。

⑦ 《江青》卷一《安稳净居寺》：“药地智师自廪山来为笑峰视塔地。”

江邮中，方以智以门人的身份，给举业师座余飏[①]请为《周易时论合编》作《序》：

寿昌辛丑，敬作一文二诗，遣僧致无量之祝。已又托揭口（暄）呈致高云客，且闻此僧病羁［东］莞，不知曾达老师前否？困鱼止泺，梗塞艰难，徒以莱流药钵，随分痞聋目口晦行露尾。自念数十年之瓜心彻骨，而阻阔函［丈］如此，负慝偷安，能免桑户之歌耶？近来归塔青原，于临江邮中得读芦中五咏，音出音石，固知过量，大人驾铁船于逆浪中得大自在。天山之肥，天［伦］之乐，即是多世所积之增上缘，岂钟鼎、丹青、足颉颃哉。弟子积惫沉疴，逃雨嚼蜡，颓然一枕，凡事俱癈，反复大作，入梦追风，不觉如候蟲络响，口成十韵。南汪精庐，一笑一叹必矣。所悲先世之学，破巢自荒。虽有三子，竝孪螳臂。然从来络索，一向付之老师，许序《时论》，质测、通几，正叶午运。明眼折中，万世幸甚，惟怜其愚，常寄诲焉。便羽不恭，瞻伏曷既。门人以智九首。[②]

方以智致业师余飏的这封信札，是研究界未曾涉及、未见公布，目前发现方以智在黎川寿昌寺有确切纪年的唯一书法作品，也是方以智希望余飏之《序》，能以“质测”和“通几”为阐发重点。以信札中“许序《时论》”论，又以《周易时论合编》有余飏之《序》论，是余飏已允该信札的见证。

方以智的“质测通几”概念，从研究目的和研究方法着眼，对学术活动作出分类，是方以智在《物理小识》中独创的哲学观念。“质测”，指对事物踏实地进行考察其变化原因（实验科学）；“通几”（哲学），指对事物发生的根本原因探讨。[③]并在《物理小识》中认为“一切物皆气所为也，空皆气所实也”、对西学提出了“详于质测而拙于言通几”的批判；反对宋明理学“离气以言理”、“离器以言道”的理论；提出“宙（时间）轮于宇（空间）”的概念，认为空间与时间不能彼此独立存在，宙即在宇中，宇即在宙中，整个宇宙都是由物质组成的朴素哲学思想。

---

① 《别集》卷一·十九《九漈》：“老念赓之本师。”《冬灰》卷四《余全人奉本师书来三山，黄石通天寺僧来迎，因示随行者》：“芦山本师。”

② 该《书》法原件今藏台湾何创时书法基金会。

③ 《物理》自序：“寂感之蕴，深究其所自来，是曰通几；物有其故，实考究之，大而元会，小而草木蠢蠕，类其性情，征其好恶，推其常变，是曰质测。”

年底，方以智应约从黎川来到临江施闰章“湖西道”衙署，[①] 挚友相聚，并在此间两人重游庐山。至庐山归宗寺[②] 施闰章作《初至归宗寺同药公作 [寺后有玉帘泉、金轮峰，上置铁塔]》七律诗：

帆落匡庐片石边……五岳高僧来挂锡，半生多难爱逃禅……[③]

诗题将方以智此间尚属“药地”黎川的“高僧”身份点出，又在方以智离开临江衙署时作《浮山吟，送药公入青原山，时为笑峰禅师扫塔》：

浮山一片云，飞落苍梧野；忽值南风吹，旋归庐岳下。[药公家浮山，避地梧州华盖寺，值余奉使西粤，始同归，抵匡庐别。] 往还离合讵无因，十年旧事[④] 休重陈……却注《南华》穷《象》《系》，推倒辅嗣[⑤] 冢中骨，笑看蒙叟[⑥] 人间世……坐中秋色何苍苍，城头绝巘森相望。兴来遣兴挥秃笔，淋漓墨迹纷满床。塔扫青原入山窟，地作蒲团随处歇。黄荆倒插郁菁葱，[七祖开山时尝倒插黄荆，至今尚茂。] 又见孙枝争秀发。螺湖鹭浦夕阳曛，吸尽西江独有君。别后思君何处所？金牛泉畔夜钟闻。[⑦]

该诗《青原志略》卷十·诗；《吉安府志》卷五十一·艺文志·诗征·三；乾隆刻本《施愚山先生余诗集》卷十八·八，均载此诗，但有以下之重要不同：

浮山一片云……旋归庐岳下 [鸿鸣案：此处没有注]……又见孙枝争秀发 [鸿鸣案：此后诗文不同] 敬亭愚叟[⑧] 空咨嗟，铁牛尚曳泥中车。凭君吸尽西江水，洒种青莲满地花 [余与药公相见于苍梧云盖寺，后相挈度岭，至庐山乃别，故有起句]。

---

① 高咏《施愚山行状》：“辛丑奉命分守湖西，地辖临、袁、吉三州，惟临江可驻节……临郡南对阁皂山……官舍有楼曰‘愚楼’，亭曰‘就亭’……以供偃息……”施闰章《分守湖西道题名记》：“夫分守者，以方岳之职，分藩外郡者也。其专驻有所，然自省会及属郡各有署……而有巡之义焉……分守使虽备官，亦所以表帅三郡吏也。”《石园》卷第二十一·一《寄题愚楼二首》：“曾从萧水上愚楼……楼邻学宫……”

② “归宗寺”在庐山脚下星子县秀峰西南一公里处，原为王羲之别墅，后捐为禅门以“万化归一，万流归宗”改名，是庐山“五大丛林”之首。

③ 《愚山》诗集卷三十四·198 页。

④ 指顺治九年方以智与施闰章在梧州冰舍初次相识。

⑤ 指王弼，正始玄风开创者，著有《周易注》。

⑥ 指庄子，喻指方以智此时正在撰著的《药地炮庄》。

⑦ 《愚山》诗集卷十八·342 页。

⑧ 指施闰章，老家宣城有敬亭山，在今宣城市区北郊。

“长瓢来濯清江滨”是两人已在吉安得重聚的证据，“城头绝巘森相望”可知方以智或正在施闰章位于临江的衙署。以此际施闰章之“送”，且有以寿昌派无明慧经以下的“晦台元镜”与“觉浪道盛”至方以智三代“孙枝争秀发”喻指，以及其后不同处的赞颂“洒种青莲满地花”诗文，或正是方以智在“封塔”之前，已经答应施闰章来青原山任“住持”，或是方以智听取了施闰章的建议，才有来净居寺的“允诺”的证据，并最终使方以智由黎川寿昌寺来到了青原山净居寺，而方以智之所以会应允离开黎川来青原山，除了这里是“五祖”道场外，更重要的则是此间“青原”乃“会五宗于掌握”① 的显赫坛祖地位。

此后，两人愉悦的情绪，在方以智作画赠施闰章后的往返诗文中，得以了再现。方以智因施闰章“浮山一片云”有感，“兴来遣兴挥秃笔”，于子春岛上弦歌室作《浮云一洗万峰出图》“满床”，并题诗以赠：

> 愚山生就名山笔……我欲赞叹不能悉，为画子春岛上弦歌室，忽然泼墨得句一，浮云一洗万峰出。②

施闰章答谢作《药公拈余“浮云一洗万峰出”作画，并题短歌见贻，依韵报谢》：

> 药公别具神仙笔……兴酣笔落如箭疾……为我倒宿蓬莱归一室。云蒸雾合天地一，半空风雨泉声出。③

腊月初，方以智在青原山净居寺为笑峰勘定塔基、拜灵龛，并以内心自况之文天祥“断碣偃龙蛇”句，题写了意味深长的“断碣”二字，而有建“断碣塔室”。④ 作《拜笑和上龛，时来为定塔基》：

> 七年西库⑤ 铁围山……重重开处又重关。⑥

是时，青原山净居寺众僧为之挽留，方以智作公开允诺，答应来青原山

---

① 禅门曹洞、临济、沩仰、云门、法眼五宗之共推禅祖门庭。《浮志》卷之六·启·109页，孙晋《桐城合邑请无可和尚住华严寺启》。

② 《愚山》诗集卷十八·附药地赠诗·343页，任道斌《知见录》62至63页。

③ 《愚山》诗集卷十八·343页。

④ 《江青》卷一·山水道场《断碣塔室》：“笑峰然禅师衣钵塔，司成弟子张贞生铭，久昌初奉龛上，药地愚者来视葬地……愚者为建衣钵塔，覆之以屋，题曰‘断碣’，取浮休居士‘断碣偃龙蛇’之句也。”

⑤ 笑峰天启至崇祯朝为明臣时，曾遭人诬陷下狱七载。

⑥ 《华青》卷十·诗·258页。

净居寺为住持，[1] 随后回黎川。

3. 年小一岁的堂叔方文

方文（1612—1669）字尔止，号嵞山、农明，[2] 别号淮西山人、忍冬。方文的父亲方大铉（1564—1618），[3] 以进士仕户部主事，是方以智祖父方大镇的同胞兄弟，方文与方孔炤为亲堂兄弟，是方以智的堂六叔，亦是青少年时期的密友，但方以智年长方文一岁。《孙武公集序》：

> 余有叔尔止……虽非同辈，而年相若……[4]

方文 7 岁丧父，与方以智一起上学长达 14 年之久，两人感情深厚。康熙《安庆府志》：

> 方文……司徒大铉之仲子……所交多天下俊彦，以棘闱数奇，博览名胜，吟咏不辍。后学推为宗匠。早卒，遗有诗文合刻，题曰《嵞山集》。[5]

《桐城续修县志》：

> 方文……又名一来……诗名震天下……子早更丧乱，抑塞磊落，一发于诗故。其沉顿苍凉之作似老杜者为多，晚年居枞阳以终，其墓亦在枞阳。无子，著有《嵞山集》。[6]

《龙眠风雅全编》“小传”：

> 方文……司农玉峡公之子也……好接纳四方知名士，与从子以智声名相颉颃……世变，不就博士弟子试，锐志著述……尔止实苦吟……凡人所轻忽视之者，皆其呕心刻腑而出之者也。好改人诗，与人辩论，至

---

① 《江青》卷首于藻《序》：“适药地大师来视笑峰大师塔，因留主此山”；卷一 · 山水道场：“笑峰……示寂……适药地智师自廪山来，为笑师视塔地，众请留此……”卷十 · 诗 · 李明睿《青原和黄鲁直韵》有：“……笑峰吾好友，灵骨于兹埋。无可今大士，芳声遍埏垓……已许墨公友，明年或再来……”是方以智允诺的另一个证据。

② 《陪诗》卷一 · 二十三《读明圃叔夜悲歌》：“嵞山叔祖号明农”。《嵞山集》卷二 · 59 页《田居杂咏［甲午］》：“山人号明农，明农义有二。一为我朝氓，一为野老志……以后曰明农，名实庶无愧。”

③ 方大铉，字君节，号玉峡，方学渐次子，方大镇之弟、方以智的叔祖。明万历四十一年进士，授刑部主事，父丧归里，起补户部。不久卒于京。工诗，古文，著《搴兰馆集》、《听峡斋草》等。

④ 《前编》卷二 · 稽古堂二集 · 卷上。

⑤ 卷十九 · 人物志 · 文学。

⑥ 卷之十五 · 人物志 · 儒林 · 十。

面赤背汗不少休。人亦以此嗛之，而尔止已语罢辄忘，不复省记矣。[①]

方文《自题小像》：

山人……别号淮西又忍冬。年少才如不羁马，老来心似后凋松。藏身自合医兼卜，溷世谁知鱼与龙？课板药囊君莫笑，赋诗行酒尚从容。

崇祯十一年八月，方孔炤为南尚宝司摄太常寺，秋祭，携从弟方文、子方以智同至斋宫，得观其盛；十二年，方文先后有《从子密之移居》《送从子密子计偕》是两人关系的写照。前诗说：

阿阁重开古巷西……载酒客随江雨至，定情诗压墨床低。蒋山秀色时相望，为许秋深纵马蹄。

后诗云：

家园十载学同师，远近人称连理枝……三世国恩何以报，早传新策到茅茨。[②]

崇祯十三年，作《寄怀从子密之》：

半年书八寄，重与诉烦冤……春将回黍谷，人尚隔桃源［时中丞兄在狱］。江驿劳归梦，何时聚故园。[③]

崇祯十五年，作《喜从子密之京师归》：

三十始登第，于君年亦迟……床头有《周易》，重语岁寒时……江天多瑞蔼，早晚赋梁园［密之将授王相］。[④]

同年又有《寄怀从子密之》：

帝城双阙五云边，报尔承恩侍讲筵。紫阁图书翻宝轴，清江箫鼓进楼船［时迎家人入都］……[⑤]

顺治九年，方以智42岁。从梧州冰舍得释，返家路上在庐山逗留。方文来访，在九云屏客房“借庐”[⑥]同宿九夜，作《庐山访从子密之，同宿九夜，临别作歌》：

与尔同学十四年［自丙寅至己卯］，寒冬夜夜抵足眠……分携又十有

---

① 初编卷三十三 · 1233页。

② 《嵞山》卷六 · 218至219页。

③ 《嵞山》卷四 · 128页。

④ 《嵞山》卷四 · 132页。

⑤ 《嵞山》卷六 · 229页。

⑥ 《后集》卷二 · 借庐语《借庐［借庐者，九云屏之客房也］》。

四载[自己卯至壬辰]。眼看二十八年过……今冬访尔庐山中，重与抵足八九夜……[①]

方以智《借庐语·六叔庐山见访》：

愿将五岳谢君恩，掷杖今投不二门……岁寒忽见同窗叔，坐定重看隔世人……到处山川归翰墨……补作梅花五老图。[②]

同年，方文《庐山访无可道人[即从子密之]》：

自尔去东海，神州遂陆沉……闻说苍梧陷，孤臣被絷维……妻子散仍聚，云山归转羁……闻尔归栖此……束发同师友……逃禅岂慕空。明朝寻栗里，相与酹陶公。[③]

顺治十一年，方以智在金陵高座寺闭关，方文看望作《寄怀无可道人》：

当年流寓石城阴……可怜高座寺重临……闻说润州征鼓动，且将钗钏试禅心。[④]

诗中回顾两人当年在金陵拜谒方孝孺正学祠，今被迫在高座寺出家。后两句，说两人一起以“润州[⑤]征鼓动”议论南明攻取镇江事，方文还以“钗钏试禅心”来试探方以智从禅心的决心。后世的研究，将这两句视为“以隐语方式似乎有通报抗清形势和期望方以智还俗的意味”，[⑥]这些私密性极强的话题，只能是在方文这样的亲眷之间才有的。

方文擅诗有名，卓尔堪《明遗民诗》:“与钱澄之齐名，荷衣棕立，隐居金陵。性不能容物，常以气凌人。”传世有《嵞山集》十二卷、《续集前编》四卷、《后编》五卷，今人合编为《方嵞山诗集》共二十一卷。

顺治十八年九月，方文“从秣陵溯江而上，直抵浔阳，已又涉彭蠡，憩章门，过十八滩，至虔州，岁暮回棹，复亭萧水，春初始归，合四郡所作之诗，题曰《西江游草》，即其春夏白门所作不尽出于西江者，而统以《游草》名之”；[⑦]“至

---

① 《嵞山》卷三·100页。
② 《后集》卷二。
③ 《嵞山》卷五·191页。
④ 《嵞山》卷九·331页。
⑤ “润州”镇江古称。
⑥ 《嵞山》整理说明·14页。
⑦ 陈弘绪《西江游草序》。

是有西江之役，自九江而南昌而赣州，所适皆贤主人。岁暮归，自赣州取道临江，而余适官于此，尔止舣舟留十余日。余两人别既久，思甚深，故相见甚欢，已，出其所为《西江游草》属余序……其诗工也，西江之时地、人事概见于斯矣！”[①]

方文在施闰章府衙，“留居其署二十日，每夜一灯青萤相对……壬寅春，自临江归”；[②]周体观《西江游草序》：“螽山方子……辛丑之豫章……予官南昌，尔止见访，留予署者旬月……已又去萧滩、入虔州，与施少参、周司理辈互相唱和……”一生多次来建昌，有《抵建昌》、[③]《建昌访魏竞甫明府》、[④]《锦山岭月夜[岭在建昌城内]》、《李仙亭[李龙眠尉建昌，有李仙亭在炭妇港，今不知处]》[⑤]等，既有“入郭先寻寺”，[⑥]又有“我自姑郡来芜关”、[⑦]“麻姑山下尔逃名”，[⑧]还有“兰溪祝子令建昌”、[⑨]句，与建昌许多人与事渊源深厚，《信至》诗则是方文前往黎川的直接证据：

> 家人书信至，望我早归来。尚欲双江去[章贡二水合于虔州，谓之“双江”]，那能十月迴。廪无终岁粟，妻有治生才。门外多蔬圃，辛勤刈且栽。[⑩]

徐芳在该年为《西江游草》作《序》说：

> 吾友方尔止……近又集其辛丑一岁所作为《西江游草》……今归有日矣，密之且与予有“结茅箫曲”之约，尔止能重往乎？[⑪]

徐芳“尔止能重往乎？”之问，即已表明该文之前，方文已经到过了徐芳所居“荷叶山”，当在咫尺之间的黎川看望了方以智。

康熙二年，方以智移席泰和首山，致书方文来年再访江西，作《梦药地

① 施闰章《西江游草序》。
② 《螽山》诗文辑补·882页《顾与治诗序》。
③ 《螽山》卷五·201页。
④ 《螽山》卷八·326页。
⑤ 《螽山》卷九·328页。
⑥ 《抵建昌》。
⑦ 《螽山》卷三·99页《张道人园居歌》。
⑧ 《螽山》卷六·227页《沈眉生招集西涧》。
⑨ 《螽山》卷三·101页《买马行为祝一之赋》。
⑩ 《螽续》西江游草·595页。
⑪ 《螽山》911页徐芳《西江游草序》。

道人》：

昔尔高座寺……尔复去江右。睽离七八年……昨岁寄我诗……少小同师承，老大同志节。奈何不同居，天涯各风雪。[①]

康熙四年，方文与石潮大宁在金陵有晤，先后作《天界寺书怀》[②]《笠山师杖驾草堂奉赠二首[以下乙巳年作]》；[③]六年，施闰章访方文于草堂，作《施愚山杖驾草堂阙于展待因订寻山之约》：

荒园来我友，一饭未能留……高座竹关楼。或有前年兴，追陪出郭游。[④]

康熙七年正月，方文谒孝陵，追忆30年前随方孔炤、方以智秋祭，作《戊申正月初四日恭谒孝陵感怀六百字》：

追忆卅年前……臣兄方孔炤……八月秋祭辰，兼摄太常寺。许携子弟人，臣文臣以智。相随至齐宫，终夜不遑寐……[⑤]

明亡后三十余年的颠沛流离，让方文深感“都非往日所见闻……伏地大哭不能起”；[⑥]该年，与徐芳在金陵有最后一晤，并留其宿，作《喜徐仲光雨中见过因留宿各赋二诗》，对徐芳在建昌、黎川之事了如于掌。[⑦]

秋，方文在金陵送髡残，作《送石溪师还武陵兼寄刘山臞先生》：

城南三十里，有古幽栖寺……片言领众妙，遂了因缘事……大师来自楚……挂瓢经十霜……师今下山去……所愿还复来……师本吾儒氏，中年学浮屠……闲情寓笔墨……昔赠我长卷，叠嶂千里余。藏之笥箧中，后代垂令誉……今秋归故园……仍栖此岩户……奉师教化主。吾兄忝兰臭，予亦承法乳……[⑧]

该年，黎愧曾任永新令，方文与之晤，并托信方以智，作《送黎愧曾之

---

① 《嵞山》续集后编·卷一·647页。该诗置《曹州……以下甲辰年作]》之后，为康熙三年（1664）作。

② 《嵞续》卷一·650页。

③ 《嵞续》卷三·737页。

④ 《嵞续》卷三·761页。是年，施闰章于秋间解职江西，诗中有“知尔肥甘厌”，故当作于解职不久的秋后。

⑤ 《嵞续》卷一·667页。

⑥ 《嵞山》附录·方嵞山先生传·892页。

⑦ 《嵞续》卷三·763页。

⑧ 《嵞续》卷一·670页。

任永新兼寄青原长老》：

闻君佐郡官此地……今年量移吉州去……青原古刹相邻近，高兴还期访薜萝［黎以广信司理改补永新令，广信有灵山七十二峰，永新亦有秋山七十二峰，故云］。[①]

康熙八年秋，方文在芜湖客舍“芜荫”去世，“客死无锡，或云入鄂道卒，年五十八”，[②] 殁前，“客有为乩卜之术者，先生降焉曰：‘吾淮西山人方某也。’叩以冥府事，不答，题诗曰：‘平生诗酒是生涯，老死奖干不忆家。自入黄泉无所见，冥官犹戴旧乌纱。’题罢，掷笔而逝。”[③] 钱澄之闻讣，作《家湘灵书到，寄示哭尔止诗即成三首》：

仲文书至语堪悲，遥寄秋风哭友诗。早见病深催棹返［尔止在皖得病，予与二鸿促之返］，谁知客死到家迟。肆孙赖得扶持去［尔止甫嗣一孙，随之东下］，妻女曾无诀别辞。珍重平生诸稿在，箧中零乱莫教遗……同学同年剩几人［予与尔止、湘灵皆同壬子生］。后事好烦王逸少［王安节为尔止爱婿］……握发论交四十年……死别江头色可怜。晚岁忤时谈字学［尔止老攻字学，每与人辨］，一生得谤在诗篇……[④]

方文在江西所交人物，均与方以智的行踪、事迹，有着紧密的关系。

4. 早年的举业“座师”余飏

余飏（1603—？）字赓之，号季芦，福建莆田人，隐居后自称“芦中人”。是方以智在桐城老家时的举业座师。乾隆《莆田县志》：

余飏，字赓之……以制举业与同年生夏允彝、陈子龙齐名，海内争传诵之。授宣城知县，礼士爱民。[⑤]

《小腆纪传·余飏传》：

崇祯丁丑进士……知宣城县，分校乡闱。所取士如王亦临、方以智俱知名士。宏光时擢吏部文选司……丁亥鲁监国，召为左都御史，亦不赴。[⑥]

① 《嵞续》卷二·716 页。
② 《纪事》卷一·方文·120 页。
③ 《嵞山》附录·潘江·跋嵞山续集后·916 页。
④ 《田诗》卷十五·客隐集［起戊申止己酉］·325 页。
⑤ 卷三二·人物·文苑。
⑥ 卷五七·列传第五十。

余飏所著《春秋存俟》,钱谦益誉其为“本朝三大家之一”;陆世鎏[1]《后序》:

> 于《春秋》犹极笃好……义必析诸精，义必要诸当，而犹不敢以显者为无隐，以信者为无疑。存之俟之，以庶几于见闻、传闻之互证，若是乎其慎也。

该书对方以智有较深影响，并为之校订，其体例、手段等，均在以后的著作中有所借鉴,《物理小识》也屡有提及。

余飏与方以智祖孙三代皆有很深的交情。崇祯十二年秋,方以智时年29岁，赴南京应试乡举中32名，即出自余飏门下；[2]来黎川向四处“相招”，亦包含了与余飏重新建立起来的关系,《铁笛歌[为季芦夫子作]》:

> 读书鼓琴真乐窝……寿岩遗老存长篇……箕山瓢里呼吾师……鼠肝鹏背同支离。忽然睹面不相识……苍莽堆头破颜色……穷子叩钵作何曲？布鼓当轩拍直木……[3]

诗文中的“寿岩遗老”和“箕山瓢里”,“寿”指黎川寿昌寺,“箕山”亦黎川附近的山名。[4]《通雅》在黎川刊行，余飏为之《序》:

> 方密之《通雅》一书……今其门人揭子宣等为镂其集以传，属予序之……密之《通雅》之书,独于音学、字学、详论而综核也……觉向来升庵、元瑞诸公,不能免于博而不精之诮也。密之者，今海内奉为药地大师是也。其关极性命之书，统贯天人之旨，则有《炮庄》、《鼎薪》诸论在焉。若此一书，则其二十年前所考订而成者，故仍系之密之焉。

又为《物理小识》作《序》:

> 广昌揭子宣，为其本师方密之刻《通雅》，工及半矣，适姚公羹湖见而悦之,遂为改锓全帙。海内读方氏书者,皆为至宝。于是,子宣复取《名物小识》而梓之。既成，丐序于余……盖《通雅》之别集、方氏之外篇

---

① 陆世鎏,字彦修,昆山人。与方以智同为余飏门生。顺治十二年方以智在金陵高座寺闭关期间，曾寄余飏书。《后集》卷四·建初集《陆彦修信至，得赓之本师著作》:“十七年中倒沃焦，师门法乳托空瓢……竹关多谢皋桥间，总在旃檀半炷消”,“……飞来赤鸟识春秋……祝汝抱经传旧钵，莫将收剑试岩头”。

② 《物理》卷七·金石类:“中德曰:余赓之太老师，讳飏，崇祯丁丑进士，老父己卯出其门。”

③ 《龙眠》初编卷六十四·2844页。

④ 吴道新《寄南丰汤惕庵司马一百二十韵[有小引]》:“誓将守箕山……军峰千仞归……”

也……今观方氏之为是书也，穷天官之秘，极地理之微，凿鬼神之情状……总归于无大无小……谓之“小识”也可，谓之“大识”亦无不可也。[①]

“今海内奉为药地大师是也”将余飏作《序》在方以智黎川期间作了说明，其《物理小识》的《序》当作于《通雅》“工及半”前后。今所见之《通雅》《物理小识》均未载该二文，原因不明。

康熙三年秋，[②] 余飏与方以智“二十年师生”在青原相见“抱头欲哭”。[③] 时施闰章讲学净居寺，余飏主席，大会吴楚闽粤士儒，并在翠屏留“游息”二字；[④] 又对《东西均》给予了高度评价，为有弟子如此而“拍掌大笑，是皆吾门之弟子”，诗曰：

儒何儒……道何道……释何释……胡为相聚一堂上，孔、李、牟尼图洗象。生天生地均男子……要参三教为一原……三一异同辨方起，拍掌大笑曰：是皆吾门之弟子。[⑤]

《青原志略》卷十·诗载余飏数首，《赴愚山（指施闰章）青原会，谒五贤祠》：“宣州施使君……钟鼓发新响。”《拜笑峰和上龛，即倪朴庵给谏》《夜宿青原与二愚对坐，戏作儒道释行》《次无可韵》《怀方田伯、位白、素北》：“望子不来秋已暮，别君欲见梦相思”句，有周损[远害黄州][⑥] 的《青原归后答赠余季芦》说：“几濒闽海想龙登，幸厕青原堂上朋……到即相逢药地僧……”余飏《芦中全集》卷二《周远害诗序》：“青原讲会中，见有峨然岩立上坐者，仿佛是二十年前辇上贵客”，《青原志略》卷十·周损《青原归后答余季芦》：“到即相逢药地僧”，[⑦]

---

① 均《芦中》第二十至二十一；二十一至二十二。

② 任道斌先生考证，余飏来游在七月七日前后，至九月九日由揭暄陪同游白鹭洲，入吉安。作《游白鹭洲记》载于《芦中》卷六。

③ 《芦中》卷六《游青原记》。

④ 《江青》卷一·翠屏：“游息二字，余飏书。甲辰秋，赓之先生来会愚山先生，留题于此。”

⑤ 《江青》卷十·诗《夜宿青原与二愚对坐，戏作儒道释行》。

⑥ 《乾建》卷六五·列传·流寓：“周损，字害远，麻城人……乙酉至建昌，城破，与夏万亨、史夏隆等同被执死。”周损康熙三年尚与余飏、方以智有交，方以智有《周远害诗序》，其来青原山访时“愚者出《炮庄》以慰之”，故此记载有误。光绪《黄州府志》卷二十·宦绩：“周损……与刘侗游京师，共著《帝京景物略》。崇祯己卯举于乡，癸未会试登副榜，授饶州推官……学问淹博，诗文皆有称。”余飏《周远害诗序》称其诗取意“如山川出云”，练章“如黄回舞剑”。

⑦ 诗曰：“几濒闽海想龙登，幸厕青原堂上朋……来当不累螺川令，到即相逢药地僧”此“药地”即指建昌府属地，并非仅指药地和尚。

是余飏在青原山作客时频繁活动的记载，也是周损曾到过黎川“药地”的证据。《周易时论合编·周易下经》署“莆田后学余佺再较”，或是余佺在黎川，或该书在福建刊梓时“再较”。《青原志略》卷十一·诗有余飏、余佺父子的《青原构归云阁闲居》诗，[①] 可知余飏在青原山游息时，余佺在侧。

《浮山后集》[②] 卷首余佺有近500字《浮山前后集序》。[③] 余佺，字全人，是余飏长子。余佺从父游学读经，并随游青原、泰和等地。《青原志略》卷十·诗有“余佺[全人]”的《和无大师韵》：

北谷愚公别有山……禅语虫声静自闲……溪边一笑公开颜……竹杖萧萧任去远。

康熙三年九月，萧孟昉致函邀请在青原山的余飏，遂由余佺陪同，从青原山至泰和首山汋林，与方以智在一起论学辨析，流连数日，并与陈允衡（约1605—1672）、[④] 沈士尊 [⑤] 等游泰和春浮园、快阁诸名胜。方以智作《余老师过汋林》：

……幸有青山残瓦砾，尚容白发旧师生……大笑汋林桥上影，苍苍下视甚分明。[⑥]

又作《随余老师及诸公游春浮遁圃》：

春浮四十年，遂作愚公谷……今随吾师杖，别展鸿濛目……中洲无片瓦……老僧哑然笑……未有此山先，高深媚幽独。[⑦]

余飏《游春浮园记》：“甲申岁而二十年以来……无由过问”“既而愚山移节吉州，无可驻锡西昌，奉常犹子孟舫折简相招……于九月下浣泛舟而往汋林，为无可杖锡之所，数日至春浮”“同游者……佺儿”，其《游快阁记》：“游汋林

---

① 另有“余伋”同题之诗，此“余伋”者，当为余飏的儿子，俟另考。

② 安徽省博物馆清初“此藏轩”刻本。

③ 《知见》12页。

④ 陈允衡，字伯玑，建昌府南城镇人。《道南》卷二二·文苑：“陈允衡……以诗游江淮吴越间……一时名公卿、词人，无不愿与允衡游者……倦游后构小室于南州苏公亭畔……闭户吟啸……选《国雅》《诗慰》……有《爱琴馆集》《愿学集》。”陈允衡顺治十一年秋后，在方以智南京高座寺“闭关”期间曾有探视，宋荦《西陂》卷一·六《夏日同……陈伯玑……过高座寺访无可大师……》。

⑤ 字天士，芜湖人。

⑥ 《龙眠》初编卷六十四·2857页。

⑦ 《龙眠》初编卷六十四·2841页。

之次日，西昌萧孟昉发软舆沓至，一路十余里入城……至则盱江陈伯玑、芜湖沈天士、婺源滕公剡先期在座。继而无可又至。僧俗满堂……宿某寺一夕，次日游春浮园，别有记，时九月念五日也”“无可曰：‘去城闉处，即黄鲁直先生快阁也，曷可不登！’予肩舆先往，足疾不能陟楼。无可令二侍者掖而上。”[①]时揭暄在侧，兴裁滕楫亦助方以智修《韵叶》。[②]

余飏此次青原、泰和之游，因与方以智是自“甲申岁，而廿年以来……无由过问”，[③]故余飏是在此际才得以阅读方以智《东西均》，随作《夜宿青原与二愚对坐，戏作儒道释行》赞叹。

这是余飏在阅读了《东西均》之后，又与方以智、施闰章两人的交谈过程中，深感方以智所提出的“合二而一”的哲学命题，以及方以智倡导的“三教合一”之说，完全颠覆了余飏内心原本两人之间的“师生”概念，而使余飏得以豁然大悟，遂在返回莆田后致信方以智时再发感慨说：

> 去岁浪游，得承三教微言，豁然大悟……圣贤时中之义，达士逍遥之旨，两折三翻，交轮合一，真所谓摩尼宝珠……其实一珠耳。[④]

康熙四年，余飏为《药地炮庄》作《炮庄序》，[⑤]点出了方以智作此书的要旨：

> ……古今之书，号称浑沌，未有过于《庄子》者。尧舜之精一，孔之一贯先王，至精至微，寓于大经大法……时有忧之者，惟孟轲、庄周二人耳……庄生好游衍于两端，而以一端归其党。屡逍遥于外景，而于内景返其源……以天下藏天下，而不以一身遗天下，此庄生之旨也……自天界老人发“托孤”之论，药地又举而炮之……其与孟子同功，而不与孟子同报者……今无端被浪老人一凿，又被药地再凿，槌钳锻灶，不多乎哉？[⑥]

后又在《寄药地尊者》当中，对《炮庄》有再进一步的认识：

---

① 均《芦中》卷六。

② 《芦中》卷四《别揭暄、滕辑二生序》：“今岁薄游吉州，过汋林与无可谈，胸眼顿阔。又得其门下士二人，曰广昌揭子宣，婺源滕公。”

③ 《芦中》卷六《游春浮园记》。

④ 《华青》卷八·191 页，余飏《寄药地尊者》。

⑤ 《华青》卷八·余飏《寄药地尊者》。

⑥ 《芦中》卷一。

读《炮庄》……青原药地既合天地万古为一身而为午会，今时说法，今又寓战国漆园之身，而为宣尼聃昙说法，此等深心大力，何可思义乎！小序荒率，不足以表所望……①

康熙六年，方以智从青原山重返黎川寿昌寺祭祖塔、处理“传灯事”，后往福建莆田祭扫永觉元贤，因病滞留鼓山。②余飏获知后，命子余佺从莆田赶赴鼓山，特邀方以智往游，方以智带病前往。《冬灰录》卷四《余全人奉本师书来三山，黄石通天寺僧来迎，因示随行者》：

芦中本师……既已出岭到此，相去三日程。扶病亲省函丈，是我随缘自尽无回避处，故以二侍者行，回不出一月也……

至该年秋，八月一日，方以智与弟子兴会非渠为伴，到达莆田。余飏、郑郊等众人相迎殷殷，请入通天寺③上堂说法，《芦中余太师一家同郑牧仲、④林祖夏、黄任者、方云师、众居士暨诸山法侣迎师黄石通天寺，设斋请上堂》：

师挥拂曰：“游山竿木驾云龙，偶画葫芦却不同。黄石当机堪一笑，点睛专待老壶公”……⑤

方以智在莆田逗留16天，⑥此间，余飏为方以智报亲庵作《方氏报亲庵纪》：

浮山愚者之子中德、中通、中履，葺其先世“此藏轩”以为老人安钵之所……而愚者方寄锡于青原，移杖于武夷九鲤……是当名报亲庵……⑦

---

① 《随青录》与《华青》卷八 · 书 · 191页所载，有数字不同。

② 《冬灰》卷四《病起垂示》：“早知镬汤避暑……空带累木香黄连。”

③ 民国《莆田县志》卷四 · 建置：“通天寺在黄石五龙，宋进士余万建，后毁。明崇祯十三年，世孙知县余飏重建。”方以智康熙二年在泰和写有《莆田通天寺碑文》。

④ 光绪《莆田县志》卷二六·人物·隐逸：“郑郊，字牧仲，博学能文，幼嗜经史，长以著述自任……黄道周称之曰：‘郑牧仲一日千里，未易材也。’云间夏允彝、徐孚远皆与之定交。已而遁迹壶山之南泉，遂号南泉居士……著书甚多。”《汗青》卷上 · 一《史统序》：“莆田郑牧仲先生……今夏尽载其书来青原，余则最爱《史统》……先生将别，执余手曰：《史统》成书后，无一人解读者……今得吾子直穷标本复录诸论，是为第一知己，其为我序之……”

⑤ 《冬灰》卷四。

⑥ 《芦中》卷四《送愚者归青原序》：“……（愚者）栖迟十有六日，既归……愚者口占一诗为别，有‘万里终须别，千秋各自尊’及‘分手休言梦，当知薪火恩’句。”

⑦ 《芦中》卷五。

八月十六日，方以智北返，[1]余飏以“天地”论“圣人”，以“圣人”而喻这位在禅门中“浩浩其天”的“传薪火”弟子，作《送愚者归青原序》：

岁在丁未八月朔日，浮山愚者大师访予芦中，随游九鲤，过通天寺。[2]栖迟十有六日，既归，吾乡诸士送之至三十里处……愚者口占一诗为别有……分手休言梦，当知薪火恩……予于愚者，思有所赠而未能也，乃引其说而申之曰：人生七尺而五常必具，虽以区区之身，乃举天地以奉之……圣人者，人之极尊者也……故归之曰“浩浩其天”……圣人直是一天……夫天地者火也，圣人者薪也……人知薪火之传为圣人之恩，而不知天地之待传于薪火为薪火之恩也。故合而论之，以备药地一炮，为愚者别，并以示别愚者之诸子，并以寄青原学道至诸子也。

陪侍方以智入闽的兴会非渠，《冬灰录》卷四《扫鼓山永老和上塔》：“书记……兴会录。”《青原志略》卷十一·诗《次新开小三叠韵》同题，有“非渠会”诗，其诗中有“我师闲坐处”，是方以智在青原山的弟子，后为净居寺执事。这期间，虽未见其在黎川的记载，但以其曾于康熙六年陪方以智至鼓山的记载计，兴会非渠此间也在黎川寿昌寺左右侍奉方以智。康熙十一年春，非渠在万安水月山凭吊方以智后，于萧孟昉处与方中通等相聚于首山，[3]后入闽不知。

余飏《芦中全集》卷四《送非渠还青原参学序》：“吾寺僧非渠……昔年从药地归我芦中”，余飏《序》中称非渠“参药地之秘而归”、为诗“戛戛有声，如云起而山横岫出也”。可知非渠乃方以智门下一位能谈天说地、论生死，辩竺乾之旨，对《易》《庄》之学，有滔滔不竭如河决而滩流下峡的弟子与学人。

非渠在寿昌派下与八大山人为同辈且有交。康熙二十八年，八大山人在十六开的《对题丁云鹏十六应真图册》第十三开中，对“非渠”有涉：

春秋欧阳始终何如？至头两个张耳陈命，询父亲，做不做儿子？前驴渠正是，咱？咱非渠。

---

① 《芦中》卷四《送愚者归青原序》、《华青》卷五·序·123页。
② 《芦中》卷四。
③ 《陪诗》卷四《非兄入闽，襄兄、洞兄入粤，当兄入沔，量兄下浮渡，今俱会于首山，限韵感赋》，“非兄”即“非渠”。

第四节《炮庄》基本完成与《青原炮庄》和《药地炮庄》定名

1. 流播于禅门兄弟、朋友、学人之间的《炮庄》书稿

方以智每有新著或每有新刊，必亲自四方散发，又遣弟子、门人四处广为传播，传笑“特奉一部”、杨彭龄“来书领到”[①]均为例。至该年底《炮庄》全面完成，[②]书名初由《炮庄》,弘庸为之作《炮庄序》;[③]或又名《青原炮庄》,[④]书稿随即在僧俗两界的朋友、弟子间流播传看,最终以黎川地域特色鲜明的“药地”之名，定为《药地炮庄》[⑤]自评曰：

> 《炮庄》则达人开眼遣放之妙处也，可以处乱世，可以旁通出气，世不可与庄语，惟此为藏身滑疑之耀。

随侍“学人”弘庸,将《炮庄》“药地《炮庄》,合古今之评,以显杖人之正”目的、自为“学人”的来龙去末，作交代写《炮庄序》:

> 庸生谫劣……毕志天界座下。杖人常谓庸曰：“……可公具一切智，而绝不骄妒，物宜至赜，如数一二间出之人也……”杖人言之缕缕，庸之肌骨沁入深矣。
>
> 甲午之夏，自灵岩来为两宗[⑥]修和，杖人令闻之大师走晤高座，师曰：“省一事，胜多一事。今既明矣，更何求焉？”庸心服之。迨淮上先师归寂……余驰讣寿昌会大师于药地，痛惬宿志，托孤在此矣，愿以事杖人者事之……暇读《炮庄》，叹曰：“超一切法，而游一切中……”师承三世渊源……杖人评《庄》，正欲别路醒之，药地《炮庄》，合古今之评……予小子毕志于天界者，将毕志于此矣。童飞辛丑，檀度学人弘庸敬题。

方以智又致书法兄弟观涛大奇，告知《炮庄》一书完成、观涛作《药地智兄书至喜而赋答》:

---

① 《华青》卷八 · 书 192 页传笑《与刘雪林》、193 页杨彭林《呈喷雪轩》。

② 《全书》23 页：“到顺治十七年，所著《药地炮庄》已写成。”鸿鸣以弘庸《炮庄序》署年在顺治十八年，故从弘庸。

③ 弘庸《炮庄序》:“童飞辛丑。”

④ 《江青》卷十一 · 诗 · 弘敏《读青原炮庄》。

⑤ 鸿鸣“基本完成”定义，是基于此际众人为此作《序》的不同《炮庄》、《青原炮庄》名称，最后定名为《药地炮庄》，即方以智标明自己在黎川寿昌寺“药地所著”之意，与他人分期不同。

⑥ 指顺治十一年临济、曹洞的净讼。

五承书记问题梅……药笼指马实藏雷。炮成具茨天无缝……祖关遥肯为余开。①

往来于黎川的南昌耆宿黎元宽得《炮庄》，针对方以智先觉浪道盛、后颖学弘敏的两度“博山”弟子经历，作《读〈炮庄〉寄青原尊者》以回：

大率人生两戒存，敢于无佛处称尊。莲花社里还求友……千里披帷竟不言。②

颖学弘敏在得方以智特赠《青原炮庄》读后，以其曾与觉浪道盛的“龃龉”已得化解句“磊块千古释”，作《读〈青原炮庄〉》诗：

四洲睹晦明……磊块千古释。大地皆药病，所贵识经脉。杂而炮制之……聊塞青原责……③

永新隐士贺贻孙，亦于此际接获《炮庄》得读，遂以“吾师”称方以智，作《与药地和尚》：

前戠④九月……忽接手教……贻孙二十年内……几死……蒙惠《炮庄》，伏读一过，已将瞿昙、漆园二老作用合为一剂，以治众病，几于刳涤肠胃，凌易心腑矣！……所望吾师，针施脑后而已，尤冀广揭此书，遍布四海，共拯迷津……是犹扁鹊入秦，为小儿医之一日也。[注《庄》而以“炮”名篇，本为救世良剂，至脑后一针，非自浣涤后不知何处下手，须当参透此语。世侄盛士识]⑤

又有《答药地大师原韵，时大师寄余〈炮庄〉及诸文集》：

刀圭何止用参苓，神药犹能化草萍。自笑膏肓左氏癖，即从蒙叟坐中听。辽东帽好头先白，诸葛菅荒菜自青。只有文章堪救病，应将妙笔补黄庭。⑥

---

① 《观语》卷第六《诗偈》。

② 《华青》卷十·诗·275页。

③ 《江青》卷十一·诗。

④ 该字为合形文字，以避“前明”而替代“岁”字。以文内“贻孙二十年内”计，当指崇祯十一年戊寅。

⑤ 《水田》五卷·廿。鸿鸣所获《水田》漫漶不清，脱漏严重，识读、摘录均不免有错，读者若有较好版本，请详查细对。

⑥ 《水田居存诗》卷二·六九。

时已由江西云居山移居湖北双峰的临济派下晦山戒显，[1]得读《炮庄》，为之作《炮庄序[无可和尚集]》：

三家圣人，皆大医王也。不惟语病，亦喜（善）炮药。慧日本草[2]泐潭[3]炮炙，同一鼻孔出气也……耳食者议漆园左儒，非杖人托孤创论，千年闇室，谁则破之？此一炮大快也！……药地愚者忧焉，假毛锥子大施针砭，先举《庄》而炮之……吾故曰：炮儒者《庄》也，炮教者宗也。兹帙虽曰《炮庄》，实兼三教五宗而大炮之也！耆婆国手，时缚药人，愈出愈奇。向秀、[4]郭象[5]噤口咋舌，非千百载下又一大快乎！虽然《庄》则炮矣，谁其炮炮？炮之一字，洗脱不下，犹是痴人前说梦，青原室中，痛棒吃未得在？黄梅破额晦山樵者戒显拜稿。[6]

晦山戒显将方以智的《炮庄》与慧日所著《宗门无尽灯论》同等齐观，又将黎川寿昌寺誉为马祖道一“泐潭炮炙”的“选佛场”高度评价，是其对方以智在黎川向周边屡招“清孤不类之士”非常了解的表现。文中之“青原”，亦指方以智为“青原”下弟子。

旧友宋荦接获《炮庄》，遂有：

新编读《炮庄》，创论豁胸臆。[7]

2.《药地炮庄》完成后的诸问题交代

贯穿于方以智黎川四年撰写并完成的《药地炮庄》，是其生平当中最为重要的一部著作，也是与方以智自来黎川后，所有之《冬灰录》等著作成为后世研究界谈论最热烈而鲜能一睹真容的两部神秘著作之一。但因《药地炮庄》言辞晦涩，所涉庄子深奥的思想及其方以智在阐释的过程中，所用禅典、机锋、

---

① 《云居》序三・灵隐晦山沙门戒显述：“辛丑……遂移笠双峰。”

② 慧日（1272—1340）元代曹洞派下僧。至大二年（1309）东渡日本弘法曹洞法门，知见独深，著《宗门无尽灯论》等，被喻为疗众生心病本草。

③ 泐潭寺，在江西靖安县境内，今宝峰寺。

④ 约（227—272）西晋玄学名士，字子期，“竹林七贤”之一，著《庄子隐解》，今不传。

⑤ （？—312）西晋玄学名士，字子玄，著《庄子注》。

⑥ 《云居》卷之八・录序・288页。该《序》未收录刊梓之《药地炮庄》。张永义、邢益海校点本录为第八，有数字不同及文尾“黄梅”一署。

⑦ 《西陂类稿》卷六・四《青原药地大师》。

话头等，后世至今不得更多解人，而尠有学界对该书进行深入研究。

方以智初撰《药地炮庄》起念，在顺治十一年秋后，于南京高座寺“闭关”业师觉浪道盛将《破蓝径草颂》“托孤”之时。此后，随着“闭关”年余，回桐城“庐墓”三年，真正全身心发业师“托孤之论”，感受于“建昌帮”中药“炮”制之法，批注《庄子》，使庄子与孔子得以相融，并使之在黎川 4 年完成。初脱稿时，将该书命名为《炮庄》，或《泡庄》，[①]《青原炮庄》，在朋友、弟子间传阅后，最终以撰写的主要地点而突出“药地”，定名为《药地炮庄》。

方以智来黎川是奉了业师“中兴曹洞宗风”的愿望，撰写《药地炮庄》，更是觉浪道盛临终的“托孤”。因此，这两件事情，都是方以智最初来到黎川的目和在寿昌寺期间所要达成的愿望，故方以智在黎川不管是在寿昌、廪山、南谷等诸刹，除了日常的佛事、出游之外，主要精力都在撰写《药地炮庄》。中通顺治十七年《庚子同四弟省亲寿昌》诗，将所见父亲撰写《药地炮庄》的精神状态写道：

> 趋庭无别语，开示终南华时老父著《药地炮庄》。[②]

已经来黎川两年多的方以智，此时撰著《药地炮庄》正是最投入、最专注的高潮时期。方以智对时在黎川陪侍的中履，有一段关于撰写《药地炮庄》的记述：

> 格物之则，即天之则，即心之则，岂患执有则胶、执无则荒哉！若空穷其心，则倏忽如幻，故吾以庄子谈虚无，而乃曰极物而止，以有形象无形者而定矣。佛亦是以费知隐，乃能以行隐费，但不露其金针耳。《炮庄》是遣放之书，消心最玄妙者。不执也，不计也，妙于藏锋，无所不具，可细心看之。[③]

初稿完成并在朋友、弟子间传看后，老友熊开元针对此间方以智已经转为对《易》的深入研究说：

> 祇闻其于《庄》、《易》之书深入无际，将以了杖人所未了，传家世所不传，至韦编绝不休也。[④]

---

① 徐芳《悬榻》卷三《愚者大师传》。

② 《陪诗》卷三。

③ 《语录》卷三《示侍子中履》。

④ 《语录》熊开元《序》。

以鸿鸣所知《药地炮庄》“此藏轩”本，①以及其他同样以“此藏轩”为刊梓的版本，②乃至后世由张永义、邢益海校点、横排铅字本③中，有明确署年“序”“题”“跋”六篇：

顺治十五年陈丹衷④“雍茂孟陬⑤天界学人大中陈丹衷题”《药地炮庄·序》；

顺治十八年弘庸“童飞辛丑，檀度学人弘庸敬题”《弘庸序》；

康熙三年萧孟昉“康熙甲辰，春浮园行者萧伯升谨识”《刻〈炮庄〉缘起》；

康熙三年嗒然慈炳“阏逢执徐修禊暮春，邓林旧徒嗒然慈炳谨跋”《〈炮庄〉后跋》；

康熙五年竺庵大成“康熙丙午，栖霞竹庵道人大成书于景云丈室”《读〈炮庄〉题辞》；

康熙六年苗蕃“丁未纯阳月闰之朔，楞华狂屈蕃具草”《〈炮庄〉咏二十四韵》。

无署年“序”、“题”、“跋”者十篇：

“梦笔学者大畴何三省题”《药地炮庄·序》；

“芑山瘖道人自烈书”《阅〈炮庄〉与滕公剡语》；

“庐山补堂居士文德翼拜撰”《补堂〈炮庄〉序》；

“莆田芦中人余飏叙”《炮庄·序》；

“黄梅破额晦山樵者戒显拜稿”《炮庄·序》；

---

① 《炮庄》上海古籍出版社2002年影印本。

② 张永义、邢益海《药地炮庄》校点说明3页：“此本也是《炮庄》的唯一刻本”之说，未必可信。其“说明”中所举安徽省博物馆藏本与中国社会科学院藏本，乃至台湾省“中科院”藏本，均有各自的异同之处，故其版本均当另作细考。

③ 华夏出版社2011年9月出版。该版本在点校、排版过程中，改变了《药地炮庄》原有的格式和面貌，增添了不该出现的文字。

④ 陈丹衷，字旻昭，号涉江子，金陵人。《传洞上正宗三十三世摄栖霞觉浪大禅师塔铭》陈丹衷为道盛记莂弟子，与方以智同为“大”字辈，法名：大中。后参与《药地炮庄》编订，并写有《序》一篇。《药地炮庄》的每卷首，有“涉江子陈丹衷订”字样。陈丹衷善画，方以智崇祯七年作《题清芬阁白描大士像》：“愚仲姑也……尝画大士。甲戌移居留都，属求藏本。一日，见陈旻昭斋有钱舜举《列女图》……”吴云《青原志略》卷十二·杂记《青原逸句》：“向在潇泷浮来精舍谒老人，读陈涉江侍御《琴歌》而抄之者，今与安世皆古人矣，为之凄然。”

⑤ “雍茂”太岁纪年法，“著雍阏茂”简称，即顺治十五年；“孟陬”为正月，《尔雅·释天》：“正月为陬。”清厉荃《事物异名录·岁时》：“正月曰孟阳、孟陬，又曰陬月。”

"浮山愚者智识"《炮庄小引》;

"栖山行者别记、药地学人兴月谨录"《〈炮庄〉发凡》;

"侍者兴秉录"《〈炮庄〉末后语》;

"药地学人兴翱识"《〈炮庄〉末后语》;[鸿鸣案:附侍者兴秉录同题之后]

"潇泷学人彭举仪识"《〈炮庄〉后跋》。[鸿鸣案:附嗒然慈炳同题之后]

以最早陈丹衷的《序》在顺治十五年,最晚苗蕃的《咏韵》在康熙六年,前后跨越九年,这些没有署年的"序"、"识"、"跋"等的写作时间,均应当在这九年之内。

依照"古人著书,书成而后有序,司马子长其先例也,惟序须后书而成,例必先书而定,盖序以叙其本末始终,据事直书甘苦,自道必纂述已毕,乃能综括无遗也,例以订其纲领条目,区分类别,按部就班,必具体发凡,然后知所请事也"[①]的一般规律,这些"叙其本末始终,据事直书甘苦"的"序"、"跋"、"识"等,从顺治十五年陈丹衷已用"天界学人"的"大中"身份,以"药地"之名作《药地炮庄·序》;可知《药地炮庄》在方以智来黎川之前,已有大部分撰写完成,并将其各篇章,在弟子、学人间传阅。陈丹衷《序》冠之于明确的"药地"界定地域之名,唯一可供解释的理由,是方以智已到黎川寿昌寺。

至顺治十八年,方以智来到黎川整三年后,弘庸以"学人"的身份作"敬题"之《序》,可知《炮庄》经过方以智黎川三年的不断增加与补充,该书得以全面完成,并在此三年的传阅当中,让弟子、学人们对《炮庄》不断进行评论与"题""识""跋"等。张自烈的《阅〈炮庄〉与滕公剡语》,尽管没有署年代,但"余溯江千里访宓山愚者于汋林,适阅《炮庄》……向者宓山繇瘴徼,羁长干竹关。会失怙,奔丧、庐墓三年。比出游,好学不倦,或私余曰:出世……"一语,可知张自烈撰写的时间,在方以智完成《药地炮庄》,且有可供阅读本的康熙二年至三年,方以智已在泰和汋林。萧孟昉《刻〈炮庄〉缘起》说:

> 先奉常作《起信论解》,闻子将先生序之曰……施愚山先生曰:药地大师,三教宗主。以无我为过关,以因物为适当……伯升留锡三年金莲汋林,得读《炮庄》。请其大指,则与先奉常《起信解》固不可以同别言矣……故亟为流通,与《起信解》同作供养……康熙甲辰,春浮园行者萧伯升谨识。

① 刘洪辟《学余轩稿续集·昭萍志略后序》。

方以智自康熙元年底，从黎川移至泰和首山，至康熙三年，萧孟昉是在方以智来到泰和之后“得读《炮庄》”。这个时间，与弘庸顺“敬题”的时间、即《药地炮庄》的完成时间，是完全相咬合的。也是萧孟昉在该年捐资准备付梓刊行《炮庄》之时，作《缘起》的原因。此后，《炮庄》开始庀材鸠工，由萧孟昉捐资、庐陵高唐曾玉祥雕版，于福建建宁“潭阳大集堂梓行”和“潭阳天瑞堂刊梓”。[①]

《药地炮庄》在正式开雕和刊梓的数年中，不断有捐资人加入，也不断有为之作“跋”、作“识”者，前后合计十六人篇，这些“序”、“跋”、“识”，均在不同版本中，被有选择性地刊梓。这些人和文，大部分都发生在顺治十八年《炮庄》一书彻底完成后，至康熙五年《药地炮庄》在尚刊梓工程未完成期间。直至康熙六年“丁未纯阳月闰之朔”，即农历四月己巳日，[②]《药地炮庄》刊梓、装订完成之前，仍有部分诸如苗蕃的《咏韵》等添加。

汪楫的《山闻诗》严沆《书前》说：“余来广陵读舟次已刻诗”后，遂有该“书前”加入；《悔斋诗》：“汪子以所著《悔斋集》示余其诗”之王岩《序》；《青云谱志略》康熙六二十年刊梓完成后，后又增补乙丑（1685）至戊辰（1688）的诗篇若干，并又有插入各页；均为书写完、刊梓后，有增加内容或请《序》之例。那些更多地在得读《炮庄》刊行本后所写的诗文，则散见于《青原志略》、《浮山志》等其他各种诗文别集当中。

方中通康熙六年陪父亲至福建武夷后所作《忆亲闽中》，对当年在“潭阳”刊梓《药地炮庄》大发感慨：

> 欲从南国觅知音……潭阳为托当年友［书坊熊、郑诸公皆皈依老父，《周易时论》、《药地炮庄》、《物理小识》三种书板，游子六向寄熊叔明、熊长吉家刷行后……家学堪传异日心……[③]

这部集方以智晚年最为精心之作的《药地炮庄》，在刊成行世后，方以智所做的第一件事情，便是以祭奠“焚烧”书稿的方式，来告慰业师觉浪道盛，顺治十年竹关“托孤”给自己的《破蓝径草颂》已“一掌劈破圆光”。此后，

① 安徽省博物馆藏本为“大集堂”，中国社会科学院藏本为“天瑞堂”，“天瑞堂”本当晚出。

② 《协纪辨方书·义例二·纯阳》：“《堪舆经》曰：四月卦得乾，谓六爻皆阳，阴气已尽，故以己配巳，为纯阳也。”

③ 《陪诗》卷之三·十七。

又将《药地炮庄》“供养”于净居寺“喷雪轩”中，并特别告知：供养青原而没有供养黎川寿昌寺，是“撒翻篱笆，随场曼衍”，其《拈香》：

天界老和上影前上供拈香，焚《炮庄》稿……十年药地支鼎重炮……今日喷雪轩中，举来供养。将谓撒翻篱笆，随场曼衍耶；将谓土苴绽漏，新机弥缝耶；将谓不犯大軏，别路报恩耶；将谓缘不得已，安于所伤耶……唤侍者取火来，烧作一堆灰，将者来汉一片心血，伴在千古人齿龈骨髓中，听他万世簸扬数眯去也！①

从康熙六年回推十年，正是方以智顺治十四年结束“庐墓”准备“行脚江西”来到黎川的时间，故方以智在祷告中说“十年药地支鼎重炮”。

至此，《药地炮庄》从“托孤”到成书行世，跨越了方以智在黎川整整四年的撰写，又经历了募资、捐资、刊梓的六年过程，堪称鸿篇巨制，在完成了这“祭祀”业师的“上供拈香，焚《炮庄》稿”仪式化行为后，得以宣告全面结束。

3. 竺庵大成的“记莂”弟子黎元宽

黎元宽（1597—1676）字左严，一字博庵，南昌县永木里人。明天启七年中举，崇祯元年进士，任过兵部主事、浙江提学副使等，明亡后隐居南昌蓼州；② 黎川寿昌派下竺庵大成的“记莂”弟子，法名“兴远”；是寿昌寺一位老檀越大德，与“博山”与“东莞”两支弟子关系紧密；其父黎道炤曾在桐城任县令，列“名宦”，③ 浮山留有多处题词；④ 黎元宽亦在明末之期，尝往还于南昌与桐城之间，倡修寺庙，⑤ 与方以智有深厚的渊源背景。同治《摄山志》卷三·人物：

① 《冬灰》卷二。

② 黎元宽的身世、生平，《介冈》161 页至 172 页有详细的考证与介绍，读者可参阅。

③ 黎元宽《晚得先府君奏议原揭述记》，《康桐》卷之三·宦籍·四：“黎道炤，南昌人，进士。万历十七年八月任行取工科给事中”，卷之三·名宦·二十二：“黎道炤，字明中……以进士任桐城……三年絃诵声溢乡……其去也，桐人思之立碑者三焉，行取给事中。”

④ 《浮志》卷之一·形胜·石刻：“第一岩；黎道炤题……观极同来；古洪州黎道炤题……万历九年初夏同�州密所朱吾弼题……洗心处；黎道炤题。”

⑤ 《浮志》卷之六·书·87 至 88 页，姚康《上杨锦仙明府》：“华严寺……后先邦大夫若南昌黎公……相继弘法于会圣。”

黎元宽……崇祯戊辰进士，官浙江学使……晚年身愈退，名愈噪。皇华显贵，乡里达尊，交候其门，坚卧不起。闻道于竺庵禅师，至诚恳恻。

黎元宽作为南昌乃至江西的“耆宿”，文声与社会地位，享誉当时的释、道两门，[①] 所著《进贤堂稿》为地方史，保留了大量有价值的史料。澹归以弟子辈身份在《最上寿说为黎博庵护法寿》说：

某往为诸生，受祓濯于博庵黎先生，先生之文重天下，不翅泰山北斗……先生既不合于天下，天下事既不可支，先生遂为天下不数见之人，以天纵于文，遂为后世不数见之文……某见先生蓼洲，入匡庐，奉栖贤为托，栖贤每有事，先生持之不遗余力……先生之眼上穷无始，下彻未来，即不立具六通，而有与释迦文携手同行者。先生绝世之文，即先生绝世之寿……先生之文之人咸在矣。[②]

黎元宽年长方以智 14 岁，与觉浪道盛、颖学弘敏、竺庵大成同为好友。在方以智来黎川的四年中，黎元宽与方以智的关系颇为纠结与复杂。

黎元宽在方以智来寿昌寺之前，即流寓建昌、黎川一带，[③] 频繁往来于寿昌寺与竺庵大成“至诚恳恻”，又与竺庵之徒兴源楚云关系密切。方以智来到黎川寿昌寺后，黎元宽的“兴”字辈，是方以智的弟子辈。

黎元宽与颖学弘敏一生为莫逆，作为禅门的老檀越，对方以智来黎川的经历、逃禅的被迫性质，乃至在介冈颖学弘敏座下“易号”等，黎元宽均非常清楚。方以智到寿昌寺后，黎元宽的身份，又变成了方以智的师伯。故其在《读〈炮庄〉寄青原尊者》诗中，既以毫不讳言的方式说方以智“两戒存”，又用带有某种戏谑与埋怨的口吻说方以智为了“莲花社里还求友”，竟然对这一“易号”行为“千里披帷竟不言”。

黎元宽在方以智黎川四年中与之交好，但在《进贤堂稿》中所涉黎川诸文章，以寿昌寺和竺庵内容为最多，仅有数篇在他人的文章中，附带涉及“方以智在黎川寿昌寺”。这一方面反映了他与竺庵的紧密关系，也反映了黎元宽

① 《康新》卷之十·艺文志·九四，载黎元宽与黎川道家的往来，邓元锡《奉和黎学博午日同钟先生过天峰道院见方不直作》。

② 《偏行》卷一·文部·说·六页。

③ 《乾建》卷六·流寓·黎元宽；《康新》卷之十·艺文志·九二，载有邓元锡五言近体《奉和黎学博》，黎元宽有为黎川邓来沙作《明福建道监察御史前翰林院庶吉士来沙邓公墓表》等。

因为是竺庵好友兼"记莂"弟子的原因。颖学弘敏与觉浪道盛之间的"龃龉"，亦由其所著《进贤堂稿》披露。

黎元宽在方以智西进青原山后，与方以智的弟子兴渊洪浪[①]关系极好，《进贤堂稿》编辑成书，兴渊洪浪为之校订；[②]《青原志略》完成后，方以智亦由兴渊洪浪来请黎元宽为之《序》。在《序》中，黎元宽以"佛弟子黎元宽题"之名评价：

> 青原于天下……其中亦不无相逼而敝。

又对青原之"药树堂"，有针对性地评价说"构药树之堂，以救生死。"

黎元宽平生为人"圆融"，在他与颖学弘敏、竺庵大成关系密切的前提下，即不参与觉浪道盛与颖学弘敏之间的"龃龉"争论，也不参与方以智在黎川四年中与竺庵大成的"传灯事"纠缠，而是穿梭往来寿昌派下"博山"与"东莞"两门三家。至方以智西进青原山远离了黎川，黎元宽对方以智的记载与事迹逐渐多起来。

康熙十年，方以智被清廷逮捕，黎元宽为之积极营救，并以"进士共身以保之"。[③]详见拙著《方以智"惶恐滩"殉节诗证考》。

4.“磊块千古释”的颖学弘敏

颖学弘敏是黎川寿昌派下"博山"支开派祖师无异元来嫡孙、博山祖庭雪关道訚的嫡嗣，传綮·八大山人为其嫡传弟子。黎川寿昌寺无明慧经创建的"寿昌派"，以无明慧经"慧"字为开山祖，后嗣子孙世系与字派，依照以下 28 字世袭罔替：

> 慧圆（元）道大兴慈济，悟本传灯继祖光；性海洞朗彰法忽，广弘行愿证真常。

黎川寿昌寺首座无异元来、师弟常住晦台元镜为二世"元"字辈；无异元来的弟子雪关道訚、晦台元镜的弟子觉浪道盛为三世"道"字辈；雪关道訚的嫡传弟子颖学弘敏、觉浪道盛的嫡传弟子廪山大智·方以智为四世"大"字

---

① 《进贤》卷二十八·募疏·七《募兴复双岭祖庭缘起》："洪公……入室于无可和尚称洞宗内绍嫡子。"

② 《进贤》卷之七，即为"同参释兴渊洪浪校"。

③ 《白鹿》卷五《呈黎左严先生三首》注："世父被逮至南昌，公慨然与夏抑公进士共身以保之。"

辈，依此顺延。

依照黎川寿昌派祖庭世系与辈分，三世觉浪道盛，高四世颖学弘敏一辈，是“师父”辈。但是，黎川祖庭寿昌派，以首座无异元来开创的“博山”支为最重要、最显著，故无异元来在开创了“博山”以后，有了自己的世系与字派：

元道弘传一，忞光普照通。祖师隆法眼，永播寿昌宗。

无异元来成为“博山”的始祖，是“元”字辈；二世雪关道誾为“道”字辈；三世颖学弘敏为“弘”字辈；四世传綮·八大山人为“传”字辈，依此顺延。

黎川寿昌寺的常住晦台元镜，在离开寿昌寺前往福建鼓山涌泉寺后，虽有“东莞”支之说，但始终没有提出过任何有创建“主张”，而是以“博山东莞一支”为依归，其“字派”亦始终沿袭黎川寿昌寺祖庭原有字派。始出于“东莞”支下的觉浪道盛，与“博山”建立的机缘是：

始出岭之董岩，从博山和尚受具……辞往寿昌。道经书林，见东莞和尚投机，遂折节过冬……未几，寿昌示寂……复上博山，与山问答……

觉浪道盛周折两度与“博山”结缘，但并没有依“博山”的字派和辈分，而是一直沿袭寿昌派的“道”字辈世系、字派，门下的弟子们，也都是按照黎川寿昌寺祖庭的“寿昌派”世系，列为“大”字辈。

方以智在归为其门下时，即为“大”字辈，得法名“大智”，因寿昌派下“博山”学说在禅门当中的重要性和影响力，故觉浪道盛在顺治十三年带领方以智一道来“博山”祭法祖时，也让方以智在“博山”支获得了身份，① 依照“博山”支的世系和字派，为“博山”世系的“弘”字辈，法名“弘智”，成为颖学弘敏的师弟。弘敏为嫡派师兄，方以智为同派庶支兄弟。故方以智既称自己为“大智”，又尝称自己为“弘智”，② 这种做法，并不是方以智的发明，而是禅门的成例与定制，至今仍沿用。

禅门当中的“嫡”“庶”之争，正是导致顺治十二年颖学弘敏对觉浪道盛“以祖席属师提唱，师坚谢不就”的原因，更加上此间的“甲乙”僧诤，禅门

---

① 方以智能很顺利地获得“博山”身份，还有一个鲜为人知的原因，就是无异元来曾在方以智外祖父吴应宾开创的浮山华严寺任过住持。《浮志》卷之六 · 启 · 108 页，吴应宾《请博山无异大师住浮山华严寺启》:“恭惟老师座下:鹭隐月中，早佩寿昌之密印;莲栽火里，重拈曹洞之枯禅。”

② 《江青》卷六《青原得瀑记》:“岁在兆牂，浮渡山愚者弘智记于笋参中。”

对觉浪道盛“博山”身份有质疑，“列无明慧经于未详法嗣……大伤洞上之心”，[①]从而让颖学弘敏与觉浪道盛这两位大头陀，在“委任”住持、兴建道场等诸多问题上，产生了一系列，且严重的分歧和龃龉。

觉浪道盛在明末清初如日中天的盛名，使其一直将自己视为“洞宗嫡传，青原为之法嗣”，故对江西青原“曹洞宗”祖庭尤为重视。钱澄之《重修浮山华严寺碑记》说：

浪杖人驻锡于此……一切仿江西祖庭之规制。[②]

后世也一直以“觉浪盛则固当时巨子”[③]视之。这是觉浪道盛既以黎川寿昌寺祖庭“住持”自居，又始终以黎川“寿昌派”掌门人对“博山”“东莞”两支发号施令，乃至于对颖学弘敏“越派”委任的一个重要心理因素。

颖学弘敏在《读〈青原炮庄〉》诗中的“磊块千古释”，即指顺治十三年，颖学弘敏时年51岁，该年夏，颖学弘敏离开进贤介冈鹤林寺，前往奉新芦田创建“耕香院”之际，觉浪道盛未经与颖学弘敏商量便“俨然而命师主之”的“越派”委任之事。

弘敏的弟子闵钺（1620—1690后），[④]《耕香缘序》说：

耕香禅师受印于瀛山雪老……已二十余年。旧秋，天界浪杖人命人走千五百里，书幣踵至，情词谆切，嘱禅师主博山法席。却而不就，断如也。缁俗道流，咸相惊诧。意禅师胸中必有一段难测。其实已和盘托出，自是我辈钝置耳［文虽回互，语却透顶］……禅师昔拒浪翁之请，今受我辈之口口，有烦简难易之别……[⑤]

黎元宽在康熙六年所作《耕香院碑记》中说：

耕香庵者……是博山兴再世矣。天界杖人，俨然而命师主之，自其本事，乃杖人固以命，则众人固以请。众人固以请，则师固以辞……[⑥]

① 《僧诤》11页。

② 《浮志》卷之四·碑记。

③ 《僧诤》卷二·牧云五论诤·61页。

④ 闵钺，字晋公，号冶庵，奉新县建康乡人。中顺治乡试举人。《同奉》卷九·人物二·举人·十五：“闵钺，字晋公，号冶庵，建康乡人……旁及岐黄素难阴阳术数之学，靡不殚洽。性刚急，不能容物，人亦以是忌之。居恒好与缁黄为方外交，清言啸咏……顺治间，纂修邑乘，皆出其手。”

⑤ 《冶庵》卷上·序四。

⑥ 《进贤》卷之十六·九·《鼎建芦田耕香庵碑记》。

闵钺《耕庵敏禅师像赞》：

耕庵老汉……却博山，不听天界之三唤。[①]

闵钺还在《头陀山定慧禅寺碑记》中说：

吾邑祖刹……头陀之定慧……至崇祯戊寅……时宗妙耆宿来自博山，驻锡邑之……一时云龙风虎……妙老一塔居中，不免诸方之检点耳。继席冲公，守之而不敢言移，有戒心存焉。戊戌，冲公西去，百度凋驰，余与张子仲、口意伯敦请耕庵禅师入主法席，而塔亦告迁于寺之左畔。次年春，留之不可，拂衣而退……

觉浪道盛虽年长颖学弘敏14岁，但因其不是“博山”嫡系，且又以“俨然而命”越派来指定住持，这是让颖学弘敏不能接受的。以觉浪道盛当时在禅门当中“展坐具阅历五十余年，声名洋溢，无间华夷”[②]声誉，弘敏与其之间的这场龃龉，虽然在好友黎元宽的文中有些许的嗔怪，[③]但却在当时的禅门引起了巨大的震动，也让颖学弘敏在佛门名声大噪。闵钺记载说：

禅师昔拒浪翁之请，今受我辈之口口，有烦简难易之别，盖深为我辈特生悲口口口口口，山者自幸以自幸者，转为此方之人幸哉。口口口口佛前入定，文殊极其神力而不能出口口，以十地菩萨鸣指一下，而出之禅师之留，仿佛是意同志者，其踊跃欢喜，以相与有成可也。[④]

弘敏自此，被僧俗两界视为“国师”，刮目相待于这位“生平一具冰骨，历尽千槌百锻。芒鞋破衲，单丁法海，汪洋无畔”[⑤]的大头陀。

弘敏虽在进贤介冈灯社鹤林寺，又于此间创建奉新芦田耕香院，在十方周边禅门的开示、过化，弟子亦四处开疆拓土，兴建寺庙不断，是一位在黎川“寿昌派”下举足轻重的人物，故被檀越目以禅门耆宿。这是方以智在业师觉浪道盛与颖学弘敏龃龉两年后，仍要前来进贤介冈灯社鹤林寺拜访弘敏的重要因素，也是方以智在《炮庄》一书脱稿后，要请颖学弘敏一“读”的重要原因。

这一年，距离觉浪道盛圆寂已经三年，诗中的“磊块千古释”，指的正是

---

① 《冶庵》卷上·赞二。

② 谭贞默《觉浪和尚语录序》转引《禅流》486页。

③ 黎元宽《募修永镇庵疏》：“耕庵和尚既簿主博山而不为，宜其孤峰诃骂之不免矣。”

④ 闵钺《耕香缘序》。

⑤ 《冶庵》卷上·赞二《耕庵敏禅师像赞》。

顺治十二年与觉浪道盛之间的那场“陈年未了公案”心结，在此际，早已“窆窟填坑，成就庄严”，自己也终“可称尽善尽美”得以“磊块千古释”化解。有关颖学弘敏与觉浪道盛之间的这场龃龉，鸿鸣《八大山人在介冈》一书中，另有介绍，读者可参阅。

颖学弘敏得读之《青原炮庄》，是方以智在完成《炮庄》一书后，传读于朋友、弟子、学人之间的稿本或抄本前身。方以智的“青原”一辞本义，是指曹洞宗“青原下”的弟子对《庄子》进行阐释之意，而颖学弘敏的“青原”表达，则是《炮庄》一书在传阅过程中，将方以智对该书最初的“取义”由“泡庄”到“青原炮庄”，再到最后定名“药地炮庄”的多种取名意向，作了透露。“泡庄”与中药炮制太过紧密；“青原炮庄”因此际方以智是在黎川，容易使人产生在“青原山”的误解；最后的“药地炮庄”之名，则准确地将该书在“药地”黎川的地域性质，乃至阐释“庄子”的手段，均作了清晰、准确的表达，且不会产生任何歧义。这是鸿鸣在对《药地炮庄》名称有此渐进式的变化后，所作出的理解。

弘敏诗中的“大地皆药病”“杂而炮制之”之语，即把鸿鸣的这层意思，做了真切地阐述，是颖学弘敏真正将《炮庄》最后的定名本义，说了出来。

以《药地炮庄》刊梓行世后的最早年份《序》为顺治十八年署：“童飞辛丑，檀度学人弘庸敬题”四人《序》论，这是《药地炮庄》已定稿的一个标志。这是《药地炮庄》一书撰写完成于黎川的证据，也是弘敏《读青原炮庄》诗，必定在此之前的证据。

施闰章《浮山吟，送药公入青原山，时为笑峰禅师扫塔》：

> 十年旧事休重陈……老禅不演三乘义，却注《南华》穷《彖》《系》。[①]

以施闰章延请方以智入青原山之时的语境，为方以智在离开黎川之前，已经完成《华南》、即《药地炮庄》，证明了这一事实。

颖学弘敏与方以智相识，时间不会早于顺治十二年，当在觉浪道盛“越派”委任颖学弘敏为“博山”支祖庭广丰县能仁寺两人产生龃龉之时。[②] 因为此际的清晰史料证明，方以智尚在老家桐城合山为父亲庐墓，并未参加他们之间的

---

① 《愚山》诗集卷十八 · 342 页。

② 详《介冈》。

这场龃龉。至顺治十三年夏，弘敏由进贤介冈来到奉新芦田创建耕香院，五月，道盛便携方以智等人，再由金陵赴宜黄曹山，为曹洞祖师本寂重修墓塔，两人当在这次盛大的佛事活动中相识。此后，方以智在顺治十五年由庐山下来、水路前往黎川的途中，经过进贤介冈灯社，拜谒这位年长自己五岁的“博山”支嫡派师兄，并“易号木立”。

自此，方以智“木立”名号一直在黎川使用，饶宇朴《游青原山歌》：

为问山志作者谁？木立石田笑相示［药地和尚访耕菴，易号木立；未晤耕菴老人访青原，易号石田。归介冈手志相赠］。①

这是鸿鸣在研究界第一次公布方以智“木立”名号的来源，并将方以智在青原还有“石田”名号的信息作披露。

方以智“木立”名号虽由“墨历”演化而来，但由于该“易号”是在“访耕庵”之时，其意不乏恭敬之意，且从禅门的角度来说，方以智来访介冈而“易号木立”的这一举动，则标志着方以智是将耕俺老人作为长辈、师傅来对待。这也是传綮·八大山人在方以智眼中，一直被当作禅门“同辈”的一个重要原因。方以智将《青原炮庄》传读于颖学弘敏，在其初到青原之时，即有一种明确的表达：

壬寅至今，忽忽周甲矣。宗一环三，竟在此地指天僖骨，莲池、博山合一滴水，天界杖人尝举此为不二社。②

在方以智心中和眼睛里，“博山”“东莞”早已合成“一滴水”，觉浪道盛也早将此称为“不二社”，因此，将自己的《青原炮庄》传读于颖学弘敏，并请其“应症惟所适”“折合煮汤液”也就成为必然。《青原志略》将颖学弘敏的《读青原炮庄》诗收载其中，既表明了那场“陈年未了公案”的终结，也在弘敏的诗中，多少表达了对那场“龃龉”的些许“忏悔”之意。

以《炮庄》一书九卷，共有20万字计，其撰写之初从觉浪道盛“托孤”的金陵“闭关”开始，直到身处“长瓢来濯清江滨”的赣东药地黎川“又见孙枝争秀发”的“寿昌寺”之后，方以智全身心投入研究并初成，或许正是颖学弘敏在诗中对“大地皆药病”、“杂而炮制之”之语的启发与开示，这才提醒、并促使方以智最后在“定名”时，选定这一地域特征明显、阐释手段鲜明、撰

① 《菊庄》卷十二·十四。
② 《浮志》卷之五·释弘智《远祖塔院斋僧田记》。

写时间清晰的名称，来作为《药地炮庄》最后定稿的根本。

这是方以智在颖学弘敏座下“易号木立”后，可以看得见、摸得着的一次具有实际意义的“开示”。

颖学弘敏尝往来于黎川寿昌寺祖庭，并曾在寿昌寺的下寺资圣寺天水和尚（1610—1664），[①] 处请益修持，其记载的相关文献虽未见有更多，但在黎元宽所撰《资圣寺天水和尚舍利塔记》中，则将颖学弘敏与黎川天水和尚的这段关系，交代的甚为明白：

> 前者，应教墨庵［即他日沈子仲方］为天公和尚铭塔，盖将奉其全身归于松溪如公，末后不离资圣之嘱而未遂事也亡何……必首资圣矣。蕴山时继席资圣……属黎子作记而申之。以耕庵投诗相趋，至再至三，即于奈何终匿余拙不一，为公发挥其盛大也哉！……资福在江西，曰“资福”、曰“太平”，舍利无不遍之而藏之……公初为泰和某氏子，生庚戌，寂甲辰，得世寿五十有五，戒腊三十有六，说法利生二十有几……[②]

天水和尚最终在资圣寺墓葬的“塔铭”，是弘敏请黎元宽为之所作。此际，弘敏正在奉新芦田建设耕香院，八大山人在进贤介冈灯社鹤林寺、时在奉新芦田业师颖学弘敏身边，帮助打理建设耕香院的诸杂务，[③] 时与方以智出游。

从顺治九年八大山人在宁都与林时益对方以智仰慕开始，至两人的相识、订交，再至该年方以智的《青原炮庄》完成，八大山人与方以智两人书画“同心”已交好近十年，八大山人当在颖学弘敏得读《青原炮庄》的同时，对该书既有接触、也有读。以八大山人晚年对方以智的怀念以及其晚年的诗文、题跋中表现出来的庄老思想，《药地炮庄》对八大山人的影响是至远至深的。

康熙十一年，冬十一月底，颖学弘敏示寂于奉新耕香院，是方以智“惶恐滩”赴水殉节的后一年。颖学弘敏与方以智这位特殊的弟子一前一后在年余时间里便圆寂，这里面还包含了哪些有关联的事迹，尚待进一步挖掘。

---

① 《五灯》卷七十一·临济宗·南岳下三十五世随录：“盱江资圣天水广禅师，在金粟为第一座。一夕容……［费隐容嗣］。”天水和尚有弟子“大心”后亦在资圣寺。《五灯》卷第九十一·临济宗·南岳下第三十六世随录：“建昌资圣大心健禅师……［天水广嗣］。”

② 《进贤》卷之十六·记·三十七。

③ 详《八大山人在奉新耕香院》。

5. 永新隐士贺贻孙

贺贻孙（1605—1688）字子翼，其高祖为贺知章（659—744），因六世祖贺凭（792—875）[1] 于唐会昌二年（842）任江西吉州永新令，卒葬莲花县良坊乡良一村，[2] 后人遂为永新人。贺贻孙为明诸生，早间赴南昌从学，与陈弘绪、徐世溥等缔结文社，曰“豫章”。国亡，携母隐居山中，坚不出仕。著《易经触义》《水田居文集》等。其《先妣龙宜人行述》介绍自己说：

> 昔年壬午，秋场不售，贻孙年三十有八，见天下大乱，已厌弃举业矣。甲申燕京陷，乙酉江右继陷，欲入山肥遁，而忧三釜之养不逮也，泣而告母。母曰：汝勿忧，吾昔在汝父官舍，身处脂膏，且不自润，况今日乎！汝能守志，岩栖泉饮，与汝同之，汝但初终勿变而已。贻孙受教唯唯，遂偕母入山……辛卯八月，督学使有知余夙名者，强以余姓名填贡榜出，报骑入门阑喧，母命家僮驱逐之，乡邻惊惧，母恬如也。丁酉夏，直指使笪君重光欲具疏以博学鸿词特荐……母笑曰：儿若出山，他无所负，但负儿初入山时一恸耳。遂手剪余发，授以僧帽衲衣，且命曰：汝今儒行僧服，以浮屠自匿，勿居兰若也。贻孙受教唯唯，今已七口矣！……[3]

贺贻孙虽高蹈不出，“儒行僧服，以浮屠自匿”，但并不入寺庙为僧。以其《与药地和尚》：“前 =（崇戊）九月……忽接手教，伏枕草复，未能躬身侍者”计，文内“贻孙二十年内，屡遇乱兵”，系指崇祯十一年戊寅，这是贺贻孙与方以智早在明崇祯时就已相交的证据。

贺贻孙仲子贺稚圭（1654—1676）字孚尹，娶刘安礼之女刘蕙荪（1657—1721）为妻，与刘安礼为儿女亲家，两家关系往来密切，且贺贻孙与刘安世兄长刘安期尤善，《水田居存诗》中有多首涉及刘氏兄弟。贺贻孙与方以智重续旧谊，当在方以智来黎川对刘安世、刘安礼等周边地区“清孤不屈之人士”进行“相招”之时。

贺贻孙以年长方以智 6 岁之身，在该年接获方以智的《炮庄》书稿读后，称方以智为“吾师”，可知两人相交在亦师亦友之间。依《水田居文集》所载诸文，

---

① 贺凭，东汉会稽（今浙江绍兴）人。

② 该村今尚有“唐贺侯祠”，供后人祭祀。

③ 《水田》五卷 · 二至三。

知贺贻孙顺治十年与周畴五交好，有《复周畴五书》；康熙四年，“秋西昌萧孟昉邀游遁圃……春浮园……更得挂瓢汋庵，曳杖春浮曼衍文事”交，有《游遁圃记》《研邻记》；七年黎愧曾来任永新知县后与之交，有《代邑人寿黎大母张宜人序》；这些人物，都是方以智来黎川、在泰和与青原追随左右的弟子和友人。

贺贻孙曾有往青原山看望方以智，作《和青原“青”字韵》：

挥空看宝剑……何须出户庭。①

《次韵答青原药地和尚》：

楖栗横肩上，此地亦非萍。无法何从说，不言但自听。鹭绕僧衣白，螺浮佛首青。高峰天半插，孤峻是门庭。②

另有《江城子叹答药地大师》③和康熙九年的《寿青原药地大师》④

贺贻孙有侄外孙龙科宝（1637—1723），字囦庵，号子重，后与八大山人相识，并曾见过作画。龙科宝的母亲贺秋安(？—1677)，名桂，是贺贻孙侄女。⑤龙科宝先从学贺贻孙为门人，⑥后为方以智门下“学人”，有《拈花庵即事龙囦庵》：“有怀无可语，水石或相闻”等诗⑦。《青原志略》卷首《青原学人》所列第52位，即为“龙科宝囦庵]”。龙科宝当于方以智惶恐滩赴水殉节后，获知“死事”真相，故在《秋日游青原兼忆无可和尚》诗中说：

红林步入鸟声虚……半夜孤峰明月上，秋花香动一池鱼。⑧

贺贻孙与萧孟昉为友，《水田居存诗》有多首涉其事。

魏禧与龙科宝及其母均熟悉，有《龙令君夫妇六十寿叙》：“丙辰秋，予客萧生从泓之画秋阁夜与论诗……永新龙夫人……姓贺氏，今孝廉科宝之母也……夫人善绘事，所绘大士像最工且多”，⑨又有《见龙夫人八音体诗，喜而

---

① 《华青》卷十一・诗・303页。
② 《水田居存诗》卷二・二十五。
③ 《水田居存诗》卷三・四二。
④ 《水田居存诗》卷一・五六。
⑤ 贺贻孙康熙十六年有《侄女秋安遗诗序》。
⑥ 贺贻孙《季弟子家行述》有“门生龙科宝识”。
⑦ 《水田居存诗》卷二・三四。
⑧ 《华青》卷十一・诗・327页。
⑨ 《叔子》卷十一・龙令一・五四。

和韵为山居之作》:“夫人姓贺氏,永新孝廉科宝之母也”;[①] 康熙八年,龙科宝中举,官上虞知县,后与八大山人相识,写有著名的《八大山人画记》;[②] 同年,《水田居激书》[③] 编成,刘安世二兄刘安于·仲錞为“鉴定”付梓,方以智于该年7月7日“七夕”,为作《序》:

> 余初读之,但见其渊然深廓、然大旷、然远错综离合,无非法而无一法,以为至矣。及展诵再四……欲置此书漆园后殿,而为《淮南》《吕览》数十家先鞭。

方以智以贺贻孙《激书》比之《庄子》,后世辑录《豫章丛书》,跋该书为“豪杰有志之士”,《四库全书提要》:“盖学《庄子》而不成者,其大旨则黄老家言也”。晚于方以智《药地炮庄》八年的《激书》,是一部受到方以智思想影响的著作。

《密之先生杂志不分卷》稿本,载方以智手书贺贻孙《诗筏》一篇,是它方所未见之论诗文章,虽残损严重,但亦是两人交往、论诗的实证:

> 《诗筏》永新贺子翼著。宋元人诗佳者殊不愧唐人……盖宋元名手皆从唐诗中出……但不可从宋元入手,一从宋元入手,便为宋元人习气所蔽,不能亲见唐人矣……[④]

康熙十一年,方以智“惶恐滩”赴水殉节一年后,彭士望以“同志之士”,作《与贺子翼书》:

> 人生能几堪此三十余年别哉!此三十年中,怆心怵目之事,所阅历不知凡几。而平日同志之士,十九归泉下为异物,仅吾子翼暨泷洲数君子及弟在耳。去岁……得交王若先。若先新贵人也……遂与定交。岁杪,往哭密公于五云,因过研邻,蒙主人内外恳款坚留,期今年来此休夏,爰止再月。闰秋入省,从湖东暂归宁都山。弟侨宁都二十八年矣……寄其薪尽火传之志,所谓一息尚存,不容少懈,死而后已者也,岂得以老为辞哉!仲冬,始得还山。翁兄入郡,或不惜一棹过我,以当永诀。洁庵见问,出此纸览之,并致阿昆。匆非近馆,何所能以学问熔汰刚猛乎?

---

① 《叔诗》卷之七·七律·十二至十三。
② 《康西》卷一百七十二·艺文·十八。
③ 《激书》因大半毁于兵燹,今仅存四十一篇。
④ 《密之先生杂志不分卷》第三六册36—110页。

走笔草草，无择笑哭，以之强食善颐，不尽不尽。[①]

康熙二十七年 12 月，贺贻孙在永新家中去世，享年 84 岁。

6.“临济”派下晦山戒显

晦山戒显（1610—1672）江苏太仓人，俗姓王，名瀚，字元达、愿云。法号戒显，别号晦山，又号罢翁，素有“临济正派，灵隐嫡传”[②]的美誉，是方以智“临济宗”南岳派下“剃染”的同门好友。《正源集略》卷九・二百二：

> 江西云居晦山显禅师……三世老黄头，浑然不知有吸尽西江……生死大事未明，急急须教刀断……赤心片片向人倾，剔起眉毛君自看。

《五灯全书》卷第八十三・临济宗・南岳下三十六世随录：

> 杭州灵隐晦山显禅师。娄东王元达也。鼎革后从华山体剃染，得法于具德礼……以手画〇点∴抛向后……解笑不解哭……不立文字教外别传……[具德礼嗣]。

晦山戒显于顺治八年，在庐山归宗寺受请，执掌江西云居山真如禅寺法席住持。《云居山志》卷之八・录序《晦山和尚诗文全集序》：

> 和尚俗姓王，讳瀚，字元达，吴之娄东人。与吴祭酒梅村先生同邑，年相若，又同学，才名不相下。屡试高等，前辈张受先生重之，称公为辅器……甲申春，李贼犯京师，思宗崩。凶问至江南，和尚大恸。即捲诗文书及平日所为之举义，担负至文庙，拜告先师，焚之……出家于此日始矣……于是诸山闻之，争愿为之披薙。会三昧老人移舟来，即往华山出家，至受具毕。乃参具德和尚于显宁，不数年尽得其法印。具和尚初住灵隐，即欲逊狮子座与居，和尚即着草鞋走庐山。未二年，云居膺祖古道场来请……丁未，具和尚应径山请，乃遣侍者走三千里，迎和尚补处灵隐，已逾五载兹矣……撰《诗文集》五十卷……

晦山戒显善诗文书法，书体有米家之风；著《禅门锻炼说》《佛法本草》《鹫峰集》《现果随录》《沙弥律仪昆尼日用合参》等书行世，《鹫峰集》今不传。

晦山戒显虽出于“临济”，但与“曹洞”派下青原的渊源颇深。《云居山志》：

① 《同永》卷二十四・艺文志・文征。

② 《云居》卷之九・启《请晦山和尚住云居》294 页。

“晦山显禅师……某远从曹水，来自青原……闽山粤水远归供，永仰浮屠亿万年”，[①] 其来游南城，所知最早在顺治十二年。道光《南城县志》卷二五·释：

晦山和尚……顺治乙未，行脚南城景云寺，并有题咏。

《麻姑山志》有释晦山《姑山漫兴》一首：

为爱颜公墨，支藤问旧踪……平田生绝顶，仿佛到欧峰。[②]

顺治十八年一月十七日，晦山戒显离开云居寺，[③] 前往湖北“辛丑……遂移笠双峰”。[④] 这期间，“芙蓉山 [⑤]……余辛卯初居云居……赵十有五年，说法疏山，次始一造访……发秀盱江者，奇功胜迹，堪与祖山而并峙也。[⑥] 以徐增（1610—1675）《晦山和尚诗文全集》：“于是彼道场若寒溪、若荐福、[⑦] 若安国、若护国、若四祖、若疏山，一一坐遍。”[⑧] 可见晦山戒显往来湖北与江西的频繁程度。

康熙《新城县志》“南谷寺”条下，将晦山戒显的诗置于方以智“南谷寺”诗后，将方以智比之为高节虚心之“竹”，而赞其气节曰：

……击来因有节，响处在无心……出门才曳杖，惆怅比丘林。

两人当于顺治十八年至康熙元年在“南谷寺”有晤，晦山戒显并于此间得读《炮庄》一书稿，遂作《炮庄序[无可和尚集]》而有“《炮庄》实兼三教五宗而大炮之也！”评论。

康熙四年，晦山戒显在金溪疏山寺任住持，[⑨] 往来于金溪疏山更加频繁；[⑩] 五年重阳，晦山戒显来青原山造访方以智，两人日夕痛谈，方以智《晦山和尚到山，上堂引座》：

---

① 卷之三·住持·225页。

② 诗·五律·236页。

③ 《云居》卷之五·事迹·复合神钟·242页：“庚子冬十八夜，晦山禅师梦四祖信大师……次年春……乃前一月十七日去也。”

④ 《云居》序三·灵隐晦山沙门戒显述。

⑤ 江西乐安东部，距县城鳌溪镇15公里。

⑥ 《云居》卷之七·寺记·262页，《云居诸缘老人上足知悟和尚开建芙蓉山苾刍禅林碑记》。

⑦ 在饶州，今上饶荐福寺。

⑧ 《云居》卷之八·录序·275页。

⑨ 《云居》卷之七·寺记·261页，注1。

⑩ 《云居》卷之十八·赞跋·440页。《跋熊约翁家藏〈纶言〉》：“乙巳春，余至抚州疏山。”

双桂重阳待客开……吹得晦山和尚到此。自江北四祖打南华回，吐西江顶上之波，扫七祖无缝之塔……决有一段痛快，不负汝等过重阳也……[1]

“故人”之语和“吐西江顶上之波”，均指曾在“西江”发水之巅黎川寿昌派两人的交集与友情。晦山戒显仍以“药地”旧称方以智，说其在黎川四年“坐断深岩”，今日在青原“此席开”，作《访药地和尚于青原，适值重阳，庭桂盛开，日夕痛谈一生快事，漫成一首》：

……双象拥成狮子座，五桥流出法王雷……喜得心知椎板在，草鞋千里破关来。[2]

晦山戒显曾于顺治七年庚寅至顺治九年辛卯之间，来进贤介冈鹤林寺，[3]与八大山人相识，又与饶宇朴有“解榻谈深夜月疏”[4]为“方外交”，[5]还与文镫岩、黎元宽为好友。

文德翼顺治十六年有《己亥肇秋奉祝云居晦翁大师》：“遥望星河已是秋，吾师柱杖何方游？……故人膜拜无奢祝，耳发庄严只赵州。”[6]又有《请云居晦翁和尚住东林启》。[7]

康熙七年，晦山戒显因有写《天王碑》一事，致书方以智请教真伪：

僧自楚中携一小刻……询其所由……在鼓山老和尚、浪杖人、与先愚庵老人，及啸峰兄、竺庵兄……法门昆季，诸方正人，语特详尽……谓是伪书……从来议论之是非，决于其人之正邪……此事三十年前，余集生中丞、黄元公司理，一时喝破，海内宗匠，耳所共闻。荆州去丈室不远，岂能听其颠倒耶！

方以智对晦山戒显《天王碑》一文是否有回词，不可得见。但石潮大宁对晦山戒显所写《天王碑》一文，则尤加责备：

---

① 《冬灰》卷三 · 211 页。
② 《华青》卷十一 · 294 页，晦山显 [顾云]。
③ 《康进》卷之十九 · 寺观 · 十五 · 释晦山《宿鹤林寺》：“路出湖峰野经纡……好捹闲谈半日余。”
④ 《康进》卷之十九 · 寺观 · 十五。详《介冈》13 页考证。
⑤ 《饶氏十修族谱》笃行传 · 十六：“与晦山上人入山为方外交，殆有托而逃者矣。”
⑥ 《云居》卷之十四 · 诗 · 350 页。
⑦ 《云居》卷之九 · 启 · 292 页。

今草市大殿……凿空假捏之城南天王……晦山居然一知识，不以真语实语诚帝语取信方来……反从而文其过，饰其非……尝有“宁断吾舌，毋毁法门，如违此誓，甘堕苦坑”之语……今遽此文，以非为是，指空言有……晦公晦公！请以自所制立誓息诤文，向清夜无人处，洗心净虑，细读一过，问之自己，以为何如。康熙七年秋初，金陵天界法弟大宁谨书。[①]

康熙八年，晦山戒显为所撰“天王碑”之谬，在《复剑叟书》中有：

承谕天王碑文……自愧一时妄作，以涉争端……弟在青原拈香，何尝不曰三宗鼻祖……前文偶尔孟浪，自知忏悔……己酉七月初六日，灵隐法教弟戒显再拜谨复。[②]

所谓“弟在青原拈香”，即指该年晦山拜访了青原山的方以智，其“自知忏悔”，当来自于方以智的开示，亦是其证石潮大宁的责备之处。

晦山戒显不仅熟悉黎川黄端伯诸事迹，与寿昌派下笑峰大然、竺庵大成等均有交，与黎元宽为好友，黎元宽《世出世间少源吴公墓表》有“余友灵隐晦山和尚”，[③] 又为其《锻炼说》作《云居锻炼说序》，[④] 还因未能随晦山戒显一同前往金溪疏山寺，在《云居真如寺募建大禅堂缘起》中深为惋惜地说：

云居之山……晦山和尚所尝为弘法利生处也……晦公之虽去，云居而尤惓于此也，晦公昨年上疏山过章门，憩石亭，余遂欲留住石亭，续仰山人之故……故余未能追踪……[⑤]

康熙十一年，方以智“惶恐滩”赴水殉节第二年，晦山戒显圆寂。是年，黎元宽在《金襕䰀堂禅师语录·序》中念念不忘“晦山今年示寂”。[⑥]

7. 未曾中断交往的康熙重臣宋荦

宋荦 (1633—1713) 字牧仲，号漫堂。河南商丘人，工诗文，善书画，精鉴赏。顺治十二年（1655）乙未，宋荦 22 岁，与张自烈等人在金陵访方以智，《漫堂

① 以上二条均《僧诤》18、20 页转引《佷亭语录》十三《与青原和尚书》;《法门锄宄》末《石潮宁书后》。

② 《僧诤》21 页转引《晦山复剑叟书》。

③ 《进贤》卷之二十三·墓表·十三。

④ 《云居》卷之八·录序。

⑤ 《进贤》卷二十七·募疏·八。

⑥ 《进贤》卷之七·序·五十四。

年谱》：

五月为江南之游……月杪抵金陵。六月与张尔公自烈……陈伯玑允衡、董文友以宁，会于秦淮，赋诗纪事过高座寺访无可大师［即方公以智］……[①]

宋荦“赋诗纪事”之《夏日同杜于皇、康小范、陈伯玑、董文友、倪闇公[②]过高座寺访无可大师，复至万松庵访张尔公、吴汉若，即事有作》：

凌晨结伴出长干……花雨高台闻远磬……六朝兴废从谁问……欲刻新篁留姓字，茶烟轻袅夕阳残。[③]

康熙十八年，宋荦在方以智惶恐滩殉节去世整七年后，初来江西，在过赣州晤“易堂”诸子时，[④]获悉了方以智在惶恐滩“疾卒”的死事真相。

康熙十九年，宋荦“二月差竣，返棹自十八滩，历鄱湖，望匡庐沿大江……便道归里……”[⑤]在北返过万安惶恐滩时，因有感文天祥，[⑥]而想起了在悬崖湍流中“端借英雄力”殉节的方以智，遂以“高风邈难即”将其与方以智的交往，以及在魏禧、彭士望等人处所获知的“死事”真相披露，作《青原药地大师》：

无公绝世人……如何过江后，顿敛搏风翼。僧衣制水田，鬓秃面黧黑。闭关高座时，杖履余初识。新编读《炮庄》，创论豁胸臆。妙画逼云林，不自人闲得。旋摘硐边蔬，殷勤授余食。裁书寄侯嬴，中情殊恻恻［时讬余致书朝宗］。别来二纪余，怅望曷有极。遥闻住青原，愈尽头陀职。种药手如龟，优入清静域。灭迹向岩峦，高风邈难即。始知学无生，端借英雄力。灯传曹洞宗，史载尸齐侧。[⑦]

---

① 《西陂》卷四十七·漫堂年谱一·七。

② 倪燦（1626—1687）亦作粲，字闇公，闇昭，号雁园，江宁（今南京）人。己未召试博学鸿词科，官翰林院检讨。书法诗格，妙绝一时，卒年62岁。汤来贺《倪母朱太君七十序》：“金陵倪闇公，以文名于世，其所选著，天下莫不推重。”

③ 《西陂》卷一·六。

④ 《西陂》卷四十七·漫堂年谱一·十四：“正月……抵南昌，小泊即往赣州……宁都魏征君禧、和公礼、彭躬庵士望先后过访……”

⑤ 《西陂》卷四十七·漫堂年谱一·十五。

⑥ 宋荦《舟下十八滩》：“章贡此交流，水石惊千变……暮过惶恐滩，渐睹江如练。蘋藻荐文山，斜月浮波面。”

⑦ 《西陂》卷六·四。

以宋荦前后二诗的介绍，顺治十二年，宋荦在高座寺拜谒，方以智不仅“旋摘磵边蔬，殷勤授余食”，且在斋后“裁书寄侯嬴”，托其致书好友侯朝宗，诗所透露的“中情殊恻恻”，是宋荦不仅知道书信的内容，也将这次两人的“初识”，界定在并非一般泛泛之交的基础上。

侯方域（1618—1655）字朝宗，河南归德府（今商丘）人，与宋荦同乡。著《壮悔堂文集》十卷，又因孔尚任（1648—1718）将其与金陵名妓李香君的爱情故事写成《桃花扇》而家喻户晓。锁绿山人《明亡述略》卷下：

> 侯方域……少从其父恂宦京师，习知朝中君子小人之故，矫矫立名节，好大言，遇人不肯平面视，喜睚眦报复。然一语合，辄吐出肺肝，生不容口。振友之急，能不惜千金，著名于复社。

侯方域早年与方以智为“复社”成员，后两人又同为著名的“明末四公子”。顺治八年，宋荦18岁，“侯朝宗方域与荦讲席诗文里中旧有雪园社，又名应社”，[①] 贾开宗（1594—1661）、徐作肃（1616—1684）、徐世琛、徐邻唐终日谈古论今，时称“雪苑社六子”，是一位与方以智、宋荦均交好的人物。

顺治九年，方以智42岁在广西梧州落发为僧。九月初，经施闰章作保南返，在庐山同游旬日，于“五老峰”以哑谜隐，化名“嗃嗃子”著《东西均》。此际，方以智惦记国变后的侯朝宗，遂有致信问候。方以智在信札中提及了崇祯十三年曾赠其“枲丝之衣”一事。[②] 侯朝宗在回信中，[③] 以南宋义士“郑思肖”自比，暗示不忘明室。

宋荦拜谒方以智并传信于侯朝宗之时，正是方以智“别来二纪余”，对顺治九年后两年来的侯朝宗状况，一无所知才有此“怅望曷有极”托信之举。该年，侯方域即去世了。

宋荦一生对侯朝宗佩服之至，尝言“侯朝宗以文章名天下”，[④] 后于康熙三十三年61岁时，又“选三家文钞刻成为……侯朝宗方域、魏叔子禧、汪钝翁琬也”，[⑤] 这是宋荦在怀念方以智的《青原药地大师》诗中，对当年自己成为

---

① 《西陂》卷四十七·漫堂年谱一·六。

② 徐植农、赵玉霞《侯方域年谱》：“顺治九年……有……《与方密之书》。”

③ 任道斌《方以智年谱》列侯朝宗回信为顺治十年。

④ 《西陂》卷四十九·三十。

⑤ 《西陂》卷四十八·漫堂年谱二·十一。

方以智与侯朝宗两人之间的纽带、代为互传信息念念不忘的背景。

宋荦自高座寺与方以智“初识”之后，两人尝有互动。顺治十八年底，宋荦得读方以智“新编”《炮庄》，并以“创论”评价叙述了读后的“豁胸臆”感想，这是宋荦在方以智黎川四年期间，始终与其保持有联系的证据。

宋荦在知道方以智转场青原后，又有“遥闻住青原，愈尽头陀职。种药手如龟，优入清静域”据实描写。至康熙十八年，宋荦在与魏禧、彭士望等人相晤后，获知了方以智惶恐滩赴水殉节的“死事”真相，遂有“灭迹向岩峦”直接描写，也才有了以文天祥为坐标的“端借英雄力”，以及自己难以企及的“高风邈难即”赞叹。

康熙二十七年，宋荦再来江西任巡抚兼理军务，至三十一年离任，在江西四年，是一位“别样节督”。①

宋荦是康熙一朝的重臣，与康熙帝关系极为融洽。②康熙撰写《几暇格物编》所读《通雅》为何人所进？宋荦有“荦恭进书、画数种蒙收六种”③“荦恭进……书籍、墨迹六种”④“臣荦进西陂藏书目一册，计数万卷”，⑤以宋荦荦和方以智两人持续十数年的友谊，康熙撰写《几暇格物编》又与方以智的《通雅》有着如此紧密的关系，这二者之间，是否与宋荦的“进书”存在着某些必然的关系，当值得深究。

---

①《西陂》卷十五·二十《烟江叠嶂堂》:“琅琊老尚书，节督诧别样[阮亭常目余为别样节督]。”

②《西陂》卷四十八·漫堂年谱二·十六:“上垂问……江宁巡抚宋荦清廉，为天下巡抚第一。上云：宋荦清廉朕久已知道”。卷四十九·漫堂年谱三·二:“上微笑……问：巡抚齿好么？眼好么？……又问：服什么药？……”

③《西陂》卷四十九·漫堂年谱三·五。

④《西陂》卷四十九·漫堂年谱三·十九。

⑤《西陂》卷四十九·漫堂年谱三·二十。

卷五 黎川第四年

第一节 施闰章的影响与西进青原山的准备

1. 兼任南谷寺住持

公元 1662·南明永历十六年·清康熙元年壬寅，方以智来黎川历时整整“艸鞋又四年”，[①] 时年 52 岁。在建设廪山寺期间，引徒谈经，往来于黎川廪山与诸禅刹之间，应涂景祚等居士、弟子之请，兼任寿昌寺祖庭下院龙安院住持，并将旧名改为南谷寺。《新城县志》：

> 南谷寺。在县北十五里八都。南唐保大中建，旧名龙安院。宋治平间改安福院。明弘治间，僧息庵迁居九都南谷，在县北二十五里。皇清顺治戊子毁，壬辰僧元谥同僧道信众建。康熙元年请禅师墨历主法席，改称南谷寺，有《望廪山》诗……[②]

乾隆《建昌府志》：

> 南谷寺，康熙元年墨历主法席，改［龙安院旧］称今名。[③]

同治《新城县志》：

> 南谷寺，在县北十五里八都，南唐保大中建，旧名龙安院，宋治平间改安福院，明弘治间僧息庵迁居九都西坑南谷，在县北二十五里。国朝顺治戊子毁，壬辰，僧元谥同僧道信众建。康熙元年，请禅师墨历主法席，改称南谷寺。晦山禅师诗云：绿竹画阴阴……惆怅比丘林。康熙癸卯，僧道莲西胜修。[④]

---

① 余飏《鼎薪叙言》方以智“凡转侧西宁、大埠、天雷苗，平西獞者六年；縶出居水舍二年；归省闭关三年；庐墓三年；草鞋又四年”。

② 《康新》卷之二·寺观·五十。

③ 卷二六·寺观·新城。

④ 卷之二·寺观。

南谷寺自顺治五年毁于战乱，九年，由寿昌寺祖师元谧法兄弟、[①]寿昌派下的元谥禅师重建后，历经十年。以方以智“大”字辈隔辈接任南谷寺住持的事实，这十年当中，南谷寺是否也曾按照祖庭的“兄终弟及”传给过“元”字辈法兄弟、或按照“子承父业”的继承方式，传给过元谥的弟子“道”字辈继任住持，不得而知。

方以智兼任南谷寺住持至何时，史料没有记载，但康熙《新城县志》在南谷寺条下有“康熙癸卯，僧道莲西胜修”。[②]“癸卯”即康熙二年，这表明，南谷寺在该年已由“道莲西胜”在修缮，是方以智离开黎川时，将“住持”交回给了“道”字辈的道莲西胜。

方以智接任南谷寺住持后，有作《望廪山》诗一首：

> 高卧山头不见山，别从南谷望云间。有时风扫青螺顶，一笔参天自破颜。

方以智兼任南谷寺住持后，为使其能够“一笔参天自破颜”的禅门，让众僧知道南谷寺因有“总覆寿昌云”上寺的遮风挡雨，从此南谷寺也就“一任风吹”，而将“别调新丰曲”，故“特为指出面目”，又作《廪山、南谷缘起》一篇：

> 此是廪山南谷……今日涂万年居士请住安福，[③]药地愚者特为指出面目……幸此方，总覆寿昌云……[④]

为使禅和子们能够“一心办道，放下世俗体面，苟安心肠”，又以寿昌派理念和自己的经历，对寺内僧人作《南谷警众》：

> 出家儿贵出生死厉害之家，非谓出两片大门之家……如何能一刀两断得大自在？……南谷道场转禅已久，碗灶具足，俱是多生所基。恰好病夫[⑤]过此聚头，因茶开口，如何得不孤负此茶杯去，亦无别样新说，只

---

① 《新城县志》有载“僧元谥”，鸿鸣初以为“元谥”刊误，但对照元谧（1579—1649）的生卒年，元谧在顺治六年即圆寂了，而“元谥”在顺治九年重建南谷寺，故知“元谥”与元谧当为同辈。

② 卷之二・寺观・五十一。

③ 南谷寺旧称“安福院”。

④ 《冬灰》卷首・三《廪山、南谷缘起》。

⑤ 方以智自称。

在从顶至踵，一心办道……诸仁者……莫孤负茶杯好。[①]

方以智在黎川以寿昌派之农禅精神，为桐城老家浮山撰《远祖塔院饭田记[②]》：

会宫社田，乃先中丞与啬庵铨部、玉河诸文学所倡各安生理之铎者也。众议奉之远祖塔院，供养十方……浮山自先外祖三一老人兴复，朗、[③]澹、[④]清[⑤]三公相续总持……壬寅至今，忽忽周甲矣……莲池、博山合一滴水，天界杖人尝举此为不二社……普请饭碗。[⑥]

经此，黎川寿昌派的农禅精神不仅以此《远祖塔院饭田记》得以传播和发扬，且以更为现实的“祖庭”影响力，让远在桐城浮山的华严寺，“制度矩方绳直，不事工巧，朴素浑坚，不施藻绘，一切仿江西祖庭规制”[⑦]而让这一质朴的观念与禅门推崇，在周边诸多禅门曹洞宗“寿昌”一派下的寺庙，均具有了全新的气象。

2. 与文镫岩、何印兹等再游麻姑山、资圣寺

方以智初游南城资圣寺，在顺治十五年来黎川的途中寻访徐芳之时，至今四年过去，再游。至资圣寺时，已近夏日，回黎川廪山作别时，留《东山俗民和五老约题辞》：

---

① 《冬灰》卷首・三《南谷警众》。

② 《语录》卷三有《远祖塔》七言一首:“剑铓山头惯放脚，双关一带同杀活。残枰敲破通天眼，那问黑白落不落。”《浮志》题为《远祖塔院斋僧田记》。

③ 指释本智（？—1605），法号朗目，滇中人。见《浮志》卷之三·宗门名宿·28 页。有“日本人”之说，待考。朗目曾住持浮山华严寺，与方以智外祖父吴应宾善，其《留别吴观我太史》:“独朗长天，居士自法性海中现一沤于震旦”。《浮志》多有所涉。

④ 澹居法师，名法铠，长州赵氏子，清隐为其门徒。朗目示寂，接任住持浮山大华严寺、会圣岩。《浮志》90、109 页。

⑤ 指元亮·清隐法师，河南郾城人，俗姓崔。寿昌派无明慧经弟子，后主桐城浮山华严寺、会圣岩。《浮志》卷之三·本山静主·30 页。《浮志》方孔炤《请清隐和尚回浮山》见 94、109 页。能诗，《浮志》163 页《吴莲舟居士雨中见寄依韵奉和》。

⑥ 《冬灰》卷首・二《远祖塔院饭田记》，《浮志》卷之五・释弘智《远祖塔院斋僧田记》两者有数字不同。

⑦ 均《浮志》卷之四・碑记・重修浮山华严寺碑记・38 页。

余来西江四年，闻有俗民无冬无夏……傅平叔、[①] 陈少游 [②] 与之唱和。篆刻图书，间写山水，动随天机，不假师法……今年游麻姑，来见资圣，其怀甚真，自言有病，非药所医，《和五老约》，一夜倾泻而出……余还廪山，书此留别。[③]

此次再游麻姑，有文镫岩、何印兹、杨东曦、徐芳、汤惜素、傅用兹、魏平仲诸人相陪，[④] 并于"一夜倾泻而出"以《五老约》之诗为"和"，又有"篆刻图书"等题跋，其《跋麻姑坛记》：

大至方丈，小至粟粒……如此字与中兴颂参校，当识。[⑤]

方以智先后有写情、写景、写人诸篇之《回东山石扆柬文镫岩》：

癖好穷山水，勾云觌面皴……临池亦养神。松风容几席，白纸最相亲。

《鼓棹漫兴》：

多年山有梦，今日始逢君……草堂遗额在，丹灶借香薰。定踏天游顶，从吾指掌分。

《鲤湖漫兴》：

谷口传鸣鼓……丹灶煮雷霆……奇山待奇峰，画出与谁听？[⑥]

好友徐芳亦作《同无可道兄、文镫岩、何印兹、杨东曦麻姑登眺》：

瘦骨名山具……只许一人狂 [予后诸公行而最先登]。纷飞皆过瀑……玉练双难侣……海岸是吾师……能娇须与眉 [黄海岸宁云庵夫人及程微白

---

① 傅占衡（1606—1660）字平叔，江西临川人。

② 陈孝逸，临川陈际泰之子。同治《南城县志》卷八·流寓："陈孝逸，字少游，常寓南城章山寺，与徐拙庵、邓止仲、萧明彝友善。"

③ 《后编》卷之二·《清史资料》第六辑，44 页。

④ 《乾建》卷五五·徐芳《再同无可道兄、汤惜素先生、文灯岩、何印兹、傅用兹、魏平仲诸公登从姑》："……一线之中赖有天……不朽斯游也或然。"

⑤ 《密之先生杂志不分卷》第三六册，此一记载没有年份，鸿鸣依据该年所游有涉"篆刻图书"，列该年。

⑥ 以上三首均《龙眠》初编卷六十四·2850 页至 2851 页。

如人尼隐焉]。[①]

是时，由何三省、徐芳，王愿五、王珙父子等合力刊梓的《通雅》已经“过半”，并有部分已经在信士们手中流通有日。但诸人仍然在为《通雅》后“半”的刊梓，不断四处谋求筹资。知方以智正措刊资，遂各自为《通雅》发起募资刊梓诸事，[②]麻姑、从姑二山再游，与众人相从，均有“筹资”的功能。在回黎川的途中，方以智路经南丰程山，逗留旬日，讲学其中，[③]杖履驻处，群论竞起。[④]

文德翼（1604—1669后），字用昭，又字镫严，号镫岩，尝见作灯岩，晚号石室老人，德化（今九江）人。[⑤]崇祯七年进士，任嘉兴府（治今浙江嘉兴县）推官。不久任职吏部，丁父忧归；十五年，农民军破黄梅，逼浔阳，值文镫岩丁忧居家，率领德化官兵日夜守城抵御，并得平定。服阙后，明已亡，遂隐居不仕。与释、道往来，撰《宋史存》，始于宗泽，终于文天祥。以明遗民自居，博贯经史，长于古诗文词。著有《雅似堂文集》十卷，《佣吹录》一集、首集、次集，《读庄小言》一卷等。[⑥]

文德翼在《悬榻编》首署“柴桑仝学弟文德翼拜撰于定应寺寓中”、在揭暄《璇玑遗述》中署“柴桑文德翼用昭父撰”，柴桑即九江古称。同治《建昌府志》：

> 文德翼……明崇祯甲戌进士，司李嘉兴。内召秉铨政，值变作，知事不可为，归不起……尝至盱，与知县苗藩、南城徐芳友善。[⑦]

文镫岩在方以智《炮庄》初成之时，以建昌府之“药地”为议论，作《补堂〈炮庄〉序》一篇：

---

① 《麻姑》诗·五律·[徐芳]。诗·七古·210页·张承光《戊申初夏，陪浮山和尚、文灯岩、何印兹、徐仲光集麻姑龙门桥，和尚淡墨作〈双瀑图〉命题，即席构长歌以献》，“戊申”为康熙七年；《麻姑》诗·五律·235页·徐芳《步龙门桥有感》：“不作天飞去……鱼腹暂开颜。”接着是徐芳这首《同无可道兄、文镫岩、何印兹、杨东曦麻姑登眺》，以文中有“黄海岸宁云庵夫人及程微白如人尼隐焉”，指康熙元年至二年黄端伯被祀麻姑忠节祠之事。存考。

② 《通雅》姚文燮《发凡》：“是书初为盱江何印泥、徐仲光诸公领袖募梓……至于晓夜校雠，一字无讹，则子宣之劳，不可诬也。”《陪诗》卷一《与熊鲁子书》：“《通雅》五十卷，五年前为揭子宣所抄，而何观我、李石台、徐仲光、王愿五诸先生合力倡之。”

③ 《道南》卷二二·寓贤·方以智：“又尝往来程山，讲学旬日。”

④ 《姑遗》卷二十四·尺牍·十四《与方无可》：“近友人盱江回，颇悉杖履驻处，群议竞起。”

⑤ 钱澄之《年谱》：“癸卯……过南昌……晤九江文镫岩，各致企慕之私。”

⑥ 同治《九江府志》、同治《德化县志》有载。

⑦ 卷八·人物·寓贤。

昔医王遣二童子视地，一见遍地无是药者，一见遍地无非药者……农皇[①]一日，而遇七十二毒，岂百草皆有毒哉？唯此一茎草能杀人、能活人……此以毒治毒之法，而非“炮”则药不为功……庄子以冷语冰之。千载而下，药地大师又以热心“炮”之……《庄》之药，师之“炮”，同一发毒作用耳。浪杖人《灯热》一书，十方始知是火，师即传以为“炮”岐黄，不在父子间乎？虽然古人之病病道少，今人之病病道多也，须“炮”却始得。盖医能医病，药地能医医，是曰：医王。庐山补堂居士文德翼拜撰。[②]

钱澄之《求是堂集序》：

文镫岩……先生以甲戌登第，丁丑授嘉兴司李，癸未擢司铨，未任，甲申国变，遂不仕，前后亦不过七载……先生以甲辰生，甲申归隐，亦四十一岁……值改革之际……《报直指书》云：“某不遽死者，垂白之母在堂，城破家亡，母从千死万死中出，不忍舍之而狗吾君地下耳。”……先生足迹半海内，当事式其庐者应酬不绝……著书等身……自变乱以来，士大夫以节义致诛灭者，江右为甚……庄子谓：“藏天下于天下”，而先生藏文于文……隐于文，亦欲使天下后世目之为“文人”而已……而先生仅可以“文人”名哉？[③]

文镫岩在入清后的圆融，让钱澄之有些受不了，但不仅原谅了，且给予了评价，这是清初特殊时期的一个有趣现象。门人魏学渠有《佣吹录序》说：

镫岩夫子少壮登朝未竟，厥施天崩地裂，退隐空谷，著书等身，竝关伦教《佣吹录》者……隶之于经比于《尔雅》，后有龙门中垒或谓余言之非私其所好焉。[④]

七律《庾楼》：

开府风流绝代无……咏史频频酒百壶……何时杖履乘清兴，肯许遗民其据梧。[⑤]

---

① 指炎帝。炎帝为五谷神农，古曰农皇。

② 《炮庄》卷首·四。

③ 《田间》卷十三·序·233页。

④ 《佣吹》二集·卷首。

⑤ 《江西历代文学艺术家大全》1268页。

钱澄之《文镫岩诗集序》：

诗之为道，本诸性情，非学问之事也……文镫岩先生，于《十三经》、《廿一史》之书，盖不啻寝食而沐浴之矣……至形之于诗，则少引典故，多任天真……有屈子之遗风，此言先生甲申以前作也……迨甲申以后……而先生之诗，顾一出于柔澹平雅，其题亦不过游览闲适，与诸故人宾友赠答唱和之作，盖取法于靖节也……先生之诗，不为《骚》而深于《骚》，非得学问之深而性情之至者，乌足以与于斯？①

钱澄之《序》前的理论，可说明文镫岩为诗人，乃经、史二氏皆通而能达真情者，评价甚高。

康熙三年，钱澄之在南昌，作《重九前三日李梅公司马邀同文镫岩、何紫屏、苏兴三、刘远公赏菊即事》，② 至深秋，钱澄之又与文镫岩在南昌李梅公七十寿席 ③ 上有晤，作《李司马席上赠文镫岩》：

欲访柴桑路未通……皂帽同时避朔风 [席上惟予与先生絮帽]……诗存南国表孤忠 [公刻海岸（黄端伯）先生诗]。皖江潮楼浔阳近，我欲相从把钓筒。④

康熙五年，方以智建成归云阁后，文德翼仍用黎川旧称作《寄题归云阁呈墨和上》：

我闻愚者师，遇地惟种药……一阁可归云……吾师既归庐，云阁都寂寞……与师登云峰，与师探云壑。吾师且归来，云中同一噱。⑤

文镫岩以和《五老约》在诗中回忆方以智在“药地”黎川时的情景，仍以难改之“墨历”旧称方以智，从另一个侧面反映出两人在黎川寿昌寺期间交往的密度和亲近度，后方以智、汤来贺为黎川黄端伯修墓冢时，文镫岩此际当在黎川。

文镫岩与李元鼎相善，其夫人 60 岁时，李元鼎为之作《寿文镫岩夫人六袠》：

……课读咸称侃母贤。相望浔阳惟九派，眷怀鹭水共三迁 [余与夫人

---

① 《田间》卷十四 · 序 · 256 页。

② 《田诗》卷十二 · 客隐集 [甲辰] · 260 页。

③ 该诗前一首《李梅公司马七十寿诗》。

④ 《田诗》卷十二 · 客隐集 [甲辰] · 263 页。

⑤ 《江青》卷十一 · 诗。

皆迁自吉州]。为言偕老人难老，甲子初逢犹盛年。[①]

九江浔阳江头，文镫岩有“湖上书斋”，其夫人的寿诞即在此雅集。康熙八年钱澄之过此并宿，有《过九江雨夜同子直宿文镫岩湖上书斋子直病》：

槛外平湖湖外峰……坐有僧谈茶沸久……回首烟云隔几重。[②]

闵钺有《寄祝文镫岩先生双寿》：

五老峰头逸士家……何时载酒过彭蠡，读尽先生霜后葩。[③]

3. 为徐巨源《榆墩集》作序

方以智为《榆墩集》作《序》的时间，或在该年游麻姑期间，或在方以智将要离开黎川、短暂逗留南昌与陈弘绪等相聚期间。《序》曰：

与新建徐子巨源交且三十年，而竟未识面。戊戌[④]特走西江……与余和歌者，至则巨源已叱避[⑤]矣。又五年壬寅，[⑥]过北山，始得读《榆墩集》。伯甘[⑦]曰：“巨源不轻许可，独于龙眠愚者心折，序安可少？此非嵩高之壁，足以塞此直心也。”余为之反复三日……观此公，天资过人，出以易直……生平好读书，善考究，不泥古，不灭古，犁然有所见……可以浮高曼词也……石庄[⑧]引修武之咨嗟……正《榆墩集》之单厚[⑨]也……此徐巨源之影也。[⑩]十年前，竹关寄《三子会宗论》、炮庄二书，[⑪]巨源长纸答之……

---

① 《石园》卷十八·五。

② 《田诗》卷十六·客隐集[庚戌]·344页。

③ 《冶庵》卷之一·七言律·五。

④ 顺治十五年。

⑤ 叱避，指去世。典出《庄子·大宗师》。

⑥ 康熙元年。

⑦ 熊人霖（1604—1667），字伯甘，别字鹤台，江西进贤人，与方以智交好。熊人霖为《榆墩集》作《序》。

⑧ 陈弘绪（1597—1665），又作宏绪，字士业，号石庄，南昌府新建县人。曾官晋州牧。父陈道亨，曾任南京兵部尚书，筑“见山楼”藏书。入清后承家业，居府城辑《宋遗民录》明志，再征聚藏书“三万卷有奇”。著《酉阳山房藏书目录》四卷，《续目》二卷均失传，有《陈士业先生集》《石庄集》《寒夜集》等行世。

⑨ 敦厚，敦实。

⑩ 《榆墩集》原刻本作“此是新建徐巨源”。

⑪ 指早期的《向子期与郭子玄书》《惠子与庄子书》二书。

在在历然，《易》且征之……费隐[1]象数……余正以巨源可以究之……故复书此，以当挂树之剑。[2]

徐世溥（1608—1658），字巨源。新建人。《清史稿·文苑传》中有徐世溥传，但生卒年俱不详。钱谦益为《榆溪集》写有一篇《徐巨源哀辞并序》："戊戌岁诏书数万言，以斯文见推，约扁舟东下，请事函丈。未及行而死于盗……没时年五十一。"宋荦《漫堂年谱》："世溥，字巨源，南州名士，顺治间死于盗。"[3]"戊戌"即顺治十五年，是方以智来黎川之年，该年徐世溥51岁。由此上推，徐世溥的生年在万历三十六年（1608）。

世溥少负不羁之才，年十六补邑诸生，为弟子员。当时正以时文蜚声一世的艾南英，闻世溥才名，即约为兄弟，并推举为文坛飞将。钱谦益、姚希孟、万时华等，亦以杓斗推之；学问颇负盛名，南赣巡抚潘修《宋史》，特嘱徐世溥重加更定；其古文辞"名噪两都三吴间"、"取材博，用意远，不规规于汉、魏、唐、宋诸家"，可"与朝宗（侯方域）同不朽"[4]，工诸体诗，兼工书法；但屡试不第。

明崇祯末年，徐世溥应征北上，达京师。面对朝政的腐败和国势垂危，徐世溥慷慨议论时事，指斥弊端，因得罪相国温体仁，遂拂衣而归。明亡后山居晦迹，不复应举。著《榆溪集》《榆溪诗钞》等。

徐世溥与陈弘绪关系紧密，曹秀先在《江城名迹记》的《曹序》中说："陈石庄先生居江城……在江右与徐巨源、万茂先称三征君。"与泰和萧士玮交，有《江上同萧伯玉先生》："同傍渔舟问酒家，路侵残草似春沙。经风霜叶迎人堕，误向鸥边叹落花。"

崇祯十七年二月，"丁亥，诏天下勤王"，[5]彭士望在南昌乐安王府奉国将军朱云涛府中，与徐世溥有交，彭士望作《甲申二月自江州归，遂迟牡丹社约呈杨机部先生、舒鲁直、徐巨源诸同社，分得麻字》。[6]

---

① 指天水广业师费隐容禅师。

② 《后编》卷之二·47至48页。《榆墩集》原本此后附一诗："……幸寄《炮庄》笑，重伤衔易迟……"

③ 卷四十八·五。

④ 《康新》。

⑤ 《明史》卷二十四·本纪第二十四·庄烈帝二；《小腆》卷第三·清世祖顺治元年二月·六九。

⑥ 《耻躬》卷一·五。

徐世溥与八大山人亲堂兄朱仲韶、侄子朱容重关系均密切，[①] 又曾为容重诗集《初吟草》为序。在徐世源《榆溪诗钞》卷下亦有一诗赠朱容重，题曰:《赠朱子庄》:“朱生砺错刀，欲繙蝌斗经。遂使春池上，蛙黾不敢鸣。释刀复捉笔，倏忽万山青。竹雨洒苔石，霏微更窅冥。多艺谁使然，绀珠似曾缨。市人爱乐易，言笑目相并。有时啸歌发，丝竹满谷坑。谁知涤砚际，羲献又退听。”徐世溥遇难，冬，朱容重作《挽徐巨源先辈》七律诗一首：

> 乱后诛茅构草亭……文章自我开生面，寰海推君作典型……清尊无复黄花约，极目何堪涕泗零。[②]

康熙二十七年，宋荦任江西巡抚时，曾从朱容重处求得徐世溥《友评》一卷刻之，《西陂类稿》卷二十八《跋徐巨源友评》:“余到南州三载，求徐巨源文翰甚渴……兹又从朱子庄得巨源《友评》一卷，手书六百八十九字。”后于康熙三十年刻《榆溪诗钞》。

徐世溥与罗牧有交，《榆溪逸稿·榆溪诗钞》卷下有《罗饭牛携画至山中》:“又随飞页下江烟……彩笔长悬梦里思……更写云山卖与谁。”[③] 这些人员均与方以智交好。

方以智所言“与新建徐子巨源交且三十年”，指崇祯四年因八大山人祖父《绝命帖》而有笔墨之交，[④] 至徐世溥去世的顺治十五年，前后约“三十年”。顺治十五年，方以智“特走西江”到了黎川，该年徐世溥死于盗，两人始终“竟未识面”。

康熙元年壬寅，方以智来黎川的第五个年头“始得读《榆墩集》”，好友熊人霖对方以智有：“巨源不轻许，可独于龙眠愚者心折，序安可少！”陈弘绪又有“引修武之咨嗟，宜其然矣！一征不竟其用，举世为之扼腕”，这是南昌诸友人在为徐世溥的《榆墩集》谋刊梓之时，遂有方以智黎川四年期间的该

---

① 《榆溪逸稿》友评：“朱仲韶……乍见如卜肆中所画鬼谷子，初似顽拙，然愈传愈怪，古意终不可磨损也”、“昨见仲韶，握谈竟日……十七日见仲韶以后，故友新交，渐遇多矣”，跋语中又称“辛卯秋为子庄书”子庄即朱容重。

② 《康西》卷一百三十一·艺文。

③ 《西陂类稿·卷二十八·四·跋徐巨源赠》:“诗云：‘云山已是无常主，更写云山卖与谁’，又云：‘记得扁舟初过访，草堂门外水齐天’。今人讽叹不已。”

④ 《方子流寓草》收诗赋起于崇祯七年甲戌，止于崇祯十一年戊寅，卷首有徐世溥《序》。

《序》，是南昌及周边士人对其重视的体现。

方以智在黎川四年期间还有一个不为研究界注意的现象，即始终在不断地给桐城、江西诸人士为序、题跋，即有新作，又有接续之作，这其中的关系，除了与“声誉”有关外，是否还有另一层“供养”关系，目前尚未完全清楚。

4. 施闰章之约与吉安相晤高咏

方以智在游建昌府从姑、麻姑二山后，随即赴施闰章之约，往吉安与高咏相晤。先是，施闰章在临江府衙应禅门之约，作《重建香泉寺募疏》时，有感顺治九年与方以智同宿庐山归宗寺整整十年，而感慨其驻锡黎川寿昌寺未能得见，有怀曰：

> 余游匡庐为壬辰之岁，偕无可禅师信宿归宗，超有为主人，年方少；及今壬寅适一纪，无公驻锡麻姑，不可得见。[①]

三月十六日，施闰章偕高咏一道来泰和，值方以智在南城麻姑山、从姑山、资圣寺再游不遇，遂在泰和游春浮园，作《同张虎别大参寻药公，因游春浮园》：

> 并辔听莺好入林……从嗟陵谷须臾变，别墅难忘谢傅心［谓伯玉太常］。[②]

游春浮园，[③]有《泰酒歌［有火酒、老酒二种］》，[④]返回时，寻又游青原山，[⑤]作《游青原山记》：

> 游之日以霁……余游青原，不期而勇，遇雨而不废。由泰和返舟，

---

① 《愚山》卷二十六 · 514页。

② 《愚山》诗集卷三十六·251页。诗集卷十八·349页《送张虎别大参［余分守湖西，张为分巡，时以裁并回籍］》。

③ 《愚山》文集卷十四·287页《游春浮园偶记》：“余分守湖西，宗伯钱公牧斋属余以其犹子孟昉，且谓能世其家……壬寅春，行部至泰和……遂至园所。时孟昉客虔州，求所刻《春浮园记》不可得……余徜徉其中……穷日乃返，不恨园无主人也……”《愚山》诗集卷二十六 · 552页另有《萧氏春浮园四首》也是施闰章在萧孟昉处逗留的证据。

④ 《愚山》诗集卷十八 · 351页《泰酒歌》：“西昌半月罢饮酒……昔称欢伯今良友……太常故老有伯玉……”

⑤ 《施谱》卷二：“康熙元年壬寅……三月望后一日，游青原山有记，又游春浮园有记。”祝穆《方舆胜览》：“青原山在庐陵县。”庄绰《鸡肋编》：“吉州江水之东有二山……草木经冬不凋，号曰青原。”《明一统志》：“青原山在吉安府城东南一十五里。”

至永和，[1]闻舟人言：此去青原五里……至则净居寺，相传七祖卓锡地……塔之侧，龛笑峰禅师骨……予偕高子阮怀[2]坐……留三日。从游者甚众……三十年来，讲堂茂草，微寺僧则人迹既绝，其不为鹿场虎穴者几希。呜呼！吾道之视释氏何如哉？抑上无作至者，将有待而后兴与？……壬寅三月望后一日。[3]

此一游，更加坚定了施闰章的信念。施闰章对方以智"遭乱弃官，自刃交颈，有托而逃者也"入禅有深刻的认识，始终将其"出家"认为是"有托"，是刀架在脖子上的被迫行为。其操守、节义、学问，均是施闰章一生敬仰、从学、追随方以智，并在来到"湖西"任上后，即刻想要将方以智延请至青原山的根本。

文中的动机所写为"三十年来……其不为鹿场虎穴者几希"，除了他与方以智之间的深厚情感外，另一个目的，则是"吾道之视释氏何如哉？抑上无作至者，将有待而后兴与？"心中早已非方以智莫属了。

是时，恰逢何三省来探望与求文，施闰章遂为之作《重刻感应篇辑解序》：

广昌何印兹先生……适予过于盱江，相视欣然，出此属叙……[4]

施闰章此次来泰和当为首度，并带来钱牧斋、叶言如等人致萧孟昉的信件，但两人这次并未见到面，《走笔柬萧孟昉》说：

闻说萧生十载余……凭寄江南数纸书［谓钱牧斋宗伯及叶言如诸子］。[5]

自游泰和后，施闰章与萧孟昉交往且甚密。施闰章讲学"白鹭洲书院"，萧孟昉"捐千金……诚盛举也……施公本是天下士，萧子今为大丈夫……施公西坐讲三朝……萧子末座从旁听"，[6]萧孟昉亦曾赠施闰章元代赵孟頫的《杜陵戴笠图》。[7]

---

① 永和在庐陵县境内，与青原山仅一水之隔。

② 高咏，字阮怀，安徽宣城人。康熙十八年以博学鸿儒特授翰林检讨，充《明史》纂修官，著《遗山堂集》等。

③ 《江青》卷六・记・施闰章《游青原山记》，《方青》艺文・266页。

④ 《愚山》卷三・四四。

⑤ 《愚山》诗集卷四十七・465页。

⑥ 《陪诗》卷三・十三《潞州行》。

⑦ 《愚山》蠖斋诗话卷下・45页《戴笠图》："西昌萧伯玉太常旧藏《杜陵戴笠图》……余官西湖，从萧氏孟昉见之，赏异作诗。萧辄欲见赠，不受。及归田，再赠，受之……"

四月二十五日，初夏。南明永历帝朱由榔在昆明被吴三桂逼死，永历皇太子遇害。永历政权终；[①] 不久，鲁王在台湾薨；原南明残余李定国、郑成功病故，子郑经嗣；南明诸武装抗清，均走向低潮。

方以智于施闰章访泰和不值后，致短信一札与此间在施闰章衙所的乡邑高咏，相约于黄州严居士[②] 的“百花圃”相晤，但未果，[③] 至深秋九月九日，与高咏在临江府得共登禅门“慧力院”。[④] 高咏作《无可师约诸公九日登慧力院云根亭会顾赤方、梅幼龙、施愚山俱以微疴不果赴，怅然有作同徐伯调呈无公并柬赤方》：

深秋风雨未相妨……此日招寻前日约，五人卧病三人强……黄花官舍空相对……谁闻莲坐三乘语，艳杀芙蓉一寺花［山阴句谓伯调］。[⑤]

《龙眠风雅全编》载方以智《与徐仲调、高阮怀闲叙》：

平生诗五变，不识是何声……老知当日病……唇牙自不争。[⑥]

诗题中的“仲调”与“伯调”不符，当为伯仲兄弟两人。但高阮怀此际与方以智见面则可坐实，或徐伯调、徐仲调兄弟均于此时来青原与方以智见面？俟考。[⑦] 施闰章与徐伯调为诗友，《徐伯调五言律序》：

山阴徐伯调书至曰：“曩与君论诗甚善，君辄为我序……均为我定之。”予省览数四，删其十之二三……予曩与伯调论诗，薄视文长若附庸国，惟我两人所见略同……吴越间多诗人，丁飞涛、毛大可诸子，皆与伯调

---

① 《行在阳秋》卷下：“永历十六年夏四月……上崩，皇太子遇害。”

② 此人不详。

③ 《遗山》卷一・十六《半山公之庐山》：“我友半公真不群……巨然妙笔从人乞……去年经过章门道……湖西使君最风流……就停牛壁沧州好［半公为愚山画《就停图》］。今春我亦湖西游，闻师尚滞城东头……药地上人寄短书，黄州居士假精舍［无可大师贻半公书云：黄州严居士许借百花圃］……”

④ 王世祯《感旧集》卷十六有高咏《临江中秋同诸公慧力寺泛舟回，遂集愚楼玩月分体各赋》诗有“挥杯夜醉使君楼，题诗晚出城南寺”，“使君”指施闰章，“城南寺”当指“慧力院”；陈维崧《箧衍集》卷二五・五言古诗，载高咏《愚山招过慧力寺》：“湖西城南端……使君眷丘壑……朋友亦具来……佛院吹名香，僧厨饭落日……”可知“慧力院”乃禅门，在施闰章临江衙署附近。

⑤ 《遗山》卷一・十六。

⑥ 初编卷六十四・2848 页。

⑦ 《华青》卷十亿・诗・291 页，徐缄《青原山新瀑布歌，呈药地大师》：“大师昔卧匡庐云……药公采药无古今……回首潺湲空翠微。”该诗当在同时。

往复议论……[①]

自上年施闰章来任江西“湖西”后不久，即对新淦前明忠臣练子宁（1350—1402）[②]文集进行搜集，徐伯调自此次来临江后，是应施闰章之邀，[③]为《练子宁文集》作“整比”，[④]后于康熙五年冬，仍在青原山与方以智有游。[⑤]

高咏（1622—1683）原与笑峰相善，是青原山的老客。[⑥]《遗山诗》卷首有郑方坤《遗山诗小传》：

> 高咏，字阮襄，别号遗山，安徽宣城人……与同里施愚山、梅杓司、耦长友善……前后十五试不售，愚山赠句有云：疏狂合侧时人目，腾达还余几辈传。盖纪实也。年近六旬始以明经贡入太学……召试博学宏词，授翰林院检讨，未几，以老病乞休，旋卒。

施闰章有《遗山堂诗序》，对两人的关系有所交代：

> 高子阮怀工古今文词，尤长于诗……遗山者，阮怀所自号也。性疏伉自负，不肯乞名人为序，以予故贫贱，相狎游，属曰：“序吾诗者，宜莫如子。”余盖以文辞交阮怀三十年……阮怀夙有俊名……其大父瀛台先生刺兴国州，廉直无长物，阮怀卖书给膏火。壮年丧妻，积数岁不得娶，日夕坚坐，手一编，苦吟至夜半，故其诗优入乎古人，殆天畀之独厚也……[⑦]

施闰章与高咏有“以文辞交阮怀三十年”，此次在衙署逗留了数月。[⑧]高咏在吉安等地游，以其诗文所涉方以智的内容论，高咏或在施闰章处得知方以

---

① 《愚山》文集卷六·116页。

② 练安，号松月居士，新淦金川人。举洪武十八年一甲二名（榜眼），官工部、吏部侍郎。“靖难之役”痛斥燕王篡权夺位，绑其上朝，割舌，磔尸，数百族人被杀、戍边。

③ 《愚山》文集卷七137页《王丹麓松溪诗集序》：“辛丑客西湖……是时……山阴徐伯调……高仲兄弟皆在……”

④ 方中履《吊练中丞》：“练中丞子宁，新淦人也，靖难不屈，族诛……里人私称为忠贞……时宣城施公尚白分守兹土，搜公文集，属山阴徐伯调整比之”。康熙二年春，方中履过练子宁故里拜祠，后作《练子宁文集·序》。《龙眠》续集卷十九·3965页。

⑤ 《后编》卷之二《青原得瀑记》69页：“愚山冬来……纪同游者……徐伯调、吴舫翁、季六、郭入门……岁在兆祥。”

⑥ 《华青》卷八·书·185页，笑峰然《复赵居士》：“高咏大函，真可剖抉门户，扫除葛藤……”

⑦ 《愚山》文集卷七·134页。

⑧ 同上卷六·诗文序《高阮怀洪州草序》：“吾友高阮怀治诗有年……顷来湖西数月……阮怀壮齿负才……二樵者（鸿鸣案：指高咏与顾赤方）入山……休息于山下……”

智即将来净居寺任住持，故没前往黎川，仅在吉安、临江施闰章衙署等待与之相会。

方以智此次相晤另两人，徐伯调，即徐缄，生卒不详。①字伯调，浙江绍兴山阴人。诸生，有诗名，能画，《浮山此藏轩别集》卷之一《题徐伯调松柏图》。②

方中通有《徐伯调、罗弘载同至掌门》：

西山仍旧雨过新……两汉篆犹存异代［罗善篆章］，三唐诗不让前人［两君诗甚富］……笑我倦游忘岁月，归期频改又经旬。③

该诗作于康熙二年，徐伯调曾在南昌逗留，方中通相陪至少在半月以上。以中通诗中的口吻，两人年龄当在伯仲之间，是方以智的旧交好友，并多次到过青原山。

另为顾赤方（1620—1687）。《清诗纪事初编》卷二·193页：

顾景星，字赤方，号黄公，蕲州人。贡生。弘光时考授推官，南都之覆，遁于溆湖……己未举鸿博，敦促至都，病未与试。卒于康熙二十六年，年六十七……独于龚鼎孳有过情之誉……

施闰章《柑林游记》：

临江厥土宜柑……会南昌陈君士业、靳州顾子赤方、山阴徐子伯调……有柑林之游……④

施闰章在《顾赤方诗序》中说：

余始闻顾赤方而未识其人……夫诗之有出于人……昂首自谓："不让古人！"客或诧以为狂……赤方机警性成……长益博览强记，诸子百家仙释诸书，无不浏览勤搜，以赡其才力，故其诗如此。有骇其太肆而未纯者，赤方则掉头不顾曰："君知言哉！予姑为楚歌，放言洸洋，以适吾志焉。"⑤

---

① 《愚山》文集卷七·148页《岁星堂诗序》："伯调与予论诗最久……客秋稛载其诗访予宛陵，适予留滞邗关，不得见。"146页《石语轩诗序》："余视学山左……相属为歌……山阴徐伯调盛为称引……今十余年而壮齿就衰……伯调近已下世。"徐伯调当在康熙十年前后去世。

② 《清史资料》第六辑82页。

③ 《陪诗》卷三·六。

④ 《愚山》文集卷十四。

⑤ 《愚山》文集卷四·84页。

又有《寄顾赤方》一札，见两人所交之往来：

带甲真满天地矣！……未审先生高卧何地？……不得作仲宣从军诗也。仆家食十年……今年耳顺矣！……周伯衡使君客死珂里，甚可痛！先生曾与之交否？二挽诗附览……信笔及此，如何能已！①

以施闰章文中言自己“今年耳顺”已经到了60岁，所言“周伯衡使君客死珂里”，施闰章生于万历四十六年，与周体观在康熙十五年去世的时间相合，故可知该信札写于康熙十六年前后，施闰章的“二挽诗”，即《哭周伯衡》二首：

失路归偏晚，从军老复来……魂断几时回？……诗忆把杯日，殡看行路人……非是不安贫[君初由庶常迁给谏，外转左官，未补，被荐军前候用，客死楚中]。②

此次顾赤方与高咏访青原山，未曾与周体观相识。其言又说“年来当事诸侯，有能下榻，月致米数石，并为买山作计”，可知顾赤方为方外隐士。方以智与高咏、顾赤方等三人相晤后，随即回黎川，为离开寿昌寺前往青原山作各种铺垫与准备。

五月，魏禧在南州与“叶子”等朋友相见，言“叶子之父死义”；③ 七月，魏禧、林时益在庐山造访兰谷僧日谈④ 与师旭峦，作《石松诗赠日公[有序]》。⑤ 此间，魏禧在南城麻姑山纳妾李氏，于秋间在黎川有怀作《新城九日寄内》。⑥

秋，施闰章再至泰和，登黄庭坚祠堂“快阁”，⑦ 时萧孟昉“烹葵进酒，携书画数卷，展对泉上”，并促成萧孟昉出资重修“快阁”，⑧ 又促成萧孟昉在康熙二年重梓《快阁纪存》并为之序。⑨ 施闰章在来任江西“湖西道”不久，前

① 《愚山》文集卷二十七·459页。

② 《愚山》诗集·卷三十一·140页，中国社科院藏《愚山草藁》中无“客死楚中”四字。

③ 《叔诗》卷之五·七言古·七《拙哉行为叶子作》。

④ 《叔诗》卷之八·五七言绝·六《同日公过万松坪》：“万株松木路中分……才识山僧不出门。”

⑤ 《叔诗》卷之五·七言古·九。

⑥ 《叔诗》卷之七·七律·十一。

⑦ 《光吉》卷五·地理志·泰和古迹：“快阁在慈恩普照院南，前临大江。”“迨黄太史庭坚继至，赋诗其上，而阁之名闻。”《愚山》文集卷十四·293页《游玉华山小记》。

⑧ 《愚山》文集卷十一《重修黄山谷先生祠堂记》“山谷先生令泰和数年……遇胜处辄题墨……壬寅之秋，予尝登快阁……与司李胡君，各出其力，以属萧生伯升……祠用修举，予喜为书其事。嗟夫！山谷岂以祠重哉！”

⑨ 《江青》卷十二·杂记《山谷碑跋》：“萧孟昉因刘鸿本重刻《快阁纪存》，愚山为之序。”

后两次往返泰和寻找方以智的目的，就是要延请方以智西进青原山住持净居寺。

十月二十四日，传綮·八大山人37岁，在临川以进贤介冈鹤林寺住持身份参加苏本眉、李来泰、丘泰、饶宇朴等十余人“临川十咏”聚会，作诗十首，[①]并以“雪个”或“个山”之名在临川、金溪等赣东周边地区禅游。

该年，黎川自去年五月发大水，至今年便遭旱灾，邻县广昌砦寇千余屯掠横村，郡太守高天爵督各镇官兵剿平；[②]十一月，隆武帝或卒于金门，或卒于台湾。[③]

5.“湖西道”与“二愚”之施闰章

施闰章（1618—1683）字尚白，号愚山、浮山愚者等，安徽宣城双溪人。施闰章与方以智，是以一种表面的地方官员背后、直呼为“师”而隐藏有“终身被服”的特殊弟子和朋友关系。[④]《嘉庆宣城县志》：

> 施闰章……己丑成进士，授刑部主事，历员外郎。公余退食，同曹唱和，每一诗脱篇，辄传布都门，时人目为才子……性慷慨丈，时艺书法俱工，诗尤善。[⑤]

《愚山先生年谱序》：

> 家学本于王父中明先生，实为新建、盱江之传。而又尝从沈公耕岩得闻漳浦之学。故其和齐斟酌不名一家。[⑥]

崇祯十一年，方以智早年的科举业师余飏在宣城任知县时，施闰章即被目为“国士”；顺治八年，施闰章补授刑部湖广司主事，秋，奉使广西；九年夏，慕方以智之名，在梧州冰舍与被迫披缁为僧的方以智订交，[⑦]并解救归里。施闰章《苍梧云盖寺访无可上人即旧太史方密之寺有冰井，泉甘洌，元次山作〈漫泉铭〉》：

---

① 详《介冈》126至141页。

② 《康新》卷之一·祥异·八十四。

③ 《明季史料题跋》68至70页《钞本明延平忠节王始末跋》：“康熙元年十一月辛巳书鲁王卒于金门，《小腆纪年》则云卒于台湾。”

④ 施闰章《复青原药地老人》：“今止求一肯叩肯扪之人……终身被服矣！”

⑤ 卷十五·儒林。

⑥ 《鲒埼亭集》卷二三。

⑦ 均《施谱》、《使广西记》。

精舍萧疏山路斜……与君坐对成今古，尝尽冰泉旧井茶。[①]

方以智作《冰井和施尚白怀元次山》：

荒亭犹足撰良辰，抱甕烹茶久作邻……坐定枯肠为君洗，猗玕洞里血痕新。[②]

顺治十八年，九月十三日，施闰章42岁时，来任江西布政司参议、分守湖西道，[③] 所辖临江、[④] 袁州、吉安三府。《分守湖西道题名记》：

湖西道治临、袁、吉三郡……章始到官，会岁饥……而三郡之事兼并于分守道矣……夫大法则小廉，分守使虽备官，亦所以表帅三郡吏也……[⑤]

施闰章任“湖西”职至康熙六年秋，整六年，是临、袁、吉三郡炙手可热的地方大吏，有“良吏”之称。施闰章虽有叹于自己“大材小用”，但其“章始到官，会岁饥，巡抚中丞公令督属郡逋租”政务不可谓不忙。

在方以智黎川四年尚有年余的时间里，方以智尝往来于临江衙署，或留宿，或雅集，或会朋友。在施闰章积极筹划方以智来青原之事期间，是否来过黎川看望方以智，或到过寿昌寺？在经过清理后的《施愚山集》[⑥] 中，虽未见明确的史料和文献记载，但在施闰章六年的“湖西”任内，不仅来过紧邻黎川的南城县，且有从姑山之游。施闰章《修盱江罗明德祠记》：

近世言理学多推“二江”，盖姚江王公文成，盱江罗公明德也……盱水姑山……旧有专祠，今城东一祠仅存……而右从姑……余敬礼祠下……出橐中金，属郡守高君先易其漏瓦，合力修治，庶几不坏。高君及南城苗君，

---

① 《愚山》补遗二·178页;《冰井行》(稿本)注:“苍梧有冰井泉……余同无可大师就而酌之。”《愚山》诗集卷十五《冰井行》注：“苍梧冰井著自元次山，施子同药公就而酌之，求次山《漫泉铭》不可得，作《冰井行》。”

② 《龙眠》初编卷六十四·2854页。

③ 李元鼎《初夏西湖与施尚白学宪同寓僧舍对酒泛舟恨相见晚，尚白有诗见投，依韵答之并以为别二首》，该年初夏李元鼎与施闰章在钱塘西湖称“学宪”，秋已在江西“观察”任上，故知其秋初来任。

④ 《愚山》附《愚山先生年谱》卷二：“秋，奉命分守湖西……九月十三日，初入临江。”

⑤ 《愚山》文集·卷十一·226页。

⑥ 康熙十年方以智“粤案”发生后，施闰章受到牵连，并对后来的诗文集中的“方以智”内容，进行过有针对性的处理，详《方以智“惶恐滩”殉节诗证考》。

皆欣然各出私钱，择能者董其事……[1]

又尝有“道学莫盛于闽，而闽莫甚于紫阳。吾尝入闽过建（阳）、延（平）诸郡”，[2] 所涉“睢州王君豸岩为余同年友……尝再仕建昌、建宁两郡推官”、[3]“与交者黄冈杜于皇、南城徐仲光，宁都魏凝叔、京口蒋前民，皆一时文字之游。魏、蒋余未见，心知其人，杜、徐则吾友也”[4] 黎川周边人物、事件等。

康熙元年三月十六日，是施闰章赴“湖西”任后第一次来青原山。至泰和后，随即游青原，并在净居寺“假榻”三日，《游青原山记》将这次来“游”的目的作了透露。以施闰章从“游”后所述，以及方以智后来转场青原山的事实，这次施闰章在青原逗留三日之“游”，实乃是一次实地考察，其目的，就是为方以智来青原山作准备。《重九后九日同诸公入青原，留宴山亭》《晚宿青原》[5] 等诗文，均是施闰章频繁往来青原山，为方以智来主净居寺作准备的证据。该年十二月，方以智已退黎川寿昌寺住持，在泰和首山萧孟昉处。

康熙二年寒食节，施闰章有过《寒食惶恐滩》：

> 惶恐滩头说惶恐……癸卯二月十七日，余舟过之，正寒食节，直作起句：滩头到惶恐，节序属清明。客见之曰：即此憔悴得人。[6]

施闰章这次途经惶恐滩，是前往泰和首山与方以智相会？还是其他公干？在现存清理过的之《施愚山集》中，均没有交代。

以施闰章此间频繁往来泰和，以及后来的一系列行动和该诗所涉话题，鸿鸣推测，施闰章此次路过“惶恐滩”的目的地，只能是前来泰和首山，在与方以智的交谈中，因有涉“文天祥”的话题，故诗中才有引“惶恐滩头说惶恐”句，在得到了方以智明确的回复“前往青原山”后，施闰章说“即此憔悴得人”，所“得”之人，就是他坚请的方以智。方以智在久已有之的“文天祥”人格认定基础上，而有前往青原山的一种潜意识表达。但是，这些施闰章有关延请方以智的诗文，

---

① 《愚山》文集卷十一 · 214 页。
② 《愚山》文集卷八 · 161 页《送魏惟度归武夷序》。
③ 《愚山》文集卷七 · 128 页。
④ 《愚山》文集卷七 · 142 页《程山尊诗序》。
⑤ 《华青》卷十 · 诗 · 256 页。
⑥ 《愚山》诗集·卷二十七·5 页，《蝮斋诗话》卷上·7 页，同治《万安县志》亦载，但第三句有“翠谷光天色”不同。

均在后来的《施愚山集》编辑过程中，被参与编辑的魏禧[①]或他人给剔除了。

此后，施闰章开始为方以智来青原山作具体的安排。半年后的腊八日，施闰章携罗牧等一行前往青原山，作《再同诸君青原即事十绝》：

> 癸卯腊八日，予自吉州将返临阳，李太守若始、张别驾振九出饯于青原，以予修葺五贤讲堂，置圣城、祖关二坊，请观厥成也。是日，李、张二君为主人，同集者……宁都罗饭牛与予共九人。辰发巳至，风日和朗，登寺后峰巅……得十绝句……青原凡三游，老杜所谓“斯游最”也。附记之。
>
> 初来春雨继晴秋，今日残冬又续游……曾许闲人把钓无……一点螺浮指掌中[先二日登螺山，谒文丞相祠]……胜游三卧白云边。苍颜五老曾相约，不到庐峰十二年……使君待客共招携。若留慧远相看笑，赢得风流胜虎溪[先是药地师在此，顷又它适]。盛事相传倒插荆，青葱一树又旁生。笑公飞锡凌空去，塔院松风是笑声……药地高吟又一时……明年重践春风约，云满空山花满林[吉州诸君子有仲春讲学青原之约]。[②]

施闰章此次所邀，是因“予修葺五贤讲堂，置圣城、祖关二坊，请观厥成也”，为方以智入主青原前所做的具体准备。诗中“药地高吟又一时”句，说明此际方以智并没有在青原山，而是施闰章借此机会，向大家宣布“钟鼓发新响，衣冠羡雁群”，[③]药地和尚将在此任新“住持”。诗中的“先是药地师在此，顷又它适”，则说方以智又回泰和首山了。

康熙三年七月二十七日，施闰章作《青原五贤祠祭文》，[④]仍是为方以智来青原作准备。年底，方以智已经到了青原山，庐陵县令于藻随之领众人来访，《青原志略》卷十·诗又载周令树[计百][⑤]《于慧男邀同许尧文、罗山人游青原，访无可大师，薄暮始归，得四首》，[⑥]第二首句：“仙吏寻碑额，幽人指画图”，前句指于藻，后句指罗牧。罗牧《宿青原》五言：

---

① 《愚山》等诗文集，均由魏禧等人编辑。

② 《江青》卷十 · 诗。

③ 《华青》卷十 · 诗 · 264 页，余飏《赴愚山青原会谒五贤祠》。

④ 《施谱》。

⑤ 周令树与黎元宽交善，曾一同前往西山看望道教“净明派”传人逍遥张真人。详鸿鸣《朱道朗与青云谱道观》。

⑥ 此诗另见《光吉》卷五十一 · 艺文志 · 诗征 · 三十七。

静侣得幽寻……残霞迷杖迹，灯火出前林。[①]

方以智到青原山不久，先是“愚山施公来，屹然并坊，大振传心之铎，冷灰重爆，时哉！时哉！”[②]随即，施闰章将笑峰尚未编撰完成的《青原志略》，“持去订正，付伯玑谋梓，未得卒业，复还青原。施公意收山之四周，惜此方文献缺略，征考为难”，方以智接此《志》稿后，“年来游屐已遍，托人采获，幸收一簏”，经弟子兴桂久昌、兴化芝颖（？—1665）[③]执笔，而终得以完成集方以智晚年思想、诗文于一体的《青原志略》，[④]由此而成为方以智转场青原山后，唯一的著作。

自从方以智进驻青原山，施闰章开始在净居寺讲学，余飏《游青原记》：

青原讲学之盛，始于王文成，厥其邹东郭、罗念庵……施愚山分守临吉，转蓬藋而易奂轮，复召生徒讲贯其中……愚山折简相招，俾予主席。予遵巡谢病，愚山强之使行，先一日移檄邀约无可来会。其夕无可至，二十年师生，抱头欲哭，予不禁作世俗寒温慰藉语无可，虽心相怜念，然徐察其神理，已超然生死得丧之外，予知其道力深也。越日，大会讲堂……予俨然首座，愚山与诸人士迭相诘问，质疑送难……愚山复与无可申论前说，诠解异同，穿穴洞贯……为官者、作客者、出家者，相聚一堂……吏散人阑，与无可对坐，谈交轮错代之理，《易》、《庄》借象之趣，宣尼、迦老，是二是一。予叹服其言，犹河汉之无极，其旨则渊桓之莫测也。次早……急别无可入城。无可曰：“吾师此行，了愚山讲学一段胜事。若青原为七祖道场，上有中五堂，有毘庐阁，最上有某丘某亭，瞰长江，俯列岫，皆在襟带间，昔人之所邀游纵览者，吾师得无意乎？”予曰：“说在庄生矣。山水形骸耳……”遂一笑而别。[⑤]

青原山净居寺经施闰章的大力扶持，“青原讲会中，见有峨然岩立上坐者，

---

① 《江青》卷十一·诗。该诗罗牧后来曾书写于一个立轴，有“涧阴”与“暮阴”、“潭边水”与“潭水口（浅）”、“杖迹”与“杖履”之不同，并增加了“雪庵老牧出于蓼洲河畔”10个字。

② 《江青》卷六·记·药地无可智《青原山水约记》。

③ 芝颖在方以智来青原年余的康熙四年去世。《讬素》卷二·书·跋·三十《谆公别芝颖诗跋》：“芝颖继住青原……今去世已六载。庚戌予入山中……芝颖其丈夫哉！士弘再记。”

④ 《江青》法产·浮庐愚者识。

⑤ 《芦中》卷六。

仿佛是二十年前辇上贵客”，[①] 十方信众云集，规模、人员、声望，可谓惊动四省。饶宇朴《游青原山歌》说：

愚山讲筵，愚者法席，供张诸费多出孟昉。[②]

康熙六年清明前，方以智重返黎川，再往武夷“收拾残局”。秋杪，施闰章即奉裁解官，去“湖西道”职。该年，施闰章未能与方以智一见，这期间到底还发生了什么事情？至今未明。

自此，施闰章离江西归里宣城，赋闲居家者十年。[③] 施闰章的离任，直接影响到青原山各方对方以智在净居寺的态度，方以智也由此萌生回老家桐城的念头。方中发《奇遇行上周伯衡太史》：

施公亦宦湖西路。复有周公辞玉堂……转眼湖西先解绶，转眼南昌亦避贤。老亲慨叹还乡里……[④]

仅半年后，即康熙七年，老友李元鼎访方以智后，将青原山此际的现状，写在《青原山观瀑小记》当中：

戊申春暮，余……往游焉……自愚山到后……文信国所书“青原山”三大字尚在尘土中，余取而新之，大足壮青原之色……而记之。[⑤]

青原山“转眼南昌亦避贤”的冷清现实，让方以智着手安置兴斧山足在老家桐城浮山华严寺住持等事宜。

值得注意的是，施闰章去官“湖西道”的具体原因，在施闰章的诗文中始终未见交代，在施闰章离职之时，亦未见方以智诗文中有涉，这是一件颇为蹊跷的事情。

康熙八年，施闰章去江西职居家的第二年，再返江西。正月十八日，施闰章已在泰和，时值萧孟昉50岁外出，为作《寄萧孟昉》：

去年余五十，故人尺素远相存；今年君五十，游子扁舟方出门……多君高义复爱客，藏书万卷酒百石。挥金代士输宿逋……花前今日留宾处，

① 《芦中》卷二《周远害诗序》。
② 《菊庄》卷十二·十四。
③ 《施谱》。
④ 《白鹿》卷之三·七言古·二十三。
⑤ 《华青》卷六·记·152页。

倚醉题诗定几人？[①]

随即，入建昌府境。施闰章此次独自在赣东的路线，先到黎川，再到资福寺，[②]作《资福寺用壁间韵[地皆竹林，有泉出厨下]》：

共是疏篁里，香泉别众山。石楼寒佛寺，茶灶接溪湾。片雨前峰过，高松独鹤还……[③]

春，至从姑[④]访荷叶山主徐芳，有《荷山草堂歌为徐仲光作》：

蛟不在木兮凤不栖渊……荷之山兮似荷叶……山中人兮抱膝吟，走币陈书招不得……君不见，桃花源、栗里村，其人百世今犹存。[⑤]

徐芳陪同游麻姑"一勺之多"诸景，游麻源三谷，[⑥]作《麻沽酒歌[有泉出石穴，曰神功泉，宜酿]》：

石梁之上龙湫口，野店三家卖仙酒……我来桥上呼一杯……醉闻泉响失酣睡。再沽一斗三百钱，不争酒好争神泉。水浅蓬莱知几度，一勺犹传丹井处……[⑦]

因念好友周体观，特为之带酒，作《麻姑酒》：

余游旴江，以麻姑酒遗伯衡，戏柬绝句云："水涨桃花江路纡……分取麻姑酒一壶。"伯衡得诗，谓冲口直出，正尔唐人三昧。遂答云："愚山东去访麻姑，分寄麻姑酒一壶……"[⑧]

三月二十日，在南昌府城南浦客舍，与方以智得会面，为《青原志略》作《序》：

青原之为山……自七祖卓锡迄于今，称祖庭，与曹溪埒。前十余年，笑峰禅师始创为《山志》……余尝芟其十一，病未卒业，会药公来主是山，

---

① 《愚山》诗集卷二十 · 378 页。

② 《康新》卷之二·寺观·五十三："资福寺，县西三十里，十七都。宋开宝中建，旧名院，今称寺。"卷之十 · 艺文志 · 百四，载张恩[布政使]《游资福寺》："踏破苍苔见翠峦，满头云气鬓生寒……招提坐久凉如洗，松径柴门尽日闲。"

③ 《愚山》诗集卷二十八 · 59 页。

④ 《愚山》附录四 · 施愚山年谱简编 · 康熙八年 · 302 页。

⑤ 《愚山》诗集卷二十 · 378 页。

⑥ 《康南》卷之一 · 形胜 · 十一："西有麻源砦，五代危全讽聚兵处。"

⑦ 《麻姑》诗 · 七古 · 209 页，题为《游麻姑》。

⑧ 《蝬斋诗话》卷上 · 22 页。

故以归之……其先后编校相助有成者，则陈伯玑、宋商玉、郭入同诸子之力与焉……药公之志是也……康熙己酉三月望后五日，愚山居士施闰章书于南浦客舍。[①]

回程水路途中，过进贤介冈菊庄，在此逗留与饶宇朴相谈甚欢，作《赠饶蔚宗秀才》：

寻源溯盱水，旅泊过江曲……言咏开羁愁，散帙对明烛……[②]

五月三日，施闰章返回宣城。此次泰和、南城、介冈游，施闰章在与饶宇朴的诗中说是“寻源”，是寻方以智当年在黎川寿昌寺之“源”，还是寻方以智在介冈“易号木立”之源？或又有其他？目的始终未明。且这次施闰章与方以智两人的会面，不在青原而选择了南昌，这种蹊跷行为的背后，到底隐藏了什么秘密？均是两人关系中第二件颇为可疑的事情。

康熙九年十月二十六日，方以智 59 岁，虚寿六十，在青原山有庆生；施闰章遥寄《无可大师六十序》一篇：

无可大师，儒者也。尝官翰林，显名公卿间。去而学佛，始自粤西。遭乱弃官，自刃交颈，有托而逃者也……去年秋，青原弟子琴岛来，言师今岁周甲子，四方交游多为文辞称寿，余特道其慨如此。师方证无生跡最上乘，糠秕一切文字，闻余言，其将掩耳而笑也！[③]

康熙十年，施闰章 53 岁。夏，奉部檄敦迫入都补官，因叔父年老于秋际辞归；[④]

三月二十三日，方以智在泰和亦庵被清廷逮捕，十月七日“五夜”，押解方以智的囚船行至万安惶恐滩，方以智“悬崖撒手”自沉殉节；冬，施闰章归田桐城老家，饶宇朴有书至，作《绕蔚宗江西书至，言被放游江淮》：

无限离居意，凭书次第传……济时还汝辈，吾已赋归田。[⑤]

施闰章在江西“湖西道”六年，一生仰慕方以智，以及“青原讲学，岁凡数见，

---

① 《愚山》文集卷二·青原志序·三三。《青原志略·序》文字略有不同，所署时间，亦由该版本添加。

② 《愚山》诗集·卷九·170 页。

③ 《愚山》卷九·一。

④ 《施谱》,《施愚山集》文集卷二十四·477 页《祭叔父文》。

⑤ 《愚山》诗集·卷二十九。

见必语终日”[①],在六年中,方以智不仅每年与施闰章有“数见”、常往来于黎川、吉安、临江之间，还在施闰章的衙署内“阁皂有茅茨”，[②]有专门的居舍。[③]这种密切的往还，对于施闰章来说，影响是深刻的。但是，就现有的文献与史料来看，施闰章的诗文当中，对方以智的“死事”没有任何涉及，对方以智在桐城老家的“丧葬”事务等，更未见有丝毫的记载。仅在《浮山志》中，有一首不被人提及的周南[④]《梦游浮山吊无大师兼酬施愚山少参寄唁》[⑤]诗,透露了些许的信息，详《方以智“惶恐滩”殉节诗证考》。

该诗施闰章悼方以智“哀痛摧肝肠”的悼“唁”，竟然要由别人来代为，这其中所包含的曲挠与隐情，至今不知。

自广西梧州施闰章“出保”开始，到延请方以智至青原山净居寺，施闰章两度相偕同行、追随一生，一直持续到方以智惶恐滩去世，故时人将这两人亦师亦友的交往和情谊，并称为“二愚”。[⑥]

第二节“文信国”之人格认定与西进青原山的准备

1.“七祖道场”与方以智“文天祥”情怀及人格的认定

施闰章刚到“湖西”任上便来促请，在方以智的心头，犹如漾起一池春水。青原山不仅是禅门“七祖”行思的道场，更是南宋丞相文天祥的故乡，墓

---

① 施闰章《无可大师六十序》。

② 明俞策编撰，清施闰章修订《阁皂山志》题咏 [缉补]，江西人民出版社 1996 年 6 月第 1 版 87 页熊颐诗。

③ 施闰章《分守湖西道题名记》:“临江地稍僻，尤余所乐居者”;《集就亭》诗序 :“临江官舍又高阜，余就而亭之，下临萧江，前对阁皂山，名曰就亭。”高咏《施愚山行状》:“辛丑奉命分守湖西……官舍……公所置也，以供偃息……予称之曰;‘芙蓉屋’。久之作‘就亭’，已，‘愚楼’又成。皆因旧就简……”

④ 周南，字鹤田，桐城人。

⑤ 卷之九 · 艺文 · 234 页。

⑥《江青》卷一 · 漱青峡 :“吴云曰 : 将来三墨宝，又有二愚帖”; 卷十 · 愧庵 (李世熊)《青原呈药吟眺，客惟好诗者过焉。”《愚山》文集 · 卷三 · 60 页《萧江唱和集序》:“移官湖西，郡尊者》:“二愚同入谷……二愚，谓施愚山与浮庐愚者”; 余飏《夜宿青原与二愚对坐，戏作儒释道行》; 卷十一孔兴浙《己卯三月十日重游青原》:“二愚曾作青原主 [施愚山、方愚者]”。《菊庄》卷十二 · 十四 :“一时述作逢两愚……愚山讲筵，愚者法席。”

葬即在“庐陵县河南十里”之“纯化乡鹜湖大坑”,[①]“青原山”三个赫然的大字，亦为文天祥所书。[②]

在今天所知方以智对“文天祥”的人格认定,最早在崇祯十年27岁时《跋孙临书文天祥帖子》[③]中，已有明确的“临难，决矣”之“义”之认识：

> 文信公笔迹《书邳州哭母小祥》及《乱离歌六首寄妹》，以示其妻妾柳女、环女……克咸[④]临抄以归，使智书其后。因叹曰：忠义本乎至性，亦以理明而触，气正而闻。或谓信公初次被羁，何乃沾沾，靓妆珺英，念忽游移，将若之何！不知蹯白刃易，蹈义难。报国，义也;临难，决矣！而达此恩情，亦义也。仁者之勇，达士之闻，不兼之能磨墨濡毫，书此诗乎！崇祯丁丑冬，桐山诸生方以智拜书。

自此，这颗“文信国”的种子，便在方以智心中深深埋下。大明亡国以来，世人仰慕方以智的气节，魏禧先后两次就以“文天祥”目之，其《与木大师书》:

> 师之抱恨甲申也，识者律以文山不死……若是者，师亦可以谢天下、传于后世矣！[⑤]

又在《读史杂咏呈药地大师》中说：

> 文信国公。尼父桑落，子渊不死。公孙效命，婴曰死易[弟云：写出信国苦心大用，千载如生]。申屠子龙[乙酉间师辟马、阮之难，独身入西粤留处数年]。祸来无所，独身栖树。二女异心，不可同处[弟云:辟难]。[⑥]

所谓“文山不死”，即世人均将方以智视为活着的文天祥；申屠子龙，即申屠蟠，东汉时陈留人，以名节闻，后隐居治《易》，年74终；雪庵，相传为建文帝从亡之僧人。

方以智早年的人格认定，并不十分清晰，至明亡后“死”志虽坚，但这

---

① 《同庐》卷四·疆域·茔墓·44页：“丞相文天祥墓在纯化乡鹜湖大坑。”

② 魏禧《同患者大师坐晚对轩》:“文山与鲁公，入门景遗躅[青原山三字为文信国书，祖关二字为颜鲁公书]。

③ 转引陶善才《大明奇才方以智》安徽文艺出版社2013年8月第1版176页。

④ 即孙临。

⑤ 《叔子》卷之五·木师一·五四《与木大师书》。余英时《晚节考》84页所引：“此文不见于《魏叔子集》，疑是《六十寿序》中之一段，其中必多忌讳之语，故集中不敢收。此从《方氏遗书》卷首所引。”对读者有误导，特作说明。

⑥ 《叔诗》卷之一·四言·八。

仅仅只是对崇祯帝的“知遇”君恩而有涕零戴德体现，并没有明确的指向性人格认同，如崇祯、屈原，或文天祥、申屠蟠等；至南明永历帝“十招”不就“大学士”，方以智在颠沛流离的十数年抗清活动中，虽坦然接受“方相国”称呼，但仍然未见有明确与清晰的人格认同倾向；直到来黎川“舍宰相身，登坛说法”[1]，黎川崇尚“文文山”的浓厚氛围，[2]尤其是自方以智撰写《礼部仪制司主事黄公墓碑铭》后，文天祥的人格认同，才在思想中渐趋明朗起来。[3]

庐陵县自文天祥之后，成为“文章节义”之邦，其遗风于民众，敬之、重之，举而宾礼之，在明末清初仕宦官员纷纷以降的现实面前，吉州所体现出来的乃是“节义江西”本质，而大有以振颓风、以崇民望之感。王夫之在介绍方以智所“相招”之吉安诸人物时即说：

吉安人士慕文山遗烈，不肯屈节者，比肩相属。[4]

施闰章的到来，向方以智发出的明确“进驻青原山”邀请，传递出来的“文天祥故里”这一浓烈信息，让方以智内心深埋已久的“律以文山不死”情结，得到了彻底的释放与觉醒，也让方以智对“文天祥”的人格，在比照自己的经历、并重新审视之后，有了深切的认同感。由此，“文文山”这一形象，不仅在其心中清晰起来，且有了坚执的信心。这一年，方以智 51 岁，对《易》理的新研究、新体会；四年来在黎川寿昌寺“扶起廪山”的成就，对《易》研究后的“预测”性，都不可避免地会使方以智对自己的生命定位，作出一个自我认定的判断。这个人格认定的意义，比他在黎川四年所做的任何事情都来得重要，都更具有意义。

方以智对“文天祥”这一人格认定后，从此朝着这一目标，一步步接近，

① 《江青》卷十三·第三十页《镇守江西南赣等处地方总兵官、左都督余口三次杨，为禁约事》，该告示当包含了黎川寿昌寺。

② 《康新》卷之四·学校志·元·五：“天锡兄弟作南门……至肃堂为藏书阁……自庐陵学得故宋相文天祥所书进士第及大魁字，摹以归而刻其上。”卷之十·艺文志·二十七《送家仲倩先生之任庐陵序》：涂斯皇早年的业师，因有“文文山之遗风”遂拜其为师。余岸少及其子余光令，不仅是“学者忠孝”，抱守“今朝得见文山面，甲子同书大宋皇”，在方以智到黎川后，均为弟子。

③ 《续明》卷之十六·东南殉节：“礼部主事黄端伯……多铎曰：‘文山终不负宋也！’乃杀之。”徐芳《悬榻编》卷之二·序《合建黄海岸先生忠节祠序》：“海岸先生既殉乙酉之难……乃更易书宋相信国公主始开霁焉……仿佛文山，没而庙祀。”黎川人人都说黄端伯是“文山”，但在《礼部仪制司主事黄公墓碑铭》中，始终不见“文山”“信国公”半字，这是方以智将“文天祥”留给自己的一种表现。

④ 《永历实录》卷十八·159 至 160 页。

转场青原，即是其最终践行、实现这一人格的第一步。在方以智初到青原，笑峰大然的第一个“生忌”日所作《笑和上生忌上供法语》中，即向座下弟子们重提了当年笑峰的开示，并将文天祥“活火参禅笋，清泉透佛茶”[①]诗句背后的“忠孝节义”为国捐躯本意和盘托出。

随后，方以智在青原山“重立文信国青原山匾”，[②]并在以后的接待各种来人时，大多喜在这块重立之文天祥书“青原山”三字旁边的晚对轩；[③]驻锡青原三年后的康熙六年，魏禧直接在《与木大师书》中以点明方以智“师之抱恨甲申”后，对文天祥人格的认定，而有“识者律以文山不死”的操守评价。这种明显的自况“人格认定”，让方以智在青原山七年后，于惶恐滩得以将这种认定践行如斯。

康熙十年，“粤案”起，萧孟昉欲舍弃家业要将方以智匿藏起来，但方以智则自出曰：

> 吾年逾六十，所欠一死耳。昔文信国之死也，因中山狂人逮之，今吾死于此宜矣。[④]

这一次，方以智以“昔文信国之死”比照而有自许，将“今吾死于此宜矣”心中对文天祥的“人格认定”，变成了即将践行的慷慨作为。以此观照，方以智自期者在文天祥，自况者亦不离文山，而有义无反顾之惶恐滩践行，视其心路的跋涉历程，而有昭其死心之笃，均清晰无疑。

从“粤案”起到“粤难”发生，方中通将这一“死事”过程的记载诗文，命名为《惶恐集》；方中履将自己侍父于黎川、青原的诸文名，命之曰《汗青阁文集》，其所对应和影射，全部都包含在文天祥的《过零丁洋》一诗中。

这些摆在眼前的现象与事实，无论从哪个角度来说，都是方以智在对“南宋丞相文天祥”人格认同上，有着强烈的认同与自况。中通、中履兄弟二人的诗文集均以“惶恐”与“汗青”命名，实乃是深悟父亲的“惶恐滩”死节、“律以文山”的一种社会共识！

---

① 《华青》卷九・诗・212 页，文天祥 [履善]《青原寺二首》。

② 《石园》卷第二十一・七《初夏雨后游青原山六首》。

③ 《叔诗》卷之四・五言古・三十二，《青原志略》卷十一・诗 325 页，魏禧 [叔子・梅川]《同愚者大师坐晚对轩》：“师闻羅履迎，一笑写幽独。”

④ 《方文忠公行状》。

以方以智选择在惶恐滩赴水殉节的事实为证，施闰章的相邀，是促成方以智完成对“文天祥”人格认定的必要基础，也是方以智自此以“文天祥”为人生定位，迈向这一人格追求目标，提供了一个可供实现的机会。范宋在方中通《惶恐集》的《序》中说：

浮山先生卒于万安之惶恐滩，此文文山先生赋诗处也……盖有取于文文山先生“惶恐滩头说惶恐”之句而以名其篇……①

桐城乡邑许来惠，在《方密之先生以僧行圆寂，赋此以志景仰［先生法号无可，住静青原］》将方以智比作“二山”之文文山与谢叠山：

先生出处自优游，占尽人间第一流……千秋骨葬浮山下，人说文山又叠山。②

乡邑王英［友杰］在方以智于惶恐滩赴水殉节后所作《挽无可禅师时爪发归华严》：

升沉底事共谁谈？……啼鹃旧洒文山泪……白云携手枕清泉。③

至清末民初《清史稿》成，将方以智在惶恐滩赴水之前“拜文信国墓”，其实乃是换了一种隐晦的叙述方式，说的就是方以智投河自沉，因为自文天祥有“惶恐滩头说惶恐”之后，人们便视惶恐滩为文天祥的凭吊祭拜之地。同治《万安县志》所载万安邑人［梁南］王思训的《惶恐滩吊文相国》就是例证。该诗曰：

星陨何年乱如雨……文山来自零丁洋……往岁欲于滩上建信国祠，以复命期迫不果……想见忠魂独来往。④

施闰章的相邀，深深地触动了方以智埋藏已久的“文天祥”自况，而使得这一转场于青原“文山”之地的行为，在方以智的心理和行动上，没有了任何的羁绊，最终以庐陵知县于藻的加入为强化，让方以智将自己的命运与文天祥的命运有了一个重叠的机会，实在是顺应了方以智心中的“文天祥”情怀，更是让其心中的“文信国”之人格认同，得遂大愿，而使方以智前往青原，有了更大的动力。从黎川寿昌寺转场青原山净居寺，也就成为方以智选择的一种必然，在后来青原山整整七年的驻锡中，方以智将这场“人格认定”过程，变

① 《陪诗》卷四·惶恐集序·一。
② 《龙眠》续集卷二十八上·4467页。
③ 《浮志》卷之九·249页。
④ 《同万》卷十九·文翰志·诗·四四九至四六一。

成了“人格践行”的过程。最终，方以智以悲剧性的方式，在康熙十年，义无反顾地在惶恐滩赴水殉节，完成了这一认同过程，使其真正走上了圣坛。

方以智这一殉节行为，是为大明王朝，更是为心中那个自况已久的文天祥！

2.《通雅》的早期托付者“千顷堂”主黄俞邰

方以智在黎川寿昌寺期间，一直在谋求《通雅》的刊梓，其最早的托付者，是早年的学人黄虞稷。

黄虞稷（1629—1691）字俞邰，[①] 号楮园，祖籍福建泉州晋江，客居江宁，是方以智来寿昌寺之前，在金陵高座寺收为门下、后往来于黎川的早期学人。《清史稿》：

> 黄虞稷……上元人，本籍晋江……不与试。左督御史徐元文间修《明史》，又修《一统志》，皆与宸英同。家富藏书，著《千倾堂书目》，为《明史·艺文志》所本。[②]

《清史列传》：

> 黄虞稷……父居中，明季为南京国子监监丞，甲申闻变，不食死。[③]

同治《上元江宁两县志》：

> 黄虞稷……父居中，字明立。所藏书籍、金石、图画甲一时。自泉州迁金陵……以荐授翰林……著……《我富轩诗集》。[④]

黄虞稷之父黄居中（1562—1644），字明立，号海鹤。万历十三年中举，任上海教谕，曾在南京国子监任职。平生好学不倦，嗜藏书，蓄成数万卷“千倾斋”一座，著《千顷斋藏书目录》六卷。黄虞稷继承父业后“博雅好学古，时值南都倾覆，天府之宝藏，故家之插架，尽力搜罗以益之”扩建成“千倾堂”，约“以十万卷楼”[⑤] 称。

---

① 《陪诗》卷之一·二十《丁酉秋日父执冒朴巢大会世讲于白门》：“黄俞邰，讳虞稷。”

② 卷四八六·文苑一。

③ 卷七十·文苑一。

④ 卷二四（中）·耆旧。

⑤ 均《千顷堂书目跋》793 页。

方文与黄虞稷有交，[①] 并曾往借书，其《从黄俞邰借宋遗民录感旧》诗说：

有宋《遗民录》，[②] 求之二十年，世人多不见……唯尔书能秘……卅年才子出，万卷旧书随……[③]

方中发也与黄俞邰熟悉，有《秋日从秦淮泛舟过黄俞邰千顷堂》：

架上父书六万卷……舟过金陵欢道故。几番步履叩蝉窠，今朝鼓枻秦淮渡……执手匆匆放棹回……君不见，东南羽檄传纷纷，朝廷用武那用文。东邻健儿昨日磨刀者，今朝早已称将军。[④]

以该诗语境，时值两广南明抗清正炽，中发相劝黄俞邰南投，抑或即相劝其投奔时在永历朝中的方以智。

黄虞稷有兄黄文焕（1596—1664），字坤五，号觚庵，又号憨斋，自署“晋安”人。[⑤]《嘉庆江宁府志》：“黄文焕……福清人。由山阳令入为翰林，寓居金陵，著有《杜诗掣碧》、《史记庄子注》。”[⑥] 黄文焕天启四年举人、五年进士；历任海阳、番禺、山阳知县，因有政声，崇祯中从山阳令召御试，擢翰林院编修，晋左春坊中允。崇祯十三年，黄文焕因黄道周案连坐入狱，与方孔炤同住西库，时作《陶诗析义》四卷，批注《楚辞听直》八卷，在狱中，始与前来探视父亲的方以智相交。所著《楚辞听直·序》说：

入刑曹，即析陶诗……抽《楚辞》……先拈《九歌》咀且绎焉……偶自遣愁耳，未尝以示同党，亦未尝预计日必成全书。促成使作而勿辍者，则方密之也。密之新第，尊人仁值公先余在狱，因入省，偶过余室见片楮涂窜，纷若蚁屯，竭目力睨之，大叫“得未曾睹”，且云“生平受业于师，同钻研久，顾縈未暇披，乃于兹地逢謀委哉！”嗣递入，辄递过，问新笺若何。逢余辍笔，谆谆嘱曰：“此千古大事，愿勿休。”以是得底于成。[⑦]

---

① 《翕山》续集前编·徐杭游草·683页：“《和东坡先生除夕三首》同和者……晋江黄俞邰……是为己亥元日作”，即顺治十六年。

② 方文《宋遗民咏[甲申。有序]》：“程篁墩先生作《宋遗民录》于万历初年……所录仅十一人……姑就所知十五人各系一章，亦可以知予志之所在矣。”

③ 《翕山》翕山集·卷五·207页。

④ 《白鹿》卷三·七言古·五。

⑤ 后世里籍记载见与黄虞稷不同，为福建永福县白云乡人。

⑥ 卷四二·流寓。

⑦ 黄文焕《楚辞听直》“崇祯癸未”《序》。

《楚辞听直》得方以智一再督促下，才得以完成。方以智在《觙庵寿》文中，以“坤五黄公，庚辰同老父在西库批注《楚辞》”[①]予以了证实。或正是有此渊源，黄虞稷成为方以智在高座寺“闭关”期间收为门下的学人。因家藏书“千倾楼”甚富，且好图书目录学，故《千倾堂书目》所附杭世骏《黄氏书类序》说：

江宁黄俞邰氏，蒐辑有明一代作者，详述其爵里，分门类聚，比于唐宋《艺文志》之例……观俞邰所排比，自南宋以迄元末，皆以灿然大备。

屈大均《过黄俞邰藏书楼作》：

黄君父子世藏书，一室尝开万卷余……六经我道非糟粕，天地精神于此托。[②]

黄俞邰从顺治十年至十二年从学，得方以智“以字学付俞邰”。顺治十一年，黄文焕寿诞，黄虞稷请方以智做寿词，方以智《觙庵寿》：

坤五黄公……今侨寓白门，与高座道人盘桓，忽忽十五年矣。改号觙庵，觙见《荀子》，字书不载，盖即触也。其弟黄俞邰，属书以为寿。[③]

方以智所云“忽忽十五年矣”，指崇祯十三年狱中所见之黄文焕注《楚辞》事。《浮山后集》有《黄觙庵见访再和》，可见黄文焕在方以智“闭关”期间，尝有探视。黄俞邰成方以智座下门人后与中履交善。顺治十二年，中履在“千顷堂”寻访“四方未见之书”，至康熙十七年，即23年后写有《书千顷堂书籍闻见录后》：

余尝与客论藏书……余友黄俞邰再世藏书六万余卷……余曾与戴无忝宿千顷堂剪灯隶事，有所遗忘辄问俞邰。俞邰曰：是在某书某卷。取视信然，余固识其鸠聚非苟然而已也。今去千顷堂二十有三年矣。闻俞邰藏书日增，恨不获一往纵观其间，方且访问四方未见之书，著为《书籍闻见录》而属余题其后……余言因念平生有书癖，家藏所缺即从俞邰借读……戊午六月十四日，题于汗青阁。[④]

钱澄之在顺治十六年正月十六日所作《黄俞邰以灯夕后一日三十初度，

---

① 《后集》卷四《建初集》。
② 《道援堂诗集》卷三。
③ 《后集》卷四·建初集。
④ 《汗青》卷下·十。

用汤圣弘[①]原韵》诗说：

江南节物忽华余……自缄竹阁校藏书……即今三十成名士，不见松楸十五年……闲翻奇字多杂认，转笑无公字学痴。[无可师以字学付俞邰]……[②]

方以智将完成的四十卷本《通雅》书稿于此间相托，方中通在《黄俞邰就学竹关老父以通雅相托》说：

扣关谈一日，魂梦便相亲……交原知学富，书不似家贫 [千倾堂藏书八万卷]。石室名山托，惟君爱隐论。[③]

方以智所“托”之目的，当然就是为了能得以刊梓行世。这一观点，蒋国保先生说，“以智其时始托人刻《通雅》明矣”。但是，自方以智将《通雅》委托后，一直到顺治十六年，方以智已经到了黎川寿昌寺，黄虞稷仍然没有付梓，故钱澄之在诗中说“转笑无公字学痴”。后经徐芳、何三省等人倡议和捐资，《通雅》四十卷本方在金溪浒湾得以刊梓并行世。

黄虞稷的藏书，尝有借出，因所藏皆号为“秘书”，故尝被人偷窃。钱澄之《又二十四首》说其藏书被“偷窃”一事：

马路街边旧草堂，图经千卷小楼藏。异书试检丹黄遍，难字频询亥豕详。润笔每蒙资困乏，[闽人屡托君属书于余] 联床常得备遗忘。借来秘本僧厨失，应有神灵护不亡 [借秘书，藏修藏社，为人窃去。黄俞邰]。[④]

施闰章与黄虞稷熟悉，相识的时间，当在施闰章前往金陵高座寺看望方以智、因“耆旧白门少”，经方以智介绍“藏书黄氏多”之后。施闰章的《黄俞邰书斋》五言律一首，以“高坐向修竹”把当时在高座寺内两人相向而坐的情景，予以了描述。诗曰：

耆旧白门少，藏书黄氏多……奇编思借读，衮衮又虚过。[⑤]

施闰章后尝于“千倾堂”看书，黄虞稷亦尝示以“藏书记”和《千倾堂书目》，

---

① 《田诗》卷七·《寄怀白门旧游·又二十四首》143 页：“西门小市倚城隈……北窗曾有好风来 [汤圣弘]。”

② 《田诗》卷五 · 92 页。

③ 《陪诗》卷一 · 六。

④ 《田诗》卷七 ·《寄怀白门旧游 · 又二十四首》143 页。

⑤ 《愚山》诗集卷二十九 · 83 页。

施闰章为此有《千顷堂藏书歌为黄俞邰作［钱牧斋宗伯有记》:

藏书共谁说须名山……黄子示我藏书记……赢汉宋元几沾臆……人间流落存残编，注疏补辑勤诸贤……君家六万卷有余……排签插架无参错。虞山宗伯为君叹……手校家传还借看。恨我将衰难夜读……雄吞万卷心不死，会向高斋看书目。①

黄虞稷以方以智座下“学人”自称,清初刊本《浮山后集》卷二《借庐语》题“学人黄虞稷……校”② 是其证据。《浮山志》卷九又有黄虞稷《闻药地本师将返浮渡》:

想如浮玉波心见，说有幽人读《易》轩……身是山阳王辅嗣，应门还许侍晨昏。③

“本师”之称,是黄虞稷为方以智门人的证据。“闻药地”和“返浮渡”之语，说明黄虞稷写这首诗时，方以智在黎川寿昌寺。是时，黄虞稷在方以智身边“应门还许侍晨昏”，因此间方以智已转型研究《易》理，故其还曾得方以智用卦爻比喻作画之“悟”，又知方以智欲返桐城，后亦曾为方以智之文作“较”，④ 跟随方以智前后约二十年。《浮山后集》卷四《建初集》中，方以智有《答黄俞部》诗。顺治十七年秋，黄虞稷为方中德捎信陈其年，请为《方田伯诗》作《序》，陈其年在该《序》中说：

庚子秋，余与田伯别三年矣。一日，田伯以书属黄子俞邰，曰：“不忝敝帚，子其为我索陈生一言。”并致书陈子……方氏既为皖桐望族……而田伯祖父又皆丰功伟业……密之先生又转豫粤，隐忍无穷时……以方氏论……田伯之才已不可及……今观田伯，何恨也！”⑤

这是黄虞稷在方以智身边为“学人”期间，与方氏家人关系紧密的写照。黄虞稷喜画，或善画，鸿鸣未曾见有此记载，但方以智两首给黄虞稷的诗，都曾有涉书画，这是黄虞稷从学于方以智“字学”外，可能还从学于书画的记载。在方以智《与黄俞部》诗中，方以智以全然是以师尊的口吻对黄虞稷说：

---

① 《愚山》诗集卷二十一 · 389 页。
② 《知见录》16 页。
③ 《碑传集》卷四五。
④ 《后集》卷二《借庐语》题款：“学人黄虞稷、戴迻孝较。”
⑤ 《迦陵文集》卷一《方田伯诗序》。

高者高，深者深……大鼎正须薪火烹。天予手笔不可负，只是莫与时人争。[①]

后又有《题画寄俞邰》：

俞邰竹关相见，忽忽二十年。顷邮书云蝉窠壁上，正望青原老人半幅不得，一日临窗无事，天气干苍，败笔又渴，遂成此种云树，不知摩诘、巨然当时曾梦到否？因起叹曰："山以灰堆成解脱，云从纸背献兜罗"。[②]

从顺治十年黄虞稷在"竹关"拜方以智为师"忽忽二十年"，方以智该诗当写于康熙十年，以文"天气干苍"语境，方以智为黄虞稷作仿巨然《渴笔云树》并题画款"山以灰堆成解脱，云从纸背献兜罗"当在该年秋天。此时，距方以智十月七日"殉节"自沉于"惶恐滩"，已经没有几日了。

黄虞稷追随方以智"二十年"，故方以智身边的许多朋友、弟子、学人，黄虞稷均熟悉或有交。《魏叔子文集》中，亦尝有见"黄俞邰"的评论，与魏禧、钱谦益、周亮工等均善。

康熙二年，方文"买书从白下，挂席过黄池"与黄虞稷在金陵报恩寺仍有聚；[③]三年，黄虞稷兄长黄文焕去世，但在鸿鸣所及的文献里，未见黄虞稷的记载，这是一件很蹊跷的事情。钱澄之于该年获讣至，作《驯象门尼庵吊黄坤五殡》，记其凄凉的丧事：

旅榇何时至，郊扉此独栖……亲戚已都去，铭旌尚未题。老尼言后事，一字一含凄。平生稀一面，共讶客心悲……今日筵前拜，魂兮识我谁……毕竟死于贫……闻君讣益嗟……漫劳悲客死，何处是君家。[④]

康熙四年春，黄虞稷在金陵仍与方文雅集[⑤]后，"敦迫上金马门"[⑥]应荐去北京参加了康熙十七年正月乙未的博学鸿词科，因母丧丁忧不与试，于冬南

---

① 《龙眠》初编卷六十四 · 2843 页。

② 《浮山此藏轩别集》卷二 · 六。

③ 《螽山》续集后编·卷三·《沈方邺同王山史、杜苍略、黄俞邰诸子集报恩寺分韵兼送其归宛》。

④ 《田诗》卷十二 · 客隐集 [甲辰] · 245 页。

⑤ 《螽山》续集后编·卷四·799 页《上巳汤岩夫、王左车、黄俞邰……次第见过，因留小饮赋此》："春色三分减二分……兰亭修禊寻常事，莫羡当年王右军。"

⑥ 黄元治《黄山草》程守《小叙》。

归，[①] 未得参加十八年三月丙申体仁阁的殿试，困诸生三十余年。施闰章《黄俞邰闻母丧南归》：

恻恻送君归，蓟门暮寒节……十载罢远游……征书促上道……母老病眼枯……天子尚优容……当门吏叫唤，交逼甚火烈。[②]

高咏《黄俞邰应荐入都以母丧南归，作此奉唁兼致别》：

别促岁将残，客怀苦奔逼……将母心独哀，敦迫亦何亟……晨兴衔血往，日入不得息……执手赠苦言，前途强眠食。[③]

汪楫《黄俞邰闻母丧南归诗以悲之》：

读史从知恨绝裾……忍使先生卖父书……楼开千顷客来多……三千里路冰霜满，未许贪行夜渡河。[④]

以施闰章诗中“十载罢远游”计，黄虞稷当在康熙七年北上赴京准备应试，在此前后离开方以智。汪楫诗中有“忍使先生卖父书”句，可知黄俞邰此际在京城的无奈。是时，方以智已在青原山六年。康熙二十一年，黄俞邰为中德《古事比》作序时说自己：

余初抱微志……深负师资……能不因是而为之忾叹也哉！[⑤]

黄虞稷在京师由左都御史徐元文举荐修《明史》和《一统志》招入翰林，虽“当门吏叫唤，交逼甚火烈”，但其所著《千倾堂书目》三十二卷，为《明史·艺文志》所本，收录方以智著作有卷一·易类·一二上《易余》二卷；卷三·小学类·九四上《通雅》五十二卷，九九上《切韵声原》二卷又《正叶韵》四卷；卷十二·杂家类·三一八下《物理小识》口口[十二]卷；卷十六·道家类·四三四下《药地炮庄》八卷；卷二十八·别集类·六七六上《方以智浮山全集》口口卷，又《博依集》十卷，又《过江集》十卷。[⑥]

这些被清廷列为禁书的目录，为后世研究方以智，发挥出来的价值与作用，

---

① 《湖海楼诗集》卷六·戊午稿《送黄俞邰南归[时闻大夫人讣]》，《秋锦山房集》卷六《送黄俞邰征君闻母丧还白下》，孙枝慰《溉堂后集》卷六·戊午五言古诗《送黄俞邰奔太孺人丧归金陵》。

② 《施愚山诗集》卷十三。查全诗！

③ 《遗山》卷二·十四。

④ 《京华诗》二十八。

⑤ 《古事比》附录·序三·1217页。

⑥ 均《千顷堂书目》，上海古籍出版社2001年7月第1版。

均得到了充分的肯定。

3. 改梓《通雅》从黎川到金溪浒湾再至南昌与众友相聚

康熙元年盛夏,[①]《通雅》“四十卷本”在金溪浒湾已经刊梓过“半”,[②]并有部分已经在信士们手中流通。[③]方以智在金溪或沙寺诸寺院,或浒湾镇刊印社。

此际,方中通、方中履兄弟各自从不同方向前来金溪浒湾探望父亲。适时,揭暄至浒湾,得方以智许可将“刊半”之《通雅》由浒湾刊社“尽归”揭暄。中通作《壬寅同三弟(中履)省亲盱江相遇于许湾》:

> 扁舟一棹夕阳波,沙寺逢亲自啸歌。记录尽归门下去[时子宣抄《通雅》]……莫讶团蒲尘不染,萍踪随处是行窝。[④]

揭暄又随中通往桐城,再取《物理小识》诸稿,[⑤]与《通雅》已刊和未刊全部,携往福建建宁,改由姚文燮在建宁重刊,是为后世流传之《通雅》五十二卷本的“此藏轩”本。《物理小识》亦在《通雅》刊半后,开刊于建宁,是今之流通《物理小识》版本。

秋,方以智致信广东屈大均,告知将西进“锡杖移”泰和。屈大均回《寄无可禅师》:

> 罗浮采药失佳期……秋光长得慰相思。[⑥]

是时,中通有文入陈维崧、冒嘉穗、冒丹书所编明末忠烈纪念册《今文选》,冒丹书作《同其年、无忝念青原大师》:

> 藉藉声华冠古今……每从老父论前事……相逢令子共追攀。十年为别容颜减……伤心每欲扣禅关……目断青原第几山。[⑦]

此诗作于秋后,方以智尚未到青原山,但因“相逢令子”中通所告知,朋友间都已经知道方以智将在净居寺任住持,故有“目断青原第几山”之问。

---

① 《陪诗》卷三·三《壬寅同三弟(中履)省亲盱江相遇于许湾》:“萍踪随处是行窝”时在盛夏。

② 姚文燮《通雅·序》。

③ 姚文燮《通雅·发凡》。

④ 《陪诗》卷三·三。

⑤ 《数度衍》揭暄《序》:“壬寅春,余从盱江直抵桐江。”《数度衍》王琪《序》:“有揭子宣者,父执愚者先生弟子也,携愚者先生《通雅》,募费锓木。”均在此时。

⑥ 《屈诗》卷三·171页,有笺曰:此诗当为康熙元年返粤后作。

⑦ 《陈维崧年谱》康熙元年·181页、《青原志略》卷十·诗·267页。

年底，方中通仍回黎川寿昌寺，并陪侍方以智至南昌，与此际宦游南昌的“四世之交”王愿五、王玑父子相遇，并在南昌一道有游徐孺子陈悬之榻、滕王阁、澹台灭明墓等地，其“殆无虚日”之游，成为南昌的“一时盛事”。王玑《数度衍·序》：

位白省亲盱江，侍杖履过章门，适余随家君宦游此地。两家父子相聚，无异陈萏藤、王之阁、澹台之祠，殆无虚日，实为一时盛事……癸卯春月，姻弟王玑拜书于章门之淡台祠。

中通在《揭子宣有募刊老父〈通雅〉之举，王其人输费首倡，感而书此》诗中说：

稽古曾开万卷余……梨枣新成一代书……今朝最感同人意，此籍终归到敝庐[其人订约，刊成版归方氏]。[①]

王玑所称“盛事”的背景，还有一个没有说明的事件，就是《通雅》一书，从夏天到年底的半年当中，已有了“梨枣新成一代书”重梓之“新成”气象，这是四处为方以智筹资刊梓著作，并为《通雅》在“何印尼、徐芳”基础上重刊的王愿五、王玑父子，在相聚之时告知方以智的。方中通有感王愿五、王玑父子的“姓名共托千秋业”之举，又慨叹揭暄在刊梓过程中，极力维护版权，最终使《通雅》一书“此籍终归到敝庐”“刊成版归方氏”。

方以智这次在南昌，还看望了“读书楼”主、老友陈士业。中通在陪侍后，作有《随侍老父至章门登陈士业先生章贡读书楼[②]》：

别有一怀抱，城居反觉幽……万卷书分架……昨宵随白发，刚到百花洲。[③]

陈士业自崇祯六年与方以智在南京订交后，方以智来黎川，两人常有相聚，其豪爽、善酒，接待朋友的个性，乃至“家为交游积渐贫”。[④]这是方以智于

① 《陪诗》卷三·五。

② 施闰章《陈士业征君读书楼歌》：“入门引手便登楼，坐对西山控蓼洲……先生独坐拥奇书。蠹简残编争二酉……”方文《陈士业读书楼歌》：“章江门外江水流，上有二阁凌高秋。二阁之间复有阁，是为陈子读书楼……我来访君上楼坐，无数烟帆眼中过……君家有此即仙窟，不必更羡蓬莱山。”

③ 《陪诗》卷三·三。

④ 《田诗》卷十一·客隐集[癸卯]·234页《陈士业数过小寓论诗率尔有作》即言其“三十年前陈士业……家为交游积渐贫”。

康熙元年年底离开黎川寿昌寺之前的行程。

王玑《数度衍·序》中的署年“癸卯春月”，以“公元”计，在康熙元年年底；其“姻弟”之说，当与王愿五、王玑父子和方氏家族的“四世之交”、[1] 方中通与王玑存在着姻亲有关系。这是王、方家族“世交”的根本。随即方以智返回黎川，为西进泰和首山汋林做准备。

方以智于该年致信屈大均，两人相识、相交在顺治九年逗留庐山期间。

屈大均（1630—1696）字介子、骚余、号翁山、非池，广东番禺人。明末诸生，少时从学陈邦彦。顺治七年 21 岁，清军破广州，于番禺海云寺为僧，法名今种；十三年，住广州海幢寺，为长庆道独（1599—1660）侍者，是黎川寿昌派下“博山”支弟子；曾参与反清活动，于永历帝被害的康熙元年还俗；“三藩”起，为吴三桂监军桂林，败归；与粤中名宿结社吟咏，著《翁山文外》《道援堂集》《翁山诗外》《广东新语》等，世人将其与陈恭尹、梁佩兰并称“岭南三大家”。

顺治九年，方以智 42 岁，从广西梧州返家桐城途经庐山，九月初，与施闰章同游庐山旬日，[2] 访熊开元·正志和尚（1599—1676），居“开先寺”；[3] 游“三叠泉”，以“行远”释名作《游三叠泉记》等；[4] 十一月二十三日，方以智离开庐山，在庐山逗留两月余。该年，屈大均 23 岁，始有出游。至顺治十年，已经在庐山黄岩寺有住，并遍游匡庐诸景。

屈大均与方以智相交的记载，鸿鸣见于《屈大均诗词编年笺校》有四：《越中寄庐山无可大师》、《登秦望山寄酬庐山无可大师》、《寄无可禅师》、《送陈五黄门访药地禅师［二首］》、《药地禅师于青原得一瀑布名曰小三叠泉请予题长句》。前三者称“无可”，后二者称“药地”。

考察屈大均的自顺治十年以后的行踪，可知其于顺治十六年至吴，有游金陵、并与诸遗民往还。该年九月初七日，觉浪道盛在金陵天界寺圆寂。闻讣，方以智由黎水出发，赴天界寺奔丧，随即返回黎川。这期间，方以智当没有在金陵与屈大均见面。

---

① 王玑《数度衍·序》：“自家君受知于文孝先生以来，余与方氏之交，凡四世矣。”

② 施闰章《学余文集》卷九《无可大师六十寿》：“余昔奉使经苍梧，与师定交云盖寺……至匡庐，同游五老、三叠间、旬日始别。”

③ 《北略》卷二二《刑辱诸臣·方以智》：“居江西庐山开先寺。”

④ 《康庐》卷九·十八《释行远游三叠泉记》：“壬辰之秋，望匡庐而止焉。”

顺治十七年，屈大均在扬州、秀水游，览天台、雁荡、沃州之胜，客山阴，居祁斑孙之寓山园中，读书五月；秋至杭州；冬谒大禹陵；顺治十八年春，屈大均已经在浙江会稽桐庐。夏至杭州，秋至秀水。[①]屈大均的《越中寄庐山无可大师》诗题中“越中”当指此。因屈大均与方以智初交在庐山，所知方以智法名仅为“无可”或“行远”，故称“无可大师”。诗曰：

久辞慧远溪边月……五老莽苍烟雾隔，知君何处着袈裟。[②]

此一诗，可视为屈大均与方以智重新取得联系的凭证。同年秋，屈大均在松江一带“云间夏后金书在”，收到方以智回信和赠与的《帝子吟》，遂作自庐山别后《登秦望山寄酬庐山无可大师》,题中的“寄酬”与诗中的“金书在”，是方以智此间有回复的证据。诗云：

……何处思君最凄断……云间夏后金书在……寄我潇湘帝子吟……姑射山中自可留。[③]

康熙元年，屈大均南归番禺。自从收到方以智告知“锡杖移”的《寄无可禅师》诗后，一直与方以智保持联系，并从此改称“药地”。康熙五年前后有《药地禅师于青原得一瀑布名曰小三叠泉请予题长句》：[④]“闻道青原新瀑布……未若青原更可怜”；[⑤]九年，陈子升欲访青原，临行，屈大均作《送陈五黄门访药地禅师 [二首]》：

白头陈给事……浮山与尔期……那忧白发催……谁怜一代才。[⑥]

以这些诗文看，屈大均从顺治九年与方以智相交，一直贯穿了黎川寿昌寺四年，并持续到方以智去世。

---

① 以上均参《屈诗》1344 页《屈大均年谱简编》。

② 《屈诗》卷二·141 页，有笺曰:“此诗《汪谱》系年有二,一在顺治十八年，一在康熙八年……以前说为是。”

③ 《屈诗》卷二 · 146 页，有笺曰 :“秦望山，在杭州府西南十里……此诗当作于顺治十八年秋，时大均避地桐庐后又至杭州。”

④ 方以智《青原得瀑记》:“岁在兆牂”，即康熙五年。

⑤ 《屈诗》卷五 · 320 页，有笺曰 :“康熙九年作。”

⑥ 《屈诗》卷五·339 页，有笺曰:“陈五即陈子升，永历时为给事中，因称‘黄门’。康熙九年秋，陈氏至青原访方以智。”

4. 离开黎川前往泰和首山沩林

十二月初，方以智离开新城黎川寿昌、廪山、南谷诸寺，在泰和首山萧孟昉之沩林逗留；腊八日，逢雪，应泰和金莲山嵩月监院的“请示”，在该寺说禅作《金莲山嵩月监院腊八请示》，其在泰和的影响与声誉日增。是时，时任江西布政司参议、分守湖西道之施闰章，亦在座下：

去年在青原，一腊尝下雪……愚者到此忽然笑曰：“乐哉！……宗门拈槌竖拂，[①] 棒喝交驰[②]……若非绝后重甦，哪识冬春消息？……愚者一向垂帘踏地……金莲山为月舟禅师[③] 开山，萧老居士重建，孟昉、小翮护持……锄镬不言，讵忘恩力[④]……“今冬甚暖，雪山付与红炉；数九闻雷，惊碎中庭冷月。”[⑤] 你道是奇不是奇！[⑥]

方以智在泰和萧孟昉首山沩林过冬，有坐香垂示：

坐香垂示……既然大家撞在一处过冬，岂可孤负？乃提起铁火抄曰：“劳汝监香，不得动著。冻著带累一顿。”[⑦]

在泰和逗留期间，经施闰章之邀请，于年底，前往庐陵县孝廉彭举·夐夫之“浮来精舍”下榻，[⑧] 时次子中通、三子中履侍侧，“长芦耆旧”吴云相陪，语录由弟子兴秉记载。进院之日，应诸禅门学子作小参。

彭夐夫孝廉舍其祖状头公宅为庵，施愚山大参题为“浮来精舍”，请

---

① “拈槌竖拂”是禅门“方便表示”的宗风。禅门以“不立文字”为手段，故开示时常会以身体的动作来表示，印顺《中国禅宗史》313 页：“如以手托出，用手指拨虚空，前进又后腿，向左又向右走，身体绕一个圈子，站起、座下，放下脚，礼拜等……附带物件的，如拿起拂子，放下拂子，把柱杖丢向后面，头上的笠子，脚下的鞋子，信手拈来……种菜、锄草、采茶、吃饭、泡茶，一切的日常生活，都可以用为当前表达的方法。”方以智尝有“拈槌竖拂”举动，是方以智熟谙此道的证据。

② 指曹洞、临济二门互用。

③ 指古航道舟禅师。

④ 即指萧孟昉谨守农家本色，又指其为黎川寿昌派下弟子，但并不四处张扬，一直耿耿在心不忘，且常提供帮助。

⑤ 喻指其将要到青原山净居寺去任住持之喜事。

⑥ 《冬灰》卷首壬寅作《金莲山嵩月监院腊八请示》。

⑦ 《冬灰》卷首·三。

⑧ 《施谱》：“康熙元年……年底，方赴庐陵，愚山请方以智于‘浮来精舍’下榻。”

药地愚者居之……何处浮来一叶舟？[①]……药地单提铁镬头[②]……彭敷衍五状头公建宅其中，其后人躗夫孝廉，今日出来结款……因而白鹭使君[③]题作“浮来精舍”……正笑浮庐愚者[④]且得息病闲居，却劳云集相随……只者浮来精舍四字，一入门来，四围露布，更哪里裹得个有无生死……我者潇泷[⑤]白饭，亦未许同尝在……

方以智因刃庵·八大山人所绘赠《墨菜图》，尝有“舒掌挥洒，以出支离之气”，故将随行附带，悬挂于“浮庐精舍”以示行彰。

彭举（约1611—1669）字躗夫，是“浮来精舍”的主人，早年与笑峰大然有交，[⑥]《青原志略》所载《会馆学田租数》：“以上学田……戊戌年清查过实……青原馆后学彭举记……顺治己亥彭孝廉交与笑峰和上，令副寺兴中管理，且欲募九县重修不果。”[⑦]“戊戌”是顺治十五年，“己亥”为顺治十六年，均是彭举在青原山随笑峰大然，且在净居寺说话有“举足轻重”的分量。后彭举“皈依药地，舍萧泷之宅为兰若”[⑧]成为方以智的弟子。同治《庐陵县志》：

彭举，字躗夫，邑西隅人。举崇祯丙子乡试。尝言：士欲善天下，当自其乡邑始。日以拯患恤贫为事，家业由是衰落。庐陵苦马户、里甲诸役，举力陈于当事，均马差、蠲里役……世值沧桑，遂屏迹隐居，寓青原山与桑门为侣。[⑨]

彭举的生卒年不详，《青原逸句》有：“明有胡文穆……彭水涯大参，俱有集……彭九万处有草本，属躗夫可得。躗夫逝矣，当问其嗣鸿猷、鸿扬求之”，[⑩]说明彭举在康熙八年《青原志略》初刻之前，就已经去世了。以其曾参加“崇祯丙子乡试”论，年龄当与方以智相仿。《药地炮庄》有彭举以“吾师”之称作《跋》

① 指古航道舟禅师。
② 表明自己的寿昌派身份，也说明来此乃是为弘扬“农禅”精神。
③ 指施闰章，因其在分守湖西道一职时，恢复庐陵县的“白鹭洲书院”故得名。
④ 方以智自称。
⑤ 指泷江、潇泷江。是吉安青原山境内赣江东岸最大的支流。
⑥ 《华青》卷十·诗·246页，彭举[躗夫]《和笑和尚韵·同前题》，253页《过青原访笑大师》。
⑦ 卷十三·杂记·371页。
⑧ 《华青》卷七·疏引·178页·兴礼《募修建长者祠疏引》。
⑨ 《同庐》卷三二·处士。
⑩ 《华青》卷十二·杂记·347页。

一篇：

> 作《易》者，其有忧患乎？……《炮庄》者称而隐矣！……药地吾师，集千年之赞者、毁者，听人滑疑何居，正为直告之不信也……潇泷学人彭举仅识。[①]

这是彭举作为刊梓《药地炮庄》出资人之一的标记，后参与编修《青原志略》，列“青原学人”第四，[②]是随侍方以智的“学人”之一。《青原志略》刊有《青原会馆学田记》等，其《五贤祠》说：

> 彭孝廉理其事……曰：所祀木主原多……彭敻夫修葺守待堂，常寓其中，请药地愚者署书之……[③]

彭举工诗词，有《净居寺》：

> 揽胜栖真处……临此但徘徊。[④]

在《芦中全集》卷二《彭琼夫诗序》中说其“平生所制诗词约而旨远，间以兀突险涩之言，发其牢骚、感愤之致。古所谓情兼群怨，体备质文者”，又说“既已脱孝廉之服而游于隐，又已髡顶上之毛而归于禅”，看来彭举后来是剃发为僧了。

彭举与施闰章交往不浅，《青原逸句》有“曾寄书愚山讯张荀仲先人事实，以敻夫纪中遗未载也”，[⑤]吴云等人因彭举文中未明事而询问施闰章，可知两人为知交，其所建“浮来精舍”四字，即为施闰章所题写。施闰章作为在任的“江西布政司参议”，又是“分守湖西道”的地方实权大员，在方以智前往青原山“净居寺”之前，请方以智入住“浮来精舍”的这种举动，虽说是一种“护法”的行为，但亦不乏有为方以智助声势、广结善缘的一种举措。时在“浮来精舍”相陪方以智的“长芦耆旧”者，为吴云。[⑥]此际，方以智虽身居泰和首山汋林、出游周边，其一切，都是在为西进青原山，做着各种铺垫的准备。

该年，黎川县发生了一件震惊官府的“兵事”，来自广昌的山寨武装千余人，

---

① 卷首 · 14 页。

② 《华青》卷首 · 序文 · 发凡 · 19 页。

③ 卷一 · 山水道场 · 26 页。

④ 《诗征》卷六十三 · 明二十五 · 八。

⑤ 《华青》卷十二 · 杂记 · 347 页。

⑥ 《华青》卷十二 · 杂记 · 346 页《青原逸句》：“向在潇泷浮来精舍谒老人。”

进驻黎川的军事驻守地宏村，后被知府高天爵率各镇官兵追缴平定。[①]

5.“是吾徒”兼朋友之吴云

吴云（1612—1691），是方以智早在游庐山时期相识、并归为门下的学人兼朋友。《青原志略》卷首《青原学人》所列该志的素材采访者，第14位即为“吴云[山舫]”，卷十二·杂记，由“药地学人郭林入同、吴云山舫编”，均是吴云为弟子的证据。方中通在康熙元年初见吴云时所作《遇吴舫翁》诗说：

初遇浑如故……抚膺归老父，父曰是吾徒。[②]

吴云亦在《青原萧存存、曾玄隐》中说：

吾师三十年前所著《通雅》。[③]

这都是坐实方以智在黎川期间与吴云就已经建立了师徒关系的证据。中履在吉安侍父期间，与吴云往来较密，并曾一道访诗于李须麓，[④]后在为吴云之父所写《吴孝隐[⑤]先生墓志铭》，对吴云之父虽为草民，却乃能为国忧恨，至其身世，略有涉及：

余友吴子舫翁，每为余述其先君孝隐先生遗事，辄泫然泣下沾襟……自桑海以来，遗老种民，所在皆有……然世之网罗记载者或亦寡矣……鸣呼！忌讳而不敢语，语焉而不敢详……此舫翁之所以泫然不能止，余忍不铭。

先生讳甲，字佩韦，吉安安福人。自其祖父三世邮传邹文庄公慎独之学……及甲申三月煤山之变，先生闻变自市归……嗷然而哭曰：京师陷、上殉社稷矣！自是，携家隐勤王台侧，两袖累累终以哭国恤而卒……生于万历己丑十月十六日……舫翁三十……长云，即舫翁。隐居讲学，从父命也……甲申后，却酒肉不御……敬事先生……[⑥]

同治《新城县志》：

吴云，字滃水，号舫翁，安福人。年十八拔明经，征为翰林院待诏，

① 《黎川县志》第四章·重要兵事·473页。
② 《陪诗》卷三·三。
③ 《华青》卷十二·杂记·340页。
④ 《汗青》卷下·十八《李须麓诗序》。
⑤ 吴孝隐（1589—1644）。
⑥ 《汗青》卷下·十六。

后衣草衣辟谷武功山中午六年，出授生徒，讲天人性命之学，旁及天文地理、音律、阴阳术数、字画、诗歌、古文，足迹几遍天下。所至士大夫辄倒屐相迎。康熙己巳至新城与孔尚典暨其族孙孔毓琼为忘年交，辛未，复过黎水，寻归武功以终。[①]

同治《吉安府志》：

吴云，字天门，别字舫翁……晚年隐居武功，著《天门易学研究》、《先后天至心性之旨》，一以朱子为宗，亦不非陆、王……施闰章分守湖西，讲学青原、白鹭间，尝聘主景贤书院，教数与辨析……时孤吟古松下，间寄兴书画……徜徉潇山泸水间，著述终其身。卒年七十九。[②]

同治《安福县志》：

吴云……西乡雅源人……生平苦节自励，杜门扫迹，时或不炊。长吏欲常见之不可得……尤精书法，绰有文董笔意，其运动处，若龙蛇蜿蜒不可端倪，卒年七十九，祀乡贤，子兰世其家学，诗画亦著。[③]

以《新城县志》："辛未，复过黎水，寻归武功以终"论，"辛未"是康熙三十年，《吉安府志》："卒年七十九。"回推七十九岁，吴云生年在明万历四十年，比方以智小一岁。方中履《吴舫翁自武功来青原留数日即别去》：

生涯只有卖文钱……谁容饿死姓名传？……聚散能堪几八年 [壬寅夏，余与舫翁别于豁林]……芒鞋或到武功前。[④]

"壬寅"即康熙元年，回推八年，吴云当在方以智游庐山的顺治十一年左右与之相识并"师友情深"，其在黎川四年从学期间，专于方以智身边治《易》，方以智则"未尝不到庋倾囊"。中履《吴舫翁文集序》：

吾友吴子舫翁，隐居武功垂三十年……已而受《易》于先文忠公……公未尝不到庋倾囊……尝绝炊饮万山中而讲学自若，盖其穷经味道不啻饥渴之于饮食……[⑤]

吴云著《天门易学》渊源、滥觞于此。因吴云年龄与方以智比肩，故中

---

① 卷十・人物志十二・寓贤。

② 卷三十七・人物志・二十七至二十八。

③ 卷十一・人物・儒林・二十一。

④ 《龙眠》续集卷十九・3976 页。

⑤ 《汗青》卷下・二十六。

履尊称“子”，吴云在为方中履《古今释疑》作《序》时，亦以“安成同学弟吴云舫翁序”署之。[①] 吴云随方以智入青原山后，与林时益、罗牧、萧孟昉、传乘均熟悉，《青原志略》卷十二・杂记《漱青岕》：

茶至于岕片，至矣！《物理小识》所载茶法其概也。以西江之茶为岕者，自易堂林确斋始，而确斋亦以饭牛法悟。事有后起绝胜前者……孟昉曰："审天气，察火候，孰能逃哉？语不能尽也。捣青火候，大小可以相补。火烈则急扬之，火微则少留之。"饭牛曰："岕妙于生，手妙于熟，难在乎匀。已如法矣，犹有出入，不自知也。始以细心如是，历过乃知之。噫！渴而饮水，彼亦自足。徒有苦心，欲向谁语？"传乘曰："向谓古胜今、前胜后，顷闻后胜前，盖贵精乎？"愚者曰："性无古今前后也……"

这是吴云在从学、追随方以智期间于青原山所做事情、所交人物的一个缩影。后吴云帮助方以智编修《青原志略》。方中通《同郭入门、吴舫翁喷雪轩侍坐》：

朝昏常侍坐……不娶孤怀远[郭]，安贫短发疏[吴]。属文如宿构[吴甚敏捷，千言立就，绝不起草]，默记便成书[郭善听受，每日退书老父所语，一字不遗，已成帙矣]……[②]

方中通对吴云“安贫短发”、“甚敏捷，千言立就，绝不起草”的特长描写，或正是方以智安排其帮助编修《青原志略》的原因之一。周体观抑或于此，亦以“文学”和“子”并称，有作《柬吴云子文学》：

寄语吴云子……壮岁犹儒服，三年且素冠。暂收庐墓泪，曲奉北堂欢。[③]

施闰章在《吴舫翁集序》中，将吴云迹溷于佛门与方以智作比较，言“有托而逃”、述其家学渊源、交代刊梓之人，并对其文学有较高评价：

文之传后者，以道存也……吴子舫翁之有作也……曼衍而无穷。少为安成[④] 名士，明末自髡为僧，尝从青原药禅师游。余讲学青原，又来坚坐累日。药公语余曰："舫翁嘐嘐道古，狂者也。故于道近。"夫药翁非僧也，

① 《释疑》十八卷。

② 《陪诗》卷三・十。

③ 《晴鹤》卷九・二十二。

④ 三国时古郡名，包含豫章、庐陵、长沙等，辖境相当于今天江西新余以西的袁水流域和永新、安福等县。

卒以僧老，其于儒言儒行，无须臾忘也。舫翁迹溷僧，而儒言儒行未之或改也。二人者其皆有托而逃禅邪？……二者交屏，而专嗜守愚……吴子诗文，操纸笔立成……有闻韶集……吴子飞文骋翰……忆昔修复吉州讲会，环听者近千人，或至泣下……吴子亦终勉之矣……[①]

邹文庄公即邹守益，刘三五即刘名阳，刘泸潇即刘元卿，均江右阳明弟子之首，[②]可知吴云操守、文采的来源。汪楫有《赠别吴舫翁》：

汪生三载螺川客，临去才知吴舫翁……如君自不依刘表，今日何从得孔融……[③]

吴云与方以智的“师友情深”事迹记载，因参与《青原志略》编修，故渐趋多起来。其《信国[④]六帖记》：

文信国公六帖……此帖三十年前吴云犹及见之……愚者曰：少见吴讷所藏信国《邳州哭母小祥乱离歌寄家人帖》……且书此以酬读书之舫。[⑤]

《邹文庄青原梦记》：

吴云曰：邹文庄在青原，梦朱子……愚者曰：……痴人面前，切忌说梦。[⑥]

这种对话，是师徒两人关系“无隙”的体现。吴云“尝从青原药禅师游”。康熙五年，方以智《青原得瀑记》：“张逢伯来访青原……吴舫翁追及之，因题‘青原白练’。夏游武功……岁在兆祥”；[⑦]李元鼎《青原山观瀑小记》：“时吴舫翁追游不及……不得同游为憾”。[⑧]这些对吴云“有游”的记载，都从不同的侧面，表达了两人之间的某种亲密关系。

---

① 《愚山》文集卷五·九四。
② 《明案》·江右王门·各卷。
③ 《山闻》二十五。
④ 文天祥宋景炎三年（1262）获“少保信国公”封号，后世以“信国”尊称。
⑤ 《江青》卷十三·杂记。
⑥ 《江青》卷十三·杂记。
⑦ 《华青》卷六·记·148页至151页。
⑧ 《华青》卷六·记·152页至154页。

《青原志略》卷十·诗·吴懋德[六益][①]《同无可大师、润山(刘鲁桧)、逢伯、[②]石墅(贺石野)、舫翁登天玉山观瀑布》；方以智《吴六益、刘润山、张逢伯游石砻瀑，贺石野、吴山舫、杨弱生(杨枚)、郭入门后先皆至》，可见吴云追随方以智的紧密度，后来方以智还应吴云之邀，专门有游吴云家居的武功山，并找到一处瀑布。[③]《武功山志》卷之九·方以智《搜瀑行》："……图坪西药……舫翁身轻随叶落……同行老少数十人……濯足归写《图坪行》"。[④]

康熙九年，方以智六十初度，吴云为作一生评，有颂扬之《寿序》：

和尚以廷尉为祖，中丞为父，清芬、济南为姑，家宫詹观我先生为外祖，黄文成石斋先生为师，陈卧子先生为友，天下所诵龙眠三方为子，翰林台阁为位，易学似朱、似邵，字似颜、王，画似米与倪，古文似柳或欧，子似庄，史似范、马，乐似陶、窦，历似利西泰，博物似张华，著述之多似樊宗师，医似朱丹溪，禅直似七祖，至于仁体和气纯似大程，天下之人，孰有福德才位之备如斯人者乎？……曰：无我而已，夫无我则无私，无私则不为天下病……盖天地之所为天地者无我耳……和尚所以承四圣之传，三世之学，位高而若卑，德大而弱小，才有而若无，其以身教天下后世，意亦深矣！[⑤]

---

① 吴懋德，任道斌《年谱》241页作"吴道谦"，华亭人。《年谱》有"《感旧集》卷四：'吴懋谦，字六益，别号华苹山人，江南华亭布衣，有《苧庵集》'，其'隽上之才，托迹林皋……跻于和平之音'。"

② 指张鼎铨，莲勺大师子。

③ 《武功》卷之十·张贞生《武功笔记略》："余前阅安成新梓邑志，有药公《搜瀑记》，瀑布又似经药公搜而得者。及余登山，僧出药公所写《瀑布小景》，自书云'武功从不闻瀑布，而愚者搜得之'。考此山瀑布原不待搜而得，而药公乃以为搜而得之，自愚者始。"

④ 方以智《图坪行》即"图坪西药"，在武功山西药庵。《浮山别集》卷一·十九《武功图坪新藻》："武功山在袁吉之交，围八百里……愚者同吴山舫属西药率众开图坪之藻数十丈……故为之图。"《冬灰》卷三《图坪西药庵话》："武功山以仙坛朝拜之路，自成法林"，时在康熙五年。《江青》卷六·药地无可智《青原得瀑记》："夏游武功……适吴季六来寻灵寿木，入深壑中……岁在兆牂，浮渡山愚者弘智记于笋参中。"所谓"西药"即莲子。明张程修、清张光勋增修，何明栋等校注《武功》载吴云生平两处，有矛盾：卷之七，吴云《铜瓦殿考》注："吴云：字元庆，号西麓，明代安福（今属江西）人。自幼习儒，却屡考不第。一生以讲学为业。遍迹于青原、里仁诸书院。"卷之九《上武功路》注："吴云[生卒年代不详]：字天门，号舫翁，安福（今属江西）人。明万历三十六年选贡。"

⑤ 《过化寿帖》。

吴云之评，以“无我”的高度评价于亦师亦友的方以智，可谓是真了解、真佩服者。吴云后曾去桐城浮山方以智老家，与兴斧山足交好，有《怀山公》：

我来浮渡寺……逢春护雨煤。[1]

其二《会圣岩》：

晓晴游会圣……棋声度石梁。

至晚，吴云因喜爱中履的《古今释疑》“不忍弃此书”，积极为之刊梓，与姑孰（今当涂）杨竹庵一道相劝中履：“吴子舫翁言余于竹庵杨公也，由此苦慕《释疑》一书，适过桐见访，必欲借钞……公归姑孰，乃召十吏缮写……为之镂板以行”。[2] 中通《数度衍》成，吴云再为向姑孰杨竹庵作荐：

余《数度衍》已成一岁……今者姑孰太守杨公，因吴子舫翁一言，为剞劂以行世。[3]

吴云“尤精书法”[4] 善画，饶宇朴《走笔次韵答吴舫翁》：

松栢当秋晚……蛱蝶想滕王 [舫翁善画]。[5]

吴云与八大山人书画交，周体观《雪公画梅于吴云子扇头，旷如也殊，有幽人之致，为题短句》：

一树梅花断续出……或恐元来是两株。[6]

时在康熙六年前后；十一年，方以智灵柩暂厝万安水月山。春，吴云前来凭吊，抚棺痛哭；[7] 十二年，吴云再到方以智墓前祭拜，[8] 验证了两人之间的“师友情深”。

康熙二十八年，吴云在方以智去世 18 年后再游黎川，孔鼎后人孔毓琼、

---

① 《浮志》卷之九 · 五言律有吴云 [舫翁，安福人] 诗二首，其一。

② 均《汗青》卷下 · 十九《释疑》自序。

③ 《陪集》卷一 · 陪古 · 七至十《释疑》序。

④ 《诗征》卷六十三 · 明二十五 · 二十八 · 吴云。

⑤ 《菊庄》卷十二 · 十五。

⑥ 《晴鹤》卷九。

⑦ 《陪诗》卷四 · 十七《吴舫翁、刘先岸、李子和、姚佩若先后过吊》。

⑧ 《陪诗》卷四 · 二十七《吴舫翁特至浮山拜先文忠公墓》。

孔毓功（1670—1733）兄弟两呈诗文请益，[①] 吴云有“古音绝响，君门乃有二人”[②] 评论。

《武功山志》卷之七，收载有吴云《铜瓦殿考》《图坪山考》《观日亭考》《小桃源考》《棋盘石考》《九龙山考》《古月山考》，卷之九，有《上武功路》《武功顶居》《白法庵堂客》《武功和白长庚泼墨壁间之韵》《武功松》《答友人问山中乐事》《白法庵》诸篇，证明了同治《新城县志》记载吴云在康熙三十年“辛未，复过黎水，寻归武功以终”。

第三节　黎川付梓的两个版本《通雅》与《物理小识》刊梓

1.《通雅》四十卷本在金溪浒湾

《通雅》一书，是方以智于崇祯十年“幸以三冬力，抄成五雅笺”[③] 动笔撰写，[④] 成形于崇祯十二年“己卯以前”。[⑤] 这期间，方以智不断修改，至崇祯十四年夏，方以智作《序》一篇；[⑥] 顺治三年，方以智 36 岁时，再为《缀集》作跋语，辑入《通雅》卷三，是方以智“要其三十年心血，尽在此一书矣”[⑦] 早期格物的学术成就，也是开拓考证、奠定百余年后“乾嘉学派”的重要著作。其所为《序》《跋》，都是在为刊梓作准备，并曾有托弟子千倾堂的黄虞稷，但所望均未能刊成实现。

今行世所能见到的姚文燮刊本，是康熙元年方以智回黎川途中、尚逗留于南丰程山将《通雅》交付弟子揭暄誊抄，后在何三省、徐芳、王愿五、王珙父子的首倡之下，均积极为《通雅》刊行发起募资，得以刊行。姚文燮在《通雅》的《发凡》中说：

---

① 孔毓功《是堂文集》孔尚典《序》：“值吉安吴舫翁先生游吾乡……时康熙辛未夏月，世道斋尚典天征氏书。”

② 转引王建《魏禧 · 新城遵其道尤挚》。

③ 《密抄》庠讯 · 取稽古堂各种杂录合编之，曰通雅。

④ 中国社会科学院历史研究所藏有清初刻本。

⑤ 《通雅》卷首姚文燮《发凡》。

⑥ 《序》曰：“函雅故，通古今……讵曰训诂小学，可弁髦乎！……今以《经》、《史》为概……名曰《通雅》……辛巳夏日，皖桐方以智题于上江小馆。”

⑦ 《通雅》卷首钱澄之《序》。

> 是书初为盱江何印尼、徐仲光诸公领袖募梓，已得十之一二。或人刻数卷，或数人共刻一卷，陆续成编，多不合式。[燮]未敢因以为功，独力创举。特选善手，逐字较订。点画悉依《正韵》，剞劂颇称精良，庶令观者心目朗然。

从姚文燮所说“是书初为盱江何印尼、徐仲光诸公领袖募梓，已得十之一二。或人刻数卷，或数人共刻一卷，陆续成编”的诸行世本，最终因“多不合式”而有康熙元年以后准备刊梓的“姚刻本”。这前后四年的时间，正是方以智在黎川期间，其“盱江何印尼、徐仲光”刊本，今尚未见有公布发现，但侯外庐先生在为《方以智全书》所作《方以智的生平与学术贡献》一文中，涉及康熙五年“姚本”之前，还有一个“四十卷”的《通雅》版本。

> 这四十卷本《通雅》至今尚未发现，它究竟于何时何地锓木，已难详考。①

这个“四十卷”本子，就是姚文燮所言“初为盱江何印尼、徐仲光诸公领袖募梓，已得十之一二。或人刻数卷，或数人共刻一卷，陆续成编”、是《通雅》“在成书过程中是不断增加卷数”的本子。②侯外庐先生因未详考姚文燮所云“盱江何印尼、徐仲光”是方以智在黎川交往的人物，故而发出了“它究竟于何时何地锓木，已难详考”的感叹。

以方以智在黎川期间屡屡前往邻县金溪浒湾论，③金溪浒湾这个在元代就已兴起、至元三年（1337）已有雕版印刷兴起刊书之地，④至明末清初时期，已经发展成一个远近闻名、以镂版雕刻、刊书的重要刊梓之镇。浒湾镇保留至今的余氏“大文堂”，是康熙时期刊梓书籍的老字号，浒湾《余氏族谱》记载康熙时的余仰峰“少随父鬻书楚之黄梅县……后侍父归里，仍前自开印坊，以鬻书为业”，“弱冠时念产业不足，乃刊书版置局于里门，昼则躬耕于南亩，暮

---

① 《全书》冒怀辛《通雅校点说明》1页。

② 同上。

③ 《陪诗》卷之三·三《壬寅同三弟（中履）省亲盱江相遇于许湾》、道光六年《金溪县志》卷十八·寓贤·二：“明方以智……尝流寓金溪……八大山人……尝与方密之往来于丁坊萧复远家，今其子孙藏山人书画甚多。”

④ 危素（1303—1372）字太仆，金溪人。所著《云林集诗稿》即由“金溪危氏家塾刻印”于该年。据吴定安《金溪古村》。

则同诸弟徒侣，肆力于书局，每夜分始休，家计渐裕。乃分赀命弟出荆楚贸易，与里门一局相为首尾，家计弥大”，其楹柱尚有三联存曰：“雨粟以来多著述，结绳而后有文章；宋艳班香开绮丽，韩潮苏海溯渊源。琅函宝籍征时瑞，玉检金泥广国华。”[①] 是时，拥有前后两街书铺、60多家雕刻作坊、近千余人的雕版从业工匠的浒湾镇，与北京、汉口、福建省西部连城县四堡镇，以“临川才子金溪书”声誉，已是“清代四大刻书雕版印刷基地”。[②]

金溪浒湾镇位处赣抚平原腹地，四方水系汇集于此，形成了发达的黄金水路和便利的商贸，也因此有了带水的“浒湾”之名。水路与陆路交通便利，也让浒湾刊梓、印刷远达国内外。叶德辉《书林清话》卷九所载乾隆时期李文藻《琉璃厂书肆记》，感叹金溪书业在北京的盛况：“京师为文人荟萃之区，厂甸书肆如林……（琉璃厂）书肆中……不著何许人者，皆江西金溪人也……正阳门东打磨厂，亦有书肆数家，尽金溪人卖新书者也”，[③] 直到二十世纪初年，浒湾镇仍然是印刷、书籍业务的一个重要集散地。[④] 这些史实，为“盱江何印尼、徐仲光”四十卷本的《通雅》刊梓之地就在浒湾，提供了可供推测的坚实理由。

康熙《新城县志》五福镇[旧称五福街]“在县东三十里四十都……上通石硖杉，下接抚州浒湾”[⑤]“北出朝宗门石硖……至廪山，由百顺下……是何嵊泉水岭、新兴岭，至庐游上通五福，下过资溪，历蓝田合于硝石”[⑥]“东有硝石，南城、新城水陆交会，立有公馆”。[⑦] 黎川崇山峻岭溪流汇成的“黎水”，自南向北顺流而下，乘船可直达浒湾镇的便利条件，为方中通由老家桐城而来，方中履在父亲身边侍候的兄弟两人，从各自不同的方向在浒湾相遇，其“省亲”探望父亲的背后，都为《通雅》此间在浒湾刊梓，埋下了伏笔。方中通的《壬

---

① 转引自吴定安《金溪古村》。

② 郑振铎1956年《中国文学史研究》。江西高校出版社，2017年8月第1版《浒湾版刻绣像精粹》：“从明末、清代到民国近400年的时间里，浒湾先后有90多家书坊从事雕版印刷与发行，经营的图书种类在5000种以上，其中两仪堂、三让堂……旧学山房，都是当时享誉业界的著名书坊。”

③ 《书林清话》。

④ 浒湾印刷业在“文化大革命”期间，遭到破坏并从此退出历史舞台，但至今仍有少量的“家谱”雕版业，并成为联合国教科文卫组织“非物质遗产”之一。

⑤ 卷之一·封域志·六十六。

⑥ 卷之一·封域志·六十九。

⑦ 卷之一·形胜·十一。

寅同三弟（中履）省亲盱江相遇于许湾》说：

> 扁舟一棹夕阳波，沙寺逢亲自啸歌。记录尽归门下去[时子宣抄《通雅》]……[1]

“壬寅”是康熙元年，很显然，这种“记录尽归门下去[时子宣抄《通雅》]”在浒湾发生的事，一定与《通雅》曾在浒湾刊梓有着千丝万缕的关系。

方以智在黎川四年，所刊《通雅》募捐者为“盱江”之何印尼与徐仲光等信众，金溪浒湾镇刊刻书籍的有利条件，更加上“盱江”当地人募资、由“建昌府”何印尼、徐芳组织刊梓的事实，都隐藏了这个“盱江何印尼、徐仲光”的“四十卷”本子刊梓的诸多因素，是《通雅》四十卷本就在浒湾刊梓，提供了极大的可能性。余飏在为《物理小识》前身作《名物小识序》时，坐实了这一事实：

> 广昌揭子宣，为其本师方密之刻《通雅》，工及半矣，适姚公羹湖见而悦之，遂为改锓全帙。[2]

揭暄在浒湾所取之“记录尽归门下去[时子宣抄《通雅》]”，余飏的“工及半矣”刊梓现状，应当就是姚文燮所说“已得十之一二。或人刻数卷，或数人共刻一卷，陆续成编”的这个四十卷本。但这个“四十卷”本只刊梓了“工及半矣”，便被揭暄携往福建。

以《通雅》洋洋百余万言的篇幅[3]往回推，这个“四十卷”的《通雅》刊梓“工及半矣”，至少需要一至二年、甚至更长些的时间。从方以智来到寿昌寺就与徐芳商量刊梓的事情，[4]到姚文燮所言“是书初为盱江何印尼、徐仲光诸公领袖募梓”，再到康熙元年方以智改弦更张，将《通雅》交揭子宣誊抄、姚文燮刊梓，所历整整四年。

以揭暄“祝犁大渊献秋相提月学人揭暄敬跋”在顺治十六年论，四十卷本的《通雅》在浒湾刊梓整两年。其卷首三《文章薪火》后所作：“知道者……谨奉同心，以公醇饮”之跋，及其后面与方中履讨论等跋文，[5]均都是揭暄在

---

① 《陪诗》卷之三·三。

② 《芦中》第二十一页。

③ 《全书》版权页：“字数 1.179.00”。

④ 《悬榻》。

⑤ 《通雅》十五·地舆·水注《黑水不二》条下。

方以智身边誊抄过程中所发生的事情,故揭暄在《通雅》十五·地舆·水注《唐志》总载水数条下跋说:“补入之”。[①]《通雅》中各补入之条,若有揭暄与中履合论者,揭暄在前，中履在后。方中履在《欐、梍、屎，一物也》条下：

履曰：今松江纺棉花，建昌纺圆丝苧线，皆牵五丝之络梍。[②]

此际，方中履 24 岁，侍父亲在黎川寿昌寺左右，并尝有在建昌府观坊间纺苧。中履有《益王故府行》[③] 长诗,是其曾抱着“本朝事竟成前代”的心情,前往建昌府有游的证明。至《通雅》五十・切韵声原《切响期同母》条下，方以智亦有补曰：

吴越子、纸不分……建昌劝锪为一……如此之类甚多。[④]

此一条,正表明方以智在黎川,是其这几年在“建昌府”亲身体验后的结果。

方以智来到黎川后，几年间，弟子、学人云集,《通雅》“四十卷”本刊梓,正是姚文燮所说“天下闻道人之风而欲学其学者甚众”的结果。其后来再刊,也正是基于这一基础而有。

《通雅》由“四十卷”增加到“五十二卷”本，这些新增卷数和添加的新内容，或又是促使方以智改弦更张的另一个理由。另一个改梓《通雅》在福建建溪的理由，则是此间正在福建建宁府任推官“见而悦之”的姚文燮，遂有了后来“五十二卷”本刊梓。

2. 倡导初刊《通雅》的捐资者何三省、徐芳、王大礽、王其人父子与李石台

初刊于金溪浒湾的《通雅》四十卷本首倡者徐芳，既是方以智的“同年”,又是方以智来到黎川后“结茅”的盟友，更是方以智来寿昌寺后从始至终的坚定支持者。

何三省（1611—1674），即何印尼，[⑤] 黎川寿昌派下记莂于觉浪道盛、与方以智同辈的“大”字辈弟子，法名：大峙，又自署：天界学人，曾参校《杖门

① 《全书》通雅・第一册 558 页。

② 《通雅》三十四・器用・杂用诸器。

③ 《龙眠》续集卷十九・3959 页《益王故府行》:“瓦砾满眼青草中……一朝国破藩王死……本朝事竟成前代。”

④ 《全书》1498 页。

⑤ 《全书》附姚文燮《凡例》作“何印尼”,《龙眠》中多人以“何印尼”称之。

随集》，人称：三省大崊。

康熙于成龙修《江西通志》卷之三十五·建昌·人物·皇清：

何三省，字观我，广昌人。幼聪颖，辛未进士，历官广东提学，号得人，归卧溪山，广交游，饮酒赋诗泊如也。值山寇蹂躏，以明哲卒远于害，著述多不传。

《江西诗征》卷六十三·明二十五·三：

何三省……字曰唯，号印兹……历官礼部主事，时厂卫横肆，涉部事者一以法绳之，晋郎中督学粤东，以疾归。明亡，欲举义，闻闯贼诛乃罢。隐居。卒有《樽余集》、《选梦斋诗集》。

乾隆《建昌府志》：

何三省……授顺天教授，转国子监博士，护饷宣镇……甲申闻国变，慷慨誓师。会闯贼已就诛，罢去。优游山中，屡征不起……所著有《类书大观》、《古今广征集》……行世。[①]

道光《南城县志》：

方以智……又尝往来程山，讲学旬日，至儒禅吃紧处，辄托他事起。往来数十年，一时名人如汤来贺、邓灵、刘凝、何三省、揭暄，无不从之游。[②]

何三省为倪元璐（1594—1644）门生，推崇恩师榜样，为官廉正，敢于任事。在“长安七载，惟书是购”“四壁俱无”“皮肉俱枯”“结习未忘”[③]搜集各类藏书。后督学广东，于粤东大力兴办教育，使当地文风大盛。因病辞，归故里仍办学校、建义仓，多有善举。

甲申国变，何三省与揭暄父亲揭衷熙、骆而翔“举义兵，图复兴”，并与临川揭重熙、傅鼎铨抗清义军，先后并起，[④]在赣、闽、粤边境形成犄角之势，“乡里咸膺，锋镝盱江”“震赣闽间”，[⑤]是一位曾“抗清”又“志节”的抱残守缺者。

入清后，何三省屡荐不仕，筑室云庄，潜心研究经史、历法，著有《古

① 卷五五·列传·十一·隐逸。

② 卷二二·寓贤·方以智。

③ 何三省《与李石台书》。

④ 揭暄《兵经》卷尾附《揭暄父子传》：“揭暄……父衷熙……南都没，衷熙益痛伤，暄发愤举义，与抚州揭重熙，同邑何三省、骆而翔，后先并起。”

⑤ 均咸丰九年濠塘刊本吴嘉宾《补刊揭子遗书序》、萧江《揭子性书序》。

今类苑》《王伦翼》《梯杭纪要》《帝后尊谥纪略》《历法同异考》等。又以类书无佳本，将《太平御览》《潜确类函》《天中记》等书编集成帙，名曰《类书大观》。两次主纂《广昌县志》。康熙十二年参与编修《江西通志》。晚年唯以诗酒、藏书自娱，著《樽余集》、《选梦斋诗集》等。《药地炮庄》有何三省无署年“题”记一篇：

>……庄子知世不可庄语，寂感何如耶？今欲决千古疑，而直告不信也。《炮庄》制药，列诸症变，使人参省而自适其当焉。梦笔、药地，立寓双冥，其寂感何如耶？……梦笔学者大帱何三省题。

何三省与方以智同岁，早方以智九年中进士，又曾是掘坑自埋殉节的倪元璐门生，但在方以智面前执弟子之礼称“吾师”，并以“学人”身份作此“题”，可见其倾心的程度。《青原志略》载何三省《怀墨历、浴溟二大师》：

>自是归云簇景云，庐陵米价古今闻。真成三笑留三峡，我欲遥将一笑分。[①]

以道光《南城县志》独树一帜的记载：方以智“至儒禅吃紧处，辄托他事起”为议论，很显然，何三省等人“无不从之游”的更多理由，是在方以智的诸学术和思想，而并非其禅门的机锋与话头。其“往来数十年”，当指在南明永历、隆武两朝就或闻其名，或已相识，方以智来到黎川后，又往来不断的数十年。文中所写两人的“寂感”之“忧”与“不忧”，是何三省于方以智驻锡寿昌寺的四年期间，一直陪伴左右，并为之著作筹资刊梓的源源不断动力。《通雅》姚文燮《发凡》：

>是书初为盱江何印尼、徐仲光诸公领袖募梓，已得十之一二。或人刻数卷，或数人共刻一卷，陆续成编……

何三省与徐芳，一居“盱江”上游广昌；一居“盱江”中段南城，故姚文燮说“盱江何印尼、徐仲光”。因其曾在前明任“督学使”，又追随方以智，故在与桐城诸多前明人物相交时，多以旧名“印尼”和“太常”称之，[②]陈子升《何印尼太常招同刘安世司马、陈乔生宫谕雨集分得来字》、[③]张溥《江北应

---

① 卷十一·诗·321页。

② “太常”为“太常寺卿”或为礼部掌建邦、天地、神祇、人鬼之礼官员。

③《中洲》卷之八·五言律·五。

社序》:“何子印尼……遇印尼于吴门。”[①]

何三省与施闰章有交,且甚密,施闰章曾两度为之作《重刻感应篇辑解序》,对其热衷刊梓佛门著作,以及何印兹身上体现出来的盱江“明德”之风,大加赞赏:

广昌何印兹先生,好学乐善,尝刻感应篇、化书,广示后学。已见予《感应篇辑解》,叹为善本,偕同志请君子重刻……适予过于盱江……印兹先生闻之喜曰:“此即可以序矣,请悉书之。”……盱江为明德先生故里,讲学姑山,从学者众。去今百余年,犹有诸君子乐善相劝,明德之风远矣!……[②]

何三省与黎愧曾交好,黎愧曾在永新任上有《复何观我先生》信札一通:

使到接读高言……再以三册附呈……遂有欣然自得之色……谁谓永新小哉![③]

方以智入青原后,何印兹仍常往来,《青原志略》卷一·山水道场·法荫堂:“何印兹寄书以‘兼中妙叶’为杖人全提,因署其楣。”《江西诗征》卷63第3361页,同治《广昌县志》卷五之三第26页,卷七、卷八;《江西通志》卷八四一,对何三省均有介绍。

王大礽(约1620—1671前)又写为大仍,字以介,一字定尔,号愿五,安徽桐城人。顺治四年丁亥进士,《安庆府桐城县志》:

王大礽……游方廷尉文孝之门,为高足,每以公辅器目之……及官庶常,未尝荣禄自安,恳假养母,旋丁内艰服阙。补国史院编修,清标京邸,耻随流兢。因病乞休,家食九载,不通一札于公府……乃起江右参政,督视漕务……大礽揽辔安闻悉罢……公暇,课士论文,春风满座,秋闱获隽者二十余人,时有冰鑑之目。归来……有《怀堂集》、《骈匕草》、《西园雅录》,年五十八,后学称文静先生。[④]

康熙《江西通志》卷之第十四·职官[下]·左参议:

王大仍,江南桐城人,进士,顺治十八年任粮储道。

① 张溥与杨廷麟同游京师在崇祯三年至五年之间,与何印尼相遇于吴门当在崇祯六年夏天。
② 《愚山》卷三·四四。
③ 《讬素》卷四·书·五十一。
④ 卷之四·仕绩·五十九。

王大礽擅诗词，时人以“词林”[①]目之。《龙眠风雅全编》“小传”：

王大礽……公为文不脱稿，有斐其辞，方文孝公赏识之，称入室弟子……督漕江右……有倪内史争挽牛车之风。公余课艺，被其鉴许获隽秀闱者二十余人。归隐西园，托寄觞咏，于里中吏治得失、民生利弊，侃侃直言，不避嫌怨，邑人德之。所著……《騑騑草》、《西园杂录》……[②]

《浮山志》以“词人”身份载王大礽其《寄吴来章浮渡山居》[③]可知其志趣。施闰章与之为友，有《南浦逢王愿五同年［王自翰林出督粮储］》，又有《赠王愿五同年五十寿序》：

漕运……吾友王愿五，起家词臣，以文章名当世……愿五官京师，孤介负气，坐是外迁。家居数年，余贻书谓东山可高枕，愿五不以为戆；余待罪山左，四年不通问，愿五不以为疏。来豫章相劳问甚欢……屈指同门诸君，惟我两人共事为藩牧，不禁感叹……愿五为人坦胸热肠，冲口直出，不伺人喜怒，见善则为，不复计利害……[④]

姚文然有《送王愿五太史督粮江右六十四韵》，是对其在江西行踪的介绍，诗曰：

屈指同归日，蹉跎竟九年……悲君烛撤莲［愿五以词林外转，值病请假］……南州里近千。稚亭凌崒嵂，滕阁俯澄鲜。帝子帘堪卷，高人榻可悬……丈人原落落，吏治雅便便……倩儿诗草草［愿五行迫，曾命儿堂代赠］……[⑤]

桐城乡邑邓森广[⑥]有《催妆诗次还山韵为王愿五太史赋》：

绝世佳人冰雪姿……只为王郎好广眉。[⑦]

《桐城续修县志》记载了王大礽与兄王大惠一道因乐善好施的家风，同列“笃行”：

---

① 《浮志》卷之七·艺文·131页：“王大礽一首［词林］。”

② 初编卷四十六·1832页。

③ 《浮志》卷之七·131页：“山居之乐不可穷……习静龙井冲山房，名唐西，自号；‘独省翁’。”

④ 《愚山》卷十八·337页。

⑤ 《龙眠》续集卷一·2926页。

⑥ 字柬之，号颠庢，桐城人。

⑦ 《龙眠》初编卷三十四·1355页。

王大惠，字均海，少与弟愿五共事祖父母，极尽孝养。同堂兄弟十人，同食、同居久不析箸，乡里称为义门。崇祯壬午间饥疫，荐臻积尸枕藉，大惠施棺瘗之。家财因之荡废……愿五居官数十年，大惠不以私事相干，惟最其以清白贻子孙，而年八十余无疾而逝。[①]

王大礽与方以智的渊源颇深，他是方以智祖父方大镇·廷尉公的“高足”弟子，又与方中德的岳父孙晋为莫逆，[②]是方氏家族的“四世之交”，其子王珙在给方中通的《数度衍》作《序》时说：

自家君受知于文孝先生以来，余与方氏之交，凡四世矣。位白省亲盱江，侍杖履过章门，适余随家君宦游此地。两家父子相聚……癸卯春月，姻弟王珙拜书于章门之淡台祠。

“癸卯”即康熙二年。该年春，王大礽、王珙父子在南昌陈弘绪的“读书楼”与方以智有聚，中通在《揭子宣有募刊老父通雅之举，王其人输费首倡，感而书此》：

稽古曾开万卷余［老父少时读书处，名“稽古堂”］，忽逢知己作播玙。姓名共托千秋业，梨枣新成一代书。[③]

中通诗中的王其人，是王大礽的长子。《桐城续修县志》：

王巩，字其人，太史大礽长子……详载《龙冈纪略》……卒之日，至不能辨含殓，里人论廉吏者，无不以巩为首云。[④]

《通雅》初刊四十卷本，是江西盱江何三省、徐芳与安徽桐城王大礽、王珙等两地方以智的忠实信士与弟子共同倡导、发起募资，终得刊梓。中通《与熊鲁子书》说“《通雅》五十卷……何观我、李石台、徐仲光、王愿五诸先生合力倡之”的李石台，即临川李来泰（1624—1682），字仲章，号石台。

康熙《临川县志》卷之十六·二三：“顺治……八年辛卯科乡试。李来泰，亚魁”，“九年壬辰会试邹忠倚榜……李来泰，见任侍讲”。同治《临川县志》：

……顺治辛卯举于乡，明年成进士……己未中，博学鸿词科授翰林

① 卷之十七·人物志·笃行·三十一。

② 《龙眠》初编卷二十七·993页·吴用鈖，字士衡，一字逸民。廷尉玉华公之冢子也。《孙随印学博、鲁山少司马、王愿五太史……盛雪樵上林》。

③ 《陪诗》卷三·五。

④ 卷十二·人物志·宦迹·六十九。

院侍讲。辛酉典湖广乡试，复命卒于京邸。来泰初视学江宁先师庙，旧国学所也，誓之曰：生于斯，官于斯，其或不职戮于斯。饬学政十二事士习，丕振奖拔多寒俊，一时并称公明。在翰林纂修《明史》……不愧鸿博之选。典试所取士……以为当世之师……有《莲龛集》四十余卷……祀乡贤祠。①

番禺张维屏《国朝诗人征略》：

李来泰……制艺才藻富艳，诗古文则不逮也［四库提要］……历官清慎，能持大礼［大清一统志］……②

康熙元年，李元鼎有《寿石台四十》：

烂漫梅花照眼鲜……潦倒屠苏愧阮贤。③

康熙十八年正月，清廷诏开“博学鸿儒科”，取列一等彭孙遹等二十名，二等李来泰等三十名，悉令分修《明史》。五十人俱授翰林院官。侍讲一：邵远平，侍读四：汤斌、李来泰、施润章、吴元龙，编修十八：彭孙遹、张烈、汪霦……汪琬、米汉雯……检讨二十七：陈维崧、汪楫、朱彝尊、徐釚、尤侗、毛奇龄、严绳孙等。这些与李石台为“同年”的许多人物，均是方以智在黎川、青原山的弟子或朋友。

李石台与徐芳常有往来，《荻港步月和徐仲光韵》：“推蓬且共菰庐语，莫遣闲心逐钓竿”，④ 徐芳亦有《史状元前因》：“近过临汝李石台”⑤ 李石台与八大山人为好友。康熙元年，李石台与八大山人两人应临川郡守苏剑蒲之邀，在临川参加了“临川十景”咏唱；十八年，又与八大山人一道参与了临川知县胡亦堂组织的“梦川亭诗会”，胡亦堂《梦川亭诗集》有《李序》一篇。李石台与进贤介冈饶宇朴的堂兄饶宇栻为儿女亲家，常往来于介冈鹤林寺。鸿鸣在《八大山人在介冈》一书中，对李石台有详细介绍，不赘。

《通雅》从“四十卷”本到“五十二卷”本的刊梓演变，中通在言及“五十卷”

---

① 卷四十三·人物·文苑·十八。

② 道光十年二月版卷二。

③《石园》卷第十九·五。该诗置庚子末，壬寅前，以李来泰的生年在天启四年（1624）有一年的差距，存考。

④《诗征》卷六十六·国朝二·十二。

⑤《昭代》661 页。

本时，将何三省、李石台、徐芳、王大礽合为一体论，是《通雅》由金溪浒湾转刊于福建建宁过程中，经过了前后两批人员的“同意”，有了“共识”后的反映，并在最终的刊梓当中，得到了他们共同持续的资助。

3. 姚文燮再刊《通雅》五十二卷本

姚文燮（1628—1694），①玉青，②字经三，或径山，③号羹湖，又号听翁，桐城麻溪人。顺治十六年进士，著《黄蘗山房集》。④是方以智弟子揭暄将《通雅》携往福建在建宁刊梓、捐资、流通的发行人。《桐城续修县志》：

姚文燮……顺治甲午举人，己亥进士，授福建建宁府推官，建宁……睚眦仇杀案积无数，文燮片言立剖……凡疑狱悉委决之，文燮不畏强御，多所平反。康熙八年改知直隶雄县……擢云南开化府同知，寻摄曲靖府阿迷州。吴三桂叛陷贼中，密与建议将军林兴珠约同归，林发之早为贼所觉，系之狱，乘隙遁还安亲王军前……滇寇平，遂乞养归。居龙眠山中，颜其堂曰：乐耕。未几，持母丧以毁。致疾卒，年六十六。所著有《羹湖诗选》……十余种，又梓定方密之《通雅》，方羽南⑤《易盪》，皆刊行于世。尤工画，仿大痴、云林及黄鹤山人、梅花道人皆逼肖，片缣尺幅，人争宝之。⑥

桐城市黄柏岭今存姚文燮墓，⑦碑文云：

先生讳文燮……晚号听翁……仕终开化郡丞，隐黄柏山。封翰林院编修赠左春坊左赞善，晋阶奉直大夫。

姚文燮与潘江交往甚密，为诗文友。潘江在编辑《龙眠风雅全编》的过程中，即有：“林胤泸……集中有与乡人饮……姚经三误录为江公弘济作。”⑧续集卷

① 姚文燮《许青屿先生诗跋》：“余丁亥方弱冠。”时年20虚岁；《龙眠》续集卷二十六上·4401页《旅夜述怨》：“伊余甫弱冠，结褵属壬午。”“壬午”为崇祯十五年；《道桐》：“疾卒年六十六。”

② 《浮志》卷之九·258页：“姚文燮二首，玉青，邑人。”

③ 《无异》卷四·九《延僧礼诵金刚经疏》。

④ 《浮志》卷之九·艺文·七言古·213页：“姚文变……少府，羹湖，邑人。”

⑤ 方以智祖父方大镇之弟方鲲，字羽南。

⑥ 卷之十二·人物志·宦迹·六十一。

⑦ 今桐城市龙眠街道办事处黄燕村，岭南大道西北，鸿鸣于2018年7月3日前往祭拜抚碑。

⑧ 初编卷十四·477页。

二十七，所载释智操（1626—1688）[①]《寓灵泉陈越楼姚羹湖、丹枫潘木厓、戴叔冶方世五柬来过访》、续集卷末第4635页，载潘江《张玉叔招同羹湖、丹皋、敦复东来……为韵，予得风字》，续集卷末第4718页，载潘江《重九后五日姚羹湖招集同人讌游胜山园林，拈晴轩二字予以病未得与赋囗二首之一》，均是两人过往密切的证明。尤以潘江的《喜得姚经三还家消息》，更见其两人密切的程度：

忽有归来信，迎门菜采新[绥仲[②]方举于乡]……辛苦为君亲……溪柳为君攀……问关饶客路，入楚（此"楚"即指江西。）即家山……[③]

姚文燮"余六龄时……即能诗……自十三至二十，从父游诗颇成帙"，[④]并曾于顺治十四年"注长吉诗"，[⑤]"辛丑冬始，尽取二十岁内所为诗悉焚之，独删庚寅以后出游诸作，付梓名《薙麓吟》……壬寅诗成"，[⑥]"余然年未五十，擅诗名者三十年"。[⑦]《薙麓吟》鸿鸣未得读，但《龙眠风雅全编》选其诗174首，可窥一斑，其"小传"云：

姚文燮……与兄彦昭文焱[⑧]连镳兢爽，有"龙眠二姚"之称……年六十六终。公诗、文、书、画皆独辟堂奥，冠绝流辈，而诗歌尤为杰出……以（子）士藟贵，覃恩敕封翰林院庶吉士。[⑨]

以潘江记载姚文燮在任建宁推官期间"宦于建阳剞劂之乡，益网罗放失，广搜博采，以尽枌榆之胜，曾向予征遗稿数十种，捆载以行"论，此间的《通雅》，在已有徐芳"四十卷"的本前提下，由潘江向其举荐，而再有精刊《通雅》"五十二卷"本，是有理由的。姚文燮所任之福建建宁府，乃"四方书购枣梨多"

---

① 字寒松，别号隐翁，桐城人。晚居浮山白云香山寺，与华严、山谷共称"三丛林"。

② 姚文燮长兄。

③ 《龙眠》续集卷末·4680页。

④ 《无异》卷一·二十一《薙麓吟自序》。

⑤ 《田间》卷四·江上集[起丁酉止戊戌]·75页《怀……姚经三……丁酉夏约余谈〈易〉城北》："鬼诗姚合注[姚经三方注长吉诗。"

⑥ 《无异》卷一·二十三《壬寅诗自序》。

⑦ 《无异》卷十一·十三《芸圃诗序》。

⑧ 姚文焱（1623—1690），字彦昭，号盘青，别号芝房老人。康熙二十四年（1685）举人，长洲教谕，后任江西峡江知县。著《超玉轩诗集》。

⑨ 续集卷二十六上·4399页。

和流通“诗传《易》学同时出”[①]的“书坊为属地”,[②]亦是一个可与江西金溪浒湾媲美的刊梓书籍之地。姚文燮自顺治十六年中进士后，因东南海上情急，即授建宁府推官,[③]其为政之余“好文采”、“名山重传人,不忍没风雅”,[④]遂将“同人有著作，一一付枣梨”。[⑤]《通雅》姚文燮的《序》说：

吾乡方密之先生……未通籍即有《通雅》一书，书成三十余年矣……心力所以嘉惠后学无穷……爰蠲资付梓，用公海内，读是书者，倘能探赜以观，其通矫俗以归诸雅，即文章风气，古道复兴，则先生之功当不在禹下矣！[⑥]

这个《序》，既是姚文燮对《通雅》的评价，也是他在得知《通雅》后，先有钱澄之极力推荐,[⑦]后有“吾师陈二如先生、吾友吴炎牧怂恿行世”,终得“竭力付梓”的原因。以文中对方以智“先生”的口吻和学术评价，应当是姚文燮执弟子之礼、初与方以智相识订交之时。姚文燮之诗，钱澄之的《姚经三诗序》说：

吾乡诗往往恃其强力……如以麻姑爪搔隔被背痒，得哀家梨乃复蒸食也。经三于诸家体无不学，学即无不似。或一题数十首，或一首数千言，既已尽态极妍，尤工为艳曲，流丽自喜……经三勉之！此固弱者之所深讳，而强者之乐得自表异者也。[⑧]

康熙三年,钱澄之因“闽中士人皆尚见念”,[⑨]秋冬后入闽在建宁府,有《寄

---

① 《田间》卷十一·客隐集[癸卯]·242页:《闻姚经三司李建宁》诗:“闽海芝城我旧过……四方书购枣梨多。诗传《易》学同时出[皆经三素志]业擅千秋奈汝何。”此诗至康熙二年(1663),存考。

② 卷三·一《祭舅父坦庵方公文》:“去岁刻先君子《可处堂集》”。

③ 《无异》卷三·十七《贺季参戎加衔序》:“大清……承平几二十年，其有小不静惟是海上二三欲孽……余是时驻节露阳婴守孤城……防守建宁参戎……余时从城上望见露布……顺治十八年松溪之战。”

④ 《龙眠》前言·7页。

⑤ 《田间》卷十四《姚仲子经三同理初度，书怀为寿》。

⑥ 姚文燮《无异》卷一·八。

⑦ 姚文燮与钱澄之的合作，还见于《田间》卷十六·298页《龙眠诗录引》:“明年，姚子经三城进士，归，征选诗传，诸稿橐集。姚子以示予曰：‘此子志也，吾与子共成之。’”

⑧ 《田间》卷十四·序·262页。

⑨ 《钱谱》甲辰条·211页。

姚经三、三山[①]客署》：

一别经旬雨……作客知予拙，逢人说尔才。几时辞幕府，岁晚共舟回。[②]

钱澄之留闽姚文燮处帮助修府志三年，至康熙六年《建宁府志》撰成，值姚文燮41岁，作长诗《姚仲子经三司理初度书怀为寿》以贺，对其为人、行政、为文、为画等，均有较高的评价：

仲子悬孤日，颂声遍海涯。高堂罗屏障，文采光陆离。我老不善谀，谀亦为胜词……君来甫三载，已觉俗渐移……上官奇君才，请谳允不疑。同寮奇君才，政事动相咨。下吏奇君才，请益忘尊卑。掾史奇君才，有弊秋毫厘……客来曾不厌，厚薄各有施……同人有著作，一一付枣梨……乐此不为疲……区区载口碑。君今四十一，膝下已含饴……即作献寿诗。[③]

又有《客建宁赠司李姚仲子经三序［时值其初度］》：

姚仲子初筮仕建宁司李…………仲子今初度，称强仕，以仲子方强之年，而吾之所言，一以弱为其道；惟能弱也，所以成其强也……[④]

姚文燮之文，李长祥在《无异堂文集序》中说：

其文凭空涌出，如几千里之鹏徙于南溟者九万里……是以学用才也。夫对学者，当言才，以才用学，即以才见学，对才人当言学，学兼胜者也。[⑤]

李研斋说其文：

文字来得大气色开霁规模宏整，其叙事或入或出，无端提起，或一意奔放变变化化，尽法之妙，当今古文，又有桐城一家矣。[⑥]

施闰章在《胡越州诗序》的“跋”中说姚文燮之文：

每服经三文之佳意……余常谓：天下无读书人，安得有文人？无学道之人，安得有读书人？读经三此文，余其不欺与！[⑦]

---

① 左光先，号三山，桐城人，左光斗从弟。方以智仲妹适左三山之子左国鼎，为姻亲，方孔炤《时论·杂卦传》有“子婿左国鼎再较”。《青原志略》卷十二·杂记·331页《李忠定公纲曾游青原》：“愚者考《李忠定集》……崇祯间，左三山光先令建宁。”

② 《田间》卷十二·客隐集［甲辰］·270页。

③ 《田间》卷十四·客隐集［起丙午止丁未］·299页。

④ 《田间》卷十七·序·333页。

⑤ 《无异》卷首《李序》一。

⑥ 《无异》卷五·一《武陵杨太傅公诗集序》。

⑦ 《无异》卷五·九。

周亮工为姚文燮《重修雄县志序》所“跋”说：

经三修史，手笔得太史公十分之六七矣。①

姚文燮“以诗画自娱，皆有名”②“吾县以画名者……我朝推方邵村、姚羹湖”③“好画，而一公尤好余画……经三妙于诗，精于画，海内得其片纸只字，奉为鸿宝”，④钱澄之顺治十七年在《喜姚经三成进士》诗中说：“拈诗句就衔杯里，作画心窥用笔先。”⑤《学海记》：“吴匪庵曰：先生精于绘事，故胸中丘壑易形之于文字耳。刘禹度曰：如此画图，即王辋川、顾虎头亦难捉笔。今读此记，如在目前，真绘水绘声手也。”⑥桐城祝祺⑦《观姚经三画山水歌》：

我有剡溪一幅纸，藏之多时待姚子。姚子胸中有丘壑，兴至挥毫不能已……因出此纸供墨戏，信腕纵横不经意。忽而古树多蒙茸，忽而高峰涌苍翠……已谓诗中皆是画，今见此画如君诗。姚子诗画信无两，十日坐卧神气爽。客能携酒此中访，方许展图共欣赏。⑧

同里画家张度（1614—1681）⑨，亦尝有向姚文燮索画，⑩对其作画、作品的评价，在《姚羹湖以墨妙见贻作此志谢》诗中说：

龙眠昔有李公麟……龙眠今日有姚子……深得画家三昧旨……胸中丘壑纵横甚，自谓举世无奇思……有时脱墨罢衔杯，绞绡屏障百尺开。泼墨数斗暂徘徊，挥洒似闻鬼神哀……乃知画品入神妙，公麟复生应嫌猜。所以寸楮并尺练，王公贵人争钦羡……为诵前身应画师。⑪

---

① 《无异》卷六·十二。
② 《桐城耆旧传》卷七·姚开化阶州峡江传。
③ 《桐城耆旧传》卷七·张狮崖李古塘吴伯飏三先生传。
④ 《无异》卷二·二十一《马一公诗序》。
⑤ 《田诗》卷六·江上集[庚子]·118页。
⑥ 《无异》卷七·二十二。
⑦ 字山如，顺治初诸生，有《山如诗集》。《桐旧》卷三十四·十二潘江《挽祝山如》：“异书不厌从予假……可怜吾里失诗人……一问苍天一怆神。”
⑧ 《桐旧》卷三十八·七。
⑨ 张度，字龄若，一字仲友，号狮崖，桐城拔茅（今会宫镇）人。多才艺，善书画，能诗。明亡返里，课徒为生。性狷介，自称“蓬蒿张氏”，以别张英、张廷玉之张氏。著《蟋蟀窝诗集》十卷。
⑩ 《龙眠》续集卷二十·4043页·张度《索姚羹湖画归田图》。
⑪ 《龙眠》续集卷二十·4032页。

尽管这些评价与今天姚文燮作品不见有多传不甚相配，[①]但亦可知当时姚文燮的画名，至少在桐城和他任职的建宁、雄县、滇南等地，颇有声名。《龙眠风雅》所选姚文燮诗，亦多见题画之作。[②]所见与方以智相交的文献，大多也都围绕着“画事”。姚文燮《无异堂文集》，即有至今研究界未见公布、弥足珍贵的方以智一涉画，一涉文的《跋》二则：

> 无可曰：龙眠书法，山谷谓其画之关钮透入书中。昔人有以画论禅者，今更以之论诗，信手拈来，无非妙谛，盖道本一贯。然非意珠圆通，不能左宜右有。佛菩萨六根互用，理只是如是。[③]
>
> 无可曰：作释氏文章，说理圆妙如此，自臻极诣。[④]

《浮山此藏轩别集》卷一，方以智有《题画寄羹湖》：

> 不可以有心求，不可以无心合，不可以言语造，不可以寂然通……愚者曰……悟成竹于胸，挥洒始真自在。此幅画壁，便请同参。[⑤]

《青原志略》姚文燮有《小画寄青原大师》：

> 记别浮山已数年，高人岩洞旧栖禅。三千里外遥图画，手出青山现佛前。[⑥]

方以智年长姚文燮17岁，与其“再从兄弟”[⑦]姚文然、父亲姚孙森[⑧]均有交。[⑨]方以智与姚文燮的交往，所涉“论画”之文“理只是如是”“便请参同”，虽言辞和缓，但无不透露出一派师尊的口吻，完全容不得有半点的回旋。这是姚文然称方以智“年执”“年伯”，隐藏在姚文燮刊梓《通雅》后面，与方以智交往

---

① 台北“故宫博物院”藏姚文燮山水扇面一幅，见饶宗颐《方以智之画论》。

② 续集卷二十六上 · 4406 页：《家子履斋头醉观陈章侯所画人物歌》《萧尺木过访论画法赋此谢之》《题林玉树花鸟册子歌》《题山水册歌》等。

③ 《无异》卷二 · 二十一《马一公诗序》。

④ 《无异》卷三 · 二十四《休休师金刚经注序》。

⑤ 《清史资料》第六辑 · 82 页。

⑥ 卷十一 · 诗 · 303 页。

⑦ 《纪事》卷五 · 姚文燮 · 558 页。

⑧ 姚孙森，字绳先，号珠树，天启初诸生，其父姚渥源，曾任湖南湘潭县令。子二人，长姚彦昭，次经三·文燮。姚文燮在建宁任上刊梓其《所处堂集》，吴道新为之序，钱澄之有《姚珠树诗引》。见《田间》卷十六 · 296 页。

⑨ 《龙眠》初编卷四十五 · 1788 页 · 姚孙森《孟秋朔日雨中……方尔止、方密之……集席分韵得霁字》。

至晚年的关系交代，也是姚文燮为方以智刊梓《通雅》等著作背后的一种综合性因素。

姚文燮在建宁，其“余官东瓯，尚未入武夷，而武夷已早入余胸中”，[①]所刊《通雅》五十二卷本和《物理小识》十二卷，均在其顺治十六年至康熙八年任建宁府推官这十年中。这个时间段，全部涵盖了方以智在黎川寿昌寺的四年。建宁“建郡东接括苍，北距上饶，南引延平之津，西控昭武之胜”[②]与黎川为邻近之地，姚文燮“往来于燕赵吴越之间数千里……请急梓……以慰天下”[③]的行事风格及“喜画”，又与宁都彭士望、李咸斋等人善交，[④]且“姚子以《易》起家成进士”[⑤]诸背景，姚文燮当在方以智黎川四年内，有前往寿昌寺探望这位仰慕已久的《易》学与书画大师之行，并将这些信息不断传递给兄长姚文然。

姚文燮对“盱江何印尼、徐仲光诸公领袖募梓”的“四十卷”本评价“陆续成编，多不合式”，是建阳刻书质量好于浒湾一个理由。查慎行有诗曰：

西江估客建阳来，不载兰花与药材。点缀溪山真不俗，麻沙村里贩书回。[⑥]

江西人从建阳贩书，甚至“书版数部俱出售浒湾”[⑦]现象，时有出现，这是此间浒湾刻书业向建阳学习的例证。

姚文燮在康熙元年看见了何印尼、徐芳在浒湾刊梓的“四十卷”本后，因乡邑“吾师陈二如先生、吾友吴炎牧怂恿”，又被钱澄之为《通雅》所作《序》中方以智的一段话“《通雅》者，道人今日之唾弃……将此三十年心血付之流水乎？且天下闻道人之风而欲学其学者甚众，今不以此书示人，而徒使惘惘慰瞀于不可解之书，岂其导世之本意乎？吾梓焉”[⑧]所打动，最终，使自己“爰

---

① 《无异》卷二·四《崔五竺衡庐诗序》。
② 《无异》卷四·六《募修通都桥引》。
③ 《无异》卷二·十九《祝山如朴巢诗序》。
④ 《无异》中，有多篇两人的“跋”文。
⑤ 《无异》卷七·十一《全生渠碑记》。
⑥ 查慎行《敬业堂诗集》。
⑦ 均《芗草集》338 页转引《建阳刻书史·潭阳熊氏家谱》。
⑧ 《全书》1588 页。

蠲资付梓”，在其管辖之建溪，[①]将“五十二卷”本的《通雅》得以在康熙五年刊梓完成行世。[②]姚本《通雅》之所以会增至“五十二卷、首三卷”，则是揭子宣自顺治十五年方以智来黎川从学后，为之誊抄过程中，方以智进行了增订，揭暄、中通、中履又为之添作“跋”的结果。这亦说明“姚本”的增订过程中，对浒湾所刻“四十卷”本《通雅》有参考。[③]姚文燮后在刊梓《通雅·发凡》中再说：

> 一、是书成于先生己卯以前……业有定本，为当时名公巨卿序以行世，值多事未果。一、……长公田伯中德、次公位伯中通、季公素伯中履、令侄有怀中发，皆自相师友，著作有声。兹集悉经手校，故考订最精，应纪之以见其家学之盛。一、是书初为盱江何印尼、徐仲光诸公领袖募梓，已得十之一二。或人刻数卷，或数人共刻一卷，陆续成编，多不合式。[燮]未敢因以为功，独力创举。特选善手，逐字较订。点画悉依《正韵》，剞劂颇称精良，庶令观者心目朗然。一、是书系先生门人广昌揭子宣携至建溪；会吾乡西硕道人极叹其佳，因同吾师陈二如先生、吾友吴炎牧、怂恿行世。遂竭力付梓，幸尔告成。至于晓夜校雠，一字无伪，则子宣之劳，不可诬也。羹湖燮识。[④]

这是验证《通雅》两个不同版本，以及其中的前因与后果，这些变化，均发生在黎川。据此，可知“四十卷”本的《通雅》是由“盱江”何印尼与徐仲光募捐而刊梓；“五十二卷”的“姚本”《通雅》，由姚文燮出资，于康熙五年在福建建溪刊梓完成，即今所见之传世的“此藏轩”本。[⑤]

记载姚文燮在建宁十年当中刊梓诸书的经历与艰辛，《无异堂文集》各篇自述，以及时人评论与跋文，尝见有：

> 蒋虎臣曰：羽南先生……精于《易》……经三为梓其《易蕴》既成，

---

① 《榕城诗话》卷下·31页：“闽省西北负山……在建宁府曰建江……建江亦名建溪……建溪源自武夷为东溪，后人因以唐句‘雷霆入地建溪险’。”

② 姚文燮《序》：“康熙丙午夏日，龙眠姚文燮题于芝山之春草堂。”姚文燮在卷十四·地舆·方域另有“昆仑”跋，当在写序之前。

③ “此藏轩”未见“多不合式”之缺陷，即表明其曾有“参考”。

④ 《全书》第一册·1586页《康熙刻本姚文燮发凡》。

⑤ 《光绪刻本方宝彝跋》：“右族祖密之先生《通雅》五十二卷。康熙丙午，同邑经三姚氏尝为校刊，所谓‘此藏轩’本也。”

而先生殁……余与经三向赏其明敏，而今服其厚大，此类是也。[1]

余备员雄山在乘轩……时时以初梓诸书、走命校雠。[2]

李研斋曰：……羹湖先生现恒河沙，数身为之评注也，读书苦心，爱才至诚，凡有识者，俱当感泣下拜。宋荔裳曰……姚子始现广长舌而为昭雪……[3]

幼光先生……辛卯始归……搜其全本删订成集……[4]

余往来于燕赵吴越之间数千里……请急梓《朴巢诗》以慰天下。[5]

康熙八年，姚文燮离开建宁任，改知直隶雄县，[6] 康熙七年雄县地震，“此邑满目汪洋，大水浑河决芦沟”[7] 治理有声；再于康熙十一年赴滇南开化任，[8] 姚文燮则多有埋怨：“余登籍十四年，仅得佐边郡开化为古今弃地，界在交趾崇山深菁，往来无人迹，族尽猓獚。”[9] 自己亦在《滇行草自序》中，将这段在滇南的心迹，作了交代：

姚子于壬子岁迁滇开化司马之所作也，历燕齐过吴经豫楚趋黔，而至于滇，统以滇名者纪行也……姚子登进士十四年，由司李长令以迁。今官武夷上谷皆有诗未尝示人，而独先滇者……姚子性不工于宦第，求工于文章、诗画，而工于宦者，不乐行滇。自文章诗画视之胡滇行之不乐也。古今山川莫奇于滇，滇又莫奇于古今未有之开山川者，天地之文章、诗画也，而文章诗画则为人心之山川。[10]

---

① 卷一 · 一《易罍序》。

② 卷一 · 四《易经圭约序》。

③ 卷一 · 十四《昌谷诗注自序》。

④ 卷二 · 十五《钱西顽田间集序》。

⑤ 卷二 · 十九《祝山如朴巢诗序》。

⑥ 《无异》卷六 · 一《重修雄县志序》：“康熙己酉移秩宰于雄。”姚文燮《雄邑驿传记》：“雄为京师之东路，山东、江南、浙江、江西、福建、广东制悉经由于东保郡各驿，惟雄与新共焉。”见卷七 · 十六。雄县原属河北保定，今北京雄安新区内。

⑦ 《无异》卷七 · 五《治浑河记》。

⑧ 《无异》卷五 · 九《胡越州诗序》：“壬子余万里入滇”；方畿《秋夜经三席中读敦复送其官滇南诗，因忆敦复》：“良朋天外碧琅玕，表弟筵间赤玉盘……驰想三秋丹凤客……”《龙眠》初编卷四十九 · 2037 页。

⑨ 《无异》卷五 · 五《送观察许鹤沙先生归养序》。

⑩ 《无异》卷五 · 四《滇行草自序》。

以姚文燮的这个自述，真实地反映出其“艺术家”个性的一面，其《临阳试草序》说：

余佐滇之开化郡，为古今不通文教之域，跳梁于今，上之四年复歼其丑，而辟其地与诸郡等，余十年麿除书于古籍，既无所考，逢人问道亦仅计至滇而止。[①]

这是姚文燮在入滇后即不再为人刊梓书籍的证据。而乡人孙中彖[②]的《怀王暟文、戴山民、杨钦四、姚三经由陆路南归》，[③]祝祺《夏日项于磐、姚经三小集朴巢》：“一雨洗残暑，君来生晚凉。须眉蕉下绿，木石画中苍。沦茗分寒响，开尊送夕阳。深谈忘主客，清露滴诗囊。”[④]《姚经三写山水见赠，自题一绝因韵答之》：“青山未得隐闲身，几度翻疑画里真。君画秋山人不画，已知余是住山人。”[⑤]等诸诗文，则是对姚文燮自滇南回老家后的交游记录。

姚文燮刊梓后的《通雅》正文五十二卷，另卷首三卷，约70万字，成为方以智一生当中篇幅最长、囊括前半生30余年对《易经》象数学理论中的哲学思想，以及其朴素辩证法等学术的集大成者，故姚文燮引用钱澄之的话说：

凡天人经制之学，无所不该。其大指：尤在乎辨点画，审音义。因而考域之异同，订古今之疑伪。有画具而音讹，有音存而字谬；有一字而各音不等，有一音而数义以分。引据古文，旁稽谣俗，博而通之，总之不离乎雅者近是。[⑥]

《通雅》五十二卷本刊行后，“数十年间即已流行各地”，[⑦]康熙皇帝玄烨（1654—1722）也被该书所吸引并受到影响，不仅在处理政务万机之暇阅读了《通雅》，且以该书所给予的“实学”科学精神，撰写了一部完全依照《通雅》体例、叙述方法一样的《几暇格物编》，并在《阿滥》篇中，直接写其引用道：

阿滥之名……《通雅》云：鴳，骊山鸟也，一名阿滥堆。则古名鴳

① 《无异》卷三·三十八《临阳试草序》。
② 字易公，号莲溪。桐城人。
③ 《龙眠》初编卷五十五·2312页。
④ 《龙眠》初编卷五十六·2342页。
⑤ 《龙眠》初编卷五十六·2362页。
⑥ 《康熙刻本姚文燮序》引“西玩道人”语。
⑦ 冒怀辛《通雅校点说明》13页。

矣……[1]

方以智《通雅》一书的魅力，让原本势不两立的“敌对”当朝皇帝，也为之去践行“实学”精神，而使其有《几暇格物编》，[2] 这是让后人难以想象的。

《清诗纪事初编》卷五·558页记载姚文燮：

> 他书谓文燮六十后得奇疾，竟不识字……康熙三十一年，其时文燮尚存，年已七十矣。张英《笃素堂诗集》乙亥[康熙三十四年]题羹湖画册《巾车归里图》云：碧落仙居刚十载，黄炉客去已三年。

方以智去世110年后，乾隆四十六年（1781）清廷编修《四库全书》，姚本《通雅》以划时代的学术意义被收录。《总目提要评语》说：

> 是书皆考证名物象数、训诂音声……明之中叶，以博洽著者称杨慎，而陈耀文起而与争……次则焦竑，亦喜考证，而习李贽，游动辄牵缀佛书……惟以智崛起崇祯中，考据精核，迥出其上。风气既开，国初顾炎武、阎若璩、朱彝尊等，沿波而起，始一扫悬揣至空谈，虽其中千虑一失，或所不免，而穷源溯委，词必有征，在明代考证家中，可谓卓然独立矣。[3]

《四库全书》的评语，将方以智与顾炎武、阎若璩、朱彝尊诸“乾嘉学派”先河并列于开山，给予《通雅》高度的学术定位。随后，《通雅》流传日本，[4] 在康熙、雍正间，由日本学者新井白石（1657—1725）仿其体例作《东雅》二十一卷，对日本近世思想、学术产生了巨大影响；[5] 嘉庆、道光间，《通雅》再传朝鲜，对整个东亚地区的思想、学术界，均有着不可估量的深远影响。

追根溯源，《通雅》得以在有清300年中有如此巨大的魅力，在如此广泛地域流传，除了被《通雅》一书中方以智的思想、科学精神所吸引外，姚文燮《通雅》刊梓该书的精良之功，亦是难以抹杀的。

---

① 《康熙御制文》第四集·杂著·卷三十·下之中，第五篇。

② 《渔洋》附录八《渔洋山人自撰年谱》2032页：康熙十七年三月，康熙书写“格物”二字赐王士禛。

③ 《四库全书总目提要·杂家类三》。

④ 今安徽省博物馆藏《通雅》日本清中刻本；中国科学院图书馆有藏《通雅》日本立教馆刻《切韵声源》、《文章薪火》等刊本。

⑤ 《光绪刻本方宝彝跋》：“倭人刊本，又旁注彼土音读”，即所附日文“假名”。

4.《物理小识》初刊与陈二如、吴炎牧、潘江诸人

《物理小识》十二卷，约10万字，是一部以方以智亲身、亲闻的事物为主要基础，广征博引，涉猎自然科学，是体现方以智早期朴素唯物主义思想，且对泰西之学多有论及的著作。方中通在《〈物理小识〉编录缘起》记载顺治七年事说："老父《通雅》残稿自京师携归，《物理小识》原附其后，老父庚寅苗中寄回一簏，小子分而编之……今……附《通雅》后，亦可单行。"方以智在《自序》中说："盈天地间皆物也……通观天地，天地一物也。推而至于不可知，转以可知者摄之，以费知隐，重玄一实，是物物神神之深几也。寂感之蕴，深究其所自来，是曰通几。物有其故，实考究之大而无会，小而草木。"

《物理小识》在刊梓之前，又称《名物小识》，初稿约成于崇祯十六（1643）夏至。[①] 在方以智流寓广东岭南期间，对其进行了充实和修改，其刊梓即在方以智驻锡黎川期间，成书的时间几乎与《通雅》同期，也在康熙五年刊梓完成。余飏为《名物小识序》说：

广昌揭子宣……《通雅》，工及半矣……复取《名物小识》而梓之。既成，丐序于余。[②]

此书刊梓在《通雅》"工及半"之时，余飏所谓"子宣复取《名物小识》而梓之"语，当为得到了"姚羹湖"在资金方面的资助，"遂为改锓全帙"，即将《物理小识》与《通雅》一道刊梓，后又于康熙三年得庐陵县令于藻资助，与《药地炮庄》同时在康熙五年得以全部刊梓完成行世。方中通在康熙四年《物理小识》刊梓完成前所作《同方乘六编次老父〈物理小识〉授梓》诗，对当时编辑、校对诸繁忙与辛苦作了说明：

著书因宿好……户庭皆纸笔，笥簏伴流离[此书播迁时著]。今日重抄纂，相传与世知[郭太守[③]餽予二十金，于明府餽予十金，予皆捐入刻费]。[④]

---

① 《前编》卷六·曼寓草·卷下《物理小识自序》，款署："岁在昭易汁洽日至箕三"，又"待征乃决……崇祯癸未夏"，是初稿已成的标志。

② 余飏此《序》在《物理小识》中未收录，仅见其著《芦中全集》第二十一页。

③ 吉安知府，郭景昌，康熙三年就任，与方以智交善，后因方以智"死事"去职，后复职。

④ 《陪诗》卷三·十。

《物理小识》十二卷刊行后，很快流传至东瀛，在日人《图说中国历史》中，是将其看成介绍西方科学的重要著作，给当时学术界带来了很大的影响。[①]

陈二如（1611—1678后）名式，因留长髯，人称胡子，桐城人。顺治十七年进士。《桐城续修县志》卷十六·人物志·文苑·十九：

> 陈式，字二如，号问斋，贡生。文笔骏伟，屡荐不售，授经里中。门下士多高第显官。耽著述，作《四书注注》《毛诗注注》，搜剔精微，多出先儒训诂之外，迄未成书，著有《问斋杜意》二十卷。

《龙眠风雅全编》载其“小传”：

> 陈式……自署问斋翁。康熙元年恩选贡士……美须髯，善谈论，质貌魁杰，有大人之度……崇祯中……尝侨寓白门，与里人……为“潜园十五子”之会，文采风流照映江左。一时，吴、越名下士咸相与班荆赠缟，必为陈髯屈第一指……为诗明艳如花……又多凄清激楚之音……于唐诗中，酷嗜杜少陵……且吟且解……听者为之忘倦……名之曰《问斋杜意》……有《四书注注》、《唐诗选意》，藏于家……同里如开化姚羹湖文燮……咸出其门。晚入油幕，扣其囊底之智，掀髯为诸侯上客，无所不克当，人亦深信其无他，时论伟之。[②]

《桐旧集》卷八·十：

> 陈式，字质生，又字二如……方盦山《赠陈二如诗》：岑城虽寂寞……长歌陈式豪……张文端集《问斋杜意序》：陈子天才奇迈，学有本原……老退隐于丘壑，孤洁伉直，磊落狷介，不谐于俗……论杜诗则掀髯高吟……退而书之于纸，则千百言如泉涌……

诸家评价陈二如是一个喜酒、好杜甫，能画山水，性狂狷而有虚空胸襟之人，围绕在方以智周围仰慕如此，实是其来有之。康熙元年，方文有《送陈二如乡贡北上》：

> 虔州归艇泊江滩……来朝南浦即登鞍……此去金台有奇遇，知君定不是微官。[③]

---

① 山根幸夫《图说中国历史》第七卷。

② 续集卷十七·3867页。

③ 《盦山》续集后编·卷四·773页。

陈二如与钱澄之关系紧密无间，尝有“呼饮”、“剧谈”与“醉”。① 顺治十一年至十三年期间所作《雨中同左子、直子过陈二如呼饮，二如后至》：“入门作馔呼中馈，踞榻狂歌待主人……厨前鹿脯难逃算，自诧公明术有神［蔬盘已尽，余算厨有鹿脯，果中］”，② 又在《陈二如杜意序》中说：

> 吾尝与陈子论杜诗矣……于是，陈子掀髯喜曰：“有是哉！子之论杜也。吾沉酣于公诗者二十年矣，吾之解诗，不唯其词，唯其意。今解成，以‘杜意’名，子视之，将毋以为犹吾之意，非公之意耶？”……③

康熙五年，陈二如在建宁并居留一年，与时为修《建宁府志》的钱澄之有聚并酌，钱澄之《陈二如见过小饮》：

> 我滞将三载，君来又一年……细听谈杜注，此论定须传。④

所谓“杜意”与“杜诗注”，即陈二如著《问斋杜意》，钱澄之以“定须传”作了充分的肯定。至康熙六年，姚文燮 41 岁，陈二如仍在建宁与钱澄之、吴道新等同为贺，钱澄之作《初度日放生池礼佛承潘俨思、吴汤日、陈二如过存并呈一拙禅师》，有“旅食相怜乡谊重［谓汤日、二如］”⑤ 句，可见当时刊梓书籍时，陈二如等尝有聚于建宁姚文燮处。

陈二如是方拱乾（1596—1666）⑥ 的门生，方拱乾有涉陈二如生平、事迹诗多首。《喜陈子二如至广陵特晤》：

> 百年几十一，堪比离别长。生还逾三载，见子仍他乡……功名不足言，伤心在文章……料子多白髯，披拂犹半苍……惟有少陵诗，细论口长张。老妻隔帷听，喧笑闹书堂……⑦

《别陈二如》：

---

① 《田诗》江上集［庚子］137 页《数过潘伯鸾小饮与陈二如剧谈醉后有作》。

② 《田间》卷三·江上集［起甲午止丙申］·46 页。

③ 《田间》卷十三·245 页。

④ 《田诗》卷十四·客隐集［起丙午止丁未］·303 页。

⑤ 《田诗》卷十四·客隐集［起丙午止丁未］·301 页。

⑥ 原名若策，字肃之，号坦庵，晚号甦庵。桐城人，崇祯元年进士，改翰林院庶吉士，官左谕德兼侍读。入清官少詹事。顺治间因科场案流放宁古塔。著《宁古塔志》《绝域纪略》等。方拱乾与方以智善，《华青》卷十·诗·278 页，载其《怀青原》诗：“愧子非一端……上山各努力……桂林有余光，茎草信时节。”

⑦ 《龙眠》初编卷二十二·749 页。

问字得吾髓，分霜及尔髯。惊看弟子老，莫怪岁时淹……[1]

《因仲侄归简陈二如问其注杜成未》：

共侄论诗数，兴情必及髯……学杜经年久……应为老夫添。[2]

《寄陈二如二首[时以廷对入都，以予归之两日而至]》：

陈子五十才献策，短驴入都予已归……八章怀我当如何？[二如书来云，庚子有怀予诗八章，未达]……往事山川费揣摩……累累箧底还留字，相见当尊须放歌。[3]

《寄陈二如》：

陈髯应不憎新法，贫死何如低折腰……闻说鸠江虚绛帐，且将奇字慰飘摇。[4]

潘江在“小传”中所云“晚入油幕”，姚文燮有《方还青同陈二如夫子、张龄若、何令远、伯兄彦昭偶集南轩，还青即席赋诗，依韵和之[二首]》：

昆明池上我亲过……疋马羊山孤客去[送陈师之盱幕]。[5]

该诗相送陈二如，时间在姚文燮离开福建建宁前往滇南任上的康熙八年，所云“之盱幕”，即指其“晚入油幕”事。但这个“盱幕”，是盱江流域途经的“建昌府”、“虔州府”还是“抚州府”，目前尚未得知。以时人所见之“扣其囊底之智，掀髯为诸侯上客，无所不克当，人亦深信其无他，时论伟之”记载，其卒年当在“之盱幕”后数年或十数年之间。陈二如有《潘属藻六十》诗，潘江生辰在万历四十七年，其60岁在康熙十七年，陈二如这一年尚在世，卒年当在此后。

方畿[6]有《立春日陈子二如过从论诗，适借阅六一集，因仿其调贻陈子》长诗，对陈二如生平与晚年生活状态，有较详细的描写，亦以“呵冻绝快聚，秃笔聊一拈”句，暗示了陈二如长寿的可能。诗曰：

陈子龆龀交，聚散三十年……江左我流寓，子亦携家迁。授书王孙

① 《龙眠》初编卷二十二 · 780页。
② 《龙眠》初编卷二十二 · 781页。
③ 《龙眠》初编卷二十二 · 796页。
④ 《龙眠》初编卷二十二 · 801页。
⑤ 《龙眠》续集卷二十六上 · 4453页。
⑥ 《康桐》卷之四·仕蹟·六十六：“方畿，字奕于……顺治间以恩拔，授河间司理……升汉中府丞，官清署冷……已拂袖归龙眠，日携奚囊苦吟，语不惊人不止，其挥管又俨似钟王，里人得其尺幅，称为二宝。晚年慕五柳先生之风，而自号四松云。”

塾……诗酒足流连。君更善其书，落笔每不凡……公车报经术，子行北至燕。怀袖所上书，岂不如郑虔？……子归我入城，敦此夙昔缘……网罗尽先辈，龙眠有诗传……把臂如张陈，门人遇子瞻。我听嗣宗[①]琴，瑟亦奏阮咸。我叔雅好杜，丹铅纸几千……呵冻绝快聚，秃笔聊一拈。[②]

潘江与陈二如善，有《同陈子垣、方尔止、陈二如、马孔璋……送滴投上人之匡庐……》，[③]其“小传”所涉“潜园十五子”诸子以及桐城的乡邑，均有诗涉陈二如，是了解其最好的材料。

吴日永[④]有陈二如早年生活状态的《为陈二如催粧二首》：“梓瑟双成器……修髯兼白皙，女婿旧相宜……从来夸胜事，陈子娶齐姜[娶齐氏]。”[⑤]又《赠陈二如移家二首》：“淮水通城城北迴……门前车马常稀过……几年流落几踌躇……衣裳饮食粗能具，供养堂前事有余。”[⑥]

左国鼎[⑦]有《怀陈二如》：“客中一岁历寒暄……同去公车都返舍，独留太学为承恩……才人未免重名根。”[⑧]

方兆及有《怀胡子兑陈二如》：“秋风都共白门床……总为饥寒成远别……长干夜醉楼头雨……”[⑨]

张度有《过陈二如读书处》：“碧山栖止著《玄经》……木榻将穿似管宁……”[⑩]又有《送陈二如、姚声侯赴吴五崖中州衡文幕》：“新莺求友到殊方，千里春风送客装。季节悽其分故旧，元龙豪气在文章……声名大半起邹阳。”[⑪]

胡如珑[⑫]有《怀陈二如》：“都人台笠曳琼琚……一去弟兄同海运，几回烽

---

① 阮嗣宗，方以智在《向子期与郭玄子书》中有“吾友阮嗣宗……识者称为至慎”，是方以智来黎川之前所交好友。

② 《龙眠》初编卷四十九 · 1951 页。

③ 《龙眠》续集卷末 · 4691 页。

④ 字南苍，卒时 24 岁。

⑤ 《龙眠》初编卷四十一 · 1604 页。

⑥ 《龙眠》初编卷四十一 · 1605 页。

⑦ 字夏子，桐城人。崇祯末诸生，桐城人。

⑧ 《龙眠》初编卷六十 · 2549 页。

⑨ 《龙眠》初编卷五十三 · 2180 页。

⑩ 《龙眠》续集卷二十 · 4030 页。

⑪ 《龙眠》续集卷二十 · 4051 页。

⑫ 字木夫，桐城人。崇祯中诸生，年三十余早卒。

火问乡书……早达长门买词赋，千金宁不富相如？”①

姚孙棐有《雨中陈二如招饮》：“雷声不断如铛声……家贫款客肴偏富……辖投何惜再飞觥［时二如将有濡须（今安徽无为县城北）之行］。”②

陈二如与吴炎牧、姚文鳌的友谊在20年以上，对其晚年的“入幕”行为，多少有些微词，姚文鳌在《别陈二如、吴炎牧、孙喈公、蒋潜伯、江少文》一诗中说：

> 伤心不待唱骊歌，碧酒才拈面已酡。风雨廿年空荏苒，云山千里共蹉跎……中原人岂尽岩阿？③

陈二如有《赠姚经三》诗，多少是对其晚年的生活状态的一种回答。诗曰：

> 吾道升沈属渺茫，因君一倍晚来狂……中外都传翰墨香……肯荐桓荣到讲堂。

陈式为诗“明艳如花……又多凄清激楚之音”，④《龙眠风雅续集》选诗81首。《延平道中》“所争升斗利……谁言闽不贫？”《望越中》“同是报仇君得计，每从雌伏忆雄图”；《纪变三十韵》“……云出苍梧远，花开素榇偏。……要津徒议论，门户费周旋……杜鹃声里月，凄绝未曾眠”；《客仿钓园七阅月临行诗……八十韵》“去国虽身在，依刘已迹奇……半壁图恢复，中原问倚毗”，⑤这些诗文，反映了陈二如明亡后的政治态度。

吴炎牧（？—1669）桐城人。是吴道新的长子，与方以智为堂表兄弟。《桐城续修县志》：

> 吴循，字炎牧……年十七补县学生，博学多才，随父宦游，往来吴越间，一时名宿如顾修远、张尔公、吴园次、汪苕文辈争推重之。侨寓白门，与过江诸子联文会。还桐复萃，里中名彦结同声社，一时学者宗之。著有《周易图解》《忍斋诗文集》。⑥

---

① 《龙眠》初编卷二十八 · 1045 页。

② 《龙眠》初编卷三十一 · 1176 页。

③ 《龙眠》续集卷二十 · 4073 页。

④ 《龙眠》前言 · 10 页。

⑤ 均《龙眠》续集卷十七 · 3867 至 3894 页，所载陈二如诗。

⑥ 卷之十六 · 人物志 · 文苑 · 七。

姚文鳌[①]在《函云行忆吴大炎牧山中》一诗中，对吴炎牧的生活状况，作了介绍与劝慰：

我作《函云行》，竟在春江上。吴子策卫归敝庐，姚生倚棹长唏嘘……榕桐订交之七子[②]……莆田林君[鸿鸣案：指林二史]齿较长，十年潦倒困公车。小草期年速官谤，薏苡蒙冤赋《遂初》……一官相待又三年，拮据奔驰繁食指……吾家第五上长安，四次含悽离桑梓……同忆流寓白下时，炎牧挥霍有余资。绮罗满船时载酒，唾壶击碎夜论诗。公卿就见不得见，建安风骨紫芝眉。泽火还乡土，函云回春姿……图书十乘遭狼藉。僦居城南数载余，三献无功空落魄。卖珠补屋颇平常，吴子吴子休萧索……金尽裘敝返家园……古来饮者与隐者，景其高旷何其雄。邀君早结烟霞伴，安能坐费白日成老翁？[③]

姚文燮《同林二史、吴炎牧、孙喈公、易公、家彦昭、驾侯、翼侯游披雪洞韵得四支》，[④]在《怀炎牧客洛[三首]》中，将其与吴炎牧的关系，比之若“袍兄弟”，两人交善至老。诗曰：

南人临北地，每觉旅愁多……思君常不寐，别绪五更中……白发含饴际，忧怀俯仰同。[⑤]

又《怀吴炎牧[传闻卧病甚剧]》：

病多翻自讳，忧极畏人知……休添鬓里丝。[⑥]

该诗前有《冬日雪史远公……送其入都》后紧列《己酉春日移官雄县拜别老母之任》，当在康熙七年冬、八年春之间，遂卒，姚文鳌作《哭吴大炎牧》：

论交二十年，缔姻复三载……春署展邮筒，报到君安在？……修文偏重君，名场终匿采……君心我之心……千秋性命交，何尝皆鼎鼐？[⑦]

姚文鳌与吴炎牧为姻亲，但儿女尚七八岁时，吴炎牧即去世了。吴炎牧

---

① 字驾侯，一字蛰存，称姚文燮为“九兄”。

② 即姚文燮《同林二史、吴炎牧、孙喈公、易公、家彦昭、驾侯、翼侯游披雪洞韵得四支》诗中七人。

③ 《龙眠》续集卷二十·4066页。

④ 《龙眠》续集卷二十六上·4403页。

⑤ 《龙眠》续集卷二十六上·4414页。

⑥ 《龙眠》续集卷二十六上·4432页。

⑦ 《龙眠》续集卷二十·4077页。

有为姚文燮《无异堂文集》中《冥游录序》之文作《跋》一则：

一部《周易》全是阴阳变化之说，知此至理，冥录何奇。[①]

康熙元年，钱澄之作《冬至后一日孙喈公邀同李士雅、吴炎牧、左子厚、戴导及集晚香堂偶述所闻，时堂外梅花初放》；[②] 康熙六年，钱澄之随方以智入闽，有《梅仙山同吴炎牧》可知吴炎牧晚年栖息在福建某道家梅仙山中，诗曰：

……梅尉栖真住此山……闽乡争说隶仙班。烧丹井废闲浇园……更有坠鞭遗迹在，渡头惆怅几时还。[③]

潘江（1619—1702）字蜀藻，一字耐翁，别号木厓，[④] 桐城人。其父潘金芝，明崇祯朝太学生。潘江于崇祯二年 11 岁补博士弟子员，顺治八年、十一年乡试两榜名列前茅，但“诡得复失”。顺治十三年至康熙六年先后出游梁园、徐州、清宁、毗陵、黄州等地；康熙八年潘江游太学；十年赴部授职，曾考授州司马；十八年举鸿博，以母老辞；十九年、二十一年两征遗逸，皆以病辞，隐居北郭河墅；康熙四十一年辞世。著《木厓集》，辑《龙眠风雅》初编六十四卷、续集二十八卷二种。与乡人钱澄之、姚文燮、方文、陈式为文友，有弟子戴名世。《桐城续修县志》：

潘江……性敏慧，博极群书，肆力诗、古文，四方从游者甚众，为江左道德文章之冠。康熙己未，以博学宏词荐，以母老不赴，隐居北郭之河墅。著述甚富，为《六经蠡测》……《木厓诗文集》，共四十余种行世。商丘朱实颖赠联曰：“两朝文献真儒者，四海津梁大父行。”卒年八十四。张相国文端题曰：“大诗伯潘木厓先生之墓”。[⑤]

《桐城耆旧传·潘木厓先生传》：

潘先生讳江……少孤，母吴氏高节博学，著有《松声阁集》……博极群书，历游齐、岱、京、楚，与海内名流相结，主盟坛席者三十余年……尤留意两朝文献，遇人一韵之工，称赏不容口。戴编修名世初未知名，

---

① 卷三·二十八《冥游录序》。

② 《田诗》卷十·江上集[壬寅]·221 页。

③ 《田诗》卷十四·客隐集[起丙午止丁未]·294 页。该诗当为钱澄之康熙六年在建宁、莆田等周边时作。

④ 《龙眠》续集卷末。

⑤ 卷十六·人物志·文苑。

先生奇其才，悉发藏书资之，卒传其学……乡先辈诗文得不泯者，潘、李、何三先生力也……[①]

钱澄之《潘蜀藻六十初度序》：

潘子蜀藻……屡举不中，应以学宫久饩，需次贡礼部，候廷试过，乞广文一席以为读书养亲之地。会有新令：废廷试，广文员汰不复补。蜀藻随例入太学，为天官选人，得州司马，非其志也。未一年，诏复廷试如故，凡郡邑诸生能蠲资输军饷者，例得授广文，而蜀藻以候补州司马，不得与，而州司马亦未有补期。于是，蜀藻绝意当世，益专其志于诗，以为杜子美之所为。以蜀藻之才，天既靳其一第；至其应得之官，本无重轻，亦复靳之，使巧与功令相左，若功令之变更，偏以阨塞蜀藻，何也？……蜀藻今年称六十《龙眠风雅》之选适以告成……蜀藻一人不朽之计而已，蜀藻亦可以自解矣。[②]

潘江编《龙眠风雅初编》，时在顺治五年，钱澄之和姚文燮两人慨然共事，又得方文、陈二如等相助，于康熙十七年春得付梓，三十年刊成。其跨度，涵盖了方以智中晚年的23年，保留了方以智涵盖在黎川寿昌寺的诗169首。康熙十六年冬，吴道新《龙眠风雅序》说：

潘子蜀藻戊子辑已刊、未刊五十余种……姚子经三甲辰续辑数十种，携入闽，计就建川剞劂。时予暨钱子饮光、陈二如客富沙，翊襄商兑。姚子颜之曰：《诗传》，传者，传其详也，宽之也。钱子颜之曰：《诗存》，存者，存其略也，严之也……

这是他们在一起讨论《龙眠风雅》编辑、刊梓的情况，只是比《通雅》晚了两年。但这个团体中的人员，与《通雅》捐资、襄助人员如出一辙。钱澄之《潘蜀藻诗序》：

吾乡潘蜀藻，以诗文称于世者三十余年。凡吾乡论名士，必推蜀藻。而四方称吾乡名士，亦必首推蜀藻。予之知蜀藻，盖知之于四方之士也，垂老，始与蜀藻交……是时，蜀藻与方尔止学为白香山诗，因见予之诗间有似于香山者，而好焉……以蜀藻之才，驰骤艺林……因搜罗同乡先

---

① 《龙眠》附录·4754页。

② 《田间》卷十八·寿序·358页。

辈及诸亡友逸士之遗稿，盈数千篇……吾观蜀藻，平生耽嗜风雅，遇人有一语之善，歌舞赞叹，不自知其吟之于口而诵之于人，盖天性使然。而其诗学之老而弥深，殆亦由此其进也……而今乃以诗名也，悲夫！[①]

方孝标（1617—1697）[②]在《与潘木厓书》中说：

向游闽海，见表弟姚经三笥中有《龙眠诗传》一部……经三亦以为然……足下此举，诚可不朽于家邦矣。又闻足下搜求甚苦，至踵门再四，不异私求，割薄田之入独立工程，此岂非仁人学者斯文自任之道乎？……若夫首以先断事之忠贞，终以家密之之苦节……

姚文燮此间携往福建建溪需要刊梓的著作，不仅只《通雅》一书，而是多部需要刊梓的书籍，这里面就包括了方以智诸“忠贞”“苦节”之著作，故引发了方孝标对方以智著作的提及。其捐资为《通雅》亦与方孝标所赞《龙眠诗传》刊梓一样。

康熙十年，方以智在万安惶恐滩赴水殉节，潘江作为亲眷参与处理丧葬事务，作《挽无可大师》十一章，说方以智“悬崖撒手”比之于“屈原”、投江自沉的“五世祖方法”和南宋的“谢叠山”：

纪年陶甲子，再世屈庚寅……骑箕逢断事，清德复何惭……千秋配叠山。悬崖今撒手，正气在人间……军持水自漫……善生还善死，何必羡无生……[③]

晚年潘江与陈二如等尝有“花会”之约，每会赋诗一体，汇集授梓。中发有《潘木厓先生八十初度》：

六朝坛坫仰遗贤，岂独逍遥享大年。耄耋眼前随地有，姓名海内几人传……自是文章能不朽，千秋风雅在龙眠［先生有《龙眠风雅》之选］。[④]

方以智“博极群书，深识力厚，才大笔老，故能驱使古今，奇正因创各

---

① 《田间》卷十四·序·268页。

② 方拱乾子，原名方玄成，避康熙“玄烨”讳改。以字行，别号楼冈。桐城人，寓居金陵。顺治六年进士，改庶吉士，授翰林院编修，任内弘文院侍读学士，两充会试同考官。顺治十四年因科举案连坐，流放宁古塔，居二年释归。《南山集》案戴名世处斩，时方孝标已去世，清廷掘棺锉骨，“为千古文人所罕有”，著《钝斋诗集》《启光堂文集》等。

③ 《木厓》卷十五·五言律·十至十二。

④ 《白鹿》卷十·七言律·十七。

极其致”，[①] 才思光耀当世！以方外之身，在黎川四年当中所撰写、刊梓的著作，以其少有的先进科学态度、学术高度和高瞻远瞩的新颖之思想，有别于明代的程、朱、陆、王，也不同于稍晚些的颜、李学派，更不同于胡渭、阎若璩等清初的考据派，这是后人将方以智的学术地位与顾炎武、黄宗羲并驾齐驱而毫不逊色的重要原因。

中国传统士人阶层所抱守的“气节”、人生所遭遇的劫难，在对方以智做少许了解后，较之于前诸人在国破家亡后，仍然能够在逍遥林下得以平静地以撰著为雅好，而方以智可歌可泣的赴水殉节，又无疑将诸人与之作了天地之隔，使方以智得以超越许多。

方以智在黎川四年中，获得了黎川信士们的捐资赞助、流通刊印，并获得了僧俗两界的高度认同后，再由这些身边的弟子、同道、朋友们带往各地，而让这些载着方以智思想、学术书籍，不断由黎川这个小小的山区县城，向全国各地不断辐射，影响世界。

5. 方以智在黎川四年的已知书画作品

方以智在黎川四年当中，“篆刻图书，间写山水，动随天机，不假师法。”[②] 所作书画遗留情况，以其使用名号：药地、木立、墨历、弘智为界定，鸿鸣所知书画作品 19 件，有 1 件亲为上手鉴定，其他均从各种记载中采撷而得，随着社会的开放和“方以智研究”不断深入，还将会有各种新发现的作品出现，现将目前已知介绍如下：

（1）《跋》刃庵・八大山人《墨菜图》与㐆山季子《破蕉怪石》：“刃庵仿仲圭《墨菜图》，愚抄大痴跋曰……㐆山季子复寄《破蕉怪石》一幅……以出支离之气。”该作品为顺治十六年，方以智初来黎川寿昌寺不久，本书有详论。

（2）《金精翠微山水图》顺治十六年六月十五日前后，方以智在游宁都居翠微一月后作。此作后经弟子王又逸仿制，并以款识“又逸学画于药地”赠送魏禧，本书有详论。

（3）《槁木寒石图》，顺治十六年底作，鸿鸣得亲见，并写有《不了头陀债，

① 《龙眠》前言・10 页。

② 《后编》卷之二・《清史资料》第六辑，44 页《东山俗民和五老约题辞》。

寒山作槁松，方以智在黎川寿昌寺所作〈槁木寒石图〉》[①]一文，本书亦有详论。

（4）《乔木孤亭图》该作署黎川四年期间名号“木立”，当在顺治十六至十七年间。自题云：“烟瘴横天露气清，篔筜苦里学长生。闲来坐咒苍龙舞，留得给园风雨声。浮山愚者木立”。收藏：平等阁。有平子狄、冒广生、陈三立等人题跋。见载狄葆贤《（平等阁藏）中国名画集》第124帧《明方密之乔木孤亭图》。

（5）《墨历为雨楼画雨》，题曰：“少年听雨歌楼上，银烛昏罗帐。壮年听雨客舟中，天阔云低，雁叫西风。而今听雨僧庐下，鬓已星星也！悲欢离合总无情，一任空阶点滴到天明。”此蒋竹山题王叔明《听雨楼图》。一阕《虞美人》偶尔写雨，借题其上。雨楼居士犹分别此三听否，毋乃为境转耶？直饶不被境转，依然不知雨点。见载《浮山此藏轩别集》卷之一第81页。

（6）《书木公诗字后》约顺治十七年作，宁都魏礼长子魏世效在《魏昭士文集》卷四中，有其康熙三十九年的收藏题跋：“庚辰仲夏……尔知木公诗字之所自来乎？今夫臣死忠、子死孝节、烈妇死夫，或扶植遗孤，皆足以成其夙昔之志，以显名于后世，是忠臣、孝子、烈妇之幸，而天下国家之大不幸也。有忠孝节烈之心，安常处顺，不见忠孝节烈之名，乃天下国家之大幸。若抱忠孝节烈之心，而非其不得建功业于当世，又不获所奋发以成其忠孝节烈之名，徒以诗古文名天下者，岂其人之幸哉！木公遭时不偶，诗沈郁悲愤，真草苍劲，天下人咸宝之。”

（7）《自画像》该作品没有署年，但以该作为方以智逃禅后所作，古人“50称夫子”，又参照八大山人49岁作《个山小像》自画像，当为方以智在黎川50岁华诞之前作。

（8）《给举业师座余飏的信札》一通，顺治十八年在黎寿昌寺作，本书有详论。

（9）《大士图》跋文，顺治十八年四月二十三日，黎川邓韦菴五十寿喜，方以智将仲姑方维仪所作白描《大士图》以赠并作跋文一篇，本书有详论。

（10）《砥中阁》康熙元年在金溪彭家作，本书有详论。

（11）《浮云一洗万峰出图》康熙元年在吉州以“药地”之名，为施闰章作，

---

① 2018年11月22日北京中鸿信拍卖图录。

本书有详论。

（12）《题干皴墨石图册》九开。此册页在黎川“寒山”所作，康熙九年十二月三十一日，为了纪念广西抗清时的瞿式耜，而将此桂林、阳朔怪石重新题跋于青原山“归云阁”，以赠萧孟昉，今藏安徽省博物馆。尺寸：17.5 厘米 ×25 厘米。质地：纸本、墨笔。

第一开：倚席如桥衡……愚者。

第二开：俯若悬霜……愚者。

第三开：神工细削铁……愚者。

第四开：地出云雷之缝罅……愚者。

第五开：仰祠石屋齐临池……愚者。

第六开：黄海雁宕与武夷……愚者。

第七开：不容人断削……愚者。

第八开：不动雪与月……愚者。

第九开：谁献水苍玉……庚戌献岁。寒山无事，童子炙炭研墨，请愚者发笔，遂成诸种石，将谓荟撮名家，实则听冰雪肖耳。研邻山主过归云阁而索观，便以为饷。浮庐愚者智。

芝老人题跋：磊落形奇……为问米颠，何如九曜。

（13）《秃笔山水册》八开。该册页款识署“药地”，是方以智黎川 4 年期间所作。质地：纸本、墨笔。尺寸：25.2 厘米 ×18.5 厘米。原藏桐城孙塙，今藏英国剑桥大学郑德坤教授·木扉。

第一开：款识：愚者；钤印：可（朱文）。第二开：款识：愚者；钤印：无（朱文）。第三开：款识：愚者；钤印：智（白文）。第四开：款识：愚者；第五开：款识：愚者；钤印：枭华居（朱文）。第六开：款识：山中无事，偶随秃笔，不知其仿何家也。因寄我尔宁道兄。药地愚者愚；钤印：守墨（白文），可（朱文），智（白文）。

鉴藏跋：“笔笔沧桑墨墨哀……沙门近亦无公子，惭愧春镫燕子红。方密翁，稍游新旧掌故者类知之。惟亦擅残山胜水，则恐见者寥寥。居士疏陋。五十九年来今始一读，弥自伤，亦殊憙也……蒲萄龛主人以为奚若。前身浮玉僧大厂孺。”

（14）《画与论〈易〉手迹册》黎川期间赠方熊，后由其编辑成册。澹归有题跋："十方三世，一幅丹青……新安方君望子，曾及药地和尚之门，褒其手迹成一册……"

（15）《药地大师画册》黎川四年期间作，澹归有题跋："药地和尚作此……药地画妙绝时人，我不识得，如何说得？……且收起着。"

（16）《药地大师画》澹归顺治十七年至康熙元年之间有题跋："思孝来岭表……出药地大师画共观之……若到药地门下……"

（17）《愚道人溪山册》十余开，黎川期间作。康熙五年钱澄之有题跋："吾乡士大夫能诗、善书法而兼以画名者，自愚道人始……四方求之者，得其片纸一抹，宝如拱璧……丙午秋……今树人此册……岂特重其画而已哉？"以上四件，本书均有详论。

（18）《木公手卷》在黎川四年期间作，宁都魏礼之子魏世俨有跋："木公既隐于浮屠……公之书大类颜平原之体，而孤高特别。孺子知爱其书，将自末而溯其本……"本书有详论。

（19）《木公册子》二册在黎川四年期间作，魏世效在《方以智诗与陶渊明诗一册》跋曰："儿济以所得木公字，分其所作诗及所录陶彭泽诗为一册，禅语、杂诗、字为一册……又在康熙三十九年跋《禅语与杂诗字一册》中说："长儿济学为真草书……尤爱木公诗字……庚辰仲夏……尔知木公诗字之所自来乎？……"

方以智在黎川四年的书画，虽仅为禅门佛事之余的"消遣"，但亦是方以智与僧俗两界交往、联络的一种好手段，其作品在民间的遗留，一定不在少数，也必将随着"方以智研究"的深入，会有更多的发现。

卷尾 五年后重返黎川寿昌寺

第一节 寿昌寺“传灯事”之争与“兄终弟及”定制

1. 重回黎川寿昌寺与竺庵大成圆寂

公元1667年，康熙六年丁未闰四月夏，方以智在离开黎川五年后，由吉安绕道南昌，与好友李元鼎在府城相会，[①]请益黎川寿昌寺“传灯事”，并请其为刚完成的《传灯正宗册》作“跋”，对外称前往福建鼓山扫永觉元贤墓塔，重返黎川寿昌寺祖庭。这一年，方以智57岁，仲子中通、从子中发相陪左右；[②]时称文士、缁流从游者数百人，[③]所过名山胜寺，众居士及禅侣皆请上堂说法，成一时盛况。

方以智这次重回黎川，本是应竺庵大成相约与徐芳的邀请，前来为十数年纠缠不清的“传灯事”做一个了结,但竺庵在头年的康熙五年十一月十九日，于福建鼓山涌泉寺圆寂了。[④]方以智在青原山接闻竺庵的圆寂消息后数天，在净居寺上堂为作《竺庵和上讣至》：

> 上堂……黄龙[⑤]角搅沧溟竭，纸灰腾空天破裂。痛绝痛绝！竺庵和尚和盘倒却去也！两点眼珠，一场滴冻，有分痛者触着，便可瓦解冰消。若犹一膜依稀，莫嫌今日叨怛。
>
> 念我杖人一碗硋沙，被竺法兄打头吸尽……省侍太平狱中，亲磨干将……兴寿昌于瓦砾。金殿嵯峨，功成不处。脩然南岳，毗洞再开。奔

---

① 李元鼎《青原山观瀑记》,《华青》卷六·记·152页《青原山观瀑小记》。

② 《陪诗》卷三·十六《拜辞老父归里》。方中发《送程松皋守建宁四首》诗后注：“丁未予曾游建州。”当为陪侍方以智从黎川来建州。

③ 《过化寿帖》。

④ 史称竺庵大成“无疾而逝……上首弟子楚云兴源，率众归骨南岳毗卢洞”。

⑤ 指黎川寿昌寺后黄龙峰。

天界之讣音，造栖霞之无缝，重湖西江顶上，廪山之塔岿然。拜扫东莞、武夷，不跨石门雷鼓。竭澥掀天，突然脱去……且喜异[1]苗双茂，付托有人……盖[2]信好山锄头……且随我上供去。[3]

在这篇祭文中，方以智先说竺庵圆寂事，随后针对竺庵“遗书”中的“传灯事”，说出了许多自竺庵来黎川重建寿昌寺的原委。

方以智开宗明义地说：“念我杖人一碗砵沙，被竺法兄打头吸尽”，这是指竺庵没有得到觉浪道盛的许可，便来到黎川寿昌寺，且做出了成就。“攒刃生莲，省侍太平狱中”，指顺治五年，六年觉浪道盛尚在监狱，竺庵有“省侍”，并获“亲磨干将”，即指其前往黎川重建寿昌寺，获得了觉浪道盛的首肯，或有“住持”之期许。这个时间，与鸿鸣所考竺庵大成应早于顺治十年已在黎川的时间，是完全吻合一致的。自此，有了黎川寿昌寺重兴于瓦砾之中，但在顺治十年寿昌寺“金殿嵯峨”之时，竺庵大成并没有在此“功成不处”驻留，而是“翛然南岳”重回了湖南。

观涛大奇在杭州皋亭闻竺庵圆寂，亦作《南岳成和尚讣音至》：

上堂……未审南岳和尚迁化，向什么处去？……苍天！苍天！[4]

竺庵圆寂后的寿昌寺，行师代座的楚云禅师为业师修墓塔，黎元宽作为竺庵的“记莂”弟子，写《寿昌寺待谥禅师竺公老和尚一仪塔铭[并序]》。

是时，三韩周天德秉彝，[5]于该年三月之前来任黎川新城知县。[6]方以智重回黎川，周天德当以尽地主之谊身份，接待这位如雷贯耳、享誉东南的高僧。自此，在整整四年的岁月里，周天德往来于黎川与吉州之间，不仅被其“忠孝节义”的精神所感动，更在切身的接触和了解中，被方以智的人格魅力所感化。

康熙十年三月“粤案”发生，方以智被清廷再次逮捕后，周天德奋不顾身以满清在旗现任地方官员的身份，参与到施救行列。[7]

① 《冬灰》作“喜”,《语录》作“异”，是为本意，故从之。
② 《冬灰》作“益”。
③ 《语录》有“下座”。《冬灰录》卷三。
④ 《观语》卷第一。
⑤ 《康新》:“周天德，奉天府辽阳人，镶红旗，山贡生。康熙六年任。”
⑥ 《康新》卷之二·建置志·十六:“丁未，三韩周侯天德奉命继莅斯土。”十七至十八《自记云》:“余自丁未来官兹土。”
⑦ 拙著《方以智“惶恐滩”殉节诗证考》有详论。

2. 李元鼎与《跋传灯正宗册》

李元鼎（1594—1670），字梅公。江西吉水人。是江西宁藩瑞昌郡王支辅国中尉朱议汶（1595—1660）[①]之女，“中”字辈王孙女朱中楣（1622—1672）[②]夫婿。明天启二年进士。历官行人司行人，吏部稽勋司，文选司主事，光禄寺少卿；崇祯十二年，朱中楣17岁下嫁给李元鼎；崇祯十三年，李元鼎起补光禄，举家迁往京师；崇祯十七年，李自成攻陷北京，授原官；顺治二年，官太仆寺卿、太常寺卿，擢兵部左侍郎；三年，六月二十四日，前明兵部右侍郎兼右佥都御史、九江总督袁继咸在京师谕降不屈，在菜市口被杀，李元鼎收其骸骨归袁州；[③]清廷以事论绞，免死，以杖徒折赎；顺治十四年冬，举家回到南昌。工诗文，著诗文凡三十卷，曰《石园集》；与八大山人、林时益、朱容重为宗亲，[④]与笑峰大然、方以智、黎元宽、陈弘绪士业等为友。道光《吉水县志》卷二二·人物志·名宦：

> 李元鼎……谷村人……甲申，京师陷，族叔邦华殉难死，元鼎守柩旁不忍去，贼逼不降。顺治二年，授太仆卿，迁太常，凡郊庙祭祀诸大典，元鼎裁定者居多，历官兵部左侍郎。既而优游林下，以诗文自娱……著有《石园集》、《灌砚斋文集》。

李元鼎作为前明宁藩的仪宾，与南昌的诸名流均熟悉交好，“陈弘绪、文德翼号为高逸”，[⑤]虽曾有“降清”的经历，但因其有收殓前明九江总督袁继咸（1593—1646）义举，故仍与南昌诸遗民、释、道两家交往密切。

---

① 朱议汶，字逊陵，号逊宁。《盱眙朱氏八支宗谱》：“统鍏三子，号逊宁。封辅国中尉。明万历年三年乙未八月初十日酉时生，清顺治十七年庚子二月十二日丑时卒，享寿六十六。”《石园》卷三十《逊陵朱公墓志铭》：朱议汶“好读书，且擅临池技，大都取法于古而出以己意，尤喜于素壁上作大字，有柳诚悬之风。间以其余，精岐黄业，活人无算。明末宗室有学行者”。

② 字懿则，号远山夫人。是宁藩世系年长八大山人4岁的孙女辈。

③ 《小腆》卷第十二·清世祖顺治三年六月·四八六。

④ 《石园》卷第二十七·十五《题沈坦若画为朱子庄》；卷第三十·九《朱雪臞先生墓志铭》。

⑤ 《纪事》卷七·李元鼎·862页。

崇祯十三年，时为宁藩仪宾[①]的李元鼎，与建安王孙朱统鉟、[②]社友刘西佩[③]等，致信延请觉浪道盛主席青原，未遂。觉浪道盛遂荐弟子笑峰大然，觉浪道盛在《复吉州李梅公诸居士请住青原书》中说：

> 庚辰洪都，成大居士与刘西佩诸公延纳泰定，及建安国主请主上蓝……挽衲主青原祖庭……笑峰诸子相会，亦皆以护祖庭为嘱，此正时节因缘有待耳……青原今得笑峰主持，使山僧为向上一位，不更尊贵乎？惟高明鉴原。[④]

笑峰大然来青原后，李元鼎视之为“英雄”友，其《和啸峰和尚诗》：

> ……坐对东湖似钓翁……我觉英雄见略同。为忆翠屏山下路[翠屏即青原]，相从杖履意何穷。[⑤]

笑峰大然驻锡青原，“奉天界老人命，辑《传灯正宗》百卷”，[⑥]后经方以智“起而承之”得以完成。禅门兄弟合著“传灯”之作，今虽未见传世，但在李元鼎的《传灯正宗册》“跋”中，保留了一些该“册”的信息：

> 此啸峰和尚未竟之绪也，药公起而承之……打破藩离，共偕大道。举从前尔我纷竞之私，一扫而空之真，所谓正法眼藏也。嗟乎！天下何事不坏于异，而成于同？何理不淆于分，而归于一？……[⑦]

《传灯正宗册》散佚不存，李元鼎“跋”亦无署年，以文中“举从前尔我纷竞之私，一扫而空之真，所谓正法眼藏也”的内容与语境，当在该年方以智重返黎川、处理由竺庵大成引起的“传灯事”之前，李元鼎已经完成了该《册》辑撰。李元鼎作为当时的名人，曾专为觉浪道盛住持寿昌寺奔波，故方以智在

---

① 即明王宗室女婿。

② 《同南》卷四十一·人物·明仕迹下·八十二：“朱统鉟，字无外，宗室，崇祯进士，任休宁知县……时中原丧乱，统鉟保障一邑，民赖以生。未几，擢礼科给事中，致仕归[南昌县志]。县志跋云：统鉟系谋敖之子，鲁王监国，官总督，以母丧归。”朱统鉟号赤山，即青云谱道观住持朱道朗（1622—1688）的父亲。详见拙著《朱道朗与青云谱道观》。

③ 南昌人，与彭士望为“东湖社友”，见彭士望《耻躬堂诗钞》卷一·六《东湖社集刘西佩宅用元韵》。

④ 《方青》艺文·255页。

⑤ 《石园》卷第八·五。

⑥ 《青原志略》卷二·僧传。

⑦ 《石园》卷第二十七·十五。

重返黎川之前，特往南昌寓所拜访，并征询处理“传灯事”意见。

方以智与笑峰大然作为觉浪道盛“传灯正宗”的维护与执行者，李元鼎跋“举从前尔我纷竞之私”之语，当为该“册”中对黎川寿昌寺，乃至青原和觉浪道盛掌控的寺庙的“兄终弟及”定制，有“打破藩离，共偕大道”的期望，但同时也包括了“天下何事不坏于异，而成于同”的感叹与共识。

以该“跋”论，李元鼎无疑是维护觉浪道盛“兄终弟及”传续定制的坚定支持者。这是方以智到了黎川后，仍一以贯之地将寿昌寺交到了“大”字辈的梅蓬大忍手中，而没有让已在寿昌寺“当家”有年、竺庵大成期望“接班”的弟子兴源楚云为“住持”的一个重要原因。

由此可知，李元鼎是黎川寿昌寺“传灯事”的重要决策与参与者之一。同时，文中“天下何事不坏于异，而成于同”的“同”与“异”之说，更为后面鸿鸣对竺庵大成“西禅”身份乃为“异族”的推测，提供了另一条隐性的依据。可惜的是，这部有关寿昌寺“传灯正宗”著作，没有传下来，实在是一件遗憾的事。

康熙三年，李元鼎游建昌府诸胜，先后有《欲游二姑暂憩南山古寺偶过苗九符明府衙斋话旧见碑刻楞严阁韵走笔和之二首》等，《游景云寺》、《饭景云寺同竺和尚、徐仲光年兄、苗九符令》、《苗令公招游从姑山同徐仲光》，将其与竺庵大成、徐芳、南城县令苗九符均熟悉且交好[①]作了透露。《游景云寺》云：

> 且迟著屐问麻源……偶过长桥寻佛阁……碑碣还珍御笔存［寺石先帝刺敬佛三字］。为问远公何日到，相期清话敌烦喧［竺庵将至］。[②]

以李元鼎频繁往来于建昌府、黎川的紧密关系，方以智在黎川四年期间，尝来寿昌寺当可肯定。方以智转场青原山后，李元鼎于康熙五年得读《药地炮庄》，与方以智有“几夜深灯语”，其《初夏雨后游青原山六首》，将其与觉浪道盛、笑峰大然、方以智的关系作了交代：

> 为惜春归去，翛然作胜游……曾同天界语，薪火喜频传［啸公、药公

---

① 《石园》卷第二十四・二《瀑音诗序》：“余不佞之得交于九符苗令君也……而九符……一见如旧识……俨然南城令矣！……奉檄而来……仿佛麻姑过蔡经时……昨秋偶泛盱江，令君之清风惠誉在人耳目，数过衙斋见邑治……建楞严华阁，祀大士、纯阳……政事之余诵诗读书，萧然自适，一若不复以官为念者……予客盱不旬日……必更相倡和……余……叹曰：九符其真古君子……余所以读瀑音而为之三叹，且论其世也。”

② 以上均《石园》卷第二十・八至十二。

皆浪丈人付拂]。祖塔灵岩护，名书老额悬[时重立文信国青原山扁]……瀑隐始通泉[瀑布为药公新开]。几夜深灯语，疏钟伴好眠。青原青未了，把臂入林深……开径人何在[啸公]？磨崖句可传[愚山]……老僧闲未得，苦为众生忙。搜瀑资游屐，耕荒补衲粮，儿能诠《物理》，客可读《炮庄》[二书皆药公所著]。隔岭浮山在，依稀是故乡[时药公欲归皖之浮山，故云]。①

文中的“青原青未了，把臂入林深”句，是李元鼎常来看望方以智，两人情深的证据。

康熙六年，方以智从福建武夷建宁返赣，取道南昌，憩应天寺②与李元鼎相晤，并言青原小三叠瀑布之胜，寻回青原；七年三月末，李元鼎再访作《青原山观瀑小记》：

青原未知有瀑布也，有之自药公始。昨岁，药公扫塔鼓山，道出章门，憩应天寺，过余谈小三叠泉之奇，神已先驰。戊申春暮，余自会城归，欲往游焉……则颜鲁公书“祖关”二字……皆观察愚山施公建。因忆三年前愚山倡道，钟鼓为新，聚数郡人士于一堂之上，反复辨难，不减当年从游邹忠介师时……昨日而枯荆更发旁枝，愚山为补山谷真迹于壁上，则所未见者……日之夕矣，归维摩室，与药公挑灯夜话。药公见地高俊，手眼灵快，随意所拈，皆成真谛……今笑公后，又得药公提倡，宗风大振……漏下三鼓就寝……晓起……同药公往从五笑亭……一二老头陀辟土力耕，以补寺粮，药公苦心哉……舍舆同药公步而上，则小三叠石刻……自愚山到后，游人迹绝……药公曰：寺中所云制茶处，即此也。问山僧制茶法，言之娓娓，而烟突灶具，犹带雨前气色。药公曰：此笑公所种，今得享受。愚者今年犹复种茶千头，异日可以饷友作诗料……时吴舫翁追游不及，家侄石门令震，亦从五云来……俱以不得同游为憾。舫翁言：“文信国所书‘青原山’三大字尚在尘土中，余取而新之，大足壮青原之色。”……今既……又有药公为导师，余以七十四岁老人，能杖履相从……

---

① 《石园》卷第二十一·七,《青原志略》卷十一所载题目为《游漱青三叠》, 内文亦有少许不同。

② 乾隆《南昌县志》卷十四·典祀志·寺观·南昌寺观：“应天寺，在进贤门内，唐光启元年建，一名掬林寺。”

而记之。①

李元鼎对《药地炮庄》“随意所拈，皆成真谛”评价，是将方以智汇集各种观点于一书所“炮”之妙用，给予了高度的赞赏。舵石释在《跋游记后》说：“梅庵李公七十四游青原山、观瀑布，与少壮贾勇，争上下不衰，又作诗文……今药地愚者始为开生，而公复以老笔助之……”萧孟昉《跋游记后》：“梅庵司马以悬车之年放情山水，比游青原与药地观小三叠，登陟忘疲，随手记之……伯升受读三叹，使先奉常②如在，当与公爇牛头、煮蒙顶，紫茁抵掌于清泉翠樾之间，其愉快不知当何如也！公《记》成数日，念无与共击赏者，遂命山阳之驾，徘徊春浮……”③可知其与方以智、施闰章、萧孟昉、吴云等人的渊源。

康熙八年，李元鼎去世前一年，作《寄青原和尚四首》：

梦魂每绕故山飞，忆共探泉上翠微。何日重来寻旧约，归云阁上看云飞。青原山志广搜罗，点缀名山事不磨。老眼闲揩灯下读，香归一瓣对维摩。高阁传闻傍古荆，知公惨淡费经营。而今胜有闲栖地，一杖毋烦计远行。天界曾依浪丈人，天风吹断几多尘。殷勤尽发琅函秘，古洞深冬草木春。④

李元鼎与泰和萧士玮为“同年”，又与钱谦益三人是极要好的朋友，常往来泰和与萧士玮兄弟关系密切。⑤萧士玮去世后，李元鼎又与萧孟昉保持了紧密的关系，其《冬日南下阻风龙头山书萧孟昉舟次[孟昉为伯玉年兄犹子]》说：

每坐晴窗不似舟……书画闲披共较雠。偶泊渐邻南浦水，微酣又上北山头……不必空江怨石尤。⑥

在《祝萧孟昉五十二首》中，李元鼎将萧孟萧孟昉继承家业之事做了介绍：

有约集江皋……言逢之子寿，偏益老夫豪。聊重交情旧，经营世业劳。

---

① 《石园》卷第二十七·八；《青原志略》卷六·记·152页，题为《青原山观瀑小记》。

② 指曾与李元鼎同访雪峤、觉浪道盛禅师的伯父萧士玮。

③ 以上均《青原志略》卷六·记·李元鼎《青原山观瀑小记》。

④ 《石园》卷第二十二·八。

⑤ 《石园》卷第二·一《南归日涉》：“同年弟萧士玮题于秦淮之略园……往岁薄游西昌，晨夕吾友伯玉每论次西土贤豪长者必曰：梅公”；十《将发白门萧伯玉年兄以诗见留依韵答之二首》；卷第三·一《夏夜春浮园坐月次萧伯玉年兄韵》、《过萧次公陶庵》、《宿萧季公旃檀林》卷第七·二《和钱牧斋先生韵赠友》等。

⑥ 《石园》卷第七·六。

问年才半百，已可赋崧高……风雅承先辈……且自美徐卿。①

顺治十四年夏，李元鼎在金陵与萧孟昉相晤，重叙先辈情谊，为之《题春浮园图册》：

不到春浮园十七年矣！昨岁归里，夏仲月偶与同年刘平田重过其地……求当年同晋卿殿撰与伯玉太常昆季醉酒谈诗之处，了不能辨其为何，所不胜今昔存亡之感，其犹子孟昉……修复以先人规画未尽记忆……昨冬偕孟昉联舟车下……今夏复来长干，孟昉手持一册，悲喜交集来告我曰：此春浮园图也！余取视之，见其竹树水石亭台馆榭，恍然如逢故人……独此图册乃为数千里外友人所珍惜，而仍还之……孟昉持此粉本以归，渐次葺治以还旧观，俾余与平田仍得杖履相从，岁时游览，一如畴昔风景……时丁酉夏五日也。②

仲秋，为萧孟昉作《春浮园集序》：

丁酉之仲秋，于将还里门道白下，适萧子孟昉辑其先太常伯玉先生撰述授之剞劂……伯玉藏书万卷……余虽老尚能为伯玉传之……后之人如孟昉者，卒能为传伯玉于不朽，讵非贤子弟也哉。

同年又有《萧氏世集序》：

往读于同年萧伯玉园记……今观孟昉所辑两先生遗稿文章，事业后先辉映抑何萧氏之多君子哉！……孟昉今日之不求全而无姑待以垂来兹……为子若孙者，能各珍其先世之手泽，以俟好古者旁求博采后之君子，岂无心于三人之心者乎！……

再作《陶庵杂记序》：

……吾友萧奉常清逸、简贵，落笔皆韵……以伯玉为之兄，季公为之弟……每忆昔日谢铨归棹春浮……书画楼成，昼不开不胜……言其陶庵……所谓兄弟共为园者是也。③

顺治十八年，萧孟昉伯母去世，李元鼎为作《祭萧淑人文》：

顺治辛丑孟秋朔日太常寺卿萧伯玉先生元配罗淑人以疾终于正

---

① 《石园》卷第二十二·三。

② 卷第二十七·十四。

③ 以上三篇均《石园》卷第二十二·六。

寝……[①]

康熙三年，李元鼎《偕同年刘平田重游春浮园感怀仍用前韵》[②]《研邻与刘平田留连十日时值中秋二首》；[③] 五年，李元鼎重来泰和，有《重过研邻五首》：

胜有湖山约……水木趋闲身……快意新亭阁［遁圃］，伤心旧草堂［春浮］。鸟声喧昼寂，佛火接林光［四月八日］。偶尔同僧饭……借读有奇书……分接且成行［每在研邻分移花树］……兴来随往返，老去任春秋……偶闻新涨发，一棹下南州。[④]

又有《饭般若禅林［前曾寓此］》：

禅房曾借片枝安……老衲知余仍健饭，殷勤细语劝加餐。[⑤]

该年秋，再作《祝萧母杨孺人八十和蓼庵姑母韵五首［从子孟昉请］》：

欲访春浮每未偕……为传大耋逢初度……蓬莱几度闻清浅，应向麻姑笑语偕。[⑥]

李元鼎夫妇与黎元宽交善，并曾于顺治十七年结伴前往新建西山访道家净明派道长张逍遥，《石园全集》先后有《又和黎博庵学宪三首》：

滴残荷叶原非雨……自是西江原有派……甲帐宵承宛转尘，夜珠谁解泣鲛人……[⑦]

同年，又有《秋日感怀同黎博庵分韵》：

萧飒秋风听亦慵……西山一望青无际，却访高人第几峰。[⑧]

《和黎博庵学宪》：

小小园林亦自花，敢同阆苑斗繇华［宗伯园名］……莫道东风羯鼓挝。[⑨]

---

① 《石园》卷第二十九・七。

② 《石园》卷第二十・二："春浮一记自千秋，每到重游未忍游……幸有阿咸能继美，园亭无地不堪留。"

③ 《石园》卷第二十・二："何必登临去，家居俨画图……徐卿还可咏，渐喜识之无［孟昉次子初生］。"

④ 《石园》卷第二十一・八。

⑤ 《石园》卷第二十一・九。

⑥ 《石园》卷第十八・十一。

⑦ 《石园》卷第九・四。

⑧ 《石园》卷第九・八。

⑨ 《石园》卷第二十二・五。

李元鼎是捐资方以智《通雅》的临川李来泰宗叔。顺治十八年，两人一道同往贺访钱谦益 80 岁诞辰，其《暮春偶过琴川，漕使石台侄招同我庵辰玉二宗丈游虞山，归舟酒酣诗以纪之二首》：

春游胜事未全悭……霏微灯火簇林湾……衔杯恰喜集同宗……不尽探奇原有约，涉江犹自采芙蓉［时访牧翁于芙蓉园］。

《访钱牧翁于芙蓉庄兼祝八旬初度》：

一水湾环正到门，萧然第宅即林园……文献留来达有尊……但说皤溪未可论。①

李元鼎、钱谦益均因降清屡被后世诟病，但在清初复杂的社会背景下，两人频繁与方以智等反清人士往来，这里面所包含的意义，犹如陈寅恪先生在《柳如是别传》当中为钱谦益“翻案”一样，在清廷高压环境里，其实并不是一件简单的事情。

顺治十八年初夏，施闰章来任江西布政司参议、分守湖西道前一个月左右，李元鼎先已在钱塘西湖交，作《初夏西湖与施尚白学宪同寓僧舍对酒泛舟恨相见晚，尚白有诗见投，依韵答之并以为别二首》②《西湖辰玉宗太史招同施尚白史公升葛霜华王于一舫集》。③

康熙三年，施闰章来任湖西道二年余，李元鼎为之作《湖西观察愚山施公奏积序》④《次施愚山守宪原韵》⑤《病中施愚山过访兼贻佳句依韵奉答二首》；⑥

---

① 以上二首均《石园》卷第十・七。

② 《石园》卷第十・八。诗曰："相逢客路共禅宫，词赋原推一代雄……真可论交细雨中……多君誉望行图阁……赢得孤帆带雨飞。"

③ 《石园》卷第十・九。诗曰："……夕阳半落双峰外，风雅全收一座间……尽简闲愁对酒删。"

④ 《石园》卷第二十五・一："国家崇奖……归于考成一法……我愚山施公莅湖西两载余矣，例得报政督御史台……余乡为理学节义之区，今当绝续之关，安得公来，一振其衰，乃归不数月而公果秉宪湖西矣！公甫下车……凡所兴除动关至计风会蔚然改观……先为期会于白鹭者，再而青原继之。是日也，悬圣像、设钟鼓，诵书、歌诗，复睹盛事。自郡邑长令、丞、薄、学博，及缙绅、士若民环桥观听者，不下千数百辈。深山穷谷，从来不入城市者，靡不重趼，担簦以得登斯堂为幸。诸所疑问，公一一提命……得力于躬行实践者，而能若是哉！余所谓功在千百世而非司功氏所得……构芙蓉屋、就亭、愚楼读书其中……"

⑤ 《石园》卷第十九・十二。诗曰："寥落江城日……故人劳念我，频见尺书传。"

⑥ 卷第二十・十三。

五年，有《春日梅君偶恙初愈，施愚山观察携诗过访代和二绝》[①]《初夏过潇江夜宿河口对月有怀施尚白观察》，[②]施闰章在吉州大开讲堂，李元鼎作《施公讲堂题辞》[③]等。康熙七年，李元鼎有《送施愚山次韵》：

> 小园每过得开颜……一棹江湖南浦雨……重来政值寻春候……话别分携频徙倚，难随杖履共辕攀。[④]

李元鼎与进贤介冈灯社关系紧密，有《送鹤林僧归庐山》诗，[⑤]又先后与介冈的饶宇栻·型万（1627—1684）[⑥]在顺治十八年有《小集沧浪亭又和型万来韵》、[⑦]《江淮初归和饶型万都垣春雨二首》、[⑧]康熙元年，作《秋月送饶型万都垣还朝》、饶宇栻回介冈时，亦有前往探望。[⑨]李元鼎几乎与方以智在黎川、吉安的诸多朋友周计百、[⑩]魏祥、[⑪]文镫岩、[⑫]林时益、[⑬]陈伯玑[⑭]等均交好，又与方以

---

① 《石园》卷第十八·七。
② 《石园》卷第二十一·四。
③ 《石园》卷第二十八·三。
④ 《石园》卷第二十二·六。
⑤ 《石园》卷第一·四。诗曰："何处秋风至……遥知归去日，瀑雪正泠泠。"
⑥ 《道进》卷十八·人物·十六："饶宇栻，字型万。顺治辛卯举人，壬辰进士，授翰林庶吉士，力刑、工两科给事中，丰裁峻整，遇事敢言，不避权贵……升湖南按察司副使，值岁饥，捐金赈济乞归，寻卒。"
⑦ 《石园》卷第八·八。
⑧ 《石园》卷第十·十一。
⑨ 康熙五年，李元鼎《生次孙之三日，家太虚宗伯、朱遂初宪副、罗篁庵学士、饶型万都垣、邹谦受翰编枉贺留集小园并商讲堂学会喜赋》。
⑩ 《石园》卷第十九·七《题周计百耕牛图》；卷第二十一·四《送周百计之任云中郡丞二首》时在康熙五年。周令树，字计百，与方以智、罗牧均为好友。《光吉》卷五十一·艺文志·诗征·三十七·周令树《于慧男邀同许尧文、罗山人游青原访无可大师，薄暮始归》；方中通于康熙五年在赣南有《周计百署斋即席分韵》："衙斋无俗事……明朝好共登。"
⑪ 《宁都三魏全集·魏伯子文集》卷之七·赞五·十三《李梅公司马灌瓦砚赞》："灌公有遗庙，灌庙有遗瓦。千古真将军，遭逢大司马。司马号梅公，灌瓦琢梅砚[原序云：砚作梅花状]……为此灌瓦砚，身独兼文武。"
⑫ 《寿文镫岩夫人柳志》。
⑬ 卷第二十一·二《送林确斋归宁都二首》："闻声才见面……几时同握手，共读灌城碑。"
⑭ 《石园》卷第十八·十三《题陈伯玑浣花君图》；卷第二十·四《春晚留陈伯玑二首》。

智的亲家孙晋为好友。[①]

康熙九年，十月，李元鼎这位在明移清祚大动荡中充满了争议的前宁藩仪宾，在方以智惶恐滩殉节前一年，于南昌去世；十一年二月，夫人朱中楣，亦在方以智殉难半年后，于南昌家中去世。

3. 与徐芳联手“传灯事”书信往来

康熙三年，甲辰冬至，已离开黎川寿昌寺两年，正式进驻青原山，但仍牵挂黎川不断，与寿昌寺僧、俗两界的因缘未断。此际，竺庵大成已重回寿昌寺，闻方以智登青原法席后，作《喜和药地法兄韵》：

> 超出人天第一方，未生前信此灵长。倒来莫怪天翻地，立定何愁雪后霜。药采核仁原有种，花开庭树早知香。寿昌喜和枯荆韵，一笑临风吐电光。[②]

竺庵以身在“寿昌”之“喜和”,恭贺方以智到青原“枯荆再发”,更以“一笑临风吐电光”句，传递出竺庵此刻“倒来莫怪天翻地”的心情，大有多番周折之后,要“立定何愁雪后霜”,以及具有双层含义的“药采核仁原有种”感慨。这即说方以智到青原是“原有种”，也说自己今日重回寿昌寺是“原有种”。由此透露出，此时的竺庵，对黎川寿昌寺的“传灯事”，充满了一种具有欢愉心情的希望。

康熙四年，竺庵曾由金陵摄山回南岳湖南，方文有《送竺庵禅丈还南岳》：

> 摄山深处好烟萝……六月休粮著作多。回首江东师塔在，明年春水复来过。[③]

至该年底，竺庵再次回到黎川寿昌寺，围绕“传灯事”先后与老檀越徐芳、老住持方以智相约。该年，徐芳有《寄木公三[乙巳]》：

> 向承远问，曾勒数行奉报……后遂有三山之游……弟久口莫必有……

---

① 《石园》卷第十九·六《初夏携儿裕同孙鲁山中丞、董苍水孝廉游龙光寺鲁山有作，依韵和之二首。》该诗作于康熙元年；卷第二十七·十五《跋曹溪诗后》：“鲁山先生杖履徧名山……兹度岭而还复以南华所得三十首……”以孙晋为方以智的亲家身份，以及后来常至青原山看望方以智的紧密程度，当于方以智黎川4年当中，有游与看望。

② 《华青》卷十·诗·269页。

③ 《螽山》续集后编·卷四·800页。

且免呈身识面之累釜底完鳞，侥幸已极……我城不入……老死空山，如是而已。不虞三数年间，请戒渐口毁败……自佛说圆通法门而外，其最微者莫如《周易》……善学《易》者莫如孔子……口我辈今日……公山欲往之，因时归豚往拜之……道兄其谓之何？……山居数月，如坐愁城……寂然不动感而遂一通也。①

徐芳与竺庵关系密切，并为之介绍朋友，其《与林涵斋书［丙午］》："因寿昌竺大师来访为公，知必访涵斋，且倾倒，遂力疾勒此，南望天汉，老人晦甚，但口不一星甚明耳，言之又为一净口笈。竺公为寿昌、栖霞两门庭振圮而来，贵乡有大檀施，可为地者乎，希勿靳一臂"，② 这是徐芳在与方以智讨论《易》学之余，将寿昌寺"传灯事"寓于其中，并与之相约的背景。同年，南城县令苗蕃为徐芳刊梓《悬榻编》，方以智应邀作《序》，并以手书上板置于该书第二。

康熙五年，开元，方以智作《丙午元旦上堂》：

……有一件旧话重新举起，昔我寿昌老祖上堂云："有始无终……无始无终，衲僧巴鼻"透得一句，生死自在；透得二句，来去自由；三句透得，可以为人天师；四句总透得，可以为佛祖师……且说今日元旦，郭太守遣供入山大家……鼕鼕打鼓闹青山……③

以"寿昌老祖"的有始无终四句，来为青原弟子启迪其圆相的手段，而将在黎川四年成熟的《易》之思想，用乾坤之卦与曹洞圆相来相互发明，论证君臣道合，为文人士大夫进入禅堂，提供了极为方便的津梁。

春，竺庵仍在寿昌寺，徐芳知其"又有闽行，约计还山，尚须秋月"，故致《与公庵书［丙午］》书：④

春又深矣，寒山僻阻，无寐通筏尺素，侍师至，仆适他出，归读师表堂新作，为叹希有，天下文莫妙于空……大师诸作，游刃恢恢，真得文章三昧……又安知竺公前身之不坡公禅人、文人宁有二耶？寿昌刹竿，虽赖大师扶起，然硬脊牢荷，实难其人，今法席频更，几同五日京兆户外，

---

① 《悬榻》卷之五・书。因鸿鸣仅获《悬榻编》复印本，故其漫漶、脱漏尤甚，许多辨识错误之处及句读，均可能有讹误，故请读者以"聊胜于无"待之，得其佳本时，还望再行雠对。

② 《悬榻》卷之五・书。

③ 《冬灰》卷三《丙午元旦上堂》189 页。

④ 该文在目录中题为《与竺庵大师》。

覼口实有由致，以仆私议，似当行久任法颓澜屹柱，非公不可……门庭建立，安有穷期继复有……任其流转三生之事，将毕此矣。所苦丈室口隔，不易往还。然口载黄龙，岂可尚缺一面，便拟春夏之间，特地下楼口口积约，而大师又有闽行，约计还山，尚须秋月，意口木樨香时始克了此公案乎。石鼓灵源，别来时入梦口大师此去，跽忘归口，煮龙头泉，仆有四诗两记，口存山中，可佐口余鼓掌，仆亦翘口还锡，从侍师口中，口天风海涛，续句代支茗宋家香火，大师当有以益我也。张伯老去冬十月已谢世，其署中人曾何驎口寄语，近始闻之，当事别无识者，奈何。三山故矩口孔硕铨口名人又高人也，与鼓山和尚莫逆，到彼定应相见，一札寄候，希为致之，冗中不尽欲语。坐上蒲团想起旧口沙门跋涉更甚红尘篇中为上，上人说法性天乱而文章荒力未定耳。心空随处净土惟悬榻可与言。[①]

徐芳所云“今法席频更，几同五日京兆户外”人流频繁，这封信札则以“非公不可”透露出竺庵掌控寿昌寺的实情，这也是徐芳相劝、并谋求寿昌寺新住持能在竺庵的同意下，重新回到“兄终弟及”的承袭规制中来的希望，故在“大师又有闽行，约计还山，尚须秋月，意口木樨香时始克了此公案”。

夏，钱澄之由闽返桐城过黎川寿昌寺，作《冒暑过放生池，访竺庵大师即事作》：

精舍无多路，往还隔水遥……僧贫惟打饭，客到正鸣钟……怪人犹信佛，觉尔懒谈禅。浴室先僧到，绳床任客眠……[②]

尽管此间黎川寿昌寺虽为竺庵弟子兴源楚云监院，钱澄之仍然有“怪人犹信佛，觉尔懒谈禅”的不满，但钱澄之这次到访寿昌寺后，饭点吃饭、“绳床任客眠”，这都是因为康熙三年竺庵有求钱澄之从旁协助其欲要“子传父业”的“传灯事”有紧密的关系所致。

是时，在杭州皋亭崇光寺的观涛大奇有：

举龙牙道……皋亭不敢自瞒，南岳师兄得半句，青原师兄得半句，山僧半句也无。江西、湖南踏破草鞋底，师僧以身抖擞……[③]

---

① 《悬榻》卷之五 · 书。
② 《田间》卷十四 · 客隐集 [起丙午止丁未] · 294 页。
③ 《观语》卷第二《上堂》。

此际，竺庵在南岳衡山。竺庵何时又离开寿昌寺，什么原因均不明，但方以智与竺庵两人仍未见面，只是将各自的信息，都汇集于观涛大奇处，而使观涛大奇得两位师兄各自“半句”话。这“半句话”中是否涉及寿昌寺“传灯事”，不明。但可知的是，此间方以智与竺庵大成之间，都以“代理人”的方式，始终都保持有畅通的书信与诗文联系。

徐芳因寿昌寺住持“传灯事”，于该年与汤来贺达成共识，需要方以智在“兄终弟及”的问题上出面干预，故有再致方以智的《寄木公四[丙午]》：

> 日者，惕庵过山中，商及道兄事，宫若年侄云：曾于他友处得尊指，颇有不鄙敝乡之意，以向无主人，故掷之去，若是一旦苟有其人，高贤之履，可以重纳无疑矣。但不知道兄将来大意，将深山乎？抑高座乎？如有意深山，则茅蓬尺地，何处不得？二三蒲蔬之食，安往不辦？如是，将人人愿为主人，不但弟与惕庵矣。如必高座以举堂头[①]之职，则一举趾，必携数侍僧，一驻锡，必备诸职事，兼四方之衲子麐至。六时之宾客蝇聚，非大丛林之地不能容，非众檀施之力不能给。而昔当艰苦，人尽退息，虽有其心，谁敢冒然任之。故弟以为道兄将来所处，尚宜审择。夫出而劳孰与退而逸，且道兄今日又有宜深山、不宜高座者，此可以意喻，不可以言传也。道兄不尝学《易》乎，《易》之为书，原不必多，只此“潜龙勿用”四字上，自王公邺士，下及逢栖谷汲之子，无有一人能踰越者。勿谓方外无龙，方外之龙，遂可不知潜也，方外不知潜，不名为龙，方外之龙而必竟其用。泥沙之困，菹醢之厄，必及之矣！且夫曹溪龙而祖者也，其受衣黄梅，宜可崭然立见头角，而四会之隐，韬光匿影，与猎人起处无少异，油油然周旋于虾蟮鳣鲔之间也，可不谓潜乎？非风口一辨，因绿逗漏，遇之者直以为葛獠而已，宁辨其祖师乎！懒残龙而圣者也，其在衡岳，不自知其圣也。役可执，执焉而已。而且餐余之粒，可以疗饥，粪污之傍，可以扎宿，非深于潜者能如是乎，使于其时而有不堪岑寂之，心自号于众曰：我圣也，谪也，诸方之物色犇口必将开然而至，不但失用晦之意，而其胸次亦浅躁极矣。何以不测而神哉。懒残之衡岳，亦懒残之庑下也。今道兄之人，固懒残入衡之人，而此日之时，又曹溪韬衣

① 方丈异名。禅门将“住持”住处称堂头，称住持（方丈）为堂头和尚。

之时，然且峨然高座，使天下指而目之，可乎哉！夫高座方外之见而飞跃者也，而道兄曰：吾如是。可谓潜矣。无乃于六位时乘之义，推之有未广乎？乘烛以匿影，逃暑于烈日之中，而更疾驱之。岂惟无益无乃滋甚。此语在他人不敢言，即弟亦几番踟蹰，然终不容不言，盖亦有愚忠在，惟道兄察之也。易又有之，括囊无咎无誉，夫名者庸子所趋，高人之所避也。道兄之于名，一日千秋两得之矣！此避谢弗护之日，尚近之乎，高士神僧两传其说详矣！庸弟多赘焉，春月蒙施公赐书，且致隆贶，词旨冲挚，甚感下交先施之意，山居口僻，至今未获奉报，便中先为致鄙意，旧和大作二首，扇头寄正，某再拜。潜龙野鹤，浮山掌岩；步步时时，《炮庄》而《易》；一篇出告，为高座说法。①

《悬榻编》在《寄木立大师四》之后，有一篇完全漫漶难识之文，模糊之题中仅有“五”字可揣测，可惜的是，目录中也漏排此文没有收载，鸿鸣以为，此文当《寄木立大师五》，因其前后之文均为“丙午”，当在康熙五年。因内涉方以智行踪，故仍强为之录，请读者见谅。其辨识遗留之文如下：

《口口口口口五[口口]》。口口口姑山，有资瑶口口自青原，口言道兄起处之安化导之盛，口甚。盖以已之不能美高人之独能也。口自癸卯先兄变后，境莅孤，胸益冷。于色空电露之口口验益透，二大时中，渐有口然洒然。安稳自在处，口尹苦恼之无益，而变为恬愉，缘凄凉之甚深，而口口口口情极则迁，大都然也，两去冬腊月，内子又复口口口口其孤子益可知，其口住口空，次第口遍者，又口口口甚口如此身，且将委请黄土化为白骨，此外口口口不复堪把玩又已审矣。尚何恋哉。所未能口口口儿女三四，参差稚弱，三舍侄，两侄女，聘嫁未毕，口有专责，家室贫口，弟如决去，衰零门户，不知口作口口姑少忍苦需之。所云解脱，未必真解脱。所云口口口其厌离也，而自去夏之后，地方多盗，山居口口口月不获安枕，因于室之西北搆重楼一区，偕口口口谋休歇，其口约口口，许愿有元龙百尺之意，口口口口口口口口口口口口口口口口口口口口口口口笔砚、藏书数千口不受口物最上口西方口口像，释典道藏，左右区列，口口口书则就中上层，欲读佛书礼拜，登眺，则最上层，楼落成。

① 《悬榻》卷之五·书。

去腊八日，是夕口徒坐其中，萧然独处，于今已七阅月，寻常口户禁足。上者不轻下，下者亦不得上。眠餐口仰，此中无他功课用以消愁逃俗，亦聊有取也，此等琐细，无堪为高人述。而弟屡屡不禁者，以胸中结塞，惟道兄前可稍吐之。即别来行径，亦欲令道兄时一开之，虽纸笔所传，不过十一，即已得十一也。东缚良久，时时作海天空阔想，来春定向金陵，理山水旧案，或得先期过候，所拟贞述先生传稿呈往，自知浅俚，无当不朽，顾才分止此，有东口在弟为裨谌可也。欲穷千里目，更上一层楼。世出世间，圆通自在。

此际，正值“东莞”支法祖永觉元贤去世十年祭祀，[①] 方以智以此相约未曾谋面的竺庵，在第二年（康熙六年）一同前往福建鼓山[②] 涌泉寺墓塔。其真正的目的，在“遗书”中透露出，是要方以智一道来商量寿昌寺的“传灯事”，即寿昌寺的继任者之事。

以徐芳对方以智“遗书言传灯事”所论，三人聚集在一起所要商兑的，就是黎川寿昌寺的继任者问题。

4. 在黎川“祭祖扫塔”与“参天一笔”

方以智重回黎川，因竺庵大成的圆寂，“传灯事”已经没有了任何羁绊，故先往廪山祭祖，扫蕴空常忠、二世见如和上塔：

扫寿昌老祖塔。锄破好山，翻身跳出……却让不肖儿孙，笤帚上五花八劈……扫二世见和上塔。[③] 关中迸出一声蛙，指据青天挂彩霞。二十年不动声色，立此山家。白云谷口，多少手义。今我重来苔迳绽，千生只泼一杯茶。[④]

弟子们将此记录，有《竺和上约会鼓山同礼东莞，已而圆寂，遗书言传灯事，故师过寿昌扫廪山塔》：

磨得青萍倚石眠，拂衣而起金刚穿。十年冷地疏泉源，塔顶再红白

---

① 《五灯》卷六十二・青原下三十五世：“福州鼓山涌泉永觉元贤禅师……入灭实顺治丁酉十月七日子时也，门人奉全身塔于鼓山之西畲。”正是十年之祭。

② 《竺和上约会鼓山同礼东莞，已而圆寂，遗书言传灯事，故师过寿昌扫廪山塔》。

③ 《语录》为“扫二世见如和上塔”。

④ 《冬灰》卷四，242 页。

日圆。且道今来一扫，将以何者了此时节因缘？确然卓笔冲苍天［廪山孤立数百仞，旧题“参天一笔”］。[①]

《冬灰录》没有交代“扫塔”的具体时间，但以竺庵圆寂在去年 11 月，偈文中“此时节”与后一篇偈文“笑春风”语，可知方以智重回黎川的时间，在该年清明节之前。从顺治十五年方以智来黎川，距今已整整 10 个年头，故说“十年冷地”。黎川寿昌寺是自方以智来后，才有了今日之振兴，故又有“塔顶再红白日圆”。

因竺庵相约“遗书”中言明要商量“传灯事”，故方以智有问：我今日到此扫塔“将以何者了此时节因缘？”这是方以智直接向大众信士宣布，此次重回寿昌寺，就是来完成竺庵大成的这一“遗愿”，要解决寿昌寺的继任问题。随后，方以智又作《设供致语》：

骨肉虽同门，一生不相识。方期南浦会，撞倒海波泣。炮庄头上，太煞逍遥。三彙灰中，依然未集。今日聊烹雪水，恰是除年虀粒。伏惟法兄和上，来中五堂破口一吸……[②]

在诗偈中，方以智再次强调了“骨肉虽同门，一生不相识”，前诗偈有相约“载回南岳舟中见”，此偈又“方期南浦会”，不料竺庵却迁化了，原本相约见面时讨论《药地炮庄》这回也大煞逍遥。曾有“三彙灰中，依然未集”三次相见的机会，但都没有见到，惟有请法兄的灵魂，来此廪山“中五堂”中酣畅淋漓地“破口一吸”了。并于“师表堂”为刚刚圆寂不久的竺庵禅师设供：

为竺庵和上设供。同门双眼不识面，载回南岳舟中见。重来师表堂，双手聊一献……云：“正恁么时，还在南岳、在寿昌辈？古炉再插三檀条，香云覆却娑婆遍。”[③]

方以智在诗偈中，再次强调与竺庵“双眼不识面”的关系。因有先约，故有后问“还在南岳、在寿昌？”这是方以智重回寿昌寺特别设供与祀词，而设问享此设供香云的目的。同时，又在寿昌寺内为先后圆寂之双峰大存设供：

为双峰和上设供。咬指流胸好兄弟，南岳西江一口气。黄龙背上留

---

① 《冬灰》卷四，241 页。
② 《冬灰》卷三，231 页。
③ 《冬灰》卷四，243 页。

药地……松枝挂剑霜风砺。[①]

为法兄弟其天大浩设供：

为其天和上设供。竹关一声……且浇万年桥下水。[②]

祭祖、扫塔诸事已毕，方以智应“代座”兴源楚云之请，在寿昌寺《上堂开示》：

寿昌楚云大师率两序请上堂。师指法座云：“是法平等……智上座来唱太平，不妨信步。”……请看寿昌二字当空……万年无尽。此地乃寿昌老祖开西竺之山，一时龙腾虎啸……二世和尚克家厚载，请我师杖人特主此席，大阐无私。嗣后竺兄和上瓦砾再造，双、其二老善奏埙、[③]篪，[④]兄唱弟酬，金声玉振……楚大师白椎竟。

师举拂云：“药地弥缝孤不孤……环辙堤眉只两嘘。”……问：“……毕竟向甚处行履？”

师曰：“黄龙背上翻身去。”……进云：“昨日和上扫塔……今日特请升座，更作么生举场？”师当面一拂云：“将谓石峡停舟耶。”……问：“……五位君臣请师宣……”师以拂子旋拂曰：“无汝捞摸处。”进云：“偏正已蒙师指示……可谓打面还他州土麦，唱歌须是帝乡人。”……僧礼拜归位……结维下座。[⑤]

方以智在与众禅和子进行了一番“祝鳌”与“唱歌须是帝乡人”议论、对答后，以强调“中五”思想，即廪山塔院“中五堂”里坚守的曹洞宗旨；又对众禅和子开宗明义地说：这次重回黎川，是“来唱太平”的，但后面的话题，始终都围绕着“兄终弟及”的“传灯事”主题展开。

所言“寿昌老祖开西竺之山，一时龙腾虎啸”，指无明慧经时期的寿昌寺景象；“二世和尚”，指寿昌派一世无明慧经与二世阒然元谧。此后，道盛在崇祯九年，被延请回互，住持已渐衰微的祖庭；顺治十年，寿昌寺被大火焚毁，竺庵回黎川“瓦砾再造”；顺治十三年，方以智被道盛委任为寿昌寺的住持；

① 《冬灰》卷四，243 页。

② 《冬灰》卷四，244 页。

③ 楚国古乐器，泥陶烧成器，上留嘴，鼓腹六孔，吹奏。

④ 古乐器，兽骨制成，八孔，形似竹箫。

⑤ 《冬灰》卷四，245 至 248 页。

但却一直由双峰大存和其天大浩“兄唱弟酬，金声玉振”。

又在廪山应“监院”瑞如邀请，作升座上堂：

> 廪山瑞如监院请上堂。僧问：“……今日廪山一众，请青原老人升座，还是圆成旧案？还是指示后来？”师曰：“点点水墨总龙睛。”进云：“昔日廪山，今朝药地。”师曰：“白云封里笑春风”①……僧礼拜曰：“将此身心奉尘刹，是则名为报佛恩。”师曰：“日磨长剑倚天寒……看廪山老祖磨剑出处么？……只是了却自己一段盖天盖地光明……昔日寿昌谈《金刚》义……”药地来饮水知源，遂尔因岩依树。十年倏忽，曳耙青原、竺兄和上重来寿昌，塔顶再红，圆此公案……拂衣而起，下座。②

这次重回黎川，尽管是竺庵的弟子兴源楚云在“代座”寿昌寺，其所给予方以智的“上堂”，列以“两班”隆重迎候。但是，方以智在与楚云的激烈机锋对决中，即破解于“兄终弟及”的重要，又坚守了先师道盛定下的“传灯”原则。因竺庵大成圆寂，为这次“传灯事”排除诸多障碍，故方以智一到廪山扫塔，就即刻以直白的方式告诉大家：“确然卓笔冲苍天［廪山孤立数百仞，旧题“参天一笔”］”只能由自己一人来独断了，并在廪山应瑞如监院的邀请，升座上堂向众僧做了说明。

至康熙七年秋，梅蓬大忍来寿昌寺正式接任住持，③寿昌寺重回寿昌派“大”字辈弟子手中，方以智完成了十数年来因竺庵而潜伏的“传灯事”危机。黎元宽作为老檀越，专为梅蓬作了《寿昌寺募盐短疏》：

> 寿昌自竺公老和尚化去，而梅公和尚继之，祖风益振，可谓今日佛窟，顾学徒云委供养水流，即诸种田稍可不至荒芜，而海王之筴，上山为劳习，持师所以发愿行募，岂得已乎。募必于蓼水之阳，则不了道人……④

---

① 此指廪山蕴空常忠（1514—1588）禅师。蕴空常忠曾在河南少林寺礼小山宗书，后欲回建昌，宗书寄以厚望以偈相赠：“宗镜门下万株松，常年占断白云封。人间未许闲相识，一枝迸出笑春风。”以“一枝迸出”预言蕴空常忠当另开法系。

② 《冬灰》卷四，文尾没有“下座”二字，《语录》“结维下座”，鸿鸣依原意保留。

③ 《进贤》卷二十七·募疏·六十六《寿昌寺募盐短疏》，《观语》卷第三《住建昌府新城寿昌禅寺·冬至上堂》：“秋戊申……女娲炼石将补天。”

④ 《进贤》卷二十七·募疏·六十六。

梅蓬住持寿昌寺，叶妙大权为“辅弼”。[①] 以叶妙大权在康熙九年十一月一日，以黎川寿昌寺“辅弼”身份，前来接任青原山净居寺住持论，可推断出这一切，均出自于方以智的精心安排。

寿昌寺在梅蓬大忍住持、叶妙大权的辅弼下，寿昌寺极力倡导“寿昌派”农禅精神，使这座千年曹洞宗祖庭，再次呈现出一片卓然的景象。

康熙十年夏，梅蓬在住持寿昌寺三年后，与黎川合郡诸护法，前往杭州皋亭崇先显孝寺延请观涛大奇，[②] 于该年秋九月十二日，观涛大奇回护黎川，继任寿昌寺住持。[③] 观涛大奇接任寿昌寺住持后，在礼《竺庵成和尚衣钵塔》时，将竺庵大成生前已“遵古劝”，与方以智、徐芳已达成“兄终弟及”的传绪一致真相说了出来，而有“伽黎古色终无变”[④] 的慨叹。

竺庵大成自顺治十年冬来黎川重修寿昌寺，至康熙五年十一月圆寂，前后在黎川寿昌寺及黎川周边幽游整整十三年，其眷眷于寿昌寺三返而不弃，但终究还是没能拧过觉浪道盛制定，笑峰大然、方以智坚定维护的“兄终弟及”定制。竺庵大成在十三年当中不愿它处的一个重要原因，实乃是这座寿昌寺的祖庭，是在他手中得以复建而有。

观涛大奇在接任寿昌寺二十五天后，即十月七日，方以智十三年前来到达黎川寿昌寺的头一天，因抗清之“粤案”起，在万安惶恐滩囚船上赴水殉节。观涛大奇在接报丧后，于寿昌寺作《上供》以悼，因知其“死事”真相，故在祭辞中不无哀恸地说：

十八滩之云愁雾惨！

5. 不同寻常的“上堂”与“开示”

方以智在黎川的两场“上堂开示”，并不仅仅是“传灯事”的解决和“中五”

① 《五灯》卷一一八·青原下第三十七世随录·673 页：“吉州青原叶妙大权禅师，广昌吴氏子……复归省天界盛。”方以智《青原愚者智禅师语录》卷二：“以英奇猛烈，行脚且参二十年……杖人一生以叶妙发挥兼中宗旨……智行一真，何等珍重。去年在寿昌辅弼，今年求助臂青原……”

② 《观语》卷第二《受寿昌请》。

③ 黎元宽《寿昌寺待谥禅师竺公老和尚一仪塔铭[并序]》：“竺庵……顺世……寿昌为兄终弟及以归梅公，一如双公。”

④ 《观语》卷第六·佛事《竺庵成和尚衣钵塔》：“分付红炉彻底煎……黄龙峰下路同践……伽黎古色终无变。”

思想的传播，而是包含了不易被俗世外人一眼洞穿的特殊意义。明末清初禅门的“上堂开示”，陈垣先生在《清初僧净记》第90页，将黄宗羲提出的一个尖锐问题，摆在了面前：

嗣法上堂，僧伽本色，移民逃禅，梨洲何恶其嗣法上堂，则《御书楼章》曾言之矣曰：“百丈大师建丛林，立清规，首先祝釐。故开堂必祝圣焉，朔望必祝圣焉，万寿千秋必祝圣焉。”夫遗民逃禅，为不甘臣民异姓也，今开堂必祝圣，所祝何圣，甲申以后，犹可云祝弘光、隆武、永历也；永历而后，所祝何圣！圣而可祝，何异木陈[①]之从周，髡发染衣胡为乎！此梨洲所痛心，而不便明言者也。

黄梨洲将这一现象，斥责为明清之交的“七怪之首”而痛此恶。然而，以黄宗羲托信阎尔梅来黎川看望方以智的事实，则让黄宗羲有些“言”与“行”不符。这显然还隐藏了不为人知的事实。

方以智在黎川寿昌寺其间的“上堂开示”和“祝釐”，虽然也像其他的僧人一样，遵守着百丈禅师的“祝釐”形式，但其“祝釐”的内容，却有着颠覆性的意义。

《冬灰录》以毫不显眼的方式，记载了该年方以智在黎川的两场“上堂开示”，其文字，不仅充分说明了方以智在黎川的“祝釐”，乃是一场包含着“反清复明”的思想鼓动，更是将方以智在黎川四年当中具有非凡意义的“上堂开示”，作了清晰的揭示。

在方以智的诗文、偈语中，常有借禅门的“西江顶上”而用。黎川因位处赣东高山，黎水经盱江、抚河汇入赣江，是江西境内“西江”的上游和发源地之一，[②]方以智以此喻指“寿昌”一派的源头活水，并表明此时此地自己所处的祖庭位置。

方以智的生动“开示”，博得了满堂禅和子们的响应，但也让后世看了这段文字后，为之不禁捏着一把汗，因为方以智的“祝釐”与“上堂开示”，乃是：

可谓打面还他州土麦，唱歌须是帝乡人。

这是黄梨洲明白、但陈垣先生却并没有想到，并为之困惑的。

---

① 木陈道忞（1596—1674）。

② 《康新》卷之二·建置志·县治·九：“新城县治事于黎滩镇……建昌居江西上游。”

方以智是安徽桐城人，有明一代的所有诸帝王，均出自安徽凤阳太祖朱元璋。黄宗羲与方以智的密切往来，正是基于对方以智的深刻了解，而陈垣先生《清初僧诤记》中不明白、甚至一辈子也未能搞清楚的是，方以智在康熙六年的"祝釐"上堂开示中，竟然依旧"唱歌须是帝乡人"，是他心中从来就未曾忘却的"明主"，并不是清王朝当今的"圣上"。

方以智在黎川四年中的行为，虽身在佛门，但其始终却是：

故园明月怜依旧，野堠惊烽莽未降。被酒谈兵狂底事，却输红袖倚屏双。①

方以智在黎川的"却输红袖倚屏双"和"唱歌须是帝乡人"，则把"被酒谈兵狂底事"紧紧地掩藏在内心深处。由此回溯，方以智在入禅以后的十五六年，不管是在冰井寺、在高座寺、在黎川、泰和、青原，其"上堂"与"开示"之前的"祝釐"内容，都将是一以贯之的"明主"，而绝不会是清朝的"顺治福临"与"康熙玄烨"。

有了这个"唱歌须是帝乡人"背景，也就不难对方以智在黎川的"上堂开示"背后所涵盖的意义，来进行本质性和真实性内容的理解。鸿鸣将此段对话作阐释如下：

列班中的僧人又问方以智："灵山一会，迦叶亲闻。请师升座，有何祥瑞？"方以智说："东枝影向西。"这是方以智在暗指青原山东面的黎川寿昌寺，其本意在说：我由寿昌寺西进到青原，把寿昌派的精神，来影响净居寺。

禅和子进云："灯灯续焰，祖祖相传，且道传个什么？"这当然是因有"传灯事"引起的话头。黎川寿昌寺，来之于"青原"法脉，但以"寿昌派"而言，则先创在黎川，后流播西去至青原，故僧人有此问，亦有问"传个什么？"

方以智说："西流还向东。"禅和子又进云："狮王踞地如雷吼，震动乾坤万古新。"方以智答曰："掩耳不及。"是在说如今青原、寿昌名声都大了，遂有"僧礼拜"。

师曰："也当奏鼓啬驰。"问："言前见得，未为作家。句后翻身，非是好手。除此二句，请师垂示。"师曰："面南看北斗，立在何处？"进云："急急疏通大好山，如何是大好山？"师曰："问取草鞋。"是要众禅和子们脚踏实地的去

① 《定山堂诗集》卷十六《中秋同阎古古孝廉集方密之太史曼寓分韵》。

践行。故弟子又有进云："如何是祖关？"师曰："能跳出么？"僧礼拜，师便打。进云："和尚不得乱打。"师曰："草草要吃多少？"进云："惊群须是英灵汉，敌胜还他狮子儿。"这是方以智告知禅和子：若失败了，便回来重新做和尚。方以智补充道："笑杀公孙刻掌文。"

方以智此处出典颇具深意。《后汉书》卷十三，载曰：

公孙述，字子阳，扶风茂陵人也。述梦有人语之曰："八厶子系，[①]十二为期。"觉，为其妻曰："虽贵而祚短，若何？"妻对曰："朝闻道，夕死尚可，况十二乎！"会有龙出其府殿中，夜有光耀，述以为符瑞，因刻其掌，文曰："公孙帝"。建武元年（529）四月，遂自立为天子，号成家，色尚白，建元曰龙兴元年。

随后，禅和子借洞山龙牙和尚的话，问方以智："倾湫倒岳即不问，洞水逆流事如何？"

龙牙和尚嗣洞山，在潭州妙济。师讳居遁，俗姓郭，抚州南城人。师问洞山："如何是祖师意？"洞山云："待洞水逆流，则与汝说。"师于言下顿承玄旨，隐众栖息。七八年间，日斫精妙。[②]方以智借此出典说："今朝雷雨，还见红轮么？"暗指时下的"抗清"形势处于低潮不好，"红轮"指日月，即"大明"不见了。僧便喝。此一"喝"，指呼应，或叹息。

方以智接着又说："遮一喝，落在甚处？"你为何叹息？或指你叹息的原因是什么？禅和子答道："落在和上开口处。"我因为和尚你刚才说的话叹息。方以智接着说："未开口前，又作么生？"我没说这些话之前，你们在干什么？禅和子听了方以智的诘问，退回到列班内。方以智随曰："将谓龙头，原来蛇尾。"[③]原来你们说得很好，但却做得虎头蛇尾。

值得注意的是，《冬灰录》里的这段对话，在《青原愚者智禅师语录》当中被删除了。删除的原因虽未说明，但显然是编辑者们已经看出了其中的端倪，也一定与忌惮"文字狱"盛行有关。

方以智关于"龙头蛇尾"的话，曾多次提及，如《冬灰录》卷一《腊八上堂》：

---

① "公孙"二字拆分法，其中隐含了"你得子孙"世系意。

② 《五灯》……龙牙和尚嗣洞山。

③ 以上对话，请读者细阅方以智在寿昌寺的《上堂开示》原文。

"师云：龙头蛇尾中什么用！"这种督促，乃是缘自于心中那个未曾泯灭的"反清复明"理想。这段繁冗、看似禅门偈语的话头与话尾，实乃一场活脱脱的"抗清"鼓动，是隐藏在"上堂开示"背后的一篇极具煽动性的"抗清檄文"。

禅门素有"宁可截舌，不犯国讳"[①]之说，但方以智在黎川禅门这种特殊的"抗清"方式，既没有避讳，更没有丝毫的忌惮。从这一点上来说，其后来在青原山的再4年中所产生的"蜚语"与"谣诼"，以及将要发生的"粤案"，与此有着千丝万缕的关系。故魏世效[②]在跋《木公册子》二册[③]时说：

> 呜呼！公盖有托而逃……然而登堂说法，踞方丈若将，欲大阐其教于时者，无乃非公之初态乎！《易》曰："不事王侯，高尚其事。"予每怪隐遁之士弃功名如敝屣，征辟不应，垂老而或为子孙所摇夺，不能自坚者，得不见笑于公耶！……甲乙之际，东南变起，公习静青原，而究未免谣诼。呜呼！其亦盛名之难居也夫！[④]

方以智在黎川的"祝鳌"，是其一本初心，也是其后来惶恐滩赴水殉节的根本。其在鼓山后祭祀永觉元贤墓塔时以"药游"之身所作《又记因医垂示》，则将这一初心，作了延续

> 药游老人曰：不二不一，犹不信乎？……一在二中，尚有疑耶？……三才之轮，盛衰各变；经脏之节，缓急各变。是谁尽变裁成，以享大本者乎？以荀筒为易筒，以不学为绝学，殆通弊矣。[⑤]

"一在二中"、"不二不一"的治论，"三才之轮，盛衰各变"所含有的近乎煽动言辞，尽管隐藏在批评"以荀筒为易筒，以不学为绝学，殆通弊矣"的虚妄学风批评中，但仍然给四年后在青原发作的"粤难"，留下了重重的伏笔；也必将为方以智在被捕后，毅然决绝地以"沉江"来保持自己的名节，找到了最为合适的解释。

方以智重回黎川，在寿昌寺、廪山寺"上堂"，其貌似开示的诸多言论，如果没有方以智的抗清背景，当然也就只是他在堂上对"寿昌老祖"蕴空常忠

---

① 《五灯》卷第七十六·临济宗·南岳下三十五世·武康白雪悬崖行筏禅师。

② 宁都魏礼·和公长子。

③ 《方以智诗与陶渊明诗一册》，《禅语与杂诗字一册》。

④ 《魏昭士文集》卷四《书木公册子》。

⑤ 《冬灰》卷四·253页。

的一场议论。但是，当方以智的抗清事实得以显豁、并为此付出生命代价之后，这层具有抗清意识的煽动性讲话，也就难以摆脱这一背景的影响。

方以智借此次重回黎川的机会，在佛堂上宣扬民族意识，激励一线未死之人的信心，以期复兴中华于异日，足见其死而不已之痴愿。故老友陈丹衷·旻昭，以禅门同宗同派的“大中”身份说：

大法衰敝，柱杖于稠林，有心血人，自别走路途，救焚拯溺，不须臾也！舍我大师安望哉？

钱牧斋亦在获悉方以智一系列行为后，《复方密之馆丈书》说：

大法垂秋，法竿倒却，可道人于尔时许应缘出世，如麐独跳，如麟一角，眼光烁破四天下，大放狮子吼，俾斯世野干销声，狐狸屏迹，方不辜负转轮遗嘱也……使我辈愚钝众生，昏天黑地，从漫漫长夜中过活……庶几一知半解，少有发明，本师智灯心镜，默传一线，此即是船子和尚翻身入水之日也……①

不幸的是，钱谦益“此即是船子和尚翻身入水之日也”一语，在以后不到四年的岁月里，竟然成了方以智在惶恐滩头“翻身入水”的谶言。

方以智重回黎川寿昌寺，并应兴源楚云之请，在这座自己曾经生活了 4 年，无数次“上堂”与“开示”的祖庭再次讲法，而有了让后人得以回溯方以智 4 年中，难以知晓的内情。

纵观这些事实，不难窥见方以智的投禅生涯，实乃是以胜国遗老，将心中不灭的“大明”，借着禅门的住持头陀这一席袈裟，来遮人耳目而已；那种士大夫的自尊，在残存的明亡孤臣与余孽之间，在这场明移清祚的翻天覆地巨变中，眼睁睁地看着整个国家灭亡了，自己往日的抗争也全部失败了，但遗留在内心根深蒂固的儒家思想，使其从文化、民族的角度，乃至从最底层的禅门，来反思这场被颠倒的“华夷”命运，并使之得以改变，虽然这种抗争看起来是“毫无作用”和极其缓慢，甚至是自己看不见的，但他仍然是不惜一切力量去为之努力。

方以智在黎川寿昌寺“上堂开示”之后，由于“传灯事”得以顺利解决，故带着一种完全释然和愉悦的心情，作《出杉关入闽口号四首》：

---

① 钱谦益《牧斋有学集》下 · 卷三十八 · 1321 页。康熙六年作。

水穷山不尽，过岭又飘萍。喜作长桥屋……钟声许客听……更喜临鸟石，芙蓉翠满堂……[①]

八月，方以智出黎川赴杉关，带领着众人，呼啸而往福建长庆、鼓山去了。

6. 寿昌寺“代座”兴源楚云与“监院”廪山瑞如

兴源楚云是康熙元年方以智离开黎川、竺庵大成重回寿昌寺时为“代座”的。方以智康熙六年重回寿昌寺时，兴源楚云作为当家和尚，在接待时，给了方以智特别隆重的“率两序”[②]迎候。这种礼遇，既见于此际方以智的声望，也透露出这次方以智重回寿昌寺，在身边云集的弟子、信众不少，更有兴源楚云心中某种祈盼成分。

兴源楚云（1627—1703），是竺庵大成的大弟子。今黎川有一方出自寿昌寺的碑石：

> 师讳兴沛，字龙山，楚长沙攸县蔡氏子，生于明天启丁卯十一月十七日亥时。得法南岳竺庵成禅师……寂于癸未十一月二十一亥时，世寿七十有七。初建塔于虔州石城海藏寺，丙戌秋，复卜基于黄龙峰之右麓……于丁亥十二月十六日午时，奉舍利而归定焉……嗣法门人法期、法津定，法正翔，法智渡，法德悟，口口口口口。[③]康熙四十六年十二月十六日，嗣法住持门人法辩立石。新安居士江炫文阡。[④]

兴沛楚云于顺治六年剃度浏阳，后赴黎川寿昌寺，从学竺庵大成。“慈风德韵，炳于吴楚，达于南北”，“每读史至忠臣孝子、义夫节妇事，往往唏嘘欲绝，痛哭失声；至奸雄国贼，误主殃民，必目光如炬，齿牙欲裂”，“所交游皆奇材大节，天下知名之士”，兴源楚云终生追随竺庵大成。《正源集略》：

> 竺庵成禅师法嗣。金陵栖霞楚云源禅师，长沙龙氏子……顺治己丑，师走浏阳觉恒上人，剃染圆具。后遍参尊宿，师参竺庵成之寿昌……师

---

① 《龙眠》初编卷六十四·2850 页。

② 《百丈清规》制定的“两序”禅门规制，即在住持之下，设东西两序：长于学德者列西序，谓之头首；通于世法者归东序，谓之知事。东序以都寺、监寺、副寺、维那、典座、直岁为次第；西序以首座、书记、知藏、知客、知浴、知殿为次第。故又曰：两班。是禅门一种隆重的仪式。

③ 此五字被凿，是对立碑者的法嗣有争议所为。

④ 黎川县原档案局局长、政协文史委主任江建华先生提供碑石照片，并告知该碑石今为南城县某收藏者所有。

继席寿昌，后主栖霞……[1]

同治《摄山志》卷三《楚云源禅师传》：

师名兴源……独好佛……性倜傥，不循轨，辄读书不事章句。

2011版《黎川县志》言兴沛为“湖北人兴沛……幼年出家于南岳，主持寿昌寺多年，其诗文、草书别开生面，晚年栖石城海藏寺。兴沛之后由墨历继任住持”[2]其里籍、住持寿昌寺与“墨历”方以智的前后续任关系介绍，均是错误的。

八大山人的好友吴之振[3]与兴沛为友，在康熙三十三年甲戌以后，吴之振有《次韵答楚云上人》一首：

……衰残已负岁寒心……好向无弦一鼓琴。十笏开堂原似旧，三义认路已非今……[4]

兴源楚云在这次方以智与徐芳“以归寿昌罢不举”之后，前往栖霞寺和福田寺以谋“相为鼎足”。往来广州、黎川寿昌寺祖庭的石濂大汕，有《寄栖霞楚云法侄》：

栖霞师墓在，赖尔守林泉……记得山中约，音书又隔年。[5]

黎元宽在《栖霞寺募修毘卢阁疏》中说：

摄山栖霞寺竺公老和尚之猊座悬焉，新长老楚云兄补处于兹，则老和尚所付托也。夫其付托者事甚大……老和尚盖尝图之……而以归寿昌罢不举，此所谓未了之缘。楚兄曰：了之是吾职，且可使南岳寿昌相为鼎足，子道肎构与夫三年无改于父之道者，岂不其然……老和尚归寿昌道江西……而以移镇闽省未果行，又约老和尚至于大安，止西禅老和尚示寂日，为言栖霞。张公则曰：非异人任，吾家第五，其力尤能辨此。呜呼！……[6]

---

① 卷十三·二百二十二。

② 《11黎》卷二十一·宗教·风俗·582页。

③ 《纪事》卷七·768页：“吴之振，字孟举，石门人……卒于康熙五十六年，年七十八。撰《黄叶村庄诗集》八卷，刊于康熙三十五年丙子……续集一卷，刊于五十亿年壬辰，其子侄所编……之振家富……之振出资刻之。”与黄宗羲交，见《黄梨洲先生年谱》卷中32页；与八大山人为好友。

④ 吴之振《黄叶村庄诗续集》三十三。

⑤ 《离六》五律卷六·四。

⑥ 《进贤》卷二十六·募疏·十。

又有《重兴福田古寺缘起》说：

栖霞楚云兄走书语余曰：丁未之岁，闽中诸老固尝属以起废福田矣。会应请栖霞不果，今正是时……福田以寿昌所自出……[①]

方以智在黎川完成了“传灯事”之后，兴源楚云随即转至福田寺，并于此际着手编撰竺庵大成的《语录》，黎元宽为之作《汇刻竺老和尚六大座语录序》：

和尚初欲合刻其前后语录，而宠余以《序》之……[②]

廪山瑞如，生卒年不详。所知事迹有：康熙五年，廪山寺由瑞如监院，至康熙十年乃至十七年，瑞如一直在廪山。康熙七年秋，梅蓬大忍接任寿昌寺住持后以叶妙大权为“辅弼”，瑞如在寿昌寺的职务不明。

康熙十年，观涛大奇接任寿昌寺住持，有《师至廪山埽塔》：

瑞如监院请上堂。拈香。此一瓣香……山僧二十年于三吴两浙……今日登祖师之堂，升祖师之座……古祥伽黎原无异色……祖师前添香着。[③]

第二节　竺庵大成其人

1. 寿昌寺数年含混不清的身份

方以智重回寿昌寺祭祖，对外宣称是途经黎川去福建祭扫“东莞”支祖庭，但实际上，早与好友徐芳相约，要一道来解决寿昌寺因竺庵大成身份带来的“传灯”继承与“兄终弟及”祖制之间的隐忧。

竺庵大成（1610—1666），文献中尝见有竹庵大成、竹庵道人大成、竺庵成、成和上、竺公等。是一位年长方以智六岁、但称方以智为“法兄”，[④]在方以智来黎川寿昌寺四年中，两人虽有交书信、诗偈交往，却一直未曾谋面的特殊神秘人物。《正源集略》列觉浪道盛禅师法嗣十一人，竺庵大成为首位：

金陵栖霞竺庵成禅师，湖南人。上堂……诸仁者，莫谓岁暮年残……到摄山门下……直须抛向东洋大海……庶几不负一向行脚，其或悠悠扬

---

① 《进贤》卷二十六 · 募疏 · 四十四。

② 《进贤》卷之七 · 序 · 四十六。

③ 《观语》卷第四。

④ 《江青》卷十 · 诗 · 竺庵《喜和药地法兄韵》。

扬，空过一冬，莫怪摄山不相为好。[①]

《正源集略》编撰在崇祯十五年至康熙五年，所载竺庵大成事迹，涵盖了他自顺治十年来黎川重建寿昌寺以后，至康熙五年十三年间为谋求“传灯事”的“老骥伏枥”壮心，乃至欲将“闺阁中物”抛向东洋大海的决心。

竺庵尽管也是觉浪道盛“摄山”的弟子，但这个记载，不失有“莫怪摄山不相为好”的表达。这为竺庵在寿昌寺的“住持”名下，埋下了一笔“含糊”的交代；也为竺庵后来两度试图谋求弟子在寿昌寺“传灯事”变为不可能设下了障碍。后出二十余年的《五灯全书》，隐去了这些记载，着重记载了竺庵在寿昌、栖霞两寺的事迹：

> 江宁摄山栖霞竺庵大成禅师……廿一投毗卢洞落发……往谒博山訚……后至瀛山……大笑曰：“从前谬矣！和尚真我导师也。”崇祯丁丑，訚示寂，师建塔毕。辛巳，扣天界盛。盛问：“汝当时见雪関，得个什么？”师方对，盛以手掩口。师曰：“何得干戈相待？”盛曰：“错过了也。”是冬师领众。自此师资日契，盛印之以偈，命主圆通，次主寿昌、景云、栖霞诸刹……师再往寿昌时，入闽武夷报亲、鼓山扫诸祖塔，来福之长庆示寂，手书嘱寿昌、栖霞两住持事……当康熙丙午十一月十九日也。师寿五十有七，腊三十六，门人归骨南岳毗卢洞［觉浪盛嗣］。[②]

竺庵21岁在南岳剃染，后参“博山”视雪关道訚为“导师”，在之来和尚座下得承法脉。崇祯十四年，雪関道訚圆寂，竺庵31岁再“扣天界盛”，在“东莞”支觉浪道盛门下得“盛印之以偈”，遂为座下“大”字辈弟子。《五灯会元》中竺庵初参觉浪道盛的一段对话，印证了《正源集略》中他与道盛的这层关系：

> 扣天界盛。盛问：“汝当时见雪関，得个什么？”……盛曰：“错过了也。”

雪关在寿昌派世系“博山”支中，是年长觉浪道盛十岁的法兄。竺庵“何得干戈相待？”之语，将道盛顺治十二年“越派”委任雪关嫡传弟子颖学弘敏为广丰县博山能仁寺住持时，为何会引起轩然大波、并被弘敏“断然”拒绝的一个重要原因透露出来。其“错过了也”的记载，更说明了竺庵大成并非道盛“嫡传”的事实。《五灯全书》记载“觉浪盛嗣”，是指竺庵在觉浪道盛门下“得具

---

① 卷八·百九十二。

② 卷一一七，664页。

足”的原因。[1]此后，竺庵“是冬师领众……盛印之以偈，命主圆通，次主寿昌、景云、栖霞诸刹”。同治《新城县志》对竺庵来“住”寿昌寺的原因，有明确交代：

> 僧大成，号竺庵……参博山又十年，驻锡栖霞……闻寿昌火，中夜披缁衣起……遂草履跋涉至寿昌，与邓来沙募赀重建……聿新堂构。著有《会圣堂集》、《指据录》及《摄山南岳》诸稿［通志］。[2]

顺治十年，黎川寿昌寺被大火焚毁。冬十月，竺庵闻祖庭被烧，在并未与业师觉浪道盛商量的前提下，从金陵率徒众等人草履跋涉到了寿昌寺，在黎川耆宿邓来沙（1563—1654）[3]等檀越的募赀帮助，得以重建寿昌寺并使“聿新堂构”。

竺庵来寿昌寺重建，是否是《五灯全书》所说“盛印之以偈，命主圆通，次主寿昌”？以现有的材料论，顺治十年竺庵来黎川之前的17年，即崇祯九年春，守成于黎川寿昌寺祖庭的57岁住持阒然元谧，闻觉浪道盛至庐山，再次命执事前往延请回互，[4]将渐趋衰微的寿昌寺，交给了这位“建大法幢，狮弦继响”的寿昌派嫡传弟子，希望觉浪道盛能光大寿昌寺门庭，而没有将“住持”传给自己的弟子道璞。

觉浪道盛从崇祯九年至顺治十年的十七年间，一直是黎川寿昌寺祖庭的住持，但主要精力和活动依然在金陵栖霞寺。未能亲力亲为管理、又连遭战乱、兵燹的寿昌寺，终于在顺治十年一把大火中，被焚毁殆尽。

竺庵顺治十年冬来黎川重建寿昌寺，其“聿新堂构”时间多久？哪些禅和子参与了重建？建设期间，仍然是寿昌寺“住持”的觉浪道盛，又有怎样的反应？史料均没有交代，仅见该年竺庵在寿昌寺接待了前来投奔的钱澄之，因

---

① 觉浪道盛是此间禅门具有授“具足”权力人，即政府认可发“度牒”资格的人。此一禅门成例仍沿用。

② 卷之十二·仙释·国朝。《光江》卷一百七十七·仙释，亦承袭。

③ 黎元宽《明福建道监察御史前翰林院庶吉士来沙邓公墓表》：“来沙公……是岁也为甲午年九十加二……公讳澄，字于德，别号来沙，晚而号东园，则学者严之曰：东园先生……万历甲午举于乡，甲辰成进士，以高选得入读中秘书……告归里，乃营东山而园之，斯为晚号所由立，杜门著书……公殁顺治甲午正月十一日，距生嘉靖癸亥七月二十日，得寿如前文。”

④ 崇祯八年乙亥，无明慧经的在家弟子黄端伯，见祖庭寿昌寺日渐凋敝，于是前往金陵延请时龄43岁、正当壮年的师侄觉浪道盛，希望其回到黎川寿昌寺祖庭来任住持，但未果。《同建》卷十·先释·十二·引《新城志》僧慧经传：“道盛觉浪，应黄端伯请主寿昌。”

寿昌寺尚在建设中，竺庵没有接纳钱澄之，并劝其前往庐山“作字万松坪主人”。[①]

需要说明的是，史载竺庵来黎川重建寿昌寺的时间“闻寿昌火……遂草履跋涉至寿昌，与邓来沙募赀重建”，后世均以“顺治十年”寿昌寺被大火烧毁后竺庵才来黎川，但这个记载，比照钱澄之诗文与《所知录·年谱》对竺庵的记载，均有较大的出入。钱澄之儿子编撰的《年谱》说：

辛卯，（钱澄之）年四十岁……过寿昌，值竺庵中兴祖庭……

钱澄之顺治五年在黎川寿昌寺避难，得时任住持的阒然元谧庇护，做了一回假和尚。随后，钱澄之前往广西与方以智在梧州汇合，三年后的顺治八年冬十二月，钱澄之与方以智“失路”分开，再回到黎川，试图仍请阒然元谧“还为祝发”，其《行路难》说：

自庚寅冬十月梧州失路，迄辛卯冬十二月返里……戊子在寿昌，阒然师约予还为祝发，比到，寺毁，师已辞世矣。

重回黎川的钱澄之，在《到寿昌寺毁因入杉关即事》中说：

著破芒鞋礼道场，惊从劫后睹空王［旧寺烧毁重建］。出家已爽山僧约……

钱澄之的诗文与其子所作《年谱》，都明确了顺治八年底，竺庵大成已经到了黎川寿昌寺，并已开始了“重建”。以康熙《新城县志》对竺庵的记载是：

僧大成，字竺庵，顺治中重建寿昌寺。

顺治一朝凡十八年，其“中”当在顺治六年至十二年（1649—1655）之间，这个时间，既涵盖了“闻寿昌火……遂草履跋涉至寿昌”以往的“顺治十年”，又涵盖了“与邓来沙募赀重建”、黎川耆宿邓来沙在顺治十一年尚在世的时间。因此，多方文献的对照，可知寿昌寺被大火烧毁的时间，当在阒然元谧圆寂的顺治六年至顺治八年两年间，阒然禅师的圆寂，或与寿昌寺被焚毁有直接的关系，而不会是在顺治十年，竺庵大成来黎川重兴寿昌寺的时间，也当在这两年之间，尤以顺治七年携弟子来寿昌寺为可靠。

文献中对竺庵于“顺治十年”来黎川的记载，当为寿昌寺已经初建重新，人们为了便于记载，而选择了“聿新堂构”这个时间。康熙《新城县志》“顺治中”

---

① 《钱谱》第206页。

的时间概念，较为准确。由此可知，竺庵来“主”寿昌寺、在寿昌寺并没有“住持”名分，但“当家”的时间，要提前两至三年。

寿昌寺重新后，徐芳作《寿昌志略序》[①] 对这段缺失的历史，围绕着竺庵才有了些许补充：

志寿昌……又口所侈于寿昌而志之……竺公于此，其有所不得已也，凡物有口即不无废，而所以典废，则存乎人。

自有寿昌来，僧佛之祸，未有烈于今日者也。竺公于口炎鼎沸之余，嘘残灰而金碧之……使先后寿昌之宗风，几坠复振者……而天下之欲见寿昌者……皆必有助也……而寿昌至今存。寿昌之灯续火传，于兹未艾也……是又竺公之所以志也夫！浪公、竺公先驱，今为愚公藏容颜之。愚过柳州八，愚不敢辱焉……[②]

徐芳文中虽有“浪公、竺公先驱，今为愚公（方以智）藏容颜之”先后交代，但竺庵是否在重建寿昌寺后，获得了“住持”身份，该文并未清晰。同治《摄山志》卷三·律师·朱徽《南岳竺庵禅师传》：

师讳大成，字竺庵……好任侠，重然诺，慷慨自许……走衡山、登祝融，遍历诸峰。

黎元宽有《寿昌寺待谥禅师竺公老和尚一仪塔铭[并序]》：

吾师乎！……楚云兄为师塔衣钵寿昌，此诚师志，乃状师而使宽缀铭。无亦欲与宽同其当仁不让者乎！谨按：师讳大成，字竺庵，由天界浪老人命之，师于浪老人为嫡长，于寿昌无明和尚为四世孙……正传其先……已又阅寿昌、博山两世之法……雪关和尚继席博山，学徒甚盛……乙亥逮丙子，师住静建阳。丁丑雪关示寂，师归瀛山造塔……辛巳始策杖金陵……老人曰：错了也！是冬结制。师为领众……自此师资日契，至于甲申之春……首圆通以代老人，次寿昌，又次景云，以应邓公来沙，暨盱江人士请，独前后在寿昌多年者为祖庭。故又次南岳，以唱还乡之歌，又次栖霞……师入闽为扫东莞、鼓山两塔故，遂止西禅示疾……师诞生

① 《寿昌志略序》虽没有署年，但文内“浪公、竺公先驱，今为愚公藏容颜之”，可知所写的时间，在方以智黎川寿昌寺四年当中。

② 《悬榻》卷之二·序。

> 以庚戌而顺世以丙午，得年五十有七，僧腊三十有七，大弟子十人，曰：龙山沛、楚云源、击千口，湧东肇、云壑口，素野先、浮庵止、智元口，天目海、虚舟载，寿昌为兄终弟及，以归梅公，一如双公。其公已事而南岳兴沛，栖霞兴源，是其序也……师西禅，嘱宽如仲尼之语颜回曰：斋回得使之矣！而异时师尝命宽序五大座书，宽未敢出手……惟大智灯尽却，[①] 今时失微尘污请言……[②]

黎元宽以“记莂”弟子的口吻，说竺庵是觉浪道盛的“嫡长”其言有过，竺庵“首圆通以代老人，次寿昌，又次景云”之举，均为“代”师行为。这正是觉浪道盛在顺治十年“闻竺庵成公重兴寿昌，推双峰存公住持，特为上堂举扬”，而不“举扬”竺庵为“住持”的重要隐性原因。

2. 竺庵大成的“住持”之谋与“住持”之望

顺治十三年五月，觉浪道盛回江西博山、福建东莞祭祖一行中，携方以智、笑峰、观涛等弟子在宜黄曹山，主持重建曹洞宗祖师本寂墓塔；又在黎川寿昌寺、福建东莞涌泉寺祭祖。是时，黎川寿昌寺经过竺庵大成的三年重建，业已“嘘残灰而金碧之，巍巍堂堂，庭宇迴开”。

以此次觉浪道盛回寿昌祖庭的事迹，至少在此行程中，先后有四次委派，但因上一年，即顺治十二年，道盛“越派”委任“博山”支颖学弘敏为广丰县博山能仁寺住持，被弘敏“断然拒绝”，两人产生龃龉，成为禅们的一大公案，故对曾有“何得干戈相待”芥蒂、又与“博山”支渊源深厚的竺庵，没有任何职务的委派。

竺庵作为寿昌寺的重建者，以及寿昌派下的“大”字辈弟子，在这次觉浪道盛回到寿昌寺之时，也没有相陪于业师左右。在方以智被觉浪道盛委任寿昌寺的“记名”住持之后，竺庵离开了寿昌寺，或湖南，或福建武夷，或幽游于黎川周边。黎元宽在《寿昌寺待谥禅师竺公老和尚一仪塔铭［并序］》中，对此际的竺庵，或“又次南岳，以唱还乡之歌，又次栖霞”不在寿昌寺做了佐证。

此间，竺庵因获悉笑峰大然奉觉浪道盛之命，正在编撰《传灯正宗》，故在顺治十年至十三年，曾有前往青原山求助笑峰大然为谋“住持”之举，但被

① 《进贤》康熙十六年刊梓，方以智已去世六年，故文中说“灯尽”。

② 《进贤》卷二十三 · 塔铭 · 二三。

笑峰大然劝阻。《青原志略》中，将两人之间的互动过程和盘托出。竺庵《青原访笑和尚，步山谷韵》说：

名山地本净……狂澜安可回？……予因返南岳……此会缘虽偶……楼阁渐敧斜，住持事日催。幹蛊在上九，翘首数低徊。①

这篇诗文，开门见山要笑峰挽“狂澜”于“安可回”。遂后即说“楼阁渐敧斜”，直接提出了“住持事日催”主题；又用“幹蛊”一语，将《易·蛊》中“初六，幹父之蛊，有子考无咎”的爻辞内涵“子可承父志”暗示，把“传灯事”的主题端了出来。其“在上九”所指《蛊》卦第六爻：“上九，不事王侯，高尚其事”来表白自己坚持“农禅”精神，不与当道的决心。

竺庵的这些表白，无疑是要笑峰大然能够帮助他实现自顺治八年至十年重建寿昌寺以来所冀于的“住持”期望，也是竺庵表明自己振兴寿昌派的决心。但是，这一谋求与觉浪道盛心中的人选并不相吻合。笑峰用《送竺和尚次其韵》以回：

……寒暑已数易，故山犹未回……西江诚佛窟，丛社皆祖开。本末弱则挠，谁为栋梁材？兴衰生感慨，谊同离黍哀。球转百尺竿，丝悬万仞崖。祖道若可及，升天应可阶……曹溪侍原岳，膜拜遍埏垓。左右兄先弟，何劳百世猜？涧饮思水源，木食念根荄……法社方粗成，宁忍再崩摧？……何当渐离序，南征不与阶？记许三年间，驰书到便来。青春不可再，白发况频催。别时思晤日，动步先徘徊。②

笑峰诗中所劝：“谁为栋梁材？”这是竺庵向笑峰提出了“传灯事”后，笑峰对谁是“住持”接班人员的反问。随后，笑峰以“兴衰生感慨，谊同离黍哀。球转百尺竿，丝悬万仞崖”来劝解竺庵：我们都年事已高，岁半百；要再努力，不要太执着；死后一块碑石，埋在土里，没有什么可争的！曹洞传承，源远流长“曹溪侍原岳，膜拜遍埏垓”，祖制不可轻易改变。并以“左右兄先弟，何劳百世猜”，直接向竺庵摆明了觉浪道盛的“兄终弟及”祖训，奉劝其不用再费心事了。

笑峰的“左右兄先弟”之劝，直接表明了自己遵守业师“定制”的态度，

---

① 卷十·诗·252页。

② 卷十·诗·253页。

且要竺庵“涧饮思水源，木食念根荄”，指出树大在根的道理。以实事求是，在什么山，要唱什么歌的“山果陈山豆，山泉酌山杯”心态，来为“慧为千古命，因忘形与骸”，而去掉那些非分的忘形之想。并指出，寿昌寺“法社方粗成”的重建，仅仅只是初见功德，不要让这一“粗成”之功，再次毁于对“住持”的争执，故向竺庵提出了“宁忍再崩摧？”的诘问。

以笑峰对竺庵口吻的严厉程度，显然寿昌寺的“传灯事”，在此际已经是很严重了。

后面笑峰大然的话，转为好言相劝。说“雍雍既同好，肃肃更相陪”，我们都是寿昌派下的弟子，应当扶持“相陪”；说“草木献馨香，泉石增喧豗”，告知竺庵：如果能这样，草木都有香馨、欢呼；灵禽、蛙鸣，动物都在欢唱。至此，话锋再一转，劝竺庵不要“何当渐离序”，以高渐离送于易水之上的典故，告诫竺庵，不要一去不复返。这是竺庵在与笑峰的言辞中，有要回湖南意愿的表达。此语境，凸显出竺庵大成言语中某些要挟的意味。

竺庵这次来青原山访笑峰，是先致信，信刚到，人便已经到了，说明竺庵为“传灯事”之心情的急迫程度。所谓“记许三年间”，以笑峰在顺治十四年三月初三日后，来主青原净居寺计，竺庵的“住持”之谋、并谋求得到笑峰支持的时间，在该年至顺治十六年初前后。这三年间，竺庵不断在往复信件中，向笑峰提出了“传灯”、即“住持”事。由此亦可窥知，觉浪道盛在得知方以智庐墓期满至庐山后，为什么会迫切地要方以智来寿昌寺“作向上主盟”背后的原因了。最后，是笑峰奉劝：“青春不可再，白发况频催”，你走后，要好好想想我说的话“别时思晤日，动步先徘徊”有任何行动，都要多徘徊、不要轻举妄动。

竺庵在笑峰面前提出的“传灯事”，与觉浪道盛的“兄终弟及”传续相悖逆，这是笑峰回绝、并奉劝竺庵的根本。笑峰身在青原山、却为黎川寿昌寺“传灯事”发挥重要的“犄角”作用，这也为后来竺庵再次违背“兄终弟及”祖制、欲谋求自己的弟子楚云能“子承父业”继承寿昌寺“主持”，被方以智以“兄终弟及”劝解而未成，留下了伏笔。

笑峰在方以智来黎川寿昌寺的第二年圆寂，为何没有在生前将竺庵介绍给方以智，也应当与“传灯事”有着紧密的关系。

顺治十五年冬，方以智接到业师的信札来黎川赴任旧职，双峰仍为“监院”，并一直辅助方以智。此际的竺庵，或在湖南衡山南岳，或在福建东莞，或在金陵栖霞寺；十六年，觉浪道盛在金陵天界寺圆寂，自此，觉浪道盛门下“诸兄弟东西分化”，[①] 竺庵知道自己在“传灯事”上，无法与方以智匹敌，于此后不久去了福建。但在此后的数年间，竺庵仍围绕着黎川周边，对“传灯事”耿耿于怀。

顺治十七年四月，青原山代师住持3年的笑峰大然，于金陵天界寺病逝，身在青原山的弟子兴桂久昌，持笑峰“遗偈”与竺庵大成的“封龛法语”，准备迎灵龛归青原，请奉差浙行的张贞生写“缘引”一篇。方以智在黎川寿昌寺闻讣后，设灵龛、举哀炷香。时两人一在金陵、一在黎川，围绕着笑峰“圆寂”之事，均由“代理人”为之互动。

顺治十八年，方以智已在黎川三年，竺庵或在福建鼓山，或在南岳衡山。此际寿昌寺大殿里，有弟子举竺庵大成事问方以智：

> 嗒然举当，时在寿昌。竺和尚落堂问：“牛过窗棂，尾巴过不得”话……药地愚者曰：“我更不然。”[②]

方以智将竺庵“尾巴过不得”话头，回以“我更不然”。这是其在寿昌寺有涉竺庵话题时，以一种谦逊与礼遇的方式，处理两人关系的例证。

约在康熙元年底之前，方以智《炮庄》书稿基本完成并谋求刊梓时，从黎川特寄《炮庄》书稿至南京栖霞寺竺庵处，以请作跋，亦不乏改善关系的意图。此际，竺庵已转驻南城景云寺丈室，得信后作《读〈炮庄〉题辞》，[③] 但文中的芥蒂和各种情绪宣泄，难以掩饰：

> 药地主人不知何时窥见神农咬百草的消息，集诸杂毒，到处试人。窃见杖人以《庄子》为尼山托孤，人多不信，辄以其毒攻之，谓之《炮庄》，不嫌五百里寄栖霞一读。栖霞时客盱江景云，谓侍者曰：《庄子》当时梦为蝴蝶，自云不知有周，又岂知有今日《炮庄》乎？然《庄子》开头便

---

① 钱澄之《寿昌其天禅师塔疏》。

② 《冬灰》卷首三·机缘。

③ 竺庵《读〈炮庄〉题辞》“潭阳大集堂梓行”刊本无“康熙丙午”署年，仅见“潭阳天瑞堂梓行”刊本，是后添补署年。以该文中“药地主人”计，竺庵这篇“题辞”，当在与顺治十八年弘庸《序》与萧孟昉作《缘起》之前的康熙元年底之前。

说个逍遥游……或云：庄子之言，多出杜撰，杖人、药地大惊小怪，引许多宗门中语去发明，他那人且不识《庄子》语，又如何明得宗门中语？不亦隔靴搔痒耶？不见道、不怕疑，杀天下人。苟无人疑，就是宗门中语，也成杜撰。只如他道：北溟有鱼，其名曰鲲，遮个话头从何处得来？他得之《老子》非常意欲，故才说个鱼，就化为鲲去矣！鹏之背，又不知其几千里，岂是那道学先生认定个无极太极耶？侍僧曰：和尚平日说未常读书，不晓《庄子》，于今又安可妄论得？无使药地主人喷饭乎？你会么？不读书人，他把书送来你看，也要说几句淡话儿，博那读书人一笑才是，不然，一生口挂壁上去也。呵呵，饶舌饶舌。康熙丙午，栖霞竺庵道人大成，书于景云丈室。①

该年十二月底，方以智离开黎川，转场青原山，在泰和逗留年余。

康熙二年初，竺庵在方以智离开寿昌寺不久，即重回黎川，第二次驻锡寿昌寺，但仍以景云寺为驻锡，②寿昌寺由大弟子兴源楚云“代座”。③“寿昌虚席”的现实，让竺庵原本以为可以结束觉浪道盛的“兄终弟及”承袭，将寿昌寺交到“兴”字辈手中，但事实上，兴源楚云代座不久，即由竺庵亲自出面，前往“兴国”延请法弟其天大浩回护“竺和尚请禅师领众，即住寿昌”。是什么原因使竺庵在这场“传灯事”当中，化无奈于“兄终弟及”的祖制，延请其天“回护”寿昌寺？目前尚未见到记载，也并不知晓原因。

竺庵在其天大浩法席寿昌寺后，随即带领兴源楚云等弟子前往金陵栖霞寺，并往来于栖霞与湖南衡山之间。④但寿昌寺的“住持”之争与“传灯事”，仍然笼罩在竺庵大成的执着谋求当中。

康熙三年，竺庵在金陵栖霞寺，方文过访，作《栖霞寺访竺庵禅师[觉浪大和尚首座也]》：

……十六七年流水过，两三四处道场开。摄山重建本师塔，弘法争

---

① 《炮庄》：“康熙丙午栖霞竹庵道人大成书于景云丈室。”

② 《石园》卷第二十·九《游景云寺》：“且迟著屐问麻源……相期清话敌烦喧[竺庵将至]。”

③ 《正源》卷十三·二百二十二，言其：“师继席寿昌，后主栖霞。”

④ 《龙眠》初编卷三十五·1369页·杨臣诤《送栖霞竺庵和尚归衡岳》，该诗前有《癸卯夏仲寄怀来元成来时二首》，后有《己酉梅屿元旦》，故知该诗当在康熙二年至去世前的康熙五年之间。

推绝世才……[1]

方文诗中“十六七年流水过”，由康熙三年回推“十六七年”，即顺治六年至七年。江西自顺治五年清军陷南昌“戊子之难”后，兵燹战火遗留的残垣破庙，被释、道两家的弟子们得以大量据守，同治《摄山志》说竺庵大成:“走衡山、登祝融，遍历诸峰”，方文所言“两三四处道场开”，均都是这一结果才有的现象。竺庵作为觉浪道盛的弟子，在顺治十年前后来黎川寿昌寺，扶起火后圮毁的寿昌寺，仍然是带有这一抢占“道场”的性质，是其“四处道场开”的延续。

同年九月，其天大浩在任黎川寿昌寺任上不到一年的时间里，即圆寂了，这让寿昌寺再次陷入“传灯事”的纠缠中。

3. 竺庵大成为“西禅”的身份背景推测

竺庵大成始终未获觉浪道盛寿昌寺“住持”任命的原因，以现所知觉浪道盛在对待竺庵的态度，以及其驻锡寿昌寺后许多让人看来有些不可思议的事情背后，一定隐藏了某种秘密。

竺庵大成受“具足戒”在南岳，后在信州得“博山”支之来和尚的法脉，是“博山”派的弟子，虽有觉浪道盛的“大”字辈身份，但可能仅为“记莂”[2]而已，这是觉浪道盛尝有诘问的背后原因。

文献中虽记载竺庵是“长沙醴陵龙氏子”，但值得注意的是，黎元宽先后多次在文中指出竺庵是一位“西禅”，[3]又在《寿昌寺待谥禅师竺公老和尚一仪塔铭[并序]》中描写竺庵的形象是：

> 师多见异征，师亦果负异表，目若巗电，与群儿嬉，群儿皆畏之狮子饶奋迅之意矣！

所谓“西禅”，即明清之际世人所言那些并非我中土人士的释门弟子，或为印度，或西域、波斯等地人士。

---

① 《鑫山》续集后编·卷四·788 页。

② 本意指佛为弟子预记死后生处及未来成佛因果、国名、佛名等事，后衍为高僧死后的挂名弟子。

③ 黎元宽《栖霞寺募修毘卢阁疏》言竺庵为“西禅老和尚”；在《寿昌其天大师藏灯塔铭》中言竺庵曾在福建“藩王诸客馆师西禅”。

此际，福建建宁任“推官”的姚文燮，在《无异堂文集》中对此间闽地的西域人士，屡有涉及：“闽虽僻处岭峤……丙午之役，余承乏分校……入波斯之市”；① 黎元宽《寿昌其天大师藏灯塔铭》，也说到其天大浩曾与黎川邻县之建武“藩王诸客馆师西禅”；万安县也有“金溪岭，在皂口，旧传有胡僧过此，掘地得金船而去”。② 多种记载，均可见明末清初，西域、胡人、西禅在福建、江西、湖南游走并建寺庙者，并不是一件鲜见的事情。

钱澄之的《问西上人住塔院记》，还记录了一位时在安徽、福建一带活动的西禅：“丁卯春，博山无异大师扫塔过浮山，了悟见大师……予以今辛卯春度岭，重入闽，遁迹邵武村中之宝莲庵。庵主岑伯为吾里中僧，故博山侍者。庵后有小塔院，傍舍栖一老僧……岑伯谓予曰：‘此旧同了悟师住浮山问西师也。塔即了师藏蜕处……’师，西人，善嗔怒，或触之，呵骂不已……”③

方以智《竺庵和上讣至》开句即说：

> 万里澥山碧化雪，波斯掷却连环诀……竺庵和尚和盘倒却去也！

此一“波斯”之说，当然是指竺庵大成的身份。其又在《上堂开示》中，有针对性地将西域禅僧作问：“泗州见大圣意旨如何？”泗州大圣僧伽禅师（617—710）亦是一位西域僧人，世称“僧伽大师”，佛门视为观自在菩萨化身，宋太宗雍熙元年（984）谥“大圣”。这个比喻与设问，无疑将竺庵“西域僧”身份，再次作了含蓄的点明。

明清之际，福建、广东大量的波斯、南洋人在此经商、并落地生根。至今厦门、福州、广州等东南地区，仍有西人遗留的后裔村落。竺庵法名中的“竺”字，在历来的禅门观念中，均“乃自西徂东更行万里”的天竺西禅本质。

八大山人有《杂画册》十八开，④ 其之五《块石·对题书法》中，即对往还于江西与湖南的一位西禅，有描述说：

> 骨笋眉尖口大生，来时马大口能滕。西江道向岳南路……画石送僧往南岳。

八大山人作画以赠的僧人，可证其交好的禅门兄弟当中，确曾有一位来

① 卷三·三十《闽墨文升序》。
② 同治《万安县志》卷一·方舆志·山·十八。
③ 《田间》卷十·183页。
④ 原为李一氓旧藏，今藏北京故宫博物院。

自南岳衡山、眼窝深陷，脸长似马，口阔嘴大的“西禅”。此人往来江西、湖南两地时，又与黎川寿昌寺祖庭关系紧密。或许，八大山人所言僧人，正是这位近在咫尺、又同为“博山”支的竺庵大成？

竺庵大成的“西禅”身份，抑或正是觉浪道盛在“传灯”问题上，有着“异”与“同”的关系考虑，才作出的抉择。由此，黎川寿昌寺的“传灯事”，就这样一直围绕着竺庵大成的重建之功，将这一继承问题，延宕并掩藏起来，成为方以智离开寿昌寺后的一个“隐忧”。

方以智顺治十三年被委任为寿昌寺“记名”住持，到康熙五年两人相约，欲在福建鼓山见面，但整整十一年当中，两人始终“一生不相识”。竺庵大成始终以一种“隐形”的方式，或幽游于黎川周边，① 或突然之间出现在寿昌寺，一直也未曾远离寿昌寺和方以智左右。

第三节　相晤魏禧、林时益诸人与武夷“收拾残局”

1. 魏禧的“诘问”和相晤诸人

方以智从夏闰四月重返黎川，八月后离开，在黎川逗留约四个月。此间，魏禧在黎川城内之日峰山天峰寺② 携侄儿魏世杰与之相晤。方以智这次在黎川招晤魏禧，是该年魏禧“月白”先有《与木大师书》“诘问”之后的重逢。魏禧该书说：

> 丁未月白，禧顿首。间别七年……六七年积绪缠绵……向和公同适师③ 北行，过方丈，曾手驸一函，闻师虽采录其言，亦未深罪……禧闻君子爱人以德……而无诛可乎。
>
> 师之抱恨甲申也，识者律以文山不死④……若是者，师亦可以谢天下、传于后世矣！……迩者道誉日盛，内怀忧谗畏讥之心，外遭士大夫群纳

---

① 《麻姑》诗·五律·236 页·释晦山《姑山漫兴》题下，有释竺庵《又》一首，《云居》卷之九·启·296 页，有《请云居西泉寺起高和尚赴圆通启》，均是竺庵未远离黎川的证据。

② 《康新》卷之二·寺观·四十九：“天峰寺，在县西一里。旧名望天峰……明僧众重修改今额。皇清顺治间寺僧重建。”

③ 原为黎川“廪山”和尚，见林时益《赠廪山西堂静公兼柬适大师》。

④ 魏禧“文山不死”，是引发方以智最终以文天祥方式“赴水”殉节的一个重要原因。

之推奉。于是，结纳不得不广，干谒不得不与，辞受不得不宽。形迹所居，志气渐移。夫观时以行权者，豪杰之事；全身任道，圣贤所不废。师之出此，识者犹将谅其所不得已，而今则既三年矣。

禧粗览佛书……又况以师之人，处师之时……禧辈不才，他日后死，尚得执笔披简，叙次高行，纪诸野乘，传宣后世，以报知己百一。传曰："惟善人能受尽言。"惟师哀其诚，恕其不择，终有以教之。[①]

魏禧在该“书”中，将方以智在青原“既三年矣”世人“识者律以文山不死”的现状说了来，可见方以智在青原三年中，以“文天祥”自况的情景时有出现；又以种种“道誉日盛，内怀忧谗畏讥之心，外遭士大夫群纳之推奉。于是，结纳不得不广，干谒不得不与，辞受不得不宽。形迹所居，志气渐移”，乃至心中的诘问说了出来。虽有“师之出此，识者犹将谅其所不得已”的体谅之语，但无不“安知凤凰德，贵其来见希”规劝和无不有“他日后死，尚得执笔披简，叙次高行，纪诸野乘，传宣后世，以报知己百一”的忧虑和担心，故特别附言“惟善人能受尽言”，希望能听之并接纳。

然而，从方以智在黎川的“上堂开示”以及同魏禧的相晤来看，方以智并未因此有所“收敛”，与魏禧也并没有产生任何的芥蒂。故魏禧在相晤之后，因未随方以智同赴福建武夷，而带着惋惜之意，作《送药地大师游武夷山序》：

予性好山水……独谓闽越为不足游……丁未闰月，师自青原游武夷，迂路新城，招晤天峰寺中。时余以授徒闭关，窃出痛谈，一日夜不得止……今别师七年，胸中新语勃勃不自遏……独恨身羁课诵，不得从武夷游。妄意师到武夷，有隐君子为师纳履折枝……今从师游不好禅理，然以山水之好口口则是，三者皆吾得而好游焉矣。[②]

又作《送木大师游武夷》诗：

十年好意游……想师曳杖登，茗柯交屐齿……又得寒山子［木公师觉浪和尚居武夷时，于虎啸洞顶启一洞，名龙吟；又于龙吟洞顶得一小石龛，自记云：予于此又得寒山子之诗，所谓上有安心窟，下有定性桥者，皆

① 《叔子》卷之五·木师一·五四。

② 《叔子》卷之十·药地二·二十一。

前人所未开。] 夷险同一体……摩石待师纪。[①]

以魏禧诗、文中溢于言表的快意，可见两人别后七年的情感，均在畅谈中没有丝毫的减退，没有任何的芥蒂。魏禧诗文中虽仍有“夷险同一体”的担忧，但亦有“武夷有隐君子为师纳履折枝”有众弟子如云护卫的宽慰。随同魏禧一道的魏世杰，[②]亦在与方以智见面后，作《送木立大师游武夷》：

师昔结庐五老峰……往年家父闽游归……怀之直是故人矣……师今曳杖看独行，六月正在千山里。[③]

林时益亦以“卖茶”之名，在方以智到达黎川后，相随40日，有作《卖茶黎川四十日不得过寿昌，喜梅和尚出广照寺》：

风流轨范与谁同……试来殿角坐凉风。

方以智东去武夷，林时益仍在黎川，至深秋，周体观有诗来问候，林时益有《病中酬周伯恒先生原韵》：

……漫将善药求真疾，起把佳篇爱苦吟……杜门南浦诚何事，欲慰皋鱼泪满襟……避地黎川仍姓林……终年药里扶衰病，真似残灯与素琴。[④]

林时益诗中对侍侧于方以智“漫将善药求真疾”，以及魏禧的“诘问”与“劝谏”，均让但方以智在黎川的诸活动和“上堂开示”，有了别样的新意。这为方以智后面4年的青原生活，乃至纠缠不断的“蜚语”与“谣诼”，导致最终在惶恐滩发生“死难”，埋下了伏笔。

2. 武夷的行程与“收拾残局”

方以智由黎川东出，前往福建武夷、东莞一带，于八月一日，已经到了莆田，在芦中看望尊师余飏。有作《回莆田改庵诸公启》：

---

① 《叔诗》卷之四・五言古・三十。

② 魏世杰，字兴士，魏祥之子。字中之“兴”字，以其兄弟分别为：魏世傚，字昭士；魏世俨，字敬士论，当不是寿昌派下的弟子辈分字，也不是严格意义上的方以智弟子。《诗征》卷六十七・国朝三・三十四：“魏世杰……父际瑞为人所害，徒步迎丧至家自刎，家人强持之，遂椎胸血下呼号二十日而死。”《纪事》卷二・魏士杰：“丁巳[康熙十六年]际瑞为韩大任所杀，士杰从季父礼夜走八十里往视之，愤甚，刺刃洞腹死。易堂轻生死之概，始于士杰见之，促年三十三。”

③ 《魏兴士文集[诗]》卷之六・七言古三・十一。

④ 以上均《中尉》卷四・七律。

> 智本散栎……偶曳尾于青原……偶尔竿木逢场，取笑四方，其实葫芦依样，不及一筹。忽承专席见迎，争奈单瓢归去，未了净居旧债，且为杖人佣书。从此奉辞，幸恕方命。[1]

是时，余飏“随游九鲤，过通天寺，栖迟十有六日”。既归日，余飏作《送愚者归青原序》，[2] 方以智口占一诗为别，作答：

> “万里终须别，千秋各自尊”、“分手休言梦，当知薪火恩”。[3]

八月十六日后，离开莆田。方以智在康熙九年回忆两人这次交谈唱和的诗文，将其辑为《芦药合草》。[4] 这次重游武夷，虽名誉上是对曾“重兴东莞”的过化，但在方中通的《忆亲闽中》，却说出了这次出行福建的真实意图：

> 杖过西湖非卓锡[湖在福州城西]，禅归东莞已成林[数年前老父重兴东莞]。潭阳为托当年友[书坊熊、郑诸公皆皈依老父，《周易时论》、《药地炮庄》、《物理小识》三种书板，游子六向寄熊叔明、熊长吉家刷行后，揭子宣转托郑玉友，并寄《通雅》，板已刊十之七八矣]，家学堪传异日心。闻道石阳舟即返[闻老父将返青原]，望云空使泪淫淫。[5]

此间，方以智往福建鼓山涌泉寺与为霖道沛[6] 同游，两人诗词唱和，并为永觉元贤和尚[7] 扫塔，弟子传澥、兴会记有语录：[8]

> 如我鼓山永觉老和尚……寿昌嫡骨……且道今日承何愿力，当得供养辈？……[9]

---

① 《冬灰》卷四 · 261 页。

② 《江青》卷五 · 序 · 说 · 余飏《送愚者归青原序》。

③ 《芦中》卷四《送愚者归青原序》。

④ 《别集》卷一 · 卅三《书芦药合草后》：“赓之本师，世居芦中。其门人智出世托孤，自称药地。甲辰师来青原，丁未智诣莆田……因汇一编，题曰《芦药合草》，亦以三十年之白发师生，留此一会，非偶然也……是年为庚戌，药地六十圣域祖关之中……山水笔墨皆薪也，皆火之所以传也。后之览者，豁然别峰，以不借借。山中之乐，真千古之乐矣。”“庚戌”康熙九年，方以智去世前一年。

⑤ 《陪诗》卷三 · 十七。

⑥ 永觉元贤弟子，为黎川寿昌派下三十三世，即“东莞”支，后世称“鼓山”支，其创续演字派四十字：“慧元道大兴，法界一鼎新。通天兼彻地，耀古复腾今。今日禅宗振，宏开洞上传。正中妙挟旨，虚融照独圆。”

⑦ 《榕城》卷中 19 页。

⑧ 《冬灰》[卷四]首“书记传澥、兴会录”。

⑨ 《冬灰》卷四《扫鼓山永老和上塔》。

方以智所言“九峰”和尚，是一位因重病后得悟的寿昌派弟子。光绪《江西通志》有载：

九峰和尚姓袁，年二十四出家石鼓庵……军峰①僧口授以楞严心咒六字，作务间持诵不懈。年四十遘疾，几殆。忽甦……年七十作偈，更衣而逝，塔于庵右[安志。以上抚州府]。②

自福建莆田至建安，方以智栖永安寺。③好友钱澄之追随而来，同游白云寺。期间，为践诺头年在杭州应允，特为之作《寒林学易图》相赠，钱澄之赋诗《江上眉少文邀同过永安寺访无可师，因随看白云寺关主融相即事》：

大师栖废院，夹路芰荷香。有客耽禅悦，邀予问讲堂……我留僧舍宿……犹余二仲闲。谈清一夜梦，画破十年悭[无公为予作《寒林学易图》]……④

但此画后被“郡通判江浦严官⑤计取以去，竟不还”，方以智只得再作十帧山水小幅送钱澄之。钱澄之《题愚道人溪山册子》：

丙午秋，⑥（愚道人）与余相值于建安，谓余曰：“吾两人老矣，此生更得几会？平生未尝为子画。”乃为作《寒林学易图》，题诗其上，意欲余之终老于寒林也……枯树茅亭，上有二老翁据床相谒，不问而知为谈《易》也。烘染未毕，郡通判江浦严官计取以去，竟不还。道人复为怅然，更作十小帧贻余曰：‘此后将捐弃笔研，不可复得矣。’遂与同游武夷而别。⑦

方以智“枯树茅亭，上有二老翁据床相谒，不问而知为谈《易》也”所绘，实乃是钱澄之将黎川四年间向方以智问《易》的真实回顾。

方以智这次重游武夷、东莞扫塔与访友，还有一个背景。该年，顾炎武因《启

---

① 在南丰县以西，赣东地区最高峰，鸿鸣曾在南丰县委宣传部刘福龙先生陪同下登顶。《康新》卷之一·四十九：“南丰军都峰，距邑百数十里。《盱江志》云：峰势峭锐如笔，高入云汉。”

② 卷一百七十九·仙释·唐·抚州府·十二十三。

③ 康熙《建安县志》卷三·秩祀·寺观附：“永安禅寺，在黄华山麓，创自唐贞元十一年。”

④ 《田诗》卷十四·客隐集[起丙午止丁未]·302页。

⑤ 康熙《建宁府志》卷十七·职官二·通判：“严云官，江浦人，贡士，康熙元年任。”任道斌先生以为“严云官”即“严官”。见《年谱》252页。

⑥ “丙午”为康熙五年，与方以智游武夷的时间不合，当为钱澄之误记，俟再考。

⑦ 《田诗》卷二十。

祯两朝遗诗》一书，被牵连入狱。[①] 人即惴惴于“文字狱”下藏书之被杀，更不用说这些著书立说的前明余孽，故方以智东行福建，并非真正意义上的“重兴”、过化“已成林”的东莞禅门。

自“甲乙之际，东南变起”，张煌言被清廷逮捕后遇害，方以智于该年退泰和首山亦庵，“公习静青原”进驻净居寺早已经“而究未免谣诼”。此际在黎川上堂、开示，“其亦盛名之难居也夫！”这是魏世效在黎川所见之真实情景，并将其写在给儿子魏济的《书木公册子》中。

是时，桑海之交，谓“通海者”九大案件中，至今多不能详。方以智康熙六年由青原到黎川、再由黎川至福建武夷等诸地，至三年后“中奇祸”[②] 而有两广“粤案”起和“粤难”生，魏礼所言之“中奇祸”者，是可谓方以智福建武夷诸地之行，均涵盖在“通海者”中之一乎？

方以智此次游福建，行踪所及福州、莆田、建安、武夷、建宁诸地，时间数月之久，所见遗政治倾向意味强烈的言论，余飏在《送佺儿游粤序》中引用方以智一段极具煽动性的话，最能够代表此次“收拾残局”而出游目的。余飏说：

> 药地常语我曰：“今天下眘眘多事，海内之人不可不识四方之势，不可不知山川谣俗，纷乱变故，亦不可不详也。先生二子，以一人侍，一人游，毋不可者！何故局局圜阓，守一庐、读一经为也？且游亦何碍读书事。太史公游名山大川，归而作《史纪》，王伯安匹马走南北，遂以知地形扼塞、士马强弱。一旦天下有事，吾当其任，处分经略，取之眼中、手中，可以猝办。即不然，退而著书，道古兵甲武库，亦取腹笥裕如也。游亦何碍读书哉！”予每然其言。[③]

方以智一路在各处讲经、谈禅，上堂、开示，所重人广，欲留者多，可谓风动而心未动，带着尚未完成的“浪杖人机自首山”愿望，依原路返回，由建阳过杉关回黎川，所带者“五车行李”，把一个实实在在的“残局”全都带

---

① 《明季史料题跋》第118页《启祯两朝遗诗跋》。《日知录集释》代前言为“康熙五年……案发。”
② 《季子》卷七·三十八《萧孟昉六十序》。
③ 《芦中》卷五。

回了青原山。朱筠[①]在安徽因督学过桐城浮山见方以智《像》时，不无感慨地发出了：

象数言诠都了尽，却将《通雅》付其人。无梦无波自订顽，武夷扫塔岂闲闲。远禅师带收残局，浪杖人机自首山……[②]

三年后，大明灭亡二十七年后的康熙十年三月二十三日，方以智因早年在两广抗清及蜚语与谣诼，被清廷再次逮捕，时称“粤案”；在狱中被囚禁半年多后的十月七日，即十三年前，顺治十五年方以智来黎川寿昌寺的第一天“夜分”，押解的囚船行至赣江万安段时，面对滔滔北流的江水，方以智决绝而悲壮地“悬崖撒手”赴水殉节，时称“粤难”。

方以智完成了他抱残守缺、坚贞的一生，终殁于奔腾不息的“惶恐滩”激流中，让世人涕泗媲美于千载之下的屈夫子和文信国，而有万古横流！

---

① 朱筠（1729—1781），字竹君、美叔，号笥河，祖籍安徽萧山，后为顺天府大兴人。乾隆十九年进士，三十四年任安徽督学，三十七年过桐城浮山谒方以智像，作此诗，有《笥河诗集》。

② 《笥河诗集》卷十《拜无可大师像》。

引用文献与
参考书目版本及简称

1.《康新》《新城县志》康熙刊本
2.《同新》《新城县志》同治刊本
3.《93 黎》《黎川县志》黄山书社，1993 年 10 月第 1 版
4.《康南》《南城县志》康熙刊本
5.《道南》《南城县志》道光六年刊本
6.《同城》《南城县志》同治十三年刊本
7.《康江》《江西通志》康熙刊本
8.《光江》《江西通志》光绪刊本
9.《康西》《西江志》康熙刊本
10.《乾南》《南昌府志》乾隆刊本
11.《同南》《南昌府志》同治刊本
12.《光吉》《吉安府志》光绪刊本
13.《光泰》《泰和县志》光绪刊本
14.《康安》《安庆府志》康熙刊本
15.《赣府》《赣州府志》乾隆刊本
16.《康桐》《安庆府桐城县志》康熙刊本
17.《道桐》《桐城续修县志》道光刊本
18.《道宁》《宁都直隶州志》道光刊本
19.《康进》《进贤县志》康熙刊本
20.《道进》《进贤县志》道光三年刊本
21.《道金》《金溪县志》道光刊本
22.《同永》《永新县志》同治刊本
23.《道宝》,《宝庆府志》道光刊本，岳麓书社 2009 年 5 月影印本
24.《光和》《直隶和州志》光绪刊本
25.《浮志》《浮山志》同治刊本，黄山书社 2007 年 1 月第 1 版

26.《江青》《青原志略》释笑大然编撰，江西人民出版社 1998 年 12 月第 1 版

27.《华青》《青原志略》方以智修，华夏出版社 2012 年 6 月第 1 版

28.《方青》《青原山志》青原山志编纂委员会编，方志出版社 2011 年 12 月第 1 版

29.《康庐》《庐山志》毛德琦修，康熙五十九年西河毛心斋重订，顺德堂藏版本

30.《麻姑》《麻姑山志》黄家驹修，同治重刊本，江西人民出版社 1998 年 8 月第 1 版

31.《云居》《云居山志》元鹏禅师编纂，康熙刊本，江西人民出版社 2002 年 3 月第 1 版

32.《閤皂》《閤皂山志》明俞策编撰，清施闰章修订，江西人民出版社 1996 年 6 月第 1 版

33.《武功》《武功山志》张光勋修，江西人民出版社 2000 年版

34.《通雅》《通雅》方以智著，侯外庐主编《方以智全书》，上海古籍 1988 年 9 月第 1 版

35.《物理》《物理小识》方以智著，四库全书本

36.《象环》《象环寤记·易余·一贯问答》方以智著，九州出版社 2015 年 3 月第 1 版

37.《浮山》《浮山文集》方以智撰，续修四库全书·1398·别集·别集类，上海古籍出版社

38.《语录》《青原愚者智禅师语录》明《嘉兴大藏经》第三十四册第三一三卷，台北新文丰出版公司 1988 年版

39.《炮庄》《药地炮庄》“此藏轩”本，《续修四库全书》子部第 957 册，上海古籍出版社 2002 年影印本

40.《东西》《东西均》方以智著，庞朴注释，中华书局 2001 年 3 月第 1 版

41.《冬灰》《冬灰录》方以智著，邢益海校注，华夏出版社 2014 年 4 月第 1 版

42.《前编》《浮山文集前编》方以智著《清史资料》第六辑，中华书局1985年5月第1版

43.《后编》《浮山文集后编》方以智著,《清史资料》第六辑，中华书局1985年5月第1版

44.《后集》《浮山后集》清初刊本

45.《此藏》《浮山此藏轩别集》方以智著,《清史资料》第六辑，中华书局1985年5月第1版

46.《密之先生杂志不分卷》方以智著，中国社会科学院文献情报中心藏古籍珍本丛书（钞稿本部分）第三六册

47.《古事》《古事比》方中德著，康熙四十五年初刊，黄山书社1998年10月点校本

48.《陪诗》《陪诗》方中通著，清继声堂藏版本

49.《数衍》《数度衍》方中通著，钦定四库全书本

50.《释疑》《古今释疑》方中履著，康熙刊本

51.《汗青》《汗青阁文集》方中履著，桐城方氏七代遗书本

52.《白鹿》《白鹿山房诗集》方中发著，清刊本

53.《龙眠》《龙眠风雅全编》潘江辑，彭君华主编，黄山书社2013年11月第1版

54.《桐旧》《桐旧集》徐璈辑，咸丰元年刊本

55.《愚山》《施愚山集》施闰章撰，何庆善、杨应芹点校本，黄山书社1992年11月第1版

56.《施诗》《施愚山先生余诗集》施闰章著，乾隆刻本

57.《进贤》《进贤堂稿》黎元宽著，康熙刻本

58.《盦山》《方盦山诗集》文尔止著，胡金望、张则桐校点本，黄山书社2010年3月第1版

59.《晴鹤》《晴鹤堂诗钞》周体观著，康熙十八年周曾刻本，北京国家图书馆善本部藏本胶片

60.《莲龛》《莲龛集》李来泰著，雍正十三年刊本

61.《石园》《石园全集》李元鼎、朱中楣著，清康熙四十一年《序》，香

雪堂刊本
62.《伯子》《魏伯子文集》魏祥著，道光刻本
63.《叔子》《魏叔子文集》魏禧著，道光刻本
64.《叔诗》《魏叔子诗集》魏禧著，道光刻本
65.《季子》《魏季子文集诗》魏礼著，道光刻本
66.《中尉》《朱中尉集》林时益著,宁都李氏家藏原稿本,民国五年魏元旷、胡思敬校刊本
67.《半庐》《半庐文稿》李腾蛟著，宁都李氏家藏原稿本，民国九年胡思敬校刊本
68.《半诗》《半庐诗稿》李腾蛟著，宁都李氏刊本
69.《耻躬》《耻躬堂诗文合钞》彭士望著，咸丰二年重镌本
70.《邦士》《丘邦士先生遗集》丘维屏著，清刊本
71.《草亭》《草亭文集》彭任撰，清四库全书本
72.《草诗》《草亭诗集》彭任撰，清四库全书本
73.《鸥迹》《鸥迹集》蔡受著，光绪三年成山书屋刻本
74.《偏行》《偏行堂集》澹归著，广东旅游出版社 2008 年 8 月第一版
75.《内省》《内省斋文集》汤来贺著，康熙十九年刻本，北京图书馆古籍珍本丛刊 113
76.《离六》《离六堂集》释大汕著，康熙刊本
77.《芝麓》《龚芝麓先生集》龚鼎孳著，康熙刻本，北京图书馆珍本丛书 113 册
78.《遗山》《遗山诗》高咏著，道光十年信芳阁藏版本
79.《璇玑》《璇玑遗述》揭暄著，乾隆二十九年南昌豫章书院刊本
80.《写天》《写天新语》揭暄著，清刊本
81.《中洲》《中洲草堂遗集》陈子升著，康熙刊本
82.《无异》《无异堂文集》姚文燮著，清刊本，上海古籍《清代诗文汇编》106 册
83.《傭吹》《傭吹录》文德翼著，康熙求是堂刻本
84.《船诗》《王船山诗文集》王夫之著，中华书局 1962 年 11 月第 1 版

85.《所知》《所知录》王夫之、钱秉镫等撰，上海古籍出版社 1987 年 10 月第 1 版

86.《永实》《永历实录》王夫之著，上海古籍出版社 1987 年 10 月第 1 版

87.《船遗》《船山遗书》王夫之著，中国书店 2016 年 3 月第 1 版

88.《南疆》《南疆逸史》李瑶撰，道光十年萧山蔡氏城南草堂刊本

89.《南痕》《南天痕》宣统二年复古社排印本

90.《讬素》《讬素斋文集》黎愧曾撰，雍正二年黎致远刻本

91.《仁恕》《仁恕堂笔记》黎士宏著，《昭代丛书》上海古籍出版社影印本 1990 年 7 月第 1 版

92.《昭代》《昭代丛书》，上海古籍出版社影印本 1990 年 7 月第 1 版

93.《独漉》《独漉堂集》陈恭尹著，中山大学出版社 1988 年 8 月第 1 版

94.《三垣》《三垣笔记》中华书局 1982 年 5 月第 1 版

95.《挹奎》《挹奎楼选稿》林云铭撰，仇兆鳌选，康熙三十五年丙子刊本

96.《归庄》《归庄集》归庄著，上海古籍出版社，2010 年 1 月第 1 版

97.《归谱》《归玄恭先生年谱》，上海古籍出版社 2010 年 1 月第 1 版

98.《冶庵》《冶庵文集》闵钺撰，康熙十九年庚申刻本

99.《菊庄》《菊庄集》饶宇朴著，康熙刊本，江西省图书馆藏孤本、残存十一卷、十二卷

100.《渔郎》《渔郎诗集》余光令著，光绪癸卯年乐善社刊本，江西省图书馆藏

101.《楷园》《楷园文集》孔鼎著，康熙刻本

102.《孔谱》《贤溪孔氏宗谱》黎川王建先生藏本

103.《遗书》《明清遗书五种》姜垓等著，北京图书馆出版社 2006 年 11 月第 1 版

104.《纪事》《清诗纪事初编》邓之诚撰，上海古籍出版社 2012 年 6 月第 2 版

105.《续明》《续明纪事本末》倪在田辑，光绪癸卯育英学社印行版

106.《正源》《正源集略》续藏经第 145 册，康熙五年刊，台湾新丰出版公司印行本

107.《五灯》《五灯全书》中国佛学文献丛刊，康熙三十二年刊涵芬楼藏版影印本

108.《无明》《寿昌无明和尚语录》黎川寿昌寺空妙住持重刊，四卷合订本

109.《石云》陈名夏著《石云居诗集》顺治九年刊本

110.《姑遗》《姑山遗集》沈寿民撰，康熙有本堂刻本

111.《水田》《水田居文集》贺贻孙撰，清同邑戚族公梓本

112.《观语》《观涛奇禅师语录》兴舒等编，嘉兴藏版

113.《屈诗》《屈大均诗词编年笺注》陈永正主编，中山大学出版社 2000 年 12 月第 1 版

114.《禅流》《禅宗宗派源流》吴立民主编，中国社会科学出版社 1998 年 8 月第 1 版

115.《晚节》《方以智晚节考》余英时著，三联书店 2004 年 8 月第一版

116.《木厓》《木厓集》潘江著，康熙十五年刊本

117.《田间》《田间文集》钱澄之著，黄山书社 1998 年 8 月第 1 版

118.《田诗》《田间诗集》钱澄之著，黄山书社 1998 年 8 月第 1 版

119.《田易》《田间易学》钱澄之著，黄山书社 1998 年 8 月第 1 版

120.《庄屈》《庄屈合诂》钱澄之著，黄山书社 1998 年 8 月第 1 版

121.《藏山》《藏山阁集》钱澄之著，黄山书社 1998 年 8 月第 1 版

122.《钱谱》《钱公饮光府君年谱》，黄山书社 1998 年 8 月第 1 版

123.《北略》《明季北略》，计六奇撰，商务印书馆 1958 年 8 月第 1 版

124.《粤行》《使粤纪行》施闰章著，清刊本

125.《僧诤》《清初僧诤记》陈垣撰，中华书局 1962 年 9 月第 1 版

126.《方谱》《方以智年谱》任道斌编著，安徽教育出版社 1983 年 6 月第 1 版

127.《11 黎》《黎川县志》三秦出版社，2011 年 10 月第 1 版

128.《论丛》《清史论丛》第三辑，中华书局 1982 年 2 月第 1 版

129.《七代》《桐城方氏七代遗书》方昌翰撰，黄山书社 2019 年 3 月第 1 版

130.《全书》《方以智全书》侯外庐编，上海古籍1988年9月第1版

131.《天语》《天界觉浪盛禅师语录》觉浪道盛著，清刊本

132.《明建》《建昌府志》明正德刊，天一阁藏本

133.《康建》《建昌府志》康熙刊本

134.《乾建》《建昌府志》乾隆刊本

135.《同建》《建昌府志》同治刊本

136.《端恪》《姚端恪公诗集》姚文然著，康熙刊本

137.《端文》《姚端恪公文集》姚文然著，康熙刊本

138.《悬榻》《悬榻编》徐芳著，清刊本

139.《小腆》《小腆纪年附考》徐鼒著，中华书局1957年5月第1版

140.《浙江》汪世清、汪聪编《浙江资料集》安徽人民出版社1984年2月第2版

141.《书画》卢辅圣主编《中国书画全书》上海书画出版社2009,12,检字、标点版

142.《研邻》《研邻偶存》萧伯升著，春浮园集本，清·无刊梓年代

143.《萧集》《萧氏世集》萧伯升辑，清初刻本，台湾汉学研究中心影印本

144.《牧斋》《钱牧斋全集》钱谦益著，上海古籍出版社2003年8月点校本

145.《有学》《有学集》钱谦益著，上海古籍出版社点校本

146.《澄之》《钱澄之全集》钱澄之著，吴怀祺等点校本，黄山书社1998年8月第1版

147.《山闻》《山闻集》汪楫著，康熙三年、十六年刊本

148.《寒支》《寒支初集》《寒支二集》李世熊著，清刊本

149.《知见》《方以智、茅元仪著述知见录》任道斌编，书目文献出版社，1985年4月第1版

150.《散论》《方以智易学思想散论》蒋国保著，湖北人民出版社，1986年11月版

151.《研究》《方以智哲学思想研究》蒋国保著，安徽人民出版社1987年

12 月第 1 版

152.《鼇续》《鼇山续集前编》方文著，清刊本

153.《芦中》《芦中全集》余飏著，清刊本

154.《介冈》《八大山人在介冈》萧鸿鸣著，人民美术出版社 2010 年 4 月第 1 版

155.《明案》《明儒学案》黄宗羲著，中国书店 1990 年 10 月第 1 版

156.《渔洋》《渔洋精华录集释》王士禛著，上海古籍出版社 1999 年 9 月第 1 版

157.《江村》《江村集》陈恭尹著

158.《榕城》《榕城诗话》杭世俊著，海峡出版发行集团、福建人民出版社 2012 年 5 月第 1 版

159.《江佛》《江西佛教史》韩溥著，光明日报出版社 1995 年 2 月第 1 版

160.《同奉》《奉新县志》同治刊本

161.《畴人》《畴人传》商务印书馆·中华民国二十四年五月初版

162.《诗征》《江西诗征》曾燠编，嘉庆九年刊本

163.《时论》《周易时论合编》方孔炤著，顺治十七年刊本

164.《西陂》《西陂类稿》宋荦著，康熙刊本

图书在版编目（CIP）数据

方以智黎川四年 / 萧鸿鸣著 . -- 南昌：江西人民出版社，2020.04

ISBN 978-7-210-11968-5

Ⅰ. ①方… Ⅱ. ①萧… Ⅲ. ①方以智（1611-1671）—人物研究 Ⅳ. ① B248.935

中国版本图书馆 CIP 数据核字 (2020) 第 014585 号

方以智黎川四年

FANGYIZHI LICHUAN SINIAN

萧鸿鸣　著

策划组稿：游道勤　王一木

责任编辑：陈才艳

封面设计：上尚

出版发行：江西人民出版社

经　　销：各地新华书店

地　　址：江西省南昌市三经路 47 号附 1 号

编辑部电话：0791-88612505

发行部电话：0791-86898815

邮　　编：330006

网　　址：www.jxpph.com

E-mail：jxpph@tom.com　web@jxpph.com

2020 年 4 月第 1 版　2020 年 4 月第 1 次印刷

开　　本：787 毫米 ×1092 毫米　1/16

印　　张：37.25

字　　数：560 千

ISBN 978-7-210-11968-5

定　　价：98.00 元

赣版权登字—01—2019—853

承 印 厂：南昌市红星印刷有限公司

赣人版图书凡属印刷、装订错误，请随时向承印厂调换